2024 世界纺织行业趋势展望

2024 TREND OUTLOOK FOR THE WORLD TEXTILE INDUSTRY

中国纺织工业联合会　世界布商大会组委会　编著

中国纺织出版社有限公司

内 容 提 要

本书以全球的宏阔视野，寻求纺织发展的长久之策。本书主要包括科技、时尚、绿色三大篇章，系统分析全球纺织产业现状与未来格局，通过前瞻性、专业性的梳理，擘画产业未来图景。科技篇，剖析新变革下的科技创新之术，全面梳理全球纺织科技创新成果与新动态，围绕绿色化、智能化、高端化三大方向展开；时尚篇，洞察新格局下的时尚文化之势，以全球时尚消费市场现状与产业发展动态为基础，引导行业提升生成设计能力、快速反应能力、价值引领能力；绿色篇，聚焦新形势下的可持续发展之道，展示行业构建绿色低碳循环的制造体系、ESG信息披露和绩效评估体系的实践探索。

图书在版编目（CIP）数据

2024世界纺织行业趋势展望 / 中国纺织工业联合会，世界布商大会组委会编著．-- 北京 ：中国纺织出版社有限公司，2024.2

ISBN 978-7-5229-1370-4

Ⅰ．① 2… Ⅱ．①中… ②世… Ⅲ．①纺织工业－可持续性发展－研究－世界－2024 Ⅳ．①F416.81

中国国家版本馆CIP数据核字（2024）第004761号

责任编辑：李春奕　刘广菊　　责任校对：高　涵
责任印制：王艳丽

中国纺织出版社有限公司出版发行
地址：北京市朝阳区百子湾东里A407号楼　邮政编码：100124
销售电话：010—67004422　传真：010—87155801
http://www.c-textilep.com
中国纺织出版社天猫旗舰店
官方微博 http://weibo.com/2119887771
北京华联印刷有限公司印刷　各地新华书店经销
2024年2月第1版第1次印刷
开本：787×1092　1/16　印张：22
字数：397千字　定价：298.00元

2024世界纺织行业趋势展望

编著单位

中国纺织工业联合会

世界布商大会组委会

联合研究

中国纺织信息中心

国家纺织产品开发中心

中国纺织工业联合会社会责任办公室

绍兴市柯桥区中国轻纺城建设管理委员会

支持单位

工业和信息化部国际经济技术合作中心

生态环境部国家应对气候变化战略研究和国际合作中心

联合国气候变化框架公约　时尚产业气候行动宪章　中国工作组

世界可持续发展工商理事会

中国纺织工业联合会市场部

中国纺织工业联合会科技发展部

中国纺织工业联合会生产力促进部

中国化学纤维工业协会

中国印染行业协会

中国纺织机械协会

国际流行色委员会

法国国家时尚产业发展与促进基金会

法国国家匠心联盟

法国男装产业联合会

意大利纺织机械制造商协会

意大利国家时尚商会

意大利中国理事会基金会

瑞士纺织机械协会（SWISSMEM）

艾伦·麦克阿瑟基金会

北京服装学院

东华大学

香港理工大学

上海应用技术大学

苏州大学

武汉纺织大学

新疆大学

浙江理工大学

中国非物质文化遗产研究院

国观智库

WGSN中国

全球时尚议程

德国法兰克福展览公司

意大利Elementi Moda 纺织&时尚咨询公司

日本时装周主办机构

*Zoom on Fashion Trends*杂志

北自所（北京）科技发展股份有限公司

德国迪罗集团（Dilo）

伊士曼集团（Eastman）

福建永荣锦江股份有限公司

兰精集团（Lenzing）

瑞士立达集团（Rieter）

赛得利集团（Sateri）

《2024世界纺织行业趋势展望》编委会

Olaf Schmidt	德国法兰克福展览公司纺织品&纺织科技部副总裁、德国时尚理事会理事
Ornella Bignami	意大利Elementi Moda纺织&时尚咨询公司创始人/艺术总监、前国际流行色委员会主席
沈　沉	新疆大学纺织与服装学院副院长、教授
孙冬宁	中国非物质文化遗产研究院学术院长
陶肖明	香港理工大学智能可穿戴系统研究院院长
Thomas Oetterli	瑞士立达集团首席执行官
汪建根	福建永荣锦江股份有限公司总经理
王宏志	东华大学材料科学与工程学院教授
王华平	东华大学材料科学与工程学院教授
王　勇	北自所（北京）科技发展股份有限公司董事、总经理
闻力生	东华大学教授
徐卫林	中国工程院院士、武汉纺织大学校长
曾凤飞	ZENG FENGFEI品牌创始人、第16届中国时装设计“金顶奖”获奖者
张传雄	中国纺织工业联合会科技发展部主任
张文涛	赛得利集团总裁
赵国樑	北京服装学院材料设计与工程学院教授
朱美芳	中国科学院院士、东华大学材料科学与工程学院院长

研究团队（按姓名首字母排序）

毕思伊　曹文娜　陈宝建　陈　佳　陈培培　陈小丽　高宇菲　顾彤宇　关晓宇　韩俊霞　何粒群
洪　岩　胡发祥　胡吉永　胡柯华　黄礼超　姜　蕊　孔　衍　李斌红　李　波　李　超　李　雷
李晓菲　李　鑫　李媛媛　林建龙　刘长江　刘　丹　刘凯琳　刘　正　鲁　成　马　磊　孟粉叶
潘建华　彭丽桦　齐　梅　齐艺晗　齐元勋　钱　娟　覃　晓　渠梦玮　沈　沉　沈忱思　沈亚萍
沈　赞　宋秉政　宋富佳　宋　琨　孙丽蓉　王佳月　王　珺　王　丽　王立新　王　宁　王晴颖
王新力　魏嘉彬　吴明华　谢　然　信晓瑜　阎　岩　杨雨心　于婷婷　翟燕驹　张　丹　张　浩
张露杨　张　曼　张　娜　张睿智　张　玮　张文亚　张　鑫　张　勇　张雨彤　赵永霞　周长年
祝丽娟

序

2023年是习近平主席提出构建人类命运共同体理念十周年。十年来，以共建“一带一路”为实践平台，全球范围内形成深入合作、凝聚广泛共识、打开光明前景。纺织行业作为国际化程度最高的行业之一，全球参与，全球关注，在“一带一路”建设中发挥了重要作用。2022年，全球纺织品服装出口总额达9150亿美元，其中中国出口额为3409.5亿美元。中国纺织行业对“一带一路”沿线国家的出口贸易额超过1200亿美元，约占对全球出口比重的40%，累计直接投资金额占对全球投资总额的比重超过40%。中国纺织在稳定全球供应链中发挥建设性作用，是推动联合国可持续发展目标实现的重要领域。

一丝一线，连接世界。纺织服装产业跨越不同社会制度、不同民族区域、不同历史文明、不同发展阶段，搭建起相知相亲、共建共赢的桥梁，是全球经贸合作的重要内容、全球伙伴关系形成的重要场景。

促进经济繁荣，纺织行业是永恒产业、支柱产业。全球绝大多数地区经济社会发展起步于纺织，全球主要经济体也都是重要的纺织经济体。行业以时尚为牵引，产业资源与消费资源实现了有效衔接，是稳经济、促消费的重要引擎。

涵养创新动能，纺织行业是现代产业、未来产业。发展智能制造、绿色制造，推进装备创新、材料创新，行业融合制造与服务，集成科技与设计，在品质提升与应用延展、业态创新中形成价值新高度。

关系共同富裕，纺织行业是民生产业、责任产业。纺织服装体现着人类对美好生活的向往，是推动区域平衡与融合发展的重要载体。行业关系民生就业、影响千家万户，是消弭差距、保障人权的重要阵地。

当前，世界百年未有之大变局加速演进，全球进入新的动荡变革期。经济衰退风险加大，信任危机、发展赤字加剧，地缘政治博弈深刻影响全球产业的发展与安全。新一轮科技革命带来颠覆式创新，人工智能、生物经济、新材料、新能源等前沿技术重构全球产业。气候变化成为全人类的重大现实挑战，围绕“双碳”转型的创新实践与规则制定风起云涌。身处不确定、不稳定、难预料因素增多的大环境下，要实现行业的高质量、可持续发展，需要我们在时代演变、全球风云中拨云见日，理清全球纺织行业现状趋势，找到规律方向、形成实践路径。

《2024世界纺织行业趋势展望》正是这样的有益探索。该书以全球的宏阔视野，寻求纺织长远长久之策。该书主要包括科技、时尚、绿色三大篇章，系统分析全球纺织产业现状与未来格局，通过前瞻性、专业性的梳理，擘画产业未来图景。科技篇，剖析新变革下的科技创新之术，全面梳理全球纺织科技创新成果与新动态，围绕绿色化、智能化、高端化三大方向展开；时尚篇，洞察新格局下的时尚文化之势，以全球时尚消费市场现状与产业发展动态为基础，引导行业提升生成设计能力、快速反应能力、价值引领能力；绿色篇，聚焦新形势下的可持续发展之道，展示行业构建绿色低碳循环的制造体系、ESG信息披露和绩效评估体系的实践探索。

本书数据翔实，内容丰富，分析客观，观点明确，对于纺织服装企业全面了解世界纺织行业发展现状与趋势，科学把握新时期产业发展规律和基本特征，担当责任，协同演进，创新实践，联动发展，具有重要参考价值与指导意义。“知之愈明，则行之愈笃”，希望广大业界人士能从中得到启发，更好地应对当下、把握未来。

国际纺织制造商联合会主席
中国纺织工业联合会会长

2023年10月24日

编者按

纺织工业是科技和时尚融合、消费与工业并举的产业，在解决民生就业、促进经贸发展、美化人民生活、建设生态文明等方面发挥着重要作用。面对百年未有之大变局，挑战与机遇并存，全球纺织产业注重新材料、新技术、新工艺、新场景的科技创新，聚焦文化引领、需求导向、本土原创、跨界融合的时尚创新，关注低碳循环、可持续、产品全生命周期管理的绿色创新，着力构建创新发展范式和现代产业体系，实现基于长期价值的稳健发展。

世界布商大会自2018年成功举办五年来，举行业之力、集产业之智，构筑了“共商、共建、共享”的高端国际交流合作平台，有力推动了全球纺织经济的高质量发展。基于多年来丰富的资源积淀和丰硕的合作成果，世界布商大会组委会联合来自国家部委、国内外权威研究机构、科研院所、知名企业等单位，数十位纺织服装领域的顶尖专家，围绕世界纺织行业现状与发展趋势进行系统研究并形成专业报告，为进一步推动全球纺织产业实现高端化、智能化、绿色化、融合化的创新发展凝聚智慧、指引路径、贡献方案。

本书综合了文献研究法、历史研究法、案例研究法、比较研究法等专业研究方法，以“科技·时尚·绿色”三大核心价值为统领，立足当下、放眼将来，纵向梳理世界纺织行业发展脉络与产业结构变迁，横向比较全球纺织产业地域优势与发展差距，通过分析与研判全球经济格局与产业生态布局，指明科技驱动、数实融创、文化引领、责任导向的行业未来发展大趋势，通过解读与剖析全产业链和多维度的创新成果与实践案例，指引高品质、高性能、高价值、高标准的产品未来创新大方向。希望本报告能为全球纺织行业企业的生产实践与转型升级提供借鉴参考和可行性建议，带来收获和启发。

鉴于研究内容的复杂性，时间、资源及研究水平的限制，本书尚有诸多不足之处，期待各方提供批判性思考和建设性意见，我们将在此基础上不断修订和完善。愿我们一起携手，共同打造数字经济时代的产业新生态、新体系、新价值，共同开创协同、共生、共荣的世界纺织产业新未来！

《2024世界纺织行业趋势展望》编委会

2023年11月

目录

SUMMARIZE 综述

第一章　世界纺织行业发展现状

一、纺织工业发展变迁

纺织业是世界上历史最悠久的产业，发源于家庭手工业。现代纺织工业首先出现在英国：1733年英国钟表匠约翰·凯伊（John Kay）发明了飞梭织布技术，大大提高了织布效率；1765年，纺织工人詹姆斯·哈格里夫斯（James Hargreaves）发明了“珍妮纺纱机”，极大提高了棉纱生产效率；1785年，詹姆斯·瓦特（James Watt）的改良蒸汽机开始用作纺织机械的动力，并很快推广开来，引起了第一次技术和工业革命的高潮，人类进入了机器和蒸汽时代，从此工厂制代替手工工场，机器纺织代替手工纺织，英国成为纺织工业生产中心。第一次世界大战前英国棉纺工业发展到一个高峰，纺织工业出口额占世界纺织贸易总额的58%以上，几乎垄断了全球棉纺织产品市场。第一次世界大战后的1924年，英国棉纺锭数量达到创纪录的6330万锭，织机79.2万台，毛纺业也居于全球霸主地位。现代纺织工业的发展对英国社会经济产生了深远影响，并通过产业转移和技术渗透，带动了其他国家的工业化进程，至今在全球范围内出现了五次大规模的制造业迁移。

第一次产业迁移在19世纪末20世纪初，英国将部分过剩产能向美国转移。美国凭着棉花资源的优势，大力发展棉纺业，棉纺锭数达3600万锭，同时凭借工业和技术优势，大力发展机械制造业和化纤工业。

第二次产业迁移在20世纪50年代，美国纺织品生产技术和纺织机械水平处于世界领先地位，并开启了化学纤维工业化生产的先河。美国将钢铁、纺织等传统产业向日本、德国等战败国转移。

第三次产业迁移在20世纪60至70年代，日本、德国向亚洲“四小龙”和部分拉美国家转移轻工、纺织等劳动密集型加工产业。

第四次产业迁移在20世纪80年代初，欧美日等发达国家和亚洲“四小龙”等新兴工业化经济体把劳动密集型产业和低技术高消耗产业向包括中国在内的发展中国家，特别是亚洲发展中国家、地区转移。近30多年来，中国逐渐成为第四次世界制造业转移的最大承接地，特别是2001年中国加入世界贸易组织（WTO）后，贸易自由化进程加快，2005年WTO全面放开纺织品出口配额限制，出口壁垒减小，纺织产品出口市场迅速打开，中国更大程度融入全球产业链，进一步强化了全球纺织制造和出口中心的地位，目前中国纺织纤维加工量占世界总加工量的55%以上，纺织品服装出口额占世界总出口额的36%，遥遥领先于第二位国家，是世界最大的纺织生产国和出口国。

第五次产业迁移从2012年前后开始，至今尚未结束。越南、柬埔寨、缅甸、孟加拉国和印度等东南亚、南亚国家以及近几年的部分非洲国家凭借低劳动力成本和贸易环境优势，开始逐步承接其他国家部分低端制造产能，其中以纺织服装业为主，使其纺织品制造和出口快速发展。近十年来，纺织制造环节有向东南亚、南亚国家转移的趋势。以越南为例，WTO统计数据显示，该国的服装出口从2010年的103.9亿美元增长到2015年的219.48亿美元、2022年的352.70亿美元，年均增长10.72%，占世界服装总出口额的比重也从2.93%逐步提高到4.84%和6.12%。

目前，纺织工业仍然为各国所重视，特别是许多发展中国家将其作为解决就业、发展经济、促进贸易的首选产业。而且许多发达国家没有放弃纺织服装业，如意大利、德国、法国、美国、英国和日本都还有一定规模的纺织服装及相关产业。发达国家在技术研发、产业供应链、时尚潮流、品牌等方面仍然占据优势地位。2020年主要国家纺织服装业在制造业中的份额差别较大（图1-1）。从总体上看，人均国内生产总值（GDP）越低的国家纺织服装业的份额越高。但是发达国家纺织服装业仍占有一定的比例，尤其是意大利，纺织服装业占制造业增加值的5.37%，雇佣人数的8.03%。

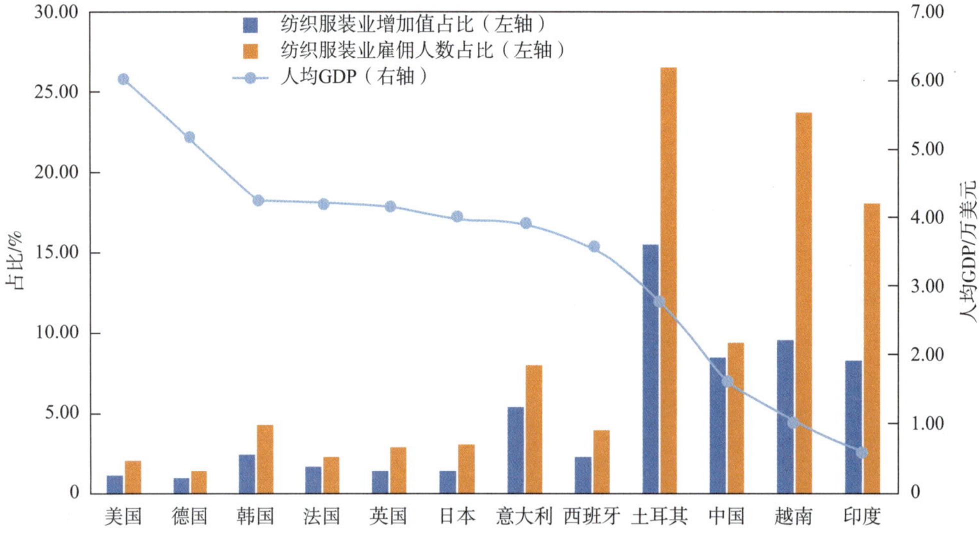

图1-1　2020年各国纺织服装业在制造业中的份额

资料来源：联合国工业发展组织（UNIDO）数据库。

纺织服装行业在改善人类生存和发展条件方面发挥着不可替代的作用。首先是解决了人民穿衣的基本温饱问题，衣食住行是人类生存最基本的需求；其次，纺织工业生产的高品质时尚产品，不仅有色彩、款式新颖时尚的服装服饰产品，还有大量家用纺织产品用于室内外装饰装潢，为全球各地人民改变生活方式、提升生活品质提供了保障；最后，各种产业用纺织品作为基础材料，在体育运动、汽车、民用建筑、工程、医疗保健、包装、安全防护甚至航空航天等行业得到广泛应用，为各行各业的发展提供了技术支持，也极大地拓展了纺织品的应用领域。中国服装、家纺、产业用三大终端行业纤维消费比重从1980年的84∶11∶5调整至2015年的46.4∶28.1∶25.5，2020年的40∶27∶33，产业用纺织纤维消费比重持续增长。据欧洲服装和纺织品联合会（Euratex）统计，2020年欧盟27国产业用（技术）纺织品销售占纺织品销售总额的29%。另据Data Bridge市场研究公司的一份报告显示，2022年全球产业用纺织品市场比2017年增长5.89%，达到2203.7亿美元。

二、纺织工业纤维结构

世界人口持续增长，2011年突破70亿，目前接近80亿。世界经济也在波动中发展。得益于长期以来全球经济和人口的增长，对纺织品的需求不断增加，世界纺织纤维产量保持稳定增长的态势。据*The Fiber Year 2022*数据，2021年世界纺织纤维总产量达到11853万t，是1970年的4.47倍，高于人口增长2.21倍的速度，世界人均纺织纤维产量由7.2kg增长到了15.1kg。

从纤维产量结构上看，世界天然纤维产量从1970年的1810万t增长到2021年的3032万t，年均增长1.02%，自2010年以来年均仅增长0.54%，占比从1970年的68.31%下降到2021年的25.58%。天然纤维的生产依赖于土地资源，而土地资源首先要保障粮食生产，所以天然纤维生产的增长空间受到限制。世界化学纤维产量从1970年的839万t增加到2021年的8821万t，2021年占比达到74.42%。化学纤维对纺织工业整体发展起到了关键的支撑作用。

三、纺织工业生产结构

近几十年，全球纺织品服装生产向亚洲发展中国家和地区集中。以棉纺织生产能力为例，根据国际纺织制造商联合会（ITMF）统计，2021年全球已安装的棉纺纱设备中，喷气纺、转杯纺和短纤环锭纺的总量分别达到51.81万头、833.26万头和22456.70万锭，其中亚洲、大洋洲地区占据81.64%、72.34%和89.07%，而2010年亚洲、大洋洲的转杯纺和环锭纺设备占比分别是54.91%和86.02%；已安装的棉织布机中，有梭织机和无梭织机分别为92.76万台和171.34万台，其中亚洲、大洋洲地区分别占79.52%和82.44%，2010年亚洲、大洋洲的占比分别是85.25%和73.18%。而亚洲、大洋洲地区纺织设备安装量中发展中国家和地区占绝对多数（如2021年发展中国家和地区占亚洲、大洋洲环锭纺的99.61%）。具体如表1-1所示。

表1-1　2021年世界棉纺织生产能力分布

区域	项目	纺纱机			织布机	
		喷气纺	转杯纺	短纤环锭纺	有梭织机	无梭织机
非洲	数量	0.05万头	13.65万头	367.44万锭	4.82万台	1.80万台
	占比/%	0.10	1.64	1.64	5.20	1.05
北美洲	数量	2.32万头	44.74万头	410.10万锭	4.50万台	5.23万台
	占比/%	4.48	5.37	1.83	4.85	3.05
南美洲	数量	1.71万头	52.55万头	692.2万锭	6.43万台	5.28万台
	占比/%	3.30	6.31	3.08	6.93	3.08
亚洲、大洋洲	数量	42.29万头	602.75万头	20001.10万锭	73.76万台	141.26万台
	占比/%	81.64	72.34	89.07	79.52	82.44
东欧	数量	0.04万头	25.28万头	66.32万锭	0.68万台	9.71万台
	占比/%	0.08	3.03	0.30	0.74	5.67
西欧	数量	0.89万头	12.28万头	84.54万锭	0.56万台	3.12万台
	占比/%	1.73	1.47	0.38	0.61	1.82
欧洲其他	数量	4.50万头	82.00万头	835.00万锭	2.00万台	4.95万台
	占比/%	8.69	9.84	3.72	2.16	2.89
世界合计	数量	51.81万头	833.26万头	22456.70万锭	92.76万台	171.34万台

资料来源：ITMF，International Textile Industry Statistics 2021。

根据联合国工业发展组织（UNIDO）统计，2021年，纺织制造业增加值前15位国家占据全球份额的88.3%，比2010年的85.1%有所提高。中国以54.9%的份额遥遥领先，并比2010年有较大幅度增长。土耳其、印度尼西亚、越南和中国台湾的份额有所增长。其他国家所占份额都有不同程度的下降。美国、日本、意大利、德国等传统纺织制造业国家仍然占据一定的份额。具体如图1-2所示。

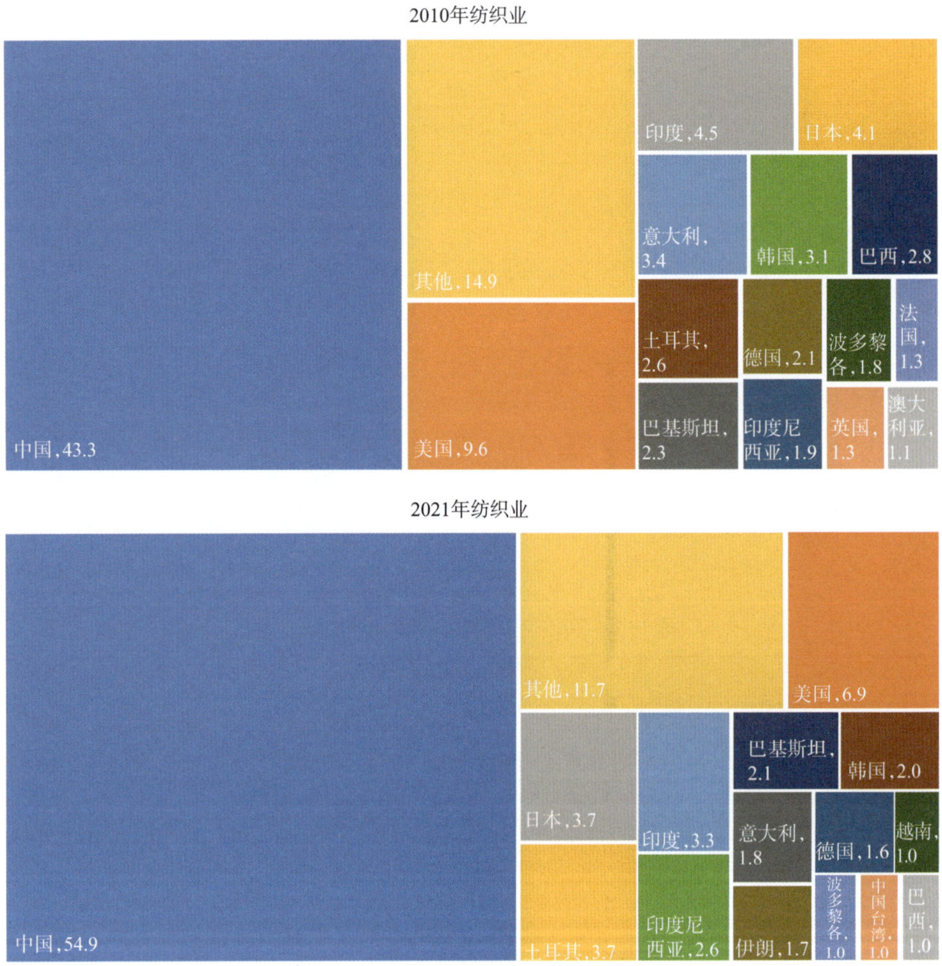

图1-2　主要纺织业国家和地区占全球纺织制造业增加值比重

资料来源：UNIDO数据库。

2021年，服装制造业增加值前15位国家占据全球份额的86.1%，比2010年提高了5个百分点。其中中国所占份额为48.7%，比2010年提高10个百分点。孟加拉国服装业发展迅速，由2010年的第5位上升到了第2位，所占份额也达到11.0%。意大利、美国、日本、韩国和德国等国家所占份额均有所下降。具体如图1-3所示。

四、纺织工业贸易结构

（一）纺织品服装出口

长期以来，在全球分工深化和经济发展的驱动下，全球贸易增速一直保持在GDP增速的1.5~2倍。

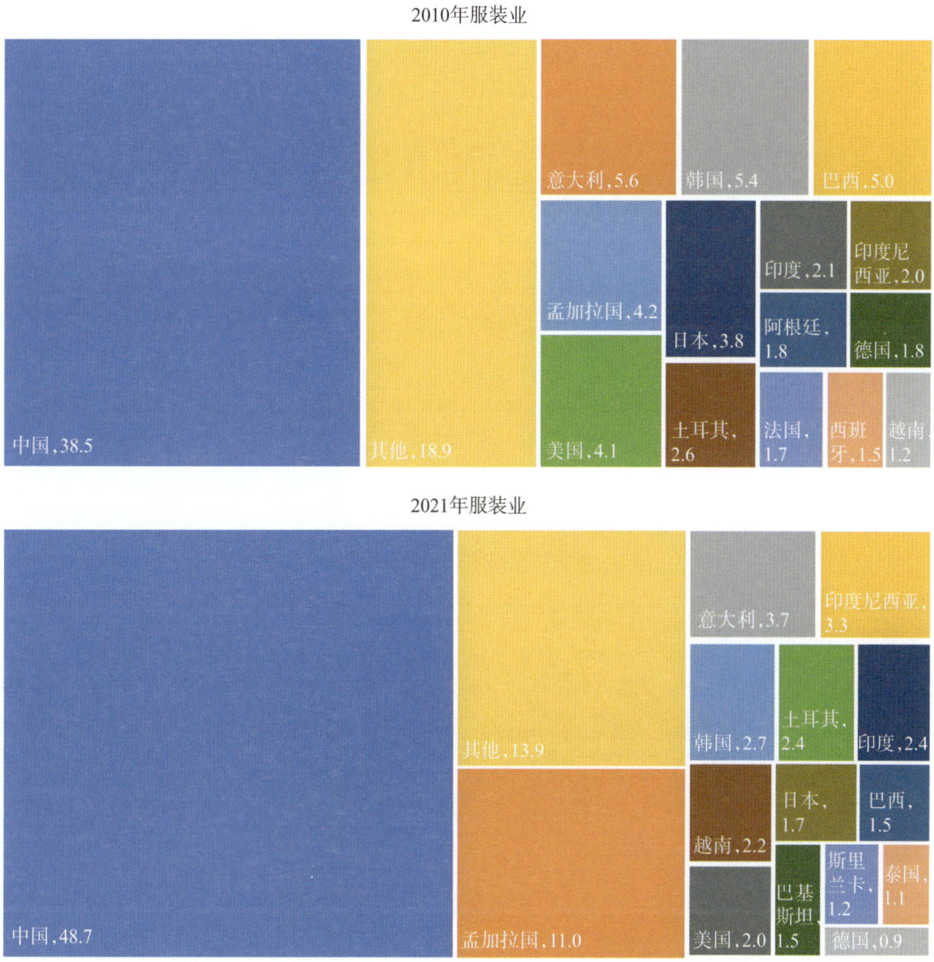

图1-3 主要服装业国家和地区占全球服装制造业增加值比重

资料来源：UNIDO数据库。

据WTO统计，2000年来，全球货物出口的平均增速是经济增速的2倍，纺织品服装出口增速是经济增速的1.3倍，中国纺织品服装出口增速是全球经济增速的2.7倍。全球贸易随着经济的升降而波动，而且贸易的波动幅度明显大于经济。例如，2008年爆发金融危机后，2009年世界GDP增速降至-0.09%，货物出口增速降至-22.29%；2010年GDP增速恢复到5.44%，货物出口增速增至21.78%。同样，2020年新型冠状病毒肺炎影响下，世界GDP增速降至-2.81%，同年世界货物出口增速降至-7.17%。2021年GDP增速为6.28%，货物出口增速为26.69%。具体如图1-4所示。

根据WTO统计数据，2022年世界货物和服务出口总额31.0万亿美元，同比增长13%，其中货物出口总额24.92万亿美元，前十大货物出口国所占份额达到49.08%。货物出口中，工业品出口15.29万亿美元，占货物出口总额的61%，比2021年的67%有所下降。具体如图1-5所示。

2022年世界工业品出口中，纺织品、服装出口额9154亿美元，占世界货物出口总额的3.67%。世界纺织品和服装出口分布在全球170多个国家和地区。将欧盟作为整体考虑的情况下，出口额前30位的国家和地区占全球纺织品出口额的93.95%和全球服装出口额的92.30%；出口额前10位的国家和地区占全球纺织品出口额的91.12%和全球服装出口额的85.46%（表1-2）；出口额前5位的国家和地

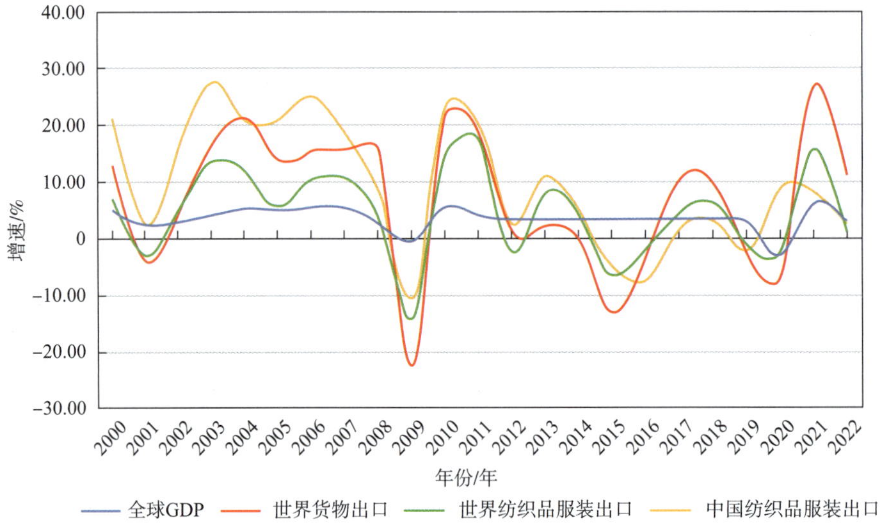

图1-4 历年世界经济与贸易增速变化情况

资料来源：WTO STATS，International trade statistics；IMF，The World Economic Outlook （WEO） database。

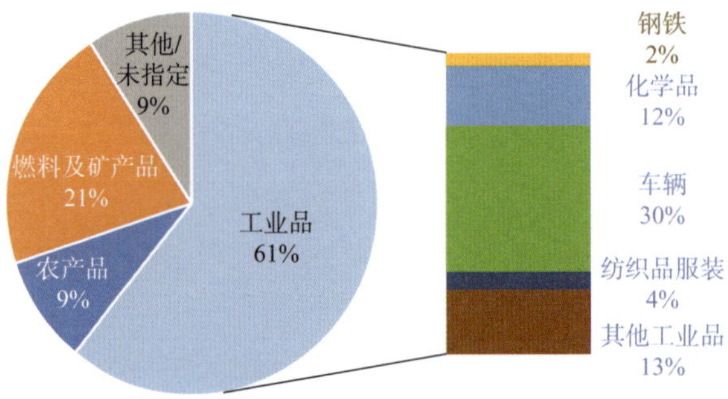

图1-5 2022年世界货物出口分产品大类所占份额

资料来源：WTO STATS，International trade statistics。

区占全球纺织品出口额的59.59%和全球服装出口额的54.11%，表明纺织品和服装出口具有很高的集中度。同时，主要出口国家和地区的构成也在不断发生变化：纺织品出口方面，越南份额增长较快，印度、土耳其也在持续增长；服装出口方面，孟加拉国、越南份额增长较快。中国保持最大出口国的地位，过去22年纺织品出口所占份额还在缓慢提高，但服装出口所占份额近几年来下降较为明显。

表1-2 全球前10位国家和地区纺织品、服装出口情况

国家/地区	2022年出口额/亿美元	2000年份额/%	2005年份额/%	2010年份额/%	2022年份额/%
纺织品出口					
中国	1478.1	10.33	20.21	30.40	43.55
欧盟	714.8	33.36	32.46	25.34	21.06
印度	194.5	3.58	4.10	5.08	5.73
土耳其	145.9	2.35	3.48	3.55	4.30

续表

国家/地区	2022年出口额/亿美元	2000年份额/%	2005年份额/%	2010年份额/%	2022年份额/%
美国	137.8	7.01	6.10	4.81	4.06
越南	108.2	0.19	0.36	1.21	3.19
巴基斯坦	86.9	2.90	3.49	3.10	2.56
中国台湾	83.5	7.61	4.78	3.84	2.46
韩国	82.9	8.13	5.12	4.34	2.44
日本	60.0	4.49	3.40	2.80	1.77
前10位合计	3092.4	79.96	83.50	84.47	91.12
服装出口					
中国	1824.2	18.24	26.63	36.59	31.67
欧盟	1563.8	26.39	29.26	26.88	27.15
孟加拉国	453.5	2.56	2.47	4.19	7.87
越南	352.7	0.92	1.68	2.93	6.12
土耳其	199.1	3.30	4.25	3.60	3.46
印度	177.1	3.02	3.14	3.16	3.07
印度尼西亚	100.8	2.39	1.78	1.92	1.75
柬埔寨	91.1	0.49	0.79	0.86	1.58
巴基斯坦	88.7	1.08	1.29	1.11	1.54
美国	71.6	4.36	1.80	1.32	1.24
前10位合计	4922.6	62.77	73.10	82.55	85.46

资料来源：WTO，World Trade Statistical Review 2023。

欧盟2023年6月发布《欧洲经济安全战略》，强调要打造“更具韧性”的供应链。近年来，受到国际经济下滑和需求疲软的影响，各国纺织业生产和出口贸易承受了较大的下行压力。在2018—2022年，中国纺织品和服装在美国市场进口份额占比由36.6%急剧下降到24.7%，在欧盟市场进口份额占比由33.2%下降到32.3%，在日本市场进口份额占比从57.8%下降到55.4%。地缘政治和大国博弈正在深刻影响行业稳定发展，严重破坏了稳定、高效、安全的国际产业分工格局。

（二）纺织品服装进口

如表1-3所示，2022年前10位的国家和地区占世界纺织品进口的53.58%，占世界服装进口的72.95%。越南、孟加拉国、土耳其和印度尼西亚的纺织品进口占比过去22年有所增长，相反中国的进口占比持续下降。发达国家和地区仍然是主要的服装进口市场。2022年，欧盟、美国、日本、英国和加拿大5个发达国家和地区的服装进口占世界的66.01%，但是比2000年的84.71%有明显下降。

表1-3 全球前10位国家和地区纺织品服装进口情况

国家/地区	2022年进口额/亿美元	2000年份额/%	2005年份额/%	2010年份额/%	2022年份额/%
纺织品进口					
欧盟	784.9	29.68	29.17	23.77	20.69
美国	392.2	9.67	10.49	8.74	10.34
越南	189.9	0.83	1.60	2.63	5.01
孟加拉国	147.9	0.82	1.13	1.67	3.90
中国	120.5	7.76	7.21	6.61	3.18
日本	96.2	2.99	2.70	2.69	2.54
土耳其	80.7	1.28	2.07	2.44	2.13
英国	77.2	4.39	3.54	2.68	2.04
印度尼西亚	75.4	0.76	0.35	1.58	1.99
墨西哥	67.2	3.52	2.81	1.92	1.77
前10位合计	2032.1	61.70	61.07	54.74	53.58
服装进口					
欧盟	2151.0	32.66	37.38	37.59	35.53
美国	1160.6	33.05	28.65	22.09	19.17
日本	270.7	9.71	8.07	7.25	4.47
英国	259.6	7.47	8.72	7.12	4.29
加拿大	136.2	1.82	2.14	2.24	2.25
韩国	131.3	0.64	1.04	1.20	2.17
中国	108.0	0.59	0.58	0.68	1.78
澳大利亚	94.3	0.91	1.12	1.30	1.56
瑞士	86.8	1.57	1.59	1.43	1.43
中国香港	75.2	—	—	—	—
前10位合计	4416.0	89.27	89.30	80.90	72.95

资料来源：WTO，World Trade Statistical Review 2023。

五、全球市场消费现状

长期以来，欧洲、北美、日本等发达国家和地区经济发展水平高，消费能力强，是重要的纺织品服装消费市场。值得注意的是，目前发达国家的纺织服装消费市场相对饱和，增长相对缓慢，而中国、印度和东南亚国家等新兴市场的消费需求不断增长，成为全球纺织服装消费的新引擎。

纺织服装消费市场受经济环境变化的影响大。未来的不确定性正在削弱全球消费能力与消费信心，2022年以来全球主要纺织品服装零售市场整体未能获得明显提振。美国、欧盟等主要市场受经济衰退和高通胀等因素影响，消费信心下降，服装零售商库存压力持续攀升。同时全球产业链、供应链深度调整，全球化竞争加剧，很多服装企业和品牌提高在东南亚生产代工比例，跨国服装企业采购多元化趋势更加明显。虽然中国仍是欧美等国家和地区服装企业最主要的采购来源地，但在东南亚和南亚国家和地区的采购额持续增加，这将进一步加剧我国服装出口下行压力。

（一）北美

根据国际货币基金组织（IMF）数据，2022年美国GDP为25.46万亿美元，人口3.34亿，人均GDP 7.63万美元，是全球最大的消费市场。2021年3月美国政府出台了一系列经济刺激计划并发放巨额补贴加速消费复苏，服装零售迎来大幅度增长；因宽松的财政政策推高了通胀水平，2022年美国补贴效应减弱，叠加通胀加剧导致民众实际购买力下降，服装消费增速较2021年放缓；随着通胀降温，2023年美国服装需求回升。

美国市场有着比较丰富的在线平台及品牌在线网站，近年来服装线上销售呈上升趋势；从服装品类分析，2022年女装市场销售规模达1630亿美元，男装市场为958.2亿美元；从服装款式分析，多功能的休闲日常服装和个性鲜明的特殊场合服装形成两个不同的市场，功能性的、舒适材料制作的服装有很高需求；从价格区间分析，低价快时尚品牌市场份额约为20%，品质较高中等价格的服装占比约为70%，高端品牌占比为10%；从产品来源分析，中国是美国最大的服装进口国，但近年来占比有所下降，2022年中国纺织品服装在美国市场进口份额占比由2018年的36.6%急剧下降到24.7%，孟加拉国、越南、墨西哥、柬埔寨等国的服装出口份额则相应上升。从销量趋势分析，Statista预测2023年在全球服装市场近1.74万亿美元的销售额中，美国将以超3000亿美元的销售规模领跑全球市场。

加拿大GDP 2.14万亿美元，人口3885万，人均GDP 5.51万美元。加拿大服装市场规模在2020年降至最低，自2020年后销售额有所增长，但直到2022年依旧没有达到2019年及之前水平。2022年12月当月服装零售额24.7亿加元（约18.1亿美元），同比增长15.8%。由于国内服装生产能力有限，加拿大服装市场为世界各地的服装制造商提供了良好的市场准入机制，全球性品牌、时尚品牌和批发商在加拿大市场非常活跃。根据加拿大统计局数据，2022年前10个月，加拿大服装进口增长31.34%，达到105.6亿美元，成为全球十大服装进口市场之一。Statista预计加拿大服装市场在2023年总收入达396.3亿美元，2023—2027年的复合年均增长率为2.49%，2024年服装市场相比2023年的销量将增长1.7%，到2027年的销量预计将达到19亿件。

（二）欧盟及英国

根据欧盟统计局公开数据，2022年欧盟27国名义GDP约为16.65万亿美元，为世界第三大经济体。其中德国、法国和意大利是欧盟人口最多、经济发展势头最为强劲的3个国家，三国GDP之和占欧盟经济产出的一半以上。根据IMF数据，2022年德国GDP 4.08万亿美元，人口8379万，人均GDP 4.86万美元；法国GDP 2.78万亿美元，人口6565万，人均GDP 4.24万美元；意大利GDP 2.01万亿美元，人口5898万，人均GDP 3.41万美元。

服装消费方面，据欧盟统计局统计，2021年欧盟27国服装消费总额2456亿欧元，人均消费额约550欧元。从保加利亚的168欧元到卢森堡的1389欧元，可以看出各国服装消费水平差距较大（图1-6）。欧洲各国的服装消费结构存在一定的差异。

德国在功能性服装市场处于领导者地位，但近年来德国的服装行业发展呈下滑态势。2000—2021年，德国服装业的产量削减了48%，收入削减了57%。2022年全年德国服装零售同比增长30.7%，但主要是前5个月服装零售的平均增速在2021年低基数效应的影响下同比大涨173.6%，随后在德国通胀一路走高的背景下逐渐下行。

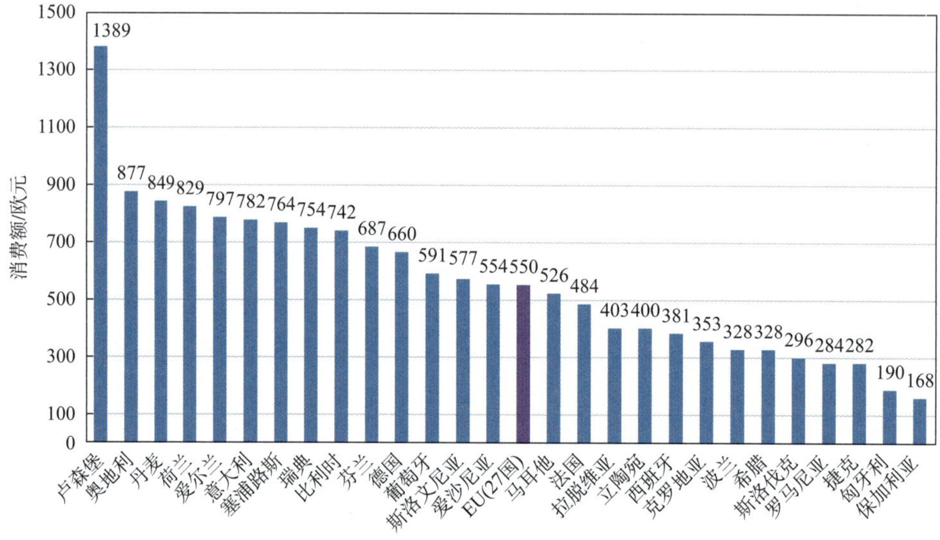

图1-6　2021年欧盟27国人均服装消费额（欧元现价）

资料来源：Eurostat。

法国是西方现代服装文化的发源地和中心，2022年全年法国纺织品、服装和皮革制品零售额达492.5亿欧元（约529.8亿美元），同比增长4.5%。据Statista统计，2023年法国服装市场的收入将达到406.77亿美元：在服装类型方面，法国服装市场上占比最大的部分是女装，2023年的市场规模为224.4亿美元，男装销售额大约接近女装的半数，占比最小的是童装；在服装品牌方面，88%的销售额来自非奢侈品品牌，但奢侈品品牌依旧占据举足轻重的地位；在销售渠道方面，消费者倾向于线上平台购物，青睐亚马逊（Amazon）、Fnac Darty（法国本土全渠道零售商）、勒克莱尔（E.Leclerc）、Cultura（文化创意商品网站）的法国消费者占比分别为53%、23%、20%和18%。

意大利的服装市场是全球范围内极为重要的服装市场。意大利服装市场收入的62%来自国外市场，其中欧盟市场是意大利纺织服装业的传统市场，对欧盟经济体的出口额占意大利纺织服装业出口总额的54%。意大利国内服装消费份额中，线上消费占比稳定上升，但线下购物占比依旧超过七成。

英国曾是欧盟市场的重要组成部分，2020年底正式完成脱欧。2022年英国GDP 3.07万亿美元，人口6779万，人均GDP 4.53万美元。2022年全年英国纺织品、服装和鞋类产品销售额达525亿英镑（约639亿美元），同比增长24.2%。在英国时装业前50位时装零售商中，有62%位于英国本土；同时英国时装市场吸引了大量海外购物者，在英国前50家线上时尚零售商的访问量中，42%来自英国本土，18%来自美国，其次是来自法国、德国、澳大利亚和俄罗斯的客户访问量，占比分别为4.8%、4.0%、3.5%、3.4%。

（三）俄罗斯

2022年俄罗斯GDP 2.22万亿美元，人口1.43亿，人均GDP 1.54万美元。俄罗斯近年来已成为世界上增长最快的消费品市场之一，服装消费约为每年360亿美元。由于俄罗斯本土产能有限，对服装的进口需求很大。根据WTO数据，俄罗斯每年都从其他国家进口大量的服装产品，进口服装市场主要由国际品牌主导。俄罗斯消费者对于品牌的忠诚度较高，中产阶层对于高品质的服装有较高需求，年轻一代重视时尚和个性化，又因气候原因，对保暖性能较好的服装有较大需求。俄罗斯的服装销售渠道多样，包括实体店、百货商店、购物中心以及电商平台，其中电商平台正成为越来越多俄罗斯消费者的选择。据Statista报告，2022年俄罗斯电商增速高达15%，电商交易额同比激增超30%。

（四）日本

根据IMF数据，2022年日本GDP 4.23万亿美元，人口1.25亿，人均GDP 3.38万美元，是全球最主要的纺织服装传统消费市场之一。日本经济高度依赖外需，自身市场体量有限，近年来受全球经济减速、日元走软、外需下降等因素影响，众多出口行业受限，经济陷入低增长，民众消费信心下跌，纺织服装消费增长停滞不前，市场规模得不到有效发展。

根据日本矢野经济研究所的调查结果，2019—2020年日本服装行业的市场规模为600亿美元，不仅无法与20世纪90年代的1500亿美元市场规模相提并论，即使与前5年相比也呈现下降状态；2021年日本服装服饰零售额为8.6万亿日元，远低于2019年全年的11万亿日元；2022年，日本纺织品服装及服饰销售额8.7万亿日元（约646亿美元），仅较2021年微增1.2%，服装服饰消费恢复乏力情况明显。

（五）印度

根据IMF数据，2022年印度GDP 3.39亿美元，人口14.23亿，人均GDP 2379美元，是增长最快的大国之一，GDP的近60%由国内私人消费驱动，拥有快速增长的消费市场。收入的增长、城镇化平稳分散、有利的年轻人口结构、技术创新、变化的消费者偏好是印度未来消费的主要驱动因素。

印度是仅次于中国的全球第二大纺织制造国，世界第六大纺织品和服装出口国。印度工商会联合会（FICCI）在FICCI TAG 2023年度纺织品会议上发布了题为《纺织业的Amrit Kaal：2030年实现3500亿美元市场的路线图》的知识报告，预计到2030年印度的纺织品和服装市场规模将达到3500亿美元，复合年均增长率为10%，出口竞争力、实现卓越制造、加强纺织价值链、采用可持续做法和循环经济，以及利用政府计划，是实现3500亿美元市场的关键因素。随着印度中产阶级的兴起，低价时尚将成为消费者在服装和鞋类领域的主要关注点，2023年一些专门从事低价产品的服装和鞋类公司增加了在印度的业务。

（六）东盟

东盟共有10个成员国，分别为印度尼西亚、泰国、新加坡、马来西亚、越南、菲律宾、缅甸、柬埔寨、老挝、文莱，2021年东盟GDP 3.35亿美元，总人口6.64亿，成员国之间经济发展水平、文化背景差异较大，时装市场深受区内悠久历史、多元风俗和宗教信仰影响。

根据中国纺织工业联合会网站数据，2022年我国对东盟服装出口总额169.28亿美元，同比增长23.9%，东盟超过日本成为我国第三大服装出口市场。东盟成为我国四大服装出口市场（美国、欧盟、东盟、日本）中目前唯一实现正增长的市场。

东盟地区服装市场具有多元文化融合、时装风格年轻化混搭、品牌服饰价格下调、消费者注重穿着舒适和健康生活、网购兴起等特点。在东盟的零售总额中虽然只有3%来自线上购物，但网络资讯对消费者的购物决定有着较大影响，社交媒体已大大改变时装业的生态。目前在东盟营商的本地和海外时装品牌都积极运用社交媒体，与目标消费者接触。

（七）中国

2022年中国GDP 18.10亿美元，人口14.13亿，人均GDP 1.28万美元。中国社会经济快速发展，又拥有世界上数量最为庞大的服装消费群体，纺织服装及相关产品消费需求不断升级，目前纤维消费总重量已位居世界第一，人均纤维消费量2020年达到25kg左右，接近中等发达国家水平。2022年国内社会消费品零售总额达44万亿元，人均衣着消费支出1365元/年。据汇丰银行测算，2022年中国约占全球高端消费品市场25%的份额，BOF与麦肯锡认为，从长远来看，中国可能仍将是时尚消费的核心市场。根据《国民经济和社会发展第十四个五年规划和2035年远景目标纲要》，到2035年中国人均GDP将达到中等发达国家水平。目前中国与中等发达国家水平之间还有较大的差距，未来发展空间较大。

2022年，纺织品服装零售内需承压，全年纺织品服装零售额呈现波动下行趋势。根据统计局数据，全国2022年限额以上服装、鞋帽、针纺织品类商品零售额共计13003亿元，同比减少6.5%；2023年1—8月，限额以上单位服装鞋帽、针纺织品零售额8760亿元，同比增长10.6%；网上穿类商品零售额同比增长10.9%。中国服装消费市场将随着经济复苏有望向好。

（撰稿人：中国纺织信息中心　胡发祥　闫　博　翁　重）

第二章　世界纺织行业发展趋势

一、全球产业布局

纺织工业是全球化特征十分明显的工业部门，产业资源全球配置，形成复杂高效的分工协作格局。如前所述，全球纺织产业曾出现四次明显的贸易格局转移。第一次是从英国转移到美国；第二次是从美国转移至日本、德国等地；第三次是转移到韩国、中国香港和中国台湾；第四次是转移到中国、印度、巴基斯坦。第五次转移初现端倪，全球纺织品服装产地正在向越南、印度尼西亚、孟加拉国和柬埔寨等亚洲发展中经济体聚集，逐步成为国际纺织服装的主要出口国。北非、东非、中亚国家正在加大对纺织服装业的投资，未来全球纺织品服装生产格局仍将继续发生改变。全球纺织行业已形成三大消费市场、三大制造中心和三大贸易圈。三大消费市场分别为以美国、加拿大为中心的北美市场，以欧盟成员国为中心的欧洲市场，以中国、日本和韩国为主的东亚市场。三大制造中心分别为中国、东盟国家、印度、巴基斯坦、孟加拉国等亚洲生产国，美国、墨西哥和加勒比海盆地国家，欧洲、土耳其、中东欧和北非诸国。三大贸易圈分别为欧洲贸易圈；美洲贸易圈，包括美国、加拿大、墨西哥及拉美国家；亚洲贸易圈，包括中国、东盟、印度、巴基斯坦及孟加拉国等。生产要素成本、地缘政治、供应链安全以及科技进步等因素加速全球纺织产业链、供应链重构。

（一）成本驱动的供应链

纺织工业在发达国家表现为资本与技术密集型特征，在发展中国家表现为劳动密集型，发展中国家和地区通过参与全球分工，融入全球生产网络和全球价值链，大大促进了制造业发展，创造大量就业岗位，凭借低成本和资源优势，重点发展纺织生产，为国际市场提供纺织服装产品。近几年，地缘政治与大国博弈影响深刻，全球生产体系割裂和技术对峙加剧，全球供应链收缩重构，纺织服装采购格局渐趋分散，以越南、孟加拉国、印度为代表的亚洲发展中国家以及非洲地区正在全球纺织产业布局中占据越来越重要的地位，在世界纺织品服装出口中的份额提升很快（图1-7），与东南亚等地区相比较，中国纺织工业制造要素成本优势面临考验。从统计数据可见，近几年，土耳其、南美洲和印度纺机装备进口呈上升趋势（图1-8）。

为了应对复杂变化的环境挑战，中国纺织工业更加重视内外双循环平衡发展，充分利用共建“一带一路”和区域全面经济伙伴关系（RCEP）协定生效等带来的战略机遇，强化与中亚、东盟、非洲、阿拉伯等国家和地区的投资与合作。回首“一带一路”倡议提出至今10年间的发展，中国与沿线国家纺织品服装进出口贸易总额从1076.3亿美元增加到1404.9亿美元，累计增长30.5%，年均增长3%。2022年，我国对“一带一路”沿线国家出口纺织品服装1262亿美元，同比增长11.1%，高出行业对全球出口增速8.5个百分点（图1-9）。如表1-4所示，2013—2022年，中国纺织业对“一带一路”沿线国家的累计投资额达52.8亿美元，对共建“一带一路”国家累计投资57.7亿美元，分别占对全球投资总额（含对港澳台地区投资）比重的44.8%和48.9%，促进了国际化布局和纺织品服装贸易市场多元化，对“一带一路”沿线国家和RCEP成员国的出口占比呈现上升趋势。未来，中国纺织工业基于独特的优势将成为连接发达经济体与欠发达经济体之间的重要纽带，通过市场开拓与产业更新在全球纺织服装产业链中寻求合作共赢的新机遇与新格局。

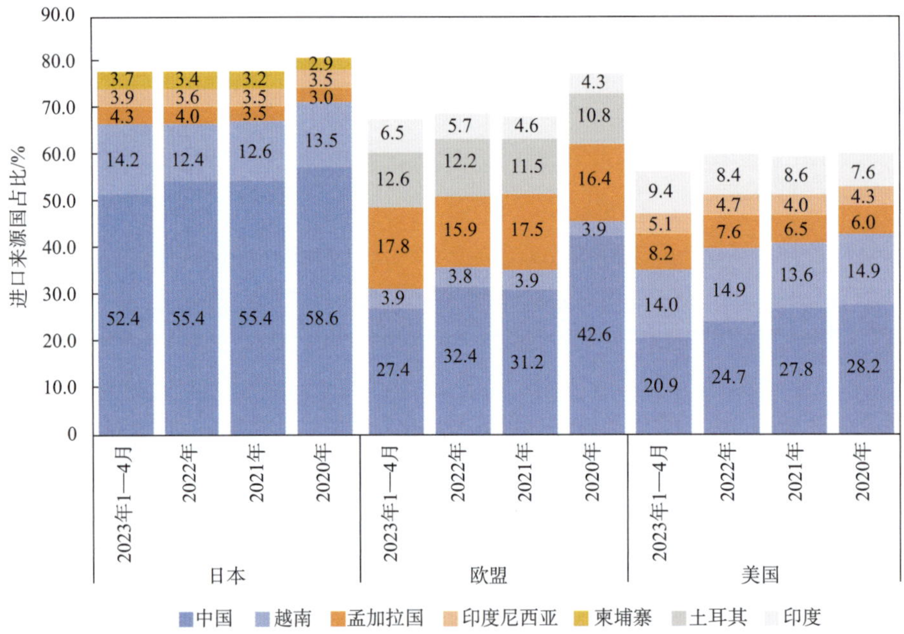

图1-7 2020年以来主要发达经济体纺织品服装进口来源国占比情况

资料来源：中国纺织工业联合会产业经济研究院。

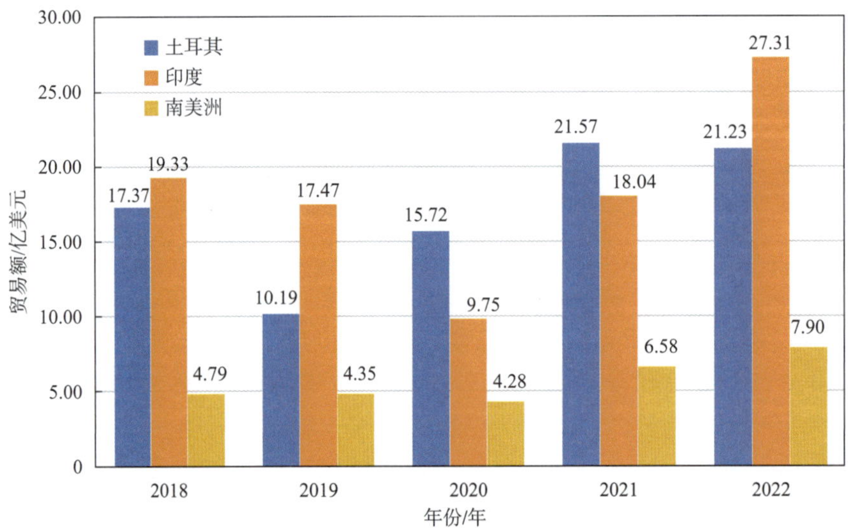

图1-8 2018—2022年海外部分国家和地区纺机设备进口情况

资料来源：联合国商品贸易统计。

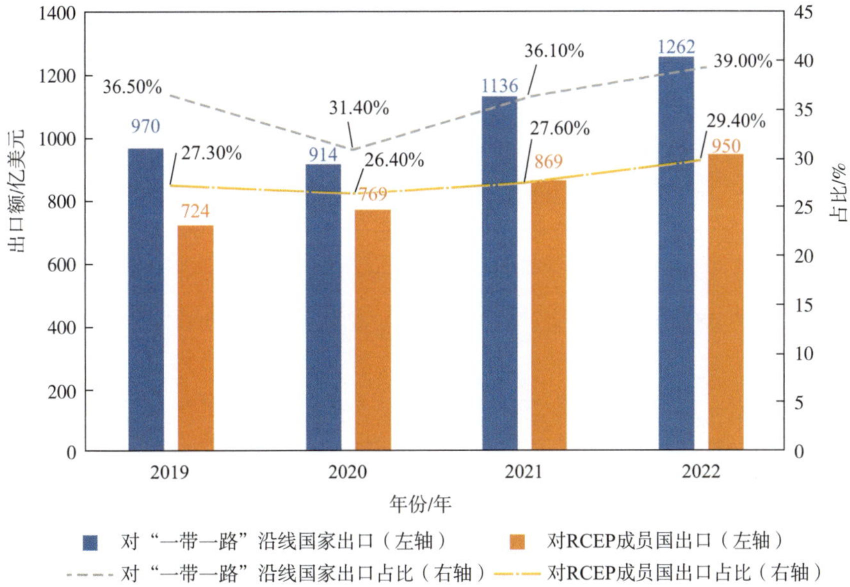

图1-9　2019—2022年我国对“一带一路”沿线国家和RCEP成员国出口情况

资料来源：中国海关，中国纺织工业联合会国际贸易办公室。

表1-4　2013—2022年中国纺织业对部分共建“一带一路”国家和地区累计投资额

国家或地区	投资额/亿美元	国家或地区	投资额/亿美元
中国香港	44.40	马来西亚	1.75
越南	21.99	巴基斯坦	1.24
新加坡	11.43	印度尼西亚	1.09
柬埔寨	4.75	塔吉克斯坦	0.95
埃塞俄比亚	4.13	乌兹别克斯坦	0.69
缅甸	3.04	孟加拉国	0.64
埃及	2.87	—	—

资料来源：商务部合作司非金融类对外直接投资统计，中国纺织工业联合会国际贸易办公室。

（二）品牌驱动的价值链

全球纺织工业的研发、生产、销售的价值链分工结构具有典型的“品牌和零售商驱动”特点，在价值收益和利润分配上处于显著有利地位。

一是全球知名的品牌商，如耐克（Nike）、飒拉（Zara）、优衣库（UNIQLO）等。品牌商的主要职能是创造维护品牌，进行产品研发设计，通过在全球范围内分包加工制造业务，对国际分工生产体系发挥协调作用。发达国家在品牌、零售、前沿技术等方面占据主导地位，在世界纺织产业链、价值链中仍具有强大竞争力。根据英国品牌金融咨询公司（Brand Finance）发布的2023年全球最有价值的服装服饰品牌50强数据，美国品牌Nike以313.07亿美元的品牌价值处于第一位，紧随其后的是法国路易威登（Louis Vuitton）（262.9亿美元）、法国香奈儿（Chanel）（193.86亿美元）、意大利古驰（Gucci）（178.39亿美元）、德国阿迪达斯（Adidas）（156.6亿美元）、法国爱马仕（Hermès）（141.65亿美元）、法国迪奥（Dior）（131.52亿美元）、法国卡地亚（Cartier）（125.38亿美元）、西班牙Zara（110.49亿美元）、瑞士劳力士（Rolex）（107.11亿美元）。其中中国上榜的服装品牌是安踏（Anta）、李宁（Li Ning）、波司登（Bosideng）等。具体如表1-5所示。

表1-5　2023年全球最有价值的服装服饰品牌50强分布

国家	品牌企业数量/家	占比/%
美国	14	28
法国	9	18
意大利	8	16
瑞士	3	6
德国	2	4
西班牙	2	4
中国	6	12
其他	6	12

资料来源：www.brandfinance.com。

二是发达国家的零售商，如美国沃尔玛（Walmart）等。零售商一方面拥有掌握发达国家消费市场的优势，另一方面注重利用全球产业分工体系为其提供货源，培育具有特色的市场竞争力结构。由于发达国家占全球服装衣着等产品消费市场较大份额，这类零售商通过向产品供应系统传递终端市场信息，通过选择货源提供地点和供货厂商，对产业分工体系和供应链运行产生重要作用。

三是为全球品牌和零售商承担供应链管理（Supply Chain Management，SCM）服务的企业。如中国香港利丰集团（Li & Fung），从单纯采购代理商转变为供应链管理者的企业，代表美国和欧洲零售商采购客户与全球数千家供货商建立网络关系，提供产品开发、采购、融资、运输、后勤和物流等服务功能，一方面与欧美众多采购厂商所有者和经理人员具有广泛联系，另一方面对亚洲各国供货商的生产能力、特殊技能、业务习惯有较多了解，依托对商品关键节点信息资源的掌控，对价值链运行发挥重要协调作用。

品牌与零售商受地缘政治、供应链安全以及消费即时性等因素影响，正在驱动全球纺织供应体系发生深刻变革，制造业分布格局将会变得越来越区域化，纺织消费品生产制造会趋向于靠近消费市场，特别是在短交期、小订单、定制化和高端奢侈品等方面有制造业回归倾向。

（三）技术驱动的创新链

在全球纺织产业协作体系中，以欧盟、美国、日本为代表的发达国家在世界纺织供应链中始终占有重要地位，其纺织服装产业发展重点是技术创新、时尚设计、市场营销和品牌管理，着重提高生产和销售高质量和高附加值产品的能力。

纺织材料、装备和工艺技术的进步对纺织服装产业的发展发挥着重要影响，发达国家和地区的跨国公司为占据国际市场，极其注重纺织原料和纺织装备的技术创新，依托高新科技研发与先进制造优势，发达国家在纤维、面料、纺织装备乃至纺纱、服装等领域的制造能力并未萎缩，反而保持稳定增长，在全球贸易格局中也仍占有重要地位，意大利、德国、美国2022年纺织品服装出口额分别为201.9亿欧元、108.1亿欧元和248.7亿美元，较2021年分别增长17.3%、7.9%和10.5%（资料来源：欧盟统计局、美国商务部纺织服装办公室）。发展中国家需要大力推动技术进步和提高全要素生产率，不断完善生产系统，提高设计能力，优化产品质量，积极参与跨国公司的全球生产体制，逐步提高其在行业分工体系中的合同制造商地位，避免导致“低端锁定”，掉入“全球分工陷阱”。

日新月异的数字技术正在重塑世界经济竞争格局，全球纺织产业地图也随之开始新一轮调整和重构。数字技术大大提高了纺织工业劳动生产率，实现了生产要素、加工制造、配套服务等产业资源的高效整合与高度共享，促进工业化制造与市场消费者的个性化需求的直接对接，从而促使纺织制造模式、生产组织方式及商业生态模式全面革新，纺织制造将向着柔性化、智能化、定制化及服务化加快转型，企业组织结构更趋向网络化和扁平化，资源整合向跨领域和网络化协同转变。值得关注的是，智能化纺织装备以及数字化运营管理技术进步，为发达国家深度参与纺织制造体系分工创造了更为有利的条件。

二、纺织科技创新

作为一个历史悠久的行业，纺织行业的科技进步与全球各行业同频发展，资源要素配置趋于绿色，技术要素配置趋于智能，创新要素配置趋于融合。信息技术、制造技术、材料技术、环保技术等相互交融，成为行业变革的重要动力。材料和装备是产业链创新的源头和先导，突破其关键技术成为纺织行业实现价值提升和高质量发展的重要抓手。

（一）引领全链创新的纤维材料

从全球来看，基因工程、高分子合成改性技术、纳米技术等诸多先进技术的综合应用，使得材料来源和性能正在发生革命性改变。以高性能、多功能、轻量化、绿色化为特征的纤维新材料为纺织行业价值提升提供重要路径。

加强差别化、多功能纤维材料的研发创新。随着分子结构设计、共聚、共混、复合等多种技术手段的不断优化，集原位聚合、在线添加、纤维形态控制的多重改性于一体的工程技术体系初步建立，常规纤维的功能改性由单一功能向双功能甚至多功能复合改性方向发展。进一步丰富功能性纤维产品结构，提升其性能和品质稳定性，拓展其应用领域。着力开发高仿真、高保形、舒适易护理、阻燃、抗静电、防紫外线、抗（抑）菌、相变储能、光致变色等功能性及复合功能化学纤维。

加快生物基化学纤维和可降解纤维材料的发展。提升生物基化学纤维单体及原料纯度，加快稳定、高效、低能耗成套技术与装备集成，实现规模化、低成本生产。研究莱赛尔纤维、聚乳酸纤维、生物基聚酰胺纤维、聚对苯二甲酸丙二醇酯纤维、聚呋喃二甲酸乙二醇酯纤维、海藻纤维、壳聚糖纤维等规模化生产关键技术，开发高品质差别化产品，加强应用技术开发。研究离子液体溶剂法（ILS法）、低温尿素法等纤维素纤维绿色制造技术。研究开发聚丁二酸丁二醇酯、聚羟基脂肪酸酯等对人体亲和的生物可降解脂肪族聚酯纤维。

研究废旧聚酰胺6再聚合及纤维成形技术、细旦再生丙纶加工技术；突破废旧聚酯、聚酰胺纺织品化学法循环再生，废旧腈纶、氨纶的循环再利用，废旧棉等纤维素纤维纺织品清洁再生与高值化利用。

（二）推动产业升级的先进装备

科技创新正在改变全球产业发展的“生产体系”。数字技术、能源技术与纺织技术、装备制造技术的协同演进与融合，推动生产方式的智能化、绿色化转型，纺织产业链、供应链进一步提质增效，实现业态升级与价值延伸。

未来应加快纺织全产业链智能化、绿色化关键装备和先进技术的研发和应用，重点发展纺织绿色生产装备，包括生物基纤维、可降解纤维、再生纤维等绿色纤维生产装备，低浴比间歇式染色装备、少水印染设备、非水介质染色装备、连续式针织物平幅印染生产线、高速数码直喷印花机等绿色印染装备，纺织装备新型能源管理系统。

发展纺织智能加工装备，包括全自动转杯纺纱机、喷气涡流纺纱机、数字化高速无梭织机、全自动穿经机、立体织造成型装备、高速经编机等纺织短流程和自动化装备，纺织专用机器人，纺织智能监测系统等，进一步提质增效，提高产品生产附加值。

发展高性能纤维及高技术纺织品加工装备，大丝束碳纤维、万吨级芳纶 1414、超高分子量聚乙烯等高性能纤维生产成套装备，绳网、纤维复合材料成型装备，个体防护医卫用材料、工业用材料和战略新材料等的成套装备，保障重大工程实施，满足国家战略需求。

（三）优化产业结构的高技术纺织品

科技创新正在改变全球产业发展的“产品体系”，推动纺织产品结构进一步优化调整，高技术纺织品成为产业高端化、前沿化发展的重要载体，既可满足产业结构升级的需求，也是支撑国家战略需求的重要力量。

未来要进一步加强共性基础技术研究，开展非织造布纺丝、成网、成型基础研究，提升特种纤维成网和可生物降解聚合物纺丝成网技术稳定性，推动纳米、微米纤维非织造布技术产业化；完善产业发展链条，开展非织造布专用聚丙烯切片、可生物降解材料、专用纤维、专用助剂等开发，开发纺织柔性材料功能化、绿色化整理技术和复合技术。

加快产品结构升级，拓展高技术纺织品在医疗健康、海洋工程、高效过滤、安全防护等领域的高端化应用。发展环境友好产品，提高天然纤维、再生纤维素纤维、木浆、聚乳酸、低（无）挥发性有机物（VOCs）含量胶黏剂的应用比例，推广可降解一次性卫生用品和可重复使用产品。加大智能纺织品开发推广，实现纤维基柔性传感织物的工业化生产，提升柔性传感材料可靠性，开发能量采集与储存、数据传输与信息交互技术；开发推广体育运动、医疗健康、安全防护用智能可穿戴产品；拓展智能纺织品在土工、建筑、过滤等领域的应用。

三、数实融创赋能

数字经济是以数字技术为基础、以信息资源为核心、以数据驱动为手段的经济形态，对全球经济结构产生深刻影响，推动商业新场景、新业态和新模式不断涌现，是百年未有之大变局中的关键变量，是未来世界纺织经济的新红利。把握新一轮科技革命和产业变革的战略新机遇，有利于推进世界纺织产业升级和转型，提高经济增长质量和效益，其主要应用领域包括研发设计、生产制造、运营管理、市场营销和智能产品等。

（一）研发设计的创造驱动

数字化研发设计能够加速创新、提升效率、提高质量，更好地满足市场需求。通过建立算法模型分析市场趋势、消费者偏好和产品性能数据，更好地了解消费者需求和购买行为，实现数据驱动的研发决策，帮助企业开发更符合市场需求的产品和服务。人工智能生成内容（AIGC）为时尚产业带来创造力革命，根据专业知识、流行趋势和时尚零售数据训练的大模型，能够在极短时间内生成纺织产品图案和仿真样衣，极大地丰富设计师的创意灵感和创新素材。计算机辅助设计软件创建精确的设计模型，展现纺织品的结构、颜色和图案，提高设计效率和设计质量。采用3D打印快速制作设计原型，加速设计验证和样品制作过程。通过虚拟现实或增强现实技术实现远程同步多方协同交互设计，并通过虚拟试穿等进行设计效果评估，提高供给与需求的沟通效率和设计效果。通过建立纤维材料的数据标准和数据模型，利用人工智能生成技术实现复杂高分子材料的数字化设计，研发过程更加可控和高效。产品全生命周期管理系统提供企业内外部团队数据共享和协同作业的研发管理平台，建立从概念到零售的全产品生命周期业务流程，协调产品战略和运营策略，运用数字技术准确、动态地制订商品计划、产品组合和配补货计划。

（二）生产制造的提质增效

以数据为基础，以工艺、系统、装备为核心，以制造单元、车间、工厂、供应链为载体，通过自动化生产线、数字孪生技术和自适应生产等方式，构建虚实融合、知识驱动、动态优化、安全高效、绿色低碳的智能制造系统是未来的发展方向。自动化生产线采用自动传送带、机械臂和机器人来自动执行生产过程，提高生产效率和一致性，减少人为错误。通过物联网技术（IoT）在生产设备和机器中嵌入传感器采集生产数据，实时监测其状态和性能，并利用数据分析和机器学习识别生产效率瓶颈、预测设备维护需求，减少停机时间和维修成本，提高生产流程管理效率；智能生产计划系统利用传感器和实时数据分析，进行生产线排产调整，适应客户订单与生产需求变化；采用数字孪生技术创建虚拟工厂的数字化副本，模拟生产过程并优化生产计划，预测和解决潜在质量问题，减少生产故障。使用传感器和图像识别技术监测纺织品的质量，自动化进行产品分类和次品处理。自动化仓储和物流技术采用自动化机器人来管理原材料和成品的存储、检查、装载和卸载，以提高库存管理和物流效率。

（三）运营管理的优化决策

利用云计算、大数据分析和数字化供应链管理等技术与工具，提高企业运营管理能力，实现降本增效。利用云计算平台，实现供应链、库存、销售和财务等数据的集中管理、可访问性和共享，通过大数据分析工具，识别现状洞察趋势，更好地了解生产和市场情况。建立综合性企业资源计划（ERP）基础信息管理系统，整合生产、财务、人力资源和销售等各个部门的数据，提高协同工作效率和决策制定质量。建立数字化供应链管理系统，实时监测原材料采购、制造、物流和库存管理等供应链活动，提高可视性、协调和响应速度；通过电子采购平台，与供应商达成更快速的采购决策和成本优化；利用数据分析和自动化系统，减少库存成本和提高库存转化率，实现库存管理最优化。

（四）市场营销的价值倍增

数字营销在客户管理、内容管理和渠道管理等方面高速发展，新数字运营、新数字内容和新媒体营销构成全域数字化营销时代，有效提升客户的参与价值、体验价值和交换价值。客户管理：建立全新的客户关系管理（CRM）系统，管理客户数据、互动和反馈，围绕客群进行消费者全生命周期和市场营销数据分析，调整营销策略和方案，提供更适配的客户支持和个性化服务。数字技术不仅能够支持消费者个性化、定制化服务，而且通过柔性供应链，助力品牌降低库存，提升商品周转效率。内容管理：基于社交媒体的病毒传播，更加符合新消费群体的生活方式，已成为最有效的品牌营销推广平台。利用数据分析和人工智能技术，定位目标受众，节约搜索时间，改善购物体验；采用AIGC创建文章、图片、音乐、视频等不同形式的价值内容，吸引并建立客户信任；根据客户行为和偏好创建定制广告，采用AI数字人进行影响力营销，增加品牌知名度和产品推广效果；利用仿真模拟技术和AI技术，创新购物场景和服务体验。渠道管理：电子商务平台提供便捷线上销售渠道和丰富的购物体验，已成为纺织服装主要销售渠道；快速发展的跨境电商将市场扩展到全球范围，以希音（SHEIN）为代表的时尚科技跨境电商，从产品出口为导向高速扩张，逐步实现产品研发、供应链管理、市场营销的全球数字化运营。

（五）智能产品的美好体验

数字化智能纺织品是在纺织品中嵌入各种传感器，用于测量环境条件、监测身体参数等，并与智能手机、平板电脑或家庭网络等智能设备通信连接，以提供实时数据，用户通过相应的应用程序与产品互动，进行远程监控或控制，实现更智能化、便捷化的体验。可穿戴技术产品包括智能服装、智能手环、智能眼镜等，产品内嵌传感器和连接性，用于监测身体参数、健康数据和提供实时信息反馈。智能家居纺织品包括智能窗帘、床上用品、桌布等，产品与智能家居系统集成，实现远程控制和自动化，例如，家用纺织品中的温度传感器可用于监测温度变化，向用户发送警报；智能窗帘可以根据天气和时间自动开合，提高家庭能效。利用机器学习和人工智能技术，智能纺织品通过学习用户习惯和偏好，提供更个性化的体验。例如，智能床上用品可以根据用户的睡眠模式自动调整硬度。

（六）公共平台的服务支撑

中小企业是世界纺织工业的主要组成部分，数字化专业公共服务平台能够为纺织行业提供共享资源、促进合作和技术支持，提升行业或区域创新水平，提高市场竞争力。资源共享：提供共享的数据库和知识库，包括行业标准、技术文档、设计模板等，供设计师、生产商和供应商使用；数据分析和趋势预测：收集和分析行业数据，提供市场趋势和预测的报告帮助企业做出战略决策和规划，把握市场机会；供应链协同：平台集成信息和数据，实现供应链的透明度和协同，供应商、制造商和物流商可以实时共享订单、库存和物流信息，提高供应链的可视性和响应速度；创新合作：设计师、制造商和科技公司之间的合作，共同开发和推广创新产品和技术；培训和教育：提供培训和教育资源，包括在线课程、培训材料和专家指导；政策支持：提供政策和法规的信息和解读，政府支持的项目和资金申请的信息，帮助企业了解和遵守相关规定，促进企业的发展和创新。

四、时尚消费趋势

在产业经济转型、生产方式变革与生活方式变迁的共同影响下，在技术进步与融合、文化解码与创新、绿色发展与改革的推动下，未来的全球时尚产业，将朝着更加“智性”、更加“柔性”、更加“感性”、更加“善性”的方向迈进，展现未来时尚产业链的协同共生与智慧再造、时尚文化的传承创新与跨界融合，以及绿色时尚传递的共性价值体验。

（一）智慧驱动的时尚

“智性时尚”通过智能技术、智能材料与功能性设计，构筑元宇宙的时尚新生态，为时尚消费者提供多元、交互的增值产品与服务，使得时尚产业链呈现高效、智能的数智属性，不仅扩展了时尚产业的创新性和多样性边界，更为品牌传递了新的价值观和品牌形象。

随着服装制造工艺的集成、传感等关键技术发展，智能导电材料、相变储能材料、智能凝胶材料、智能变色材料、形状记忆材料等纺织新材料能够产生奇特的光影效果、独特的色彩变化、丰富的纹理和质感，赋予时尚产品独特的外观、触感和想象空间，创造艺术与科技相结合的穿着感官体验，引发人们的共鸣和思考，使时尚消费者获得内在的情感体验和精神满足。

飞速发展的生成式人工智能技术将通过创造力提升，在产品研发、营销传播和消费者体验等方面产生深刻影响。据麦肯锡分析，未来3—5年，生成式人工智能技术将帮助服装、时尚及奢侈品行业的营业利润创造1500亿美元的增量，乐观估计可高达2750亿美元。元宇宙技术将重新构建时尚消费者的身份、感官、意识形态等个人属性，通过视频游戏、虚拟商店、虚拟时装秀与在线购物、虚拟模特和数字时尚编辑等全新的虚拟时尚生态为时尚品牌提供炫酷的营销新方式。

（二）柔性提升的时尚

作为全球时尚产业的一种战略方向，柔性时尚不仅是商业策略，更是一种文化变革和市场趋势，在供应链转型、消费叙事和营销方面具有重要作用，不断帮助企业提升敏捷、柔韧和强适应能力。

未来时尚供应链将不断提升韧性与柔性，将具备快速配置资源、完善柔性制造和广泛分销的能力，将成为时尚品牌的优先事项。通过供应链数字化生态平台建立“数据集成—实时可视—智能分析—快速决策”的高效闭环，按市场需求实现柔性生产、动态交付、库存周转平衡，生产交付周期可缩短至7~14天；建立产品生命周期管理系统，实现人体数据采集、虚拟试衣、样板和工艺的自动生成、柔性加工生产的无缝连接，形成了数据驱动的服装精准设计研发新模式；采用大数据与人工智能技术研发服装制造的精益生产解决方案，探索建立柔性供应链标准，提高供应商管理质量效率。

时尚品牌将更多采用涵养消费的柔性方式，通过凸显品牌的叙事力量与消费者互动，把每一个信息接触点转化为发展机遇。随着“耳朵经济”的兴起，声音叙事成为品牌泛文化内容新宠，围绕品牌资产、时代议题、商业战略等建立平等对话的精神栖息地，输出品牌价值主张；具备“知识分子”底色的媒介形式在品牌传播中起着重要作用，文化沙龙和品牌播客等通过搭建平台，分享知识、经验和见解建立与消费者的联系。通过与奥运会、慈善公益活动等各种群体和事件的合作，不仅表明品牌的专业性和多元性，更体现其对时代精神和社会进步的关注，获得消费者价值共鸣。

时尚品牌借助直播带货、内容种草和快闪店等活动，以更精准和多元化的柔性营销策略，与消费者实现互动。互联网时代，社交媒体和社会化知识社区成为品牌吸引社群成员的重要平台。时尚品牌利用创意内容和视觉美感来吸引社群成员对品牌的持续关注和分享，通过热点话题和策划活动，将线上社交渗透到线下场景，将社交互动从简单的“社交声量”转变为“社交增量”，实现获客成本降低和营销效果提升。

（三）感性激发的时尚

未来时尚的美学亦是时尚的感性学（Aesthetics），时尚品牌将越来越注重建立在感性决策中完成的心智塑造，更加注重满足用户的情感、审美、文化认同等消费心理和社会性需求，从购买动机上看，实现从“需要”到“想要”；从价值选择上，注重从“理性价值”到“感性价值”，基于消费者的主观感受和判断，强调个性体验、情感共鸣和品牌价值。

感性时尚具有丰富的时尚场景和情感表现力。其一，不断促进各国历史传统文化的“复古尚新”，重视传统手工艺的活态传承，及其在时尚品牌中的创新性发展和创造性转化。其二，不断顺应消费文化层面的“悦己愉心”，满足更具自然舒适性、品质化、个性化的消费偏好；同时，以各国文化为背景，将进一步凸显个性化定制的设计风潮。其三，不断加速跨界文化的合作融合，在情感共鸣与品牌形象共建层面，建立多重内涵、无限可能的时尚品牌人格体。可以预见，“感性时尚”向内的寻找与纵深的发展，将助力全球时尚企业定位核心价值中枢，有效进入消费者心智模式，加速裂变品牌自身的经济价值、形象价值、服务价值和社交价值。

（四）绿色进化的时尚

可持续时尚，既是时尚品牌文化的内在革新，也是与自然环境的握手言欢。随着对环境和社会责任的关注度的提升，全球时尚品牌将更加强化自身的发展意识，将可持续性纳入核心战略，并持续强化实施。

时尚企业将进一步实现供应链端到端的可见性和透明度，便于消费者能够作出更明智、更可持续的购买决策，同时积极改善其环境和社会绩效，并与利益相关者建立可信赖的关系。通过独特的创新性数字ID或区块链技术，建立从原材料采集到成品制作的全程供应链可追溯服务及身份认证；建立并不断完善供应商可持续发展管理体系，与供应商共同建立并维持安全、健康、合规的雇佣关系与生产环境，打造环保、健康、安全、高效的绿色供应链共生平台。

全球著名时尚品牌相继以“碳达峰、碳中和”目标为牵引，制订环保战略，建立ESG评级，再生与可回收材料应用、可持续低碳环保产品设计、生态门店和淘汰一次性包装等方式，与消费者建立更紧密的可持续责任关系，不断强化品牌可持续时尚能力和开放创新生态，推动负责任的可持续时尚。与之对应，绿色消费的时尚生活方式在消费者中兴起，美国二手服装交易网站ThredUp的一份报告显示，65%的“Z世代”希望实践可持续的购物方式，选择更耐用的服装。Zara推出Zara Pre-Owned转售服务，以便其客户可以出售、捐赠或修复旧衣服；希音在美国推出了二手转售平台SHEIN Exchange，允许客户交易二手服饰。

未来，通过开展可持续时尚融合当代消费审美的创意实践和商业模式，如生态设计展、虚拟时装秀、零碳商店、回收计划等，全球时尚品牌的绿色供给，将与绿色消费的时尚生活方式加速融合，向消费者传递品牌生态哲学和消费价值观，促进产业价值与生命世界的和谐交融，赋予绿色发展以“生活”之美。

五、绿色持续发展

绿色发展是顺应自然、促进人与自然和谐共生的发展，是用最少资源环境代价取得最大经济社会效益的发展，是高质量、可持续的发展，已经成为各国共识。面对全球气候变暖加剧、生物多样性衰减加速、生态环境恶化严重、能源资源短缺凸显等一系列问题，推动工业绿色变革，意义重大、影响深远。作为世界工业的重要组成，纺织产业实现绿色发展，要着力推进全链条低碳化、资源利用循环化、生产制造绿色化、绿色服务专业化发展。

（一）产业发展低碳化

作为世界工业的母亲行业和重要组成，世界纺织行业已今非昔比，产业规模宏大，供应链复杂多样，涵盖了纤维生产、纺纱、织造、整理、染色、印花、服装制造等多个领域，在推动全球经济社会发展中发挥着重要作用，但也给全球环境治理带来了挑战。目前联合国环境规划署、国际能源署、麦肯锡等机构的研究结果显示，全球纺织行业每年的二氧化碳排放量占全球碳排放总量的4%~10%。可以看出，全球纺织行业的低碳可持续发展，对全球气候变化治理具有重要现实意义。

面对越发严峻的气候变化形势，减少二氧化碳排放越来越成为世界各国和地区的共同责任和战略措施。近年来，提出碳中和目标的国家和地区越来越多，与此同时，这些国家和地区也在加快制定一系列推动气候治理的政策和法规，以确保气候目标的实现。例如，欧洲通过了“碳边境调节机制”议案，旨在通过征收碳关税来调节进口商品的碳排放；美国推出了《清洁竞争法案》草案，计划对高碳排放的进口产品和本国产品征税；跟随并采取类似的进出口碳税政策的国家和地区数量在不断增加。这些政策和法规既给世界纺织产业推进气候变化治理带来重大机遇，也在深刻影响着世界纺织产业的发展。

应对全球气候变化，推进世界纺织产业低碳化发展，需要全链条、各领域协同推进。未来产业低碳发展的重点领域主要包括以下五方面：一是优化能源结构、提升清洁能源消费是低碳发展的核心关键，为替代或减少煤炭、石油等化石能源消费，太阳能、风能、地热等先进能源技术及装备应用需求会规模化增长，应用领域和场景也将加速拓展。二是低碳材料的需求将快速增长，生物基合成纤维、海洋基可降解纤维、循环再生纤维等新型可持续材料的技术研发与应用，将成为低碳材料技术创新的重点领域。三是为降低产品和企业的综合能耗水平，以低能耗、低排放、高效率为特征的纺织设备、纺织工艺、纺织技术等的市场需求将会持续加大。四是管理在节能、减排、增效等方面作用显著，把握新一代信息技术发展的时代机遇，推动能源管理数字化、智能化发展是大势所趋。五是废旧纺织品的循环利用是产业实现减碳减排的重要领域，建立健全废旧纺织品回收利用产业体系是各国面临的共同课题。

（二）资源利用循环化

在资源枯竭、环境污染和气候变暖等全球性问题日益突出的今天，在环境保护与经济发展之间寻求一个均衡的模式尤为迫切且重要，而循环经济正是一种有效模式。循环经济实现了从利用自然资源增长到依赖再生资源增长的转变，在提高资源利用效率的同时，也有效减少了环境污染，是用发展的办法实现经济发展和环境保护的有机统一。正因如此，循环经济逐渐成为全球发展大趋势，是实现可持续发展目标的有效路径之一。

纺织产业是典型的资源依赖型和环境敏感型行业。据统计，每年全球纺织服装行业需要消耗9800万t的不可再生资源和约930亿m^3的水资源。据预测，2050年全球纺织纤维加工量将达到2.53亿t，与之对应的是，规模巨大的废旧纺织品数量也将快速增长。面对废旧纺织品数量规模化增长带来的环境压力和巨大需求增长下的资源供给短缺问题，纺织行业要实现可持续发展，必须走循环发展之路。

推动纺织行业循环发展，需要多措并举。循环设计是产业循环发展的首要环节，涉及产品的选材、生产、使用和回收利用整个生命周期，能够从源头减少资源消耗和废弃物的产生。循环设计理念能否深入人心、落地应用，需要企业、行业组织、政府机构等多方的持续努力，也需要一批又一批循环设计人才的实践。材料是纺织产业循环发展的基础，再生天然纤维、再生合成纤维以及新型可再生纤维等所属领域的发展正迎来历史性的机遇期。能源资源循环利用水平是产业循环发展能力的重要特征，提升企业能源资源的循环利用水平，需要技术、生产、管理等多领域协同并进。废旧纺织品是产业循环发展的重点，提升废旧纺织品的利用能力和水平，要聚焦关键技术瓶颈、完善的产业体系、有效的商业模式、绿色价值的市场转化机制等，推动形成供需互促、产销并进的良性循环。

（三）生产制造绿色化

在气候变暖、地缘政治、大国博弈等影响下，绿色复苏成为全球发展的主基调，各个国家开始推行以“绿色转型、保护环境”为主题的战略规划或行动计划，如欧盟推出了《欧洲绿色新政（2019）》《欧洲新工业战略（2020）》《新循环经济行动计划（2020）》等，中国推出了《工业领域碳达峰实施方案》《“十四五”工业绿色发展规划》等。推动工业绿色发展，正从一种理念变成全球发展的实际需求和具体行动，成为各国谋求经济发展与环境保护双赢的共同选择。

顺应工业绿色发展大势，推动纺织产业实现绿色发展，关键在于能否建立纺织产业绿色制造体系。推动制造体系绿色化发展，离不开绿色技术的有力支撑。绿色技术的重点领域包括无水/少水印染加工技术和装备，熔体直纺、印染短流程等节能技术，废水资源化、废旧纺织品循环利用新技术，有毒有害化学品替代技术，生物基纤维等新型绿色纤维技术以及废旧纺织品循环再利用技术等。各国应围绕产业实际和现实需求，建立并完善绿色纺织生产技术体系和有效的应用推广机制。生产清洁化转型也是制造绿色化的重点任务，主要包括积极推行源头减量、过程控制和末端高效治理相结合的系统减污理念，大力推行绿色设计，减少有害物质源头使用，削减生产过程污染排放，升级改造末端治理设施。把握新一轮信息技术发展机遇，以数字化转型驱动生产方式变革，赋能绿色制造。重点推进工业互联网、大数据、5G等先进信息技术在能源管理、资源管理、环境管理等领域的应用。

（四）绿色服务专业化

不平衡发展和相对平衡发展是世界发展的主基调，纺织产业亦不例外，不同国家和地区在纺织产业的发展规模、科技创新、产品贸易、品牌发展等方面差异显著，主要基于各国在产业发展所需的土地、技术、资本、劳动力等资源禀赋不同，也有发展时代、国际环境等方面的影响，以及与产业发展密切相关的公共服务支撑能力的差异。行业公共服务，涵盖产业政策、技术创新、行业标准、人才培育、投资融资、国际合作等多领域，在推动产业快速发展和企业服务方面具有无可比拟的优势和重要作用。当前，全球纺织产业正朝着形态更高级、分工更复杂、结构更合理方向加速演进，所需的行业公共服务正趋向专业化、体系化、平台化发展。

在绿色发展潮流下，纺织行业想实现绿色转型升级，需要行业绿色低碳公共服务的有力支撑。各国需面向产业发展需求，建立并推动各类行业服务平台发展，聚焦绿色设计、绿色材料、绿色技术、绿色标准、绿色金融、信息披露等领域提供专业性服务，引导并支持企业绿色发展。技术是绿色发展的关键支撑，行业服务要聚焦绿色共性技术的突破、先进技术的推广应用等。标准既是产业发展的基石，也是产业发展的方向，行业服务要做好节能、节水、清洁生产、污染排放等方面的标准制度修订，也要围绕气候变化、生物多样性等领域，做好基础通用标准、新兴领域标准、共性关键技术标准建设。社会责任建设是行业服务的重要内容，需积极开展社会责任的信息披露、绩效评估与能力提升的专业服务供给；同时，也需紧跟全球社会责任发展趋势，如ESG发展势头迅猛，做好跟踪研究、服务创新和工具开发等工作。

（撰稿人：中国纺织信息中心　李斌红　赵永霞　李　鑫　王晴颖　宋秉政）

科技篇

SCIENCE & TECHNOLOGY

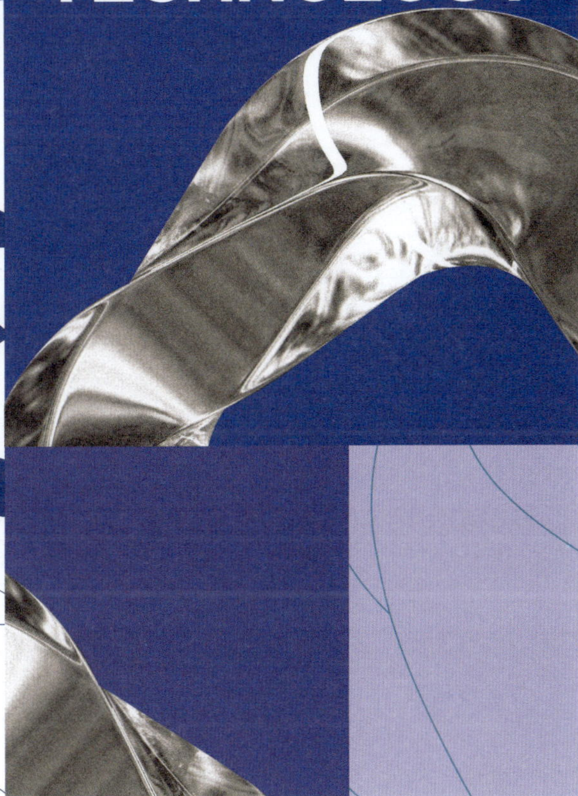

执行主编 宋富佳

副 主 编 赵永霞

特邀专家

朱美芳（院士） 徐卫林（院士） 陈宝建 Cornelia Buchwalder
董奎勇 Giorgio Calculli 侯 曦 Johann Philipp Dilo 柯勤飞
陶肖明 Thomas Oetterli 汪建根 王宏志 王 勇 闻力生 张文涛

研究及编撰人员（按姓名首字母排序）

毕思伊 曹文娜 陈 佳 陈培培 陈小丽 韩俊霞 胡吉永 李 鑫
林建龙 刘长江 刘 丹 刘凯琳 刘 正 马 磊 孟粉叶 潘建华
覃 晓 沈亚萍 宋富佳 王佳月 王 宁 王新力 吴明华 谢 然
杨雨心 翟燕驹 张露杨 张 曼 张 娜 张 勇 张雨彤 赵永霞
周长年

第一章　世界纺织科技发展现状

新一轮科技革命和产业变革正在加速推进，两者叠加效应明显。一方面，学科多点突破、交叉融合趋势日益明显，信息网络、生物科技、清洁能源、新材料与智能制造等领域呈现群体跃进态势，不断催生新产业、新模式、新业态；另一方面，世界主要国家都在加快布局新产业、新业态，通过加大科技创新投入，充分利用科技革命和产业变革机遇，加快培育新动能，以抢占未来经济和产业竞争的制高点。相关研究表明，从现在到2040年前后，将是新科技革命孕育发展的关键时期，将会带来世界发展格局的深刻变化。

绿色化、智能化、高值化是纺织科技发展的关键词，主要涉及纺织品回收再利用、纳米材料、高性能材料、生物基材料、先进加工技术及装备、环保化学品和工艺、数字化设计与生产、智能纺织材料及智能纺织品、高技术纺织品等具体领域的创新。以下将重点围绕这些领域进行深入阐述。

一、纺织装备新进展

（一）化纤设备

除了产品优质、高效生产、灵活柔性、降本增效、安全节能、精确可靠等这些传统的关注点，在数字化、智能化的大发展背景下，化纤产业正做出与时俱进的布局和调整。自动化、数字化、工业物联网解决方案是化纤工业实现智能化发展的重要支撑[1]。机器换人加速推进，不仅带来了制造成本的下降，而且使生产更加稳定。数字化和可持续发展正重塑发展格局，化纤装备的创新也完全印证了这一点。

1. 纺丝及后加工设备

欧瑞康纽马格（Oerlikon Neumag）在国际纺织机械展览会（ITMA）2023上首推的涤纶短纤生产工艺EvoSteam舍弃了传统的水浴牵伸工艺，转而通过导丝辊和脉冲喷嘴协同实现精准给湿，具有显著的节水、节能、减少添加剂使用等特点，同时还能提高生产线的安全性和清洁度（图2-1）。EvoSteam工艺的牵伸点由垂直的蒸汽幕精准控制，点位稳定，可有效减少丝束中纤维间产生的摩擦，纤维品质更均匀、强度更高。据介绍，与之前的工艺相比，利用该工艺生产效率可提高12%，节能8%，废弃物减少50%，节水25%，总体运行成本

图2-1　EvoSteam涤纶短纤生产设备

更低，环境友好性更佳。目前其单线产能可达225t/d，未来将进一步提高至250t/d。其他特点还包括：模块化设计，标准化程度高，安装灵活[2]。

瑞士Retech公司是化纤热处理和牵伸领域的专家，其在导丝辊温度管理方面的创新具有精确、可靠、易操作等特点。该公司在导丝辊设计中融入节能技术，通过感应、红外线或电阻等方式进行单区或多区加热，可以精确控制温度，保证纤维加工效果和高能效。除了节能电机和能源优化加热器，Retech为其热辊配备了额外的测量元件，以便采取预防措施，保证热辊具有长使用寿命和低维护成本，以减少机器停机时间和废品率。针对碳纤维等的低速加工，为了确保设备稳定运行，Retech开发了一种新的驱动系统，取消了目前行业普遍使用的连接轴承、齿轮和电机的联轴器，其新一代热辊将轴承、变速箱和电机作为一个单元，根据对速度、扭矩和变速箱角度的要求，可提供模块化系统，并根据客户的需求组装。

欧瑞康巴马格（Oerlikon Barmag）推出全新一代WINGS FDY FLEX卷绕系统，这也是全球第一款广泛适用于各种rPET纤维的WINGS FDY卷绕系统（图2-2），除了具有WINGS系统一贯的高能效、易用性、更低废品率、纤维质量卓越等优点，更具有突出的柔性化特点：一是适用于多类产品的加工，如半消光、全消光和三叶有光丝以及阳离子可染色、原液着色、再生涤纶等；二是可加工长丝的线密度范围更宽泛，为30~150D，单丝线密度为0.6~3dpf，为多种应用的产品加工开辟了可能性，可帮助用户根据多变的市场需求及时做出调整。

图2-2 WINGS FDY FLEX卷绕系统

日本TMT机械株式会社推出的新型DTY设备ATF-G1，最多480锭，5层配置，机身更低矮（13920mm×3550mm），可显著改善操作性及空间利用率，有助于降低工厂运营成本，节能达20%。

欧瑞康与布鲁克纳（Brueckner）集团的合资公司BB Engineering推出JeTex空气变形丝机（图2-3），可以显著提升化纤长丝的附加值。其亮点表现为：系统灵活，可根据纤维品种及用户需求设计，包括产能、喂入纤维及其线密度、成品纤维及其线密度、变形效果等，设备A、B面可独立运行。可加工原丝：PET、PA6、PA66、PP等纤维的POY和FDY；喂入纤维线密度：30~600D；成品丝线密度：60~1600D；最高超喂速度：1200m/min（具体视喂入纤维的品类与品质、喷嘴型号等情况而有所差异）[2]。

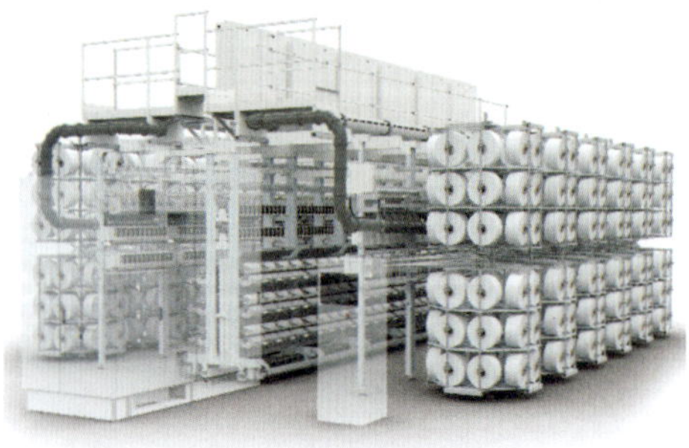

图2-3 JeTex空气变形丝机

对于使用空气包覆机生产110~300dtex长丝纱的生产商来说，其最大的挑战是确保网络点牢度。与氨纶混纺的纱线在后道加工中会承受较大张力，合成纤维长丝用空气网络喷嘴和空气变形喷嘴的领先供应商Heberlein推出的APh喷嘴芯解决了这一问题，可确保纱线的最佳表现，且对低F数长丝的效果尤为明显。

APh系列喷嘴芯采用创新设计，满足了纬编、经编、机织等下游工艺对网络点牢度的高要求。针对APh212和APh213喷嘴芯的广泛测试表明，当纱线负载为1cN/dtex时，网络点牢度可达100%，这能够提高下游设备的运行速度，显著提高生产率；或减少浆料使用，从而对成本和环境产生积极影响。ITEMAT测试结果显示，当负载为1.3cN/dtex时，网络点牢度显著提高（测试样品167dtex/36F PES，设备运行速度800m/min）。

APe系列是该公司新推出的另一系列空气网络喷嘴芯，据测算可节约高达15%的压缩空气消耗量，实现了“即插即用”——可迅速、便捷地替换现有喷嘴，无须调整工艺参数，成本节约效果立竿见影。该系列喷嘴芯兼容于所有SlideJet-FT15-2和SwissJet系列喷嘴外壳[3]。

2. BCF 纺丝设备

特吕茨施勒（Trützschler）推出新一代细旦6尾地毯纱生产系统MO60（图2-4），其主要技术参数包括：适用于加工PP、PA6、PET的单色地毯纱；位距：2500mm；纺丝头位数：6；挤压机数量/生产线：1；纺丝位数量/生产线：1~2；单线产能：9.5t/d；纺丝组件类型：矩形，上装式；喷丝板尺寸：240mm×109mm；组件/纱线头数：1；孔数：最多700；线密度范围：700~1500dtex，6~10dpf。与上一代MO40相比，MO60单线最高产能提高近30%，固定及可变成本降低1/3[2]。

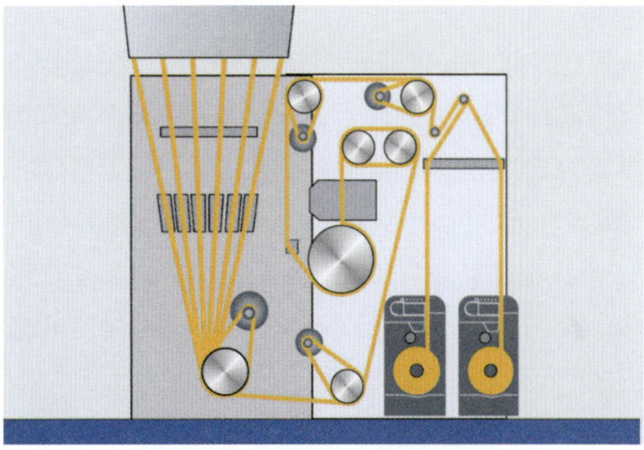

图2-4　MO60 BCF纺丝系统

随着混色地毯的流行，市场对灵活配色系统的需求越来越大，欧瑞康纽马格关注到这一趋势，其基于BCF S8开发了一款可生产不同混色度或分色地毯纱的设备——三色BCF S8（图2-5）。该设备的核心技术为一种更加灵活、分色更加均匀的CPC-T装置，在变形工艺之前每种颜色直接进行压实，以免变形或网络化过程中不同颜色混杂在一起。采用这种技术，每种颜色有独立可控的气压（0~0.6MPa可调），可基于3种基本色加工超过20万种不同色调的地毯纱。如此，不同色彩可复现于地毯中，在视觉上呈现出多样化色调。CPC-T不仅被赋予了一种新的设计，同时被装配于更加便利的位置——变形头上方。工艺变得更快、更稳定。当生产必须从混色丝转变为单色丝时，CPC-T可以很快被单导纱器取代。BCF S8的直纱道对于加工三色纱优势明显，每根长丝以同样的方式从导丝辊上退绕，然后穿过CPC-T进入变形装置，可大幅提升纱线质量。相较于单色地毯，多色地毯纱线的稳定张力之于外观的重要性更甚，可避免纱线打圈，进而在地毯表面形成条纹，BCF S8直径800mm的V形槽冷却辊可用于加工PET、PP或PA等聚合物，使纱线具有稳定的张力。

图2-5　三色BCF S8

无独有偶，奥地利SML公司推出了拥有更高产能和全新功能的新型BCF三色纺丝系统Austrofil® BCF（图2-6）。与该公司之前的三色BCF纺丝系统相比，新生产线的产能提高了50%，性价比更高。

图2-6 新型BCF三色纺丝系统的工艺布局

此外，新设计还为客户提供了实用的操作选择，比如生产线既可用作1台大型设备运行，即同一型号12个丝饼的三色卷装生产，也可作为3台完全独立的单色生产线生产小批次产品，即3种不同颜色各4个丝饼（可同时生产，每种颜色产能160kg/h）。新型纺丝组件的使用将开机准备时间缩短了60%以上，使长丝产品的产量更高。在两种生产模式下，高卷曲的BCF纱可达700根单丝。当采用前一种生产模式时，相关工艺参数为：PP的熔融指数（MFR）为18~27，产品线密度1000~5000dtex，单丝线密度5~28dtex。

该设备采用卧式设计，配置了最新一代的低宽度纺丝组件和更紧凑的牵伸单元，降低了设备对厂房高度的要求；配置HMI操作界面，可升级配置SML公司全新的数据记录及分析工具“bitwise”；拥有3个冷却单元，可调节温度和速度，每个单元配有3个水平调节区域。

SML的新型VERTEX系列纺丝生产线专注于线密度较低的长丝生产，是SML最畅销纺丝机Austrofil® MT/HT的完美补充。这一系列纺丝机的主要特点是生产线速度更高、产能更高、生产较低线密度产品时的效率更高。新系列纺丝生产线在ITMA 2023上进行了展示。

与SML经市场验证、可生产16个丝饼的Austrofil® MT/HT 4×4纺丝机相比，新型Austrofil® VERTEX生产线的基本配置可生产3×8共24个丝饼。因此，生产线生产较低线密度长丝时的产能显著提高，例如其250 D长丝的产量是Austrofil® MT/HT生产线的2倍。除丝饼数量更多外，VERTEX生产线还配备了导丝辊和收卷机以提高速度，加工PP长丝时卷绕速度最高可达4000m/min。

Austrofil® VERTEX生产线采用模块化生产线概念，扩产灵活性好。由于VERTEX系列的拉伸和收卷单元直接置于纺丝头和冷却单元下方，因此VERTEX 3×8机型所需的占地面积比Austrofil® MT/HT 4×4机型低30%。此外，生产线“逐条扩展”的概念，提供了通过简单增加更多纺丝装置来扩大产能的可能性。

新型VERTEX系列生产线的应用领域不仅限于PP长丝，而且扩展到PET长丝生产，以满足PET BCF长丝的市场需求。在此情况下，Austrofil® VERTEX生产线的产品线密度范围为75~800D。

3. 聚合物回收再生装备

目前，从瓶片—纤维的回收再生技术已经较成熟，可视为第一代技术，纤维—纤维、废旧纺织品—纤维的回收技术及装备成为研究热点，全球相关领域的装备/技术供应商正致力于推出创新解决方案。

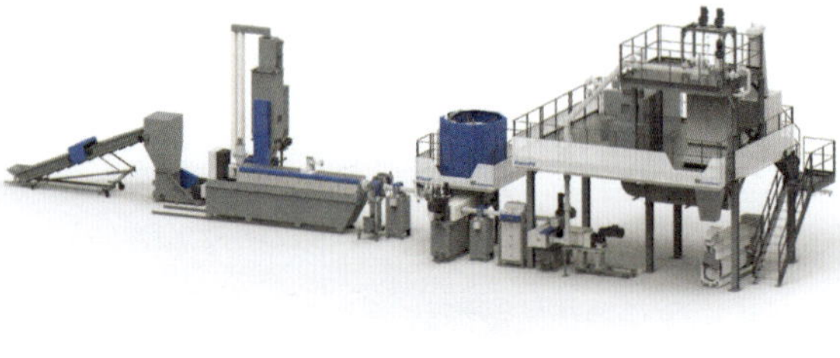

图2-7 VacuFil® Visco+纤维—纤维回收线

获得更高平均分子量的手段主要有切片固相增黏、液相增黏、共混（共聚）添加扩链剂等。BB Engineering公司推出的VacuFil®Visco+纤维—纤维回收线配置了利用液相增黏原理的大容量熔体过滤器（图2-7），其效率比传统液相缩聚技术提升50%；采用3级过滤工艺，运行过程中熔体特性黏度通过在线黏度计实时调控；可作为独立单元集成至原有聚酯回收加工生产线上；加装Visco+后，输出熔体的特性黏度可提高30%，从而可用于加工高端POY/FDY。

奥地利埃瑞玛（EREMA）公司是废旧聚合物回收再利用解决方案的专业供应商。针对不同的原料特点，可提供针对性的生产线。比如，低纺丝油剂含量、中等黏度的回收纤维可配置“ISEC+黏度优化装置”；针对高纺丝油剂含量、高湿、低黏度回收纤维可配置“INTAREMA®+黏度优化装置”。其中，INTAREMA® FibrePro：IV是该公司推出的升级版纤维—纤维热机械回收解决方案（图2-8）。采用精细的原料处理工艺，其回收再利用率接近100%，且再生纤维品质高。独特的黏度优化装置可去清除纺丝油剂并提升熔体黏度。挤出后，通过缩聚，PET熔体的特性黏度在新型黏度优化装置和高真空下可提高到纤维生产所需的精确水平，至多可提高0.25dL/g，产出的纤维线密度可低至2dtex。

图2-8 INTAREMA® FibrePro：IV回收生产线

奥地利回收再生装备公司Next Generation Recyclingmaschinen GmbH（NGR）发明的液相增黏装备，熔体是从多个直径小于0.5mm的孔板或筛网进入负压小于2 kPa的负压腔室中，熔体呈细丝线，以自由落体形式经过该腔室至底部的收集容器中停留至少1 min。高黏度熔体由收集容器中蜗杆形的混合及旋转的排出部件排出，特性黏度可达到0.8dL/g以上，如图2-9所示。后续接纺丝装备可直接纺丝得到单丝、工业长丝、可编织扁丝等产品。

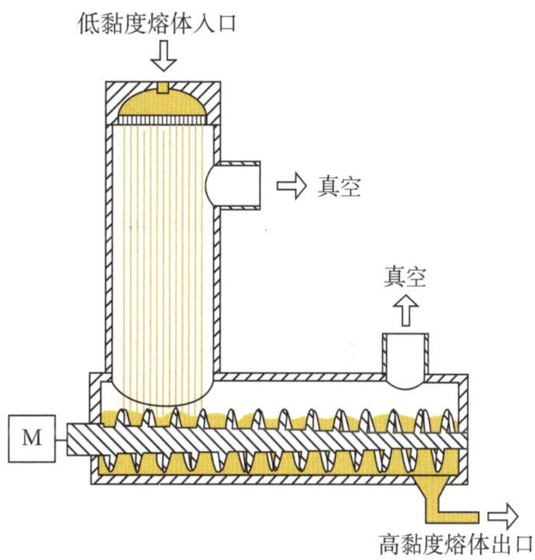

图2-9 NGR液相增黏装备示意图

德国格诺斯（Gneuss）公司推出新一代聚合物回收生产线OMNImax可用于从纤维—纤维的PET回收再生工艺（图2-10），配备新的3C旋转喂料机、MRS*jump* 70挤出机、全自动熔体过滤系统RSF*genius* 90和在线黏度计VIS。OMNImax可实现超清洁回收，适用于脱挥、净化、去污、减少异味、过滤和均质化。其优势在于：①可以处理各种消费后废弃物及生产废料，包括低密度的废弃物，如纤维或双向拉伸薄膜；②高度灵活，可以加工各种材料，如PS、PP、PE、PET、PLA、PA；③超洁净回收技术：符合食品接触要求，即使是消费后输入材料，也能减少异味；④最短的停留时间，温和的加工和最高质量的产品；⑤闭环回收，无降级。

OMNIboost全能回收机用于将工业和消费后的PET废料直接加工成高质量的高黏度产品（图2-11），包括多聚物反应釜JUMP。JUMP是一种坚固可靠的液态缩聚系统，通过这一系统，PET熔体的黏度值可提升至0.95dL/g。在JUMP中，聚合物通过几个缓慢转动的元件，形成聚合物膜。反应容器保持在真空下，通过真空可去除挥发性物质。通过调节反应器中的停留时间、真空度、液位和搅

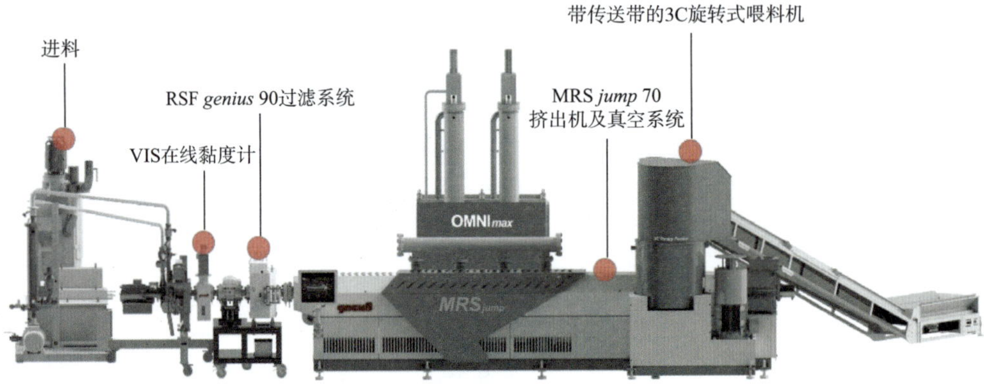

图2-10 OMNImax回收生产线

拌装置的旋转速度，可以改变缩聚反应以实现所需的产品性能。该生产线的优势主要包括：①采用紧凑型设计；②即便是蓬松、轻质且通常不能自由流动的材料也可以加工；③3C旋转式喂料机可确保以最小的热量输入轻质材料并压实；④高效提升熔体黏度，熔融阶段的停留时间极短，从而可以使输出产品保持较高的机械性能。

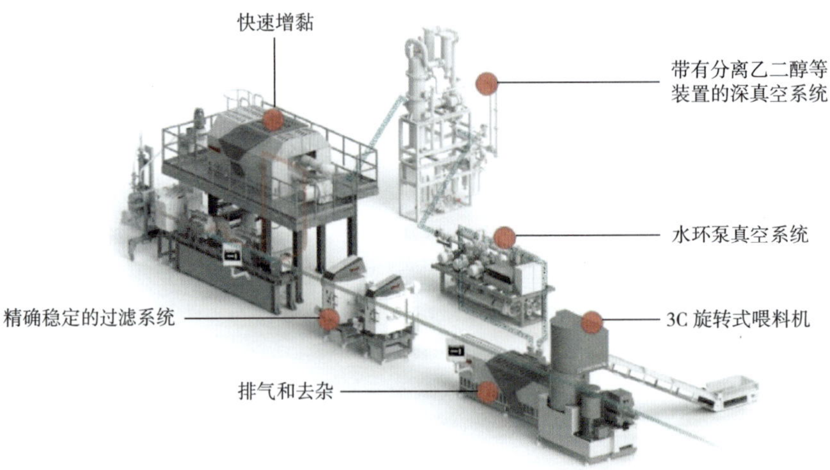

图2-11 OMNIboost回收生产线

4. 数字化技术应用

早在ITMA 2019期间，欧瑞康化纤事业板块就推出了数字孪生、AI识别诊断异常情况等技术，随着数据量积累以及技术的持续完善升级，这些解决方案日趋符合企业实际需求，对企业的生产管理、产品品质、成本优化等发挥的作用也越来越大[1]。

德国DIENES公司在ITMA 2023上展示了MultiMode®智能模块系统。在MultiMode®工厂中，每个工艺步骤由一个模块代表，可以单独适应客户的具体要求，并有自己的分散控制。因此，DIENES生产线由几个智能模块单元组成，可以在任何时候轻松地交换和重排，并减少编程工作。此外，所有的生产参数都可以被永久地可视化和记录，从而实现工艺的完全可追溯性。

此外，德国Georg SAHM公司推出了经典产品TwinstarII自动化精密卷绕机的升级版，即用户可以根据自身需求定制导丝器横动宽度、管子尺寸与位置以及纱线引头装置；升级后更智能，可以监控每个卷绕装置的工作状态。Retech公司推出了采用物联网技术的化纤加热辊、低速加热系统以及采用“blue line”温控系统的特殊卷绕设备。

5. 结语

从近两届的ITMA展会可以看出，化纤装备总体表现具有单机生产效率进一步提高，节能环保性更好，生产管理自动化、数字化、网络化解决方案愈加成熟普遍，操作更加人性化等发展特点。

（撰稿人：中国纺织信息中心　赵永霞）

（二）纺纱设备

纺纱工序是纺纱产业中的重要环节，纺纱的质量会直接影响纱线的品质，并对后续工作形成一定的影响。随着科技的快速发展，新型纺纱设备与技术不断推陈出新，将纺纱产业从传统工业落后、档次低的困境中解脱出来。新的纺纱设备与技术的生成，也为纺纱产业链提供了多样化的新型纺纱线产品[4]。下面将介绍梳棉、精梳、并条、粗纱、细纱、络筒、新型纺纱方式、新型纺纱元器件等领域的设备和技术进步，从中总结纺纱领域的技术进步并展望未来发展趋势。

1. 梳棉机

梳棉工序是纺纱的核心工序，棉条质量直接影响成纱的棉结、含杂率、短绒率、条干等重要指标。影响棉条质量的主要因素有梳棉机的精度、附加分梳元件、金属针布、除尘系统等。因此，必须保证梳棉机的精度，合理选择附加分梳元件及针布，保证梳棉机气流通畅，提高电器的自动化、信息化水平等才能不断提高棉条的梳理质量。

（1）梳棉机的发展现状

目前世界上生产梳棉机的企业有德国特吕茨施勒公司、瑞士立达（Rieter）公司、卓郎（江苏）纺织机械有限公司、印度朗维（LMW）公司、意大利马佐里（MARZOLI）公司、青岛宏大纺织机械有限责任公司等。尽管各公司的梳棉机各有特色，但从设备机械结构和技术特点上看，特吕茨施勒、立达、卓郎的梳棉机在行业领域内依然处于领先地位，尤其是在智能化控制、大数据应用等方面遥遥领先。

其中，特吕茨施勒在ITMA 2023上展出的TC 30ⁱ型梳棉机是一款概念机，其技术结构特点代表了对未来高产梳棉机发展方向的理解和探索。TC 30ⁱ型梳棉机将锡林直径增加至1400mm，锡林周长增加至4.4m，并配置了新的吸落棉系统，将传统的一个吸落棉系统分成了两个区，分别连接两套吸落棉管道。吸落棉一区连接刺辊落棉区和锡林后棉网清洁器；吸落棉二区连接活动盖板、锡林前棉网清洁器以及剥棉部分吸口，通过这种方式以实现不同品质落棉的收集和回用。此外，TC 30ⁱ还具有T-GO隔距自主优化智能技术、WASTECONTROL落棉感应系统和NEPCONTROL生条棉结控制系统，可实现锡林与活动盖板之间隔距的实时检测、精确调整，可精确控制落棉含杂率及落棉量，保证生条质量[5]。

立达展出的C 81型梳棉机的工作机幅1500mm，锡林直径1178mm，梳理弧长3.16m，梳棉机的锡林分梳区包角达到307°；采用CGC系统（Carding Gap Control），可检测并在线调整每根正在运行的活动盖板与锡林间的隔距。采用Trash Level Monitor系统（即TLM系统），此系统设置有两个杂质识别检测装置，一个安装在上喂棉箱中部，检测喂棉箱内棉层中的杂质水平；另一个安装在圈条器帽檐上，检测圈条筒内生条中的杂质水平。TLM系统通过检测、对比棉箱中棉层和圈条筒内生条的杂质水平，并计算梳棉机的除杂效率，依据梳棉机除杂效率是否在限定范围内，对活动盖板隔距进行实时自动调整，使梳棉机的除杂效率保持相对稳定，这也是C 81型梳棉机最大的亮点之一[5]。

卓郎推出的Autocard SC7梳棉机拥有4.2m^{2}的有效梳理面积（图2-12），确保了纤维的充分梳理，与上一代JSC3系列产品相比，在同等质量情况下产量提升20%；所有牵伸单元采用独立电机驱动，实现便捷的工艺调整，可轻松应对再生纤维等对工艺要求高的产品；落杂检测与自动调整系统，可提高材料利用率，尤其是在生产再生纤维时，可实现更高的收益率；活动盖板隔距的自动调节使流程变得更加简单，提高了运营效率；另外，气动辅助生头装置可降低梳棉机车间工人的工作技能要求，提高工作效率。

图2-12　卓郎Autocard SC7梳棉机

（2）梳棉机的发展趋势

对世界上先进梳棉机生产厂商的最新设备技术进行对比分析后，总结出新型梳棉机呈现以下技术特征和未来发展趋势[5]。

①增加梳棉机锡林直径。梳棉机锡林的有效梳理面积是影响梳理质量和梳理效率的重要因素之一，通过增加梳棉机工作幅宽和梳棉机锡林直径均可以增加梳棉机锡林有效梳理面积。TC 30i型梳棉机和C 81型梳棉机均是通过增加梳棉机锡林直径，有效提升了梳棉机的梳理质量和梳理效率。

②适当增加梳棉机工作盖板数量。活动盖板在梳理过程中具有分梳、混合、过滤、排除等功能，保证梳理全过程中的握持分梳、接触分梳、交替分梳、转移分梳等形态，其分梳作用和效果是其他固定分梳元件所不能替代的。特吕茨施勒的TC 30i型梳棉机工作盖板增加到38根；立达梳棉机的工作盖板数量，从22根、32根、最后发展为40根。两家公司在梳棉机创新发展和生产应用中不断摸索和实践，最终得到结论：38~40根工作盖板是目前梳棉机的最佳配置数量，这也是对高产梳棉机工作盖板数量与梳理质量呈正相关性的再一次确认。

③保持极致、稳定的活动盖板隔距。在梳棉机高速高产运行时，活动盖板梳理区的温度变化必将导致活动盖板产生热变形，进而带来梳理质量的变化，严重时甚至可能损坏设备。立达的CGC系统和特吕茨施勒的T-GO技术，均是通过检测温度变化，计算推导出检测点位置活动盖板与锡林之间的隔距值，通过实时在线自动、精确地调整活动盖板与锡林之间的工艺隔距，使之保持相对的准确和稳定，从而提升梳棉机活动盖板的梳理质量和梳理效率。

④智能化控制水平再上新高度。特吕茨施勒最早在推出TC 01型梳棉机时就已经提出在线检测、精确调整技术概念，经过20多年的发展和进步，这些技术已经大规模应用于生产实践中。特吕茨施勒和立达等企业均推出了具有先进智能控制技术的梳棉机，展示了其在加工制造、装配精度、大数据应用等方面的高度和广度。

近年来，国产梳棉机在加工、制造、装配精度等方面也取得了长足的进步，差距在不断缩小，但是在设备的一致性、智能化控制、大数据应用、专家系统等方面基本还处于起步的概念设计和研发试验阶段，这也是国产梳棉机今后的努力方向。

2. 精梳机

精梳纱线和面料一直被认为是棉纺织产业中的高档产品。精梳技术是实现产品高端化的重要手段，也是提高棉纺织产品质量水平和产品品质的重要一环，因此精梳机设备的技术进展备受关注。

（1）国外新型精梳机的技术优势

目前，国外生产高端精梳机的公司主要有瑞士立达公司和德国特吕茨施勒公司等。立达公司于2019年推出了E 90型精梳机（图2-13）；德国特吕茨施勒公司于ITMA 2023上推出了12眼的精梳机TCO 21XL（图2-14），与普通的8个精梳头设备相比，其生产效率可提高50%，并且能节省约25%的空间。同时，该设备具有短绒率在线监测功能，能够节省原料和成本。

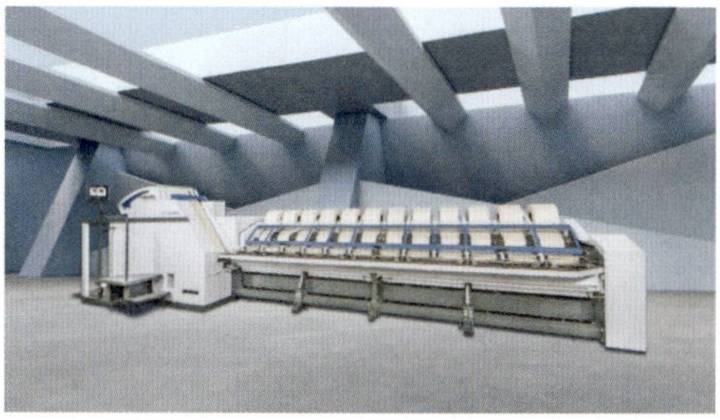

图2-13　瑞士立达公司E 90型精梳机

图2-14　德国特吕茨施勒公司TCO 21XL型精梳机

国外新型精梳机主要通过分离罗拉采用伺服电机驱动、优化改进车头分离罗拉驱动系统等措施，实现设备的高速高产。例如在TCO 21XL型精梳机上，分离罗拉的驱动取消了传统精梳机采用的“多连杆与行星轮系相结合”的模式，采用4个伺服电机两侧同步驱动分离罗拉，简化传动机构，为高速创造了条件；例如立达E 90型精梳机采用高精度的凸轮与行星轮系相结合的模式，提高了精梳机高速时的运转稳定性及可靠性，并简化搭接刻度等工艺参数的调整，减小了工艺参数调整的工作量，提高了生产效率。

国外新型精梳机主要通过加大锡林梳理弧面，钳板摆轴、锡林轴及分离罗拉双侧同步驱动，提高精梳机关键部件的运动配合精度等措施，实现纺纱质量的提升。例如，立达E 90型精梳机采用130°大角度锡林梳理，锡林总齿数可达到5万齿以上，大幅度提高了锡林梳理度，排除短绒、棉结杂质的能力大幅度提高；TCO 21XL型精梳机采用双侧驱动后，可使分离罗拉的扭曲变形减少75%，精梳机眼与眼间的质量指标波动减少54%；立达E 90型精梳机可根据所加工的纤维长度，优化锡林、分离罗拉及钳板的运动配合，在相同精梳工艺的条件下可使精梳落棉率降低3%。

在智能化发展方面，国外新型精梳机采用了以下措施：第一，使用精梳小卷的自动接头及换卷机构，大幅度提高了精梳机的工作效率及纺纱质量。第二，采用精梳条质量监测系统，对精梳条的条干均匀度、重量偏差等质量指标进行在线监控与观测，并随时在操作屏上在线读取，保证了纺纱质量及纺纱生产的稳定性；第三，关键工艺参数在线调整或自动优化，通过对棉丛接合质量进行自动优化，并找到最优接合点，从而保证了精梳机分离接合过程中新旧棉丛搭接质量，并提高了工作效率[6]。

（2）国产新型精梳机存在的问题

国产新型精梳机已经在非棉纤维及其混纺纱线面料的品质与品种适应性、单眼精梳机的数字化调整方面有所提升，但仍然存在以下问题：第一，精梳机的钳板、锡林、分离罗拉等主要部件的加工、装配及精梳运动配合的精度尚待提高，精梳机各眼间质量及不同时间质量指标存在差异，精梳机的生产速度难以大幅度提高；第二，缺少精梳条质量在线监测及控制系统，精梳条的质量只能采用人工取样离线检测，质量控制存在滞后性；第三，棉网搭接刻度等精梳关键工艺参数无自动优化功能，需人工调整，影响精梳机的生产效率[6]。

（3）精梳机的发展趋势

在高速高产基础上，当前国产棉纺精梳机的发展呈现如下趋势：第一，数字化。承卷罗拉、分离罗拉、车面输出罗拉及牵伸罗拉采用伺服电机驱动是实现精梳机数字化的必要条件。第二，智能化。采用工艺参数的智能设计、关键参数的自动优化及精梳条的自调匀整是实现精梳智能化的重要内容。第三，多纤维适用性。在保持棉纺精梳机原有基本结构不变的情况下，分别开发适用不同纤维类型的分离牵伸机构及相关专件是多纤维精梳机开发的重要途径。第四，高质化。提高钳板等关键部件的材料性能及加工精度，优化关键机件的运动配合精度，是实现精梳机高质化的重要手段。

3. 并条机

并条机在棉纺设备工艺配置中，对改善纱线质量、降低条干不匀率、减少纤维弯钩及粗细节等方面起到关键作用。随着计算机技术、变频技术、传感器技术与棉纺机械的完美结合，高速自调匀整并条机的监测及控制装置更加完善，实现了须条在线数据实时监测和自动控制修正，超限自动报警停车，杜绝了不良须条对下游工序所造成的质量影响。

（1）并条机的发展现状

国外主要并条机生产厂家包括立达、特吕茨施勒、马佐里等。其中，立达推出的新一代自调匀整并条机RSB-D 55的出条速度可达1200m/min，并提供可避免圈条管堵塞的技术，减少挡车工工作量并避免并条机中出现棉条断头，从而在自调匀整并条机和下道工序中保持高效率运行。另一项创新技术是在并条机停止或启动时使棉条强力保持稳定，避免在机器停止和启动时发生的一小段棉条强力降低约50%的问题。不带自调匀整的SB-D 55并条机也支持质量监测RQM工具，可以检测牵伸系统上皮辊直径偏差所造成的周期性质量波动，由此避免牵伸系统的机械部件损坏和相关的停机风险。SB-D 27标配积极式棉条喂入监控系统，适用于不同体积的纤维混纺，如涤纶/精梳棉混纺，它依然能保证可靠的棉条输送。此外，即使在最高的出条速度下，也能确保可靠的棉条断头监测（图2-15）。

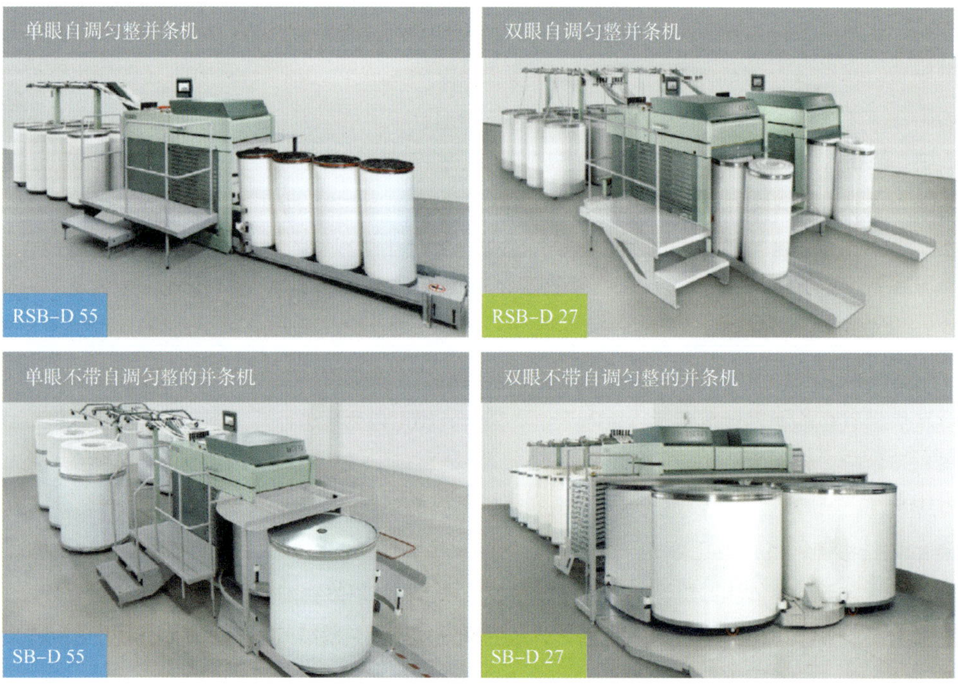

图2-15　立达新一代并条机组合

国产并条机的技术改进和发展始终围绕着高速、高质、高智、低耗、环保的总目标进行。现代新型并条机的显著技术特点在于机、电、气有机结合，数字系统、控制系统等高度融合。这得益于计算机控制技术、可编程逻辑控制器（PLC）、工控机、伺服控制、变频器、匀整控制及在线检测系统、气动加压系统等技术的飞速发展，以及行业机械制造与装配水平的整体进步。国内主要并条机生产厂家包括沈阳宏大纺织机械有限公司、湖北天门纺织机械股份有限公司、青岛云龙纺织机械有限公司、杭州东夏纺机有限公司、上海纺织机械总厂等。

其中，湖北天门纺织机械股份有限公司的TM13高速自调匀整并条机、TM15智能大卷装双眼自调匀整高速并条机、TM19智能超大卷装双眼自调匀整高速并条机（图2-16）3个项目通过中国纺织工业联合会的科技成果鉴定，整体技术达到国际先进水平。TM13高速自调匀整并条机开发了新一代自调匀整控制系统和在线监测系统及机构，提高了运算效率，提升了检测效果，能实现精确的死区长度自动检测优化运算，实现了更为方便的传感器标定及控制功能设置；创新研发新型圈条盘及传动结构，圈条张力无级调节，实现了圈条盘的自清洁，成形效果好。TM15智能大卷装双眼自调匀整高速并条机设计了自由调节的棉条喂入限位装置，优化了牵伸系统的喂入环境，减少了纱疵；研发了凸台式自动生头装置，降低了劳动强度，提高了劳动生产率。TM19智能超大卷装双眼自调匀整高速并条机实现了输出条筒为ϕ1000×1200超大卷装和双眼带短片段自调匀整，实现了并条工序全匀整技术，满足了市场需要；设计了一种前进侧出超大卷装多备筒自动换筒方式，增加了条筒容量和备筒数量，提升了并条机连续运行能力，大幅度提高了生产效率，有效减少了占地面积；研发了在线检测、物联网技术与客户端数据平台，便于数据的采集与管理。

图2-16　湖北天门纺织机械股份有限公司的TM19型并条机

（2）并条机的发展趋势

现代新型并条机将持续向着高速化、自调匀整、大卷装、智能化方向发展。第一，高速化。目前，国内外的并条机设计最高速度已达1200m/min，产量大大增加。第二，自调匀整。现代高速并条机普遍配置了自调匀整装置，实现了并条工序的在线自动检测和控制，改善了输出须条的重量偏差和重量不匀率，保证了成纱质量的稳定性。第三，大卷装。目前，并条机的卷装尺寸从最初的400mm，发展到500、600甚至1000mm，提升了并条机的连续运行能力，大幅度提高了生产效率，有效减少了占地面积。第四，远程控制。通过配置远程控制系统，操作人员可以远程进行开关车、故障查询、产量统计分析等操作，提升了管理效率和便利性。

4. 粗纱机

粗纱为纺纱流程的过渡工序之一，是保证细纱机成纱质量的基础。从落纱方式上对粗纱机进行分类，可以分为全手动落纱粗纱机、半自动落纱粗纱机和全自动落纱粗纱机[7]。由于半自动落纱粗纱机需要人工不停地弯腰取下满纱管并放入空管，人工劳动强度较大，落纱效率较低，因此目前粗纱机逐步向着全自动落纱的方向发展。

（1）粗纱机发展现状

国外粗纱机的机电一体化程度很高，卓郎、日本丰田（Toyota）、瑞士立达等均研制出了新一代全自动落纱粗纱机。其中，卓郎的Autospeed粗纱机（图2-17）配有自动落纱装置，有助于纺纱厂在降低对熟练工依赖性的同时提高粗纱品质，最多可达240锭，相对于先前的型号最高可节能20%，而落纱时间不到2min。立达的全自动粗纱机F40（图2-18）落纱装置的落纱时间仅需1.5min，多达252个锭位可完美匹配较长的环锭细纱机；机节预组装，可快速进行机器调试；独特的传动机构确保了精确的粗纱成形；采用特殊设计的锭冠，可保证粗纱筒管能够卡入到位，从而确保了粗纱纱管的高性能运行。

图2-17 卓郎的Autospeed 粗纱机

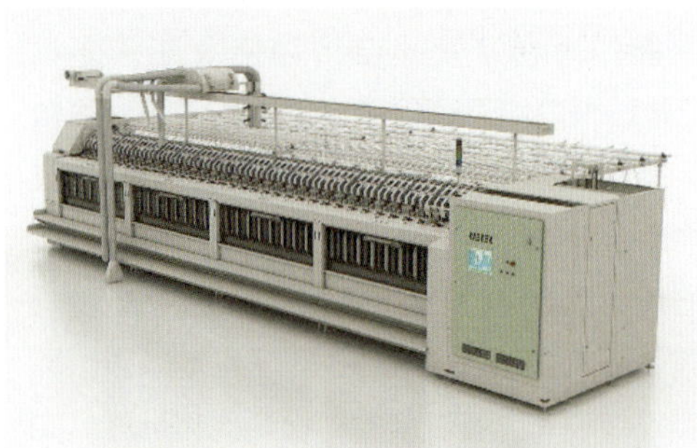

图2-18 立达的全自动粗纱机F40

国内的赛特环球机械（青岛）有限公司、天津宏大纺织机械有限公司、江苏宏源纺机股份有限公司等均研制出了新型全自动落纱粗纱机。其中，天津宏大纺织机械有限公司的JWF1457型自动落纱粗纱机的最大锭数可达204锭，适用于普梳和精梳棉纤维，以及65mm以下化学纤维的纯纺或混纺。该机具有三罗拉双短皮圈和四罗拉双短皮圈牵伸两种形式供用户选择；其全方位的清洁系统，为纺制高档产品创造了积极条件；外置式自动落纱，成功率高。HCP2025智能粗纱机（图2-19）是新一代智能粗纱机，其改变了粗纱机的传统结构，突破了原结构瓶颈，使原最长锭数（216锭）成倍增加，锭数最多可达480锭，采用中间驱动、全电子牵伸技术，操作更加智能。

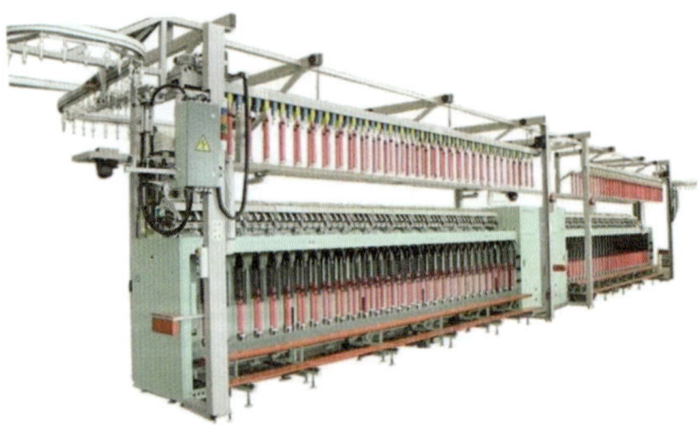

图2-19 HCP2025智能粗纱机

（2）粗纱机的发展趋势

未来，粗纱工序向着长车、全自动落纱、粗细联、智能化方向发展。第一，长车。原来粗纱机的标准配置是120锭/台，随着机械制造技术的提升和驱动控制水平的提高，目前粗纱机有越来越长的趋势。第二，全自动落纱。现代新型粗纱机的全自动落纱技术将成为标配。第三，粗细联。全自动落纱粗纱机配置粗纱运输及空满管交换系统，可以将粗纱工序与细纱工序连接起来，从而有效减少用工，粗细联将成为纺纱企业的发展趋势。第四，智能化。现代粗纱机应具备全电子牵伸与成形、工艺参数可编程控制、张力自动监测和调整、故障诊断、远程运维等功能，提高对产品质量的智能控制[8]。

5. 细纱机

细纱机的发展使生产的产品呈现多样化，提高了产品的附加值和市场适应性；一个棉纺企业细纱机的纱锭数量可以衡量该企业生产规模的大小和生产能力的高低。目前，环锭细纱机的技术发展较为成熟，已成为纺纱的关键设备。通过提高细纱机锭速和增加锭子数量，提高了细纱机的生产效率；通过采用带集体自动落纱的细纱长车、细络联，并对纱锭进行在线检测等，提高了细纱机的自动化水平和智能化程度。

（1）细纱机的发展现状

当前，国外细纱机以瑞士立达、德国青泽（ZINSER）、日本丰田等生产的为主；国内以经纬纺织机械股份有限公司、上海二纺机股份有限公司、湖北天门纺织机械股份有限公司等生产的为主。国内环锭细纱机近几年发展的速度比较快，无论是自动化、智能化程度，还是纺纱水平、纺纱质量、纺纱锭数，均与国外细纱机的差距越来越小[9]。

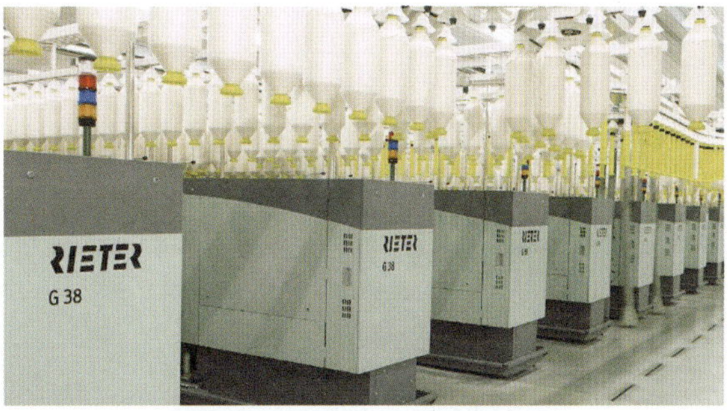

图2-20　立达G 38集聚纺细纱机

图2-21　经纬纺织机械股份有限公司推出的JWF1590型细纱机

立达的G 38集聚纺细纱机（图2-20），采用全电子牵伸，纱线支数、捻度和捻向均可在操作面板上调节；采用34mm钢领，HPS 28的LENA锭子，锭盘直径为17.5mm，纱管内径为16mm，锭速达到2.8万r/min，产量可增加12%；通过减小纱管直径，保证卷装长度及重量，使环锭细纱机上的落纱次数和络筒机上的管纱更换次数基本保持不变；集聚纺装置拆装简便，常规环锭纺纱和紧密纺纱可在同一台机器上纺制，同时新增气流监测功能，可以持续监测集聚工艺，确保纱线始终完全集聚并降低了人员需求。经纬纺织机械股份有限公司推出的JWF1590型细纱机（图2-21）采用长车、超长车一体化设计，最大锭数可达1824锭；钢带式集落系统，凸盘运行稳定，速度可控；车头、车尾双侧吸风负压均衡，长车工艺吸棉能耗降低30%以上；高精度的墙板与龙筋组合，可满足2.2万r/min以上高速纺纱；其全电子牵伸系统可实现三列罗拉独立驱动、联动控制；新型快速落纱技术将落纱时间缩短到2min以内；具有高速、高效、高智能化等特点[10]。

此外，近年来有多款自动接头机械手推出，包括立达全自动接头机械手ROBOspin（图2-22），适用于环锭纺和集聚纺，于细纱机两侧各安装一台，可确保稳定的接头质量，减少50%的挡车工需求量，棉纱接头的首次接头效率达到了80%以上，第二次使用辅助纱线，可使效率提高10%。印度朗维公司推出的LRJ9-SXL型细纱机配套的自动接头机器人，在处理细纱断头时需要拔纱管、找头、穿钢丝圈并放置于前罗拉才能完成接头，接头成功率不高，产品还不太成熟。品特凯普集团推出了一款环锭细纱机自动接头机器人Automatic Piecing Robot（APR），可用于多种型号纤维的自动接头，并集成

图2-22 立达全自动接头机械手ROBOspin

在该公司的EffiMill监控系统中，其具体技术方案并未透露，从该公司专利技术来看为“单工业机械臂+接头末端执行器”的结构[11]。

在创新技术方面，西班牙卓斯特公司在展示多波节气圈高速环锭纺技术后，时隔4年再次展示了小样机（图2-23），短纤维纺纱锭速可达3万r/min。该设备采用了大直径的导纱钩，大幅度放大导纱钩内径，使其成为一个具有宏观效应的气圈控制环，同时有利于气圈段气圈向纺纱段转移，弱化了两者功能效应的分隔。据介绍，该技术纺纱张力小，更节能，在相同工作条件下，根据纺制品种的不同，产量可提高15%以上，每千克能耗可减少3%~8%，目前产品已形成市场销售。

图2-23 西班牙卓斯特公司的多波节气圈高速环锭纺技术

（2）细纱机的发展趋势

未来，细纱机将向着单锭断头检测、细纱集体落纱、全电传动、配备接头机器人、智能纱管的方向发展。第一，单锭断头检测及粗纱停喂系统将成为标准配置。该系统的优势是挡车工的看台能力将会得到大幅提升；细纱断头的同时粗纱停喂，提高了制成率；粗纱停喂还消除了因断头而产生的绕皮辊、绕罗拉现象，也消除了因断头绕皮辊、绕罗拉而引起的邻近锭子的成纱质量问题。第二，细纱集体落纱将成为长车的标配。集体落纱基本可以取消细纱落纱工，并且可避免手拔纱有可能出现的脱圈或者油污纱。第三，实现细纱机全电传动。一般包括电子牵伸系统和电子成形系统，以及单锭传动系统，将在设备维修、节能降耗、空调环境、质量提升等方面具有明显优势。第四，配备接头机器人。这是未来的发展趋势，随着劳动用工成本越来越高，机器换人是大势所趋，采用机器人接头有助于设备提速。第五，智能纱管。智能纱管可以对不良管纱进行追踪，方便技术管理人员对成纱质量进行控制，已经有越来越多的企业采用。第六，纱锭数量增加且锭速提高。立达的G 38集聚纺细纱机，锭速达到2.8万r/min，产量可增加12%；西班牙卓斯特公司的多波节气圈高速环锭纺样机的锭速可达3万r/min。超长锭数的集体自动落纱细纱机自动化程度高，不仅提高了纺纱的生产效率，还减少了用工，利于缓解用工紧张的现状。

6. 络筒机

在传统环锭纺纱工艺过程中，由于钢领直径限制，细纱纱管上的容纱量十分有限，无法直接用于织造；同时在原料或纺纱过程中可能出现的杂质及纱疵也必须有效去除，络筒工序正是为了达到上述目的而设立的。但传统络筒设备大都需要人工接头，质量不稳定，劳动力强度及人工消耗巨大。因此，自动络筒机替代传统络筒机是现代化生产的必然趋势。

（1）络筒机的发展现状

自动络筒机能将管纱绕成无结筒纱，并在卷绕过程中去除纱疵，适用于棉、毛、化纤、纯纺与混纺等的络筒工序，可生产高质量的无结头筒纱，同时具有运转高效、高速、高质、稳定、维修方便、性能优良等优点。国际市场的生产企业主要有意大利萨维奥（SAVIO）公司、日本村田（Murata）和瑞士立达等。其中，萨维奥最新推出的PROXIMA Smartconer® 铂络星智能络筒机（图2-24），得益于新的智能气圈加速器，可实现更短的换管循环时间和捻接周期；通过使用最新和最有效的自动调节独立电机和变频器，实现了低能耗；采用新的智能捻接器、新的智能张力控制器，实现了优质的筒纱质量；采用易于使用和设置的HMI——人机界面，提高了用户体验；采用工业物联网（IIoT）数字解决方案，实现了智能监控络筒生产的全过程。立达推出的Autoconer 6采用智能传感器、LaunchControl启动优化、SmartCycle智能循环、SmartJet智能辅助找头装置和Speedster FX管纱气圈跟踪器等最新技术，实现了按需供能。据介绍，Autoconer 6与上一代机型相比，可提高产能12%、节能约20%。

图2-24 萨维奥PROXIMA Smartconer®铂络星智能络筒机

国产自动络筒机随着技术的成熟，市场份额逐步扩大。目前，国内生产自动络筒机的企业主要有青岛宏大纺织机械有限责任公司和上海二纺机股份有限公司。其中，VCRO系列是青岛宏大纺织机械有限责任公司自主研发的集智能化单锭、第三代落筒小车、高效管纱处理系统、精准张力控制、远程运维等功能于一体的智能化络筒机，主要适用于各种短纤维，棉纱、毛纱、混纺等天然纤维和合成纤维，产品成纱质量优良。据测算，VCRO系列自动络筒机（图2-25）实现了络筒机的智能化、数字化，可大幅节约劳动力，工序万锭用工可减少75%以上；精准的张力控制及新型捻接器的应用，使产品成纱质量优良，品种适应范围广，好筒率达99.5%以上；新型智能化单锭、第三代落筒小车及智能管纱处理系统的应用，使设备更智能、挡车更简单、维修更容易，维护保养工作量可减少15%以上；远程运维系统的应用，可快速解决用户现场问题，为用户降低维护成本和时间。

图2-25　青岛宏大纺织机械有限责任公司的VCRO自动络筒机客户应用现场

（2）络筒机的发展趋势

未来络筒机将向着细络联、自动落筒、筒子自动输送、自动理管的方向发展。第一，细络联将传统的一台1000锭以上的细纱长车配置24锭左右的络筒机，改变为一台72锭的络筒机配3台左右的细纱机，可节约20%左右的投资，还可实现节约用电、降低能耗、节约劳动用工。第二，自动落筒、筒子自动输送也成为越来越多企业的选择。第三，自动理管机是一种高效节能的新型纺机设备，它与络筒机连接后，可自动将络筒机出来的细纱管分色、分拣，将细纱空管、有纱管自动分类，并将细纱空管大小头自动理顺，自动收集，既节省了劳动力，提高了效率，同时也节省了成本，是纺织企业的首选。

7. 新型纺纱设备

（1）转杯纺

转杯纺纱具有高速高产、短工序、大卷装、改善劳动条件、原料适用广泛、成纱条干均匀、结杂少、耐磨和染色性能好等特点，同时也存在纱强较低、手感偏硬和不适合纺制细号纱等问题。综合而言，转杯纺纱是目前技术上最成熟、应用面最广、经济效益明显的一种新型纺纱方式，是新型纺纱中的主力军。目前，全球有800万头以上的转杯纺装备，其纺纱产能仅次于环锭纺。

国外的转杯纺纱机生产商经历了兼并、收购和整合，目前基本形成了赐来福（隶属卓郎集团）和瑞士立达两大公司竞争的局面，两者均有全自动和半自动系列转杯纺纱机产品。其中，卓郎最新推出的全自动转杯纺纱机Autocoro 11（图2-26），与之前的机型相比可以节能将近10%，机器也更长，最多可提供816个锭位。Autocoro 11的每一个纺纱锭位皆可独立接头，SynchroPiecing 60意味着60锭同步接头。立达全自动转杯纺纱机R 70（图2-27）进一步提高了设备性能，还增加了一些新功能，如VARIOlot、连续换批、专家接头系统等，目前使用R 70可成功地加工粘胶、原棉、原棉与落棉混纺纤维、再生纤维等不同的原料。此外，R 70采用创新的接头技术，可于约35s内完成原纱般的接头，首次接头成功率超过95%，并使纱头均匀一致，接头更加牢固、美观。通过纱头的独特处理，为无痕接头奠定基础，纱线在后道加工中表现出优异的性能[12]。

图2-26　卓郎全自动转杯纺纱机Autocoro 11

图2-27　立达全自动转杯纺纱机R 70

目前，国产转杯纺的主要生产商为浙江泰坦股份有限公司和安徽日发纺织机械有限公司，产品以半自动转杯纺纱机为主体。同时，经纬智能纺织机械有限公司和安徽日发已开发了全自动转杯纺纱机的样机。在国内市场上，国产半自动转杯纺纱机拥有很好的性价比，占有较大的市场份额。

未来，转杯纺依然能够在纺纱市场占有一席之地，主要呈现以下发展趋势。

第一，与喷气涡流纺实现差异化竞争，14.5tex以上的纱线基本以转杯纺和喷气涡流纺为主，14.5tex以下的纱线市场基本属于环锭纺。喷气涡流纺适合长度整齐度和细度均匀度较好的原料，其优势是生产效率高；转杯纺对原料的要求不高，但是其生产效率不如喷气涡流纺，两者将长期并存。

第二，转杯纺高速化和高支化的发展方向进入瓶颈期，未来在这方面的提升幅度非常有限，而在粗支纱、多组分混纺纱、色纺纱、特种原料纱和新型结构纱等方面会有较大发展。

第三，转杯纺技术未来会向多元化方向发展，纺纱器的改进是核心，转杯、分梳辊、假捻盘、阻捻器等关键元器件的研发是重点，纤维—气流两相耦合和成纱机理等相关理论的研究是基础。

（2）涡流纺

喷气涡流纺代表着先进的纺纱加工技术，具备高速化、自动化、智能化、连续化、高质量、短流程以及大卷装的优势，能有效缓解纺织企业用地、用工紧张及节能降耗等问题，可替代生产部分传统环锭纺纱线品种和纱支，在棉纺行业中的整体竞争力逐步增强。我国喷气涡流纺纱生产企业的数量和规模不断刷新，据统计，当前全球喷气涡流纺纱机数量在5000台左右，而我国现有喷气涡流纺纱机超过4000台，相当于环锭纺约1000万纱锭的产能。

国外涡流纺设备的生产企业有日本村田、瑞士立达、卓郎、意大利萨维奥等。其中，日本村田于1995年开创性地研发出了喷气式纺纱技术——喷气涡流纺（MVS），通过在喷气式纺纱技术上持续研发推新，占据了该领域的主导地位。瑞士立达公司生产的喷气纺纱机问世时间较晚，在2003年首次推出了J 10型喷气纺纱机。ITMA 2023上，立达新推出的J 70型喷气纺纱机（图2-28）融入人工智能技术，实现了纱线生产的高度自动化，纱线生产成本进一步降低。J 70型喷气纺纱机的优势体现为拥有双面机台，配备多达200个空心锭子，而村田喷气涡流纺纱机空心锭子数量每台最多96个；J 70型机纺纱速度高达600m/min，而村田MVS870EX型机纺纱速度为550m/min；立达设备将条筒置于牵伸系统下方，进一步节省了占地空间，且棉条喂入纺纱单元的输送路径缩短，可避免棉条发生意外牵伸，确保纱线质量稳定；J 70型设备单锭驱动，可减少不必要的能耗。立达喷气纺纱机虽在一些方面优势突出，但在纤维品种适应性、可纺纱支范围等方面与村田喷气涡流纺纱机还存在差距[13]。

萨维奥推出的喷气纺纱机LYBRA Smartspinner（图2-29），采用独创的纺纱技术，可满足客户的多样化需求，在针织和家纺领域拥有广阔应用前景，其生产的喷气纺纱线柔软光滑，特别适合于兼具功能性和时尚性的织物。LYBRA的关键技术是多重混合系统，允许使用两个独立的棉条，而不是一个预混合的棉条，直接送入纺纱单元；在纺纱室中，纤维被混合在一起。此外，该系统可以直接从机器PC上修改混合的成分，而不需要改变喂入的棉条，纺纱厂不仅可以获得不同材料的混合物，还可以获得不同颜色的混合物。

图2-28　立达J 70型喷气纺纱机

图2-29　萨维奥推出的喷气纺纱机LYBRA Smartspinner

卓郎的Autoairo空气纺纱机（图2-30）的出条速度为550m/min，机台双面配置168个锭位和4个落纱单元，每一个单锭皆可独立纺纱、同步接头；该机可加工棉花、涤纶、粘胶纤维以及新型人造再生纤维；可以在多批次功能控制下同时纺制4个品种。

我国纺机企业也在积极参与喷气涡流纺设备的研发，先后有江阴市华方新技术科研有限公司推出HFW80型机、陕西华燕航空仪表有限公司推出HYF369型机、浙江日发纺织机械股份有限公司推出RFVS10型机。国产设备现阶段以RFVS10型喷气涡流纺纱机为代表，核心技术指标达到进口设备第二代水平，纺纱速度最高达500m/min，在原料适纺性、可纺纱支范围以及单锭成纱强力不匀、条干不匀方面与进口纺机还存在差距，但因具有出色的性价比，有望逐步推向市场。

图2-30　卓郎的Autoairo空气纺纱机

目前，随着喷气涡流纺技术的持续进步，装备更加智能、低碳、高产，可缓解纺织企业用地、用工紧张及能耗等问题，发展前景可观。喷气涡流纺能迅速占领纱线加工市场，得益于其经济的纱线生产和优良的纱线质量。提升纺纱速度是追求经济效益的有效途径，而纱线质量仍是产品立足市场的根本，要达到纺纱产能最大化与效益最优化的统一，前提是对生产工艺、机台效率、成纱质量、损耗率进行科学分析。目前，喷气涡流纺生产纯粘胶纱、涤粘混纺纱以及纯涤纶纱等常规产品的技术已十分成熟，但随着喷气涡流纺设备数量的增加，出现了常规纱线产品同质化竞争激烈的现象。喷气涡流技术应趋向差别化、功能性纱线品种的开发，并不断拓宽应用领域，提升产品竞争力。

8. 结语

（1）高速、高效、节能、降耗

纺纱设备的速度进一步提高，如立达公司的J 70型喷气纺纱机，引纱速度可达600m/min，使用节能驱动器，优化了吸风系统和纺纱箱结构，降低了能耗，减少了落棉；立达公司的集聚纺细纱机G 38最高锭速达到2.8万r/min，特吕茨施勒公司的TCO 21XL精梳机速度可达600 钳次/min，在速度、产量等方面达到了一个新的高度。同时，各环节设备在节能、增效方面都有创新，如吸风系统改进、捻接长度控制、纺纱张力控制等。

（2）自动化、数字化、网络化、智能化

纺纱设备的自动化、网络化、智能化水平大幅提升，很多设备制造商都推出了自己的网络信息管理系统、远程监控及运维系统。如立达公司的C 81型梳棉机、特吕茨施勒的TC 30′型梳棉机、卓郎的SC7梳棉机都具有隔距在线自动调整、落棉监控功能；立达、品特凯普集团、卓郎、印度朗维等均推出了细纱自动接头（生头）装置；多家推出纺纱工序间的自动化技术，如条筒输送、粗纱输送、筒纱输送打包等；自动换管、自动上纱机器人被应用在精密络筒、倒筒、并纱（摇纱）等设备上。

（3）绿色可持续发展

在ITMA 2023上，卓郎、立达、特吕茨施勒等公司都推出了再生纤维处理及纺纱解决方案，多台展机现场演示都采用的再生纤维原料；乌斯特（USTER）公司也首次把RECYCLED YARN指标纳入最新公报，预示着纺纱设备朝向绿色可持续发展，随着纺织工业向绿色、循环经济发展，再生纤维加工的市场前景会越来越好。

（撰稿人：中国纺织信息中心　陈　佳）

（三）梭织设备

1. 织造准备设备

在前织准备工序，鉴于自动络筒机部分技术的应用，适用于织造工序的半自动络筒机已有众多厂商供应，国产机型性能基本已能满足大部分用户要求，如筒子成形（包括松式络筒）、纱疵检测、无结纱、电子定长、上蜡装置等；但精密络筒机在张力控制上和国外产品还有一定差距，主要代表企业仍以萨维奥、村田等国外知名企业为主[14]。整经机、浆纱机的应用技术已经较为成熟，近年来没有重大的创新突破，主要是针对市场需求及人工短缺等现状不断优化与改进，进一步提升智能化水平。

卡尔迈耶（KARL MAYER）的新一代样品整经机MULTI-MATIC® 32 Compact（图2-31）采用先进的驱动控制技术，具有自动受控的分纱/上浆分离和自动换色，同时具有网络连接和远程服务能力，在高速生产下具有经过验证的精确纱线铺设能力。与上一代机型相比，其在占地面积相同的情况下，生产效率增加 1 倍，而且花型切换操作简单、快速，调试时间短，使客户能够灵活应对市场需求，具有优化人体工程学的全自动模型，同样可以实现安全操作，解决了客户目前普遍面临的技术工人短缺的问题。印度Prashant Group公司的ROBOWARP PB9分条整经机，采用 3 轴机器人自动分纱，在整经结束之前无须截断，通过光学监控实现精确快速纱线分离，设计符合人体工程学、支持远程诊断等，整经机械手的使用，使其智能化整经技术进一步提升。

自动穿经机方面，其应用已达到市场共识，主要还是以瑞士史陶比尔（STÄUBLI）公司的产品独占鳌头。其最新的采用主动经纱控制（AWC）2.0的SAFIR系列自动穿经机（图2-32），是对主动经纱控制的进一步升级，能够实现非接触式识别和纱线特性测量，建立了自动穿经的新标准。AWC 2.0技术的基本功能是使用先进的算法和软件及高性能处理器，通过图像处理和数据分析来解读测量数据。当每根纱线与经纱片分离并准备穿经时，机器会展开测量，AWC 2.0则根据测量的数据控制穿经过程的后续步骤。该技术可以测定颜色、捻度等不同指标，在一定条件下，甚至可以测定毛发、透明度较高的单丝及复丝等多种纱线。对于多色经纱，AWC 2.0可以检测到经纱颜色间的细微差别，为织造厂生产具有创新设计感的面料提供了很大助力[15]。

图2-31　卡尔迈耶整经机MULTI-MATIC® 32 Compact

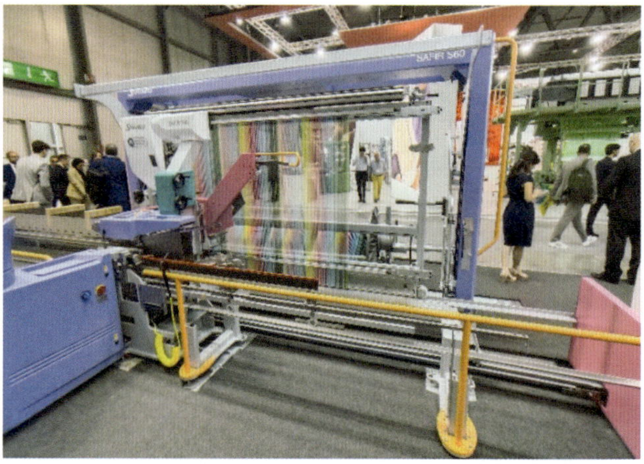

图2-32　史陶比尔SAFIR S60自动穿经机

自动穿经机国产机型虽然与国外先进装备仍有一定差距，但也已实现产业化应用，在拓展品种适应范围、色纱应用与复杂技术要求、改善人机界面和管理软件、批量应用及降低成本等方面经受住了市场考验。深圳市海弘装备技术有限公司的HDS5900长丝高速全自动穿经机广泛用于各类化纤长丝，支持多种经丝混合比例穿经，稳定运行速度可达260根/min，该设备还具有一键式AI自检功能，可根据其数据远程诊断处理。此外，浙江日发纺织机械股份有限公司、青岛天一红旗纺机集团有限公司、诸暨市凯利纺织机械有限公司等企业也针对自动穿经机进行了有益尝试，并取得了一定进展。

2. 开口设备

织机的开口技术主要有凸轮开口技术、多臂开口技术和提花开口技术等 3 种。其中，高速电子多臂装置采用全自动电子控制方式和新型信息采集系统，可确保综框高速平稳运动，满足剑杆织机和喷气织机上的各种织造工艺要求，实用车速可达到650r/min以上；针对工艺车速在850r/min以上的喷气织机和喷水织机，积极式凸轮开口机构和连杆机构是首选，在其控制下的综框运动负荷轻，织口稳定清晰，因而停机少、效率高；电子提花机则主要向高速化、多针数方向发展，以适应高速无梭织机和大组织循环、复杂花纹产品的生产。

史陶比尔的全新超高速S3280旋转多臂机（图2-33）专为高速运转的喷气织机而设计，与之前的机型比，其速度更快，可达到1580r/min，具有振动小、性能可靠等特点，配备的新式传动装置e32/33 G、坚固的箱体皆可以处理更大负载，减少振动；最多可达16片提综单元，性能更强；全集成冷却系统可以确保最佳运行温度，新式润滑系统可显著减少耗油量，在环保可持续方面做到资源的最优化利用。此外，独立驱动的电子多臂开口机构，在国内外多家厂商的剑杆织机上已有成熟的应用，其与直接驱动技术一样，都能大大简化原剑杆织机的主传动机构，代表性产品是史陶比尔的PRO系列电子提花机[15]。

图2-33 超高速S3280旋转多臂机

3. 织机设备

作为无梭织机的主流机型，剑杆和喷气织机（片梭、喷水织机略）继续朝着高速、高效、智能、节能、模块化应用方向发展，在提高智能化控制、产品适应性和降低成本方面，更贴近市场。国外喷气和剑杆织机的最高演示速度分别可达2015r/min和850r/min，剑杆和喷气织机的最大幅宽可达5.4~5.5m，产品拓展范围较大。

喷气织机方面，国外主要厂商的产品在高速、高效、品种适应性等综合指标上依然保持着优势，在设备的智能化、自动化方面有进一步深化的趋势。在降低喷气织机能耗问题上，欧洲生产的机型开始从硬件及软件两个环节上予以保证，而国产喷气织机正在复原剑杆织机的发展规律，虽然机型起点较高，但水平良莠不齐，有待市场的优化选择。

德国多尼尔（DORNIER）的A2型喷气织机（图2-34）在保留了A1机型优质功能的基础上进行优化，其配备了众多电子控制系统，可持续监测或控制引纬过程、喷嘴阀，以及压缩空气供应情况，包括用于拉伸和接力喷嘴的电子压力控制，主喷嘴使用多尼尔Servo Control®的控制阀进行压力调节。这种形式的智能生产监控，不仅减少了停机时间、提高了运行效率，还减少了空气和能源的消耗，显著提高了能源利用率。此外，由于该设备采用了电子送经装置，其经纱张力可以自动调节，光学和电子停经装置能够确保生产过程始终可控。A2喷气织机的产品适应性更广，既可以用于生产羊毛、丝绸等优质的精密织物，也可以用于生产轮胎帘子线布、安全气囊等产业用织物。

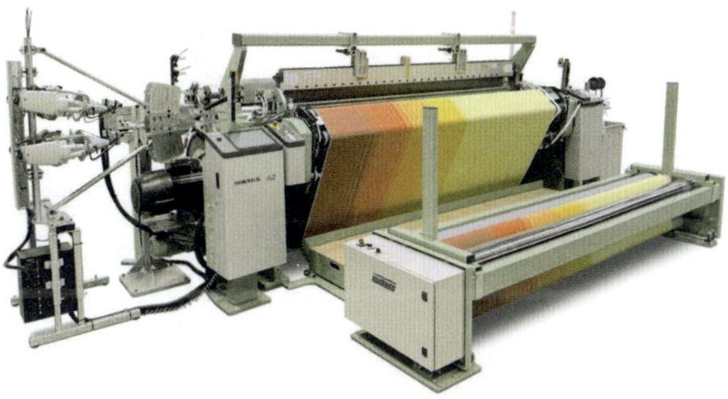

图2-34 多尼尔新型A2喷气织机

意大利意达（Itema）集团的EVO系列喷气织机A9500 EVO（图2-35），采用EVO气动平台和EVO主喷嘴，凭借特殊设计和对铝、碳纤维的创新应用，结构简单而坚固。全新的Bi-Power牵伸喷嘴能确保精准的纬纱选择，减少了空气消耗量并提升了织物质量。通过应用拥有专利技术的实时控制（RTC）软件及高级版本的iRTC，进一步实现功能改进，能够独立设置每个电磁阀的开启和关闭时间，自动最小化辅助喷嘴的吹风时间，从而确保最佳的引纬周期监控。

比利时必佳乐（PICANOL）的OmniPlus-i-4-P-190喷气织机，幅宽190cm，4色引纬，演示车速最高可达1400r/min，采用重新设计的筘座运动机构，优化了辅助喷嘴设置，且可与SMART SHED全电子控制开口结合使用，实现对每页综框运动状态和综平时间的数字化控制，进一步提升了织机的品种适应性和数字化水平[16]。

图2-35 意达喷气织机A9500 EVO

日本津田驹（Tsudakoma）的新型ZAX 001 neo系列喷气织机（图2-36）主打高速节能，其采用了新开发的副喷嘴，实现了高速运行，同步降低了能源消耗。与以往机型相比，其空气消耗量降低了35%，压力降低了20%。设备的原动力部分通过齿轮直接驱动，从以往的感应电动机改用专门开发的高效率IPM马达，以更少的电力消耗实现高速运转和高品质织造。

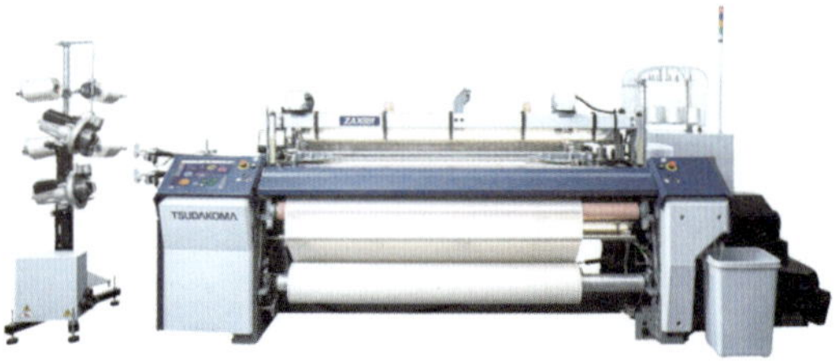

图2-36 ZAX 001 neo喷气织机

丰田的新型喷气织机继承了该公司以往机型高速、低振动和高效织造的能力，与此同时，还提高了设备的环境适用性，能够更好地满足工厂的高效生产需求。其通过采用经改良的纬纱喷射系统，较以往机型空气消耗量减少20%、空气压力降低了10%；新型主马达逆变器的采用，使设备的耗电量减少了10%。设备搭载的纬纱探纬器“i-SENSOR”，可自动计算出最合适的空气压力和纬纱运送条件，保障设备运转效率的提升。

剑杆织机方面，市场需求引导了其发展方向，速度提高是其技术进步的重要标志，牛仔面料、家纺装饰织物、高档毛巾的需求变化对其提出了更高的要求，高端机型仍然以国外产品为代表。国产剑杆织机基本完成产品的升级换代，摆脱了中低档机型低水平竞争的时期，进入中高档机型完善和快速发展时期，技术与市场发展平稳[17]。

多尼尔的新型P2系列剑杆织机（图2-37），采用多尼尔SyncroDrive®同步驱动技术，可在机器运行期间动态调整梭口闭合时间，选色装置采用多尼尔DisCoS®，8色选纬，同时配置多尼尔双纱全回转纱罗装置MotoLeno®，以及电子卷取装置（ECT）和送经装置（EWL）等，具有高效、灵活的特点。

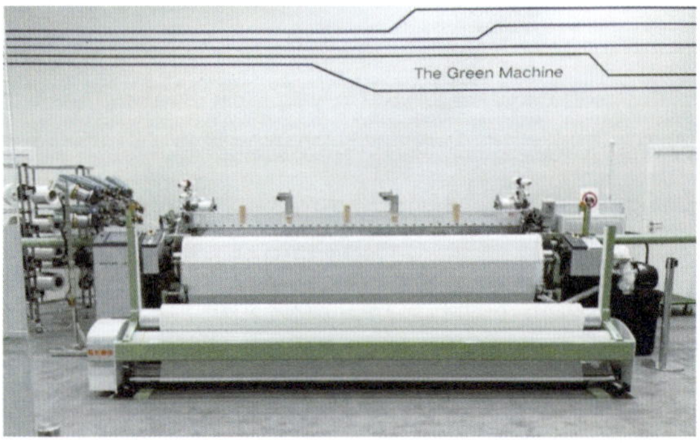

图2-37 多尼尔P2系列剑杆织机

必佳乐的Ultimax系列剑杆织机（图2-38）是在其市场应用非常成熟的机型基础上的进一步创新。其主要优点：剑头所用材质为钛，轻质高速，且位置更靠近织口，引纬时间加长，配备范德威尔（VANDEWIELE）

具有张力实时调节功能的储纬器，织机速度进一步提升；EcoFill消除左侧废边，积极式电子接纬剑头释放器能有效减少右侧纬纱浪费；配备机械式剪刀，稳定性非常好；ERGO润滑系统可降低油温及马达温度；机身横梁倾斜度加大，有利于飞花落棉沉降；配备的频闪仪可根据新产品的要求调整至最佳位置，增强了织机的产品适应性，对于再生纱线也可适用。

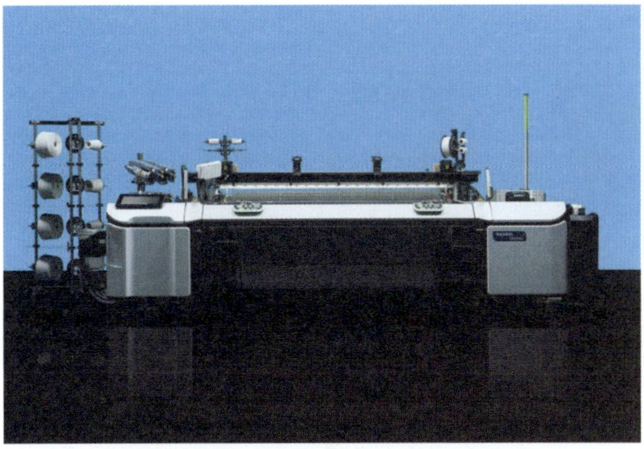

图2-38 必佳乐Ultimax剑杆织机

意达的EVO系列剑杆织机不仅包括先进的引纬系统解决方案，能够提高设备的多功能性，而且包括了创新的数字软件，如iKNOW™和My-Weave™，以提高用户的体验，优化纺织品的生产。此外，意达还优化了织机的关键设备部件，以进一步提高设备性能和可靠性，同时还保持了紧凑的结构设计，以节约织机的安装空间。其R9500 EVO系列剑杆织机旨在提高纺织品的性能、精细度、环保性和易于织造方面的标准，所采用的iSAVER®技术，不仅能消除织物左侧废纱，节约成本，还能够提高织物的可持续性，可实现多达6种颜色纬纱的织造，适用范围也从牛仔布扩大至其他领域。

意大利斯密特（SMIT）的2FAST 220 C8 D高速剑杆织机（图2-39）是原有设备的升级版，其采用无导钩自由飞行，最高引纬速度达到1725m/min，在幅宽为220cm时，织造速度可达到700r/min；采用高响应主驱动器、新型无刷电机，具有较高的加速度和较小的振动幅度，配备最新电子纬纱剪刀E-CUT，独立电子绞边装置Leno Force和车间织机联网中央控制系统Ethernet，在高性能效率下具有优异的稳定性；通过增加新的SMIT Leno Force系统，与新型高扭矩电机配合，确保织机能够快速适应多样化的面料类型织造。此外，该设备在能耗方面做了优化，具有绿色节能特点，其配备的2SAVE左右双侧节省废边装置能够最大化节约废边纱，并对纬纱尾端进行回收，消除废边纱架，与普通织机相比，织造幅宽最高增加50mm。斯密特在ITMA 2023上展示的另一款CONCEPT190 C8 D剑杆概念机，在织造幅宽为190cm时车速能够达到800r/min，可在高车速下织造复杂的花型面料，同时该设备采用了全新的织机控制面板，在外观设计方面颇具新颖性。

图2-39 斯密特2FAST 220 C8 D高速剑杆织机

值得一提的是，剑杆织机的品种适应性很强，根据织造工艺特点改进相关机构的设计，可使其适应产业用纺织品织造，满足当下市场需求。目前，国内外多家厂商已推出制造产业用织物的剑杆织机，在当今调整产业和产品结构的重要时刻，受到众多用户单位的关注，如德国多尼尔、意大利斯密特、意大利犇达、比利时必佳乐、上海中纺机机械有限公司、浙江万利纺织机械有限公司、广东丰凯机械股份有限公司等都有成熟的产品[17]。其中，必佳乐公司的OptiMax-i-P540型剑杆织机，可织制5.2m宽、1100dtex涤纶长丝涂层织物。该设备配置了凸轮开口，4 组打纬共轭凸轮，以及内置气囊管（空气弹簧）的后梁等机构，能够实时调节无弹力涤纶长丝织造张力的变化，满足织物的打纬要求[15]。

特种织机方面，主要分为地毯剑杆织机、重型网织机、重型剑杆织机三大类。地毯剑杆织机的国外著名供应厂商主要有德国史陶比尔旗下的圣豪（Schönherr）公司和比利时范德威尔公司。史陶比尔全新的Alpha地毯织造系统配备了许多定制化开发组件，具有极大的灵活性与应用多样性。其全新Alpha 580 Universal地毯织机（图2-40）是针对当今市场快速的设计变化、复杂的编织结构等需求作出的产品回应，纱线处理方便、紧凑性、高运行可靠性，以及较长的使用寿命是其最大优势。该地毯织机最多能实现12色织造，可满足不同密度的地毯织造需求，通过配备4 个提花装置，绒纱数最多可达33792针，地毯织造宽度最宽可达5.3m。

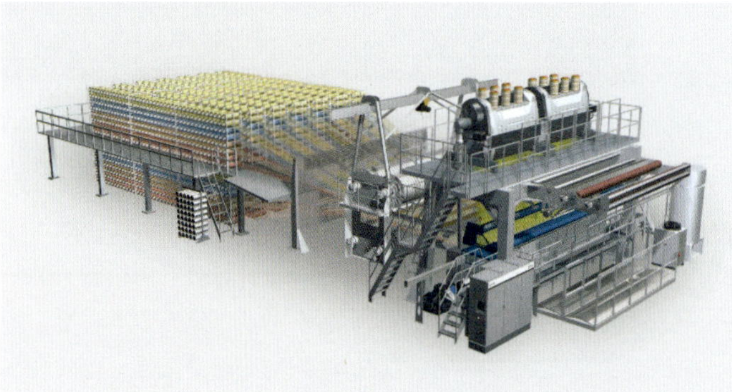

图2-40　史陶比尔Alpha 580 Universal地毯织机

范德威尔的RCF地毯织机带有数字“快速纱架”，以高达250r/min的速度织造。该机器还具有快速换色灵活性、经济性（减少机器停机和纱架更换可控）和更少废纱的特点。快速纱架解决方案中的三剑杆切割机USF具有替代编织结构和环张力控制。在Handlook织机领域，新一代HCE3+配备了范德威尔U4提花机，可应用高产的三剑杆织造结构并产生局部平织效果。

窄幅商标织机的国外生产商以约科布·缪勒（JAKOB MÜLLER）公司为代表、国内以湖州现代纺织机械公司为代表。约科布·缪勒的窄幅织物织机NFMJ 53 4/66配备SPE3型提花织机，通过电控驱动系统可以更快、更精确、可重复地设置机器参数，且能实现较高线密度纱线的织造，可用于生产内衣用松紧带等；高性能窄幅织物织机NFM® 53 2/130具有两个相互独立运行的MÜTRANS®纱线传输系统，可处理不同的纬纱材料或两种具有不同性能的产品，同时生产不同宽度的窄幅织物；MBJ8v LXL PRO 8192/6912T剑杆织机配备史陶比尔LXL PRO电子提花机，且带有热切割系统TC2，对整个织物宽度上的每根经线进行单独控制，不仅可以实现高达120cm的图案重复宽度，还可以生产单独编码的标签。

4. 结语

未来，织造装备将继续朝着高速、高效、智能、节能、模块化应用的方向发展，并在提高智能化控制、产品适应性和降低成本方面更加贴近市场需求，具体体现在以下方面。

（1）产品开发驱动下，专用装备发展迅速

纺织产品的开发、工艺技术的创新一直与纺织装备的发展息息相关，新产品、新面料的市场需求和生产需求推动了织造装备的改造与升级，同时，新型织造装备的发展又进一步促进了产品的创新与应用。以往织造装备多以生产量大面广的服装用面料为主，随着产品开发的品种更加丰富、应用领域更加广泛，相应的专用织机及其配套装备近年来发展迅速，如专为牛仔布织造而设计开发的剑杆织机、专门用于床单面料织造的喷气织机、毛巾剑杆织机、毛巾喷气织机等，织造装备的实用性发展趋势越来越明显。

（2）稳定可靠基础上，装备更加高速高效

生产速度和效率是衡量织造装备高水平发展的一个重要指标，生产速度和效率的提高对于装备应用企业来说意味着更多的产量和效益，因此也成为织造装备的主要发展方向。当前，喷气织机的最高演示速度已经超过2000r/min，入纬率可达2000~2400m/min；剑杆织机的最高演示车速则达到850r/min，入纬率超过2200m/min；剑杆或喷气织机的最大幅宽可达5.5m，毛巾剑杆织机的最大幅宽可达3.8m；单个电子提花机的最大针数已经超过3万针，无通丝电子提花机的速度已达900r/min，高速电子多臂装置和积极式凸轮式开口装置工艺车速进一步提高，织造装备高速化、高效率生产发展趋势明显。但速度的提升非常“理性”，设备制造商更注重在高速基础上的稳定性、品种适用性和运行的可靠性。

（3）更加注重绿色可持续发展

纺织品生产过程中的节能降耗及资源利用率的提高成为衡量设备技术创新发展水平的指标之一，织造装备发展更加契合行业“可持续性与循环性”的主流方向。一方面，对设备结构与性能进行优化，使剑杆织机的耗电量、喷气织机的耗气量等进一步降低，达到节能降耗的目的；另一方面，如络筒机的单锭吸风系统，只在打结和换管循环时按需吸风，可以节省高达30%的电费；预湿浆纱机不仅可以提高浆纱速度和上浆质量，还可减少浆料用量、降低上浆成本；剑杆织机的废边节省技术可以消除织物废边，显著减少了原材料的浪费等；结构优化后的织机对回收再生材料的适应性加强等，已成为织造装备节能降耗、可持续发展的重要特征。

（4）智能化控制与管理特点突出

织造准备装备和机织装备正普遍采用先进的控制系统和监测系统，快速进行在线数据的采集、监测和设定，进而进行工艺参数的实时调整和设备故障的远程诊断，包括络筒管纱自动生头、上纱、整经张力自调、调浆质量在线检测、浆纱张力自调匀整、高效自动穿结经、纱架自动装纱与智能喂纱、经纱上机张力自调补偿、坯布疵点机上自检测等关键技术；在生产管理方面，构建数字化、智能化织造车间成为纺织行业实现智能转型的重要途径之一，新一代互联网、物联网、大数据、云计算等技术在织造车间建设中的应用，推动了织造生产全过程的动态感知、智能计算、优化控制与实时信息服务，在此基础上，实现织造生产过程的智能运营管理，包括数据的采集与分析、工艺的集成与执行、设备的监控与管理、生产计划的调度与优化等智能执行管理。“数字化、网络化、智能化”制造成为织造装备发展的新趋势。

（5）传统织造装备在产业用领域的应用逐步扩展

由于产业用纺织品在性能、成本、用途等方面的优势正受到人们越来越多的关注，也为织造装备的发展提供了难得的机遇，传统织造装备在产业用纺织品发展新趋势下进入新的创新与应用空间。由于剑杆织机广泛的品种适应性，多家设备厂商在原有机型的基础上通过相关机构和装置的个性化设计，结合相应的织造工艺，相继推出了适应产业用织物织造的剑杆织机，如多尼尔公司的P2剑杆织机、斯密特公司的2FAST剑杆织机、意达公司的重磅打纬Hercules剑杆织机、必佳乐公司的OptiMax-i剑杆织机等，广泛用于生产各种产业用纺织品。另外，喷气织机领域也在不断探索对于宽幅产业用织物的适用性。

（撰稿人：中国纺织信息中心　刘凯琳）

（四）针织设备

随着针织市场的不断扩大，新型针织设备正不断朝着生产高效化、品种差异化、管理网络化和产品智能化等方向快速发展，不断满足面料产品的开发及终端市场的新需求。综合来看，经编机及其配套的整经机在高效率、高产能、智能化方面有突出表现；圆纬机新技术的发展主要体现在高机号和高机速方面，自动化水平不断提升，中高机号细针距成为主流；电脑横机与下游产品开发设计愈加紧密，各种形式的全成形编织技术成为主流趋势。与国外设备水平相比，我国针织机械高端产品较少，虽然已经在电控与智能化技术方面达到一定水平，具有较强的性价比和竞争力，但综合实力与国际领先企业仍然存在较大差距。

1. 经编机

新材料、新技术的发展推动经编装备向高精密、高效率、低能耗方向进一步发展。以碳纤维复合材料为代表的轻质高强部件的应用，使设备的综合性能得到改善。成圈机件运动的优化、伺服驱动技术的发展等也使经编装备的速度更快、机器门幅更宽。另外，节能技术、恒张力控制技术、贾卡精准提花技术等多项关键技术的发展，也为经编装备的高精化奠定了重要基础[18]。经编机在高速、高效、节能方面不断优化与进步，设备的灵活性更强、产品风格更加多样化、应用领域逐渐扩展，技术先进性仍然以德国卡尔迈耶的设备最具代表性。

经编机电子梳栉横移控制要求精度高、响应快，多年来一直是制约高速经编机全面数控化的瓶颈。卡尔迈耶的HKS 3-M ON型高性能三梳特里科经编机，配有电子梳栉横移装置，生产速度可达2900r/min，为三梳经编机全面实现电脑化控制清除了最后的障碍。由于其工作宽度和针距的灵活性，可专业用于生产弹力/无弹平布和小提花面料，广泛用于汽车座椅、汽车内饰、蚊帐、床垫、洗浴清洁用纺织品、毛绒玩具面料、运动服、鞋面、广告布和装饰品等产品，市场应用非常广泛。此外，该装备采用云端花型数据库代替花盘，具有较好的灵活性，大大减少了花盘生产、运输及存储造成的成本和环境污染，可以实现快速更换花型，对不断变化的市场需求快速做出反应。同时，该装备还配备了一款自动称重坯布的卷取机构，可以自动打印定制化标签，这一创新的工艺集成解决方案为客户提供了更多的盈利。同时，其配备的能源监测系统可以实时监测能耗情况，帮助客户更好地控制和优化生产，体现了经编设备领域对节能降耗、绿色可持续发展的关注度不断提高（图2-41）。

短纤纱经编产品也是市场重点开发内容之一，近年来，适用于短纤纱的整经机的推出进一步推动了短纤纱和天然纤维在经编装备上的应用。卡尔迈耶的贾卡花边机RSJFS 4/1 EL经过压纱板的特殊改造，可以进行100%棉、羊毛/锦纶和腈纶等短纤维/天然纤维的加工，用于生产高品质花边条带、服饰镶边、网眼窗帘和家用纺织品等。此外，该设备的选配部件，很好地解决了使用短纤维/天然纤维生产时的灰尘问题。卡尔迈耶开发的提花技术和压纱板效果，使钩针编织花型在美学层面满足了时尚前沿客户对精致平布加网孔结构的需求，再加上天然纤维的使用，兼顾了钩针编织花型的时尚趋势和生产低生态影响服

图2-41　卡尔迈耶三梳特里科经编机HKS 3-M ON

装的可持续性。

此外，经编设备的创新也在不断扩大产品应用的灵活性。卡尔迈耶的双针床拉舍尔经编机RDPJ6/2 EL MC利用提花技术搭配色彩组合，拓宽了间隔织物在鞋服、箱包、家纺、家居及汽车行业等领域的应用（图2-42）。同时，相比于横机技术，RDPJ6/2 EL MC双针床拉舍尔经编机的生产效率更高，且可以实现独特的织物外观。全幅衬纬经编机WEFTTRONIC® Ⅱ G，工作宽度为213英寸，配备纬纱张力监测、管理和全新的VARIO铺纬系统，具有高灵活性和独特的生产力，同时纬纱的花型可轻松切换，而无须在衬纬过程中进行机械干预，没有花高限制，可以将高强度的涤纶加工成格栅结构，尤其适用于建筑行业。

图2-42　双针床拉舍尔经编机RDPJ6/2 EL MC

国内设备方面，五洋纺机有限公司的GE2268数控特里科高速经编机，采用优化的多相位、多段曲轴连杆机构和新式成圈高效传动系统，可以有效降低机构的运动加速度、转动惯量和机构动程，保证机器高速、高效和稳定运行。在材质方面，成圈机件采用碳纤维型材，重量轻、运动惯性小，进一步提高了设备的平稳可靠性。

2. 圆纬机

基于超细及细针距技术、沉降片改进技术、两面提花技术、双向移圈技术，以及新型喂纱导纱装置和自动剖幅卷布机构的研发，圆纬机的高精化程度更高，装备生产效率和智能化水平也进一步提升。

细针距圆纬机已经成为主要发展方向之一。意大利圣东尼（Santoni）的超细针距单面多针道圆纬机，机号达到E80，双面圆纬机的机号亦已达到E60；国内通过技术攻关，已经能够生产E50的细针距针织装备（福建泳力泰针织机械有限公司），双面圆纬机机号可达E46（泉州精镁机械有限公司）；在细针距电脑提花圆纬机方面，德国德乐（Terrot）、迈耶西（Mayer & Cie.）、日本福原（Fukuhara）以及我国的厦门兴全龙机械有限公司等公司推出了相关产品。其中，迈耶西推出了机号E40的电脑提花单面圆机和电脑提花双面圆机，在细针距电脑提花圆机方面居国际领先水平，国内推出的单面和双面电脑提花机的最高机号分别为E36和E38。

在高效率和智能化生产方面，迈耶西的单面直叶机型Relaint3.2HS，机号为E28，在筒径为0.8128m（32英寸）、102路单面开幅机上，棉氨纶平针弹力布的正常开机速度为42r/min。此外，迈耶西采用Control 5.0系统的针织大圆机还具有物联网属性，其取消了大圆机的控制面板，改为通过下载App在手机或iPad上进行设置，挡车工可以通过设在机台三面的可视化简易智能控制器进行对速度、停车等设置的操作。

日本福原的单面针道机OD7-M2XC-A3.2RE，采用最新的三角技术控制普利姆针舌环保针，同时采用高精度钢丝轨道轴承技术，可以实现较低的热位移（图2-43）。特殊的牵拉机构可以使棉氨纶纬平针弹力布布面平整，折痕问题得以解决，且两侧无卷边现象。在筒径为0.762m（30英寸）、96路单面开幅机上，棉氨纶平针弹力布的正常开机速度为42~44r/min。

国产圆纬机生产商也积极提升产品的市场竞争力，并且在数字化控制方面有了长足的进步。我国

图2-43 福原单面机OD7-M2XC-A3.2RE

图2-44 V4SJ1-25CN-I单面机

台湾佰龙机械厂股份有限公司的V4SJ1-25CN-I单面机（图2-44），机号为E22，筒径为0.5588m（22英寸），其采用的复合针是与格罗茨—贝克特（GROZ-BECKERT）合作具有专利保护的无针舌织针，该织针借鉴了经编中的槽针结构，通过闭合针芯的开合做成圈动作。同时采用斜向沉降片，使编织速度大幅提高，速度可达100r/min。与同类产品相比，生产效率提升了20%，但占地面积减少了25%。

厦门兴全龙机械有限公司的智能化数字圆纬机，通过可调式分体针盘底座技术和上针盘与下针筒间隙数字化调整技术，实现了高机号的成圈编织，并提高了机台一致性。此外，其自主研发的坯布视觉检测技术、自动裁布落布技术及圆纬机数字化生产管理平台，能有效提高自动化水平，实现圆纬机机台参数、生产过程、视觉检验和物料输送的智能化管控，可为用户提供更好的服务。同样，厦门立圣丰机械有限公司的高路数双面机，具有产量高和兼顾各种产品种类的优势，其设计的独特之处在于纱嘴处于固定位置，即使是在改变布面品种时，也无须过多的人工操作，对调试人员的技术要求大大降低，生产效率得到提升。此外，该机台配有自有专利的双钢丝跑道结构，在运行多年后仍可进行精度的修正。配备的3根传动轴和大齿轮使机台在运行过程中保持高精度和高平稳可靠性。

节能降耗开始在圆纬机中得到应用。圣东尼机号为E28，筒径为0.762m（30英寸）、90路成圈系统的单面圆纬机，特点是增加了自动清洗技术，可以把清洗周期由几周延长到1年（图2-45）。此外，该机采用格罗茨—贝克特织针、沉降片和针筒组成的INNOTAS系统，特殊设计的织针与沉降片及开放式沉降片三角，使飞花可以被及时吹出且不易积攒在机器内部影响成圈均匀度，从而达到自清洁的效果。迈耶西的圆机设备增加了废油处理循环系统Senso Blue RS，通过废油收集后3次过滤等处理，可使油剂循环使用，针油消耗量减少高达20%，油剂回收率高达40%，降低了运营成本。

在针织短流程方面，德国迈耶西、德乐和我国台湾佰龙机械厂股份有限公司分别推出了集纺纱和针织于一体的针织圆纬机，其通过将细纱、清纱和针织集合或连接在一起，可缩短生产工艺流程，减少能耗和占地，同时可获得纱线结构变化丰富、织物柔软舒适的针织产品，但相关设备未在市场看到大规模的推广应用。

在无缝成形方面，圣东尼的系列机型代表了最高技术水平，其SM8-Top2ST单面无缝内衣机借鉴袜机的技术可实现任意毛圈无浮线，通过毛圈形成提花效果，该机机号为E28，筒径为0.4572m（18英寸）、8路成圈系统；同时，其开发的上下不同针距的双面无缝机，下针筒为28针，上针盘为14针。

3. 电脑横机

横编装备在近年得到了长足的发展，特别是传统知名横机生产商利用Autarkic Direct Feeding（ADF）技术、急转回头技术、多针距技术、恒张力导纱技术和经纬编织技术等关键技术实现横机专业化、多样化和精细化生产，德国卡尔迈耶斯托尔（KARL MAYER STOLL，卡尔迈耶旗下公司）和日本岛精（SHIMA SEIKI）公司始终引领电脑横机行业的发展[18]。

图2-45 圣东尼自动清洗技术的单面圆纬机

卡尔迈耶斯托尔基于ADF技术创新及精湛的制造技术，在产品开发自主创新方面优势突出。其ADF 530-32 ki FLEX横机具有极高的灵活性，可满足全成形、织可穿各类不同的针织技术（图2-46）。该设备前后针床的距离可以根据花型的设计进行调节，而且可以在编织过程中由knitrobotic®将NFC芯片放入织物。这种NFC芯片可以将数字化信息存储在可洗的记忆芯片中，而NFC读写器则可以在编织过程中将产品的个性化信息写入芯片。其好处在于可以有效跟踪生产链中的面料信息，满足生产过程中的自动分发需要并提供产品的其他信息，同时也可以为针织智能纺织品的开发提供技术支持。

图2-46 ADF 530-32 ki FLEX电脑横机

ADF 830-24 ki W织可穿电脑横机是一款高机号设备，工作幅宽为2.1336m（84英寸），采用的可更换尖头锥形导纱器可简化并加快穿纱过程。同时，ADF一体式导纱器的垂直运动可达2mm深，为更多花型的实现提供可能性；通过使用格罗茨—贝克特的litespeed®节能针和改进的三角，能耗更低。此外，该设备配过滤装置，能将收集的废油集中处理后重复使用，不需要额外的真空吸尘器或抹布进行处理，更加便捷、环保。

ADF 530-16-4 ki WWK则是一款结合了经编和纬编组织的电脑横机，为花型的创新提供了巨大的可能性（图2-47）。首先，该设备配置了新的导纱器，即经编组织的导纱器，这个导纱器可以在三维方向移动，一个单元中可以编织14种不同的纱线，最多配有4把经编导纱器，2个轨道。配置的

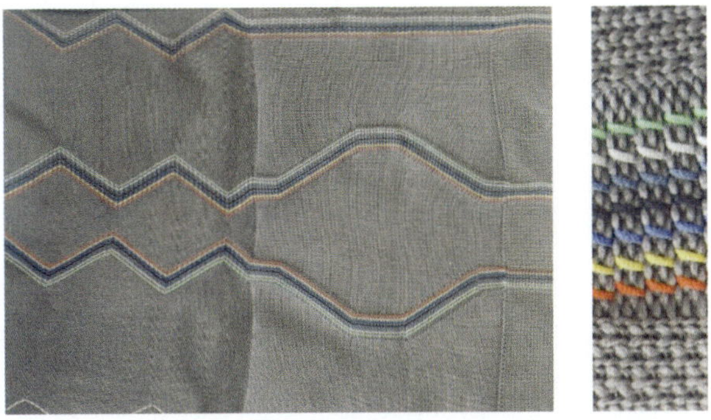

图2-47 ADF 530-16-4 ki WWK电脑横机编织的样品（含经编和纬编结构）

新模块和新三角可以用来分别控制纱线和保证织针处于直立位置。在由该设备编织的样品上，可以清晰地看到由经编导纱器留下的特殊垫纱轨迹，在布面上形成类似于经编的结构，且编织速度可以达到0.8m/s。

图2-48 岛精SES-R电脑横机直接编织形成穿戴效果样品

图2-49 慈星Steiger series系列产品STG860

日本岛精的SES-R电脑横机，机号为E14，得益于全关闭式沉降片、起底板、纱夹/纱剪系统及数控测纱系统等技术，可将织带直接编织，形成穿戴效果，织物立体感更强（图2-48）。SWG-XR4针床全成型电脑横机则可选配双起底板，四针板全成型，可动式沉降片，配备i-DSCS+DTC智能型数控纱环系统，可变针距；同时借鉴了织机的自动选纬，可32个颜色自动转换；改变了传统设备为稳定编织需要在袖部进行废纱编织的方式，可进行无废纱编织，减少了原料损耗。

国产电脑横机逐渐缩短了与国外先进技术的差距，但在嵌花、纱线张力控制、智能送纱、单级选针等方面还需进一步完善。宁波慈星股份有限公司最新的Steiger series系列横机STG860有32把编织纱嘴，一次可以编织32款颜色，可最大限度地实现各类复杂花型的编织（图2-49）。据介绍，该技术的推出将会为全球毛衫纺织市场注入全新动力。此外，其VEGA3.90M横机，机号为E14，幅宽为0.889m（35英寸），配有16把纱嘴，其中2把纱嘴具有衬纬功能，另外12把纱嘴具有升降功能，可立体编织医疗织物等具有弹性功能的织物。

4. 结语

针织设备将在现有基础上不断优化结构与性能，以市场需求为导向，朝着绿色可持续、高速增效、智能化数字化、技术创新等方向发展，经编机、圆纬机和电脑横机等在新技术的应用下都有显著的进步，特别是短流程生产技术、成形编织技术、经编横移控制技术、4D提花技术、智能传感技术和互联网应用技术等新技术的推广应用将促使新型针织装备性能进一步提升[19]。

（1）绿色可持续

随着环保意识的广泛普及和消费者对可持续时尚需求的增加，越来越多的设备生产商也开始追求绿色环保的建设路线，对针织设备进行升级改造，降低其耗电量和耗气量等，实现节能减排的目的，如卡尔迈耶的能源监测系统，迈耶西的废油处理系统等。此外，从原料角度，一方面积极通过实现无废纱编织来减少原料的损耗；另一方面，增强设备对天然纤维或再生纤维的编织适用性，从原料端减少碳排放，实现可持续发展。未来针织设备的绿色可持续水平将进一步提升。

（2）高速增效

高质量和高产量的双提升是实现经济效益的基础，因此，如何使设备持续平稳地高速运行是关键。

近年来，针织设备在高速增效方面进行了性能优化和提升，如卡尔迈耶的特里科三梳经编机HKS 3-M ON转速可以达到2900r/min，且可以实现快速的花型更换。五洋纺机采用优化的曲轴连杆机构保证机器的高速、高效和稳定运行。值得注意的是，未来的高速增效也要理性对待，切勿盲目提速，要同时兼顾设备运行的稳定性和可靠性。

（3）智能化数字化

随着信息技术的快速发展，数字化、网络化、智能化制造是纺织装备制造业发展的必然趋势。先进的针织设备制造商均为其产品配备了数字化、网络化、智能化的解决方案，也有致力于提供这些解决方案的科技公司。如卡尔迈耶的特里科三梳经编机配备的自动称重坯布的卷取机构，可自动打印定制化标签；厦门兴全龙机械有限公司的“舜成2.0智能化数字圆纬机”，实现了圆纬机机台参数、生产过程、视觉检验和物料输送的智能化管控。由此可见，智能化数字化势必给针织机械行业注入新活力。

（4）技术创新与融合

当前严峻的市场形势要求针织企业加强技术创新的开发，以保持竞争优势，针织设备新技术的发展，以及与多元技术的借鉴融合，推动了产业发展的边界延展，拓展了针织产品的应用空间，实现功能多元化及价值赋能。如日本岛精将织带直接编织形成穿戴效果；斯托尔公司ADF 530-16/4 ki WWK电脑横机编织的样品，能够在同一块织物上呈现经编、纬编和梭织的多重风格。未来，在技术创新的推动下，针织设备将呈现多种技术跨界融合。

（撰稿人：东华大学纺织学院　毕思伊；中国纺织信息中心　刘凯琳）

（五）染整设备

在国家环保政策压力加大和纺织产品结构调整以及数控新技术日益普及的多重作用下，印染装备制造领域产品升级和技术进步的步伐正在不断加快。近年来，国内外印染设备企业推出的新产品和新技术，紧紧围绕绿色、可持续与循环、智能化的主题，在节能节水、清洁生产和数字化应用方面不断提升，下文按照不同的生产环节予以介绍。

1. 染色相关设备

（1）打样设备

目前，自动滴液系统、电脑测配色仪等设备逐渐成为印染企业打样室的标准配置，但从打样的全流程来看，部分打样环节仍依赖人工操作。随着企业对染色一次成功的要求越来越高，从打样阶段就要尽可能降低人工操作产生的误差，因此，打样过程的全流程自动化成为业界关注的重点。

图2-50　Dos&Dye®实验室全自动管理系统

当前市场上，意大利科技瑞玛（Tecnorama）的打样设备在集成度和自动化方面处于领先地位，通过不同组件和功能的集成，其设备已基本实现称量、滴液、打样、染色过程监控的自动化。另外，在产品的适用性方面也具有明显的优势。其Dos&Dye®实验室全自动管理系统（图2-50），采用拥有核心专利的多管路滴定系统，由DOSORAMA W或WS开料滴液设备和一套或多套

DYRAMA染色设备（适用于所有类型的纤维和所有织物形式）整合，能够（一次）获得准确的配方并在批量机器中复制，大大减少生产和重新染色中的修正，从而显著节省时间，提高生产率。

其中，Dos&Dye® Compact化验室自动管理系统可用于制作生产所用的样本及相应配方。该系统包括1台自动配料机和1台自动印色机，染色机配有多个染色单元，每个单元均可独立工作，执行不同的染色工艺，适用于机织物、针织物、筒纱、散纤维等的染色打样，适用范围非常广泛。Dos&Dye® Spectrodye系统则重在对染色工艺进行监控分析，帮助预判批量生产的质量、效率和成本，从而有助于选择最佳的染色工艺。该系统由1台滴液机、1台装配机械手的自动染色机，以及与分光光度计相连接的专用光学读取设备组成。可逐步监控并记录染液pH值、温度、盐度等参数的变化，以及染色过程中的颜色变化。依靠该系统，打样人员还可以研究整个染色过程中不同染料的性能特征[20]。

（2）染化料自动称重配料系统

在染色前的配料过程中，传统人工方式存在精度低、准确性差、劳动强度大及操作环境恶劣等问题。此外，染化料助剂种类多、物理特性各异，且多为粉料，随温度、湿度变化易粘连、结块，使物料的流动性变差，对称量精度产生影响。因此，行业对于染化料自动配送的关注度和需求一直在提升，染化料自动称量配料系统逐渐普及，并与自动化料、自动输送系统形成无缝衔接，大大改善了生产环境，提高了染色一次成功率和生产效率。这也是整个印染流程中最能体现智能化水平的环节之一。

意大利卡乐仕（ColorService）的全自动粉末染料系统由储罐模块、自动称量单元、自动化料单元组成。储存模块整体由阳极氧化铝打造，具有结构强度高、重量轻、耐腐蚀、导电性良好等特点，并可根据生产需求的变化增加储存模块，方便灵活。每个储存盒配有独立的上料抽吸管，顶部配有过滤网和传感器，在上料过程中，感应到染料结块或杂质时，可自动通过反向脉冲气流将结块吹散或将杂质吹至积尘装置。每个染料储罐底部配有落料螺旋，并在出口处安装有专利的反向刮刀，确保精确称量所需的细微落料量，避免因机械惯性等因素造成的过量落料导致称量不精确。当进行小剂量称量时（如1~2g染料），系统会自动指令抽吸口产生负压，配合落料螺旋和反向刮刀，调整落料精度，以达到最低 ±0.01g的误差范围。自动称量单元安装于储存模块前，一台多功能称量车沿轨道横向移动，接受配方指令至各个染料储罐区域下方，接取落料螺旋送下的染料。

土耳其EliAR公司全新的ADW染料自动配料化料系统（图2-51）中，仓储部分同样采用了模块的设计理念，每组模块配备16个储存仓，并可在不额外增加占地面积的情况下灵活地扩充至5组，即最多可存储80种染料，单仓容量为90L，材质为氧化铝。在称重单元的设计上，ADW提供了智慧模式和精准模式供选择，分别匹配高速和高精度的生产需求。配套EliAR的染液配送系统，ADW能够在7.5min内完成10kg染料的称重、化料和输送，误差不超过0.02g[20]。

图2-51 EliAR ADW染料自动配料化料系统

（3）染色设备

在传统染色设备中，连续棉型机织物染色设备已很成熟。目前的主流设备还是以间歇式染色机为主，主要通过各种结构设计与优化进一步节能降耗。除了传统的染色设备工艺外，超临界二氧化碳染色、数码染色等无水及少水染色新工艺备受行业关注，成为关注度较高的热门技术话题。

立信特恩（THEN）的非连续染色设备Smartflow TSF染色机（图2-52）通过各项功能优化来减少水和能源的消耗。其配备了智能织物运输系统，通过精确控制喷嘴压力和泵的功率，最大限度地减少用水量，确保织物均匀染色；配备的热交换器能够快速加热染液，减少能源消耗；浴比极低，最低可达1：2.5，用水量更少；染浴准备单元和化学品计量系统可精确计量化学品、染料和盐的用量，减少了化学品消耗，优化染色结果的同时缩短了工艺时长。该设备是市场上唯一一款无绞盘装置，可以在无绞盘的情况下管理织物运输，降低了功耗和敏感型弹性织物的张力。每台设备至多配备6个腔体，使生产能力最大化，同时比常规的染色系统减少40%的占地面积。

图2-52　THEN Smartflow TSF 染色机

图2-53　Signature染色设备

德国第斯（Thies）的Signature染色设备（图2-53）配备了智能加料系统，既能精准计量浓缩的化学品，同时可使用较少的水来输送织物，织物染色浴比为1：2.3，且能确保染色效果高度一致。这些优点也在大批量生产中得到证实，其大大减少了耗水量，染色均匀性得以改善，每批次的染色时间缩短。Signature几乎可以完成所有湿处理，因此不再需要配备单独的水洗、漂白和染色设备，省去了中间织物输送和烘干的工序[21]。

在少水及无水染色设备方面，荷兰DyeCoo公司的DyeOx4是其第4代超临界二氧化碳染色设备，可以二氧化碳为介质进行织物和纱线染色，减少了染色过程中与水加热和冷却相关的能源消耗。该设备可在原有机型的基础上，进一步用于涤纶以外的织物材料染色，例如，聚乳酸、醋酯纤维，旨在确保各种织物结构（包括针织物、机织物和纱线）的一致颜色渗透和卓越的色牢度。该设备拥有3个独立的染色槽，织物批量容量为120~180kg（取决于宽度、重量和渗透性），纱线染色批量容量可达200kg。整个染色过程无须用水和其他化学品，二氧化碳回收率高达95%，非常节能且环保[22]。

图2-54　Endeavour染色设备

英国Alchemie公司的Endeavour染色设备（图2-54）是一项全新的无接触的数字化

染色解决方案。其基本原理是通过一种特殊的喷头使雾化的染液渗透于织物纤维内部，从而实现较高的染料吸收率、均匀的染料分子分布，以及优异的固色率。采用这项工艺的织物无须特殊前处理过程，染色后的织物无须进行水洗等后处理工序，而且不会影响面料的手感。该设备每小时产量高达2000m^2，生产能力可替代5台左右的传统染缸，而且具有节能减排、成本低的优势：可精确控制染料的用量，染料消耗减少30%；染色后成品无须水洗，可节约90%的废水排放；整个染色过程无须加热，能耗降低80%；设备操作简单，人工成本降低21%左右。

在牛仔的环保染色方面，Sedo Engineering公司的Smart-Indigo创新染色工艺，是一种靛蓝染料电解技术，它仅利用电力和烧碱来溶解靛蓝染料。在整个过程中，仅有副产品氧气产生而不会有任何废水排放，使牛仔生产过程更加绿色环保。与传统染色方法相比，该方法的用水量减少70%，能源消耗量约减少83%，碳排放量减少90%。Smart-Indigo技术已获得Bluesign®批准，并且已获得ZDHC 3级认证，而且与完全集成的自动化概念融合。长胜纺织科技发展（上海）有限公司（NTX）的以印代染技术通过高精度冷转移印染技术将设计好的牛仔效果转印到面料上，再经过剪裁缝制与简单普洗，即可制成牛仔服饰，变革了传统牛仔染纱—织布—后整—水洗的流程，是一种革命性的新型环保牛仔生产方式。

2. 数码印花设备

纺织品数码喷墨印花反应迅速、印花精度高、图案表现力强、染化料浪费少，符合当前人们对个性化、小批量、多品种和高品质纺织品印花的要求，是当前纺织品印花技术发展的主要方向之一。但是，近年来，随着热度褪去，数码印花市场进入平稳期，企业对数码印花设备的投资明显放缓。整体而言，数码印花设备主要是速度上的提升，配套设备的完善，设计、开发和管理软件的更新及墨水的升级。

意大利EFI美佳尼（Reggiani）的BOLT XS是在原有机型上升级的新一代单pass数码印花机（图2-55），其最突出的特点就是突破性的打印速度和紧凑的机型，最大打印速度达到100m/min，超过传统圆网印花机的速度，最大打印幅宽1840mm，可配4~8色，每个颜色28个喷头，具有高性能、优异的打印精度和最少的维护需求；其扫描式数码直喷印花机HYPER，据称打印速度在市场同类设备中最高，其在2pass的打印模式下速度约828m/h；配备72个喷头，共 8 个颜色；可打印宽度为1.8、2.4或3.4m，是长时间稳定生产和可靠性方面的佼佼者，适用于针织物或机织物的高质量生产。

图2-55 单pass数码印花机BOLT XS

此外，西班牙凯拉捷特（KERAjet）公司的KERAtex-GIGA数码印花机，据称是最高效的多pass打印机。它可配12种颜色，每个颜色用16个头，共有192个喷头，在打印幅宽为3m、像素为

600dpi的情况下，打印速度可达到3435m^2/h。

随着短流程在生产效率及节能降耗方面的优势不断显现，意大利EFI美佳尼、意大利MS、以色列康丽数码（Kornit Digital）及日本爱普生（EPSON）等多家企业都不约而同地将集合上浆、喷印、烘干、固色的短流程一体解决方案呈现于客户面前，在涂料印花方面发力。MS公司与JK公司合作，通过将创新数码印花设备JP 7以及Digistar Pigment 4K多合一数码印花墨水搭配使用，省略预处理和后整理工序，使生产过程中可节约60%的水和能源消耗，生产效率提升，成品质量优异。EFI美佳尼的eco TERRA数码印花解决方案（图2-56）将织物预处理、印花及后处理集合在一台涂料数码印花设备上，使用其专门研制的集合了印花预处理助剂、颜料、黏合剂及其他化学品的墨水，使织物具有良好的色牢度和手感，可节约95%的水、75%的化学品和60%的能耗。

图2-56　EFI美佳尼eco TERRA数码印花解决方案

在成衣的数码印花方面，康丽数码是最具技术代表性的企业。Apollo是其第一个适用于大规模生产的数码印花解决方案，该系统每小时能够印制400件服装产品，是第一套结合了在线智能固色和自适应台板的数码成衣直喷生产系统，能以最低的总成本进行最节能的按需生产。无论是小批量还是大批量生产都很容易实现，为消费者提供了无限的图像和色彩空间。

此外，康丽数码还在其MAX系列上进行了重大创新，其全新的Kornit Atlas MAX PLUS（图2-57）是一种更快、更智能且极其可靠的数码印花系统，其具有服装尺寸自动校准、智能整烫等功能，其独有的XDi技术可实现3D印花效果，在几分钟之内即可完成一件能够直接销售的服装，同时也为多功能、大批量数字化生产设立了标准。

图2-57　Kornit Atlas MAX PLUS数码印花设备

随着数码印花设备不断发展，近年来出现的双面印花设备较好地解决了织物反面通常呈现无色或只有少许色痕的问题。根据喷印原理及整机设计的不同，目前市售的数码直喷双面印花设备分为一次成型和二次成型两大类。其中，一次成型数码印花依靠数码设备上的喷头排列在织物正反面可打印的地方进行相向打印，同时完成双面印花。除了对花精准外，还可以通过减少总墨量，不使多余墨水相互渗透而形成不需要的杂色，生产同花异色和异花异色花样的优势非常明显。

沈阳飞行船数码喷印设备有限公司的TD1800双面数码印花机采用一次成型双面印花技术，将同步双面打印、图像识别打印与数码印花工艺结合在一起，只需安装一次印花织物，即可实现同步双面数码印花过程，花型对位无须人工干预，并可提供“同花同色、同花异色、异花异色”等多种印花工艺，满足丝绸、棉布、羊绒、羊毛、化纤等各种可渗透面料或无渗透面料的高质量印花需求，目前已经在达利丝绸（浙江）有限公司等企业中应用。此外，意大利的MAS公司也推出了其MAS Vertical双面数码印花机，优化了打印速度和产品性能。

3. 后整理设备

拉幅定形机是后整理设备中的主要机型，也是染整设备中的高能耗设备。为契合行业绿色、高效、可持续发展，近年来定形机的技术主要体现在废气和热能回收系统集成解决方案上，并通过配置信息采集和数控技术，使其自动化水平在一定程度上有所提升。同时，随着非织造布和产业用纺织品行业的发展，拉幅定形机的应用面不断延伸，设备的升级也主要体现在一些部件和模块的更新上。

布鲁克纳的新一代拉幅定形机POWER-FRAME SFP-4，可广泛用于针织物、机织物、非织造布及各种产业用材料的烘干和定形（图2-58）。其配备有4个风机和2套上下独立的加热系统。每节烘箱分成1.5m的两段加热，两段风嘴交叉吹风供热，独特的喷嘴和风道结构设计使加热温度和气流更加均匀。此外，该设备可根据客户需要，使用直接燃气加热、间接燃气加热、导热油加热、蒸汽加热、电加热，以及以上介质混合加热。此外，为了更好地迎合可持续发展和低碳排放的理念，布鲁克纳目前正在与客户共同研发以更清洁的氢气作为热源的加热方式，最大限度减少碳排放。

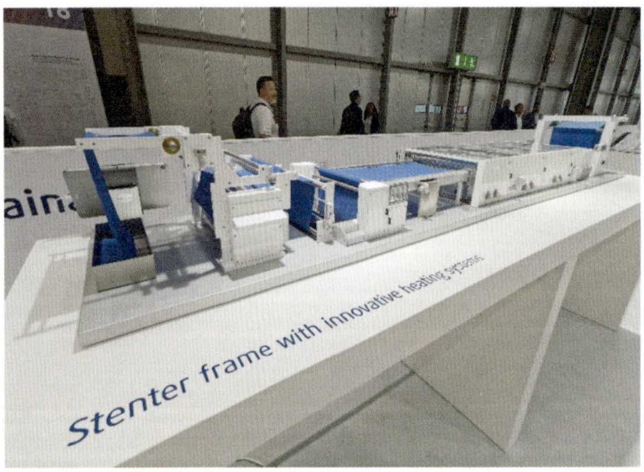

图2-58 新一代拉幅定形机POWER-FRAME SFP-4模型

立信门富士（Monforts）具有涂层定形功能的机型Montex，是一种单面涂层整理设备，可根据用户的工艺要求，配置不同的涂层施布方案，满足个性化加工需求。该机型最高加工温度可达310℃，可用于溶剂型涂层加工。该设备同时可配备模块化的MonforClean废气处理系统，紧凑的结构可降低对空间的要求，并通过对热能回收利用，进一步降低能耗。另外，该公司和其德国研究所也在研究利用氢气作为定形机的热源，从而降低碳排放。由此可见，清洁能源的应用将成为后整理设备的发展趋势之一。

此外，后整理装备技术领域在近几年出现了多款采用非接触式设计理念的设备。与传统浸轧方式相比，非接触式设计有诸多优点，例如，不会产生布面损伤，化学品能够更均匀地分布在织物上，整理效果始终一致，可实现单面整理和双面异功能整理，甚至能对织物的特定区域进行整理，且节水节能效果显著。

英国Alchemie公司的数码喷涂整理技术，为保证良好的染色及整理效果，配置了2个喷墨单元，每个单元有2排，每排由360个喷头组成，共1440个直径为0.6mm的喷嘴。布面下配备强力吸风装置，用来增强液体的穿透力。目前其Novara™喷涂整理设备（图2-59）能够实现按需精密喷涂，可将化学物质消耗减少50%、能源消耗降低85%、生产成本降低30%以上，而且对化学整理剂的适用性广。

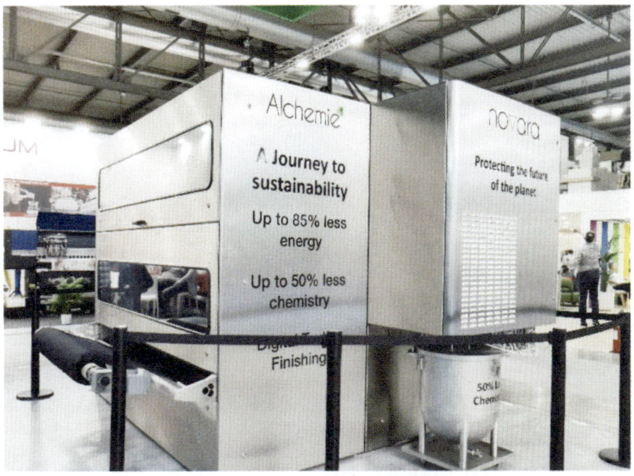

图2-59 Novara™喷涂整理设备

德国WEKO公司的转盘洒涂装置（图2-60）采用非接触式加工，适用于纺织品的染色或功能性整理，其工作原理是液体经高速旋转的转盘加速后，在离心力的作用下以超细微液滴的形式抛洒到织物表面。转盘洒涂装置具有诸多优点，包括低轧液率、精确稳定生产、低废水排放、能源成本大幅降低、中心及边缘洒涂均匀无差异，没有水解性、亲和性或不相容性等问题，能够满足单面、双面染色需求等，可用于织物或牛仔纱染色，可满足活性染料、硫化染料、涂料、还原染料、分散染料的洒涂需求。此外，该公司研发的新工艺用浸轧喷涂汽蒸工艺（PS^2）代替传统的浸轧烘干浸轧汽蒸工艺（PDPS），与传统的浸轧烘干浸轧汽蒸工艺相比，浸轧喷涂汽蒸工艺每年可减少1.35 t二氧化碳排放，并可减少90%的废品率。

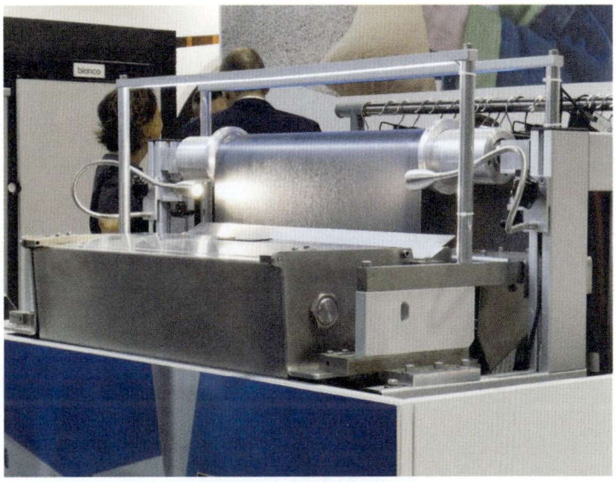
图2-60 转盘洒涂装置

保德温科技（Baldwin Technonlgy）公司的TexCoat G4™精密喷涂整理系统（图2-61），其核心部件为分布于喷涂单元两侧的高精度喷雾阀，即使在厚重织物上，也能实现高喷涂强度和深度渗透。与传统化学后整理方法相比，TexCoat G4™的非接触喷涂技术具有诸多优势，如可以加工各种低黏度的水基化学品，包括不含PFAS的防水剂、软化剂、抗菌剂、易护理剂和阻燃剂等。该技术的给湿量降低，因此可以将生产

图2-61 TexCoat G4™精密喷涂整理系统

中的水或者化学品用量减少50%，后续烘干过程中能耗减少50%。

牛仔后整理技术进步则主要集中在激光和臭氧的运用上，以及在不使用浮石的情况下，通过在成衣染色机中增加摩擦部件来实现传统石洗的效果。与传统方法相比，西班牙Jeanologia公司的牛仔生产解决方案G2 Dynamic和Anubis技术可减少高达95%的用水量、100%的化学品消耗量、80%的能源消耗量和高达40%的碳足迹。对于牛仔布整理，其G2臭氧空气清洗机（图2-62）可在不使用水、化学品或浮石的情况下实现复古外观和石洗效果。此外，其eFlow技术使用纳米气泡将化学物质输送到衣服上，而不是用水，从而实现零排放，并最大限度地减少用水量。

图2-62 G2臭氧空气清洗机

4. 水洗设备

水洗设备的技术进步主要体现在减少用水的同时，提高水洗效率、降低能源消耗，尤其是随着针织物连续式平幅加工方式受到企业欢迎，连续式平幅水洗设备的创新明显进步，例如通过新式喷淋装置或气流技术来提高水洗效率和效果，且占地面积小，适用范围较广。

意大利白卡拉尼（Biancalani）的Aquaria®连续开幅水洗机（图2-63）适用于任何类型的纺织品湿处理，可以整合到各类工艺中，包括漂白工艺、煮练工艺、丝光工艺、印花染色后水洗工艺、再生纤维素纤维织物的原纤化处理工艺等，提供延长且可调节的织物停留时间及机械作用，最高生产速度达到80m/min。此外，新工艺及配套设备能够助力Aquaria®以生态可持续的方式升级传统纺织品后整理工艺。例如，在漂白工艺上选用可生物降解的漂白剂，减少对环境的污染；煮练工艺选用天然洗涤剂而非化学溶剂来处理涤纶织物上的油污，并实现了出色的水洗效果；印后水洗工艺与Aquaria®连续开幅酶洗相同，其能通过节水和节能来真正实现较高的经济效益。

图2-63 Aquaria®连续开幅水洗机

TMT CIMI公司的LAVANOVA连续式平幅水洗机，其水洗单元的工作原理是织物自下向上运行，通过分布在垂直方向的喷嘴对织物进行分段洗涤，织物不浸入水中，流经织物的水经回收过滤后重新使用。水洗单元共有两种水洗模式，分别是单洗（SW）模式和多次洗（MW）模式。

FERRARO公司的ROTOCLEAN水洗机适用于各类机织物的前处理，配合前处理助剂使用，可高效去除天然纤维的蜡质和化学纤维上的油剂。其核心部件为9组喷淋管组成的喷淋系统，有别于高乐（Goller）、贝宁格（Benninger）针织物平幅水洗机中喷淋装置的设计，ROTOCLEAN的喷淋系

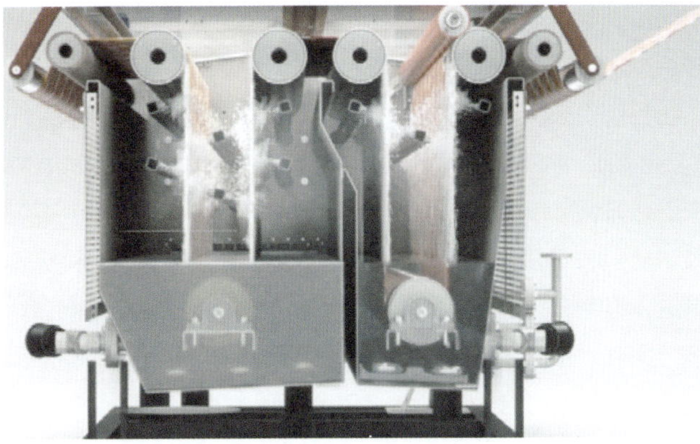

图2-64　FERRARO ROTOCLEAN水洗机工作原理

统配备了马达，喷淋管和喷头，可以上下来回摆动，从而增加液体的交换和水洗强度，有利于提高处理效果（图2-64）。ROTOCLEAN还配备了两个储液罐，容积为250L、150L，分别与水洗机的两个液槽串联，并各配有一套循环过滤系统，用于去除工作液中的固体杂质，避免喷头堵塞。该水洗机的工作幅宽可达3.4m，最高运行速度150m/min，根据工艺需要，液体施加量在100~200L/min范围内可调。

5. 结语

（1）绿色化

在国家“双碳”战略的引导下，更加节能减排的设备及整体解决方案不断推出，有效提升了印染生产中的能源利用效率，推动着印染行业朝着绿色化、可持续化生产转型，未来染整设备将进一步向环境保护、节能降耗、省时高效、短流程方面发展，少水无水染色技术、数码印花及整理技术、低温等离子处理技术等应用逐渐普遍。

（2）智能化

通过信息网和物联网实现高效、智能化生产是纺织工业新的发展方向。在染整行业，信息网和物联网的利用可以替代大量劳动力，简化复杂工艺，实现自动化、连续化生产和可持续生产。目前染整设备已经开始广泛采用自动化技术，传动系统采用交流变频多单元同步调速系统；在控制系统方面，广泛应用可编程控制器（PLC）或工业计算机控制（IPC），参数在线监控普遍应用，提升了染整设备的自动化程度，使工艺稳定性、重现性得以大幅度提高[23]。未来，印染装备在信息化、自动化方面的技术将进一步更新。

（3）柔性化

纺织品个性化、舒适化、功能化、时尚化的潮流，促使染整设备向适应小批量、多品种以及一机多用的趋势发展。为适应这种发展趋势，大部分染整设备制造企业对产品进行“模块化”设计开发。这种设计方式不仅方便了设计及以后的设备升级，更重要的是，印染厂根据工艺变化可以方便地改变设备流程，最大限度地发挥设备的功能，如第斯的染色设备、白卡拉尼的水洗设备等，都进一步证明了该趋势。

整体来看，绿色化、智能化的高端染整装备将成为主流发展方向。未来，需要注重提高无水或者少水染色设备、数码印花设备的稳定性和可靠性，推动其产业化推广应用，加大对打印喷头等装备核心部件的投入与研发。同时，自动化、智能化数控技术在印染装备中的应用范围将进一步扩大。

（撰稿人：中国纺织信息中心　刘凯琳；中国纺织机械协会　张雨彤　刘　丹）

（六）非织造设备

进入21世纪，非织造布产业已经逐步发展成为技术和市场日渐成熟，以市场需求为己任，不断创新和多元化发展的产业。非织造布生产加工技术的进步促进了非织造布终端产品市场的发展，而近年来非织造产品的巨大市场需求又反过来促进了非织造布设备及生产加工技术的不断创新和进步。

目前，非织造设备的性能、能耗、灵活性、加工产品的质量等仍是市场关注的焦点。同时，在全球“工业4.0”浪潮的背景下，数字化正成为该领域新的发展热点。欧洲尤其是德国、法国、意大利等国家仍是非织造装备和技术的创新中心，迪罗（Dilo）、特吕茨施勒非织造（Trützschler Nonwovens）、Andritz（安德里茨）等非织造装备代表性企业不断精进原有的产品系列，完善产品性能和服务，并与时俱进，将传统的非织造装备与数字化技术和工业物联网融合，为帮助客户实现智能化生产而探索[24]。

另外，作为践行可持续发展和循环经济的代表，欧洲在可持续发展领域的研究一直方兴未艾，尤其是法国和意大利的一些企业，如Dell’Orco & Villani（D&V）、高玛特斯（Cormatex）等在此领域深耕多年，形成了一系列可灵活配置的解决方案。

因非织造布产品应用广泛，其机械制造业涉及面广，这也注定其“非标”特性。作为装备制造业中量体裁衣的典型，非织造布机械以“生产线”为主线来考虑，而非传统的“单机”概念，注重面向客户需求和产品应用领域设定工艺路线、加工方法，进而配置设备，即围绕产品定工艺、针对工艺选配置、根据配置定设备的运作程序，讲求通过工艺组合提升产品附加值[25]。因此以下按照生产线，从干法非织造设备、纺丝成网设备、后整理设备、废旧纺织品回收设备4个部分进行创新技术盘点。

1. 干法非织造设备

（1）梳理成网、铺网单元

纤网是非织造加工过程中最重要的半成品，对最终成品的形状、结构、性能以及用途影响很大。纤网均匀度、纤网面密度和纤网结构是评定纤网类别和质量的三个重要因素。在纤网制备基础上再经后道加固（如水刺、针刺等）以及后加工处理，可制成各种非织造产品。因此，非织造设备制造企业围绕以上三个因素不断地进行设备的更新及升级。

奥特发（Autefa）推出的Web Master WM 2+2梳理机（图2-65）专为顶级非织造材料量产设计，配有两个中间道夫，以最佳纤网品质、大生产量、柔和的纤维处理力度以及突出的梳理、混合效果脱颖而出。其配置了一个双道夫出网区，出网区的道夫各配一个杂乱辊。使用One Web（单层纤网）系统，能够生产单层纤网，适用于轻克重材料加工。主锡林直径1500mm，梳理点多，梳理效率更高，道夫施力柔和，中间双道夫的设计增加了生产量。

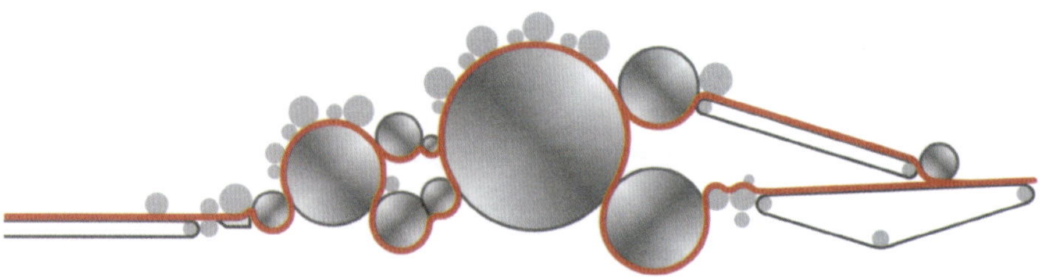

图2-65　Web Master WM 2+2梳理机示意图

奥特发推出的配备纤网截面形态控制技术WebMax系统的Topliner交叉铺网机，能够补偿物料收缩导致的“笑脸”效应，确保在铺网机喂入端就改变了已梳理纤网的重量（图2-66）。铺网小车控制已梳理纤网在铺网帘上的铺放，铺网重量控制为边缘区域比中央区域更轻。这一中央重、周边轻的截面形态可补偿因物料收缩造成的重量变化，从而获得定量最均匀的成品。WebMax系统在改善铺网截面形态的同时，也大幅度减少了原材料的消耗，节省物料达11%。此外，奥特发在Topliner系列铺网机中还应用了集成WebPlus储网技术，实现更优的产品CV值。集成WebPlus储网技术在铺网小车换向时储积到来的纤网，等到铺网小车达到匀速运动时再释放。储网装置的储存容量取决于铺网速度，并在操作面板上可无级调节。其可避免物料在交叉铺网机的换向点堆积，保证在整个工作幅宽下实现均匀的纤网厚度。

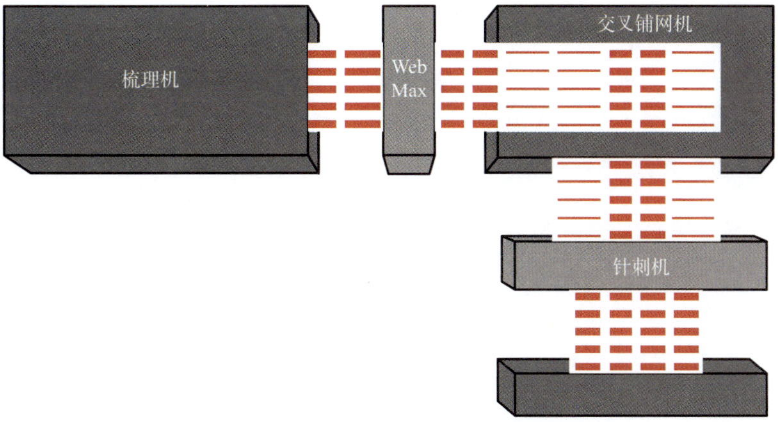

图2-66 集成WebMax系统的非织造布生产线

得益于Profile交叉铺网机短路径、动态的形状控制能力和梳理喂入速度，安德里茨Profile系列交叉铺网机能够满足新产品生产线所需的较高产能要求和对纤网重量的改进分析，并可结合ProWid闭环系统及ProDyn系统，提高现有梳理线的性能。ProWid闭环系统可在毛网进入交叉铺网机之前调节其重量，以便铺设具有较轻边缘的毛毡。因此，其预期了后道加固过程引起的织物变形。在运用ProWid闭环系统的情况下，CV值通常可以改善2倍。而ProDyn系统则结合了梳理机道夫和交叉铺网机动态速度矫正动作，预见到加固过程中后道织物的变形，使整个过程产生的纤网边缘较薄而中央区域较厚（图2-67）。采用Dynamic ProDyn喂入速度可高达170m/min（峰值喂入速度205m/min）；无须牵伸梳理网，可提供更高的织物尺寸稳定性；能同时提高工序流程方向（纵向）以及织物门幅方向（横向）重量均匀度。

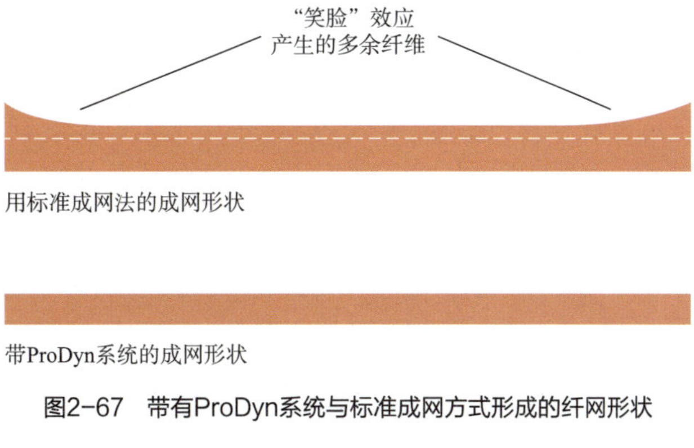

图2-67 带有ProDyn系统与标准成网方式形成的纤网形状

（2）针刺加固设备

由于投资门槛较低、生产灵活性较高及产品应用范围较广，针刺技术在全球非织造行业日益受到

图2-68　PA 3000辊筒花型

图2-69　H alpha-V针刺机

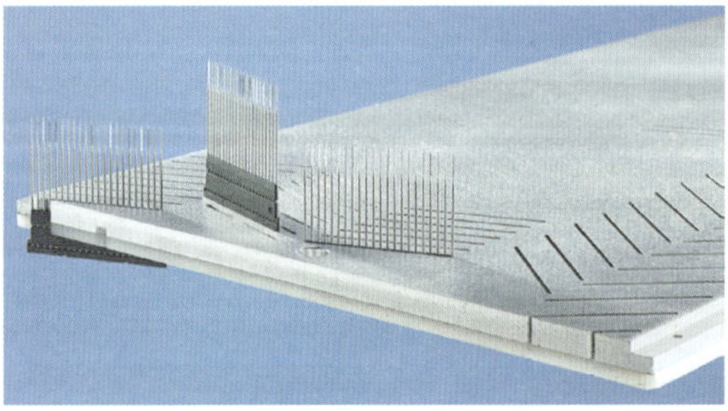

图2-70　“8000X”针板模块化结构图

关注。目前，针刺工艺已被广泛应用于铺地材料、汽车内饰、工业用针刺毡、过滤材料、土工用纺织品、床垫、揩巾以及造纸毛毡等产品的加工中。

非织造布的表面质量是衡量产品质量的重要参数，提高表面质量已成为水刺非织造产品追求的关键点。安德里茨椭圆运动预针刺机PA 3000（图2-68）通过创新的设计和辊筒上的孔分布，缩小了刺针间的空间，整个针板幅宽上的针排数量增加至8个，布针密度达到1280枚/m。此外，PA 3000配备了可移动的碳纤维横梁，以实现更高的冲程速度和幅宽，同时具有最小的弯曲变形，保证了纤网表面的均匀性，最大限度地降低了在使用其他预针刺设计时产生“云斑”的风险。

迪罗推出的H alpha-V针刺机（图2-69）在Hyperpunch技术的基础上进行创新，其应用椭圆形针板横梁的运动轨迹，针刺时垂直方向完成对纤网的固结，水平方向可跟随纤网前进，使刺针对纤网的拉伸减至最小，从而改善纤网均匀性和表面质量，适应于优质针刺毡的预针刺和精加工。其可与针刺布针系统“6000X”及“8000X”结合使用，在预刺中实现更均匀的针迹分布。其中，“8000X”为人字排布，针板针密能达到8000针/m，可在高线速下实现纤维高缠结密度（图2-70）。同时其采用了独特的模块化、小单元针区，创建了插入模块化针块，能够较为容易地插入开槽针板并用钳子拉出。

为进一步提高产品的表面质量，奥特发推出了针刺花型仿真模拟软件i-Point 3.0，可利用其开发新针板，并对新针板进行模拟，且可根据需要的针刺密度对植针密度进行手动或自动优化。i-Point 3.0软件为植针密度提供了客观评价，实现了产量与品质之间的多目标优化，缩短了客户现场的工艺优化时间（图2-71）。

在全球性能源供应紧张的大环境下，运用针刺工艺替代水刺工艺生产轻质织物已然成为节约能源、绿色环保的新方向。迪罗新推出的MicroPunch绿色针刺生产线可以有效替代水刺技术生产轻薄产品（图2-72）。MicroPunch技术在迪罗于ITMA 2007上推出的高密针刺技术基础上进行了升级，实现了单针板植针密度从20000枚/m到45000枚/m的变化，其通过针模块X22进行刺针的植入和更换，每个模块可容纳22根特制刺针，每根刺针具有20~40μm的钩深，超细针刺不会对纤维结构产生损伤。针模块通过滑动安装于集装针板上，15min即可安装1m长的针板。该集装针板既保留了传统针板的特点，又能利用气动夹紧系统实现刺针的快速更换。其在生产克重为40~60g/m²的非织造产品时，单位重量产品的针刺生产成本低于水刺。此外，与水刺技术相比，应用MicroPunch技术不再需要用水和天然气，同时由于在针刺技术中短纤维很容易被回收利用，从而不会产生纤维废料，减少了纤维消耗，能节省大量能源和生产成本[21]。

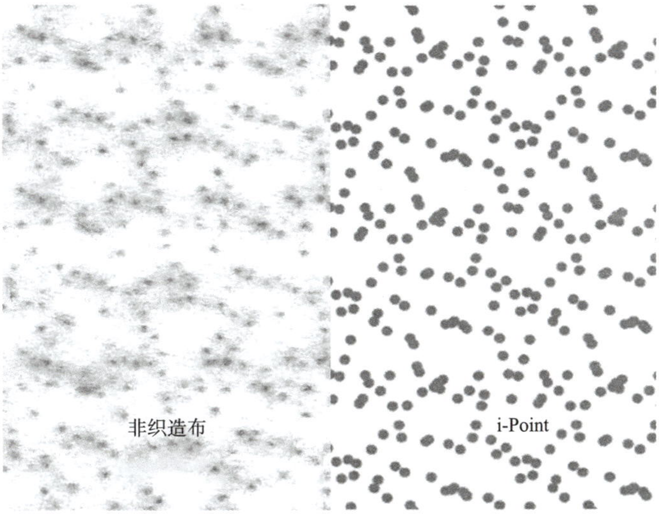

图2-71 实际针刺花型与i-Point模拟针刺花型对比

（3）水刺加固设备

与可冲散型非织造布相比，普通水刺布虽具备很好的强力、纺织品般的外观以及蓬松柔软性，但所使用的纤维越长，缠结越牢固，可冲散性越差。近年来，可冲散型非织造布成为国内外非织造布行业的研究热点[25]。

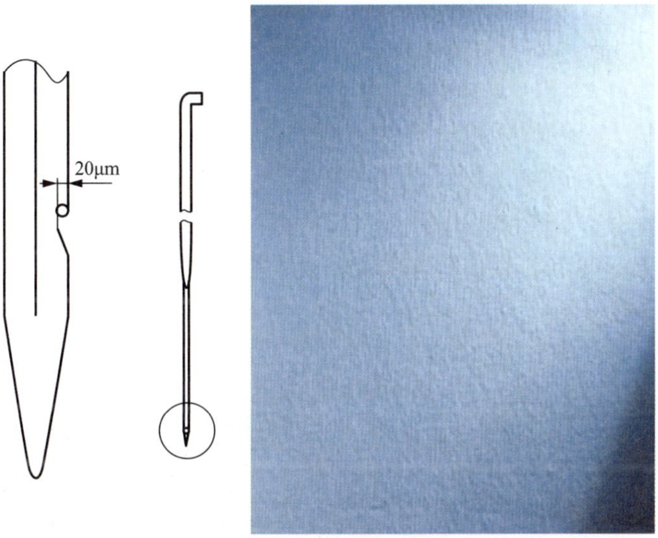

图2-72 MicroPunch刺针及生产的非织造布表面样本

安德里茨Wetlace™生产线采用创新工艺，将100%天然的混合纤维（木浆和短纤维素纤维）通过水刺缠结单元进行机械粘合。同时，生产过程中不使用化学添加剂和黏合剂，从而实现产品的完全可生物降解。使用该工艺生产的湿巾符合欧洲非织造布协会/北美非织造布协会（EDANA/INDA）第四版可冲散性指南要求。其新推出的neXline CP与neXline CPC生产线结合了Wetlace™和水刺两种技术的优点，前者配备了先进的备浆系统装置，包括浆料流送系统和冲浆泵，开松和混合，梳理机（包括气压棉箱），湿法成网装置，水刺缠结装置（包括可选的提花单元），过滤装置，脱水装置，热风穿透式烘干机和生产线末端设备，用于生产双层可生物降解擦拭布。后者在CP工艺中增加一台梳理机，用于生产三层擦拭布，中间的纸浆层可以被梳理层的材料（如粘胶）完全包裹，实现了更高和更稳定的产品性能（图2-73）。

在湿法成网及水刺领域，除了通过材料与工艺的创新实现可持续发展外，非织造设备企业也在不断改进设备零部件，以实现工艺中能源和资源的节约。奥特发集团推出了V-Jet FUTURA水刺机，共有2个机型，其中V-Jet FUTURA II水刺机为基础型，配置了2个抽吸转鼓和多达5个水刺喷头；V-Jet

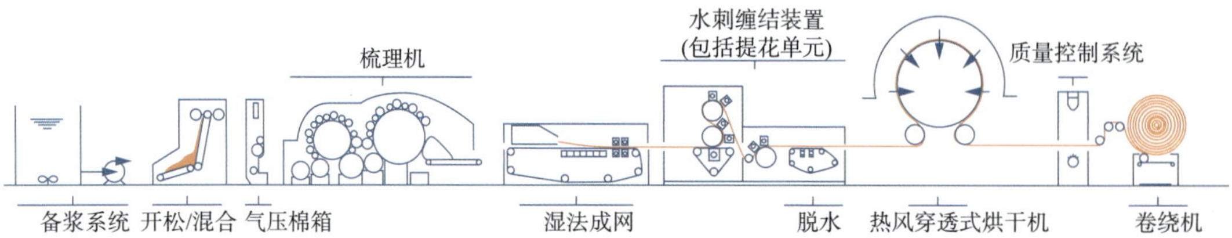

（a）安德里茨neXline CP生产线

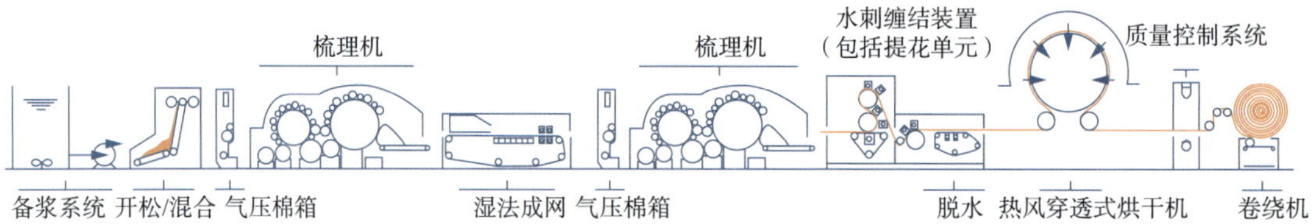

（b）安德里茨neXline CPC生产线

图2-73 安德里茨neXline生产线

FUTURA Ⅲ水刺机根据特殊客户工艺需求改进了结构，配置了3个抽吸转鼓和多达8个水刺喷头。该水刺机适用水压可高达300bar，输送速度达到300m/min，内置预湿喷头均匀润湿未加固的纤网。悬臂式设计方便快速更换输送带和转鼓壳，输出帘高效脱水。外置高效、清晰的监控操作、水过滤系统。配有安全舱口，可在机器正常操作过程中更换V-Jet射流板。该设备配备的新型节能水刺系统V-Jet喷头，与标准喷头相比，其将喷嘴与喷头底部的间距从15~25mm缩短为0.5mm，从而把因空气摩擦、空气扰动和射流胀大导致的能量损耗降至最低水平（图2-74）。同时，在相同的水刺压力下，V-Jet喷头带来的纤网抗拉强度远高于标准喷头，也就意味着可用较低的水压达到与标准喷头相同的抗拉强度，水压降低幅度最高可达到20%。此外，当使用相同的喷头直径和节距时，耗水量更少，最高可降低能耗30%。

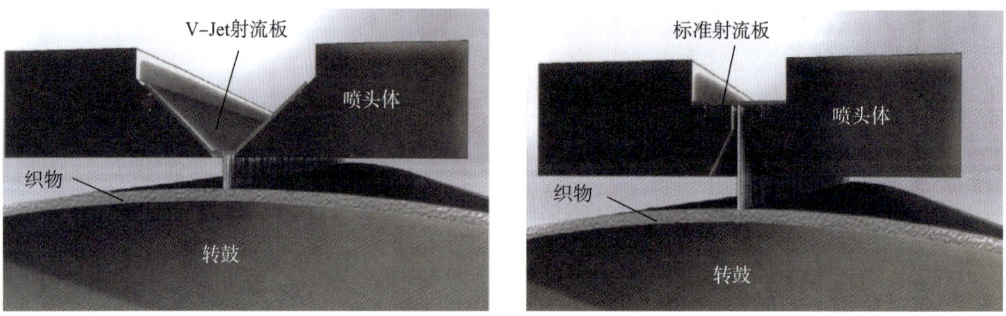

图2-74 奥特发V-Jet喷头与标准喷头对比

2. 纺丝成网设备

以纺粘技术为主的熔体纺丝成网非织造布已成了各种非织造布中发展最快、产量占比最大的一个品种。目前，Reicofil（简称“RF”）工艺及由此衍生出的“宽狭缝负压牵伸”工艺是最为主流的工艺，其牵伸速度快、原料适应性好，主要用于双组分纤维（PET/PA等）、高强度粗旦PET和PP纤维加工，用于生产医疗防护和卫生制品非织造材料。此外，“管式牵伸”工艺也是常见的一种工艺方式，主要用于PP、PET、PA、PLA、PPS等原料的加工及双组分纤维加工，产品可应用于油毡基布生产、房屋建筑、防水、高速铁路、高速公路、机场、港口码头、水利设施、地面制品、过滤材料等领域。

德国莱芬豪舍（Reifenhauser）在1986—2002年，开发了RF1、RF2、RF3、RF4等纺丝技术，并于2017年开发出了最新的RF5技术，目前是RF3、RF4、RF5等3个机型并存，适应不同领域的需要。RF5生产线的最高运行速度为1200m/min，可生产规格为8g/cm^{2}的轻薄产品。其纺粘系统与纺熔复合系统的生产能力达270kg/（m·h），熔喷系统的产能达70kg/（m·h），单丝线密度小于1D，产品具有更好的均匀性、遮盖性、强度和柔软性；工艺稳定性、可控性增强，大幅度减少了产品的疵点，提高了产品质量。在纺熔复合机型（图2-75）方面，其能提供更多的组合、排列方案，RF5首次提供了有8个纺丝系统的SSMMMMSS结构的复合非织造布装备。此外，RF5融合大量数字化和智能化技术，如拥有直观和容易操作的全新控制系统、数字化助理，能控制质量与非织造分级、检测判断设备的异常，加强了现有各种技术优势，使生产线更容易操作，提高了生产线的利用率、产量与质量。

图2-75 RF5纺熔复合系统

意大利Ramina公司开发的LEONARDO 1.0纺丝成网交钥匙生产线（图2-76）可用于纺粘、熔喷及纺熔复合非织造布的生产，其中复合非织造布生产线的纺丝单元组合方案有11种，最多可实现8个纺丝单元的组合（SSMMMMSS）。生产线速度最高可达1000m/min，产能最高可达200kg/（h·m），产品幅宽有1600、2400、3200、4200和5200mm可供选择[24]。

中纺科技宏大研究院有限公司主要生产丙纶多模头纺粘熔喷非织造布成套生产线，在成功开发了宏大型3.2m幅宽SSMMMS生产线后，开发了宏大第六代SSMMS生产线，将生产速度由600m/min提高到800m/min，可生产出克重低于10g/m^{2}的轻薄非织造布，每月可多生产300t，每万吨节电450万kW·h，生产能力大大提高。

除了纺粘法非织造布技术以外，熔喷技术也是熔体纺丝成网技术的一个重要品类，目前，熔喷技术主要朝着提高过滤效率或阻隔性能，提高产量、降低能耗等方向发展。

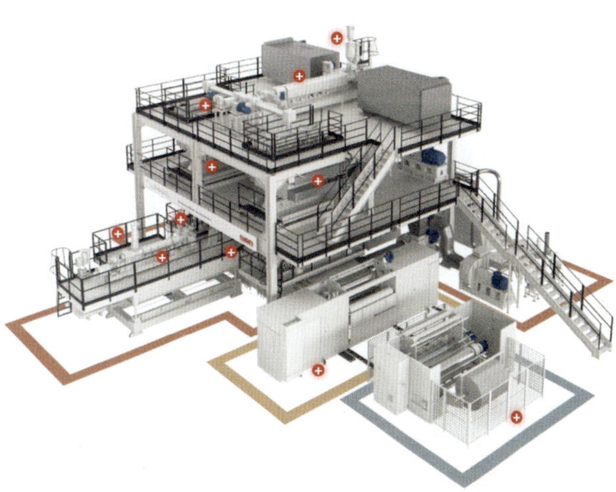

图2-76 Ramina纺粘非织造布生产线

通过使用小孔径、高孔密度的喷丝板等技术制造微米、亚微米、纳米级产品，可以显著提高材料过滤效率和阻隔性能。莱芬豪舍RF5熔喷系统喷丝板的孔密度可增加至75个/英寸，其主要目的就是提高阻隔性能，纤维平均直径约2μm，产品可以用作高效空气过滤（HEPA）级过滤器；美国希尔（Hills）公司的高孔密度喷丝板早已进入商业化应用，喷丝孔的最小直径为0.10mm，孔密度为100个/英寸。由于采用了特殊刻蚀和粘合加工技术，喷丝孔的长径比可≥100，熔体压力可达到10.4MPa，是常规机型的5倍。

由于传统的熔喷技术使用高温（>250℃）牵伸气流，而产量又相对较低，因而单位产品的能耗很大。目前，可通过不使用高温牵伸气流来降低能耗，如Nonwoven Technologies公司采用多排孔的喷丝板，孔密度可达到8640个/m，增加了产量；使用较低温度甚至常温气流牵伸，使单位产品的能耗大幅度降低。Biax-Fiberfilm也通过使用多排孔（最多有18排）的喷丝板，孔密度可达到12000个/m，工作压力为2.0~12.4MPa，生产较粗纤维的产量可达常规工艺的5倍，能耗降低至600~1400kW·h/t。

3. 后整理设备

非织造布后整理源自传统纺织品的印染后整理，随着技术的创新发展和既有技术的整合交融，传统纺织品与非织造布后整理工艺也将实现技术共享、优势互补[25]。

意大利西凯姆（Sicam）公司推出的穿透式转鼓烘房主要用于屋顶材料、水刺、纺粘、热粘合、化学粘合和热定形生产线的在线和离线生产。烘房内有通向各个单元的通道（风机、燃烧器、转鼓内部、通风设备），方便进出；烘箱内有转鼓、循环风机，主循环风机和转鼓都安装在轨道上，方便拉出进行检查、清洁与更换。转鼓内整个工作幅宽上的通风量（吹风和吸风）可调节，每米幅宽上配有3个调节装置。烘房的上游和下游可以安装转移辊、冷热轧辊、冷却转鼓、泡沫浸渍机、液体浸渍机、烘筒烘干机、红外线烘干机等装置配套使用。该公司在纺粘生产线上配用的热风转鼓烘干机（图2-77）在生产克重为8g/m^{2}的纺粘产品时，工作速度可达1100m/min。

图2-77　油毡基布产品用热风转鼓烘干机

特吕茨施勒非织造的StreamLiner流线型烘干机，其流线烘干设计能够使水分蒸发更快，配置新鲜空气给入装置（利用温度和密度正相关变化原理）；排湿管道上加装热交换器，用于加热新鲜空气，从而进一步提高能效，优化了加热系统，保证高度均匀的气流和温度分布（图2-78），为热回收进一步提高提供了机会，适合纺粘法胎基布、油毡等非织造布的后加工。

奥特发HiPerTherm热粘合烘箱的独特之处是具有一个经过认可的高精度气流系统，可实现高生产速度。其具有双喷嘴系统，气流均匀，温度分布精确可调，可保持纤维网蓬松。HiPerTherm热粘合烘箱可以加工天然纤维、合成纤维、回收材料、玻纤和其他矿物纤维。粘结剂可以使用双组分纤维，也可以使用热塑性或硬塑性粘结剂粉末。带式HiPerTherm烘干机可以生产3~4kg/m^{3}的高蓬松性棉絮和150~200kg/m^{3}的高密度毛毡。

模块化高性能干燥机（MPD）是特吕茨施勒的全新干燥解决方案。其采用模块化设计、垂直扩展，减少占地面积；具有独立的加热系统，可使用天然气、氢气、沼气直燃加热或者电加热、蒸汽加热、导热油加热等多种加热方式；中间腔室的设计节省了10%的热量消耗，特别适合于对能耗和空间要求更高的湿法水刺生产线。圆网直径为2000mm，单个圆网长度为5.2m。

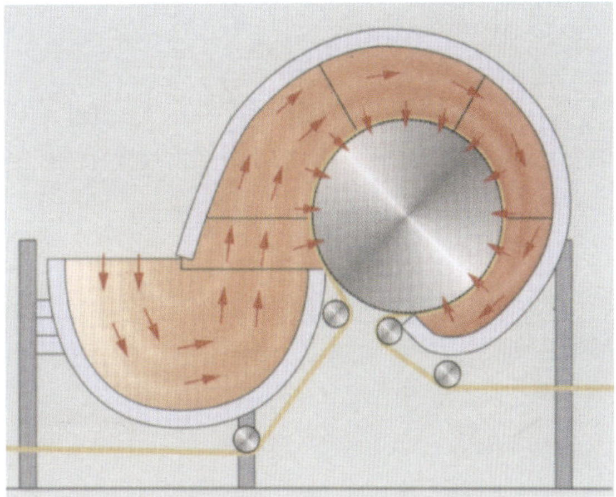

图2-78 StreamLiner流线型烘干机气流图

整体来看，非织造布后整理设备定形机未向大型化、超长化方向发展，而是独立单元组合化。个别烘箱高度降低100~200mm以减少加热空间来实现节能，改进门板结构为多重保温，减少散热来节能。烘箱采用双层结构节省空间，改进出布在同一方向，减少操作人员等。定形机专用热能节能控制系统已经在广泛应用，后整理设备废、污排放源从原来的被动处理改为现在能够快速实时检测动态，实现废气排放自动控制，达到温度和湿度的最佳平衡，在余热再利用上更加精控，大幅度减少排放造成的热能浪费和污染。

4. 废旧纺织品回收设备

目前，机械回收仍是最主要的废旧纺织品回收手段，而采用非织造工艺对废旧纺织品进行处理加工既经济高效，又能保证产品质量[24]。因此，在非织造领域涌现出大批的废旧纺织品回收企业通过机械回收的方式处理纤维及非纤维原料，并进一步加工成土工填充材料、保温材料、农业用材料等。

高玛特斯作为废旧纺织品回收再利用装备领域的先行者，推出了多条非织造布生产线，包括纤维开松和混纺系统、精细开松机、梳理机喂入系统、高产梳理机和交叉铺网机、气流成网系统和针刺、切割及卷绕系统，可用于回收纺织品废料、报废轮胎回收产生的废料、旧床垫回收产生的聚氨酯和乳胶废料等以生产隔热隔音产品、土工用非织造材料。在ITMA展会上，其展示了两款气流成网系统——Lap formair V和Lap formair H（图2-79、图2-80）。前者为立式，主要处理长度为20~150mm的纤维，成品厚度可达200mm，产品克重为300~10000g/m^2；后者为卧式，可处理的纤维长度为1~60mm，成品厚度最高为300mm，产品克重为100~5000g/m^2。两款设备均是基于新型空气动力学的纤网成形系统，能为后续针刺或热粘合工艺奠定基础，使最终产品的纤维密度在横向与纵向都能保持均匀。其生产能

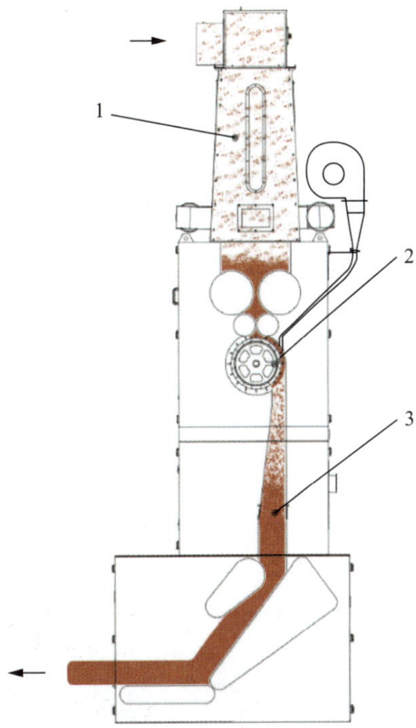

图2-79 Lap formair V气流成网系统

1—上层铺网仓 2—开松机 3—下层铺网仓

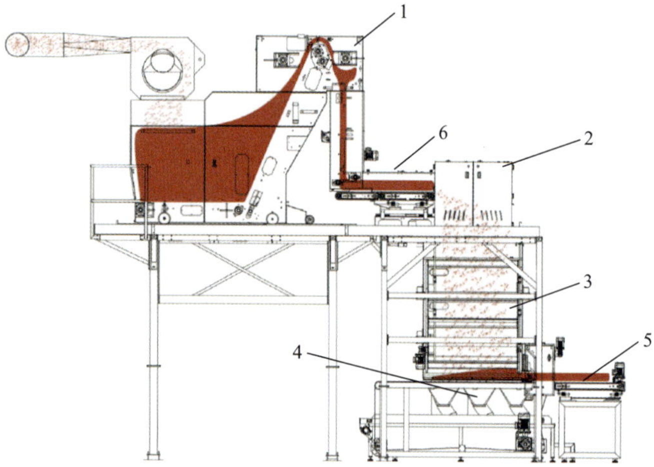

图2-80 Lap formair H气流成网系统

1—喂料机 2—开松机 3—铺网机 4—铺网帘 5、6—称重机构

力高，原料适应性强，可加工原生纤维、废旧再生纤维及非纤维化的原料[24]。

奥特发推出的FUTURA V12/R气流梳理机（图2-81）结构紧凑、经济实用，可加工各类天然纤维（椰子纤维、剑麻、黄麻、大麻、亚麻、棉）、合成纤维以及纺织废料。其配备振动式料箱，可生产克重为400~7000g/m^{2}的纤网。该气流梳理机是处理纺织废料、回料或椰壳等天然纤维的低投资设备，适应于生产过滤材料、汽车毛毡、隔热或隔音材料等。

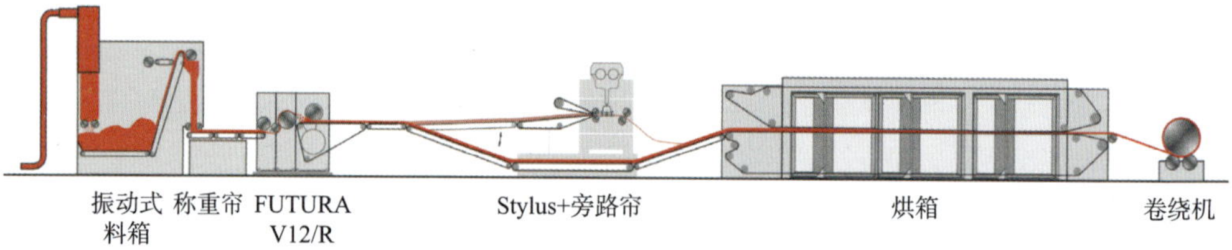

图2-81 奥特发FUTURA V12/R气流成网生产线

D&V公司作为纺织废料回收领域设备设计和制造的领导者，其设备可将大多数废旧纺织材料（长丝废料、非织造布废料、剪裁布边、旧衣服等）通过机械回收制成再生纤维。其基本原理为利用撕裂机将废旧纺织材料撕碎，通过重量及金属物检测装置剔除纽扣、拉链、缝边等部位，最后将开松后的再生纤维打包进行再利用。根据不同的废旧材料，该公司可组合成回收旧衣服生产线、回收纱线和布料作气流纺纱生产线、回收毛纺厂的下脚料用于纺纱的生产线以及回收干净但坚硬材料的生产线[25]（图2-82）。TITAN是D&V公司最新推出的一款废旧纺织品撕裂机，该机型占地空间小，有1000、1500、1900mm等3种工作宽度，未设置传送链，采用直接驱动和电脑控制，采用紧凑型设计，工作状态下隔距和喂入速度可调，易于清洁和维护，并可与梳棉机结合使用，以实现更好的纤维质量。

图2-82 D&V废旧纺织材料生产线

安德里茨与Pellenc ST和Nouvelles Fibres Textiles共同开发废旧纺织品处理系统（图2-83），该生产线包含送料系统、ADuro U粉碎机、送气系统、金属分离、重颗粒分离、气动传输系统、料仓系统及加料系统，可根据回收纺织品的颜色和成分对整件衣服进行自动分拣，并能自动去除拉链、纽扣、饰品等杂质，可实现1t/h的高容量处理[21]。

5. 结语

（1）单机设计模块化，生产工艺复合化

非织造布生产是完全个性化的以生产线为模式的设备配置。为满足市场新产品开发的需要，非织造布生产线正在不断向单机设计模块化、生产工艺复合化方向发展。

图2-83　安德里茨废旧纺织品处理系统

为实现可加工产品的灵活性和适用性，非织造设备大多开始采取模块化设计，为变换加工产品提供便利，同时可减少用户的设备投资，如迪罗的“8000X”针板模块化设计、特吕茨施勒的模块化高性能干燥机（MPD）、桑德森力玛的SANTAFRAME新型拉幅定形机均是为了达到上述目的。

生产工艺复合化是利用不同的加工工艺特点和原材料的各种特性，开发出内在性能和外观优良的产品，拓展产品的应用领域。这种复合化的倾向已发展到纺粘与浆粕气流成网、熔喷与浆粕气流成网、梳理成网与纺粘、梳理成网与熔喷等多种材料的复合。同时，在非织造布多种工艺之间也互相交叉，如水刺加固可与纺丝成网、湿法成网等成网方法复合。

“孖纺”（MultiForm™）技术即为“双熔喷+木浆”复合技术，所生产的“MPM”型复合非织造材料具有良好的触感和吸收性能，是制造高端纸尿裤的材料。

（2）注重绿色可持续发展

在绿色可持续日益受到行业关注的当下，纺织品生产过程中的节能降耗以及资源利用率的提高依然成为衡量设备技术创新发展水平的指标之一。非织造领域也在从再生纤维的应用、废旧纺织品的回收利用以及工艺改进等角度寻找解决方案。如研发适用于聚乳酸原料的熔喷、纺粘生产线；利用超高密度针刺工艺替代水刺工艺，解决其高能耗、高投资、高污染的问题；在后整理设备中开发更加清洁的能源加热系统等。

（3）不断向数字化、智能化发展

开发全流程生产数字化监控及智能化管理系统和基于机器视觉的非织造布质量在线检测系统，实现设备间互联互通互操作，正成为非织造设备改进与升级的方向。目前，智能制造已经在非织造行业掀起创新热潮，该领域的技术及装备制造商围绕自动化、数字化、M2M（设备—设备）、机器学习、实时数据库反馈等开发了各种平台。迪罗在开包环节加入传感模块，以监控开松的纤维量，并提醒纤维续包；“SmartStart”装置可以自动启动生产线，自动喂入纤维至梳理单元；“DI-LOWATT”可以帮助工厂节约用电量；“Bale-Timer”通过西门子设计的监控平台可以发出预警防止发生停机。安德里茨的数字化解决方案系统Metris基于智能传感器、大数据和增强现实三大技术支柱，可以通过实地试验的模拟过程提前计算生产过程中的所有偏差，并利用结果推导出所需的控制动作，通过增强现实应用，信息可以在工厂现场需要的地方实现可视化。

（撰稿人：中国纺织信息中心　张　娜）

（七）服装加工设备

服装加工设备按照缝制工序先后可分为缝前设备、缝纫设备和缝后设备。缝前设备主要包括裁床、验布机等用于裁剪、铺开布料等缝纫前道工序的加工设备；缝纫设备主要包括平缝机、包缝机、绷缝机和特种机等用于缝纫工序的加工设备；缝后设备主要包括熨烫、包装设备等用于熨烫、吊挂等服装生产后道工序的机械设备。本章节围绕服装加工设备的3个工序展开，介绍当前缝制装备的前沿设备/技术和服装加工设备的发展趋势。

1. 缝前设备

（1）裁剪/切割设备

目前，激光裁剪已经被广泛地应用于服装领域。激光裁剪主要应用于薄料加工，以单层裁剪居多，若过厚则存在上层面料被过度加热的风险。另外，激光裁剪还存在切割后面料边缘容易发硬、发黄；激光裁剪过程中存在排烟困难；设备维护成本较高等问题。目前，激光裁剪在服装领域主要用于激光雕刻、打标等，在面料裁剪方面，裁刀类裁剪设备应用更为广泛。但其适合小批量、多品种的服装裁剪，尤其适合快速流行服装和各种定制需求。

力克（Lectra）推出的Atria数字化裁剪系统采用智能裁头设计，拥有先进的磨刀系统，配备传感器，实时控制刀片磨损；通过专利刀刃传感，可根据实际刀片磨损调节裁剪，确保持续高品质裁剪；其全新的裁剪算法，能够与CAD/CAM解决方案无缝对接，实现精确、快速裁剪。

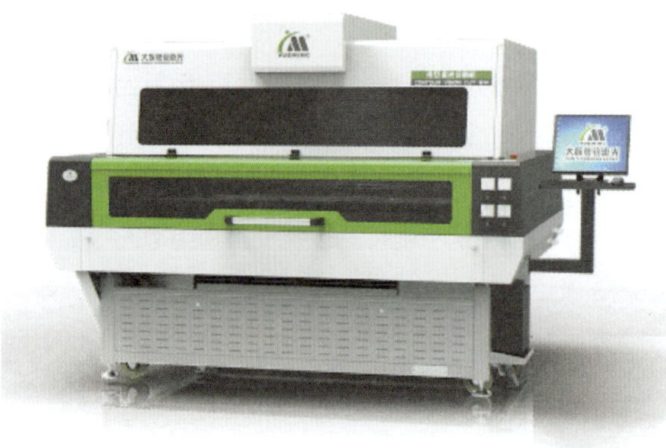

图2-84 广东大族粤铭CMA1814C-DFVET-B异步激光切割机

广东大族粤铭CMA1814C-DFVET-B异步激光切割机（图2-84）采用双横梁异步切割系统，可选择单横梁单头或单横梁双头，组成异步双头或异步四头激光切割机，两组横梁可以同时独立加工不同的图形，加工效率更高；自动送料可选择带链条“人”字形网带或“山”字形网带，送料稳定，易于保养；运动系统采用多套步进电机，高惯量、大力矩，确保设备高速、高精度运转；选配专业大幅面视觉定位切割软件，具有图形排样及尖角平滑处理功能，可采用自动提边、特征定位等方式，实现多模板、多特征等视觉切割功能，适用于运动服、泳衣、骑行服等经数码印花后的材料激光切割。

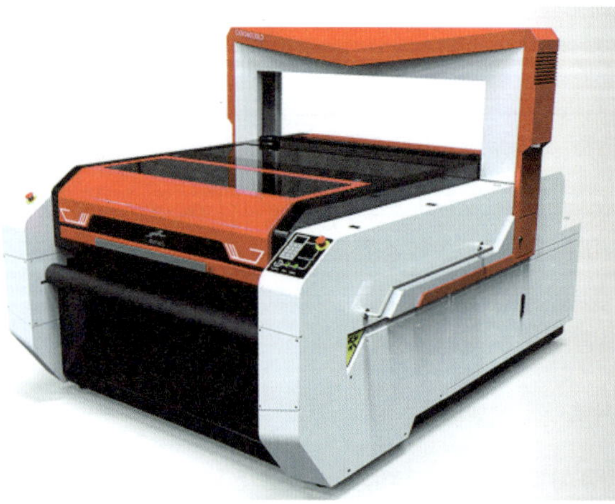

图2-85 武汉金运激光CJGV-16013LD金运视觉扫描激光切割系统

武汉金运激光的CJGV-16013LD金运视觉扫描激光切割系统（图2-85）采用扫描式视觉采集系统，在原材料进料时，由两部高速CCD视觉系统完成图案的采集。扫描式视觉采集系统自动化程度高，进料与视觉采集同步完成，特别适合大批量、高效率的自动化生产；高速CCD视觉采用线扫描模式，相机光学畸变少，抗环境光污染能力强，在连续生产时可有效排除由材料平整度、反光度、褶皱等造成的干扰。独特的双相机拼接结构和算法在提升效率的同时还可长期保持识别精度，适用于球衣（篮球服、足球服、棒球服、冰球服）和骑行服等印花服装的定位裁剪。

超声波裁剪利用超声波的高频振动进行切割，超声波发生器在接通电源后会产生20~40kHz的电磁振动，并通过压电陶瓷转化为机械振荡。通过变幅杆将超声波振幅放大之后，传递到超声波切割刀和需要切割的织物材料上。超声波切割刀的高频振动会使其内部发热，熔合织物材料需要切割的区域进行切割加工。超声波裁剪适用于切割厚织物、编织不均匀或厚度变化的织物。目前企业广泛应用的是将超声波切刀安装在其他设备上，实现小面积的切割，如橡筋机、超声波切边贴胶机、超声波电脑切带机等，实现橡筋带、鞋带的切割。

（2）验布机

布料瑕疵多达近百种，且很多瑕疵形态极其相似，传统的人眼识别及机器视觉技术很难实现自动化检测[26]。智能验布机可以通过人工智能（AI）不断学习不同种类布料的纹理特征，实现对破洞、粗节、污垢等明显瑕疵的智能检测。目前，智能验布机对面料瑕疵识别率达到80%~90%，省去了大量的人工，同时也提高了验布效率。但其对于花纹、条纹的对条、经斜及纬斜等还没有有效的解决方案。

杰克拓卡奔马AI01智能验布机（图2-86）可检测破洞、粗节、漏针、断纱、纱结、缝头、油污、色点、色斑、脱浆、驳口等疵点；具有100万+瑕疵点数据作为核心数据库，通过AI深度学习、计算，周期性完善数据库，面料瑕疵识别率在80%~90%，最高识别精度可达到0.01mm；支持24h不间断工作，一台验布机可节省四位验布工，一人可操作多台机器，单日验布距离可达到24000m；可直接形成瑕疵点地图，数据可直接对接客户公司管理系统（如ERP、MES等），方便判断、管理以及问题处理。

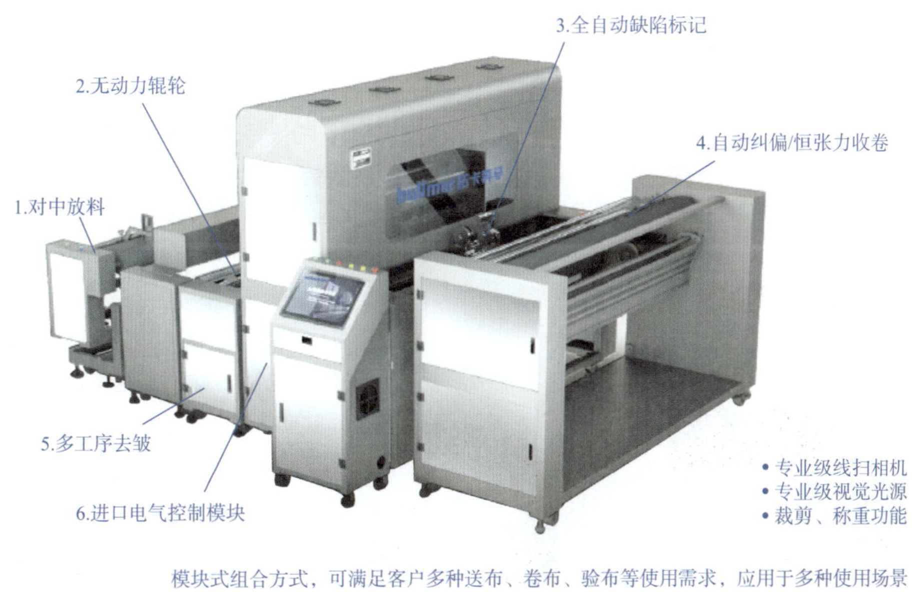

图2-86 杰克拓卡奔马AI01智能验布机

阿里达摩院建立了业界首个布料训练集，运用AI自动检测布料瑕疵（图2-87），识别准确率达到90%以上。目前，阿里AI能完成化纤、棉、牛仔、皮革等主流面料的质检工作，并对瑕疵精准分类，如褶皱、光斑、污渍、污点等，从坯布到成品面料环节，都可辅助质检人员做出质量管控决策[26]。

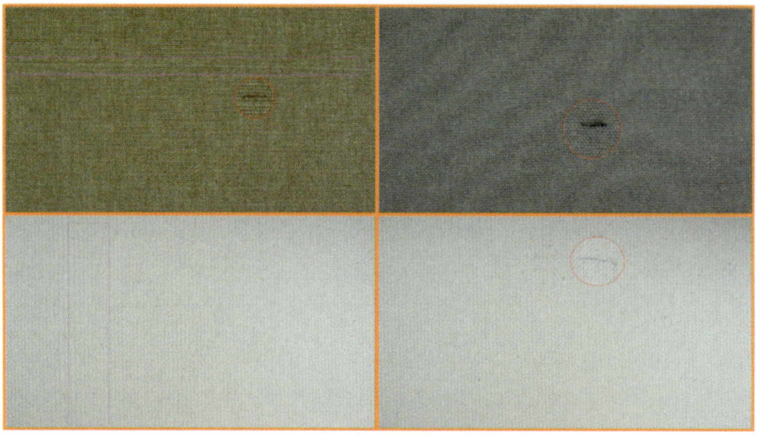

图2-87 AI自动检测布料瑕疵

2. 缝纫设备

服装缝纫设备按照用途方式可分为家用缝纫机、工业缝纫机及服务型缝纫机，按照细分的功能和用途可以进一步分为平缝机、模板机、锁眼机、钉扣机、包缝机、暗缝机等众多类别。本部分综合设备市场份额、技术创新水平等因素，主要介绍平缝机、模板机、单元缝制机（贴袋机、吊牌机、打结机等）、焊接机、刺绣机等5种设备类型及其创新产品。

（1）平缝机

平缝机作为缝制设备的主导大类产品，其技术发展最快，产品成熟度最高。平缝机的创新发展和自动化发展主要体现在以下几个方面：广泛采用步进电机替换电磁铁，避免了电磁铁发热和错误动作的发生；采用步进电机闭环控制送料系统，驱动倒缝、剪线、抬压脚机构等，形成了多动力源联动的新型多功能一体机，实现了倒缝、剪线、抬压脚、缝线张力自动控制、线迹针距准确可靠等，整机噪声得到大幅度降低；广泛使用了光电传感器、磁编码器等传感器技术，且机器视觉技术的应用及支持Wi-Fi和4G、LAN联网技术等，为缝制设备的数字化奠定了感知和物联网基础。

浙江宝宇缝纫机股份有限公司的智能双步进电脑平缝机（图2-88），通过倒缝和剪线步进电机，控制针距调节、倒缝、剪线、抬压脚等功能，提高了线迹针距准确性。压脚高度传感器能实时检测缝料厚度，自动补偿过厚缝料加工进程。

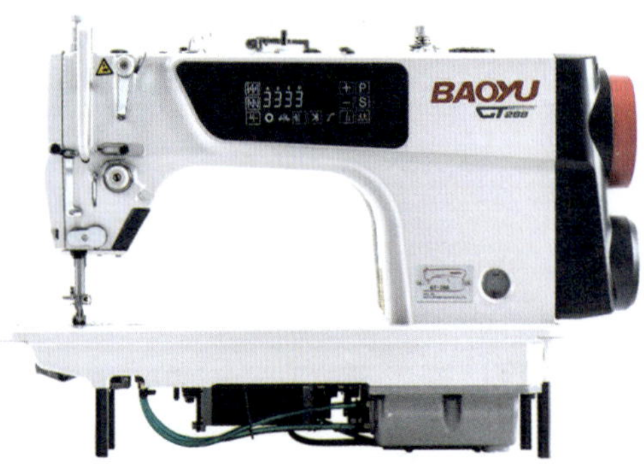

图2-88 浙江宝宇缝纫机股份有限公司智能双步进电脑平缝机

浙江杜马缝纫机股份有限公司的数字式平缝机，通过步进电机控制送料和驱动倒缝、剪线、抬压脚机构，实现倒缝、剪线、抬压脚自动控制和线迹针距准确可靠。采用无油挑线杆、表面镀类金刚石涂层（DLC）针杆机构和密封油盒结构，避免了油污造成缝料的污染，极大地优化了工作条件。

浙江沪龙科技股份有限公司的全步进平车协缝系统，采用闭环步进电机，实现倒顺缝、抬压脚、剪线及松线四个机构的数字化驱动，具有面料缝制过厚不打滑、倒缝不降速、运行低噪声等特点，有效地提升了生产效率。

西安标准工业股份有限公司的GC6920F系列智能微油平缝机，采用单个电机同时控制针距调节、剪线、抬压脚机构，在整机机械结构简化的基础上，实现针距调节、剪线和抬压脚的智能精准控制。

上工申贝（集团）股份有限公司的S4电脑控制的多功能高速平缝机，采用一个步进电机控制针距、自动倒缝、自动抬压脚、自动剪线和自动松线，取消通用的抬压脚电磁铁、倒缝电磁铁和剪线电磁铁，大大降低了成本，可以有效降低倒缝、抬压脚噪声。

（2）模板机

模板机方面技术的提升主要体现在两方面，一方面是机头采用360° 旋转，针杆旋转和独立的底座同步旋转驱动模块，保证针刺机构和旋梭旋转机构同步旋转，实现缝纫线迹的美观一致；另一方面是为了提高效率，采用机器人技术与模板机有机结合，实现了机器人换人、一个机器人服务多台模板机的生产模式。

川田公司的K18直驱智能全自动模板机由自动上下料单元、中压脚随动机构、创新的机头升降机构、X向驱动机构、Y向驱动机构和电脑控制系统组成；创新设计机头上轴机构和机身成90° ，实现高速缝纫，震动小、噪声小；采用上轴和下轴伺服电机独立驱动，头部过线部分由传统的侧面转变为正面，方便穿线及手动旋转手轮；通过有线或无线的方式与生产管理系统进行远程数据交换，完成生产数据调度和生产数据统计；随动压脚采用独立电机驱动，压脚高度具有可编程功能；可选配全自动换梭装置，减少模板机停顿时间，提高效率；可选配搭载激光切割装置。

此外，川田公司还推出了智能柔性缝制中心（图2-89），集成三台模板机、一台模板输送平台、一台机器人和控制系统，通过机器人准确高效输送模板并装夹到位，实现缝制加工自动化；拥有智能机头数码显示模块，实时显示工作状态；机器人重复定位精度达到0.05mm。其将柔性加工方式应用到服装加工领域，多台模板缝纫机可同时进行多道服装加工工序，无须人工干预，极大提高了自动化程度，减少了劳动力成本。

图2-89　川田公司智能柔性缝制中心

四川精上缝纫机有限公司的完美线迹机头旋转模板机采用可旋转360° 旋转机头设计，机头和旋梭底座具备360° 同步旋转缝纫功能，使反线迹和正线迹一样，满足完美线迹要求，有效缩短空移时间；机头部分直径控制在10cm内，是世界上尺寸最小的机头旋转头，确保在高速运转过程中转弯不降速，正缝逆缝顺畅；采用独立电机直驱随动压脚，通过操作面板可编程确定随动压脚行程、停止高度和压力；采用双丝杆双伺服驱动结构，搭载8Nm的高性能直流（DC）伺服马达，提供强劲动力；具有射频识别技术（RFID）模板识别功能，可无限量识别模板；可搭载物联网IOT功能，为智慧工厂建设提供大数据；采用激光测距传感器模组，能够自动感应底线是否用尽；可搭载激光切割功能。

西安标准工业股份有限公司的TC162系列针杆旋转模板机，采用旋转控制技术，实现针杆、旋梭随送料方向360° 同步旋转，保证任意方向为正缝线迹，线迹美观；具备自动调速、自动旋转、自动剪线、自动复位、模板识别、花样缩放等功能，相比普通模板机效率提升约30%；采用7寸液晶触摸操作屏，标配通用串行总线（USB）接口，实现数据的导入及输出。

（3）单元缝制机

目前，服装领域的自动化主要是对衣服（主要为衬衫和西装）不同部位按照加工类型进行切割，分成一个个单元，然后通过开发缝制单元的专用自动缝制机，将这些单元组合在一起来基本实现服装的全自动生产加工，如青岛红领集团有限公司等。但全自动化加工目前还没有大范围推广到其他款型和其他企业，主要原因在于：自动化加工款型适应性有限，每种单元的自动化缝制机都属于专用机开发，在款型、尺寸的适应性方面不够广泛，基本只能适应通用款，无法很好地适应个性设计；专用机开发和购置需要一定成本，当其生产的产品数量规模不够大（如小批量、多品种）时，设备使用成本高，相对于传统的半自动化加工没有优势。以单元切割的模式开发专用机、然后组成流水线加工是现在实现服装全自动化加工的主要模式，对此，许多设备企业、服装加工企业还在探索之中。

上工申贝（集团）股份有限公司的PFAFF 3589双机头可编程数字控制（CNC）自动牛仔裤贴袋机（图2-90），采用缝纫头和旋梭电轴同步技术，缝纫线迹美观；具有间歇式送料系统，即使在缝制困难的弹性物料时也能获得完美的缝制效果；机器配有集成的折叠装置和收料器，可以处理预折叠的口袋，形状和模板可以在两分钟内互换；由于机头的运动方向是在X、Y平面上，因此只要将口袋放置到预设位置上就可以实现不同颜色线迹的缝纫。

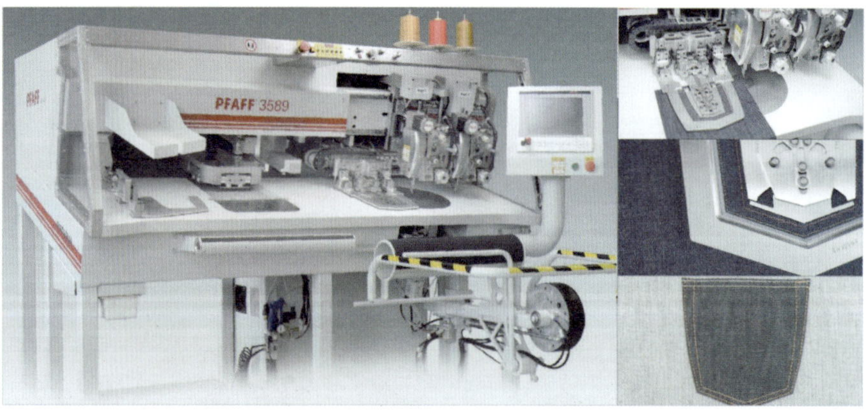

图2-90 上工申贝（集团）股份有限公司的PFAFF 3589双机头可编程CNC自动牛仔裤贴袋机

杰克科技股份有限公司的衣领袖英全自动缝纫机由对位、缝纫、修剪、夹持、运料、收料、电控模块组成；采用缝纫系统与修剪系统分离，实现缝纫和修剪同步进行，以及缝份宽度的自动调节和领角针距的自动加密缝制；其尺码可自动调节，一副模板能够满足不同尺码衣领或者袖英的缝制与修剪；具有交互式连续运料功能，七轴同步控制，实现了缝纫系统和修剪系统交互式连续运料和加工；可自动实现衣领的冗位，满足高品质衣领加工要求；激光对位点跟随不同尺码自动调整对位，满足衣领和袖英尺码繁多的加工特点的要求；模板与机器使用气动连接，一键即可夹紧或解锁模具，模具更换简便快捷。

上海威士机械有限公司的全自动吊牌机由自动放料、抓取、裁断、导入和收料装置组成；只需将一盒吊牌及一卷吊绳放入，即可将多个吊牌任意自动抓取分配，摆放精准、对齐有序，通过智能化导入机构将吊绳自动穿过吊牌孔后再导入卡扣中，实现无人化生产。

浙江凌志智能科技有限公司的绳头内塞打结机采用滚轮式仿人手内塞机构和内置烫平机，对自动裁剪定长的绳子进行烫平和内塞作业，在绳子两头缝制，实现绳头内塞缝制自动化。

（4）焊接机

焊接是通过加温加热等方式将不同材料通过某种介质熔接的过程，其热源种类有热风、热楔、超声波和激光等。焊接工艺被广泛应用于户外防水服、羽绒服、高档服装、防护服、工业过滤材料等。焊接技术可避免缝合留下的针孔，实现防水性和接口弹性，从工业化的角度来看，有利于自动化程度的提高，不会造成环境污染。但黏合材料的使用增加了成本和工艺难度，且天然纤维材料的接缝牢度很难保证[27]。

上工申贝（集团）股份有限公司的8330电脑程控式热风焊接机，采用电脑程控粘合胶带，操作更简便；上下分开驱动的滚轮，使粘合更加顺畅；拥有独立驱动的切带装置，切带品质更高；可由电脑程控预设分段或全程序焊接。

东莞市迈邦智能制衣设备有限公司的MH-61热风机采用创新设计的上胶带加热系统，有效减少带头、带尾打折现象；上下轮可进行不同速度的调节，以适应不同的弹性物料；具有智能送带机构，胶带贴合更平顺；复合式风嘴运动轨迹，使胶带在起头和中间停机过程中受热更均匀，胶合效果更优质；采用PLC控制系统，操作简单，设置参数更灵活。

广州科祺自动化设备有限公司的双头超声波焊接对字母橡筋机由PLC智能运动器、CCD视觉系统、花样机、超声波焊接系统、多功能对标装置组成；双重对齐装置，确保橡筋带对齐；超声波焊接，接口齐整无散毛边；具有整烫装置，确保橡筋带平整、尺码准确；CCD视觉系统识别对标，近色对标识别率达95%以上；可自动检测焊接不良品；可智能断线检测。

（5）刺绣机

刺绣机是一种特殊用途的缝机，它通过计算机设计在织物上进行精细的刺绣。这种设计可以是用户创建的，也可以是机器的标准配置，或者由第三方制作并购买用于机器上。其能使传统的手工绣花实现高速度、高效率，并能实现手工绣花无法达到的“多层次、多功能、统一性和完美性”的要求[28]。目前，电脑绣花机逐渐成为刺绣行业的主要机种，其技术发展主要集中在以下几点。

①结合先进控制技术，采用智能压脚控制机构、可靠的动力学平衡机架结构及合理的传动机构，实现了高速刺绣的目标，如浙江信胜科技股份有限公司的基于动力学平衡的超高速绣花机及浙江越隆缝制设备有限公司的集散式压脚多头剪线高速刺绣机。

②使用自动换底线机电控制系统，如北京大豪科技股份有限公司研发的移动模组式自动换底线及自动绕线机器人，以控制系统机械臂将使用完底线的梭壳取下，通过机械臂将装满底线的梭壳安装到位，替代了人工更换梭壳，加工效率高。

③智能性磁编码器断线检测系统，应用基于磁编码器检测原理的新一代断线检测技术，具有分辨率高、响应速度快、无接触感应识别、抗油污灰尘能力强的特性，可及时检测断线。

④刺绣机自动夹框新技术的应用，减轻了工人的劳动强度，实现了大门幅绣作的自动夹框，按键操作夹布简单快捷，夹持力大小可调整，减少了面料损伤，实现了一键起框直接拉布。

⑤自动油雾润滑系统的应用，以油雾的方式直接对绣花机核心部位旋梭进行加油、润滑降温，同时

具有剪刀吹气除尘功能。

⑥集数控烫片与刺绣于一体的设备，如浙江越隆缝制设备有限公司推出的数控烫片机、诸暨创加电子设备有限公司的数控烫片刺绣一体机。

⑦数字化技术的应用愈加广泛。如北京大豪科技股份有限公司的云智能刺绣系统及个性化应用程序编程接口（API）定制应用支持智能制版、设备云平台交互、机器视觉、全自动化控制，全方位展示数智一体解决方案；发布最新版智能刺绣工厂，实现一单到底、多入口建单、多角色统一设计等全新功能。

3. 缝后设备、云平台及工厂智能管理系统

工业数字化转型涉及云计算、超级连接、数据安全、分布式账本、人工智能与分析、数字孪生、工业物联网、自主机器人等关键技术的融合，已经成为服装行业发展的重要趋势。服装企业运用大数据、物联网等数字化技术，集成面辅料立体仓库、智能验布机、自动导向车（AGV）、自动裁剪设备、自动贴标机、智能吊挂线、智能缝纫机、自动分拣等新兴技术装备，不断尝试打通服装工厂原料准备、裁剪、缝制、熨烫、分拣打包入仓等五大工艺环节的物流及其数据流，为服装企业实现智能制造和数字化管理提供关键技术和设备。

杰克科技股份有限公司推出的智能生产线包含裁剪、缝制、后整理三个模块，由智能上布机、智能铺布机、智能裁剪机、智能吊挂、智能缝纫机、智能后整理及分拣系统组成；实现从裁片开始到成品入库一挂到底，生产过程中产品不落地；软件和硬件高度集成，实现生产过程自动化和管理过程数据化；缝中设备包括智能化全自动电脑平缝机、智能化自动感应电脑包缝机、智能绷缝机、智能全自动模板机等，可以通过物联技术MES系统实现与“缝前”和“缝后”设备的智能对接，实现加工、状态监控、质量识别等的智能化，并能根据任务参数变化实现柔性加工；通过吊挂系统、AGV物流运输等技术的结合，实现具有成套解决方案的智能生产线（图2-91）。

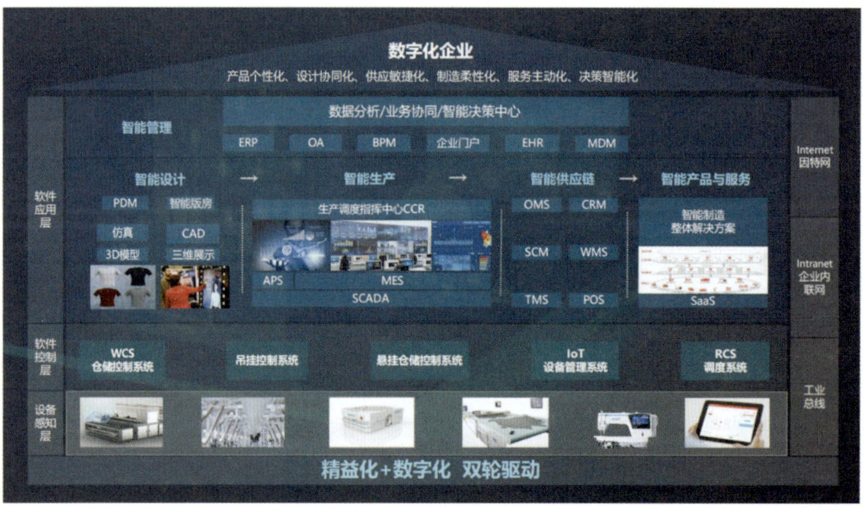

图2-91 数字化蓝图设计

日本重机推出基于平、包、绷的T恤智能生产及管理系统，自动收集并传送生产线上缝纫机的工作信息，实现生产现场实时可视化；能够均等化产量数据，对生产过程中过快或过慢的工序进行改进，并找出发生浪费的设备，了解详情，找出改善点，破解浪费的难题。

北京大豪科技股份有限公司推出了缝制智能工厂全流程生产管理云平台，采用物联网技术、大数据技术、云计算技术、AI技术等关键技术，通过智能电控、无线传输、互联网云平台等方式，实现对缝制设备的实时数据采集、智能生产调度、自动排产派工，服务缝制行业多品类生产工厂中多种设备智能化生产和管理运营。

上海富山缝纫机制造有限公司IOT服装数字化生产管理平台具有订单管理、设备资产管理、考勤计件工资结算、生产过程实时监控等功能；与服装设备电控实现数据交互，实时监控服装设备的运行状态；与富山云平台进行数据交互，通过按钮实现生产计件和远程呼叫；通过RFID模块实现员工考勤、设备定位、生产计件功能。

上海鲍麦克斯电子科技有限公司的智能服装生产管理控制系统，从终端用户端、整机配套端进行协同，实现所有数控系统的互联互通，用户通过云端［万维网（Web）端或（App）］，实时掌握厂内物料、订单进度、质量、设备、人员等情况，实现智能化管理。通过系统的自动分析决策，主动向管理员推送消息。集成数据采集盒、智能数据计算工位屏、物联网、RFID刷卡模块、缝制管理系统SMES、云平台、智能缝制设备、智能物流设备，具备构建订单、采购、仓库物料、财务及工资、人员管理模块，实现了生产过程自动化、业务流程系统化、生产信息数字化（图2-92）。

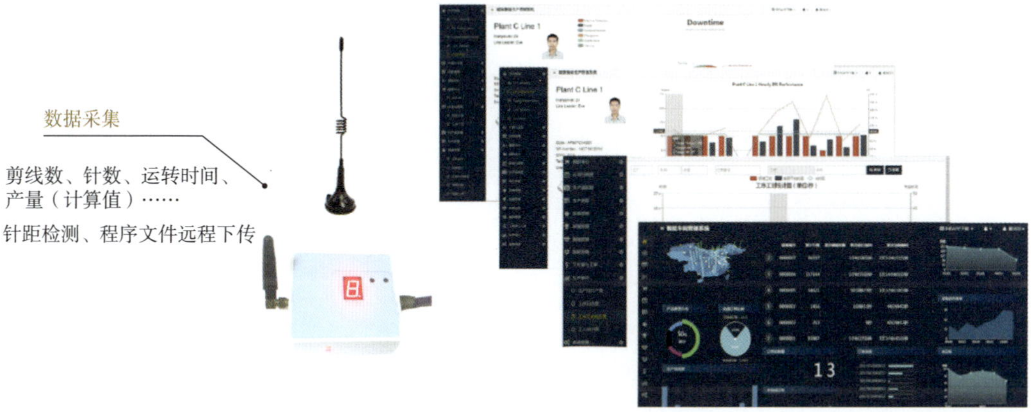

图2-92 智慧工厂解决方案

4. 结语

从技术发展角度来看，服装加工设备呈现出产品功能智能化、缝制单元集成化和生产模式数字化趋势。

（1）缝制设备产品功能智能化

缝制设备产品功能智能化主要体现在缝制单机从自动化向具有自识别、自适应、自检测等功能的智能化设备转变。

以伺服、步进电动机作为主要动力来源，综合使用嵌入式系统技术、运动控制技术以及机电一体化技术是智能缝制设备的一个特点。智能缝制设备嵌入式系统是一种专用的计算机应用系统，无论是硬件构成，还是软件处理方面，都体现出其独有的特点。从硬件构成上来看，其是典型的光机电一体化设备，从缝制机械机构、电动机、电机驱动器、光电传感器到运动控制器，以至于人机交互设备，系统硬件构成较为复杂。从软件构成上看，智能缝制设备嵌入式软件系统以控制缝制机构完成花样缝制为主要目的，不仅与应用密切相关，而且涉及运动控制、设备驱动等多方面内容[29]。数控系统目前已被广泛应用于各类缝制设备，成为缝制设备升级换代的标准配置产品。

缝制设备智能化升级的基础必备为数控系统。数控系统是指通过计算机中的数字控制程序，执行部分或全部数字控制功能的专用计算机系统。数字控制技术是设备实现自动化、智能化的必备技术，对缝制机械行业实现技术升级和经济增长愈加重要。从应用角度来看，数控技术是实现自动化、数字化、柔性化、信息化、集成化、网络化的基础，是现代缝制设备的“大脑”。无论是平包绷、锁钉套、特种机还是刺绣机，凡是需要快速、精确地控制加速度、速度、位置及力矩的缝制设备，都需要用到数控技术。

功能智能化是指缝纫机在缝纫过程中能够检测、识别缝纫品的实时状态，并通过控制系统的智能化功能，自动处理和调节缝纫机的相关缝纫参数（缝纫速度、针距、线张力、压脚压力、送料轨迹等）、辅助功能（停针位、剪线、拨线、抬压脚等），使缝制质量更稳定的技术。目前，设备厂商正不断以该方向为目标，提高设备的功能智能化，相关的设备也在不断涌现。

（2）缝制设备缝制单元集成化

目前，缝制机械正朝着技术集成化、设备专业化的智能化缝制单元方向发展，从单机向成套化设备转变，缝制工艺从传统单道方式转为多工艺组合集成的加工中心模式[30]。

智能化缝制单元是指由电控自动缝纫机和其他辅助功能的程控驱动器组合而成，具备自动定位、自动送料、自动缝纫等功能的机电一体化缝制设备[31]。智能化缝制单元的加工效率是普通工业缝纫机的几倍，其降低了对缝纫工技术水准及熟练程度的依赖，实现了服装批量加工的一致性和高质量。

智能化多工艺组合集成缝制单元以几台工作缝纫机为母机，配置各种辅助装置，通过数控系统控制各机构按照预制程序运行，完成复杂、完整的缝纫工序。智能化集成缝制单元具备自动化、信息化和智能化功能模块，可以实现自动化生产、信息化联网、智能化决策等功能。智能化缝制单元是集机械、电子、传感器和工业物联网等技术于一体的智能化、集成化产品，是实现服装模块化、集成化、标准化制造的关键环节。

（3）缝制设备生产模式数字化

缝制设备对下游市场的支撑从传统的提供设备转变为设备集成加数字化网络化服务，基于新型数控及网络技术，行业融合创新缝制MES系统、缝制物联网系统、智慧缝制车间及工厂系统等。未来，新一代信息技术与缝制机械产品及缝制生产模式的融合，将会促进缝制产业链向数字化、网络化、智能化方向发展。

数字化制造是指制造领域的数字化，其是制造技术、计算机技术、网络技术与管理科学的交叉、融合、发展与应用的结果[32]，也是制造企业、制造系统与生产过程、生产系统不断实现数字化的必然趋势，其内涵包括3个层面：以设计为中心的数字化制造技术、以控制为中心的数字化制造技术、以管理为中心的数字化制造技术。数字智造是现代工厂信息化发展的另一个新阶段，更是智慧工厂的高度概括。除了信息化数字化的生产，数字智造更进一步强调设备与设备之间的智能感应，实现自动分析、推理、决策、控制的功能。数字智造这一概念更是直观地反映出工厂生产发展的两大趋势——数字化和智能化，其和“工业4.0”所指引的工业发展方向是一致的。

（撰稿人：中国纺织信息中心　张　娜）

二、纺织材料新进展

（一）差别化、功能性纤维材料

近年来，随着人们对高品质生活的要求越来越高，差别化、功能性纤维产品品质不断提升，品种更加齐全。同时，新一代共聚、共混、多元、多组分在线添加等技术持续升级发展，进一步促进了相关纤维的规模化生产，并提高了差别化、功能性纤维在服装、家纺、产业用三大终端领域的应用比例。下文介绍10种在实际生产和生活中关注度较高的差别化、功能性纤维。

1. 吸湿导湿纤维

吸湿导湿类化学纤维是指具有吸收水分并将水分向外部输送能力的功能性纤维。由于多数常规合成纤维吸湿性较差，但通过物理或者化学改性处理，可提高纤维的吸湿、导湿能力，如引入高吸湿性高聚物、表面改性、形成多微孔或沟槽结构等[33]，具体方法包括改变喷丝孔形状、在纺丝液中加入功能性粉末、表面刻蚀、异形混纤、接枝共聚等。

生产实践上，通常通过改变纤维横截面形状和内部结构来开发中空、十字、多叶、沟槽等异形纤维，或者改变纤维的形态结构，使其表面和内部具有微孔结构，从而达到吸湿快干的目的。如美国英威达（INVISTA）的COOLMAX®吸湿排汗聚酯纤维系列产品（图2-93），纤维截面分为早期开发的“十”字形及新型“C-O”形，具有优良的导湿快干能力；韩国晓星（HYOSUNG）公司开发的Aerocool纤维，截面形状为“苜蓿草”的四叶子形，吸湿排汗性能突出；日本帝人（TEIJIN）公司推出的中空微多孔纤维构造为中空纤维状，并且在纤维侧面有微多孔与中空部分连通，具有把汗水吸收至中空部分储存或将储存的汗水释放到体外的功能。

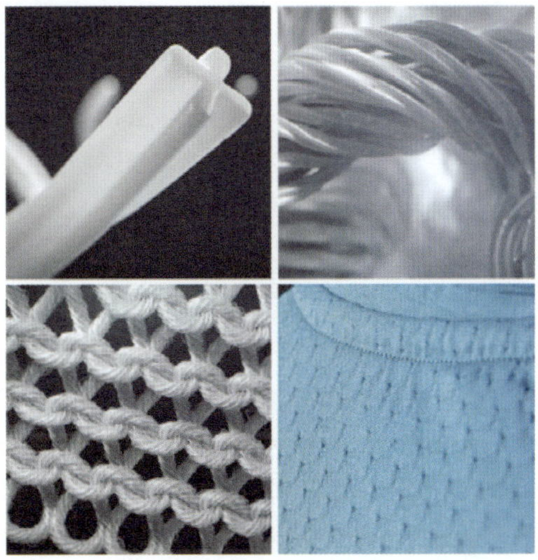

图2-93　COOLMAX®吸湿排汗聚酯纤维及其应用

国内开发比较成功且实现产业化的异形截面纤维也很多，包括泉州海天材料科技股份有限公司推出的Cooldry®吸湿排汗纤维、正凯纺织有限公司的毛毛虫状异形涤纶、中国石化仪征化纤有限责任公司的Coolbst导湿快干差别化纤维、上海德福伦新材料科技有限公司的十字形截面抗菌导湿聚酯纤维、长乐力恒锦纶科技有限公司的微细沟槽异形截面Coolnylon锦纶6、中国台湾中兴纺织厂股份有限公司的多微孔异形截面Sofemax聚酯纤维以及Coolplus吸湿排汗纤维、中国台湾豪杰股份有限公司的Technofine吸湿排汗聚酯纤维、中国台湾新光集团的Cooltech纤维等。

此外，通过复合纺丝技术以及混纤丝加工技术，引入高吸湿性高聚物或增加纤维毛细管芯吸能力，也可以开发出吸湿导湿类功能产品。如日本尤尼吉可（UNITIKA）的“Hygra”是以高吸水性聚合物为芯层、聚酰胺纤维为皮层的复合纺丝制成的皮芯型纤维；日本可乐丽（Kuraray）的Sophista为乙烯-乙烯醇共聚物（EVOH）和聚酯制成的双组分皮芯型复合纤维，能够快速吸收气态汗或液态汗，具有优异的吸放湿能力和穿着舒适性；日本东丽（TORAY）公司的Quup纤维是一种吸湿性极强的锦纶长丝，其通过在锦纶中混入特殊的高吸湿性聚合物制得，具有高吸排湿性能；日本东洋纺（TOYOBO）

开发的Ekslive®通过将聚丙烯酸酯粉末与涤纶混纺纺丝获得吸湿排汗功能；日本小松精练（Komatsu serien）公司将蚕丝化合物接枝在涤纶上，生产吸湿排汗涤纶。国内企业开发的产品包括江苏鑫博高分子材料有限公司开发的PBT/PET双组分弹力复合纤维“鑫纶T-3000”、张家港美景荣化学工业有限公司的PTT/PET高弹双组分聚酯复合纤维“美弹丝”，除具有持久稳定的高弹性、柔软的手感外，异形纤维截面还可赋予织物良好的吸湿排汗性能。

2. 抗菌纤维

抗菌纤维包括具有天然抗菌能力的本质抗菌纤维和通过人为改性使其具有抗菌能力的改性抗菌纤维。具有本质抗菌功能的纤维包括甲壳素纤维、壳聚糖纤维、海藻酸盐纤维、麻纤维和竹原纤维等。改性抗菌纤维是采用化学的或物理化学的方法，将具有能够抑制细菌生长的抗菌成分引入纤维的化学组成中，或者施加到纤维的表面及内部，加工方法主要包括共混纺丝法、化学接枝改性法、复合纺丝法和后整理法4种。

共混纺丝法是开发功能性纤维的重要手段，如美国曼恩（Mann）工业公司将聚丙烯与酚型化合物熔纺生产抗菌丙纶、美国Foss公司将含银无机沸石嵌入纺前染色聚酯纤维、美国Kosa公司将银基陶瓷添加剂嵌入聚酯纤维、德国Akzo Enka公司将抗菌性沸石用于聚酯纤维熔纺或加入聚酰胺纺丝原液中生产抗菌涤纶或锦纶、富士纺织公司将脱乙酰壳聚糖微细粉末混入粘胶纤维中生产抗菌粘胶纤维、南京禾素时代抗菌材料科技有限公司将聚羟基丁酸戊酸共聚酯（PHBV）与涤纶、锦纶、再生纤维素纤维等共混来生产能抗菌消臭的禾素纤维。

化学接枝改性法是通过配位化学键或其他类型的化学键结合将抗菌基团接枝到纤维表面反应基上，对于不具备反应基的纤维需要引入反应基[34]。例如，青岛尼希米生物科技有限公司的壳聚糖棉利用生物大分子改性技术，将壳聚糖基团接枝到天然纤维的分子链上，得到耐洗100次以上的抗菌棉纤维，该方法对于抗菌基团和原料纤维有较高的要求，而且技术也比较复杂。

复合纺丝法是利用含有抗菌成分的纤维与其他成分同时通过一个具有特殊分配系统的喷丝头来制备抗菌纤维的一种方法，其可以纺制皮芯型、并列型、中空多芯型等结构的抗菌纤维，其中皮芯型的抗菌涤纶的研究较为广泛。日本帝人公司开发的“TGS”和“CHEMITACM”抗菌复合纤维，皮层为聚酯，芯材为内含天然木精油的聚合物材料，已在床上用品、室内装饰用品等领域得到了应用。浙江理工大学通过氮掺杂碳量子点（N-CQDs）负载纳米Cu制备了抗菌抗病毒消烟臭的聚酰胺6复合纤维，其首先制得纳米级N-CQDs，再通过原位还原法在N-CQDs表面生成纳米单质Cu，然后对表面配位纳米单质Cu的N-CQDs羧酸改性后经原位聚合引入聚酰胺6，得到高效抗菌抗病毒的聚酰胺6，以抗菌抗病毒的聚酰胺6为皮层、常规聚酰胺6为芯层经复合纺丝得到抗菌抗病毒聚酰胺6复合纤维[35]。

后整理法主要有3种：一是将抗菌剂吸附在纤维的表面，如美国诺博（NOBLE）纤维技术公司研发生产的镀银纤维X-Static具有抗菌、抗静电、导热功能；二是将抗菌剂利用反应性树脂热固在纤维表面；三是将抗菌基团接枝到纤维表面的反应性基团上，如英威达公司推出的DACRON® FRESH抗菌防螨纤维经过高效不易离散的抗菌技术处理，利用铵阳离子刺穿细菌或螨虫的细胞壁，使其丧失活力，直至死亡。后整理法加工方便，可选择的抗菌剂范围广，在纤维的抗菌加工中应用广泛。但此法加工的抗菌纤维不耐洗涤，抗菌持久性也较差。

此外，研究人员也在探索更多的创新方法来实现抗菌纤维的制备。帝人富瑞特株式会社推出的“PIECLEX”纤维是一种通过纤维伸缩时产生的压电效应的电力来实现抗菌和除臭的纤维，其所产生的电压为几伏到几十伏，人类无法感知，但可以抑制微生物的生长繁殖，发挥抗菌作用（图2-94）。压电效果经过反复洗涤，抗菌效果不会减弱，其抗菌和防臭效果可半永久性地持续。东华大学朱美芳院士团队通过研发溶胶原位聚合和原位氧化还原两项技术，实现了抗菌功能聚酯的一步原位杂化、金属系功能单元的设计构筑及其在复杂流体中的均匀稳定分散，制备了“低含量、高分散、高效能”的抗菌功能聚酯。

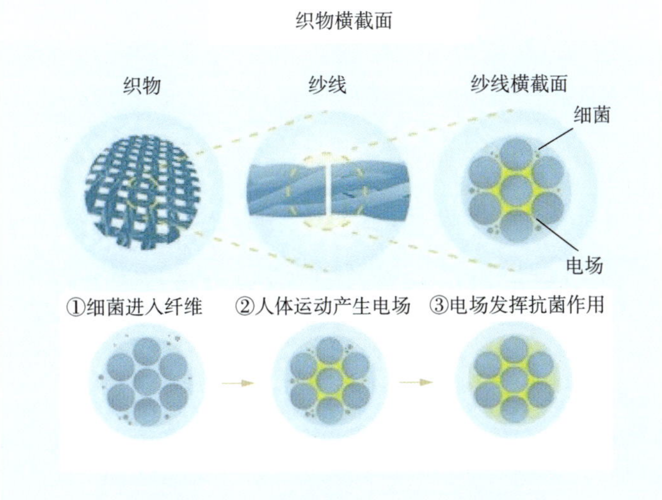

图2-94 “PIECLEX”纤维及抗菌原理

3. 凉感纤维

凉感纤维是在涤纶、锦纶、再生纤维素纤维等化学纤维的纺丝液中加入一些纳米矿物质，主要产品有云母纤维、玉石纤维、麦饭石纤维等[36]。其中，云母的热传导速率为涤纶的5倍以上，且纳米云母含水率极高，能够带来吸热降温作用。韩国晓星的Aqua-x凉感锦纶采用独特的矿物质添加，实现了优异的凉感效果，同时具有吸湿速干、防紫外线效果，其Q-max值相较于普通涤纶高出30%，较普通锦纶高出14%。美国杜邦（DuPont）公司的SORONA®+COOL凉感纤维，通过在纺丝液中添加一定比例的超微粒玉石粉体（300~500 nm），在保证纺丝性能的前提下，具有一定的凉感功能；同时，其异形截面纤维结构导湿快，使人体排出汗液中的水分能够及时蒸发并带走人体热量，从而使面料具有瞬间凉感的特性，目前该产品已在安踏等品牌的产品中应用。浙江理工大学研发的一种凉感聚酯纤维，通过原位还原法在凉感矿物质表面生成尺寸在2~10 nm的纳米单质铜，然后对负载纳米单质铜的凉感矿物质羧酸改性后，经原位聚合引入聚酯，最后经熔融纺丝得到抗菌抗病毒凉感聚酯纤维[37]，该纤维洗涤50次后仍具有较好的凉爽舒适效果。

从加工成形角度来看，纳米矿物质在纺丝液中的含量一般在1%左右，而且矿物质的粒径必须为纳米级。当纤维的每丝单位质量（DPF）数较高时，矿物质的粒径在500~600nm即可满足纺丝要求；当纤维的DPF数较低时，需要矿物质粒子的粒径更小。

除上述常规制备方法外，近年来，有人尝试通过添加高吸湿材料、隔热材料或者复合纺丝等来实现纤维的吸湿和凉感效果。英国Technical Absorbents公司的凉感纤维KoolSAF通过添加高吸湿材料，具有超强的吸附能力，可降低穿着者的热应力和疲劳，使穿着者在接触热应力时温度下降6 ℃左右。青岛新维纺织研究院有限公司开发的一种凉感纤维，以涤纶为表层材料、锦纶为内芯材料，通过复合纺丝、低温定形、后处理、再定形、卷绕等步骤制备，该凉感纤维在轴向上具备牵伸率和加弹量的不均匀性，为纤维本身赋予了更为蓬松化、柔性化的特性，较之牵伸率和加弹量均匀的纤维，由该凉感纤维制成的面料具有更好的透气性[38]。

此外，由于聚乙烯材料本身具有较高的导热系数，可迅速将热量疏导出去，因此近年来成为凉感纤维的研究热点之一。中国纺织科学研究院凯泰特种纤维科技有限公司的"聚乙烯凉感纤维制备关键技术及应用"项目以聚乙烯（PE）为皮层、聚酰胺6（PA6）为芯层，优化了原料，研究了组分复合配比、纺丝温度、牵伸倍数，设计加工了专用复合纺丝组件，通过在皮层PE中添加专用助剂，改进纺丝油剂，形成了纺牵一步法聚乙烯凉感复合纤维制备技术并实现稳定生产，成品具有明显且持久的接触凉感、干爽等功能。

4. 保暖纤维

保暖纤维大致可为消极保暖纤维和积极保暖纤维两大类，前者通过增加静止空气或阻挡热辐射等，尽量减少热量散失，实现御寒保暖；后者的纤维材料能够根据环境温度或人体需求自行产生热量或者通过吸收、存储太阳能、电能、化学能等散发热量，实现人体热平衡。根据发热机理，后者一般分为吸湿发热纤维、电能发热纤维、光能发热纤维、化学发热纤维和相变调温纤维等[39]，由于电能发热纤维与智能纺织品相关，而智能纺织品有专门章节介绍，故下文不再赘述。

消极保暖纤维主要采用异形纤维增加织物的多孔设计，有效改善织物蓬松度，减少空气流通，降低热传导，从而达到良好的保温效果。如英威达公司推出的Thermolite®中空涤纶、Viloft®扁平锯齿粘胶以及帝人公司的异形卷曲纤维SOLOTEX® OCTA®等异形纤维，制成的功能面料具有优异的保暖效果。东丽超高中空保暖纤维Airlet® Light中空涤纶，通过将中空率由15%提升至30%，使材质更轻盈、蓬松，制成品的保暖效果更好。桐昆集团股份有限公司推出的蓄热保暖仿羊绒聚酯纤维，通过对中空喷丝板的创新设计，提升中空度和异形度，结合蓄热功能母粒的添加，产品的平均温度提升4.4℃。浙江大学通过"冷冻纺丝"技术研制了具有保温效果的仿生纤维，将蚕丝溶解于水中，制成含水量达95%的纺丝溶液，再用注射器将纺丝溶液慢慢挤入冷冻装置，形成直径约为200μm的单丝纤维，最后通过冷冻干燥，令纤维中的冰晶升华，制成有序多孔纤维材料，该材料与北极熊毛的结构相似，有大量大小均匀的孔洞，有高效的隔热保温能力（图2-95）[40]。

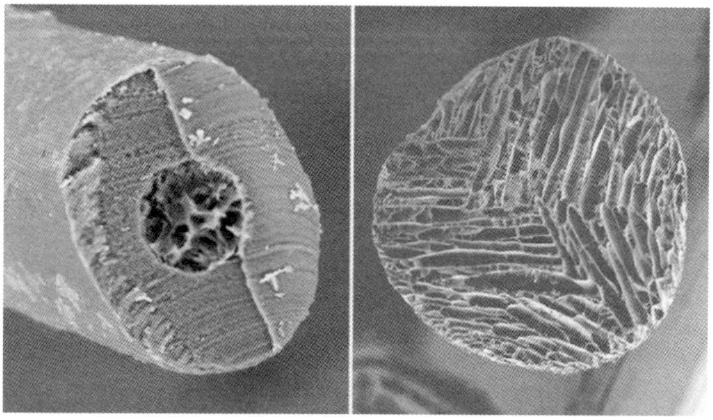

图2-95 显微镜下的北极熊毛（左）和浙江大学的仿生有序多孔纤维

光能发热纤维方面，日本钟纺合纤公司的Ceramino纤维通过在纤维中加入远红外线吸收物质（陶瓷粉体）来吸收可见光和近红外线发热；日本尤尼吉可公司的Thermotron纤维芯部溶有碳化锆的微小粒子，在太阳光热能的作用下发出热量并反射出波长较长的远红外线，使服装内部变暖；日本小松精练（Komatsu Seiren）公司将红外线吸收剂和玻璃微珠添加到聚合物中，制成了保温纤维DynaLive，该纤维制成的服装内部温度比一般织物高3~7℃；日本三菱丽阳（Mitsubishi Rayon）公司的Corebrid™ Thermocatch吸光发热导电腈纶通过在纤维芯部掺入特殊微粒子，具有将太阳光转变为热能的发热保暖功能和防静电功能。江苏集萃功能材料研究所有限公司开发的浅色光能发热保暖纤维，采用气凝胶负载的纳米钨青铜粉体作为光能发热组分，利用两者的发热和蓄热作用制备的纤维表现出优异的保暖性能[41]。

吸湿发热纤维方面，东洋纺集团旗下EXLAN工业公司生产的丙烯酸酯纤维“依克丝”是一种自发热材料，通过吸收人体的汗和湿气来发热，其吸湿率远高于羊毛；日本东丽公司为强化发热效果，在纤维内部添加或者在纤维表面涂敷某种物质，当纤维吸收水分后，触发这种物质发生化学反应释放出更多热量，从而成功地开发出Warmsensor纤维，与一般的材料相比，Warmsensor纤维可使体感温度提高3~5℃[42]；日本敷纺株式会社推出的Thermostock纤维利用化学反应使棉与亲水基团（能够与水蒸气结合的反应基）结合后，利用皮肤呼吸等产生的水蒸气与亲水基结合，产生水和热反应，通过吸收更多的水蒸气来提高发热量。

相变调温纤维方面，Outlast纤维是最具代表性的产品之一，它通过在粘胶纤维中掺入微胶囊，使用微胶囊包裹热敏相变材料碳氢化蜡，随着温度变化，发生固态、液态的相互转化，从而达到吸热、放热的效果；青岛邦特生态纺织科技有限公司的Tempsense®相变调温纤维以微胶囊包覆相变材料技术为依托，具有“感知”能力，以潜热交换的方式吸收或释放热量，双向调节肌肤微环境温度，使人体处于舒适的温度范围，经温度检测，调温面料与普通面料的最大温差达4℃。

此外，纤维集合体的结构创新也能实现产品的保暖效果。早在2016年，日本的一项专利中就提到了一种仿羽绒状的填充物结构，其由轴向纤维长丝将通过空气缠绕的纤维球串联起来，整体结构极具创新性，能够同时满足轻质和保暖的特点。美国PrimaLoft材料技术公司推出的PrimaLoft®保温材料，利用粗中空纤维为骨干，并将超细中空纤维合成缠绕在粗骨干上面，形成如羽绒般的树状结构，是羽绒纤维的良好替代品。东华大学研究团队研制出来的丝柔纺Silrospun®技术，通过独创的纤维线性排列技术及独特的“SOZ”结构，赋予面料极致柔软的手感、肉感饱满的蓬松度，使天然服装面料用物理的方式获得更多“静止空气”，从而达到“自发热”保暖的效果。

5. 防紫外线纤维

防紫外线纤维通常通过在纺丝过程中添加紫外线屏蔽剂来实现，一种是添加对紫外线有反射作用的紫外线屏蔽剂，如某些金属氧化物的超细粉体、二苯甲酮类有机屏蔽剂等；另一种是添加对紫外线有强烈的吸收并能通过能量转换减少紫外线透过量的物质。

在现有的防紫外线产品中，二氧化钛是常见的添加物质，添加二氧化钛的好处是其可以做消光或者半消光的化纤，同时可以实现防紫外线效果。目前，国内此类防紫外线产品的开发已经非常成熟，例如，福建永荣锦江股份有限公司通过添加无机功能粉体对聚酰胺纤维进行改良，使其具备优异的防紫外线功能，紫外线防护系数（UPF）> 50、长波紫外线（UVA）平均透射比为0.49；辽宁银珠化纺集团有限公司将全消光聚酰胺66切片进行干燥增黏，得到高黏切片，然后经熔融挤出、拉伸、定形一步法工艺路线，制备高强聚酰胺66纤维（二氧化钛含量1.5%~1.6%），最后经拉伸、假捻、定形制备高强度、抗紫外线的全消光聚酰胺66 DTY纤维，其UPF > 50。日本东丽公司的防透再生纤维Micronova®

图2-96 东丽防透再生纤维Micronova®应用在白色上衣中

是一款柔软、高白度，兼备防紫外线和防透效果的功能性再生涤纶纤维，通过在生产过程中添加高浓度二氧化钛，具有优异的紫外线阻挡和防透功能，特别对于白色衣物，防透性增加10%（图2-96）。

此外，为提高纤维的UPF值，通常通过添加“二氧化钛+有机紫外线屏蔽剂”的方式来提高织物的UPF值，其中二氧化钛的含量在2%~3%时可调，也可以在纤维端通过调整功能助剂含量等来实现，整体来说，现有防紫外线产品的技术难度不大。

在防紫外线纤维的前沿研究方面，将紫外线吸收剂通过原位聚合或共混复合到合成纤维母粒或再生纤维中，可以获得防紫外效果较好的纤维，并且耐久性得以显著改善[43]。秦中悦等[44]用0.1 mol/L以上浓度的锌氨溶液改性竹浆纤维，竹浆纤维具有较佳的抗紫外性能，UPF值50+，经240 min水洗后，抗紫外性能变化不大；冯梦倩[45]采用原位聚合方法制备了抗紫外/高流动PA6/纳米二氧化钛（TiO_2）母粒，母粒热性能良好，纤维溶解于硫酸的溶液紫外线透过率均小于10%，织成的平纹布的UPF值50+，防紫外性能优异；贾琳等[46]以聚丙烯腈和紫外吸收剂UV531为原料，采用静电纺丝法制得复合纳米纤维膜，紫外吸收剂UV531对UVA和户外紫外线（UVB）有较好的吸收效果，随着其用量的增加，紫外线吸收值和防护因子增大，紫外线的透射率减小；胡蝶[47]对磷酸铈粉体进行表面改性，并用于制备PET母粒，纤维中磷酸铈含量为1%时，其UVB透过率低至0.94%。

根据应用场景的需求，防紫外线功能常和其他功能协同，如防紫外线+凉感、防紫外线+抗菌等，相关技术实现起来比较简单，例如，通过调节二氧化钛和凉感矿物质的复配，就可以很好地实现“防紫外线+凉感”的功能需求。目前，生产涤纶和锦纶的各大头部企业都有相关产品的推出，如上海德福伦新材料科技有限公司、福建永荣锦江股份有限公司等。

6. 阻燃纤维

在阻燃纤维应用方面，目前主要通过聚合物共混（母粒添加）或共聚（单体共聚）阻燃纤维以及高性能纤维来实现纺织品的阻燃功能。由于高性能纤维在单独的章节有介绍，此处不再赘述。

采用共混方法生产阻燃改性纤维是最普通的方法，其优势在于应对产品目标市场的灵活性和多样性。如美国FRX Polymers公司在2016年成功开发出Nofia®支化聚磷酸酯阻燃聚合物，并获得国际环保纺织协会（OEKO-TEX®）的认证[48]；美国得克萨斯大学的研究人员以PA6为原料，添加了诸如阻燃剂、多壁碳纳米管（MWCNT）和纳米级黏土等3种组分，以共混方式制得PA6阻燃纳米纤维，用于制作消防服装，展现出优良的阻燃性能；印度Rangasamy技术学院的研究人员选用纳米级氧化镁（MgO）粉末为添加剂，成功制得PA6纳米纤维[49]，具有优良的阻燃性和抗霉菌性；奥地利兰精™（Lenzing™）的FR是市场上采用莫代尔工艺生产的阻燃纤维，纤维强力高，同时阻燃介质被永久地植于纤维内部，面料的防烧伤效果好；芬兰凯米拉（Kemira）公司、日本旭化成（Asahi KASEI）公司等也完成了阻燃再生纤维素纤维的产业化。在我国，由青岛大学和山东潍坊欣龙生物材料有限公司等单位合力攻关的基于10万吨级生产线无机/有机复合阻燃纤维素纤维项目，基于聚合物网络互穿的理论，采用无机硅酸盐前驱体，开创了新的溶胶 — 纺丝 — 凝胶技术，实现了无机高分子阻燃剂与纤维素大分子的高效复合，有效地解决了无机大分子阻燃剂的耐碱性问题[50]。

相较于共混阻燃，共聚阻燃产品具有质量更稳定、添加共聚单体较少、制造成本更低、阻燃效果更耐久等优势，但共聚阻燃研究成果的推广受制于工业化的单体合成及单体成本。共聚性聚酯方面，德国赫斯特（Hoechst）公司、意大利Snia公司和日本尤尼吉可公司均采用共聚法得到阻燃涤纶，美国的PF、杜拉纤维技术（Dura Fiber Technologies）以及国内的中国石化上海石油化工股份有限公司、四川东材科技集团股份有限公司等公司均成功开发出磷系阻燃共聚酯工业丝，产品的极限氧指数（LOI）可达26%以上。苏州龙杰特种纤维股份有限公司尝试在磷系共聚酯基础上添加聚苯硫醚纺制海岛型超细纤维，当添加聚苯硫醚（粉体）的质量分数为12%时，聚合物的可纺性依然良好，而成品的LOI可达34%~35%，无熔滴现象[51]。前沿研究方面，王玉忠院士团队提出“氢键交联”聚酯阻燃抗熔滴方法；四川大学陈力教授课题组研究了主链苯并咪唑结构的PET共聚酯（PET-CO-PBMs）的合成以及聚酯的结构设计与聚合研究，聚酯阻燃抗熔滴性能明显提高。共聚聚酰胺方面，目前仅有瑞士EMS公司宣布研发出共聚阻燃聚酰胺纤维，我国共聚型阻燃聚酰胺纤维的研究主要集中在高校和研究院所，未见产业化。

7. 超疏水纤维

具有特殊润湿性能的超疏水纤维在自清洁纺织品中的应用前景广泛，其基础研究和工业应用引起了业界很大的关注。纤维超疏水化的方法是使用低表面能的含氟、硅基团的物质对纤维表面进行修饰或是涂层，或者利用纳米技术结合仿生结构（如荷叶、水稻叶和蝴蝶翅膀等）对纤维进行超疏水化处理。在实际生产中，纤维的超疏水性能一般与其他功能系统同时实现，通过后整理方式实现的情况较多，如防水防油整理等，单独具有疏水功能的纤维材料相对较少，如浙江康洁丝新材料科技有限公司通过对纤维进行等离子体处理、防水防油污处理等，生产具有较好防水效果的纱线，其防水、防油、防污效果都达到国家标准的最高级，而且耐洗涤次数达到50次以上。

在超疏水纤维材料的前沿研究方面，中国科学院江雷院士研究团队提出“二元协同纳米界面材料”设计体系，在纤维上打出微纳米列孔，实现纤维超双疏，能够生产出具备自清洁性能的西服和羊毛衫；北京航空航天大学刘欢团队受到黾蝽腿和水蛛腹部的超疏水结构启发，研制了一种超疏水的微米尺度锥形纤维阵列，这是一种锥形拓扑和微米尺度的圆锥形纤维，在高湿度条件下也具有超高的防水性能[52]；中国科学院苏州纳米技术与纳米仿生研究所张学同团队对纳米化凯夫拉液晶（NKLC）气凝胶纤维进行冷等离子体疏水改性处理，得到超疏水气凝胶纤维。扫描电镜及X射线光电子能谱表明，经冷等离子体处理后，纤维表面生成了以氧化硅链为主的疏水层，该超疏水气凝胶纤维对日常生活中大多数水系液体具有隔离能力，同时具有较强的自清洁功能[53]。

8. 远红外纤维

远红外纤维一般通过在涤纶、锦纶、丙纶等化学纤维中均匀地加入远红外线发射或吸收物质（纳米陶瓷粉体）制成，是一种高效的保温材料。纳米陶瓷粉体多是金属氧化物，如氧化铝、氧化镁、氧化锆，有时也选用二氧化钛和二氧化硅。如日本尤尼吉可公司的Thermotron纤维芯部溶有碳化锆的微小粒子，在太阳光热能的作用下发出热量并反射出波长较长的远红外线，使服装内部变暖；日本三菱人造丝公司的无色光热转换聚丙烯腈纤维Thermocatch芯层含有能吸收近红外线的微细半导体粒子（氧化锡与氧化锑的复合物微粉），可将光能转化成热能，混纺10%以上的该纤维就可以通过光能转化提高2~10 ℃；意大利亚卡比（Accapi）公司的Nexus纤维是将铂钛铝合金粉掺入聚酰胺或聚丙烯腈中

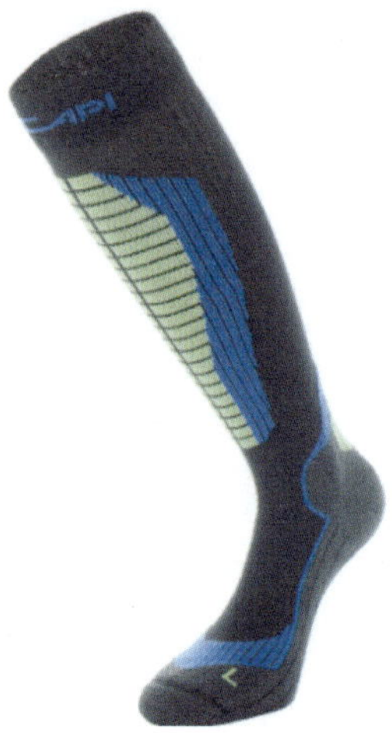

图2-97 Nexus纤维制成的袜子

纺制成的，其发射的波长为4~14 μm的红外线可作用于血液，增强其氧气运输能力，具有保暖、保健、抗菌、亲肤等功能（图2-97）。

此外，我国太极石股份有限公司开发的太极石健康能量纤维具有优异的远红外线发射功能，其通过将天然矽晶石英矿石的纳米粉末加入聚酯纤维、再生纤维素纤维、锦纶长丝等纤维基体中，制成的产品具有远红外、抗菌、防紫外线等多种功能。索尔维集团（SOLVAY）推出的远红外Emana®纤维是一种加入了生物活性矿物质的锦纶66，其中的生物活性晶体能够吸收热量并发出远红外线与身体相互作用，具备温度调节特性并能改善血液微循环。

石墨烯因其独特的电学、光学、热学和机械性能成为研究热点。随着学术界和产业界对石墨烯研究的深入，其在纺织领域的应用更加广泛，将石墨烯与纺织品相结合，可赋予纺织品远红外发射功能。我国许多面料生产企业都以石墨烯为功能原料来开发远红外纺织品。例如，杭州高烯科技有限公司的高烯®光波绒就是由石墨烯改性超细纤维制成的产品，具有抗菌、远红外、除螨、负离子等功效，远红外发射率达到90%，可引发人体自热、升温，还能有效改善人体内的微循环系统。

前沿研究方面，香港纺织及成衣研发中心结合光学模拟系统及物理方法，调整制作远红外纤维的喷丝板，改变纤维的横截面，提高了远红外纤维的发射率及升温性能。这项新技术无须添加化学物质，纯粹运用物理设计，通过增加远红外辐射在三角形横截面纤维内的光程，提升纤维对远红外的吸收和发射性能，从而以身体中水分子的共振，使皮下组织产生高热效应进而促进血液循环，发挥长效保温作用。相较于传统远红外纤维而言，其生产难度更低、制作工艺更环保、保温性能更佳、制作成本更低，更具有价格优势。据悉，江苏中杰澳新材料有限公司已签订了这个项目的技术授权协议，采用该技术来制作各种远红外纤维产品。

9. 抗静电纤维

制备抗静电纤维通常采用的方法如下：提高纤维的亲水性；电荷中和，将处于静电序列两端的两种材料混合应用，使不同极性电荷互相中和，抵消表面电荷；静电逸散法，采用导电物质或者导电纤维。实际生产采用的抗静电方法主要是提高纤维材料电导率，而最基本、最主要的方法是降低纤维电阻，提高纤维的导电性。

在实际应用中，常采用导电纤维来制备抗静电纺织品。常用的导电纤维包括金属纤维、碳纤维、导电聚合物等导电物质均一型导电纤维，也包括合成纤维外层涂覆炭黑等导电成分的导电物质包覆型导电纤维，还包括炭黑或金属化合物与成纤高聚物复合纺丝得到的导电物质复合型导电纤维[54]。日本TAYCA公司开发了可以自由控制其导电性范围（$10\sim10^8\,\Omega$）的导电纤维，由于在纤维表面包覆了极薄的导电聚合物膜，因此既可保持纤维原有的柔软性和风格，又兼有优良的耐磨性、耐热性和耐湿性等，还可根据需要着色。朱亚楠将银粉与有机化合物混合制备成导电银溶剂，然后采用涂覆法对锦纶上浆，在纤维表面形成银涂层，制得金属银导电纤维。四川大学罗洁[55]在液相中使聚苯胺在经过碱减量处理后的涤纶表面进行原位聚合，从而制得聚苯胺涂层的皮芯结构导电涤纶。江南大学研发的聚酰胺56抗静电纤维，使用浅色无机复合导电晶须为导电填料，浅色导电填料与聚酰胺56切片混合，进而进行熔融纺丝，最终制成聚酰胺56抗静电纤维，其抗静电效果优异、纺丝成形率高、断头率降低，浅色导电填料的加入不影响聚酰胺56纤维的后续染色效果，有效扩大了聚酰胺56纤维的应用范围。

在纤维改性方面，可以采用亲水性的聚乙二醇、烷基磺酸钠等，与聚合物共混或共聚改性以改善纤维的抗静电性。中国科学院郑鑫[56]选择1-乙烯基-3-丁基咪唑双三氟甲烷磺酰亚胺盐IL（TFSL）对PA6进行改性，通过辐射接枝法制备了IL（CL）接枝的PA6-g-IL（CL）。其中，咪唑阳离子被接枝在PA6无定形区分子链上，咪唑阴离子处于自由状态，然后通过静电纺丝和熔融纺丝的方法制备了PA6-g-IL（CL）纤维，其表现出优异的抗静电性和抗菌性。但目前较多采用的是复合纺丝法，例如，吴江市康佳纺织有限公司开发的抗静电纤维，通过结构的设置改善了化学纤维的吸湿和锁湿性能，进而增强化学纤维整体的抗静电性能，整体包括芯层以及包覆在其外侧的外层，芯层与外层之间设有保湿层，外层的外侧设有导湿层，保湿层的吸湿性大于导湿层的吸湿性，导湿层上开设有延伸至保湿层的透水孔，透水孔的孔径自外向内逐渐缩小[57]。

10. 仿真纤维

仿真纤维是指将合成纤维通过特殊加工方式或者改性，使其结构和使用性能接近天然纤维，主要包括仿棉纤维、仿毛纤维、仿麻纤维和仿真丝纤维。近年来，仿真纤维的研发频率较高，其中，仿棉纤维提高了纤维的蓬松性与柔软度，同时结合防紫外、抗菌、吸湿速干等功能，在具备棉纤维天然特性的同时还具有一定功能性；仿毛纤维仿造了动物毛发的原生态结构和性能，在保护了野生动物和原生态资源的基础上，满足了消费者穿戴毛皮的诉求。在仿棉及仿毛纤维的研究开发方面，日本处于世界领先地位，针对面料的最终风格，开发出多款新型纤维，下文主要介绍仿棉纤维和仿毛纤维的发展现状。

在仿棉纤维产品方面，日本东丽推出的PENTAS（蓬特丝）是一种拥有特殊截面的仿棉涤纶，其手感柔软蓬松，具有优异的吸湿速干性以及抗起毛起球性能、拉伸性能，适用于内衣、T恤、休闲衬衫等。安踏发明的一种仿棉聚酯弹力纤维[58]，表面有若干100~300 nm大小的微坑结构，具有较好的光泽、手感等仿棉感，同时兼具良好的吸湿速干性和弹性。我国江苏三联新材料的MTY弹力仿棉是两组不同收缩率的聚酯纤维长丝经过特殊的假捻而来，具有棉纱一样的外观，少量的棉结点和毛羽，优异的透气性和速干性。相比常规棉纱，弹性更好、吸湿速干，并具有更好的强度和耐磨性。此外，国内外很多异形截面纤维的开发也大量填补了（超）仿棉纤维的市场缺口，如日本的帝人、东洋纺等企业，我国的仪征化纤、顺德金纺、泉州海天、江苏恒力等。

在仿毛纤维产品方面，东丽的腈纶产品具备优秀的保温性能，包括3个系列，其中，仿羊绒纤维通过使用超细纤维，可制造更多空隙，提高保温性能；仿羊毛的收缩纤维（图2-98），纤维的收缩率为25%，保温性大幅提升；仿羊毛的卷曲纤维，由于采用不同收缩聚合物的多层结构，染色时会呈现出螺旋状卷曲状态。同时，东丽的新一代高性能HEATMAX是由超细旦抗起球腈纶和天然纤维混合而成的产品可很好地应用于毛纺面料中。

帝人集团的纤维和产品加工公司Teijin Frontier开发了一种新型聚酯材料Solotex（图2-99），据称该产品可以实现丝羊毛混合的外观、质感、美感、舒适度，还消除了传统羊毛干燥、粗糙的触感，并复制了其高弹性，具有很高的易护理性，适用于各种中等厚度的服装。我国台湾的Creative Tech Textile推出的SMAWARM®海毛纱，是一款利用纳米化的回收牡蛎壳结合回收PET瓶开发出的天然环保材料，其纤维细度仅为羽毛的1/3，轻柔保暖、透气且耐洗涤，粉末的多孔性材质能起到过滤作用，可以消除烟臭、汗臭等异味，具有良好的仿羊毛效果。

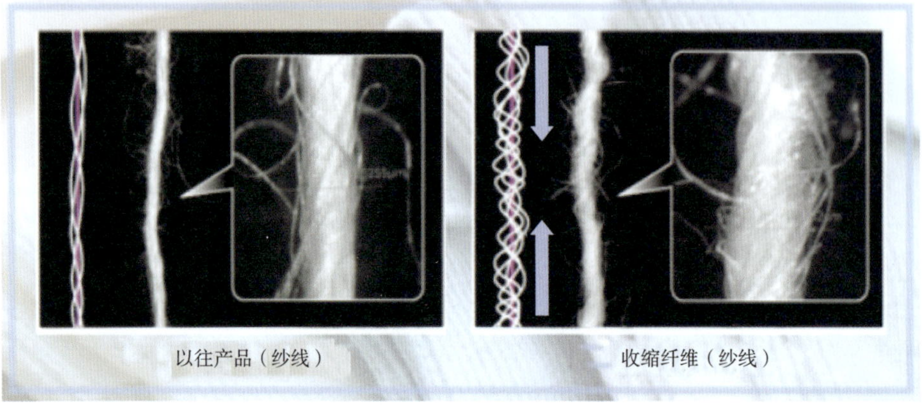

图2-98　仿羊毛收缩纤维与以往产品对比

国内企业也进行了诸多相关产品的研发，例如，浙江恒逸高新材料有限公司利用PTT纤维研发的新型仿毛纤维，具有优异的服用性能，手感柔软，弹性优异，且吸湿性、抗静电性能、抗污性等方面都比常规PET纤维更具有优势；青岛新维纺织开发有限公司推出的一款羊绒感（ESMERE®）产品，通过将迭代®涤纶改性，能改善羊绒不好打理、强力低等缺点。此外，国内的化纤巨头，如盛虹集团、永荣股份等，都有相关仿毛系列产品的推出。

图2-99　新型聚酯材料Solotex的电镜照片

11. 结语

（1）功能复合化

功能化纤维技术持续升级，产品功能与品种更加丰富。随着分子结构设计、共聚、共混、复合等多种技术手段的不断优化，以及原位聚合、在线添加、纤维形态控制等多重改性为一体的工程技术体系初步建立，通用纤维的功能改性由单一功能向双、多功能复合改性方向转变成为必然趋势[59]。多功能复合化将使纺织产品向着深层次和高档次方向发展，不仅可以克服纺织品本身的缺点，还可以赋予纺织品多功能性，提高产品档次和附加值，满足不同细分领域的消费需求。如一件夏季运动服，要求既具有良好的导湿快干性能，也能除臭杀菌，还要有一定的防晒功能，如此来满足穿着者的多种需求；多功能性的亲水—阻燃、本体染色—阻燃技术，将不断提升阻燃纤维及其织物的开发潜力，进一步满足市场的更高期望；具有防紫外线和抗菌功能的纤维，可用于泳装、登山服和T恤面料；具有防水、透湿、抗菌功能的纤维，可用于舒适性内衣；具有防紫外线、抗菌功能（凉爽、抗菌型）的纤维，可用于高性能的运动服、休闲服等[60]。

（2）产品生态化

在环保功能纤维方面，为了迎合绿色环保发展趋势，契合低碳、节能减排的理念，纤维的绿色化发展已经成为提升全要素生产率的必然选择，以生物基纤维、循环再利用纤维、生物可降解纤维为原料加工的功能性纤维为产品开发带来更多的附加值，将成为未来的重要趋势之一。例如，索尔维公司推出了世界上首款可生物降解的功能性锦纶66产品Amni Soul Eco，除了具有良好的舒适透气性、温度调节及易打理等功能外，其制品在丢弃后在垃圾填埋中只需3年就能降解；英威达公司的Coolmax EcoMade再生功能聚酯纤维，除了具有良好的吸湿速干性能外，其97%的材料都来源于可回收材料；上海德福伦化纤有限公司开发的再生抗菌防螨细旦涤纶采用再生聚酯切片经熔融纺丝生产，在线添加氯菊酯类活性成分，具有抗菌防螨功能等。

（撰稿人：中国纺织信息中心　刘凯琳）

（二）生态环保纤维材料

近年来，生态环保纤维逐渐进入大众视野，并迅速成为新的消费热点。化纤生产企业紧跟绿色可持续理念开发的各品类生态环保纤维，受到了品牌和市场的认可，绿色纤维加工技术进步显著，技术革新仍在继续。生态环保纤维可分为生物基纤维、生物可降解化学纤维、循环再利用化学纤维和原液着色纤维四大类。其中，原液着色纤维的生产加工技术相对来说比较成熟，尤其是原液着色涤纶、原液着色粘胶、原液着色锦纶等应用已经非常普遍，产品品种日趋丰富，同时在不断向细旦化、功能性方向发展。而生物基纤维、生物可降解化学纤维、循环再利用化学纤维等依然需要在原料和产物的稳定性、规模化生产方面实现技术革新。

1. 生物基纤维

生物基纤维包括生物质原生纤维、生物基再生纤维、生物基合成纤维3种。生物质原生纤维指经物理方法加工处理后直接使用的动、植物纤维，主要包括棉、麻、丝、毛等天然纤维。生物基再生纤维指以动植物为原料，采用物理或化学方法制成纺丝溶液，经过纺丝工艺制备而成的纤维。其主要包括各种再生纤维素纤维、再生蛋白质纤维以及海藻纤维、壳聚糖纤维等其他纤维；生物基合成纤维是指以生物质为原料，采用化学方法制成高纯度单体，经过聚合反应获得高分子量的聚合物，再经纺丝工艺加工而成的纤维，主要包括生物基聚酯、生物基聚酰胺、生物基聚氨酯等。其中，生物质原生纤维在纺织领域的应用已经非常普遍和成熟，而我国的生物基再生纤维和生物基合成纤维与技术领先国家相比，仍然处于跟跑或并跑阶段（表2-1），下文将重点介绍其发展情况。

表2-1　生物基纤维材料领先国家及发展现状

领先国家	优势企业	我国技术水平
美国	杜邦公司、NatureWorks公司	跟跑
德国	因维塔弗希尔（Inventa-Fischer）公司、柯恩（Kelheim）公司	并跑
法国	Bio Amber公司	并跑
日本	东丽公司、帝人公司	并跑
瑞士	Sulzer公司	并跑
奥地利	兰精（Lenzing）公司	跟跑

资料来源：根据公开资料整理。

（1）生物基再生纤维

生物基再生纤维中，以再生纤维素纤维的应用最为广泛。再生纤维素纤维以天然纤维素为原料，经碱化、老成、黄化等流程生产而成，主要包括环保粘胶、莱赛尔纤维、醋酯纤维、铜氨纤维等。相比较棉花、涤纶等，再生纤维素纤维更具可持续发展属性，主要体现在两个方面：一是原材料的控制，以使用棉短绒、秸秆等农业废弃物和废弃服装代替木浆来源；二是采用新型环保纺丝技术节能降耗并降低对环境的负担。

再生纤维素纤维的生产方法主要有粘胶法、溶剂法和纤维素氨基甲酸酯法、离子液体法、增塑纺丝法和液晶溶液法等，目前还是以粘胶法为主。为了使粘胶的生产更加生态可持续，许多企业相继采用可持续木浆和技术革新来生产环保型粘胶纤维。兰精的EcoVero™生态粘胶纤维只采用经过认证和把控的木源进行制造，结合高标准的生产加工工艺，整个过程的排放量相比一般粘胶纤维要减少50%。赛得利的优可丝®纤维取材于100%可持续认证木源和100%生物基材质，杜绝合成成分添加，用后100%可堆肥处理，可生物降解。唐山三友的唐丝®EcoTang通过标记物浆料制备及添加关键技术，建立完善的环保纤维可追溯体系，实现了各品种之间的精准追溯；通过应用多效闪蒸、蒸汽梯级利用、含硫废水高效分离等节能减排技术，进一步优化了生产线消耗指标。作为一种高湿模量粘胶纤维，兰精的天丝™莫代尔纤维，在整合式木浆到纤维的工艺中采用基本无氯漂白的Eco Soft技术，生产物料回收率高，废气排放极低。

与粘胶法相比，溶剂法的环境友好性更强，且技术较为成熟，其代表产品为莱赛尔纤维（Lyocell）。莱赛尔纤维采用更环保的溶剂法生产工艺，将木浆和有机氧化胺溶剂混合加热至完全溶解，溶解过程中不产生任何衍生物和化学污染，溶剂回收率高达99%以上。目前，国外最知名的莱赛尔为兰精的天丝™莱赛尔，我国实现莱赛尔纤维产业化生产的企业包括通用技术高新材料集团有限公司、赛得利集团、保定天鹅新型纤维制造有限公司、唐山三友集团兴达化纤有限公司等，莱赛尔纤维的应用拓展正在“加速度”进行。近日，赛得利正式推出交联型莱赛尔纤维，将进一步拓宽国产莱赛尔下游应用场景，并为多元化的市场需求提供解决方案。

醋酯纤维素纤维，又称醋酯纤维，先由纤维素经乙酰化反应得到醋酸纤维素再经纺丝制得，属于纤维素衍生纤维，是广义范畴的生物纤维素再生纤维之一。醋酯纤维多采用干法纺丝生产——将醋片溶解于纺丝溶剂制成纺丝浆液，其中，醋片制作中产生的稀醋酸和纺丝溶剂的回收率很大程度上决定了其纤维生产的生态可持续性。纺织用醋酯纤维约占醋酯纤维总量的6%，且以长丝为主。意大利Novaceta公司在醋酯长丝产品的细特化、混纤和多组分复合纱技术上取得了不错的成果，开发出一系列高品质的醋酯长丝产品。日本三菱开发了二醋酯和三醋酯系列产品，获得了良好的服用效果。美国伊士曼（Eastman）化工公司自2017年推出了醋酯纤维素纤维品牌Naia™后，先后推出了长丝和短纤两种规格的二醋酯纤维素纤维，并已成功开发出服装和家纺产品。我国从20世纪50年代开始通过技术引进已成功开发出应用于烟用过滤嘴的醋酯纤维，但截至目前，国内还没有企业生产纺织用醋酯纤维素纤维。

（2）生物基合成纤维

生物基化学纤维的研发及产业化已经取得重要进展，关键技术取得了重大突破，聚对苯二甲酸混二醇酯（PDT）、聚对苯二甲酸丙二醇酯（PTT）、聚乳酸（PLA）等生物基合成纤维材料实现了产业化。目前，生物基合成纤维材料品种齐全，包含了生物基聚酯、生物基聚酰胺、生物基聚氨酯等不同的大类，每个大类下又有不同的细分类别。发达国家几乎垄断了规模化生物基纤维新材料领域的高端市场，尤其是品牌与初创企业的创新能力强，市场影响力大，我国普遍处于跟跑或者并跑阶段，在某些领域具有规模优势，但整体效益较低。

①生物基聚酯。生物基聚酯在化学结构上与化石基聚合物相同，在绿色低碳发展的背景下受到业内广泛关注。在纺织领域应用的生物基聚酯纤维主要有PLA纤维、生物基聚对苯二甲酸乙二醇酯（PET）纤维、生物基PTT纤维以及聚对苯二甲酸丁二酯（PBT）纤维等。

PLA是由生物质原料经发酵生成乳酸后，再经缩聚和熔融纺丝制成，具有一定的可生物降解性、抗菌性以及阻燃性，但应用在纺织品中也有部分问题存在，如纤维的强力较低、染色效果较差，在后期染整加工过程中不耐高温等。目前，商业化PLA纤维几乎都是短纤维，德国特雷维拉（Trevira）公司利用美国NatureWorks提供的PLA聚合物Ingeo™生产了各种类型的纤维，适用于多种非织造布加工工艺；日本东丽提供的Ecodear® PLA是一种单丝，线密度为26~33dtex，断裂强度可达3.0~4.0cN/dtex；不莱梅纤维研究所（Fiber Institute Bremen）研发的高性能PLA-Biko纤维是一种具有立体复合晶体结构的PLA共混物，可用于制造具有更高强度和刚度的纱线。国内主要有上海同杰良生物材料有限公司采用同济大学“一步法”工艺生产的聚乳酸纤维，已建成年产万吨级的聚乳酸生产线；江苏富之岛美安纺织品科技有限公司通过复合改性，开发出了差别化功能聚乳酸纤维，使聚乳酸纤维熔点提高近50℃，攻克了原液着色关键技术，解决了染色难题。苏州金泉新材料股份有限公司研究开发的柔软抗老化双组分复合聚乳酸纤维通过纤维加工技术的进步，使聚乳酸纤维手感偏硬、耐热差、难染色等缺点逐步得到改善。

PBT纤维是以生物基BDO为原料，与对苯二甲酸经过聚合后纺丝得到的合成纤维。2013年日本东丽公司成功开发出生物基BDO，制备了生物基PBT，并表示将实现生物基BDO商业规模化生产。我国在PBT研发方面则起步较晚，江苏和时利新材料股份有限公司是目前国内最大的PBT生产企业，其目前也在进行一些生物基PBT的研究与开发[61]。东华大学王华平团队的科研成果“高品质熔体直纺PBT聚酯纤维成套技术”，通过对工艺、装备集成创新，率先在国际上实现了PBT纤维熔体直纺，在提升生产效率，保障产品质量优质稳定的同时，节能降耗效果也同样突出。研究团队通过与无锡市兴盛新材料科技有限公司合作，最终PBT纤维熔体直纺技术成功落地运转，相对切片纺工艺综合能耗下降了45%，POY纤维条干不匀率由1.2%下降到0.7%，并通过在线添加技术，开发了有色、消光、抗紫外等改性纤维系列产品。生物基PBT纤维及其制品（图2-100）的手感柔软，吸湿性、耐磨性和纤维卷曲性好，与氨纶相比，其耐疲劳性好、耐氯性能突出，可用普通分散染料进行常压沸染，且无须载体，已有部分生产商将其应用在泳衣、连裤袜、医用绷带等产品中。

图2-100 生物基PBT纤维及纱线

PTT是采用生物基丙二醇（PDO）和对苯二甲酸（PTA）聚合而成的另一种生物基聚酯。生物基PTT的合成工艺大致可分为直接酯化法（PTA法）和酯交换法（DMT法）两种，直接酯化法是大规模制备PTT的主要方法。杜邦最早掌握了PTT纤维制备技术，并与日本的东丽、帝人公司，韩国的新韩工业，我国台湾的远东纺织（现远东新世纪股份有限公司）等公司合作，进一步巩固了其在PTT纤维领域的领先地位。国内的PTT纤维发展较迟，东华大学是最早的研究单位。随后，盛虹集团和清华大学合作，生产以甘油为主要原料的生物基PTT。PTT长丝具有优异的回弹性，常与PET等一起开发双组分复合纤维。BIODEX正与新加坡国立大学合作研发提高生物基和可再生原料的比例及生产效率，合作推出了全球首款PTT+PTT双组分系列——BIODEX®SILVER，并申请全球专利。BIODEX®SILVER由两根不同黏度的PTT纤维组成，不仅提高了产品中生物基含量，而且卷曲收缩率的差异提高了纱线的卷曲弹性，在面料上可呈现出类似氨纶的弹性。

近年来使用非粮食生物质制备生物基对二甲苯（PX）进而合成生物PET技术取得了长足进展。2021年12月，日本三得利集团宣布已成功制造出100%植物性材料制成的原型PET瓶，该生物基原型瓶是通过结合美国Anellotech公司的技术，由木屑中提取的植物基对二甲苯（植物基PTA）和糖蜜制成的植物基MEG制成。目前三得利集团正致力于将该100%生物基PET瓶商业化。美国Virent公司开发了“BioFormPX™”生物基对二甲苯工艺，与生物基乙二醇匹配制得可回收再利用的100%生物基聚酯，产品用于软饮料包装和纤维生产。日本东丽公司与Virent公司合作，Virent的技术能够将甘蔗和玉米中不能食用的部分加工为生物基的对苯二甲酸，使东丽能够生产出100%生物基的PET纤维。Kintra Fibers公司推出的Kintra纤维（一种生物基聚酯）可以在富氧环境中生物降解（Kintra纱线通过了ASTM D6400/ISO 14855-1工业堆肥测试），也可以化学回收，通过将其原材料和生产工艺与传统涤纶比较，发现其可以减少95%的温室气体排放、30%的用水量以及20%的能源消耗。完全基于植物的聚酯材料与传统聚酯纤维具有同样的耐用性和易于加工性，且能显著减少温室气体的排放，但目前100%生物基PET在纺织领域的生产和应用尚不成熟。

②生物基聚酰胺。生物基聚酰胺分为部分生物基和100%生物基，主要是从生物基材料中制备二酸、二胺等聚合单体。目前生物基PA的开发路线主要有两种，一种是油脂路线，主要材料为蓖麻油；另一种是多糖路线，主要材料为葡萄糖、纤维素等。生物基聚酰胺的研究与制备最初由外资企业引领，并逐步开始商业化规模生产。而近些年中国在“双碳”背景下，不少企业也开始纷纷布局。目前来看，国外的代表性企业有法国阿科玛（Arkema）、德国赢创（Eronik）、美国杜邦、德国巴斯夫（BASF）、意大利兰蒂奇（Radilon）、荷兰帝斯曼（DSM）、比利时索尔维等，国内头部企业主要有金发科技、凯赛生物、伊品生物、华阳新材料等。应用在纺织领域的生物基聚酰胺主要涉及生物基的PA56、PA6、PA66、PA510，以及PA1010等。

上海凯赛生物技术股份有限公司是国内最先实现生物基PA56产业化生产的企业，其生物基PA56即采用的多糖路线，其中用于纤维生产的主要为生物基PA56，生物基含量为45.5%。宁夏伊品生物科技股份有限公司与中科院微生物研究所合作，联合开展戊二胺技术及中试研究，并已成功生产出生物基PA56及纤维。在性能方面，生物基PA56密度为1.12~1.14 g/cm^3，耐热性能优异、耐溶剂性能良好，且具有良好的力学性能，其断裂强度与PA6相近，回潮率、断裂伸长性和弹性回复性等性能优于PA6和PA66长丝，但是，生物基PA56在后续染整加工过程中尚存在一些技术难点需要解决。

己内酰胺是合成PA6的重要单体，其也可以通过生物质原料转化而来，目前主要工艺是以赖氨酸为原料制备己内酰胺，研究人员利用葡萄糖发酵技术制得赖氨酸，进而成功合成了生物基己内酰胺。现有的生物基PA6是由非粮食生物质得到的葡萄糖制成，属于100%生物基纤维。目前，生物基PA6进入预商业化生产阶段。美国Genomatica生物技术有限公司开发了一种100%生物基己内酰胺的生产工艺，其关键原料来源于植物而非原油，Genomatica公司的创新技术，加之与欧洲领先聚酰胺生产商意大利Aquafil公司的合作，使100%生物基PA6获得首次示范规模生产。Genomatica公司通过设计一种微生物发酵生产工艺，可使从植物中提取的糖发酵以生产己内酰胺，其成功将这种生产工艺推向规模化并生产了1t中间产物，后续则由Aquafil公司以该中间产物聚合成PA6切片，并纺丝成纤，这种PA6与传统PA6的性能相当，但对环境的影响更低[62]。

己二酸（ADA）是合成PA66的重要单体，其同样可以通过生物原料来制备。生物基ADA的制备，可选用葡萄糖为原料，在酶菌的环境下经发酵转化，进而在压力条件下加氢制得。生物基ADA与己二胺可按常规聚合工艺制得PA66。日本东丽已经成功地从不可食用的生物质中提取糖类生产出100%的生物基ADA，属于世界首创技术，而ADA正是合成PA66的重要原料，这就意味着100%生物基PA66的生产成为可能。东丽第一个发现从糖类生产己二酸中间物的微生物，并采用基因工程技术来提高其生产效率，最终这些微生物合成中间物的产量提高了1000多倍，采用反渗透分离膜浓缩净化过程中的中间体更节能。该公司目前已经开始扩大在这一领域的能力，并将从测试PA66的聚合和开发生产技术开始，随后进行市场研究，2030年左右进一步实现这种生物基己二酸的商业应用。

生物基PA510是由生物基二胺和生物基十碳二酸聚合而成，单体的生产过程大大减少了碳的排放量。据悉，东丽已开发出Ecodear™系列中的第一款100%植物基PA510纤维，并将进行量产。该生物基PA510由蓖麻油植物中的癸二酸和玉米中的五亚甲基二胺制成，性能与普通锦纶类似，具有高熔点和出色的尺寸稳定性，未来可用于户外服装及帐篷等。凯赛生物同样突破了生物基戊二胺的产业化技术瓶颈，实现了生物基PA510的产业化生产，其生物基含量区间可在33%~100%。除了绿色、低碳等特性，凯赛的PA5X“生物基聚酰胺”为奇数碳分子结构，相较于传统石油基产品的偶数碳产品具有更加优异的吸湿、柔软、高强、耐磨、易染色、低翘曲、高流动、阻燃等特性。

③生物基氨纶。生物基氨纶指其所用的BDO单体来源于可再生物质，如玉米、马铃薯、蓖麻油、纤维素等天然可再生资源。英威达早在2014年就宣布研制出了生物基氨纶，但一直未见商业化产品出现，之后韩国晓星、我国的杜钟氨纶和华峰氨纶等也都相继进行生物基氨纶的研发。邦泰氨纶已成功研发出生物基熔纺氨纶产品，并顺利通过了美国农业部（USDA）生物基产品认证。据了解，杜钟氨纶也已经研发出生物基含量70%的生物基氨纶，生物基含量100%的氨纶正在研发中。2022年8月，晓星宣称成功开发出生物基氨纶“creora bio-based”，并获得了全球SGS（Standard Global Services）环保产品认证，这是全球首个将生物基氨纶商业化的案例，其产品的生物基含量为30%，与传统氨纶产品相比，其可以减少39%的用水量和23%的二氧化碳排放量。2022年9月，莱卡公司宣布与Qore®合作，成为全球第一个大规模使用新一代1，4—丁二醇（BDO）QIRA®作为主要原料进行生物基氨纶商业化生产的公司，该变化将使莱卡®（LYCRA®）纤维70%的成分来自生物基原材料，与由化石原料制成的同等产品相比，其碳足迹最高可减少44%，同时保持了与传统莱卡®纤维相同的性能参数。前沿研究方面，韩国大邱庆北科学研究所（DGIST）能源聚合研究部高级研究员Lim Sang-gyu领导的研究团队开发出了一种生物碳含量高达97%的环保型热塑性聚氨酯，其利用了生物基聚酯多元醇和丁二醇，包括高达97%的生物碳含量，约120kg/mol的重均分子量、20MPa的拉伸强度和587.2%的拉伸伸长率。

国内方面，2023年10月首款生物基氨纶新产品诞生，成为全球唯一一款生物碳含量达到欧盟三星标准（欧盟OK Biobased标准）的生物基氨纶产品。该产品由南京工业大学郭凯教授团队与连云港杜钟新奥神氨纶有限公司、江苏苏美达轻纺国际集团合作研发，利用全新的生物基原料和氨纶制备思路，经过分子结构设计和聚合工艺改造，氨纶70%的成分来自生物基原材料，产品各项性能达到优等品级，成本远低于国际同行，生物碳含量远高于国际同类产品。

2. 生物可降解化学纤维

降解是指受环境条件影响，经过一定时间和包含一个或更多步骤，结构发生显著变化、性能丧失（如完整性、相对分子质量、结构或力学强度）的过程。根据降解途径的不同，分为光降解、热氧降解、生物降解和堆肥降解。天然纤维本身即可降解，而生物基再生纤维基本上都是参照天然存在的高分子结构制成，也具有良好的可降解性，所以目前可降解纤维的开发重点在合成纤维领域。可降解合成纤维主要通过共混、共聚或用可降解的聚合单体替代等方式实现，共混即在纺丝液中加入其他成分，使高分子长链结构在环境中容易断裂而发生降解；共聚则是将本身可以降解或者有促进降解作用的材料通过共聚的形式加入合成纤维的高分子结构中，从而促进其降解；或者仿照合成纤维的聚合形式，用可降解的原料替代，合成结构和性能类似的纤维材料，如采用生物工程技术合成的脂肪族聚酯，不仅可以降解，而且来源于可再生的生物基材料。

在可降解锦纶方面，比利时的索尔维公司建成了世界上第一条可生物降解的锦纶66生产线，并推出了其纤维品牌Amni SoulEco®，经实验室生物降解测试所示，由Amni Soul Eco®制成的服装符合ASTM D5511测定厌氧生物降解的标准测试方法。屹立（NILIT）公司推出可持续锦纶Sensil® BioCare，该纤维在海水和垃圾掩埋场中可快速分解，而且，Sensil® BioCare具有一项内置技术，根据ASTM D6691标准测试方法（用于确定海洋环境中塑料材料的需氧生物降解）和ASTM D5511标准测试方法（用于确定塑料材料在高固体厌氧消化条件下的厌氧降解）的初步测试证明，在填埋场土壤和海水这两种生态系统中，Sensil® BioCare纱线的降解速度比传统锦纶更快。福建永荣锦江股份有限公司开发的CiCLO®生物降解锦纶6，通过将CiCLO®生物降解添加剂在熔融挤出过程中以熔融形式与基础聚合物彻底混合，在锦纶基质中形成无数可降解的斑点，这些斑点可充当途径，使天然存在的微生物能够分解和消化纤维，最终产生基本的天然元素（图2-101）。

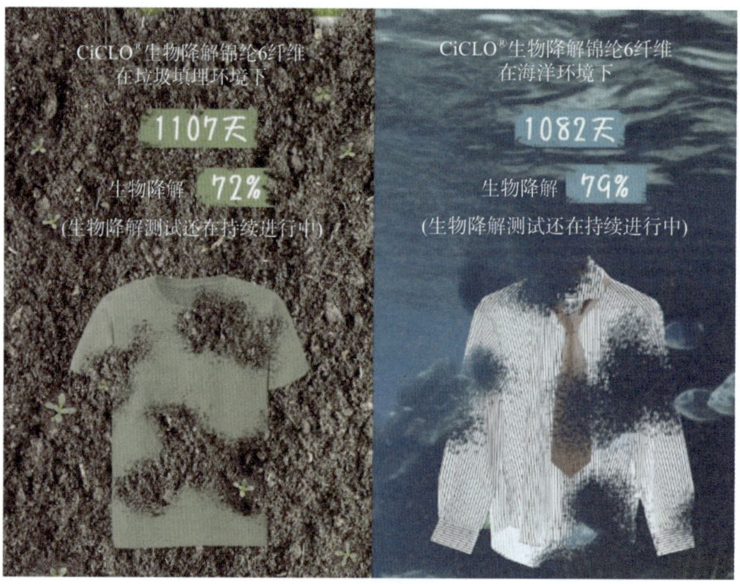

图2-101 CiCLO®生物降解锦纶6的可降解性

涤纶是纺织领域用量最大的合成纤维，因此其生物可降解性能也成为研究重点。但是对于涤纶而言，其最大的问题是化学结构中含有苯环，在自然环境中200年都难以降解，即使目前已有的生物可降解涤纶仍然存在无法完全降解成为二氧化碳和水的情况，因此会出现微塑料风险。从实际情况来看，生物可降解涤纶的完全实现还需要一个相当漫长的过程。但仍有很多可降解涤纶的产品在持续推出：美国Paradise Textile有限公司（纱线业务设立在我国大陆和台湾地区）推出了可降解涤纶BIOFUZE，通过在纤维中加入活性催化剂促使其分解，相较于普通涤纶降解速度加快了40倍，经测试，在380天后该款产品能够分解87%。英特密澳大利亚有限公司利用亲水性第三单体进行聚合反应，使材料的化学结构发生改变，于2021年推出赛丽丝™（CELYS™）生物可降解聚酯，该纤维在179天工业堆肥的降解率为95.4%，已通过德国莱茵实验室工业堆肥检测，具有天然棉感、抗起毛起球、回潮率高、吸湿速干等特点，可用于运动领域。

3. 循环再利用纤维

循环再利用化学纤维包含了再生涤纶、再生锦纶、再生氨纶、再生腈纶等各种常见的再生纤维，与此同时，国外头部企业已经开始进行芳纶、超高分子量聚乙烯等特种纤维回收再利用的研究。其中，技术相对成熟的纤维种类主要为聚酯纤维和聚酰胺纤维。

（1）再生聚酯

再生聚酯纤维的制备方法根据再生原理主要可分为物理法和化学法两类，其中物理法是指将废旧聚酯材料经分拣、清洗和干燥等工序后作为原料直接进行熔融纺丝的再生方法；化学法是指利用化学反应将废旧聚酯材料解聚为聚合单体或聚合中间体，经过提纯分离等步骤进行再生聚合和熔融纺丝的过程。物理法因生产技术、工艺流程简单和生产成本低等特点，是目前主要的聚酯再生方式[63]，再生涤纶超过70%~80%的生产能力均是采用物理法回收再利用。据估算，物理法再生PET产品的碳足迹为原生PET产品的20%~30%。物理法的原料主要是可乐瓶片，对洁净度要求高，这种方式属降级处理。由于原料中常带有基础颜色，对其完全进行脱色处理比较难，但可以直接制备有色纤维，也可以与白色原料、蓝色瓶片以及其他颜色的原料相互调配，制成不同色度、不同白度的有色纤维，在此基础上，还可以采用色母粒添加方法调配纤维的颜色。

化学法的原料可是消费前的工业废丝和消费后含有涤纶成分的服装，近几年通过装备和工艺的创新，化学法再生涤纶呈增长趋势。从回收意义上看，化学法更有利于解决服装废弃物的问题。日本帝人从2002年开始规模化采用化学法生产再生涤纶产品，其开发出的糖解（乙二醇）/醇解（甲醇）酯交换组合PET循环利用工艺，是目前DMT单体回收率最高、纯度最高、质量最稳定的商业化工艺路线；美国伊士曼化工有限公司于2019年宣布已研发出碳再生技术，可将塑料废弃物转化为与原始材料无异的分子级原料，用以生产日用品、包装和纺织面料。我国台湾远东新世纪股份有限公司通过化学糖酵解法将PET糖酵解产生低聚物对苯二甲酸二乙二醇酯（BHET），在糖酵解过程之后，低聚物经过精细过滤，重新聚合成PET；然后再生PET被纺丝制成纤维。江苏绿宇环保科技有限公司自主研发的聚酯再生技术，该技术路线为废旧聚酯在乙二醇和温度、压力作用下解聚至BHET，BHET经过滤纯化后送入聚合装置进行聚合得到聚酯。2023年7月，浙江佳人新材料有限公司首批化学法再生DMT顺利出口，正式开启全球销售。这既填补了国内再生DMT领域的空白，也对全球DMT市场提供了重要补充，是全球循环再利用行业发展的重要里程碑。

（2）再生聚酰胺

作为热塑性缩聚型高分子材料，聚酰胺的再利用方法和聚酯有诸多相似之处，其再利用方法也可分为物理法和化学法。但不同于聚酯，聚酰胺的特征官能团反应活性更高，采用物理法回收时发生热降解的情况更为严重，且对废料的纯净度要求明显高于聚酯，并不常用于对含杂质较高的废旧聚酰胺纺织品进行回收。因此，聚酰胺的再利用往往采用化学法。德国巴斯夫在聚酰胺解聚方面进行了多年的研究，开发了多个由PA6废料制备己内酰胺的方法。杜邦开发了酸解PA6和PA66的再利用技术，也可生产出相应的高质量聚酰胺单体，并实现了一定规模的聚酰胺闭环回收技术的产业化推广。同时杜邦工程塑料发展部还研究出了一种回收玻纤增强PA6和PA66的闭环回收工艺，可将回收的材料用于汽车工业中。在日本宇部兴产株式会社公开的PA解聚方法和PA单体的制造方法中，在烃溶剂存在或者同时在水（水相对于烃溶剂和水的总质量分数小于30%）存在的情况下，不加催化剂，PA即可进行解聚反应，解聚温度为300~420 ℃，该方法适合PA6、PA66、PA11和PA12等[64]，单体回收率为74.1%~96.9%。国内长乐恒申合纤科技有限公司利用美国优富（UNIFI）提供的聚合物切片开发及生产了化学法消费前再生PA6长丝，并可利用生产过程回收的废丝生产物理法消费前PA6短纤维。福建永荣锦江股份有限公司的消费后再生锦纶E-SUNLON™爱赛纶主要采用成分简单的锦氨废带或废弃服装花边为原料，经全新增压技术脱色+组分分离等一系列步骤，实现再生材料高精技术的突破，形成从废旧纺织品 — 消费后再生切片 — 消费后再生纤维 — 纺织成品的“绿色闭环”（图2-102）。

图2-102 再生锦纶E-SUNLON™爱赛纶的生产

（3）再生腈纶

再生腈纶是以回收的腈纶为原料，通过分类回收、溶解、提纯等一系列技术，用不低于50%的回收原料制作出的腈纶产品。再生腈纶的各项指标达到常规腈纶水平，同时织物具有更柔软、抗起球、可识别、可检测的显著特征。印度埃迪亚贝拉（Aditya Birla）集团旗下的日泰腈纶有限公司（Thai Acrylic Fibre Co. Ltd.）推出了的再生腈纶Regel™采用化学回收工艺制造，由50%的回收丙烯酸废料和50%的新聚合物组成，回收成分甚至可能会更高，其各项性能等同于丙烯酸纤维。吉林化纤集团旗下子公司河北吉藁化纤有限责任公司主要通过回收纱厂等生产加工过程中的废丝来生产，再生腈纶的回收成分比例可达50%~70%，已经获得回收含量生命标准RCS认证。据悉，目前通过回收旧衣资源来生产再生腈纶尚无法实现，因为腈纶多与其他纤维混纺使用，在回收的废旧纺织品中与其他纤维分离较为困难。

在高性能纤维的回收利用方面，帝人（Teijin）芳纶经过多年的研究和试验，其芳纶（Twaron）已使用回收原料进行生产，采用回收成分生产的高模量长丝纱线与原Twaron纤维具有同样的优异强度和耐用性。帝人芳纶与回收商Clariter联手，为Endumax超高分子量聚乙烯开创了一种化学回收的可持续解决方案。据称，两家公司正在共同开发一种可持续的处理方案，便于处理价值高却难以机械回收的报废材料。

4. 结语

发展绿色环保的可持续纤维一直是纺织行业的重要方向之一，目前生物基合成纤维、原液着色纤维、生物可降解化学纤维等的应用还处于增长期，在发展过程中还需要瞄准主流方向，突破关键技术瓶颈，扩大重点品种生产规模和应用开发。绿色环保纤维及制品的未来发展趋势主要体现在以下三个方面。

一是着眼于产业的可持续发展，原料趋向可再生化、绿色化，即最大限度地将可再生资源和可回收再利用的原材料用于纤维的生产加工。生物基纤维加工方面，在“不与人争粮、不与粮争地”的基本原则下，高效率利用非粮可再生资源，包括农作物秸秆、树木类资以及海洋贝壳类、海藻类资源，动植物蛋白类纤维资源等；循环再利用纤维加工方面，增加回收纤维原料种类及渠道来源，提高资源利用效率，除消费后纺织服装以及纺织加工废料外，还可以加大对产业用纺织品等其他领域的回收。

二是原料加工生态化，即通过技术创新，实现原料利用率大幅提升、原料的加工和使用过程中产生的有害物质大幅减少、能源等物资资源消耗实现最低。例如，研究离子液体溶剂法（ILS法）、低温尿素法等纤维素纤维绿色制造技术，突破彩色差别化涤纶丝熔体直纺产品多元化技术、高品质差别化再生聚酯纤维关键技术及装备、万吨级新溶剂法纤维素纤维关键技术等，提升生物基化学纤维单体及原料纯度，加快稳定、高效、低能耗成套技术与装备集成，实现规模化、低成本生产。

三是绿色纤维产品的高值化应用，即通过将绿色纤维的生产加工，与高分子科学、纳米材料、材料加工成形、化学工程及界面物理化学等相结合，开发具有新功能、新用途、附加值高的产品。例如，在循环再生纤维、原液着色纤维等绿色环保纤维的基础上，实现抗菌、凉感、防紫外等功能的叠加，同时加大对功能性生物基材料的研究与开发，使其应用更加契合未来的消费场景。

（撰稿人：中国纺织信息中心　刘凯琳）

（三）高性能纤维

高性能纤维是纤维科学和工程界所开发的一批具有高强度、高模量、耐高温的新一代合成纤维。由于具有普通纤维所没有的特殊性能，而被广泛应用于航空航天、轨道交通、舰船车辆、新能源、健康产业和基础设施建设等重要领域，集军事价值与经济价值于一身，是各国发展焦点之一。当前全球高性能纤维产业仍处于高速发展期，需求量持续增长，高性能纤维市场前景广阔，在世界各国重大科技工程和研究计划的推动下，全球高性能纤维及其复合材料技术不断取得突破，向多样化、系列化和高效率、规模化生产的方向发展，应用领域也在不断拓展。很长一段时期以来，我国在高性能纤维领域一直处于追赶国外先进技术和产品系列化的阶段，目前已取得了长足进步，现在四大类高性能纤维方面已成为研发或生产品种较全的国家[65]。因高性能纤维涵盖品类众多，本书仅选取碳纤维等重点品类及前沿性研究进行介绍。

1. 碳纤维

碳纤维按照原丝类型可分为聚丙烯腈（PAN）基、沥青基、粘胶基等。其中PAN基碳纤维因生产工艺、原料、结构功能等方面的优势占据主导；沥青基碳纤维保持约1000t年产量，基本被日、美企业垄断，主要生产企业有日本吴羽化学（Kureha）、三菱石化（Mitsubishi Chem）、Donac、日本石墨纤维公司（Nippon Graphite Fiber）和美国氰特（Cytec），我国在沥青碳基纤维方面的规模化生产很少，在技术、产能、成本方面与国外企业差距较大；粘胶基碳纤维基本停产，有可能完全退出碳纤维市场。

（1）全球碳纤维行业发展概况

①从产能分析。2022年，全球碳纤维运行产能为25.9万t，其中境外为14.7万t，占全球的57%。其中，日系三大家（东丽、帝人、三菱石化）占到境外的59%、全球的34%（东丽22%、帝人6%、三菱石化6%），欧美系三大家［赫氏（Hexcel）6%、SGL 5%、氰特3%］占到境外的25%、全球的14%。东丽的5.8万t/a产能在全球遥遥领先，其他境外碳纤维头部企业多数产能在1万~2万t/a。

近年全球供给增量主要来自中国大陆。2019—2022年中国大陆运行产能占全球的比例由17%提升至43%，2020—2022年中国大陆产能增量贡献了全球增量的82%，分别占全球增量的56%、76%、95%，而这一比例在2015—2018年均不超过30%。据不完全统计，2022年全球碳纤维主要增加的产能包括吉林化纤集团增长近2.6万t，上海石化新增6000 t，新创新增4条线（因产品不明，按每条线2000 t计），新疆隆炬新建产能6000 t，江苏连云港中复神鹰增加3000 t[66]。

②从市场表现分析。从应用情况来看，大约一半的碳纤维用于工业领域，航空航天和运动用品次之。根据广东赛奥发布的《2022全球碳纤维复合材料市场报告》，2022年全球碳纤维总需求量13.5万t，同比增长14.4%；市场规模43.86亿美元，同比增长29%[66]。其中，体育器材及压力容器是市场需求保持增长的主力，前者较2021年增长了29.7%，后者比2021年增长了34.5%，显示出增速提升的强劲趋势，仍以欧美厂家为主体；航空航天（含军工）市场有所回暖，对比2021年增长了28.3%，商用航空及其他类产品增长迅猛。风电依然是最大的应用市场，但对比2021年仅增长了5.2%，对比之前增长大幅回落；2022年汽车用量几乎无增长，其主要原因是全球唯一两款大面积采用碳纤维的宝马i8与i3车型，分别在2020年底与2021年中停产，影响较大，而碳纤维在其他汽车中的应用增长平缓（图2-103）。

而根据ReportLinker发布的《2023年全球航空碳纤维市场报告》，全球航空碳纤维市场预计将从2022年的22.6亿美元增长到2023年的24.7亿美元，年均复合增长率为9.2%。预计到2027年将达到33.7亿美元，年均复合增长率为8.1%。

从销售额来看，2022年全球碳纤维的销售金额为43.85亿美元，除了销量增长，2022年总体价格在2021年的基础上增长了10%。市场研究公司Fact.MR预计，2022—2032年全球市场规模的年均复合增长率为9.1%，2032年达到114.4亿美元。其中，中国市场的年均复合增长率超过10%。

从市场需求的产品类型来看，全球标准模量大丝束的需求占比50%，超过6.7万t；标准模量小丝束占比37.6%，中模量和高模量分别占11.6%和0.8%。

（2）全球主要碳纤维生产企业动态及技术进展

在低成本碳纤维的高效、节能和环保生产工艺和新型原丝研发方面，欧、美、日一直保持领先地位。几大国际巨头基本在欧美亚拥有产业布局，尤其是日本东丽、帝人、三菱化学这3家巨头，本土市

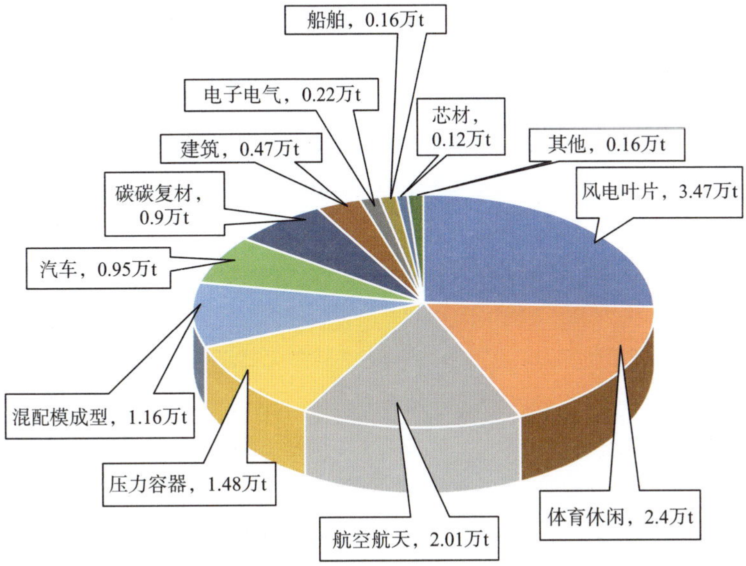

图2-103　全球碳纤维市场需求情况（从终端应用）

资料来源：广东赛奥。

场有限，充分融入欧美大应用客户的供应链。

①日本东丽。根据东丽公布的2022财年财报，其总收入为2.4893万亿日元（约178.79亿美元），同比2021财年增长11.7%；归母净利润728.23亿日元（约5.23亿美元），同比降低13.5%。但报告期内碳纤维复合材料业务营收达2817亿日元（约20.23亿美元），同比大增30.9%，主要归功于航空航天应用中的碳纤维复合材料需求呈复苏趋势、压力容器销量扩大，同时公司产品价格有所上涨。

2023年10月3日，该公司正式宣布扩大其法国子公司东丽碳纤维欧洲公司的中/高模量（小丝束）碳纤维的生产产能。此次扩产将使东丽欧洲公司位于法国西南部Abidos工厂的年产能从每年5000t提高到6000t，新产能预计2025年投产。2023年10月30日，该公司正式发布T1200超高强度碳纤维，拉伸强度达8.0GPa，拉伸模量达315GPa，断裂伸长率为2.5%，潜在应用市场包括高端体育休闲、航空、航天等。

从中期目标来看，应对气候变化及满足未来氢能源产业需求将是东丽碳纤维及其碳纤维复合材料（CFRP）产业的重要目标，重点关注压力容器、风能和核能发电（主要是铀离心机）市场的需求。根据其规划，到2025年中期，至少增加7500t/a的小丝束碳纤维，其中用于压力容器高强型碳纤维6500t/a，用于核能领域铀离心机的高模量碳纤维1000t/a。其预计到2025年，Ⅳ型储罐对碳纤维的需求将增加42%，达到近4万t/a，包括压缩天然气（CNG）汽车的传统市场和氢动力燃料电池电动车（FCEVs）的储存压缩氢气（CGH_2）储罐新市场。其他关注点和发展方向还包括正在恢复中的飞机市场需求，为城市空中交通（UAM）等流动领域服务等。

在新技术、新产品研发方面，近期东丽重点研发的项目包括：与三井海洋开发株式会社共同开发用CFRP修补浮体式海洋石油、天然气贮存装运设备（FPSO）的新技术；利用高导热技术开发散热性与金属相当的CFRP，即用高刚性多孔质的CFRP保护石墨片材的导热层，积层CFRP预浸料，从而实现在不损害CFRP力学特性和光滑性的情况下达到与金属相当的高散热性，可有效散出电池和集成电路所产生的热量，并抑制移动用途的电池劣化，提高电子设备的性能；开发以中空纤维状多孔质碳纤维作为支撑体、表面具有分离功能的薄碳膜，形成全碳两层结构的CO_2分离膜，具有优良的耐久性，与以往无机系分离膜相比，此设备可小型化，最早将于2025年产业化，到2035年的销售目标为100亿日元。

2021年11月，东丽宣布开发了一种新的CFRP，利用MI技术迅速实现了机械性能与阻燃性能的特殊组合，其特点是热释放率降低35%。该公司解释说，MI是一种通过结合机器学习、理论密度、模拟和数据库来简化材料开发的技术。更进一步，东丽在CFRP工程中部署了材料信息学，并建立了一项技术，通过利用逆向问题分析，根据所需性能完善材料设计，迅速开发材料。该公司在与日本东北大学的联合研究中使用了自组织地图。自组织地图是一种分析技术，它使用无监督的机器学习对高维数据进行聚类，并在低维地图中表示，以识别隐藏在高维数据中的基本结构。因此，东丽能够通过少量实验从一系列材料组中找出合适的组合，以实现所需的性能，成功设计出CFRP的基体树脂，并迅速开发出预浸料。2022年9月，东丽宣布了一项新的数字服务，利用人工智能预测物理性能数据，帮助客户优化树脂选择，加快产品开发。

因此，该公司2023—2025年战略的另一个关键部分是通过推进自主开发的机器信息学（MI）、人工智能（AI）和数字模拟技术，来提高其价值创造能力和竞争力，重点包括：新材料和服务创新：智能化发展，推进和发展仿真和信息学技术，并用于材料分析、成型/化工分析等工作；降低制造成本和提高质量：利用先进的过程监控和数据分析提高生产效率；利用生产计划模拟提高供应链管理水平。

②日本帝人。帝人在日本、德国、美国拥有1.45万t碳纤维产能，生产小丝束产品，是空客的长期合作伙伴，其中德国和美国工厂均靠近空客在当地的生产基地，以强化与重点客户的交流合作。

从该公司发布的战略来看，未来计划继续扩大航空航天领域碳纤维下游中间品（织物、预浸料等）规模，并发展用于汽车领域的芳纶、碳纤维复合材料。一方面，该公司计划将航空航天领域碳纤维下游中间品的收入由2019年的不到0.5亿美元提升至2025年的约2.5亿美元，相应地，预计碳纤维在相关航空航天领域的收入占比会由2019年的约80%降至2025年的约40%；另一方面，其计划将芳纶、碳纤维等的复合材料在汽车轻量化领域的销售额从2019年的约8亿美元提升至2025年的约15亿美元。

产品创新方面，帝人的高性能快速固化碳纤维/环氧树脂预浸料已应用于日机装株式会社所开发的飞机用新一代发动机壳体，该部件在2021年空客“明日喷气发动机”计划中进行试用。帝人碳纤维欧洲子公司生产的单向CF/PPS带状预浸料Tenax™ TPUD，具有更好的耐药品性、耐热性、再生性、低吸水性、尺寸稳定性、高温耐蠕变性，且可短时间成型，在室温下储运。

帝人还开发了超细功能性碳纤维PotenCia，纤维直径0.1~0.5 μm，接近于0.1 μm以下的碳纳米管（CNT，10nm），其石墨结晶碳六角网面方向（La）最大250nm，碳六角体积方向（Lc）70~80nm。它具有结晶性低、分散性优和低电阻优点，将来适用于锂离子二次电池和双层电容器的导电助剂。

③三菱化学。三菱化学大小丝束产品均可生产，2022年底产能为1.4万t/a，所布局应用领域较为多元化。该公司的最新产品是可在1min内快速固化的碳纤维预浸料，已于2021年4月开始销售，而以往压缩成型的预浸料的固化时间为5min，适用于飞机、汽车等对轻量、耐热和力学性能有极高要求的领域。

④其他。晓星公司（Hyosung Advanced Materials）于2022年10月宣布成功开发了超高强度碳纤维H3065（T-1000级），据报道，其拉伸强度和模量分别不小于6.4 GPa和295 GPa。这项研究始于2017年8月的超高强度碳纤维开发计划，韩国国防发展署（ADD）和军民技术合作研究所

（ICMTC）参与了该计划，同时，贸易、工业和能源部（MOTIE）也进行了投资。2022年12月6日，韩国产业通商资源部召开了“第四次产业战略圆桌会议”，并发表了“碳（纤维）复合材料扶持战略”。

微波加热在碳纤维制造中的潜力并不新鲜。2014年，《复合材料世界》（*Composites World*，CW），报道了我国台湾钟离（UHT Unitech）的微波技术，与传统工艺相比，生产T800或T1000级纤维的能量减少了30%，工艺时间减少了50%，成本降低了15%~30%（图2-104）。日本三井化学株式会社和微波化学株式会社建立了创新的环保碳纤维制造基础技术——微波加热技术Carbon MX™。将微波加热纤维应用于氧化过程（碳纤维生产中最耗能的部分）及碳化过程中。除了生产线更紧凑外，与传统方法相比，新技术可将能耗降低约50%，并大幅缩短处理时间。据透露，这条微波化学法试验线预计耗资1400万欧元，位于意大利皮亚琴察，预计年产能为30t PAN前体和12.5t碳纤维，每年运营250天。

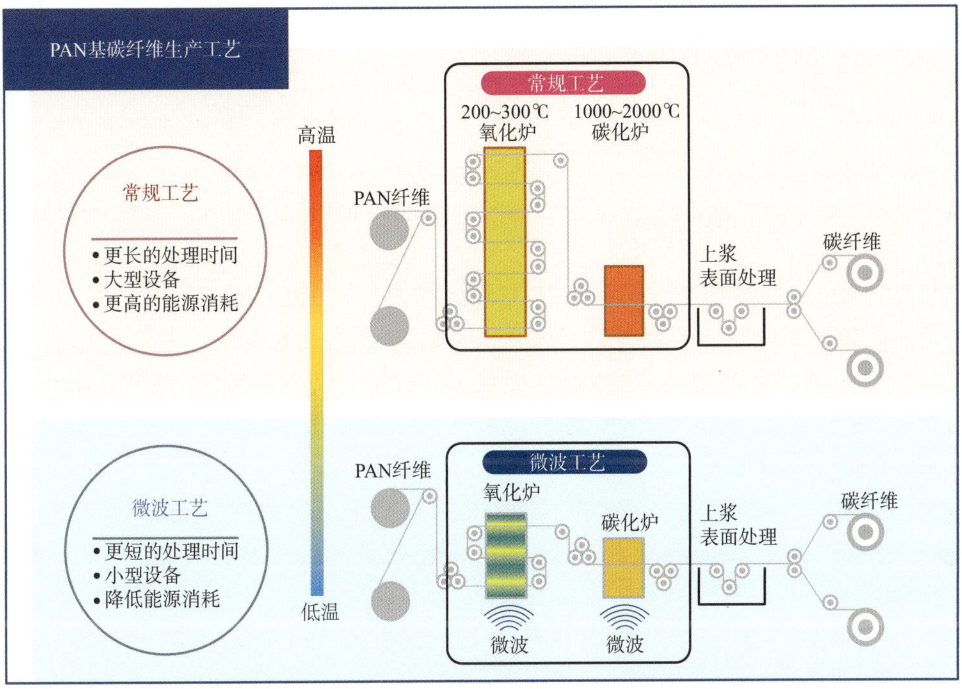

图2-104 PAN基碳纤维生产常规工艺与微波工艺对比

等离子体化学是碳纤维制造的另一种节能替代品，美国4M碳纤维公司还与橡树岭国家实验室共同开发了4X技术（旧名RMX技术），比预氧化速度快3倍，单位能量消耗降低75%且碳纤维质量也较高。德国AG公司和德国纺织与纤维研究所联合提出在降低压力和特定气氛下进行碳纤维原丝预氧化的新理念和新技术。该技术可精确调节预氧化过程的气氛和氧浓度，而低压是最有效控制氧浓度的最佳方法，因此加工时间可降低30%，且由于过程所用气体量少，故能耗成本下降50%。

澳大利亚迪肯大学的专利技术——由美国田纳西州橡树岭（LeMond Carbon）授权，也可以实现快速氧化，但不能通过微波或等离子体加热。它增加了1~2 min的无氧前体预稳定阶段，可以将随后的氧化/稳定时间减少至15min，然后进行3min的碳化。迪肯24K纤维试验线的第三方审计证实了其缩短了氧化时间，产品性能与东丽的T300纤维相当，但并未完全达到T700S标准模量12K纤维的性能，这是压力容器和一些航空航天应用的基准。更准确地说，迪肯大学的纤维超过了T700S模量，但低于

4.9GPa的拉伸强度和2.1%的失效应变。不过，迪肯大学和LeMond Carbon表示，每千克纤维的成本减少了75%，能耗减少了70%。因此，对于更看重模量但对拉伸强度没有苛刻要求的应用是值得关注的。

常见的PAN基碳纤维生产成本较高，材料成本高企，亟须开发具有更高性价比的原材料和制造工艺，从而进一步推动工业复合材料应用的发展与增长。德国亚琛工业大学纺织技术学院（ITA）毕业生Flávio André Marter Diniz在其硕士论文《超细聚乙烯基碳纤维生产的稳定和碳化工艺研究》中开发出了超细聚乙烯基（PE）碳纤维（图2-105），并凭借此创新荣获了汉斯·福伊特基金会奖（Hanns Voith Foundation Award）的“新材料”奖项。其创新成果包括纤维长丝直径＜3μm，比常规碳纤维细2~3倍；纤维表面质量极佳，未检测到结构缺陷；采用低成本PE基前驱体，未来有望使碳纤维生产成本降低50%；缩短了25%的磺化时间；可广泛应用于风力发电、航空航天和汽车发动机等关键行业中。

图2-105　超细PE基碳纤维SEM照片

德国DITF研究中心联合8家科研团队，开发制备山羊榉木纤维和木质素纤维的方法。目前已在实验室采用一种节能和廉价的工艺制造出了山羊榉木原丝及其碳纤维（BW-CF）。

德国慕尼黑技术大学开发出海藻原丝及其碳纤维（AG-CF）。海藻可将大气、发电厂或钢厂所排放的CO_2转化成海藻油，然后由它生产出生物燃油和海藻纤维，接着通过化学和生物技术生产原丝及其碳纤维。根据初步计算，该方法对减少碳排放非常有利。

美国密歇根州立大学（MSU）开发了一种碳纤维的加工方法，在强度大致相同的情况下，这种纤维的可塑性提高了约8倍，意味着可以用更简单的设备成型，更易适应飞机机翼的复杂形状，从而可以大幅降低制造成本。

比利时碳纤维复合材料制造商索尔维和Trillium Renewable Chemicals签署了一份意向书，合作开发用于碳纤维生产的生物基丙烯腈（bio-ACN）。该工艺用可再生原材料替代石油和天然气原料，碳足迹据称可减少75%。

（3）我国碳纤维产业发展动态

①产能增长情况。近年来，我国国产碳纤维供应量逐年增长，从2015年的12.5%提升至2022年的50%以上。从图2-106可以看出，2017年之前，我国碳纤维以进口为主，之后国产碳纤维产能加速扩张。2022年国产碳纤维供应量达到4.5万t，首次高于进口量，说明国产碳纤维产品性价比进一步提升。但我国依然是碳纤维进口大国，出口极少，进口碳纤维无论在性能、质量水平及成本水平上依然有强大优势。从进口碳纤维原产地来看，日本及韩国主要是小丝束产品，美国、墨西哥、匈牙利、德国主要是大丝束产品，而中国台湾则是大小丝束兼顾（大丝束主要是两根24K合股丝）。

2022年，我国多家碳纤维企业宣布扩产，包括吉林化纤、宝旌、中复神鹰等，并计划在2022/2023年完成，拉动全球碳纤维产能快速扩张。目前，吉林化纤、中复神鹰、新创碳谷、宝旌等4家中国大陆企业已进入全球十大碳纤维生产企业（按产能）阵列（图2-107）。

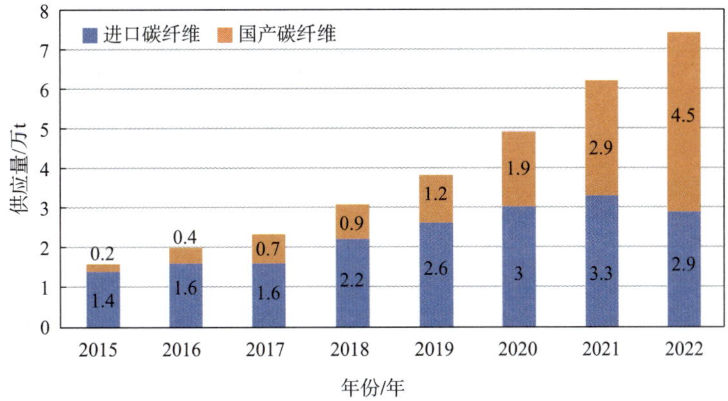

图2-106　2015—2022年我国碳纤维进口及国产供应量变化

资料来源：中国复合材料学会、相关公司官网及年报等。

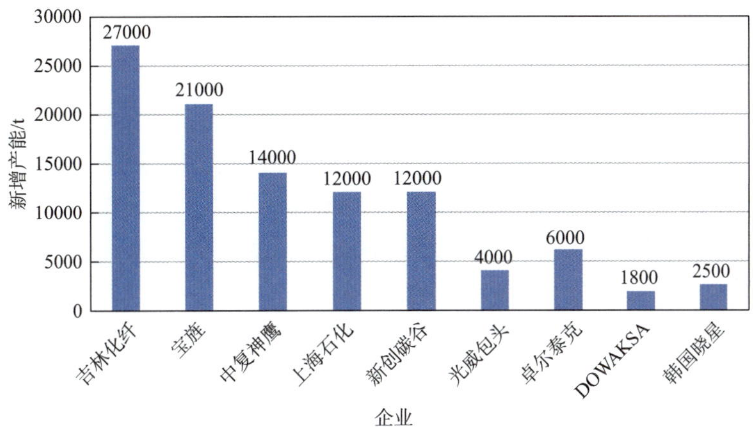

图2-107　2022年宣布扩产并在建的产能（不完全统计）

资料来源：中国复合材料学会、相关公司官网及年报等。

②应用市场变化。从主要应用市场来看，2022年风电市场需求疲软，中国可再生能源学会风能专业委员会（CWEA）数据显示，2022年全国新增风电吊装容量同比下降约11%，其中海上风电同比下降超6成；国家能源局发布的2022年全国电力工业统计数据显示，该年全国新增并网风电装机3763万kW，同比减少21%。这是自2015年以来我国风电装机首次出现负增长。体育器材因门类丰富，对原料具有很强的包容性，对高模碳纤维、大丝束碳纤维等均有需求。

风电巨头丹麦维斯塔斯（Vestas）公司来华合作，对我国碳纤维产业发展具有一定的推动作用。2021年，我国风电迎来37%的快速增长，但与此同时，国外部分发达国家却开始大规模拆除风电装置。原因是风电装备发出的噪声和次声波不仅会对风场周边的动物生存环境造成负面影响，而且会改变季节风向，对生态环境造成破坏。虽然目前尚未见到更详细的论证报告，但也不能不防备，因此有专家建议优先选择海上以及偏远、荒漠地区兴建风电场。

氢能源汽车被誉为“零排放”的超级清洁汽车，近年来发达国家以及我国均关注和发展该产业。我国2022年3月发布的《氢能产业发展中长期规划（2021—2035年）》，首次明确了氢能的战略地位。

在此背景下，车载储氢瓶市场将迎来蓬勃发展期，储氢瓶用国产碳纤维也将迎来新的发展机遇。据预测，从市场前景来看，按1只气瓶使用40kg碳纤维计，预计2025年高压储氢气瓶的碳纤维需求量将达5000t，2030年需求量将近7万t；从技术趋势看，未来储氢气瓶将进一步朝着轻量化、高压化、高性能方向发展。目前，碳纤维在高压储氢气瓶领域的应用技术难点主要集中在稳定适配方面，涉及纤维性能稳定性、树脂体系适配性、缠绕工艺、成型装备等问题。国产碳纤维需进一步提升质量一致性，加强成本控制和产品性能转化率。

③主要企业类型。我国碳纤维企业主要分为以下3类[66]。

一是航空航天军工应用企业，以光威复材、中简科技、太钢钢科为代表（还包括了中复神鹰及江苏恒神部分产能、煤化所扬州基地、西安康本、河南永煤、中油吉化、吉研高科和吉林神舟等），生产的纤维品种包括以IM10级和M60J级等碳纤维为代表的顶级品种。该类企业的主要功能是保证国家军工安全。

二是高性能工业应用企业，主要针对商用航空航天、通用航空、飞行汽车、高端体育器材、高性能热场材料、先进高压容器等先进工业领域，以中复神鹰、江苏恒神、长盛科技（前中安信）为代表，主打产品为T700与T800（含类似的新品，如M30~M40的高韧品种）。

三是大丝束工业应用企业，主要针对的是风电叶片、新能源汽车、轨道交通、常规体育器材、常规热场材料、新型功能材料等。以吉林化纤、浙江宝旌、上海石化、蓝星等为代表（还有近两年新入行的新创碳谷、新疆隆炬等）。这类企业的首要关注点是低成本，实现48K稳定生产，突破T700，并逐步向100K迈进。

从我国原丝技术路线看：第一、第二类企业的原丝多采用DMSO干喷湿法+高倍牵伸+高速路线，这主要是根据东丽工艺路线发展而来，第三类企业多采用高生产率、成本相对较低的DMAc和NaSCN湿法+多级牵伸+中速工艺。从碳化线技术看：第一类应用目前以3K~6K为主，采用中等宽幅较为合适；第二类以12K~24K为主，第三类以48K及以上为主，25K主要是作为48K供应不足的补充，后两类则需采用宽幅高速碳化线。

④产品开发。目前，我国中复神鹰、光威复材、江苏恒神等碳纤维企业完成了相当于东丽T1100级碳纤维材料的开发，开始了工程化生成制备和应用验证工作。在利用PAN废丝制备碳纤维用原丝方面，威海拓展纤维有限公司和北京化工大学共同研究了PAN废丝在DMSO中仍可溶胀和溶解、含量与分子间的相互作用、黏度与凝固成形等关系，找到了最佳的纺丝液配比参数。

在低成本碳纤维方面，高效节能预氧化技术和设备与国外尚存在较大差距，我国小试可达到约30min的预氧化时间，而美国4M碳纤维公司和澳大利亚迪肯大学中试线（400t/a）只需10~15min。当然，要达到低成本还须发展低成本PAN原丝，并实现规模化生产。

中国科学院宁波材料所承担的“高强高模PAN基碳纤维1.4碳纤维生产技术创新成果（CNI QM55级）国产化关键技术研发及在临近空间无人机中央翼主梁中的应用”项目，已通过中国纺织工业联合会的鉴定。

在通用级和中间相沥青基碳纤维（MP-CF）方面，我国已形成多家百吨至千吨级GP-CF和数十吨级MP-CF生产线，工艺技术包括熔纺、离心纺、熔喷和静电纺的沥青基原丝。

在木质素基碳纤维（C-CF）方面，青岛大学、北京林业大学、中国科学院宁波材料所、东华大学、北京梦狐宇通竹纤维研发中心等均申请过专利。其中，青岛大学可制得直径38~62 μm、拉伸强度和模量分别为310~430MPa和28~38GPa的C-CF；北京林业大学研究离心纺丝制纤维素纤维和苯酚改性纤维素纤维，并进一步加工成C-CF和活性炭纤维；宁波材料所研发PAN与纤维素共混纺丝并进一步碳化成C-CF；北京梦狐宇通则由竹纤维制成各向异性的中间相木质素，经稳定化、碳化及石墨化后，C-CF的拉伸强度和模量最高各达3.1GPa和200GPa。

⑤CFRP基础研究新成果。南京航空航天大学在分析碳纤维表面形态的基础上研发出具有良好浸润性的环氧树脂基体，并研究了缠绕张力对复合材料界面及其力学性能的影响。由于张力具有重要作用，他们采用不同张力制备不同的NOL（美国海军军械实验室）环，当缠绕张力为30N时，其拉伸强度和层间剪切强度（ILSS）各达到2712 MPa和75 MPa的峰值，这点对研发高压容器至关重要。

精功（绍兴）碳纤维复合材料有限公司等研究了湿法缠绕成型多官能度环氧树脂，PAN基碳纤维为T700型，结果NOL环拉伸强度和模量各为2674MPa和173GPa，剪切强度为68.2MPa；兰州空间技术物理研究所则发明金属内衬碳纤维缠绕复合材料气瓶及其配件，安全性和可靠性高、质轻、介质储存范围广、耐高低温、寿命长；光威复材为上海航天八院设计研制了国产T800H碳纤维制直径3.35m的CFRP液氧低温贮箱，有望应用于新一代运载火箭。

中国民航大学的研究聚焦于不同温度和时间周期等温热处理对CF/PPS层压材料的结晶度、拉伸强度和破坏模式的影响。测试结果显示，在100~210℃和1~3h内，其结晶度和拉伸强度先提高后下降。在150℃、2h下最佳结晶度为65.3%，最佳拉伸强度为718.2MPa，比未经热处理者分别提高46.4%和15.3%。

南京航空航天大学通过静电纺制备嵌有Fe（Ⅲ）-MOF的碳纤维及其复合材料（FMCFs），并深度研究这些复合材料的电磁（EM）波衰减功能，发现在厚度1.4mm和带宽4.44GHz下，其最佳反射损耗（RL）为-39.2dB，说明研究该材料的吸收机理及EM吸收涂层的合理设计是很有意义的。

湖南东映碳材料科技有限公司和湖南大学共同研究萘系和油系中间相沥青基碳纤维的性能对比，结论是萘系沥青灰分126mg/kg，中间相含量100%，MP-CF的拉伸强度和模量分别为1.13GPa和720GPa，导热系数790W/（m·K）；油系沥青灰分28mg/kg，中间相含量100%，MP-CF拉伸强度和模量分别为2.21和821GPa，导热系数848W/（m·K）。

⑥存在的问题。一是与国际先机水平相比，综合实力仍差距明显。表现在产品的质量稳定可控性亟待提高、专业人才极度匮乏、产业链自主可控尚未完全建立等方面。二是PAN基碳纤维国产化技术发展不均衡，表现在DMSO体系、DMAc体系及NaSCN体系3种工艺共存，技术成熟度不足且存在差异，难以与国际巨头正面对抗；国防高端装备用PAN基碳纤维主要来自DMSO工艺，但质量波动现象仍较明显。

（4）碳纤维材料回收再生技术

据预测，到2030年，可再生能源行业将产生约50万t碳纤维和玻璃纤维复合材料废料。目前，复合材料废物中的大部分都被填埋或焚烧，对环境产生了进一步的影响。

在碳纤维回收再利用方面，欧美日的企业远远领先于我国。一方面，大型应用企业，如波音、空客等，早就开展了回收再利用的工作；另一方面，大型碳纤维生产企业，如日本三大碳纤维巨头，也都在积极与下游客户及产业链合作，提早布局回收再利用的工作。

其中，帝人与日本再生碳纤维制造商富士设计（Fuji Design）建立业务联盟，商业化生产再生CFRP产品。据介绍，后者独有的“精密热解”技术可通过去除基体树脂，从使用过的CFRP中生产出高质量的碳纤维。该技术的二氧化碳排放量比使用原始原材料生产的碳纤维约少90%。

三菱化学公司通过其子公司瑞士三菱化学先进材料公司，于2020年8月收购了位于维施哈芬

（Wischhafen）的德国碳纤维回收公司——CFK Valley Stade Recycling和carboNXT。CFK拥有CFRP包括预浸料等废料的收集网络，同时拥有回收再利用碳纤维的先进技术，并由carboNXT进行销售。早在2020年，三菱化学还收购了德国的预浸料公司c-m-p及瑞士的回收公司明格集团（Minger），将为用户提供回收产品的解决方案。

英国ELG碳纤维公司（ECF）是再生碳纤维加工企业，最近其将短纤维业务转让给比利时Procotex公司，碳长丝业务则被Gen 2 Carbon收购。据悉，Gen 2 Carbon将寻求开发新一代碳纤维再生技术，并继续推动碳纤维和碳纤维/热塑性非织造布的发展。

法国Nova Carbon公司正研究从干废料或解聚的碳纤维增强塑料产品中回收和重新排列碳纤维。回收的碳纤维保留了纤维的长度和性能。接着用再生碳纤维（rCF）生产半成品。该公司的长纤维重新排列技术由波尔多大学开发并获得专利，其开发的设备可以生产由rCF制成的连续预浸带。Nova Carbon将继续开发这项技术，以便大规模生产rCF半成品。

法国Fairmat公司是一家专注于碳纤维回收的初创公司，预计将回收欧洲30%以上的碳纤维复合材料废料，主要来自航空和风能市场，合作伙伴包括赫氏、西门子Gamesa［位于西班牙萨穆迪奥（Zamudio）］。

PHYre是一种高品质、低环境足迹的再生碳纤维，由法国Extracthive公司生产。自2016年以来，该公司就着手开发一种基于创新溶剂分解工艺的复合材料回收方法，并获得专利。这项专利工艺可以生产出干净无损的碳纤维，其模量和断裂强度与原始碳纤维相同甚至更好。该工艺使用的能源也比热解少得多，每千克纤维的碳足迹可减少约4.5 kg二氧化碳。目前，Extracthive仍在研究rCF的应用，如已将回收再加工的完整纺织品成功应用于赛艇；短切rCF纤维已在团状模塑料（BMC）材料中与环氧树脂搭配使用，可用于如X射线台的医疗领域；与一家生产储氢瓶的公司合作，应用该技术拆解气瓶并回收了其中的碳纤维。

意大利ReCarbon公司成立于2022年，该公司据称已实现碳纤维回收链的“闭环”。ReCarbon现生产热固性（预浸料）和热塑性rCF中间产品。其Replate有机片材宽达1.3m，长超过2m。与原始玻璃纤维/轻质增强热塑性塑料（PP LWRT）产品相比，其rCF材料的硬度提高了4~5倍，这使得车身底部、门板、驾驶室等典型应用的重量减轻了45%。ReCarbon还提供Recomb系列复合三明治产品，使用热固性和热塑性rCF蒙皮和芯（蜂窝、泡沫）的不同组合。其中一个为完全热塑性，热成型夹芯板由rCF蒙皮和PET泡沫构成。

据美国橡树岭国家实验室消息，其研究人员设计了一种用于制造碳纤维复合材料的可回收聚合物，以实现零件的循环制造，从而提高汽车、风力和航空航天应用的能源效率。

我国南通复源新材料科技有限公司专注于碳纤维复合材料的回收再利用技术的研究开发，2022年该公司打通再生碳纤维应用途径，成为国际首家能通过回收再利用盈利的企业，并且成为回收碳纤维领域国际首家获得全球回收标准（GRS）资质认证的企业。

中国恒瑞集团为汽车、航空航天、建筑和工业市场提供先进的复合材料解决方案。该公司最近建设了一个2万m^2的航空航天设施，其中包括一个用于回收碳纤维的热分解系统，以及一条预焙料生产线和一条用于rCF的片状模塑料（SMC）生产线。rCF/PP材料有两种常见的应用。一是CFRP汽车车轮的插入件，由预浸料外壳和背面的rCF SMC制成；二是浇注混凝土模板，由切碎的rCF/PP使用压缩成型制成，这种成型模具可以使用200~300次，而木制模具只能使用两次。

2. 芳香族聚酰胺纤维（芳纶）

根据泰和新材2022年度年报，2022年全球芳纶名义产能约15万t，其中包括间位芳纶5.7万t、对位芳纶9.4万t。当前全球芳纶需求为11万~12万t，未来将持续受益于下游光纤光缆、个体防护等领域的需求增长。

（1）对位芳香族聚酰胺纤维（对位芳纶）

对位芳纶市场集中度高，杜邦和帝人合计产能占据全球产能约70%，且多集中于中高端领域。

据市场研究公司Fact.MR预测，2031年全球对位芳纶复合材料在弹道和个体防护领域的市场规模有望达到25亿美元。其中，帝人芳纶公司（Teijin Aramid）自2018年起便与BioBTX和Syncom公司一起，率先用生物质原料试制高性能对位芳纶，可减少生产过程中的碳足迹。

我国对位芳纶需求为1.2万~1.3万t，进口依赖度仍较高，但国内替代正加速推进，已逐步实现对外芳纶基本品种及规格的国产化。截至2022年1月，我国千吨级对位芳纶骨干企业有泰和新材（4500t/a）、中芳特纤（4000t/a）、中化国际（5000t/a）、蓝星新材（1200t/a）、仪征化纤（1000t/a）、瑞盛新材（1000t/a），还有产能为600 t/a的河北硅谷化工，而河南神马芳纶正在建设2000t/a的工厂。

2021年中芳特纤收购了上海特安纶纤维有限公司的芳砜纶（1000t/a）业务，成为继泰和新材后同时拥有间、对位芳纶的生产企业。该公司还拥有700 t/a的芳纶浆粕和百吨级芳纶纸生产线，通过收购芳纶蜂窝材料生产厂家苏州芳磊蜂窝复合材料有限公司，并发展下游芳纶增强树脂板材生产线，逐步形成上下游产业链。

在对位芳纶的品种系列化方面，泰和新材和中蓝晨光化工研究院均开发了相当于杜邦的基本系列品种Kevlar®29、49、68、100（有色丝）、129等的产品，但149超高模量丝尚未达标。

芳纶涂覆兼具无机涂覆和有机涂覆的优异性能，使隔膜的耐高温性能较陶瓷涂覆隔膜更为优异，由于其成本较高，在国外应用范围更广。锂电出货量的攀升将拉动隔膜及芳纶涂覆需求，预计2025年释放数千吨芳纶需求。

近期帝人公司试生产了对位芳纶纳米纤维（p-ARNF），其强度和模量比常规的Twaron芳纶还高，分别为5~6GPa和153~238GPa。耐热温度高达500℃，其非织造布片材浸渍10.1%浸渍剂后，模量提高54%，达到1060GPa。目前其用途正在探索中，初步设想是应用于耐高温多微孔结构复合体的领域，如锂离子电池隔膜和过滤用分离膜等，还有利用其韧性、耐磨性和耐疲劳性的补强材料及扬声器的振动板等。

（2）间位芳香族聚酰胺纤维（间位芳纶）

间位芳纶技术壁垒较高，现有产能由少数寡头企业垄断，目前全球间位芳纶产能主要集中于美、中、日、韩四国手中。其中，美国杜邦产能达到3万t/a，占比为53%。我国泰和新材位居第二。后者的防护用间位芳纶高效集成化项目一期工程已于2021年8月正式投产，实现了从千吨级向万吨级的跨越。2021年一期投产的项目产能为4000 t/a，于2019年7月动工兴建，采用第3代间位芳纶制造技术，生产效率高1倍，投资密度下降30%，达到国际领先水平。

赣州龙邦材料科技有限公司是后来介入的企业，产能1500t/a，有短纤维、短切纤维和浆粕，主要用于各种间位芳纶纸。株洲时代新材料科技股份有限公司和四川大学共同研制了一种热稳定性极高的含苯并咪唑结构的间位芳纶（H-ARF），是由间苯二胺、2-（4-氨基苯基）-5-氨基苯并咪唑和间苯二甲酰氯进行低温缩聚，然后干喷-湿纺而得。与常规间位芳纶相比，H-ARF显示出优良的可纺性，纤维表面具有光滑及部分取向结构。导入苯并咪唑后，明显增强了分子的刚性、氢键和物理交联点，因此力学性能、耐热性和阻燃性都有所提高，拉伸强度和模量各为0.84GPa和16.66GPa，断裂伸长率20%。二级转变点和熔点分别为302℃和356℃，比间位芳纶分别高30℃和40℃，在氮和空气中失重10%时的温度比间位芳纶高17℃和39℃。

3. 超高分子量聚乙烯（UHMWPE）纤维

在工艺技术方面，荷兰和日本早已从早期的低浓度纺丝液的凝胶纺丝法，向中浓度和更高速的干喷湿纺过渡，并迈向更高效、无溶剂的熔纺路线发展，大大提高了生产效率和环保化。UHMWPE纤维的生产工艺采用凝胶纺丝拉伸法，这种高结晶纤维的线密度在33~1760dtex，不仅极其高强和轻质，而且耐磨性和抗切割性好，适用于船舶、体育用品、服装、缆绳、渔网、安全和防护用品等。

2021年，荷兰帝斯曼（DSM）防护材料公司与卢森堡清洁技术公司克拉特（Clariter）发布战略合作协议，共同开发Dyneema制品的新一代化学再生技术。第一阶段，在波兰的Clariter试验厂验证再生处理Dyneema绳、网和防弹材料等样品的可行性；第二阶段，成功上市生物基Dyneema，而DSM防护材料公司则积极追求Dyneema最终制品的再生及再利用解决方案，并开展可行性评价；第三阶段，通过化学再生工程实现Dyneema最终制品，转化成高附加值工业级产品群（油、石蜡、溶剂等）的技术可行性。在实验室成功的基础上，Clariter公司计划于南非开展商业规模的试运行，未来将在欧洲工厂投产。

阿尔及利亚军事工程学院（Ecole Militaire Polytechnique）与我国哈尔滨工业大学合作，共同研发用氧化UHMWPE纤维增强的双酚A系环氧树脂制取高性能树脂基混杂材料。添加各种剂量的改性纳米氮化硅粉体（Si_3N_4），经振动和形态分析，可确认接枝研究方法的有效性。

UHMWPE纤维是目前我国高性能有机纤维中产量最大（2020年约2.13万t）、进口量最少（约354 t）的品种，共有20余家生产厂。但总体而言处于小而散的状态，品种少，未达到可为顾客“量体裁衣”的阶段，但成本低，大都（特别是细规格产品）以纤维、织物、单向预浸料和防弹制品的形式出口外国。最近，我国在超高强高模、防切割、防刺、低蠕变和有色丝等方面取得了新进展，但在医用高纯和超低蠕变新品种及其应用方面尚存在差距。典型企业中，江苏锵尼玛新材料股份有限公司已拥有16条UHMWPE纤维生产线，产能2500 t/a，并建有多条高强防切割包覆纱生产线，还拥有“高强纤维工程技术研究中心”；江苏九九久科技有限公司是后来居上的行业龙头企业，自动化控制水平较高，计划产能达1万t/a。

4. PI 纤维

PI是指一大家族的均聚和共聚体，具有耐高温、高尺寸稳定性、高绝缘、低介电损耗、吸波等优良特性，因此具有广阔的应用领域。PI无论是耐热纤维、高强高模纤维或是静电纺纳米纤维，我国都处于世界领先水平。目前江苏奥神新材料股份有限公司和长春高琦聚酰亚胺材料有限公司是我国这一领域的代表。

俄罗斯约有百吨级PI耐热纤维，而东丽公司的PI同类纤维，产能约为100t/a。奥地利Evonic Fibers公司生产酮酐类PI纤维，产能为800t/a，多年前大量进口我国，作为高温排气滤料，后来逐渐被我国耐热型PI纤维取代。日本宇部兴产公司生产PI中空纤维气体分离膜，大连化物所及其合作公司也生产同类产品，并广泛应用于石油化工领域的混合气体分离、合成氨厂尾气回收氢气、合成气调整配比等。

5. 聚苯硫醚（PPS）纤维

日本、美国和韩国是PPS纤维的主要产地。仅日本就有东丽、帝人、吴羽化学等公司生产。其中，东丽开发了据称为全球最细的PPS纤维，线密度约0.8 dtex，于2021年投入市场，产品包括短纤、长丝、织物等，我国是该产品最主要的目标市场。东丽将其开发的PPS纤维与抗燃PAN预氧化纤维制成难燃、遮焰非织造布和编织物，有望用于飞机片材。此外，其还将PPS纤维与聚四氟乙烯纤维“Toyoflon”复合制成防震材料。

2020年我国PPS纤维的总产能为2万多吨，而总产量约7200t，主要用于高温粉尘滤袋等；由日本和韩国进口的PPS纤维各达4801.6t和1638.5t。南京中创智元科技有限公司发明了一种抗氧化疏水性PPS纤维的制法，是将抗氧化剂等4种助剂分别共混至PPS中，制成母粒；熔纺后制得的PPS纤维的抗氧化性、耐热性、阻燃性、疏水性和寿命均有改善，适用于高温粉尘滤袋、消防服和其他高性能防护服等。

6. 液晶聚酯（LCP）纤维

LCP纤维具有高强高模、耐高低温、低热膨胀系数、低蠕变、低吸湿性、耐紫外光老化、耐化学腐蚀、耐磨等特点，可用于航空航天、军工国防、海洋工程、特种缆绳、特种面料上高性能绳索等领域，其多项性能优于芳纶和UHMWPE纤维（表2-2），因此更适于恶劣环境、如露天、湿热或酸碱等环境。此外，LCP拥有低介电系数、高透波性等优异性能，结合其他优秀性能，LCP在飞艇和电子领域的应用也拥有主导地位，可用于制造各种气囊、飞艇等的蒙皮材料。例如，为适应火星表面-50~100℃的极端温度变化，同时为了保持气密性，美国“火星探路者号”的着陆气囊系统最内层采用220dtex的Vectran®长丝织成，并涂覆有机硅[67，68]。

表2-2 部分高性能纤维特性对比

特性	东丽LCP Siveras®	其他LCP	对位芳纶	UHMWPE纤维	PET工业丝
密度/（g/cm）	1.39	1.41	1.44	0.97	1.38
含水率/%	<0.1	<0.1	7.0	0	0.4
断裂强度/（cN/dtex）	24	25	20	≥26	8.0
断裂伸长率/%	2.8	3.7	3.6	3~5	13.0
模量/（cN/dtex）	690	530	490	≥790	115
热稳定性	好	好	好	不佳	不佳
湿强	好	好	不佳	好	好

LCP纤维的连续化生产是降低成本、提高纤维物理机械性能均匀性的最佳手段。这种工艺可以将对羟基苯甲酸（HBA）、对苯二甲酸（TPA）、间苯二甲酸（IPA）和二羟基联苯（DOD）计量后，由螺杆泵输入乙酰化反应釜，同时将乙酸酐（Ac_2O）由计量泵注入乙酰化釜，采用立式搅拌，在145 ℃条件下进行乙酰化反应，采用回流方式增加热交换效率和均匀性，当乙酰化基本完成后，开启三通阀，将乙酰化合物输送至缩聚釜，提高温度至300℃，在真空条件下，采用梳状搅拌，脱除小分子醋酸，得到LCP。采用计量泵将熔体输送至纺丝组件挤出成形，第一导丝辊的速度决定了拉伸倍数，然后经过高温热定形，并进一步脱除小分子，得到连续长丝。此外，还可以将双酚A与乙酸酐或多聚磷酸进行酰化反应，再与精对苯二甲酸（PTA）和精间苯二甲酸（PIA）反应，然后经缩聚反应制备双酚A—羧酸芳香共聚酯，通过干喷-湿纺得到初生纤维，再通过加热箱进行热处理得到高模量LCP纤维。

由于纺丝和热处理困难，LCP纤维的产量有限，甚至很长时间以来只有可乐丽一家企业生产，2017年日本东丽公司开始实施聚合物—纺丝一体化生产体系，2018年成功研发了Siveras®纤维并实现了规模化生产。我国东华大学、晨光化工研究院、四川省纺织科学研究院、宁波海格拉新材料科技有限公司、上海石化、武汉纺织大学等均开展了对LCP纤维的研究和应用探索，目前该领域代表企业包括上海普利特复合材料股份有限公司以及宁波聚嘉新材料科技有限公司。前者拥有LCP完整产业链，其纤维年产能为150t，目前正在积极推进高性能LCP纤维的研发工作；后者专注于纳米材料及高分子材料的研发及生产，据其透露，2021年其LCP纤维年产能达到近100t，LCP纤维布年产能达到8万m^2。随着LCP纤维应用市场增长，其与其他高性能纤维的比较优势将会进一步体现；随着其产能进一步扩大、连续生产技术优化，预计产品成本将会明显下降[69]。

7. 纤维素纳米纤维（CNF）

纳米纤维素具有良好的理化性质，如生物相容性、高纯度、高强度、高杨氏模量、高比表面积、高长径比、纳米尺度及低密度等。由于其粒径小、在溶液中分布均匀，以及高结晶度和物理化学稳定性等特点，被广泛应用于医药、食品、化工、材料、包装等领域。根据尺寸和形态大小，纳米纤维素可分为纤维素纳米晶（CNC）、纤维素纳米纤维（CNF）及细菌纤维素（BC）。其中，前两者由于制备过程相对简单，在新型生物纳米复合材料的开发和研究中备受关注。这里重点介绍CNF。

CNF是近年来迅速发展的一种可再生和环保型高强高模纤维，其强度比钢高7~8倍，重量为其1/5，热变形小，热膨胀系数仅为玻璃的1/50，且具有气体屏蔽性、透明性、增稠性等特性，其作为高性能和高功能材料及各种添加剂，有望应用于多个领域。CNF在日本被视为“后碳纤维时代的绿色材料”，多家高校、研究机构及企业围绕此进行工艺及应用方面的深入研究，已有近20家企业研发并步入百吨级产业化阶段，美国次之，而我国尚处于研发和中试阶段。

日本环境省把CNF当成未来型产业资材，并列入纳米纤维素汽车（NCV）项目，涉及的汽车部件包括车门、机盖、顶板、后窗玻璃、蒸水器、电池托架、缓冲器侧面、轮子散热器、车顶扶手、地板材料等各种部件。另外，日本熊本大学等研发了温度响应性遮光、调光玻璃，由3层材料组成，其中中间层由隔热材料/CNF/温度响应性材料/导电材料组成[70]。

低成本制造工艺是开发重点。由于CNF与氢的结合十分牢固，在制造过程中要将浆粕状纤维进行解纤，需要耗费大量能量。日本一些企业开发的生产技术是通过分离精制过程，由木质生物质制备没有完全无木质素的CNF。它与来自石油的树脂亲合性高，分散性佳，制得的增强塑料强度和耐热性高，而且工程可简化，有利于达到节能和低成本化。

2020年京都大学的矢野浩之教授与日本Hexachemical公司共同成立新公司“**ネイチャ-ギフト**”，主要生产CNF增强树脂及其混合母粒。树脂类型包括聚甲醛（POM）、PBT、聚碳酸酯（PC）、PC/ABS、改性聚苯醚（PPE）、聚苯乙烯（PS）、聚乙烯（PE）、PP、聚氯乙烯（PVC）、生物质塑料等。此外，其还研究了CNF表面改性技术与表面处理剂，可用于汽车、家电、通信设备等领域。CNF增强树脂与未增强树脂的性能对比如表2-3所示。

表2-3 京都大学研制的CNF增强树脂与未增强树脂的性能对比

树脂	熔融温度/℃	弹性模量E/GPa		弯曲强度/MPa	
		未增强树脂	CNF增强树脂	未增强树脂	CNF增强树脂
PA6	225	2.22	5.34	91	157
POM	166	2.29	5.35	78	131
PLA	170	3.41	6.40	108	119

续表

树脂	熔融温度/℃	弹性模量*E*/GPa		弯曲强度/MPa	
		未增强树脂	CNF增强树脂	未增强树脂	CNF增强树脂
ABS	200	1.93	3.78	63	88
PA12	175	1.24	3.15	52	89
PBT	222	2.27	4.38	80	113
HDPE	129	1.10	2.39	24	43
PP	165	1.97	2.80	58	67
高模PP	—	—	4.73	—	95

京都大学还开发了制造CNF增强PP复合材料的超高倍率发泡体，先将CNF表层用琥珀酸改性，再分散至PP中就可形成网状结构，并形成气泡。这种新型发泡注射成形法所制得的发泡体，发泡倍率高达21倍，具有超轻量的纳米纤维状结构，吸音性和隔热性优良。UBE株式会社将京都大学的工艺放大，使PA/CNF混练工艺得以规模化生产。此外，还进行了纤维素浆粕的改性处理、解纤技术与纳米化及CNF在树脂中的分散性研究，以提高复合材料的力学性能，产品的弯曲模量达到PA6/玻纤（80/20）复合材料的水平，冲击强度与京都大学的产品相当。该母粒有望广泛应用于汽车结构件（进气歧管等）及产业机械等。

旭化成（Asahi KASEI）株式会社开发的高耐热CNF在机械回收过程中极少出现热降解和纤维断裂的情况，由于具有高耐热性，因此可与PA6、PA66等各种聚酰胺复合。其将PA610与10%的CNF加工成纳米复合材料，生物原料比例高达65%，有助于进一步降低环境负荷。

日本最大的瓦楞纸板企业联合株式会社（レンゴ-）于2021年新建CNF试验厂，开发大批量生产CNF技术，目标市场为汽车轻量化新材料。2022年将其应用于化妆品，并令其产能扩大4倍，成为瓦楞纸以外新的收益来源。

日本大王制纸株式会社开发了CNF与纸浆纤维相复合的“CNF成形体”，其中CNF占比为50%~80%，80%的试样在室温下的拉伸强度和模量均可达通用塑料的5倍。2020年，该公司研制了一款外装材料全部采用CNF复合材料的电动赛车，可减重49%；同年，其开发的电动汽车除侧板等外装材料外，部分内饰件也使用了该复合材料。据悉，待该复合材料的轻量化和耐久性得到充分验证后便可用于一般车辆。大王制纸株式会社还与タマス公司共同开发了一款使用CNF的乒乓球拍，已于2021年4月以“レボルディアCNF”为商品名出售。

福冈大学开发了不用有机溶剂制造CNF包覆微小胶囊的方法，是将CO_2相和CNF水相置入超声波直接照射的高压容器中，添加平均粒径144nm的疏水性溴化铜微粒。在高压状态下分2次用超声波照射，形成CNF乳液，通过减压使CO_2逸出而剩下被CNF包覆的疏水性粒子。该产品可用于医药、食品、化妆品等领域，生产效率高。

北京林业大学、南京林业大学等均研制过CNF，但未见产业化。东华大学、江苏新视界先进功能纤维创新中心有限公司、重庆风清纤品科技有限公司共同发明了抗菌抗病毒CNF过滤防护膜的制法，是以纤维素为原料，通过Lyocell工艺经熔喷设备加工成非织造布，再用抗菌整理剂接枝而制得，测试结果显示，其过滤阻隔性能和细菌、病毒杀灭效果优异，且耐洗涤。

8. 结语

综上所述，我国的主要高性能纤维如碳纤维、对位芳纶、间位芳纶、UHMWPE纤维、PPS纤维等品类正迈向万吨级规模，其中碳纤维总产能未来5年内有望突破10万t/a。目前，我国高性能纤维产业与先进国家的最大差距，主要体现在创新能力、产业化规模、产品定性、产品品种规格（包括不同表面处理产品），特别是在应对主要市场生产“量身定制”的商品方面差距较大，而且各公司的研发水平和产品品种趋于类同，没有自己的特色。经过今后5—10年的发展，我国有望发展成为世界高性能聚合物及纤维的最大生产国和最大需求市场，而且从上游原料至下游产品形成一整套产业链，产业布局较为合理，产品在国内将占据主要市场份额。从纤维品种看，到2025年我国研发和生产的品种将是全球最全的，只有聚酰胺酰亚胺（PAI）、聚酮、酮酐型聚酰亚胺纤维目前未见有单位研制，但可找到替代品；在复合材料应用方面，高性能产品基本可满足航空航天和国防军工的需求，中档产品的大市场是风电叶片、高压容器、C/C复合材料制品、体育休闲用品、建筑补强材料等，低成本产品则面向汽车和一般产业用途。到2030年左右，我国有望实现高性能纤维及其复合材料强国的目标。

（撰稿人：中国纺织信息中心　赵永霞）

三、纺织化学品新进展

印染是纺织品生产链中产品深加工、品质提升的关键环节，在赋予纺织面料“颜色”主导属性的同时，增加其功能和价值。在印染加工过程中，由于助剂、染料等纺织化学品的大量施加和排放，使得印染行业成为纺织产业链中资源消耗和污染物排放的主要环节之一。根据中国染料工业协会数据，2021年全球共消费纺织化学品720万t，金额达129亿美元。目前我国已成为全球最大的纺织化学品生产国和消费国，国内规模以上企业超过1000家，其生产基本可以满足国内纺织印染企业的需求。“十四五”时期，绿色发展仍然是印染行业的发展重点。随着环保要求的日趋严格以及技术的不断进步，纺织化学品行业也开始朝着环保、高效、节能、减排的方向发展。

按照在印染加工中的步骤和作用，纺织化学品主要分为前处理助剂、染料及染色印花助剂、后整理助剂三大类。以下将围绕近年来行业内重点关注的纺织化学品的开发情况展开介绍。

（一）前处理助剂

前处理是印染加工的准备工序，其目的是去除织物上的各类杂质，提高织物白度和吸水性，以满足后续染整加工的需求。前处理助剂在前处理的多数工序，如退浆、煮练、漂白、丝光、碱减量中都必不可少。棉及其混纺织物前处理助剂的消耗量较大。近年来，适应低温、短流程工艺的练漂剂、生物酶等前处理助剂得到开发和使用，可减少化学品的用量，降低能耗。

1. 低温练漂剂

冷轧堆工艺、碱氧一浴工艺等棉及其混纺织物前处理工艺近年来受到了广泛关注，在行业内实现了一定规模的产业化应用，大大降低了能耗、水耗和加工时间。这些前处理工艺一般会使用低温练漂剂，其由冷漂催化剂、低温除蜡剂、耐碱渗透剂、耐碱螯合分散剂等原料在合适的工艺条件下复配而成。开发低温练漂剂的助剂企业比较多，如传化化学开发的TF-179A，其能有效降低双氧水活化能，在70~80 ℃条件下就可以对棉及其混纺织物进行漂白并达到优异的白度。上海雅运开发的雅洁瑞LTP-E，具有快速的渗透能力，能提高棉织物精练和染色的均匀性，使用温度为75~80 ℃。

为了降低练漂温度，避免棉织物因过度漂白而造成纤维损伤，需要在较低温度下使双氧水得到有效分解，而漂白活化剂能够降低练漂温度[71]，因此研究人员近年来正在围绕漂白活化剂的开发和应用工艺优化展开研究[72]。目前已开发出酰胺类化合物、烷基酰胺类化合物、N-酰基内酰胺类化合物等漂白活化剂。针对现有漂白活化剂水溶性差、双氧水活化性能低的问题，江苏联发、江南大学与传化化学协同攻关，研发了一种以季铵盐阳离子为水溶性基团、芳甲酰基为活化基团、内酰胺为离去基团的新型阳离子漂白活化剂。其实现了50℃条件下棉针织物低湿浸渍漂白前处理，项目成果已在多家助剂企业和印染企业中得到推广和应用。

2. 生物酶

生物酶是一种无毒、无害、对环境友好的生物活化剂，在前处理过程中，生物酶能够帮助分解织物上的杂质和浆料，其反应条件较为温和，对织物的损伤较小，可减少前处理过程中碱的使用，是未来前处理助剂的一个重要发展方向。目前已开发并应用于染整加工的生物酶制剂有淀粉酶、纤维素酶、果胶酶、过氧化氢酶、葡萄糖氧化酶、漆酶等。其中，淀粉酶退浆处理后的织物手感丰满，有光泽；果胶酶能够有效去除果胶质及以果胶质为骨架附着的蜡质，提高棉织物吸水性和手感；纤维素酶能够有效去除纤维表面的绒毛，提高织物表面的光洁度和柔软性，增加织物的悬垂性。一般情况下，不同酶之间的复配，会产生一定的协同作用，因此市场上的酶制剂大多是复配的。高档纯棉织物可采用复合生物酶与碱氧处理相结合的方法，实现退煮漂一步法前处理。

在实际生产过程中，需要耐受性强并且在加工过程中一直能保持高活性的酶，因此研究生物酶的作用机理，提升生物酶的质量和稳定性将是其未来发展方向。

（二）染料及染色印花助剂

近年来，上游染料行业研发出液体分散染料、高色牢度天然染料等，降低了染色残液化学需氧量（COD），减少了废水排放，并在印染行业得到了推广和应用。环保固色剂、印花用环保型合成增稠剂、高牢度涂料墨水得到开发和使用，减少了化学品用量，降低了能耗。

1. 液体分散染料

聚酯纤维在合成纤维中占比巨大，分散染料是聚酯纤维唯一可用的染料品种，目前市场上的分散染料以粉状为主，其稳定性较好，便于储存和运输。但粉状分散染料在水中的溶解性不佳，需要借助分散剂来维持在水中的分散稳定性[73, 74]。分散剂在粉状分散染料中的含量占比在60%左右。实际上，在染色过程中大量分散剂的存在会阻止染料上染纤维，降低染料的上染率，同时会导致印染废水排放量高、色度高和COD值大，增加废水处理成本。

相比粉状分散染料，液体分散染料分散剂含量大幅度减少，仅占染料总量的20%左右，用于染色时，能够提高上染率，同时减少废水的排放；用于印花时，相对于传统的粉状染料印花，基本不需要水洗就能达到高牢度的要求，同时不需要加入黏合剂固色，可改善织物手感[75]。另外，液体分散染料由于方便计量，还适合染化料自动配送系统。但目前液体分散染料仍存在制备时研磨能效差、贮存或长途运输时染料粒径波动大等问题[76]。

液体分散染料经过近十年的研发得到了长足发展，目前市场也出现多家企业的液体分散染料商品，产品质量和性能也得到了印染企业的认可。如安诺其公司开发的超微分散NM液体分散染料，通过添加高效分散剂，采用纳米级别研磨工艺，可以达到全程管道输送的效果，大幅降低工人劳动强度，具有良好的应用前景。博澳新材料股份有限公司推出与粉状染料相同强度的生态型胶状体分散染料COD系列产品，对染色工艺没有特殊要求，具有色光鲜艳、上色率高等特点。从研究的角度看，液体分散染料目前研究较为零散、不够系统，基于应用层面的液体分散染料产品开发类研究较多，基于机理层面的研究较少，难以支撑液体分散染料总体质量的提升。建议从分子层面研究分散染料结构对液体分散染料制备的适用性，优选适用的分散染料；研究分散剂固液界面吸附特性与分散染料研磨效率、液体分散染料稳定性的相关性，优选适用的分散剂，以实现高稳定液体分散染料的高效制备。

2. 天然染料

天然染料目前以植物染料为主，因此也被称为草木染。近年来，随着国内外一批生态纺织品法规标准的严格实施，一些对人体和环境有害的合成染料被限制使用，加上人们的生活方式和着装更加崇尚生态、自然和健康，天然染料由于其色泽柔和、无毒无害、环境相容性好、可生物降解、对人体无刺激等优势，受到了广泛关注。目前，纺织品染色加工中常用的天然染料主要有靛蓝、茜草色素、茶色素、栀子黄色素、姜黄色素等。

天然染料对于棉、麻、丝、毛等天然纤维织物的染色目前已经实现产业化。山东锦润嘉植物染色科技有限公司实现了天然染料散纤维染色的产业化，主要针对棉以及再生纤维素纤维织物；苏州大学研究团队联合多家毛纺企业开发了天然染料染色精纺和半精纺羊毛产品；烟台业林纺织印染有限责任公司与武汉纺织大学研究团队合作开发了天然染料针织产品，实现了产业化生产[77]。

在常规合成纤维染色方面，主要聚焦于天然染料对锦纶和涤纶的染色研究，如茜草色素[78]、板栗壳色素对锦纶织物的染色性能、靛蓝及茜草色素对涤纶织物的染色性能的研究。在天然染料染色技术开发及应用过程中，得色量低、重现性差、色牢度不能满足服用纺织品要求一直是亟待解决的问题。苏州大学王祥荣教授近年来通过制备金属络合天然染料，开发以铁离子、铝离子为中心离子的络合天然染料对纺织品染色，以提高植物染料上染率、染色深度、染色牢度，该方法目前已用于羊毛、蚕丝、锦纶的染色[79]。针对天然染料染色技术和产品加工过程中存在的问题，围绕实现天然染料的标准化生产和应用，加快天然染料染色及印花技术的成果转化，制定天然染料的染料标准、纺织品标准并规范染色工艺将是未来的发展方向。尽管在替代合成染料方面，天然染料还存在一定差距，但其在产业化应用中仍具有重大意义与发展前景[80]。

3. 固色剂

为了达到高质量纺织品的色牢度要求，织物在染色后通常需要借助固色剂进行固色处理。早期的固色剂以固色剂Y为主，其为双氰胺与甲醛缩合而成的弱阳离子型低聚物，与阴离子型染料结合可形成色淀以及以氢键作用与纤维结合形成网状结构，覆盖或包裹染料，提高可溶性染料的染色牢度。但此类固色剂存在甲醛问题。

多胺类聚合物固色剂是最早研发的一种无醛环保型固色剂，该固色剂为多胺类化合物或胍类化合物及其衍生物在酸性条件下的聚合物，分子为阳离子型网状结构，固色机理与固色剂Y相似，性能优于固色剂Y。但该类固色剂中含有较多的氨基，存在染色物色变和耐日晒色牢度差等问题[81]。为了解决多胺类聚合物固色剂色变的问题，研究人员开发了季铵盐型聚阳离子型固色剂。此类固色剂包括环氧氯丙烷与多胺类的聚合物和烯丙基季铵盐衍生物聚合物两类，相对于前者，后者固色性好，应用更广泛，但其耐湿摩擦色牢度欠佳，且原料成本高。针对上述问题，研究人员在烯丙基季铵盐衍生物聚合体系中引入改性剂改性，聚合得到阳离子树脂型固色剂，其固色牢度相对较好，成本相对较低。

反应型固色剂是一种分子结构中含有能与纤维或染料中的羟基、氨基等发生共价交联的反应性基团的固色剂[82]。通过固色剂分子上反应性基团的共价交联作用，使染料通过“桥接”作用键合在固色剂和纤维上，同时通过固色剂交联成膜，可以有效提高染色织物的色牢度。反应型固色剂主要包括环氧氯丙烷衍生类、水性聚氨酯类[83]、有机硅类。除此之外，也有在纤维表面形成无机膜材料，以此提高固色牢度的溶胶—凝胶型固色剂、纳米型固色剂出现。

目前市场上较广泛使用的多胺类聚合物固色剂成本高、易变色，聚阳离子型固色剂耐湿摩擦色牢度不高，反应型固色剂固色处理温度高且影响织物手感，已经不能很好地满足人们的需求。近年来，以阳离子水性聚氨酯固色剂为典型代表的反应型固色剂可以通过色淀固着、表面成膜、共价交联等多种方式提高染料固着率，整理后的染色织物耐摩擦色牢度、耐皂洗色牢度、耐日晒色牢度、耐汗渍色牢度以及耐酸耐碱性均较为优良，且不影响织物的色泽，或将为纺织品环保固色剂的开发提供新的方向[84]。

4. 增稠剂

纺织品印花也被称为局部着色，是将织物上的涂料或染料图案化的一种方法，为了使印出的花型具有清晰的线条、明显的点纹和均匀的花纹，同时防止印花过程中花纹出现渗化现象，需要加入增稠剂以增大色浆稠度，赋予印花色浆黏性和可塑性，并把染料、化学品和助剂等传递到织物上去，使织物印花轮廓清晰。因此，增稠剂对于提升印花织物品质非常重要[85]。在合成增稠剂出现之前，织物印花通常使用天然增稠剂或改性的天然增稠剂，如淀粉及其衍生物、纤维素衍生物、瓜尔胶、海藻酸钠等，其中淀粉和纤维素类需要通过改性使其溶于水来使用，瓜尔胶、海藻酸钠来源较为广泛，但对pH值较为敏感，同时其流变性差，导致应用受到一定限制[86]。随着高分子化学工业的发展，以聚丙烯酸类为主的阴离子型增稠剂开始出现在市场上。聚丙烯酸类增稠剂增稠效果显著、使用方便、应用广泛，但其对电解质比较敏感，耐电解质性能有待提高。水性聚氨酯类增稠剂是近年来新开发的一种非离子缔合型增稠剂，增稠效果好，且耐水、耐电解质性能优异，受到了越来越多的关注。

水性聚氨酯增稠剂在合成过程中以水代替有机溶剂作为分散介质，对环境的危害更少，符合人们对生态纺织品的需求以及纺织行业可持续发展的要求。近年来，研究人员围绕水性聚氨酯类增稠剂亲水链的长短，末端疏水链的种类、长短、数量，分子量以及分子量分布等影响其在水性体系中增稠性能等因素不断深入研究。国外对水性聚氨酯类增稠剂的研究开展较早，国外企业掌握着此类增稠剂的大量专利，并且对生产技术进行了严密封锁，产品价格比较高。由于我国对水性聚氨酯增稠剂的研究起步较晚，目前距离水性聚氨酯增稠剂系列化产品的开发还有一定困难。

为了更好地推动水性聚氨酯增稠剂的发展，未来应着重做好以下几方面的工作：一是传统的线型结构聚氨酯增稠剂增稠效率还不够，需要加强对聚氨酯类增稠剂增稠机理的研究，同时优化其合成工艺，进一步探究其增稠效果的影响因素；二是加快水性聚氨酯增稠剂在印花中的基础应用实验研究，解决产业化过程中存在的问题；三是单一组分增稠剂已无法满足印花得色深、手感好、色牢度高的要求，未来可以结合不同增稠剂的性能进行复配，发挥各单一组分增稠剂优势。

5. 印花墨水

纺织品数码印花墨水主要分为分散、活性、酸性和涂料墨水4种，是影响印花产品质量的关键因素之一，也是数码喷墨印花最主要的耗材[87]。近年来，随着数码印花技术的快速发展，我国数码印花墨水整体取得了明显进步，许多关键技术指标如墨水稳定性、色彩饱和度、与喷头和供墨系统的匹配度、与面料的适应性，以及研磨、过滤、分散等关键工艺均已实现重大突破。印花墨水品种齐全，而且性能在不断优化。

根据中国纺织机械协会数据可知，2021年我国分散墨水消耗量约占总墨水消耗量的77.6%。分散墨水主要用于化纤织物印花，其中大部分为低温热转印，其数码印花工艺简单，无污水排放[88]。小部分为直喷印花，使用高温型分散墨水。活性墨水主要用于棉、毛、丝、麻和再生纤维素纤维织物印花，印花工艺比较成熟，未来的发展方向是进一步提高印花速度，主要可以通过更多高速工业喷头的装配来实现。酸性墨水主要应用于羊毛和锦纶等织物印花。随着全民运动热潮的兴起，瑜伽服、泳装、皮肤衣的市场规模正在不断增加，对锦纶印花面料的需求也相应增加，酸性墨水市场份额也在逐年增长。

目前，涂料墨水消耗量占总墨水消耗量的比例较小，卷对卷高速数码印花机主流机型普遍使用活性、酸性和分散墨水，涂料墨水使用较少。涂料墨水仅在成衣数码印花领域的使用量比较大。与染料墨水相比，涂料墨水喷墨印花工艺更简单、节能减排优势更明显，已成为喷墨印花技术发展的主要方向。但其也存在印花鲜艳度、牢度不高，以及喷头易堵塞、面料手感欠佳、墨水价格高等问题。因此，开发高质量涂料墨水仍然是喷墨印花技术的未来发展方向。

（三）后整理助剂

随着消费水平的提升，功能性纺织产品的需求量也呈现逐年上升趋势。纺织品所具备的一些功能通常是由面料经过功能性后整理实现的。近年来，后整理助剂朝着多功能化、生态化趋势发展，并已取得了较大进步，如无氟防水剂、无毒无卤阻燃剂等后整理助剂的研发和应用，从源头上减少或避免了污染物的产生。

1. 无氟防水整理剂

近年来，国内外市场对防水功能性面料的需求量逐年增加，相关政策法规对含氟类化学品的管控越来越严格。由于无氟系列防水整理剂不含任何全氟辛酸（PFOA）类、全氟辛烷磺酸（PFOS）类、全氟己酸（PFHxA）类、全氟己烷磺酸（PFHxS）类等氟类化合物，不会在生物体内沉积，因此其受到行业的广泛关注。

目前无氟防水剂主要有4类：石蜡类，作为最传统的防水剂，其使用历史悠久，但防水效果一般，需要和其他化学品复配以改善性能；有机硅类，防水效果一般，但处理后的织物手感柔软，比较适合棉织物防水整理；丙烯酸类，耐洗性好且成本较低，在无氟防水剂市场占比较大，但缺点是手感较硬、手抓痕较多，一般需要复配石蜡或有机硅来改善手感；聚氨酯类，防水效果佳，耐洗性好，相应成本也比较高。无氟防水剂在加工和使用过程中存在很多问题，如低浓度防水性差（无氟防水剂表面张力高）、面料适用性差（表面张力高）、手抓白痕大（使用量大）、剥离牢度差（不耐溶剂）、耐磨性差（不耐磨）、洗涤后性能下降大（耐洗性差）等问题[89]。

针对上述问题，国内外头部化学品公司均推出了各自的无氟防水剂系列产品。昂高（Archroma）推出无氟防水整理剂Smartrepel Hydro SPK liq，其具有高防水性能的同时，还能够显著提高织物的撕破强力，改善织物的耐磨性，适用于天然纤维面料及合成纤维面料。鲁道夫（Rudolf）推出仿生型无氟防水整理剂ECO，其为一类不含有机卤化物和烷基酚聚氧乙烯醚类化合物（APEO）的超支化树状高分子化合物和聚合物，可作为各种纤维类型面料的高效防水整理剂，其应用效果及产品的生态环保性受到诸多国际知名品牌认可。大金（Daikin）公司针对防水剂低浓度时防水性差的问题推出无氟防水剂XF-5001、XF-5003、XF-5005，其采用独特的侧链固定技术与全新表面偏析技术，使得疏水结晶链段聚集在最外层，最大限度地降低了防水面料的表面张力，在低浓度使用时也能达到较好的防水效果，适用于绝大多数面料。佳和化学（CHT）推出无氟防水剂ECOPERL系列，据悉，该系列产品生物降解率超过95%，整理后的面料具有优异的耐久防水性能，同时耐磨性好，适用于合成纤维、天然纤维织物及混纺织物。德美化工推出一款高生物基含量且耐洗性好的无氟防水剂DM-3699，其源自天然棕榈，生物基含量超过80%，可以满足50次以上的家庭洗涤，产品适用于各种纤维类型织物的防水整理。

2022年12月，生态环境部、工业和信息化部、农业农村部、商务部、海关总署、国家市场监督管理总局联合发布《重点管控新污染物清单（2023年版）》[90]，目前已施行。其规定禁止生产和禁止加工使用PFOS类化合物；禁止生产和禁止加工使用PFOA类化合物（特殊用途如保护工人免受危险液体造成的健康和安全风险影响的拒油拒水纺织品等除外）；首次明确提出禁止生产和禁止加工使用、禁止进出口PFHxS类化合物。从近年来国内外在含氟类物质管控方面的政策法规来看，整体呈现出对含氟类物质管控越来越严格、管控范围越来越广泛、管控化学品数量越来越多的趋势。同时，随着越来越多的国内外品牌承诺不使用含有害化学物质的防水整理剂产品，氟碳型防水剂的应用一定会受到严格限制。逐步提升无氟防水整理剂的防水性和耐洗性，优化原料的选择与利用，将是未来无氟防水整理剂的发展趋势。

2. 抗菌整理剂

抗菌整理剂是指对细菌和真菌等具有杀灭或抑制其生长繁殖的物质。根据组成结构及来源，抗菌剂主要包括：无机抗菌剂，如纳米银、二氧化钛、氧化锌等，其抗菌效果较好、热稳定性高，但由于毒性未知，在一定程度上限制了其发展；有机抗菌剂，如季铵盐类、胍类、卤胺类，是最早投入使用的一类抗菌剂，其杀菌性能好、杀菌速度快、加工工艺简单、成本较低，目前使用最为普遍，但其耐热性一般较差，不具备长效抗菌性；天然抗菌剂，如壳聚糖、姜黄素等，生物相容性和生物降解性好，但成本更高。

从消费趋势来看，消费者更倾向于天然来源的抗菌整理剂，希望抗菌纺织品从原料端就是绿色无害的。因此，部分企业也推出了相应的创新产品。科凯化工（Pulcra chemicals）旗下Devan系列的天然抗菌剂BI-OME来源于亚麻中提取的亚麻籽油，不含任何金属物质，生物基含量高达95%，适用于天然纤维、合成纤维及其混纺织物，其对于天然纤维织物的抗菌整理效果最好，最高可满足30次水洗，该产品通过了欧盟Reach、ZDHC、Bluesign®等法规和认证。德美化工推出海洋生物基抗菌整理技术OceanFresh™，通过生物技术对海洋甲壳类生物进行处理，获得生物基大分子壳聚糖，可有效抑制金黄色葡萄球菌、大肠杆菌、白色念珠菌，整理后的织物即使洗涤50次后，其抗菌效果仍然较好。

随着环保要求和使用需求的不断提升，安全、高效、无毒、抗菌广谱性好、耐久性好的抗菌整理剂将成为未来关注重点。

3. 消臭整理剂

随着人们对环境卫生意识的增强，消臭纺织品越来越受到重视。目前纺织品消臭整理工艺主要有两种方式，一种是抑菌消臭整理工艺，即通过抗菌剂抑制附着在织物上的细菌（如金黄色葡萄球菌、大肠杆菌、白色念珠菌等）或微生物繁殖，以防止由它们引起的臭味；另一种是物理吸附防臭整理工艺，即利用特定物质对臭味分子进行吸附而除去臭味的方法，通常采用比表面积大、孔隙大且具有较强吸附能力的物质。

抑菌消臭整理工艺方面，拓纳化学推出纯天然的Actipro™益生菌产品，通过使用纯天然的益生菌菌落抑制有害细菌繁殖，从而防止臭味的产生，与普通抑菌剂相比，其特点是不会威胁对皮肤有益的微生物和菌群。该公司利用其自研的TANNEX® LAZUL技术，通过比表面积较大的黏土将益生菌菌落吸附在面料上以达到耐久性效果，经该技术处理过的面料与未经处理的面料相比，有害细菌可减少99%。该产品中还含有尿素酶，可将尿类物质的气味消减至无味，特别适合在婴幼儿贴身产品中应用。鲁道夫推出Pure-AIR技术，产品基于具有光催化活性的二氧化钛，通过光触媒催化作用可抑制微生物生长繁殖，从而消除附着在织物上的异味，同时还能消除周围的甲醛和氮氧化物，催化降解后的产物为水和二氧化碳。

物理吸附防臭整理工艺方面，山宁泰（Sanitized）推出Sanitized® OX20产品，该产品采用Sanitized® Odorex™技术，其完全不含杀菌剂，通过在织物内外表面形成海绵状结构，吸附并中和臭味，海绵状结构中吸附的臭味分子能通过家庭洗涤释放出来，在50次家用洗涤后仍有较好的效果。由于整理过程中没有添加黏合剂和其他颗粒物质，因此织物手感不会受到影响。该产品不仅适用于棉、粘胶，还适用于其他合成纤维织物的除臭整理。HeiQ（海屹科）推出HeiQ Fresh清新整理技术，其不含任何金属离子成分，可耐高达30次的水洗。该技术有3款细分产品：HeiQ Fresh MNT，以薄荷精油为基础，可消除人体在日常生活中产生的异味，适合日常穿着用织物，该产品已应用到运动品牌巴塔哥尼亚（Patagonia）中；HeiQ Fresh FFL，采用生物基氨基糖对汗味进行中和，并在洗涤中溶解，适合日常穿着用织物；HeiQ Fresh HAX，以改性沸石为主要成分，吸附异味化合物，适合家居等非水洗织物。

4. 阻燃剂

阻燃纺织品的开发和应用对于减少火灾的发生和降低因火灾造成的生命和财产损失具有重大意义。阻燃整理方法主要有3种：一是在纤维聚合阶段进行阻燃改性；二是在合成纤维纺丝过程中进行阻燃改性；三是在织物后整理过程中进行阻燃改性，即采用浸轧、烘焙、涂层等方法，使阻燃剂固着在纤维或织物上，从而获得阻燃效果。用于纤维和纺织品的阻燃剂分为原丝改性阻燃剂和织物后整理阻燃剂。与原丝改性阻燃相比，后整理阻燃剂具有工艺简单、易操作、加工灵活等优点[91]。

目前用于纺织品的阻燃剂按照阻燃元素可分为卤素基、磷基、氮基、硅基等。卤素基阻燃剂具有添加量低、阻燃效果好等优点，但其整理后的织物在燃烧过程中会释放出有毒物质；磷基阻燃剂阻燃效果好、毒性低，逐渐取代卤素基阻燃剂；氮基阻燃剂具有低毒、低烟等优点，一般与其他阻燃剂复配使用，以达到更佳效果；硅基阻燃剂对环境友好，抑烟和防熔滴性能好。

近年来，研究人员致力于阻燃剂抑烟和防熔滴性方面的研究。四川大学王玉忠院士团队通过在聚酯大分子链中引入交联基团[92]，在大分子合成和熔融成型加工温度下不交联，而在高温或燃烧时可迅速自交联，从而实现了聚酯的高温不熔滴和炭化阻燃，该方法突破了传统反应型阻燃剂对卤素的依赖。北京服装学院王锐教授团队致力于羧酸类MOFs制备及在聚酯纤维阻燃中的应用，MOFs是由无机金属中心与有机配体通过配位键结合形成的一类具有周期网络结构的晶态多孔材料。其作为阻燃剂，具有气体储存、吸附作用，有抑制烟毒气体的释放等优势，但提高MOFs阻燃剂在聚合物基体中的分散性仍是目前亟待解决的问题。

目前，阻燃剂将朝着以下方向发展：一是环保阻燃剂将成为主流，含卤阻燃剂将完全被无卤阻燃剂取代，生物质阻燃剂的研发及应用将成为热点；二是对阻燃剂进行改性处理，在同一种阻燃剂中采用多种阻燃元素形成协同效应，提高阻燃性能，降低阻燃剂用量；三是开发抑烟化阻燃剂及针对化纤织物开发抗熔滴助剂。

5. 吸湿快干整理剂

目前，吸湿快干整理剂主要为聚硅氧烷类、聚胺类、聚丙烯酸类、聚醚聚酯类、壳聚糖类。总体而言，聚硅氧烷类耐洗性不佳；聚胺类存在易泛黄且耐洗性差的问题；聚丙烯酸类整理后的织物亲水性能和手感不佳；壳聚糖类虽然生态环保且可以提高织物的亲水性能，但其生产成本较高，整理工艺复杂，整理后的织物耐洗性较差；相对而言，聚酯聚醚类亲水整理剂能兼顾亲水性能与耐久性能，但也存在一个问题，即对织物抗静电性能提升不大，且耐洗性不高。近年来，嵌段型聚醚改性聚硅氧烷越来越成为人们关注的重点，其通过在聚硅氧烷主链段嵌入聚醚基团，分子中既有亲水性的聚醚链段，还包括疏水性的聚硅氧烷链段。由于聚硅氧烷链段的存在，聚醚改性硅油具有表面张力低、耐高温及低温性能，聚醚链段的存在使聚醚改性硅油具有良好的吸湿性及水溶性。

东华大学谢孔良教授团队在聚酯聚醚类亲水整理剂的基础上，添加了一种阳离子季铵盐与其进行缩聚反应合成新型的吸湿速干整理剂，旨在提升织物吸湿速干性的同时赋予织物良好的抗静电性能及耐洗性能。该整理剂与市售同类产品测试相比，性能更优[93]。鲁道夫旗下品牌Cycle-Logic旨在将聚对苯二甲酸乙二醇酯（PET）转化为纺织化学品，推出了基于回收PET塑料瓶的吸湿排汗整理剂FERAN® UPCYCLE ICT。据介绍，其具有较好的耐水洗性能和去污效果，同时抗静电性能较好。

6. 凉感整理剂

通过后整理实现凉感的方式有3种：第一种是添加矿石微粒，其原理是利用矿石比热容小、热平衡快，以此加快吸热的过程；第二种是利用凉感整理剂的易挥发性，使织物接触皮肤后因为整理剂的挥发而带走表皮的热量，如挥发性好的薄荷油；第三种是通过整理剂与表皮的汗液发生吸热反应而使皮肤表面温度降低，如遇水发生吸热反应的木糖醇等。

拓纳化学推出了TASTEX® COOL-EX凉感功能整理剂，其主要成分为木糖醇，能够吸收体内汗气，降低皮肤表面温度，同时整理剂中含有的十一碳烯酸甘油酯，可保持织物的清爽，避免异味。海屹科推出了HeiQ Smart Temp智能温控技术，其采用一种水解功能聚合物，能够动态调节热量散发及水分蒸发，当人体感到炎热时，凉感功能自动激活；当感到寒冷时，冷却功能停止，该技术已应用到滑雪品牌伯顿（BURTON）滑雪服单品、红豆男装0感舒适衬衫中。

7. 防紫外整理剂

一般情况下，织物紫外线透过率+反射率+吸收率=100%，即紫外线吸收率和反射率提高则透过率降低，防紫外性能优越。影响织物防紫外性能的因素有纤维种类、织物组织结构、织物色泽等。目前通过后整理方式实现防紫外效果主要有两种方式，一种是添加具有反射或折射紫外线作用的纳米二氧化钛或纳米氧化锌；另一种是使用有机类紫外线吸收剂，如水杨酸酯类、二苯甲酮类、苯并三唑类、三嗪类等有机类化合物。

针对天然纤维和化学纤维织物，宜采用不同的紫外线吸收剂。拓纳化学推出的TANUVAL® UVL/UVP，高温升华牢度优异，适合需要高温后整理的织物，如涤纶织物；推出的TANUVAL® CPA能与纤维产生共价键结合，适用于纤维素纤维及锦纶织物。有机类紫外线吸收剂应用较为广泛，使用过程中，需注意其对生态环境的影响，如有机类紫外线吸收剂中二苯甲酮类属于环境激素，部分国家及地区计划将其列入有害物质名单。

从化学品角度，防紫外线整理剂未来将向两个方向发展，一是利用纳米复合技术制造出有紫外线反射作用的无机纳米粒子与具备紫外线吸收能力的有机纳米粒子类高效紫外线屏蔽剂；二是开发防紫外吸收染料，这主要是由于传统染色与整理一般分步进行，能耗大、废水量多，而防紫外吸收染料可实现染整的同步进行，目前相关学者对此所做研究基本处于理论阶段，尚无实质性进展。

（四）结语

目前，我国是世界上最大的纺织品生产、消费和出口国家，2022年印染行业规模以上企业印染布产量达556.22亿m。未来随着经济发展和人们生活水平、消费能力的提高，纺织印染行业对纺织化学品的要求会不断加大。未来纺织化学品行业将朝着以下方向发展。

（1）加快绿色低碳转型

在“双碳”背景下，适应低温、短流程工艺的练漂剂、生物酶等前处理助剂，以水代替有机溶剂作为分散介质的水性聚氨酯增稠剂的开发力度将加大。降低染色残液COD值、减少废水排放的液体分散染料、高色牢度天然染料，节能减排优势明显的涂料印花墨水在印染企业的应用比例将提高。随着国家环保政策的日益严格，助剂和染料除需要具备的基础功能外，还需要满足一些特定指标，如不能含有重金属离子、甲醛不能超过限定值、具有一定的可生物降解性。随着生物基再生纤维、生物基合成纤维等逐渐被使用，生物来源的染料及助剂的开发也将受到广泛关注。

（2）注重功能化和高性能化

随着消费者对纺织品功能性的需求越来越高，纺织化学品行业将更加注重产品的功能化和高性能化。重视纺织品防水、抗菌、消臭、阻燃、吸湿快干、防紫外线等性能的提升。如在氟碳型防水剂受到严格限制的背景下，提升无氟防水剂的防水性及耐洗性；使用安全、高效、抗菌广谱性好、耐久性高的纺织品用抗菌整理剂；对阻燃剂进行改性处理，在同一种阻燃剂中采用多种阻燃元素形成协同效应，提高阻燃性能，同时开发抑烟化阻燃剂及针对化纤织物开发抗熔滴助剂。后整理工艺也会朝着多功能化方向发展，同时具备多种功能的纺织化学品，能够更好地满足消费者的多元需求。

（3）加强有害物质管理和监控

以欧盟为代表的发达国家在有关纺织产品生态安全要求方面的立法已日趋完善，如欧盟REACH法规、CLP法规等。我国对纺织品中化学品的管控主要体现在对成品的质量管理方面[94]，如GB 18401—2010《国家纺织产品基本安全技术规范》、GB 31701—2015《婴幼儿及儿童纺织产品安全技术规范》等强制性标准。虽然我国在生态安全要求方面取得了积极进展，但在有害物质管控方面，相比西方发达国家仍然比较滞后，处于下游的纺织行业常处于被动位置，因纺织化学品不符合相关国家或地区法律法规等而被通报召回的案例时有发生。因此，需要法律法规标准的协同、行业的监管以及企业的严格执行，共同加强对有害物质的管控，采用更加安全的纺织化学品逐步替代有害物质的使用。

（撰稿人：中国纺织信息中心　刘　正；浙江理工大学　吴明华）

四、纺织用数智技术新进展

（一）智能生产线

1. 发展概述

智能制造是纺织行业数字化转型的主攻方向，以智能化车间、工厂建设为核心的智能生产则是纺织服装智能制造的关键环节，其主要涉及化纤、纺纱、织造、非织造、印染、服装和家纺等专业领域，涵盖纤维、纱线、面料，以及终端产品的加工、运送、装配、检验等加工环节，与智能设计、智能物流、智能销售、智能服务等共同构成纺织服装智能制造的全生命周期过程。

纺织服装的智能化生产主要基于互联网、大数据、云计算、人工智能、数字孪生等信息技术发展，以纺织装备的数字化和信息互联互通为基础，实现装备、软件、信息技术的协同创新与应用，从而达到提升生产效率及生产方式的精细化、柔性化、智能化水平的最终目标。随着新型数字化、智能化纺织工艺装备技术，以及生产管控系统、人机交互系统、识别与传感系统、纺织机器人等一体化解决方案的突破和应用，化纤长丝、纺纱、非织造等重点领域智能化生产线已基本实现产业化应用，如化纤智能示范工厂实现了送配切片、卷绕自动落丝、在线检测、自动包装、智能仓储等全流程自动化生产[95]；棉纺行业自动化、数字化纺纱生产线大量涌现，环锭纺万锭用工减少至15人；水刺非织造布实现全流程智能生产线装备与系统集成应用，高速智能纺熔复合非织造生产以数字化、智能化转型构建弹性生产体系等。

2. 各领域发展现状与实例

（1）化纤领域

化纤生产中，智能检测及操作、化纤长丝落卷（筒）机器人、长丝生产自动生头机器人已逐步应用，自动送料、自动清板、自动检板等技术及系统在行业龙头企业中得到应用，基于机器视觉技术实现了卷装外观的在线智能检测，智能打包、物流、仓储系统实现无人化作业。此外，个别龙头企业开发出制造执行系统（MES）、企业资源管理系统（ERP）互通集成平台，构建了基于工业互联网的信息共享及优化管理体系，建立生产模型化分析决策、过程的量化管理、成本和质量的动态跟踪系统，实现内外系统协同联动及数据收集与共享。如欧瑞康（Oerlikon）推出化纤工厂生产控制系统，实现对纺丝生产全过程的工艺数据采集、分析和辅助应用（图2-108）。

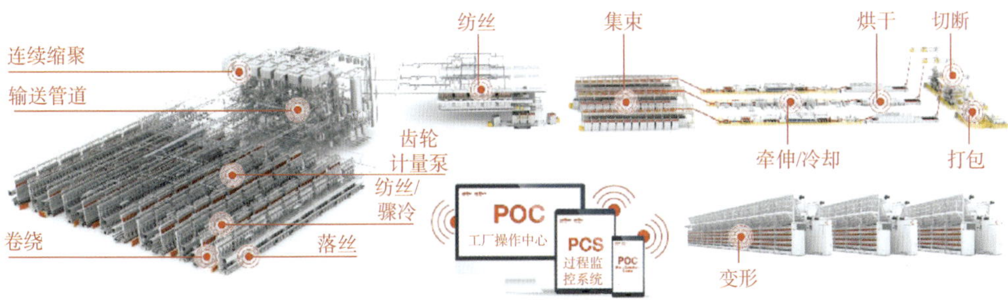

图2-108　欧瑞康化纤工厂生产控制系统

化纤制造的数字化关键在于建立从原料输入、聚合反应、熔体输送、纺丝全流程数字化仿真系统，全过程的信息互联互通，实现生产工艺可视化与优化，有效提升产品质量。其主要包括：聚合过程数字化与精准控制，如建立聚合可视化数字模型；熔体输送过程数字化与工艺优化，如采用熔体精确输送与分配数字化工程模型与技术、熔体输送实时动态协同控制模型与技术，以及工艺动态演化及可视化系统；纺丝过程数字化加工与工艺优化，通过开发数字化仿真系统集成平台，包括纺丝工程仿真、工艺优化、品质控制、性能预测等模块，实现不同丝条的工艺—结构—性能对应关系的计算机预测。此外，在化纤制造过程管理方面，MES、ERP、基于信息物理系统（CPS）的全过程互联互通系统、智能可视化客户交互交易系统与平台、智能化生产工艺数据库系统，以及化纤行业工业物联网、云平台的应用也越来越广泛[96]。

以桐昆集团股份有限公司30万t/a功能性聚酯纤维智能制造系统关键技术与应用项目为例，通过开发数字孪生工厂智能化建模与一体化设计、机理和数据双驱动数字孪生交互式仿真及优化系统，缩短熔体管线长度20%以上，减少热降解，优化工艺，提高产品开发成功率和效率；攻克智能铲板、喷丝板检测、单丝和丝饼在线检测等关键短板装备技术，开发大容量聚酯装置国产化集散控制系统（DCS）、化纤定制型TK—MES、先进过程控制（APC）及EMS等系统，实现功能性聚酯纤维自动化与数字化生产（图2-109）；开发B2B客户交互交易平台、BI决策和TK—ERP系统，满足客户定制与交付需求，降低库存风险；建立产业链上下游协同工业大数据平台，实现生产装置控制级应用与企业管理的智

图2-109 功能性聚酯纤维智能车间

能互联互通及综合集成；经第三方测算，项目运营成本降低62%、产品研发周期缩短53%、不良品率降低44%、劳动生产效率提高22%、单位产品能耗降低超过14%[97]。

（2）棉纺领域

连续化智能化生产的硬件保证系统、智能纺纱工艺与仿真分析系统，以及全流程智能纺纱生产管理系统的应用，推动了全流程数字化智能化纺纱生产线的建设，设备自动化、智能化水平，以及企业信息管理化程度明显提高，部分生产线的万锭用工水平已经从平均60人左右下降到10~15人。在毛纺纺纱领域，智能生产主要体现在智能开混梳生产线、自动化数字化毛纺细纱机、纺纱工艺过程信息化管理、柔性机器人技术、智能化毛纺车间建设等方面；在丝绸缫丝领域，智能生产则主要体现在包括机器人选茧、智能化煮茧、自动化缫丝、生丝电子检测等方面。

具体而言，纺纱智能化生产线均采用新型智能化棉纺成套设备，包括一机多线清梳联、条并卷联合机、高速精梳系统、自动落纱粗纱机、自动落纱细纱长机、自动络筒机、自动打包机，配套的半成品、成品自动输送等先进棉纺设备，实现了从棉花到筒纱入库的自动化；在纺纱的各关键工序都使用了传感器、条码、射频识别、自动导航、在线检测、自动调节等机器视觉自动识别技术，实现了设备工艺参数、运转数据、设备耗能等综合信息在线检测、自动分析、故障自诊处理、实时反馈等功能；搭建的工厂智能配棉仿真、纺纱质量仿真等信息集成平台，实现了工艺在线设计、质量在线控制、能源在线监控、物流自动运输等智能化、自动化生产。运用互联网技术改造和提升ERP、MES、质量专家系统、能源管理系统（EMS）等网络信息技术在纺纱生产线上深度融合、互联互通，实现物流、能流、价值流和设备状态“三流一态”统一管理，使互联网技术和传统纺织产业深度融合。

图2-110 自动接头机械手ROBOspin的应用

在自动化、智能化纺纱装备方面，立达推出全自动接头机械手ROBOspin（图2-110）、自动落纱小车ROBOdoff，显著降低人工需求，卓朗的新型Autoconer X6细络联系统（现已被立达收购）集成了基于RFID射频识别技术的管纱云物流系统（图2-111）和SPID在线质量监测系统，可节省约20%的资源消耗，并可提高多达6%的产能；在数字化智能化管理系统方面，立达的ESSENTIALmonitor生产监控系统、ESSENTIALoptimize工艺优化系统、青岛宏大纺织机械有限公司的远程运维系统、经纬纺机的经纬e系统等，可大幅提升纺纱生产透明化水平和管理质效。

（3）织造领域

自动化、信息化的织造装备以及ERP、MES、APS等信息系统的应用，推动织造生产与管理数字化逐步深入，一方面显著改善了生产环境，降低了工人的劳动强度和企业的用工成本，另一方面也提高了生产效率和产品质量。其中，准备装备和织机装备正普遍采用先进的控制系统和监测系统，快速进行在线数据的采集、监测和设定，进而进行工艺参数的实时调整和设备故障的远程诊断，主要包括整浆一体化、整经张力自调、自动调浆与调浆质量在线检测、浆纱张力自调匀整、上浆质量在线检测、高效自动穿结经、纱架自动装纱与智能喂纱（图2-112）、经纱上机张力自调补偿、纬纱张力自调、APR自动抽纬系统、坯布疵点机上自检测、AGV自动运输系统等关键技术；在织造生产全过程的动态感知、智能计算、优化控制与实时信息服务基础上，进行生产数据的采集与分析、工艺的集成与执行、设备的监控与管理、生产计划的调度与优化、产品质量的在线监测等，逐步实现织造生产过程的智能运营管理[16]。

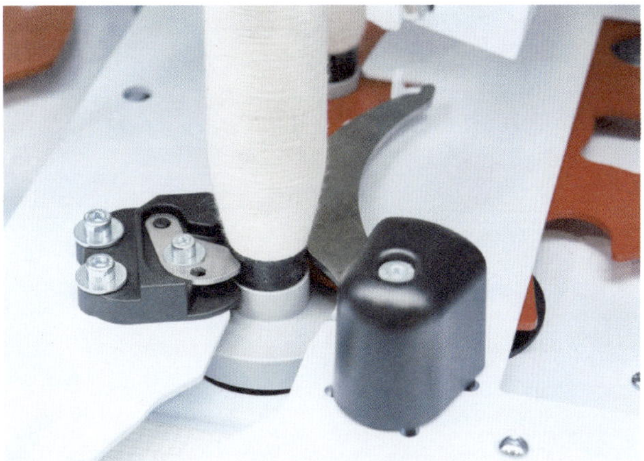

图2-111　以管纱云和RFID技术为基础的物流管理系统

图2-112　范德威尔SMARTCREEL智能纱架

举例而言，织造装备生产商多以生产管理系统的方式实现设备的远程监控、工艺参数管理、生产任务调度、设备的维保管理，以及远程登录维护等功能，如必佳乐公司LoomGate远程监控解决方案使客户可以随时随地查看整个织造厂的情况、织机的性能数据，包括织造的纬数、平均车速、停车次数等，并可导出至计算机，用于情况汇报或优化设定，此外还包括约科布·缪勒公司的生产数据采集系统MÜNET MASTER、意达公司的iCARE联网与运维系统和iMANAGER数据统计分析系统、多尼尔公司的DoXWeave织机联网系统和DORNIERErgoWeave®生产监控系统、经纬纺机基于互联网的织机运行数据采集和数据库平台等，同样可以实现类似功能。针对织造车间数字化改造，上海不工软件有限公司自主开发的ORAPS智能计划与生产管理系统，从面料结构参数管理规范化入手，以有限产能为核心，在考虑机器、物料供应、生产工艺、人员制约的同时，可以毫秒级的计算效率对订单进行计划排程，不仅实现了面料生产与数据管理的规范化、透明化与信息化，生产与产能的最优规划，交期与计划的整体协同，还通过对大量信息和数据进行统计分析实现了精益化、智能化管理（图2-113）。

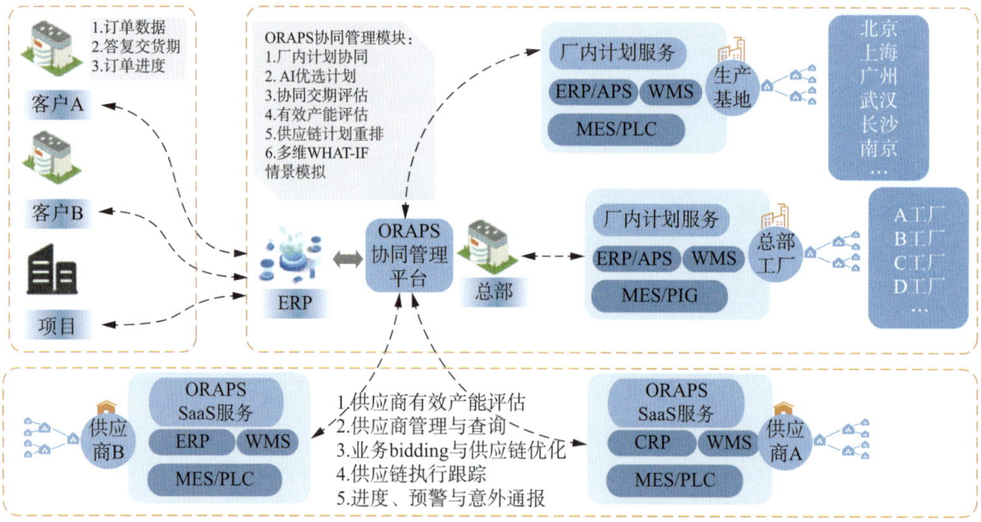

图2-113 基于ORAPS系统的供应链协同计划模式（厂间）

（4）针织领域

针织数字化车间、智能工厂建设通过配置满足企业管理要求的自动化、智能化装备，利用物联网、云计算、大数据、人工智能等新一代信息技术，将针织设备与生产管理系统联通，实现对设备的在线监控和对生产计划的集中控制；集成计算机辅助工艺设计系统、基于机器视觉技术的纱线检测和疵点检测系统，实现机器分组管理和面料质量在线检测；同时构建物料仓储、调度、输送智能化系统，降低工人劳动强度，提高生产效率，最终改变传统针织企业的生产组织方式，构建高效、节能、绿色、舒适的智能化、人性化生产方式。

在智能化装备方面，针织坯布疵点智能化监控系统、恒张力调整技术、织物性能在线监测技术，以及自动铺布、自动裁剪、自动吊挂智能成衣生产等不断普及和应用，提高了装备集成化程度，扩大了高效自动化、系统化、集成化生产流水线的覆盖范围。在智能化生产方面，借助互联网CAD系统和MES系统，优化针织产品生产工艺和生产流程，实现生产车间多机台设备的远程监控和生产管理，提升协同生产制造水平，进一步融合ERP管理系统，实现对整个企业原料采购、产品生产、财务和销售的全面管理，完善供应链管理和终端用户管理，发挥信息化的综合效益[98]。

代表性案例，如江南大学教育部针织技术工程研究中心自主开发的互联网针织CAD系统iKDS、互联网针织CAM系统iKCS和互联网针织MES系统iKMS，融合了云存储、大数据分析、图像处理、虚拟展示、无线通信、网络控制、机器视觉等技术，实现花型工艺设计、织物仿真、三维展示与机台数据采集、生产监控、质量监测、远程运维等之间的互联互通与集成应用；不仅大幅降低人工成本，精简流通环节，用户的个性化需求也得到更大程度的满足；卡尔迈耶集团针对经编和横编生产推出KM.ON数字化解决方案，其中整合了k.innovation产品工艺设计软件、PPS生产计划协作系统、k.ey云存储技术、k.management运行数据监控系统、k.production产品管理系统等；圣东尼公司推出纬编个性化定制解决方案——MyKnit数字化项目，实现针织服饰大规模定制平台与无缝针织技术的完美结合。

（5）印染领域

印染领域的数字化转型是整个纺织产业链数字化建设的难点和重点，主要以数字化装备为基础、数字化印染工厂为载体、印染工业互联网平台为核心、生产绿色环保纺织产品为目标，具有“批量定制、柔性定制、快速反应、绿色环保”等特征。通过采用印染生产工艺在线采集、智能化测配色及工艺自动管理、染化料中央配送、半成品快速检测、产成品智能化输送、生产流程管理等系统，印染连续生产车间和间歇式染色车间实现了现场数据采集与分析、生产管理之间的协同与集成，以及车间各设备与企业信息系统数据间的无缝连接。

在装备数字化方面，主要包括印染助剂自动称量系统、数字化连续染色机、自动化喷墨印花设备、自动验布机、坯布自动缝纫接头设备、印染车间物料智能化输送设备和定位系统等的开发和应用；在管理的数字化方面，主要包括染色设备集控系统、染色工序集中控制系统、定形工序集中管理系统、物料管理，以及智能控制系统、质量品质管控系统、印染废水智能管控系统、自动化仓储物流系统、能源管理系统的开发和应用等。如佛山技研智联科技有限公司通过自主研发智能网关、智能控制器等边缘计算产品，解决旧设备没有数据接口及存在大量异构通讯规范问题，实现设备联网升级改造与工艺数据采集分析，进一步优化生产流程，提升设备的利用率和产品质量；上海蒙克信息科技有限公司推出基于服装供应链颜色数字化管理的解决方案，通过产品色彩数据便捷化采集和生产工艺可行性分析，提前规避颜色实现障碍，并给出工艺优化解决方案，大幅缩短颜色开发周期、提升染色生产效率和产品合格率，通过“面料通”App帮助品牌实现供应链颜色在线跟踪与质量控制，结合生产数据报告，提高供应链颜色开发与确认效率的同时，对供应链颜色生产与管理进行数字化评估。

在印染工厂生产实践上，华纺股份有限公司通过印染工艺参数在线检测及反馈控制系统、染化料精准自动配送系统、生产计划自动排程系统，以及产品质量与工艺参数的相关性模型构建，实现了印染全流程工艺参数在线监测、数据集中存储和分析、生产优化与自主决策，最终实现染色生产效率提升25%、产品一次通过率提高10.4%、单位产品能耗平均降低25.06%、水耗降低31.33%、运营成本降低20%、产品研制周期缩短30%、产能增加20%；烟台业林纺织科技有限公司携手恒天立信工业有限公司，完成坯布（针织布）机械臂、AGV智能运输、染化料自动输料、染缸自动轧水、定形机自动整纬等自动化设备的升级和改造，并利用中央控制系统在线连接所有印染设备，全面提高企业印染设备的自动化水平，达到节省劳动用工、缩短生产周期、提高产品生产重现性，同时打造可视化供应链的目的。

（6）服装加工领域

当前服装领域的智能生产主要体现在3个方面：第一，装备自动化、数字化水平不断提高，单元机全自动上料和收料装置普遍应用，机器人抓取及传送技术取得新进展，吊挂及带式智能衣片输送技术与自动缝制单元、模板缝制系统的集成应用全面推广；第二，生产管理过程信息化程度不断提升，ERP、MES、计划与排产系统（APS）、仓储管理系统（WMS）、供应商管理（SRM）等软件系统的应用使服装企业的管理更加准确、高效，智能控制系统能够精确地管控复杂的生产工序，完成管理和制造的无缝对接；第三，数字化关键技术实现新突破，三维人体测量、服装3D可视化及模拟技术精准性大幅提升，RFID技术的应用实现物料的实时同步管理和高效利用，并通过提升仓库利用率、提高仓储的灵活性与准确性、合理控制物料和产品的库存等方式降低物流仓储成本。此外，服装智能化定制、柔性化生产、服务型制造、网络协同制造等新模式不断涌现，促进了工艺制造流程的优化和生产质效的提升，进一步满

图2-114 力克3D技术应用

足了研发精准化、生产快速化、消费多样化等需求。

在服装生产领域，力克（LECTRA）公司通过将智能裁剪设备、3D设计技术（图2-114）、云端排料解决方案，以及生命周期管理（PLM）、产品信息营销管理（PIM）、数字资产管理（DAM）等系统，整合到一个云计算平台上，实现服装企业从产品系列规划、设计开发、3D模拟打样、布料裁剪规划、裁剪生产等整个流程的柔性供应链建设；波司登国际控股有限公司大力推进基础制造装备转型升级，应用智能工厂、数字车间、“机器换人”，将5G技术融入更多场景，构建具有自感知、自执行、自适应等功能的生产制造体系，同时将仓储物流与工业互联网技术相结合，由机械化向自动化和智能化升级，发展自动化立体库、输送设备、分拣设备，通过智能仓储缩短投资周期，大幅降低库存压力和管理成本；天津胜美科技有限公司主要通过由高级APS、WMS、MES组成的柔性生产系统，实现对生产过程和仓储物料的实时跟踪、监控、调整及优化，使服装生产全过程更加透明、高效，结合自主研发的智能定制下单系统（MTM）和C2B智能研发管理系统（PLM）形成的全价值链生态系统，使企业实现从设计排版到生产销售全流程智能化。

（7）非织造领域

在非织造领域自动化方面，非织造设备及生产线正通过生产线自动化、在线数据采集、工艺数据自动优化等方式，控制生产要素各数据的自动流动，解决复杂工艺的不确定性。如自动喂料、纤维开松监控、梳理机的自调匀整、自动收卷包装、远程故障诊断处理、机械故障预警等技术。在非织造领域信息化方面，办公自动化（OA）系统的应用实现流程快捷审批和无纸化办公；ERP系统能对企业的销售、客户、财务和库存等业务流程进行有效管理；分布式控制系统（DCS）主要对非织造布生产流程的基本工艺数据、设备数据和能耗数据进行即时采集，并在仿真工艺流程图中动态显示设备状态及各种相关工艺参数，然后进行简单的趋势分析；MES系统完成能源数据采集与处理，主要用于监控能耗，进行成本核算；WMS系统通过二维码技术，以及RFID技术、无线互联网技术，对产品赋予唯一身份，利于产品追溯、提高工作效率；供应商管理（SRM）以采购产品为基础，通过规范的定点、定价和订货流程，建立企业产品需求方和供应商之间的业务关系，达到降低采购产品价格、提高产品质量和提升供应商服务质量的目标。

针对非织造智能生产，安德里茨推出基于智能传感器、大数据和增强现实技术的Metris数字化解决方案，除了实现生产数据采集与工厂可视化监控外，还可通过分析客户自由选定的具体参数或模拟生产过程来优化设备与系统操作；亚赛利（A.Celli）致力于为非织造布行业提供包含设备的全球化集成、从卷取和收卷工艺至管理集成、仓储优化、备货及发运工艺的集成方案，具体如Extreme Automation质量监测与控制系统、全自动包装系统SLITTOPACK®、自动输送无人小车R-WAY®AGV及全自动仓储系统等，并通过进一步改善工艺数据采集与分析，减少设备停机，提前预警最佳干预位置和部署工艺过程的审查；湖南中南智能装备有限公司针对非织造布收卷包装输送，研发了一套自动化机器人系统，实现了非织造布自动收卷、自动生头、自动下卷、自动抽轴、自动装纸管、自动测量卷径、自动取样、自动称重、自动贴标、自动包装等功能；宏大研究院有限公司不断拓展智能化纺熔成套装备技术边界，通过开展常用品种“一键式开机”功能设计、预测性维护功能设计、智能化能耗管理系统、打通生产线之间数据接口、打通生产线数据系统与企业管理系统接口等创新，助力纺熔非织造卷材生产的数字化、智能化制造转型。

3. 结语

虽然纺织服装各领域的智能化生产已经取得阶段性成效，但目前总体上还处于工业化与信息化、数字化交汇，并向数字化、网络化、智能化发展的阶段，与新一代智能制造发展目标仍然存在一定差距。多数纺织企业，尤其是广大中小企业的传统工业思维仍有待突破，产业智能化人才队伍和科技资源薄弱、纺织智能制造研发投入不足、纺织智能制造软硬件基础能力弱、跨领域协同不够等挑战仍不容忽视。

在未来相当长一段时期，推进纺织服装各领域的智能化生产（表2-4）需要立足生产制造本质，紧扣智能化基本特征，以装备为核心，加快智能化软硬件的更新升级与集成连通，以数据为基础，释放数据要素的叠加倍增效应和管理优化潜力，依托制造单元、车间、工厂、供应链等载体，构建虚实融合、知识驱动、动态优化、安全高效、绿色低碳的智能制造系统，赋能“专精特新”成长，促进全产业链协作，推动行业实现数字化转型、网络化协同、智能化变革。

表2-4 各领域智能化生产发展趋势[99]

领域	趋势
化纤领域	发展数字化全过程生产技术，贯通从原料采购、计划调度到生产执行、设备监控的数据流，提高监测追溯、质量管控、供应链预判、能源管理、自动预警等智能化服务能力；加强系统间互联互通的技术，实现生产设备间的互联互通与信息采集、发送，生产管理与企业管理系统互联互通；借助人工智能、RFID等数字化技术，推进智能络筒、智能包装、智能外检系统、智能立体库等设备及技术应用，实现产品全流程可追溯及物流可追溯
纺纱领域	棉纺织行业重点发展纺纱在线质量监控、智能配棉、纱线质量预测、车间物料智能传输、成品包装、生产工艺优化等解决方案；毛纺织行业重点发展与毛纺织加工特点相适应的自动开混梳、数字化纺纱、智能化染色、智能物流与仓储、在线质量监控、智能检测系统等解决方案；丝绸行业重点发展智慧蚕桑管控、机器选茧、数字化煮茧、自动化缫丝等解决方案
织造领域	重点发展整经自动上纱、浆纱自动调浆、复杂织物全自动穿经、断经智能检测与控制、下机疵点智能检验、在制品数字化流程管理、智能仓储、产供销一体化管理等解决方案；加大整经机自动上落筒子、浆纱机自动上落经轴和织轴、织布车间物联网系统，以及AGV自动上轴车和自动落布车等关键设备的开发，促进织造各工序间的信息化和自动化衔接
针织领域	发展自动换纱（筒）、自动落布、纱线长度实时在线测量调节与恒张力自适应控制系统、针织物疵点智能检测与自动分类系统、断针监控、虚拟设计与工艺仿真、一线成型技术等解决方案；研究针织生产全流程物联网管理系统，实现全流程的物联网覆盖，通过各工序的数据导入、视频监控、订单管理，使客户可以在线监控生产计划、某工序实际状况、产品检验状况等订单信息
印染领域	培育推广智能排产、染化料自动配送、印花自动调浆、染缸中央集中控制、染缸自动进出布、产成品智能化输送、颜色数字化管理、智能验布、废水处理数字化等解决方案；开发印染行业制造执行系统，实现设备信息的互联互通以及MES与SFC、ERP的互联互通，建立覆盖全流程的信息系统和物流系统
服装领域	重点培育服装三维设计、智能裁剪、柔性化生产、个性化定制、物料智能传送、自动模板缝制、供应链管理等解决方案，提升服装CAT、CAD、CAM等技术及管理系统集成应用水平，加强全产业链信息化管理，实现制造与市场、设计、物流、销售等各系统互联互通和智能管控
非织领域	通过非织造布生产过程数字化仿真、生产管理、质量管理等解决方案，提高管理效率，实施生产数据网络化；基于RFID、PDA智能终端、电子看板等物联感知技术，结合供应链管理系统，实现对全流程加工工艺、设备、原辅料仓库、物流等进行智能可视化管理；引进或改造现有的全流程生产线，实现全流程的自动化生产

资料来源：《纺织行业数字化转型三年行动计划（2022—2024年）》和《时尚产业数字技术展望》。

（撰稿人：中国纺织信息中心　马　磊）

（二）工业软件

1. 工业软件的定义、分类以及发展背景

工业软件是工业技术软件化的成果，软件化即充分利用软件技术实现工业技术与知识的持续积累、系统转化、集智应用、泛在部署的培育和发展过程。根据《中国工业软件产业白皮书（2020）》给出的定义，工业软件是指工业技术/知识、流程的程序化封装与复用，能够在数字空间和物理空间定义工业产品和生产设备的形状、结构，控制其运动状态，预测其变化规律，优化制造和管理流程，变革生产方式，提升全要素生产率，是现代工业的“灵魂”[100，101]。

由工业软件的定义可知，软件中的技术和知识主要以工业内容为主，软件可以直接为工业过程和产品增值。因此，一些可以在某种场合用于部分工业目的或业务过程的通用软件，如Microsoft Office、微信、钉钉、Photoshop，以及一些常用操作系统等，并不属于工业软件。

一般按照制造业的生产周期，可以将工业软件分为研发设计类软件、生产制造类软件、经营管理类软件和运维服务类软件（表2-5）。此外，近年来，随着工业互联网平台的快速发展，还出现了如工业App或云架构软件之类的新型工业软件，可以将其列为新型架构类软件。

表2-5　不同类别工业软件的细分产品[102]

软件分类	细分产品
研发设计类	计算机辅助设计（CAD）、计算机辅助制造（CAM）、计算机辅助工程（CAE）、计算机辅助工艺规划（CAPP）、电子设计自动化（EDA）、产品数据管理（PDM）、产品生命周期管理（PLM）等
生产制造类	可编程逻辑控制器（PLC）、分布式数控（DNC）、集散控制系统（DCS）、数据采集与监控控制系统（SCADA）、生产计划排产（APS）、制造执行系统（MES）、仓储管理系统（WMS）等
经营管理类	企业资源计划（ERP）、财务管理（PM）、供应链管理（SCM）、供应商管理（SRM）、客户关系管理（CRM）、人力资源管理（HRM）、企业资产管理（EAM）、知识管理（KM）、质量管理系统（QMS）等
运维服务类	维护维修运行管理（MRO）、故障预测与健康管理（PHM）、资产性能管理（APM）等

2. 工业软件产业发展现状

工业软件的发展与成长高度依赖于工业制造体系，因此，越是工业基础良好、工业体系完善、工业水平领先的国家，各类工业软件的发展就越是完善。作为世界上工业体系最为健全的国家，我国已经有超过200种主要工业产品的产量达到世界第一，制造业增加值占全球比重近30%。随着工业化进程的发展和制造业的数字化转型，工业软件的应用加速普及，工业软件行业发展迅速。截至2021年底，我国制造业重点领域企业数字化研发设计工具普及率、关键工序数控化率分别达到74.7%和55.3%，拥有一定影响力的工业互联网平台（工业互联网操作系统）超过150家，设备连接数量超过7800万套，工业App数量突破60万个，经营管理类的工业软件市场占有率达到70%。根据天眼查数据，2017—2021年，我国工业软件相关企业数量持续增长，新增注册企业数量平均增速达27.3%[103]。2021年，我国工业软件产品实现收入2414亿元，同比增长了24.8%，高于全球增长率，占全球份额接近10%。对比我国制造业在全球的地位，同时纵观我国工业软件行业的发展现状可知，工业软件未来仍有很大的发展空间和广阔前景。

虽然我国工业软件发展取得了长足进步，部分核心软件技术取得了突破性进展，拥有了部分自主可控的工业软件产品，培育了一批工业软件供应商，个别类别软件和少量单点技术达到国际先进水平，

但是我国工业软件仍处于较多关键核心技术缺失、由引进应用向自主研发转换、建立技术迭代能力的关键阶段。由2019年我国工业软件各细分领域市场调研数据可见，仍有95%的研发设计类工业软件和70%的运维服务类工业软件依赖进口；国产生产制造类、经营管理类软件的国内市场份额分别达到50%和70%，但高端市场领域仍以Siemens、Dassault、SAP、Oracle等为主。据了解，当前国内领先的工业互联网平台仍建立在国外的基础产业体系之上，95%以上的高端PLC、95%以上的工业网络协议、90%以上的高端工业软件被欧、美、日企业垄断。

在纺织行业工业软件与系统应用方面，《中国纺织行业两化融合发展数据地图》数据显示，到2020年，纺织行业数字化研发设计工具普及率达到70.3%，略低于全国平均水平，主要用于企业经营管理的ERP软件普及率达到62.6%，主要用于车间制造执行的MES软件普及率达到24.5%，ERP、MES在纺织行业的普及程度稳步提升。近年来，随着纺织服装企业上云用云步伐加快，云MES、云ERP的应用覆盖率快速提高，有效促进了中小微型企业数字化转型。2020年，纺织行业大型骨干企业工业云平台应用覆盖率达到50%，双创平台普及率接近86%，持续推动了行业协同发展生态的构建。

在工业软件研发方面，江南大学教育部针织技术工程研究中心成功研发了“基于物联网技术的针织生产智能管理系统”，其具有数据实时采集、质量实时监控、订单实时查询、进度实时调控、效益实时分析、经验实时积累等功能。该MES系统可与针织CAD与CAM无缝对接，实现前道准备、织造和后整理的全工序监测，以数据分析反向指导生产管理，提高生产效率和管理精细化水平，打造针织行业闭环式大数据管理的成功样本。

赛趋科软件（上海）有限公司为全棉时代搭建了全方位的PLM解决方案，覆盖全棉时代七大业务品类，形成一个跨部门、支持多模式的协同、高效、开放的产品研发管理平台，实现产品数据化、流程协同化、业务具象化的三大战略目标。该系统结合全棉时代研发与经营过程中的痛点，对症下药，保证产品数据与品牌知识的沉淀，实现全业务链路数据互通互联和流程持续优化。PLM的实施不仅能有效管控时间成本和材料成本，还能进一步缩短新产品的上市周期，以更好地满足不断变化的消费需求。

绍兴环思智慧科技股份有限公司将制造技术与数字技术、智能技术、网络技术等集成应用于企业设计、生产、管理和服务的全生命周期，为企业建立了覆盖面更广泛、资源更丰富、响应更迅速、功能更强大、应用更深入的全数字平台智能制造软件平台系统，助力打造新型智慧工厂与生态。以染色车间为例，通过数字化软件平台的全过程管控和精细化生产作业，预计能提升全厂管理效率20%、提升整体生产效率15%、提升染色一次成功率5%、减少质量问题30%、降低能耗物耗返修成本10%，新增效益300万元/亿元产值[104]。

3. 结语

工业软件未来的发展方向仍将是网络化、数字化、智能化，其中网络化推动工业软件走向云端化、协同化、共享化，数字化则是工业软件发展的核心，而智能化是工业软件发展的未来。首先从技术趋势来看，工业软件逐步走向集成化、平台化、智能化，主要表现为设计、制造、仿真的一体化，全系统、全领域、全流程的融合化，以及AI、VR等新技术推动下的智能化；其次从开发模式来看，工业软件逐步走向标准化、开放化、生态化，主要体现在标准化实现多产品的互联互通，开源与开放实现多主体协作，龙头企业推动云生态化开发加快服务化转型，而中小企业拉动工业软件走向轻量化及低代码开发；再次从市场应用来看，应用场景行业化要求工业软件更强的工程化能力，应用场景多样化推动工业软件日渐大型化复杂化；最后从服务方式来看，工业软件将逐步走向定制化、柔性化和服务化。

针对纺织领域的工业软件发展，《纺织行业“十四五”发展纲要》提出，要实施纺织产业基础能力提升工程，加快补齐基础纤维材料、基础零部件、基础软件、基础工艺和产业技术基础等短板，推进产业基础高级化；实现主要工业软件的自主研发，开发适用于化纤、纺纱、针织、印染、非织造、服装和家纺等行业的智能制造支撑软件，培育40个以上行业智能制造系统解决方案供应商；大力推进企业数字化改造，持续提高企业数字化装备配置率、数字化装备联网率、关键工序数控化率和关键工业软件应用覆盖率。

（撰稿人：中国纺织信息中心　马　磊）

（三）纺织行业工业互联网平台

工业互联网作为“新基建”的重要内容，是新一代信息技术与制造业深度融合的产物，它构建起工业全要素、全产业链、全价值链全面连接的新型生产制造和服务体系，是推动我国制造业数字化转型的重要驱动力。

近年来，工业互联网在纺织行业取得了较快发展，在助力行业加快数字化转型、实现更高质量发展方面发挥了重要赋能作用。我国纺织产业具有一些突出特征，例如：产业链长、关联度高；中小企业众多；产业集聚效应显著；行业快时尚特征明显，对供应链协同和快速反应能力要求高；互联网在纺织服装产业链渗透率高，催生的新模式、新应用场景多等。综合这些特征来看，纺织行业是工业互联网应用效果能够得到突出显现的行业之一。

1. 纺织行业工业互联网发展主要成效

（1）在网络基础建设方面

发展工业互联网，网络是基础。据统计，截至2023年9月，纺织行业数字化生产设备联网率达到49.3%，而2018年为38.6%，联网率也比整个消费品行业的45.2%高出4.1个百分点。

纺织行业是工信部确定为开展“5G+工业互联网”重点行业实践的试点行业之一，其中雅戈尔服装制造有限公司、艾莱依时尚股份有限公司、恒申控股集团有限公司、新凤鸣集团股份有限公司等企业与网络运营商合作，利用5G技术开展了生产单元模拟、工艺合规校验、生产过程溯源、企业协同合作等典型场景的实践，产生显著的应用效果。纺织行业还积极打造5G全连接工厂，红豆集团有限公司、雅戈尔服装制造有限公司、新凤鸣集团股份有限公司等企业积极开展实践，建设了5G全连接工厂，产生很好的示范作用。2023年11月，工信部印发了《2023年5G工厂名录》，纺织服装行业共有16家企业入选。

在工业互联网标识解析体系建设方面，红豆集团有限公司、常州华利达服装集团有限公司、山东如意等一批龙头企业分别建设了纺织服装行业二级节点并开展应用。

（2）在平台体系打造方面

当前纺织行业工业互联网平台体系已初步构建并逐步壮大，其在以下4个方面比较突出。

一是面向龙头企业内外部供应链生态的工业互联网平台，实现企业集团内部的一体化管控及供应链生态相关资源的优化配置与高效协同。典型的平台有新凤鸣集团的企业协同制造云平台“凤平台”、桐昆化纤工业互联网平台、盛虹智慧印染工业互联网平台等。

二是面向产业集群（园区）等区域服务的工业互联网平台，针对产业集群、园区等特点鲜明、共性需求突出等特征，为区域内企业特别是中小企业提供有特色的平台化服务，提升公共服务能力。典型的平台有浙江省服装产业创新服务综合体等。

三是面向细分行业/领域等专业型工业互联网平台，此类平台深耕所服务的行业/领域，特色鲜明、专业性强，服务中小企业的能力较为突出，能够针对行业痛点问题提供解决方案。典型的平台有巨细纺织工业互联网平台、天富纺织印染工业互联网平台等。

四是跨纺织细分行业和领域的综合型工业互联网平台，其已具备较强的综合服务能力，能够覆盖、打通纺织产业链多个环节和领域，在资源链接、知识沉淀、应用服务等方面有较强的服务能力。典型的平台有飞梭智纺工业互联网平台、环思纺织行业工业互联网平台等。

（3）在新型模式培育方面

纺织行业是工业互联网催生新模式、新应用较多的行业。青岛酷特智能股份有限公司、报喜鸟控股股份有限公司等一批企业搭建服务平台，开展个性化定制；飞梭智纺工业互联网平台、智布互联平台等打通成衣、面料产业链，实现协同生产、共享制造新模式；浙江省服装产业创新服务综合体平台可实现跨产业园区协同生产；北京经纬纺机新技术有限公司、青岛宏大纺织机械有限责任公司、杰克缝纫机等企业搭建服务平台开展设备的远程运维管理；深圳博克时代公司建设了博克服装研发设计云平台。

（4）在数据价值发挥方面

一批平台企业围绕行业数字化、智能化发展需求，推出基于工业互联网平台的企业大脑、行业大脑解决方案，通过对工艺、质量、生产控制等行业知识的软件化、模型化、平台化，对企业生产经营数据进行汇聚和深度分析，为企业生产经营提供精益制造、智能决策等服务。比较典型的解决方案有经纬纺织机械股份有限公司的“面向纺织产业基于数据驱动的纺纱智能工厂解决方案”、浙江云聚智铱数字科技有限公司的“基于服装产业大脑的共享智造平台”、绍兴市柯桥织造印染产业大脑运营有限公司的“基于工业互联网+AI大数据的织造印染产业大脑解决方案”。上述3个解决方案均在2023年第五届中国工业互联网大赛所在赛区获奖并进入全国总决赛。

（5）在公共服务强化方面

为更好地为服务行业数字化转型，中国纺织工业联合会组织行业优势资源，由中国纺织信息中心牵头实施了工信部工业互联网创新发展工程项目，建设了“纺织服装行业数字化转型公共服务平台”。该平台面向广大纺织服装企业数字化转型需求，提供各类行业数字化转型解决方案的上架展示、诊断咨询、供需对接、解决方案的推广试用等服务，帮助企业了解行业数字化转型相关情况，解决其所面临的问题。

2. 工业互联网平台对纺织行业转型升级的赋能作用

工业互联网平台面向制造业数字化、网络化、智能化需求，构建基于云平台的海量数据采集、汇聚、分析服务体系，支撑制造资源泛在连接、弹性供给、高效配置。

近年来，在国家大力发展数字经济的背景下，纺织企业上云上平台的步伐在加快，涌现了一批具有较强服务能力的工业互联网平台，纺织行业工业互联网平台体系正逐步形成。综合当前纺织行业工业互联网平台的服务领域和功能，平台重点在以下方面对行业的转型升级发挥重要的赋能作用。

（1）赋能中小企业数字化，推动业务上云

这是当前企业应用较多的类型。目前纺织企业业务上云的速度正在加快，通过工业互联网平台，为纺织服装企业提供符合行业特点和需求的数字化服务是满足中小企业加快数字化转型的重要途径与方式。近年来，涌现了一批面向纺织服装企业数字化服务的工业互联网平台，服务功能主要围绕企业的经营管理、生产制造、设备管理、市场营销、研发设计等领域。

（2）强化大型集团企业的运行管理

大型企业集团建设工业互联网平台实现集团内部生产经营的管控是工业互联网平台的典型应用类

型。通过工业互联网平台，可以实现集团及各下属子公司等资源的优化配置与高效协同，可以实现信息系统，如模型、工具、软件等的标准化、复用化、协同演进及统一管控。平台还可服务同行业中小企业，形成良好服务生态，由于可发挥企业集团资源管控能力强的优势，平台的建设与应用更容易实现。

（3）服务龙头企业供应链管控

龙头企业建设工业互联网平台实现企业内外部供应链和合作伙伴的整合、协同与管控是纺织行业工业互联网平台应用的一种类型，通过工业互联网平台，有助于龙头企业构建更加高效、协同的生态体系，由于对商业模式的建立有一定需求，且龙头企业对上下游供应链的整合能力要求较高，因此此类平台目前总体还处于探索和初步建设阶段。

（4）提供区域产业发展公共服务

针对产业集群、园区等产业特点鲜明、共性需求突出等特征，面向纺织产业集群、园区等提供具有区域特色的工业互联网平台是平台发展的一个重要类型。这类平台通常能够得到地方政府等资源的支持，并在区域落地，为当地企业特别是中小企业提供有针对性的平台化服务。

福州长乐区是重要的纺织产业集群地，长乐纺织工业互联网平台实现对集群地企业的数字化转型赋能，已累计接入纺织企业数超过600余家，达到长乐区纺织企业比重的50%以上，连接纺织设备8900余台，覆盖全区纺织设备超50%。

南通国际家纺产业园针对园区产业集中度高、中小微企业多的特点，应用爱尚工业互联网平台，通过“普惠、低成本、持续赋能”的模式为园区企业提供轻量化数字化服务，实现产业链供需协同、用工及产能共享，基于平台数据还可形成面料指数、成品指数、市场景气指数等，为产业发展决策提供支撑。

（5）促进纺织产业链协同

纺织行业具有产业链长、中小企业多、快速反应能力需求高等特征，因此拥有产业优化配置与协同服务的工业互联网平台将可提供较强的赋能作用，有利于降低成本且实现快反。如某平台可通过制衣企业对面料的需求，应用平台的集采、共享产能等服务模式，降低制衣企业采购成本，实现中小织造企业的产能优化配置与供应链快速反应。

（6）开展服务型制造

通过工业互联网平台实现企业服务的延伸，助力企业从提供产品到提供服务的转型，比较典型的应用是纺织设备制造商通过建设工业互联网平台提供设备的远程运维服务和设备的全生命周期管理，并可进一步拓展为客户企业提供与设备相关的增值业务服务。宁波慈星股份有限公司建设的“事坦格针织毛衫柔性供应链平台”，基于公司生产的智能化电脑横机，将公司的服务从设备销售向提供设备运维服务、客户企业的数字化应用服务、针织毛衫供应链服务等领域延伸，为客户企业提供了更加全面的服务，是基于工业互联网平台开展创新模式应用的很好的探索。

（7）推广个性化定制

个性化定制是数字化转型新模式之一，纺织服装行业是开展个性化定制应用较多的行业，当前一批开展服装个性化定制的龙头企业建设了相应的工业互联网平台，典型的有青岛酷特智能股份有限公司打造的服装定制工业互联网平台，通过积累海量板型、款式、工艺等数据，满足了消费者对个性化服装设计的需求，消费者可以通过平台，根据自己的喜好进行DIY设计，迅速定制出适合自己的个性化产品。

当前纺织行业工业互联网平台总体处于培育和发展阶段，绝大多数平台在行业知识沉淀、连接设备数量、App数量、开发者环境打造及商业模式有效建立等方面仍然有较大提升空间，还需多方通力协作，共同加快推进发展。

3. 下阶段发展纺织行业工业互联网平台的措施建议

近年来，纺织工业互联网取得了令人瞩目的发展，赋能行业转型升级的作用显著，应继续保持这一良好的发展势头，在强化网络基础、推动头部平台做大做强、加快行业级平台建设、提升中小企业服务能力及创新应用模式等方面持续推进。

（1）强化网络基础

促进企业持续进行网络升级改造，进一步提升生产设备的联网率和生产要素的互联互通能力。推动5G等新一代通信技术在企业生产等环节的渗透，推广典型应用场景，加快建设5G全连接工厂。加强相关行业标准建设和应用场景挖掘，促进工业互联网标识解析在企业设计、生产、服务等环节的应用中发挥更大效能。

（2）扶持、推动头部平台做大做强

目前纺织工业互联网平台虽然得以快速增长，但龙头平台并不十分突出，尚未有将纺织行业作为主要服务行业平台入选国家双跨平台，因此应扶持、推动纺织行业头部平台在综合能力方面继续提升，特别是在技术创新能力、汇聚资源能力、行业领域服务能力及生态构建等方面进一步加强。可通过引导、汇聚、注入更多资源与能力等到头部平台，把扶持、推动头部平台做大做强作为纺织行业工业互联网平台体系建设的重要抓手之一。

（3）加快行业级工业互联网平台建设

针对纺织行业产业链协同要求高的需求和特点，加快建设能够覆盖、贯通行业产业链主要环节的行业级工业互联网平台。可依托行业龙头平台（也包括国家头部双跨平台的纺织行业子平台）服务商的技术服务能力、行业协会的背景和组织能力、行业龙头企业的带动能力等，准确把握行业的发展需求、关键环节、痛点问题，探索合适的商业模式，打造并形成更强大的平台服务能力。

（4）持续强化为中小企业服务的能力

中小企业占我国纺织企业的绝大多数，因此工业互联网平台的主要服务对象是中小企业。平台的建设关键是要找准中小企业的需求和所在领域的特点，并依此提供适合的解决方案，可在两大方向上加以强化：一是赋能企业数字化转型，提供以轻量化、SaaS化、标准化为主的平台服务，以企业生产经营管理、市场营销及研发设计等领域为重点；二是赋能企业核心业务拓展，如通过平台融入大企业供应链或共享制造平台供应链等方式获得更多订单与市场机会，对接更多客户等，还可赋能企业获得金融服务，解决中小企业融资难的问题。

（5）推动纺织行业工业互联网平台的技术创新

平台的技术能力与水平是支撑平台发展的关键，未来还要不断推动纺织行业工业互联网平台的技术创新。在平台基础能力方面，加强技术研发，汇聚、沉淀更多的行业知识、模型等到平台，进一步打造功能更加强大的工业PaaS，使平台在资源汇聚能力、管理能力、配置能力等方面进一步提高；新一代信息技术在工业互联网平台中的应用方面，加快5G、人工智能、大数据等在工业互联网平台各构成部分的应用，总结提炼赋能效果显著的应用场景并加以推广。

（6）研究商业模式，加强生态建设

促进综合实力较强的头部平台与其他纺织行业数字化服务商的合作，积极探索实践更加有效的商业合作模式，通过优势互补，形成具有更强服务能力的行业解决方案。

针对纺织产业链、供应链特点，发挥工业互联网在资源链接、汇聚、配置、管理等方面的赋能作用，发挥纺织行业互联网渗透率高的优势，促进形成更加高效、多方共赢的产业链协同新型商业模式，推动行业转型升级。

（撰稿人：中国纺织工业联合会信息化部　瞿燕驹）

五、智能纺织品新进展

智能纺织品涵盖高品质高性能纤维制造、高端纺织智能制造和以服装和服装品牌为代表的时尚产业。智能纺织品赋予纤维或织物以电学、光学，以及磁学等属性，使其具有感知、驱动和信息处理之功能，产品应用领域从生活服装领域延伸到能量收集、医疗健康、生态环保、军事航天等领域。

近年来，许多国家纷纷出台智能纺织领域发展战略，将国民经济发展的重点重新放在纺织领域。如美国提出“智能纺织计划”，成立“革命性纤维与织物制造研究中心”；德国制定了“未来纺织”国家战略，重点研发电子纺织品等未来新型纺织材料；法国在位于北部里尔的全国第二发达技术纺织品生产集聚区，建设了纤维新材料与产业用纺织品技术创新基地Up-tex，致力于智能纤维面料、生态科技纤维面料等方面的创新和生产；欧盟发布“地平线2020（HORIZON2020）”计划，对纤维产品高质化、专业化及其技术创新机制等方面进行全面布局，核心为高性能、多功能和智能化纤维；日本于21世纪初提出了高技术纤维与高端纺织制品计划，重点发展功能性、智能化面料。中国工业和信息化部发布的纺织行业发展规划中，“智能纺织”一词也多次出现，并提出要加强电子技术、信息技术和纺织技术的融合，发展智能纺织产品。智能纺织品已成为纺织服装行业的重点发展方向和重要经济增长点。

（一）智能纺织品的发展历程及分类

“智能纺织品”始于20世纪60年代“形状记忆材料”概念和20世纪70年代“智能聚合物凝胶”概念的提出；“智能材料”一词则是1989年由日本Toshiyoshi Takagi教授提出，其是将信息科学内容与材料的结构和功能相结合的一种材料新构思。电子半导体器件于2000年首次在纺织材料领域被使用，被称为电子纺织品。电子纺织品是一个旨在将电子产品和纺织品相结合的技术领域，将电子产品的功能和连接性与纺织品的外形、舒适性和普遍性结合起来。其重点是突出电子产品和纺织品相结合的好处，如何使“笨重”和“刚性”的电子产品变得“舒适”和“可穿戴”；“被动”和“哑”的纺织品变得“智能”和“实用”。因此，在狭义上，电子纺织品便是智能纺织品的代名词，也有学者称其为电子信息智能纺织品。在过去的二十多年里，人们致力于将这种电子产品与纺织品结合的技术商业化，数百家公司积极参与电子信息智能纺织品的开发和商业化。

智能纺织品开发热潮始于20世纪90年代中期，由史蒂夫·曼恩领导的麻省理工学院的研究人员开始开发一种可穿戴计算机，它由传统的计算机硬件连接到纺织品上，并携带于人体。在过去的20年里，纳米技术和制造方法的进步对大面积柔性和可拉伸电子信息智能纺织品产生了巨大的影响。纳米技术为具有额外特征的智能纺织品的快速发展做出了重大贡献，以增加其商业价值。目前，传统的电子元件，如导电纱线和电线、集成电路、传感器、发光二极管（LED）和电源嵌入服装，用于健康和健身的需求很高[105]。自电子信息智能纺织品时代开始，已经展示了将电子产品集成到纺织品中的各种方法，其发展分为4个典型阶段（图2-115）[106]。

从广义上来看，“智能纺织品”一词是一个较为宽泛的、不太明确的概念。目前而言，智能纺织品通常是指贯穿纺织、电子、信息、生物、医学、新能源等多学科综合技术，能够感知人体与环境信号变化，并通过反馈机制主动做出响应，同时保留传统纺织品固有风格和技术特征的一类新型纺织品。智能

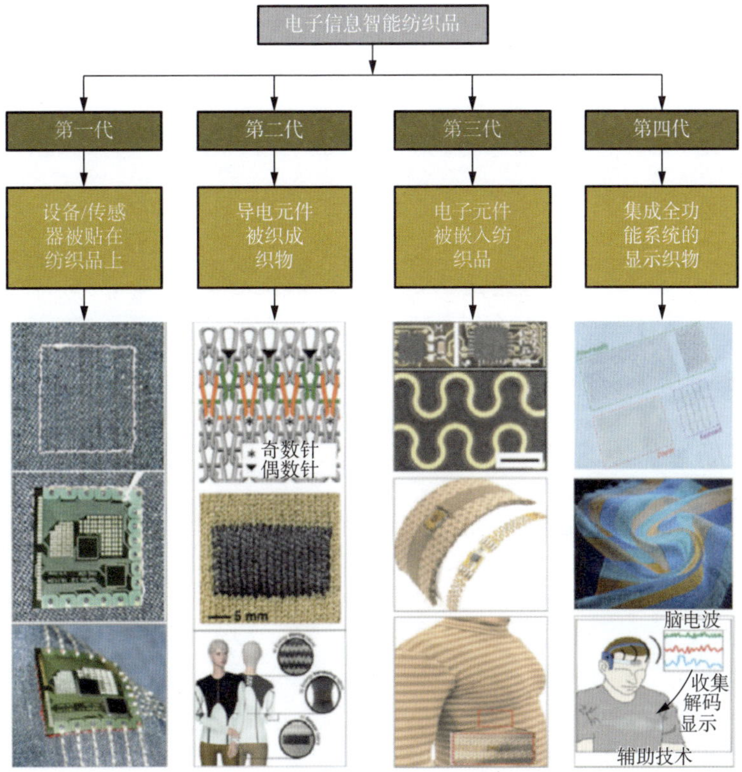

图2-115 电子信息智能纺织品发展概况

纺织品的分类方法众多，并且没有统一的分类方法，只能粗浅地分类。一般按照对外界刺激所反应的方式，智能纺织品大致可分为被动智能纺织品（Passive Smart Textiles，又称为消极智能纺织品）、主动智能纺织品（Active Smart Textiles，又称为积极智能纺织品）和高级智能纺织品（Very Smart Textiles，又称为超级智能纺织品或自适应智能纺织品）[107]。

被动智能纺织品为第一代智能纺织品，具有快速感知外界环境变化或刺激的能力，但不能根据环境条件调整自身特性。如防紫外线服装、抗菌纺织品、陶瓷涂层织物、导光织物等。事实上，被动智能纺织品仍不属于严格意义上的智能纺织品范畴，更准确地说，应该将其归为功能性纺织品。

主动智能纺织品为第二代智能纺织品，其结合传感器和执行器来传递内部特性。主动智能纺织品不仅可以感知外界环境的变化或刺激，还可以对外界的变化做出相应的反应，如形状记忆纺织品、相变储热服装、光致/热致变色纺织品等。

超级智能纺织品具有主动和被动智能纺织品的特点，并额外具有适应刺激的功能。其为第三代智能纺织品，涉及通信、传感、人工智能、生物等高科技学科。它能感知外界环境的变化或刺激，做出相应的反应，并通过自我调节来适应外界环境。目前，超级智能纺织品仍处于起步阶段，有待进一步研究。

（二）智能纺织品系统的组成及特性

智能纺织品能够感应外部条件，并通过使用基于各种检测机制（即热、机械、电气、化学、磁性或其他类型）的检测系统，检测/监测其对人体/环境的影响。理想的智能纺织品是一个计算系统，具有传感、数据处理、执行、存储和通信等功能（表2-6），目前报道的智能纺织品往往仅具有其中一项或几项功能。相对而言，具有传感、执行和通信功能的纺织器件已初步实现商业化，而数据处理和存储功能的纺织器件尚处于实验室原型验证阶段。

表2-6　智能纺织品的组成及特性

组成器件	特性
传感器	热/光/声/湿度/压力/应变/化学/生物传感器是用于传感功能的主要传感器类型
数据处理器	用于主动和超智能纺织品，为执行器提供处理后的信息
执行器	完成要求的动作，如移动物体、释放物质、发出声音等
储存器	根据产品要求，以能量或信息的形式存储，用于按需自动操作系统
通讯器	在各个组件之间传递信号
能量收集及储存器	收集及储存机械能、热能、太阳能、电磁波等

1. 柔性纺织传感器

柔性纺织传感器依据换能机制主要包括应变式、温敏式、电化学式等传感器（图2-116）[108，109]。

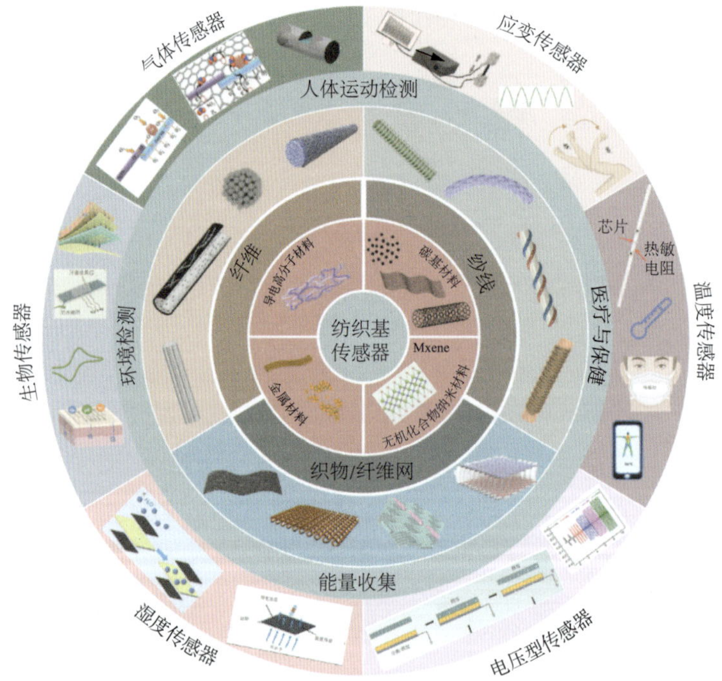

图2-116　纺织基传感器

（1）柔性纺织应变传感器

柔性纺织应变传感器一般是将柔性纺织材料与导电/导光材料集成，形成可拉伸/压缩/扭转的传感元件，在高应变下能保持稳定的机电性能[109]。当外界刺激，如拉力和压力施加于传感元件时，其结构和物理量会发生变化。在智能可穿戴的电子设备中，柔性纺织应变传感器不仅可检测外界压力、拉力，也可作为柔性触摸式或压力式输入设备，是可穿戴领域的研究重点之一。

柔性纺织应变传感器的工作原理是利用可变形传感元件将接收到的刺激转换为电信号。柔性纺织应变传感器可分为电阻、电容、电压（压电、摩擦电）、电感/电磁和光导式5种类型。电阻型传感器通过柔性纤维导电网络的结构转换，将应变转换为电子传输能力的变化。电阻型应变传感器可以通过纤维材料的隧道电阻变化、接触电阻变化、裂纹扩展以及导电网络的断开/重建，将变形转化为电阻变化信号。电容式传感器是通过两个柔性纺织电极之间的结构转换，将应变转换为变化的电容。电压型传感器通过显示压电或摩擦电效应的柔性纺织材料将应变转换为电位差的变化。电感/磁性型传感器分别通过柔性电感线圈的变形和磁铁相对于柔性衬底的位移将应变转换为电感/磁性的变化。光导型传感器严格来讲没有换能机制，其通过将光信号直接传输到检测器中进行信号检测，通常采用光纤或波导材料将光信号从一个地方传输到另一个地方，并通过与光在应变波导中的传输特性相对应的检测器进行信号检测。这些纤维基传感器的功能实现都离不开赋予纤维材料导电性。最常见的纤维基压力传感器是根据导电纤维/纱线/织物的电容或电阻变化来检测接触或者压力/拉力。如使用聚二甲基硅氧烷（PDMS）涂层的导电纱线交织形成电容器结构，当施加外界压力时，电容信号会因电容器结构的改变而改变，根据电容信号的变化，可检测到施加在纱线交织处的压力变化。此类传感器目前面临的最大挑战是线性度、滞后性、应变工作范围等难以兼顾最优。

（2）柔性纺织温/湿度传感器

目前，监测体表温度、湿度、汗液pH和呼吸等生理参数，用于判断身体状况的柔性传感器受到了极大的重视。温度是人体最重要的体征参数之一，不少疾病会使皮肤表面温度紊乱，通过对体表温度的测量可初步判断人体的身体状况。近年来，研究人员在柔性纺织体温传感器领域做了大量的工作，主要包括涂层式、金属式和混合电子式。如利用喷墨印刷工艺，在锦纶长丝表面均匀附着一层还原氧化石墨烯制得导电纱线，将其阵列地集成到织物上时，可对皮肤表面温度进行测量，并绘制相应热成像分布图；通过机织技术，将镀银导电纱织入织物内，就获得了柔性全织物温度传感器，其具有较高稳定性和灵敏度，可实时监测人体皮肤温度；通过在纱线中嵌入微型热敏电阻而形成混合电子温度传感纱，不仅保留了微型热敏电阻的电气特性，还可通过增加传输线弹性使其适应纺织加工性，甚至结合射频技术开发了RFID基温度传感纱，实现对人体温度的无线无源监测[110]。

湿度也是人体重要的体征参数之一，在监测伤口、皮肤病管理和人体微环境方面有着重要作用。电阻式、电容式湿度传感器是常用的柔性纺织湿度传感器类型。如采用湿法纺丝工艺制备单壁碳纳米管/聚乙烯醇（SWCNT/PVA）纤维，利用PVA的吸水性来改变电阻，可作为湿度传感器，其本质是PVA在潮湿环境下吸水膨胀使纤维直径发生变化，从而使纤维电阻增大。

呼吸作为人体的必要活动，是研究人体健康状况的重要参数之一，纺织温/湿度传感器也可基于呼出气体的温/湿度变化检测人体呼吸状态。

（3）电化学式传感器

电化学式传感器是以离子导电为基础制成，本质是气体或液体进入纺织传感材料后在其内部发生电化学反应。电化学纺织传感器包括生物传感器、气体传感器，已被应用于汗液、尿液、毒气等成分监测。例如，汗液pH（4~7）是人体重要体表特征之一，受汗液中乳酸浓度的影响，而乳酸在汗液中的含量代表了肝脏的解毒能力，因此，纺织汗液传感器可应用于监测如糖尿病等肝脏相关疾病。将棉纤维浸入聚（3，4-乙烯二氧噻吩）、聚苯乙烯磺酸盐和多壁碳纳米管混合溶液中，干燥得到导电棉纤维，再经电聚合工艺在导电棉纤维表面沉积一层聚苯胺，得到柔性纤维基pH传感器，其能在很宽的pH范围（2.0~12.0）内实现能斯特效应［每pH（-61±2）mV］。

显然，上述应变型和温/湿度传感器大多数属于电阻型。研究发现，电阻型传感器的性能取决于传感器的形状和导电网络的结构。这些传感器可以检测各种形式的应变，具有广泛的传感范围和高灵敏度，但都需要外部电源。电容式传感器对力的变化反应迅速、灵敏度高。因此，其可以用低能耗准确地检测细微变形，但存在如边缘应变边迹效应和低重复性等缺点。电压型传感器是一种能直接将机械能转换为电信号的节能装置。然而，它们的灵敏度较低，不能准确地检测细微的应变。电感/磁性传感器可以无线检测应变，但信噪比低、传感范围窄。光导型传感器通常应用于需要长距离传输光信号的场景，且由于其使用光纤作为传输介质，在使用过程中不会受到环境中电磁波信号的影响，可大大提高其稳定性和抗干扰能力。

总之，研究人员已经研发多种制备柔性纺织传感器的方法，证明了通过纺丝、纺纱、织造、聚合和印刷技术集成织物基纺织传感器的可能性，在可穿戴领域具有广阔前景。但目前纤维基纺织传感器制备较为困难，对智能纤维/纱线性能要求很高，仍处于实验室阶段，还面临着诸如可洗性较差、与刚性传感器相比性能较差等难题需要解决，离实际市场应用还具有一定的距离。当前，研究人员的研究重点开始转向如何提高功能纤维/纱线的织造性能，实现纤维基柔性传感织物的工业化生产，以及在柔性可穿戴电子设备中的集成和应用方面。

2. 纺织执行器件

纺织执行器件能够以机械、热、磁、化学、电气或其他刺激作用于人体或进行交互，甚至能够以预先确定的方式感知外部条件（刺激）并做出反应。根据常见执行器驱动原理，纺织执行器的主要分类见图2-117。交互性是大多数智能纺织品的核心，但以往大部分研究重点在智能纺织品的刺激/输入方面，最近更多学者注意其反应/输出部分。第2代智能纺织品以执行、机械输出为基本特征，与第1代致力于感知的智能纺织品具有明显不同。目前，所报道的大多数纺织执行器主要应用电场、离子和热驱动3种之一，采用传统纺织制造方法，如机织、针织和编织等将执行器集成到纺织品中。经过设计构成材料及其几何形状，实现所需的特性，如高抗冲击性、热调节或导电性。然而，绝大多数智能纺织品仅仅关注传感和信息收集功能，但机械性能可调的织物可以向人体提供机械反馈，并执行诸如关节辅助、支撑和触觉等功能，更具有广阔市场前景和应用推广价值。

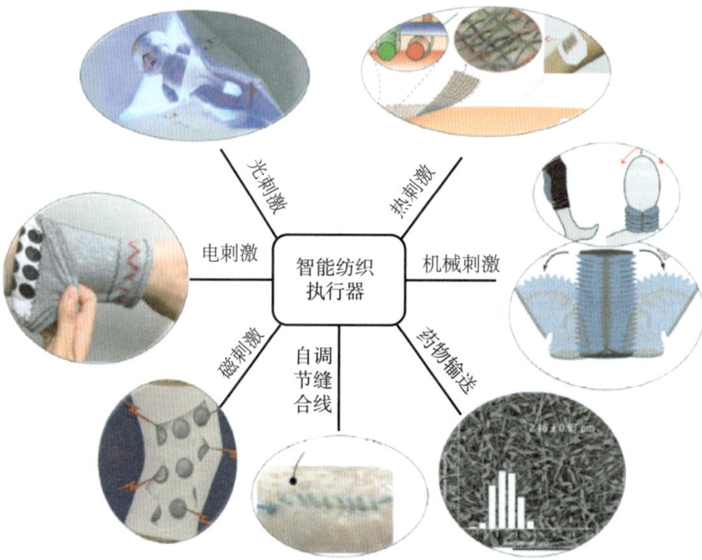

图2-117　典型智能纺织执行器分类

纺织执行器有助于患者获得更一致的治疗剂量，其在药物传递、疼痛管理、哮喘管理和各种慢性疾病（如慢性疼痛、褥疮和溃疡、哮喘、糖尿病等）的康复及矫形治疗等应用中起到重要作用。通常这些医疗过程需要在人体局部施加的静态力（或其他刺激）很小，而许多类型的纺织执行器（如电活性聚合物）的应变也较小，正好满足治疗应用需求。例如，当电阻加热至130℃时，基于氨纶长丝扭曲和卷曲的柔性执行器可收缩45%，且在30℃左右该执行器产生的收缩可达到7%。也有研究结合两种天然纤维织物开发了电动力离子驱动器，以高表面积粘胶纤维基活性炭布提供电气特性、以丝绸织物实现横向机械特性，同时防止导电纺织品接触。通过向活性炭布电极中注入电子电荷，电解质离子在电极之间的多孔网络中迁移，引起层板不均匀膨胀，最终导致层板弯曲，显示了约0.8%的应变差。

人工肌肉是纺织执行器的主要应用领域之一，也是不少学者关注的对象[111]。有学者结合纤维素纺织品加工技术与无金属沉积法涂覆电活性聚合物，通过机织和针织，制造出具有可调力量和张力的可穿戴柔性人工肌肉，并发现其收缩力的大小与织物中纱线的数量呈线性关系。柔性外骨骼是纺织执行器另一个可实现的目标。目前，市场中仅出现了气动外骨骼套装，但其并没有集成在纺织品中。流体致动是软体机器人外骨骼技术的基础，由于目前缺乏可以简单集成到纺织品中的主动流体泵，瑞士洛桑联邦理工学院的专家报告了一种可拉伸纤维状流体泵，将压力源直接集成到纺织品中，实现无线可穿戴流体控制，有望实现主动流体泵的纺织集成。这些研究证实，纺织结构增加了执行器的柔软性和力学稳定性，且纺织加工可实现人工肌肉等执行器的批量化生产，使设计辅助设备的新方法成为可能。

纺织执行器的设计者已经引入了标准，定义单位质量输出功率、单位体积输出功率和执行器效率是执行器的3个基本特性。标准的制定有助于推进此类纺织品的标准化开发。但是，目前纺织执行器还面临着一系列技术挑战，包括：需要克服热致动器的高功率消耗，制定材料和软机器人结构，以最大限度地提高应变等执行作用，同时最小化能源消耗；开发柔性纤维纱线和织物结构，以最大限度地提高电执行器的张力；气动驱动具有很强的力，但并不能很好地集成到纺织品中，需要改进集成、缩小尺寸和设计执行机构和服装结构，使气动驱动有效地与穿戴者的身体贴合。

3. 信息传输及交互纺织器件

智能纺织品技术发展至今，大多数包括的部件都是单独工作，而不是作为系统工作的。随着智能纺织品中电子元器件的集成和系统化，器件间互连的传输线和信号传输天线、信息的输入/输出器件引起关注。信息传输及交互纺织器件的典型类型如图2-118所示[112]。

（1）纺织电路及传输线

根据应用不同，可以使用不同的织物基底来创建纺织集成电子系统。利用机织、针织工艺，或者在不同的基材上刺绣或印刷，都可以作为构建纺织电路的基本技术。机织允许大面积、大规模生产和使用不同种类的导线，如金属涂层聚合物纱线和利兹线，但该工艺限制了电路布局。针织工艺可以生产可拉伸织物，但在针织物中，纱线具有更大、更多的弧环，这导致其比相同尺寸的机织物具有更高的电阻。利用刺绣技术可以使用各种织物基底，并且其提供了很大的设计自由度，能通过使用工业刺绣机来集成各种导电纱线和导线。印刷则采用不同印刷方法和导电油墨，把电路印在织物表面，目前相对成熟的工艺是丝网印刷技术，使用的油墨主要包括纳米银导电油墨、碳系导电油墨。新兴喷墨打印技术使数码制备成为可能，但导电油墨的选择范围有限。

虽然纺织电路可采用前述各种方法制备，但加工方法不同的电路与电子元器件的集成，需要适合不同结构和材料的接触连接技术，且已有研究往往仅验证了制备的导线用作低压或慢速信号传输线的能力，在大功率或高速信号传输中的适用性及调控技术还需要进一步研究。

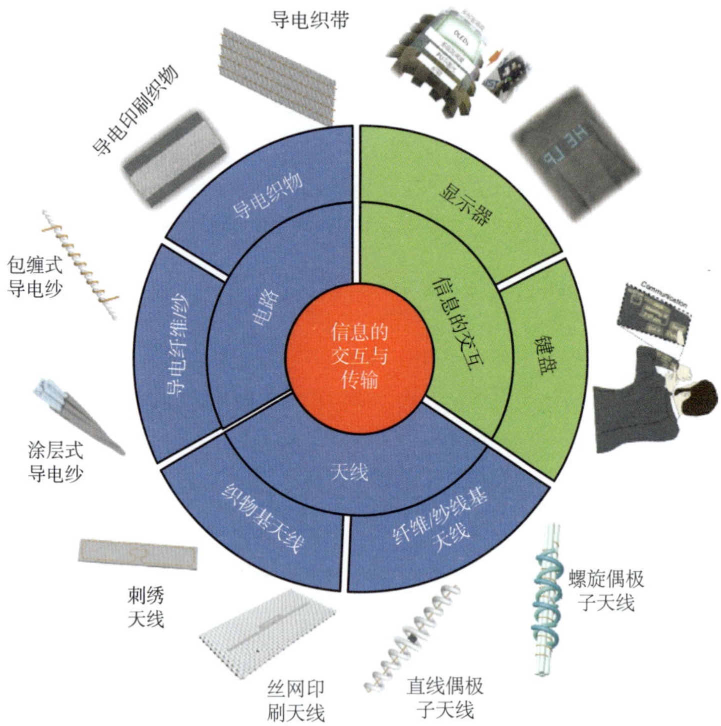

图2-118　信息传输及交互纺织器件的典型类型及产品

（2）纺织基天线

天线是将传输线上传输的导行波变换成在自由空间中传播的电磁波，或者进行相反变换的一种变换器，是用来发射或接收电磁波的装置。纺织天线是无线信号传输的关键器件，包括平面型织物天线和线型纤维/纱线/窄带天线。

织物天线具有平面化的结构和良好的可集成性、可弯折性，是人体无线通信网络应用中极具潜力的天线类型，是未来无线通信的重要发展方向之一。微带天线因其具有薄剖面、体积小、质量轻和易于共形等优点，易实现多频带、圆极化等形式，是穿戴天线中研究最多的一类。辐射贴片是纺织天线中的核心部件，贴片和接地板使用的导电材料通常是铜箔、铜、镍、银金属涂层、导电银或铜墨、导电聚合物及其复合材料等。为使天线充分发挥自身的辐射作用，且可将贴片设计成不同的形状，如方形、圆形、矩形、椭圆、三角形及开槽贴片等。基底使用介电常数低的柔性纺织品，如灯芯绒、法兰绒、纺粘布、毛毡和牛仔布等织物，也有使用如涤纶、锦纶等化纤织物。天然纤维作为传统纺织材料，具有良好的柔软性、透气性和舒适性，但介电性能不如化学纤维织物，且易受到水分和环境变化的影响，从而对纺织天线的电学性能产生影响。

线型天线具有体积小、益于隐形的特点，是纺织射频技术常用的天线类型，特别是偶极子型，已在超高频射频天线、无线无源传感器等领域采用。线型天线的辐射体通常为导电纤维、纱线、金属丝或印刷导体，结构形态包括直线结构、螺旋结构或折叠结构，可以独立使用或以普通纤维/纱线为基底[113]。已有研究发现，当线型天线的横向尺寸为毫米级或更低时，基底材料对天线辐射性能影响较小，因此，基底材料实质上仅为辐射体的载体，但这类天线的缺点是方向性强、带宽窄。

（3）信息交互纺织器件

信息交互纺织器件具有信息显示、输入功能。理想的信息显示纺织品具有传统显示器的功能特征，主要采用发光材料结合纺织工艺制备。近年来，随着主营移动产品的科技公司对柔性显示技术的极大需求，柔性纺织显示技术的研究得到更多的关注和发展动力。美国奥本大学（Auburn University）开发了一款能够发出热反射变化及光诱导可逆性光学变化的纤维产品，该材料在柔性显示等设备制造领域具备极大的技术优势。复旦大学彭慧胜团队发明了一种大面积电子显示织物，根据不同数字信号的输入呈现出多元化的内容。这种新型显示纺织品在设计方面是将导电纬纱和发光经纱纤维交织在一起，在纬纱与经纱的接触点形成微米级的电致发光单元。

信息输入纺织品主要为电阻/电容式纺织触摸屏及键盘等触控装置。织物触控垫是以织物为基础材料，结合触控技术和计算机技术，通过手指触摸输入信号，实现人机交互。传统电子触摸屏由于质地刚硬，无法发生弯折，体积大、不易携带等缺点在某些领域的应用上受到一定的限制，因此开发柔性可卷曲的触控装置显得十分重要。目前，国内外对柔性触摸垫的研究很多，能实现小曲率变形的柔性电子触摸屏已经实现量产，但对于能大曲率变形卷曲的织物触摸装置停留在试验阶段。虽然织物开关、织物键盘等很早就已经出现在市面上，但这些装置触控点单一、触控单元有限，无法实现平移、伸缩等多点操作，其实际应用也受到了限制。

总之，信息传输、显示及输入器件在电子信息智能纺织品发展中必不可少，同时也存在一系列技术挑战。传统智能纺织品的远距离布线、独立的电子设备和连接器是影响传感器精度和数据隐私的技术限制因素。人们探索了各种制造纺织信息传输及交互器件的技术，其中以金属丝经机织/针织织造的导电纺织品受到了很大关注。然而，一旦导电织物经机织/针织织造而成，电气通道和裁剪在经纬/纵横方向上便会受到限制。连接器需要柔软且易于集成，但大多数连接器都是笨重、刚硬的。此外，电力和数据传输的布线需要柔韧且必须缝合或粘在接缝上，但没有可以直接开箱即用的总线标准、纺织电缆或可清洗互连器。开发能够在洗衣机、滚筒烘干机和高湿度环境下使用的电缆、连接器和电路是一项挑战。这些挑战必须通过一种新方法来解决，需要将电线、纺织纱线和弹性织造方法与定制的特定连接器结合起来，通过织物本身直接耦合的电子信息部件来生产出一个完整的智能纺织系统。

4. 能量收集及储存器件

能够连续稳定地工作是智能纺织系统的基本要求，而其电源问题是一个较大的挑战。对于电子纺织设备的电源问题，现如今解决方案以发展储能和能量收集纺织器件为主。纺织基柔性储能器件的主要类型如图2-119所示。

（1）储能纺织器件

柔性电池和超级电容器是目前柔性储能设备领域中研究最为广泛的两种纺织器件，其中锂离子电池具有较高的能量密度和工作电压，但其在外力作用下易发生电极材料脱落、电解质漏液和短路等安全问题；超级电容器通过非法拉第反应和快速可逆的法拉第反应相结合的工作机制，实现了较高的功率密度和优异的安全性。其中，柔性电极是这两种柔性储能器件至关重要的组件。目前柔性电极的基材主要有金属材料、织物、聚合物膜、纳米碳和碳纳米管膜等。其中，纺织材料具有天然的柔性、优异的机械力学性能以及较大的比表面积，能够承受多向弯曲折叠作用，并且可被裁剪成任意尺寸和形状，因而被认为是柔性储能设备的一种理想基材。例如，东华大学胡吉永团队采用丝网印刷工艺将多壁碳纳米管电极浆料印刷在棉织物表面制备成织物基柔性电极，并进一步结合凝胶电解质组装共面型织物基柔性超级电容器，不仅具有26.38 F/g的高比电容，而且在动态弯曲循环状态下仍能保持优异的电化学性能和稳定

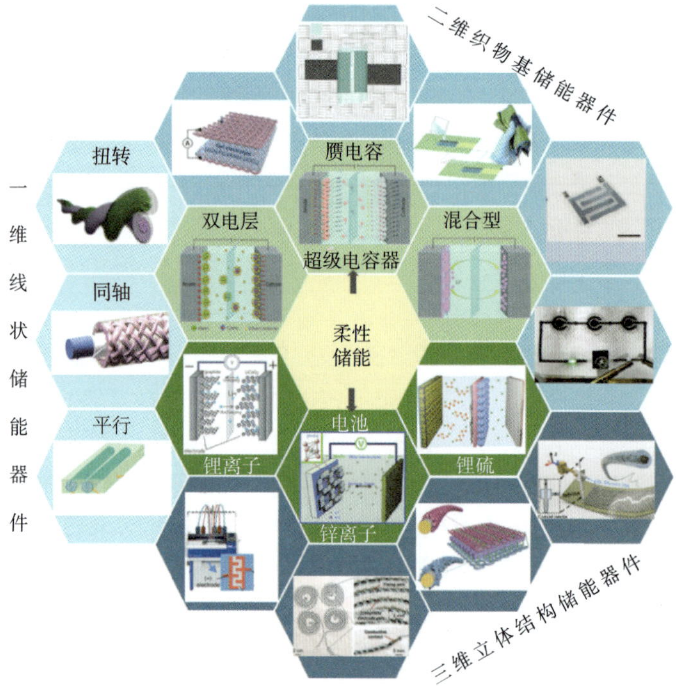

图2-119 纺织基柔性储能器件

性。除了二维织物外，一维的纺织纤维也常被用于超级电容器的制备。常见的纤维基超级电容器的性能见表2-7。

表2-7 纤维基超级电容器的性能

纤维	制作方法	比电导率/（S·m^2/g）	能量密度/（W·h/kg）	功率密度/（W/kg）	比电容或比密度/（F/g）
碳纳米管	湿法纺丝	—	0.6	—	5
碳纳米管	化学气相淀积法（CVD）	8	379	1590	—
石墨纤维	水热法	102	6.3×10^{-3}	1.058	—
棉纤维	—	—	3.3×10^{-6}	6.7×10^{-4}	1.49
聚乙烯醇（PVA）纤维	湿法纺丝	—	5.32×10^{-3}	0.0269	241

现阶段的纺织基超级电容器已具备轻质、功率密度大、循环寿命长、热稳定性及环境稳定性好等特点，但仍存在体积比电容较低、能量密度较低、自身压降较大以及封装困难等问题。为了实现纺织基柔性储能设备的商用化和规模化应用，未来的研发目标和重点应在于：①选择合适的封装材料和工艺，从而能够最大限度地保持电极材料的柔性和电化学性能，实现柔性储能设备的耐用性；②通过电极材料与纺织基材的结合界面、液体电解质流动等问题的研究，进一步提高电化学稳定性并消除柔性储能设备在使用过程中的安全隐患；③实现柔性储能设备的柔性及可穿戴相关性能的评价和横向比较，从而为商业化和标准化打下基础。

（2）能量收集纺织器件

能量收集技术是一项绿色、可持续的技术，其通过将环境能量（太阳能、风能、热能、机械能、电磁能等）转化为电能，为物联网时代的可穿戴电子产品提供无处不在、环保、可持续的能源解决方案。人体及其周围环境存在多种可转化为电能的能量，包括生物力学运动能、体热、生物流体化学能和太阳能等（图2-120），通过将纺织品与发电融合，实现依靠人体及其周围环境发电。

图2-120　能量收集纺织器件示意图

纳米发电机作为一种新型的自供电装置，通过将柔性纺织材料与纳米发电机结合获得纺织基纳米发电机，既保留纺织品的基本特性，又增加了纳米发电机的自供电功能，是当前研究的热点方向之一。目前，已经研制出基于压电式、摩擦式、热释电式、光电式的四种发电机。其中压电纳米发电机的工作机制是当环境中的机械能可使压电材料发生形变时，压电效应使材料表面产生电势差，从而实现机械能向电能的转变；摩擦纳米发电机利用摩擦起电和静电感应的综合效应来收集环境中的机械能并产生电能；热释电式纳米发电机的工作机制是热释电效应，依靠纳米结构的热释电材料将热能转化为电能；光电式发电机的工作机制是光电效应，一般将太阳能转化为电能。近年来，也有研究开始关注生物化学能量收集纺织器件。

纺织基摩擦纳米发电的本质是具有不同电子亲和力的两种材料之间的物理接触，在接触表面产生相反的静电荷，由外部机械力产生的间隙或扰动可以在两个带电表面之间建立电位差，从而产生电压和极化感应电流。其起源于麦克斯韦位移电流，于2012年首次提出，已被证明是一种有效的能源技术。将环境机械运动转化为电能，既可以作为可持续能源，也可以作为自供电的主动传感器。目前，纺织摩擦纳米发电机（TENGs）制造技术主要有层堆叠、纱线交叉和3D打印3种。采用的摩擦电材料包括聚二甲基硅氧烷（PDMS）、涤纶（PET）、锦纶6（PA6）、聚四氟乙烯（PTFE）等，电极材料包括铜、银、镍等金属或碳系纺织材料，功率密度可达到2W/cm^2。然而，存在的多项挑战限制了TENGs的发展：①封装，日常环境中的湿气或水将大大阻碍纺织TENGs的输出功率，系统地研究相关疏水材料和现有的防水纱线或织物，以及深入了解所涉及的制造技术，对实现长期可靠性是非常重要的；②机械持久性，在纤维/织物电极与活性摩擦电材料之间的界面粘合是实现长时间机械耐久性的又一瓶颈，应深入研究导电材料的合理选择和相应的界面设计，以确保设备在日常使用中能够承受伴随的变形；③批量化制备，考虑到纺织TENGs包含多个组件并且需要分层组装，现有的基于手工的、实验室规模的、厘米长度的编织方法在可扩展制造方面的潜力有限，为此需要重新设计功能纤维使其适应工业化机织/针织机或者开发相应的特种机织/针织设备，但目前很少有研究关注后者。

纺织基压电发电的本质是在某些类型的材料中，内部正负电荷中心响应施加的机械应力而移动，从而产生内部电场。将压电材料与纺织品集成在一起，可用于人体运动等机械能收集。自1880年首次发现直接压电效应以来，已有大量的压电材料被报道，包括有机物，如聚偏二氟乙烯（PVDF）、偏氟乙烯-共三氟乙烯（PVDF-TrFE），以及无机物，如氧化锌（ZnO）、锆钛酸铅（PZT）和钛酸钡（$BaTiO_3$）。根据设备结构和制备工艺，纺织压电器件可采用多层堆叠和纱线交叉两种方法实现。除了常用的静电纺丝工艺外，也有研究关注采用热牵伸纺丝工艺制备具有压电效应的长丝。然而，此类压电纺织器件在能量效率、材料制备方面还有待提高，最近采用的摩擦电-压电混合能量收集智能纺织装置可能是解决该难题的有效途径。

热能为生活中最为普遍的能源。在可穿戴领域，可以利用智能纺织品从体热中获取能量。与需要身体运动的间歇性生物机械能相比，体热即使在静止的情况下也持续存在于人体中。一个成年人每天释放的体热可以达到100~525W。有两种工作机制可以用来收集人体热能，包括利用时间温差和空间温差的热释电效应。虽然人体表温度随时间变化不大（保持在33.5℃左右），但成年人与环境之间的空间温度差能产生高达10mW/cm^{2}的热流，此时热电效应发挥了优势。纺织热电器件通常依赖于两种结构，即作为基材的纺织品和作为构建单元的纱线。在纺织基材上建造热电器件是收集人体热能的有效途径。纺织材料不仅表现出良好的顺应性，能够有效地与弯曲的皮肤接触以吸收热量，而且具有低导热系数，如棉织物的导热系数约为0.0633W/（m·K），以其为衬底可以减少热量损失，一系列热电（TE）材料可以垂直或平行地涂覆/印刷/缝制到棉织物衬底上。纺织基热电单元由于隔热和相对符合人体皮肤而显示出许多引人注目的特征。然而，这种配置需要将TE臂通过涂层/打印/缝纫等方式复合到纺织基板上，这在很大程度上损害了智能纺织品的透气性。以TE纱线为构建单元，通过机织或针织来构建热电纺织品是解决上述问题的一种更好的策略，此时纱线型TE单元的设计是纺织器件热电效应的重要决定因素。

太阳能电池可将太阳能直接转换为电能，是目前技术最为成熟的能量收集装置。柔性纺织基太阳能电池因其独特的纺织结构，可直接与纺织服装面料通过纺织技术集成，真正做到一体成型，从而提供最佳的舒适性与功能性。柔性纺织基太阳能电池的转换效率为0.1%~5%。相对而言，硅基太阳能电池的效率要高得多，为10%~20%。制造柔性纺织基太阳能电池的方法一般分为两种：一是直接制备纤维状太阳能电池，再利用纺织技术进行织造，从而制备纺织结构太阳能电池；二是以纺织材料为基板，直接制得织物太阳能电池。织物基平面太阳能电池的制备工艺相对成熟，许多工艺都可以将太阳能电池融入纺织品涂层中，换句话说，这些太阳能电池的基底是纺织品，而不是通常使用的玻璃或者硅。目前，研究人员也面临着如何将组成太阳能电池（底部电极、光伏层和顶部电极）的微米尺度晶圆薄层应用到粗糙的织物上。相较于平面状太阳能电池，柔性纤维状太阳能电池突破了基底的限制，具有质量轻、可弯折等特点，更加贴合可穿戴电子设备的要求，是目前纺织基太阳能电池的研究重点，然而柔性纤维状太阳能电池还需取得技术突破才能采用机织或针织等传统纺织技术进行织造。

近年来，越来越多的学者开始关注无线射频能量收集技术。能量收集装置的天线通过电磁耦合技术接收电磁能，并在天线中产生交流电；整流器将交流电转换为直流电，直接供传感节点使用或将电能储存到超级电容器中。能量收集天线要求具有宽带宽和高增益的特点。胡吉永团队设计制备了一款能量收集织物基圆极化天线（图2-121），带宽达350MHz，增益为1.9dBi，当射频源与圆极化天线间距为

100cm时，单位面积接收信号强度指示为2.35mW/cm^2、输出电压为1.19mV/cm^2。类似地，当工作频率为2.45GHz时，已有研究制得了输入功率敏感阈值为-0.27W（-24.3dBm）的腕带[114]。虽然织物基射频能量收集系统的输出功率可达毫瓦级别，高于LED灯的功耗，但其输出功率仍无法满足耗能巨大的智能纺织品（如电加热织物和发热内衣等）的需求。此外，现有研究较少评价系统的环境适应性，织物基射频能量收集系统的柔性与性能稳定性间存在矛盾，两者的取舍平衡是一大难点。通过天线结构设计及新型纺织材料研发，尺寸小、成本低、抗干扰能力强、损耗小、输出功率大的织物基射频能量收集系统是未来研发的重点。

图2-121 射频能量收集系统及圆极化天线

综上所述，虽然纺织基能量储存和收集器件的研究日益增多，性能不断优化，但仍面临着一系列的挑战，比如储能密度和能量转换效率低、成本高且无法大规模生产、耐用性差等，离实际应用还有很远的距离。

（三）智能材料及智能纺织品的发展现状

根据功能不同，智能纺织材料及制品可分为形状记忆纺织品、智能变色纺织品、智能热管理纺织品、防水透湿纺织品、电子信息智能纺织品等类型（图2-122）。

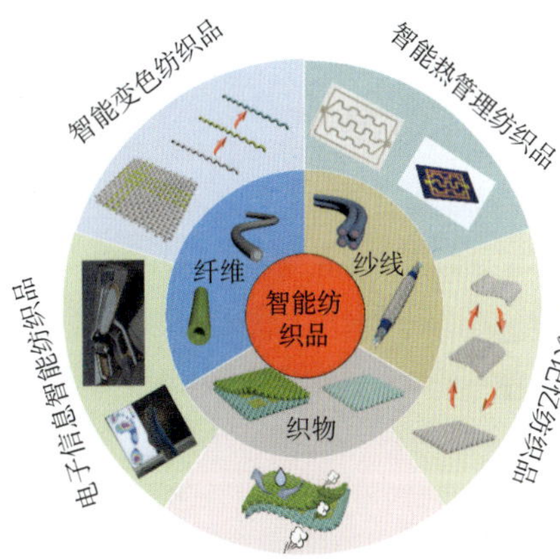

图2-122 智能纺织品主要类型

1. 形状记忆纺织品

形状记忆纺织品是指织物在受到外界刺激（如温度、湿度、光、磁场、pH值）后，能改变织物的形状、大小或内部结构，但在特定条件下又能恢复原状的纺织品，包括形状记忆合金纺织品、形状记忆聚合物纺织品和形状记忆水凝胶纺织品[115]。形状记忆合金纺织品是指织物经热刺激后可在多种不同晶体结构间转换，使织物发生变化的金属合金，如金镉合金、镍钛合金、铜铝镍合金、铝锌合金等；形状记忆聚合物纺织品是通过永久性的物理或化学交联方法植入可移动基质形成的聚合物，该基质能储存机械变形能，织物受外界刺激后可恢复变形；形状记忆水凝胶纺织品通过水凝胶实现形状记忆，水凝胶在水中会膨胀，但不溶于水。具有形状记忆功能的纺织材料可以在聚合物纺丝或织造和整理过程中引入而使纺织品具有形状记忆特性。

形状记忆纺织品品类主要包括棉、蚕丝、毛纺织物以及水凝胶织物等。具备绝缘、耐热、透湿、透气性、耐冲击性等功能需求的产品是形状记忆纺织品的主要应用平台。同时，在时尚消费品领域，形状记忆材料在设计师手中也成为表达设计语言的优秀材料，赋予了产品更多独特的表达效果。如图2-123（a）所示的形状记忆织物暴露在高温下时，纤维由平面变为宝塔状，达到保护人体的效果；意大利时尚品牌Corpo Nove设计了一款“懒人衬衫”[图2-123（b）]，其可以在高温下机械地将袖子卷到肘部，在低温下自行展开。

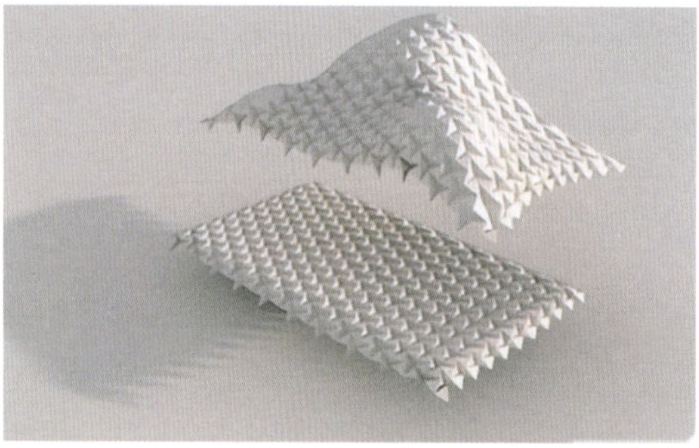

（a）形状记忆织物

（b）Corpo Nove设计的“懒人衬衫”

图2-123 形状记忆织物和服装

2. 智能变色纺织品

智能变色纺织品是指随着外界刺激（如光、电、压力、温度等）的变化而变色的织物纺织品。这类智能纺织品主要包括光致变色纺织品、热致变色纺织品、电致变色纺织品、压敏变色纺织品和湿敏变色纺织品。

光致变色纺织品是物质A在不同光波作用下转化为其同分异构体物质B的变色效应。两种物质A和B具有不同的吸收光谱和能级结构。移去光源或换另一种光源，B转换为A，恢复原色。适合光致变色纺织品的光敏变色材料主要有氯化银、溴化银、二苯乙烯类、螺环类、降冰片二烯类、俘精酸酐类、三苯甲烷类衍生物、水杨酸苯胺类化合物等，目前其已发展到有紫色、黄色、蓝色、红色4种基本色。

热致变色纺织品是由于织物上的色素分子结构能随温度发生变化，从而引起颜色变化。热敏变色染料从种类上来讲分为无机类（过渡金属化合物，如碘化汞的复盐）、有机类（三芳甲烷类、荧烷类、螺吡喃类等）和液晶类（胆甾型）。其中，有机类变色染料材料易得、易加工，但稳定性相对较差；无机类毒性大且效果差，其变色通常在溶液中，或需要在高温条件下，或变色过程不可逆；液晶类染料价格贵，对化学物质非常敏感，容易降低变色效果。目前能够生产热致变色纺织品用变色涂料并掌握加工技术的企业主要集中在英国、日本以及我国台湾地区等。

电致变色纺织品是指材料的光学性质（反射率、吸收率、透光率等）在外加电场作用下产生稳定可逆的颜色变化，与其他变色纺织品相比，其具有变色范围广和变色效果好的优势。

压敏变色纺织品通过导电纤维交织形成的基质来感知织物受压部分的颜色变化。

湿敏变色纺织品的原理是湿敏变色染料结构会随着环境中湿度的变化而改变，导致其对可见光的吸收光谱发生变化，从而影响最终颜色的呈现。此外，环境温度对其变色也有一定的催化作用。湿敏变色材料在纺织品领域的应用，主要是通过将湿敏染料以印染加工的方式整理到纺织品上。

智能变色纺织品的制造方法很多，可以通过纤维技术、印花和染色技术、后整理技术等将变色材料引入纺织品中。采用变色材料加工的智能变色纺织品（图2-124）广泛用于时尚、伪装、可见保护等领域。意大利男装品牌石头岛（Stone Island）旨在以对纤维和织物的独特研究为特征，并利用其进行创新设计。其推出的Prototype Research Series热致变色夹克（图2-125）采用锦纶帆布面料，利用加入特殊液晶基质的树脂进行涂层处理，使面料上覆有螺旋状的胆甾体液晶，在15~31℃时，分布在面料上的液晶将触发逐步的分子反应性颜色变化，产生多样色彩变化。

(a) 光致变色

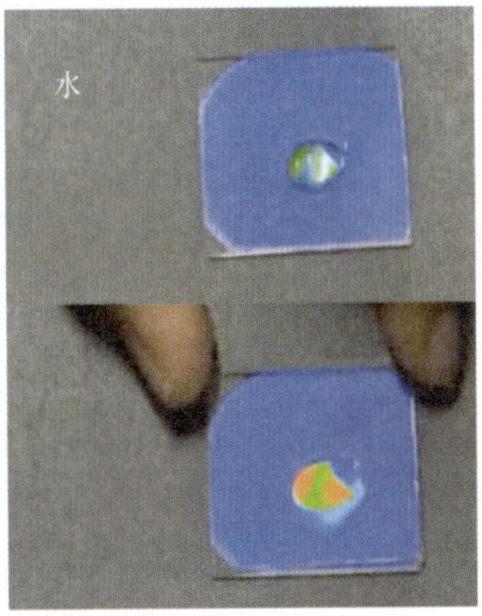

(b) 湿敏变色

图2-124 变色纺织品

图2-125 Prototype Research Series热致变色夹克

3. 防水透湿纺织品

防水透湿纺织品又称“透气织物”或“呼吸型织物”，是指织物能在一定水压下而不被水浸湿，同时人体排出的汗液可以以水蒸气的形式传递到织物上层。目前，防水透湿织物主要包括防水透湿高密度织物、微孔膜防水透湿织物、无孔膜防水透湿织物、智能防水透湿织物4种类型。其中，前3类本质上为被动智能纺织品。

防水透湿高密度织物利用气体分子由高浓度向低浓度扩散的原理。人体出汗时，汗液可通过织物向外扩散；织物遇水潮湿后，纤维横向膨胀，空隙变小，达到防水效果。其具有透湿、防水功能的同时，兼具柔软、防风、保暖等功能，是制造休闲服、运动服的优质面料。微孔膜防水透湿织物是通过雨滴直径与水蒸气分子直径的大小差异实现防水透湿。微孔高聚物薄膜与织物通过层压或涂层工艺等方式复合，从而赋予复合体防水透气功能。这类织物的耐水压性、透湿性、防风性及保暖性都较好，但加工过程较为复杂，在长期使用过程中因织物吸附粉尘及人体汗液中的盐分、油脂、化妆品等物质，防水透湿性能下降。无孔膜防水透湿织物通过提高膜表面亲水性的分子张力特性来达到防水效果。智能防水透湿织物是指织物可以根据不同的环境特性自动调节透湿性。如织物在高温时具有高透湿性，以达到优异的散热排汗效果，而在低温时具有低透湿性，可以减少散热，提升温度。聚氨酯（PU）涂层剂具有玻璃化温度低且易调节，以及低温下强度和柔韧性优良等优点，是常用的防水透湿涂层剂。日本三菱公司研发的采用形状记忆PU涂层制备的Azekura面料［图2-126（a）］能通过体温来控制面料的透湿性，可以用来生产运动服、婴儿纸尿裤等产品；日本东丽研发的ENTRANT®微多孔防水透气面料

[图2-126（b）]，采用一系列水性聚氨酯涂料，分3层涂覆在面料内部，使具有不同大小微孔的各层复合，可保持较高的防水透气性，是防水透湿领域的尖端产品。

（a）Azekura面料

（b）ENTRANT®面料

图2-126 防水透湿织物

4. 智能热管理纺织品

能实现人体热管理的智能材料及纺织品已成为智能纺织品领域研究的热点，目前热管理智能纺织品主要包括保温纺织品、凉爽纺织品和自动调温纺织品3种类型。

保温纺织品主要采用太阳能蓄热纤维或远红外纤维来实现其功能。太阳能蓄热纤维是将吸收的太阳光中的可见光和近红外线以热的形式辐射到人体，达到保温的效果；远红外纤维是将人体发出的热量转换成一定波长范围的远红外射线，重新辐射到人体，加速血液循环，减少热量散失，以达到保温效果。斯坦福大学崔屹等采用一种由金属纳米线嵌入的织物，形成一个导电网络，不仅可以反射人体红外辐射，具有较高的隔热性，而且允许利用焦耳加热来补充被动隔热。该团队基于织物外表面的红外辐射率对衣物的保温性能有重要影响，而织物内表面的红外辐射率对保温性能几乎没有影响，又开发了一种具有定制红外光谱（IR）特性的纳米光子结构织物，该织物使用纳米多孔金属化聚乙烯进行被动人体加热，在织物外表面有最小的IR发射率（10.1%），可以有效地抑制散热损失，与普通纺织品相比，其可将环境温度设定值降低7.1℃，大大优于其他辐射加热纺织品。也有研究受北极熊毛的启发开发了隔热织物，如浙江大学的柏浩等使用“冷冻纺丝”技术实现了具有对齐多孔结构的纤维的连续和大规模制造，用以模仿北极熊的毛发，防止热量损失和提高房屋保温能源消耗效率。

凉爽纺织品主要包括紫外线和热屏蔽织物、降温织物和散热织物。紫外线和热屏蔽织物是在纺丝液中加入精细陶瓷粉，并均匀混合，陶瓷粉可以反射聚合物溶液中的紫外线，由其纺成的纤维对可见光和近红外的吸收率低，可使人体感到凉爽。该类织物的温度比普通棉织物低2~4℃。降温织物通常是在聚酯纤维中加入金属氧化物，不仅能减弱紫外线和光线引起的衣物褪色，还能使衣物内部温度降低5~10℃。散热织物通常是在纤维中涂覆金属粉末涂层，使人体散发的热量可以通过铁、铜、铝、锌等导热性高的金属粉末迅速散发到外界。如有研究学者开发了一种纳米多孔聚乙烯（nanoPE）材料，由于其孔径分布为50~1000nm，故人体辐射中的中红外线可以通过，而可见光无法通过。加州大学圣地亚哥分校陈仁坤和徐升等采用柔性热电装置（TED）实现个性化温度调节，可以提供超过10℃的冷却效果，并具有高性能系数（COP > 1.5），但服用性能还有待提高。

自动调温纺织品可实现双向调节温度，根据环境温度的升降来吸收和释放热能，一般结合相变技术与光纤制造技术。采用相变技术的自动调温纺织品含有一种随外界温度变化相的物质，基本原理是使利用材料相变的吸热和放热保持体表温度稳定。在固液相变中，材料利用接触介质产生热量；在液相到固相转变过程中，热量被传递给接触的介质。近年来，崔屹教授团队应用红外辐射原理开发并商业化了在同一种纺织材料中实现保温和降温两种相反功能的双模式织物，该织物由嵌入红外透明纳米多孔聚乙烯层内的双层发射器组成。发射率和nanoPE厚度的不对称特性可以产生两种不同的传热系数，并在低发射率层朝外时实现加热，在高发射率层朝外时实现冷却。即正面穿时，可以最大限度减少人体对外的热辐射，实现体表保温；反面穿时，最大限度增加人体对外辐射，帮助人体散热，实现正穿保暖、反穿降温的效果。

智能热管理纺织品目前被广泛应用于民用服装［如降温背心（图2-127）、运动服、滑雪服等］、专业服装（如太空服、消防服、潜水服等）、医疗领域（如保护伤口的恒温绷带）及汽车制造领域（如座椅和车顶等）。

（a）相变降温背心

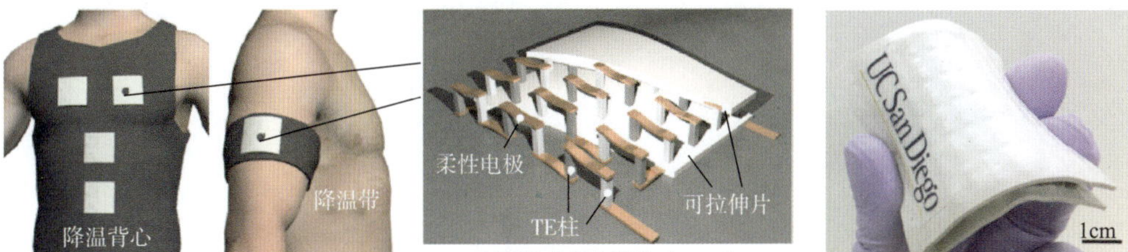

可穿戴式热电器件（TED）

（b）热电降温背心

图2-127　降温背心

5. 电子信息智能纺织品

电子信息智能纺织品是将柔性微电子元件与纺织品结合，使传感器能够感知外界环境的变化，应用信息处理器对信息进行处理，并做出判断和发出指令，然后通过驱动器改变材料的初始状态，以适应外界环境的变化，从而实现自我诊断、自我调节、自我修复等功能[106]。

导电纺织材料是电子信息智能纺织品的基础材料之一，主要用于电子信息智能纺织品的电极、电力及数据信号传输。导电纺织材料主要包括金属基、碳基（石墨烯、碳纳米管）和聚合物基（聚吡咯、聚噻吩、聚苯胺）材料3大类，采用纺丝、纺纱、涂层（溅射、浸渍、印刷）、聚合等技术可以将导电材料附着在纺织材料表面或内部，从而得到导电纺织材料[116]。金属纤维也是智能纺织品制备中常用的一种导电材料。利用溅射技术可以将金属薄膜沉积在纤维表面，产生的薄膜均匀并且与织物结合牢固，织物经过磁控溅射银处理后的导电性能达到聚合物基导电织物的15倍以上。印刷打印使大批量金属基/碳基导电织物的生产成为可能。传统的丝网印刷简便高效，可以自由设计导电图案；转移印花技术可以在织物表面印制透明的银纳米线层，得到不完全覆盖表面的导电网状结构，在具备良好导电性的基础上，使织物更加美观；喷墨印刷是新兴的单一步骤的导体织物数字化制造过程，其使用的油墨比丝网印刷少，可以使选定图案区域内的纤维表面形成导电网络。

电子信息智能纺织品中柔性微电子元件与纺织品有不同的结合方式，主要采用的技术有模块化技术、嵌入式技术和纤维基技术。

模块化技术是将电子元件作为功能模块直接集成在纺织品上，如在织物上直接添加各种传感器，监测使用者的体温、心率等数据；嵌入式技术是将电子元件直接集成到织物的组件中，也就是在纤维/纱线/织物中植入传统硬质微电子元件及传感器，如通过导电纱线连接电路板、基于织物的柔性传感器、集成电路等；纤维基技术是在纤维内部构建电子功能，利用纤维或织物直接形成电子元件和传感器，如纺织柔性显示器、柔性压敏材料等。原则上，设计纤维电子器件的策略更灵活，可以集成更多的功能，但是有限的材料选择和需要精确控制纤维的位置及连接等困难阻碍了其进展。因此，将电子元件通过模块化技术集成到纺织品中是当前实现织物智能化的最优解。谷歌通过“Project Jacquard”项目致力于实现智能织物的模块化应用，目前已经和李维斯（Levi's）、圣罗兰（Saint Laurent）、阿迪达斯（Adidas）等多个品牌合作推出了面向不同消费群体的多款智能产品。

电子信息智能纺织品应用广泛（图2-128），是最具发展前景的智能纺织品品类之一，可用于医疗、运动健身和军事等方面。在医疗方面，医用T恤可以监测穿戴者的体温、心跳、血压等数据，实现对医院患者的远程监控。当紧急情况发生时，医院可以通过衬衫上的定位系统寻找到患者。类似的还有智能袜子、智能婴儿连衣裤等用于医疗目的的智能服装。在运动健身方面，电子信息智能纺织品可以监测用户的运动强度、能量消耗等运动参数，如心率监测文胸等。在军事方面，可以在作战制服中嵌入超微型传感器，用于识别士兵的受伤情况；智能降落伞则可以探测空气和地面状况，及时改变飞行方向和速度。此外，电子信息智能纺织品还可用于多媒体数字产品，如音乐夹克等。

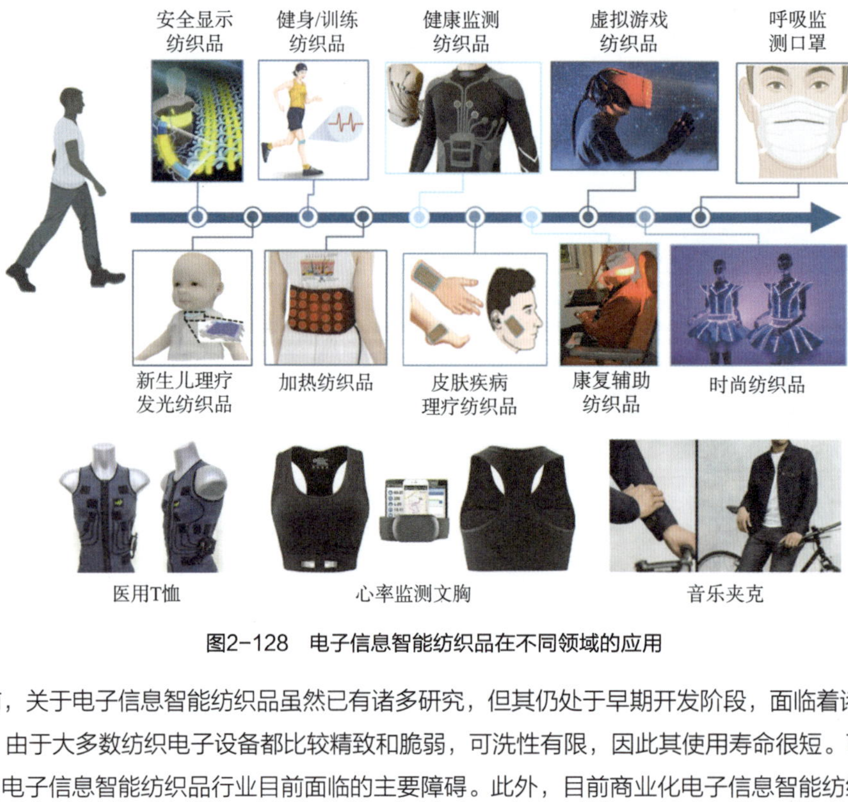

图2-128 电子信息智能纺织品在不同领域的应用

目前，关于电子信息智能纺织品虽然已有诸多研究，但其仍处于早期开发阶段，面临着诸多挑战。

（1）由于大多数纺织电子设备都比较精致和脆弱，可洗性有限，因此其使用寿命很短。可靠性和可洗性成为电子信息智能纺织品行业目前面临的主要障碍。此外，目前商业化电子信息智能纺织品主要使用现成的传感器和电子设备，设备的黏附性差，在活动条件下很容易脱落，并且会造成运动阻碍。尤其是用于健康监测方面的智能电子纺织品，其益处的实现通常以用户舒适度为代价，而解决这个问题需要将功能与能够承受高变形/挠曲的服装无缝集成，变形/挠曲特性通常又取决于设备的黏附性，但由于传感器嵌入不良或将部件直接粘合在纺织品上，限制了其可操作性。

（2）先进电子纺织系统通常通过电气连接多个纺织电子元件或将其嵌入纺织品中来实现，在这个过程中系统复杂性增加，复杂的布线、外部电路和对外部电源的依赖，可能导致需要面临复杂的连接和电气兼容性挑战。这主要是因为纤维材料高度卷曲，使其与平面对应物具有不同的电场，且电荷在导电纺织材料横向和轴向上的传输共存以及稳定界面的实现存在困难。为了解决这些问题，需要更好的加工精度和有效的布局设计。

（3）从工业化角度来看，有些纺织纤维电子设备的长度在应用中需要达到几米甚至几千米，比实验室水平的几厘米长几个数量级。尽管连续制造已经成为纤维器件规模化生产的一种很有前途的方法，但纺织服装所要求的纤维细度使大规模一致生产器件具有挑战性，且随着纤维长度的增加，电阻也在不断增加，这就加剧了这种挑战。

总之，为了满足商业化需求，力学和电学稳定性、穿着舒适性、安全性和应用场景等实际因素都会影响电子信息智能纺织品的商业成功。在新兴电子信息智能纺织品行业，许多公司的大部分收入都是在逐个项目的基础上创造的，咨询和研发往往比专注于特定产品更有利可图。据IDTechEx于2020年发布的可穿戴技术展望报告，可穿戴电子产品市场的总价值为600多亿美元，但只有大约5亿美元来自电子信息智能纺织产品[117]。目前，智能纺织品领域的研究正在推进，随着集成/印刷在纺织品中的电子元件和电路日益小型化，有可能创造更强大的电子设备与服装无缝集成的电子信息智能纺织品，实现高适应性、低成本、低重量和高自我管理舒适性等目标，巩固其在可穿戴电子产品市场的渗透，市场收入可能会进一步增加。

（四）结语

随着物联网（IoT）的兴起，智能纺织品的进步不仅限于医疗保健和健身，这项技术还将推向软机器人、虚拟现实和智能纺织品互联网。未来十年内，在物联网时代，智能纺织品很可能会与人工智能、人机界面和云技术一起改变人类生活。预计智能纺织品原型将迅速发展为商业产品，并扩大其市场规模，尤其是在医疗保健和体育行业。虽然现在还不能准确预测体域网的市场有多大，但相关的智能织物和可穿戴市场发展规模已经清晰可见。市场调研公司ReportLinker预测，全球智能纺织品市场预计从2021年的25.2亿美元增长到2026年的93亿美元，复合年均增长率为28.7%，智能纤维的市场规模到2025年可达1300亿美元。另有Grand View Research发布的市场研究报告显示，2022年全球可穿戴技术市场价值为613亿美元，预计从2023年到2030年将以14.6%的复合年均增长率扩张。智能纺织品和可穿戴设备的结合，加之智能手机的应用，市场繁荣无疑会助推技术突破，从而形成良性发展趋势。

虽然智能纺织品的开发及商业化势头凶猛，但目前市场接受度普遍较低，未来需要找到相关问题的解决方案以提高智能纺织品的市场渗透能力。

（1）满足日常使用的市场标准协议

缺乏标准化导致智能纺织品制造存在缺陷。从根本上来讲，在向终端用户推广智能纺织产品之前，每个创新产品都必须有一个等级，要实现商业可行性必须填补这一空白领域，以确保其对用户应用的有效性和适用性。

（2）无缝集成促进单一产品功能更加多样化

电子产品的小型化和纳米技术使材料层和电子设备可以通过印刷或纺织技术简单地集成到纺织品中，多功能更容易实现，使生理监测、防水透湿、温度控制等功能集中在一件服装上，增加单件产品功能的多样化。

（3）持续的电源

为智能电子纺织品提供一个组织有序、稳定的电源是制造商和其市场增长的必需条件。有必要寻找一种解决电路和电源的方法，满足重量轻、柔韧、牢靠、制造成本相对低廉，并且与服装高度兼容，甚至能够自驱动的需求。此外，目前电子信息智能纺织品的电源独立，这限制了其在运动和自我健康管理等方面的适用性。在这些方面，柔韧性或与人体的共形性对于获取精确数据至关重要。因此，亟待开发具有持续电源的电子信息纺织系统，作为一个完整的可穿戴系统进行工作，以实现自我管理的目标。

（4）可洗性和耐用性

目前对智能纺织品的研究主要集中在功能方面，而服装的可洗涤性、可折叠性、穿着舒适性等方面还有待提高。洗涤测试通常被用于所有类型服装的可靠性协议，因此也适用于智能纺织品。具有扭、拧或弯曲稳定性，从而确保长寿命和可持续性能，是智能纺织品面临的一个关键挑战，也与大规模上市密切相关。

（5）制造成本高，价格不实惠

智能纺织品只有让消费者买得起，被消费者普遍接受和使用，才能有更广阔的发展空间。制造成本是限制智能电子纺织品适用性的一个重要原因，研发预算的增加推动了与最先进的电子元件相结合的服装的研发及生产，但这会进一步增加成本，使一些供应商无法获得这类产品。

（6）产品安全性与可持续性

特别是电子信息智能纺织品不仅要减少电磁辐射等对人体的潜在危害，还要在生产过程中注意节能环保。绿色发展和生物降解性是纤维/织物生产中最重要的两个因素，同样地，对于电子纺织品，其环保和可回收发展是降低生态影响的重大挑战。

新技术的发展是当前智能纺织品的创新和存在问题的解决方案。相信随着科技的发展，智能纺织行业将成为未来最大的终端应用市场之一。

（撰稿人：嘉兴职业技术学院　孟粉叶；东华大学　胡吉永　张　勇）

扫码见参考文献

第二章　中国纺织科技发展概述

近期，中国纺织工业联合会发布的《建设纺织现代化产业体系行动纲要（2022—2035年）》提出要推进七项重点行动，其中“推动行业进步的纺织科技创新行动”与《纺织行业“十四五”科技发展指导意见》一脉相承、紧密衔接，要不断加大在前沿材料、高端装备、先进工艺、智能制造等领域的研发力度，推动基础创新、关键创新、融合创新与应用创新，使纺织行业成为世界纺织科技的主要驱动者、全球时尚的重要引领者、可持续发展的有力推进者。

“十四五”已过半，行业坚持践行“四个面向”，不断提升行业科技创新质量和水平，不断加大研发投入，加快推动创新平台建设，进一步提升创新能力，不断涌现先进技术成果，为行业到2035年建成纺织现代化产业体系打下了坚实的基础。

一、纺织科技创新发展总体情况

（一）科技研发投入持续增加，企业创新主体地位进一步强化

“十三五”以来，纺织行业研发投入持续增加，研发经费规模持续扩大，企业技术创新的主体地位进一步强化。

根据中国统计局数据，2015—2022年，我国纺织行业规模以上工业企业科学研究与试验发展（R&D）经费支出从376.3亿元增长到535.1亿元（图2-129），研发投入强度从0.54%增长到1.02%（图2-130）。但也应该看到差距，在规模以上工业企业中，R&D经费投入超过千亿元的行业大类有7个，占全部规模以上工业企业R&D经费比重60%以上，纺织行业研发投入有待进一步提升。

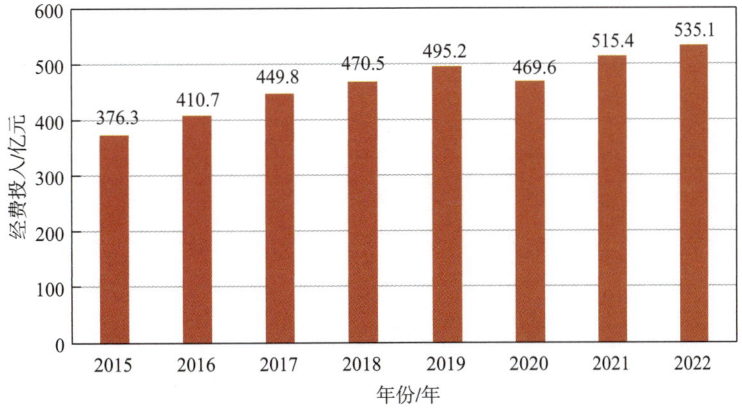

图2-129　2015—2022年我国纺织行业规模以上工业企业R&D经费投入情况

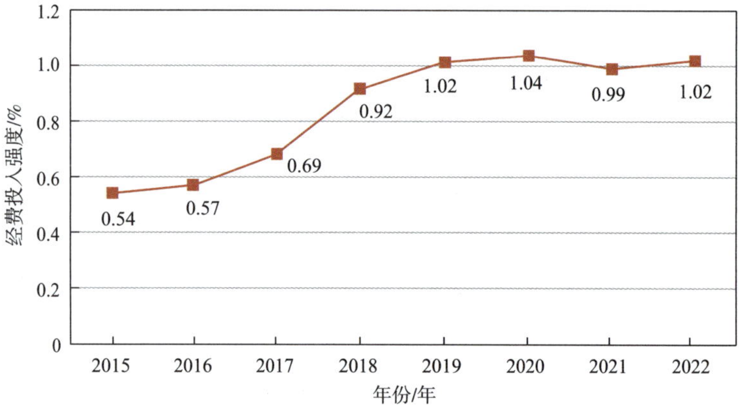

图2-130　2015—2022年我国纺织行业规模以上工业企业R&D经费投入强度

资料来源：国家统计局。

（二）创新平台建设不断完善，创新能力得到进一步加强

近年来，纺织行业不断加强各类创新平台建设，形成了包括国家级制造业创新中心、国家重点实验室、国家工程研究中心（国家工程实验室）、国家企业技术中心以及纺织行业重点实验室、纺织行业技术创新中心等较完备的创新平台体系，科研基础条件大为改善，在基础材料、高新技术和先进装备、科研基础条件建设等多个方面取得较大研究进展，推动了行业科技实力的跨越式提升。

截至2022年底，纺织行业共有国家级制造业创新中心2个，国家重点实验室6个，国家企业技术中心102个；中国纺织工业联合会认定行业重点实验室57个，技术创新中心40家（表2-8）。创新平台在开展应用基础、重大关键技术、前瞻性技术研究等方面起到积极引领和示范作用。

表2-8　截至2022年底我国纺织行业国家级科技平台概况

序号	名称	全部/个	纺织/个	占比/%
1	国家技术创新中心	19	0	0
2	国家产业创新中心	4	0	0
3	国家级制造业创新中心	24	2	8.33
4	国家重点实验室	515*	6	1.17
5	国家企业技术中心	1827	102	5.58

资料来源：国家科技部、发展改革委、工信部、中国纺联科技部，*表示预估值。

（三）创新成果不断涌现，科技奖励项目质量进一步提升

近年来，纺织行业积极推进创新驱动发展战略，科技创新能力和科技产出水平均实现较大跨越，在纤维新材料、先进纺织制品、绿色制造、智能制造等领域取得一系列具有重大影响的创新成果。一是纤维材料技术进步成效显著。先进基础纤维材料在高效柔性化和差别化、功能性方面持续提升，关键战略纤维新材料技术稳步提升，不断满足航空航天、国防军工、环境保护、医疗卫生等领域发展需求。二是先进纺织制品开发持续强化。健康防护、舒适易护理等功能纺织品开发取得显著成效，产品功能日益

多样化。产业用纺织品在应急救援、抗洪抢险、海上溢油处置等安全防护领域，天宫空间站、北斗系列卫星、神舟飞船、运载火箭、天问一号等航天技术领域，机场、高速公路等基础设施建设领域均发挥了重要的战略支撑和物资保障作用。三是绿色制造工艺技术稳步提升。新型纺织绿色加工技术不断涌现并在行业内稳步推广。“十三五”期间，印染行业单位产品水耗下降17%，水重复利用率从30%提高到40%，行业废水排放量、主要污染物排放量累计下降幅度均超过10%，循环再利用化学纤维科技创新能力明显提升，废旧纺织品资源化利用水平进一步提高。四是行业智能升级改造效果显著。纺织加工过程智能化及装备技术水平取得明显进展，化纤、纺纱、印染、服装、家纺、非织造等智能化生产线建设取得明显成效，棉纺梳并联合机、高性能特种编织装备、全自动电脑针织横机等一批关键单机、装备实现突破。

“十三五”以来，纺织行业共有15项科技成果获得国家科学技术奖（表2-9），其中“干喷湿纺千吨级高强/百吨级中模碳纤维产业化关键技术及应用”获国家科技进步一等奖；623项成果获得“纺织之光”中国纺织工业联合会科学技术奖。奖励结构进一步优化，科技奖励项目质量进一步提升，2022年项目获奖率由2016年的62.98%降低至2022年的36.82%（图2-131）。

表2-9　“十三五”以来纺织行业成果获国家科学技术奖情况

序号	年份	项目名称	主要完成单位/完成人	获奖等级
1	2016	管外降膜式液相增黏反应器创制及熔体直纺涤纶工业丝新技术	陈文兴（浙江理工大学）、金革（浙江古纤道新材料股份有限公司）等	国家技术发明奖二等奖
2	2016	苎麻生态高效纺织加工关键技术及产业化	湖南华升集团公司、东华大学、湖南农业大学	国家科技进步奖二等奖
3	2016	干法纺聚酰亚胺纤维制备关键技术及产业化	东华大学、江苏奥神新材料股份有限公司、江苏奥神集团有限责任公司	国家科技进步奖二等奖
4	2016	支持工业互联网的全自动电脑针织横机装备关键技术及产业化	浙江师范大学、宁波慈星股份有限公司、固高科技（深圳）有限公司	国家科技进步奖二等奖
5	2017	超高速数码喷印设备关键技术研发及应用	陈耀武（浙江大学）、汪鹏君（宁波大学）等	国家技术发明奖二等奖
6	2017	干喷湿纺千吨级高强/百吨级中模碳纤维产业化关键技术及应用	中复神鹰碳纤维股份有限公司、东华大学、江苏鹰游纺机有限公司	国家科技进步奖一等奖
7	2017	工业排放烟气用聚四氟乙烯基过滤材料关键技术及产业化	浙江理工大学、浙江格尔泰斯环保特材科技股份有限公司、西安工程大学、天津工业大学、浙江宇邦滤材科技有限公司	国家科技进步奖二等奖
8	2018	废旧聚酯高效再生及纤维制备产业化集成技术	宁波大发化纤有限公司、东华大学、海盐海利环保纤维有限公司、优彩环保资源科技股份有限公司、中国纺织科学研究院有限公司、中原工学院	国家科技进步奖二等奖
9	2018	高性能特种编织物编织技术与装备及其产业化	东华大学、徐州恒辉编织机械有限公司、鲁普耐特集团有限公司、青岛海丽雅集团有限公司	国家科技进步奖二等奖
10	2019	纺织面料颜色数字化关键技术及产业化	鲁泰纺织股份有限公司、东华大学、香港理工大学、中原工学院、浙江大学	国家科技进步奖二等奖
11	2019	高性能工业丝节能加捻制备技术与装备及其产业化	宜昌经纬纺机有限公司、武汉纺织大学、中国纺织机械（集团）有限公司、北京经纬纺机新技术有限公司	国家科技进步奖二等奖
12	2020	高曲率液面静电纺非织造材料宏量制备关键技术与产业化	覃小红（东华大学）、王荣武（东华大学）等	国家技术发明奖二等奖

续表

序号	年份	项目名称	主要完成单位/完成人	获奖等级
13	2020	有机无机原位杂化构筑高感性多功能纤维的关键技术	朱美芳（东华大学）、孙宾（东华大学）等	国家技术发明奖二等奖
14	2020	固相共混热致聚合物基麻纤维复合材料制备技术与应用	长春博超汽车零部件股份有限公司、军事科学院系统工程研究院军需工程技术研究所、吉林大学、天津工业大学	国家科技进步奖二等奖
15	2020	高性能无缝纬编智能装备创制及产业化	浙江理工大学、浙江恒强科技股份有限公司、浙江日发纺机技术有限公司、泉州佰源机械科技有限公司	国家科技进步奖二等奖

资料来源：国家科学技术奖励工作办公室。

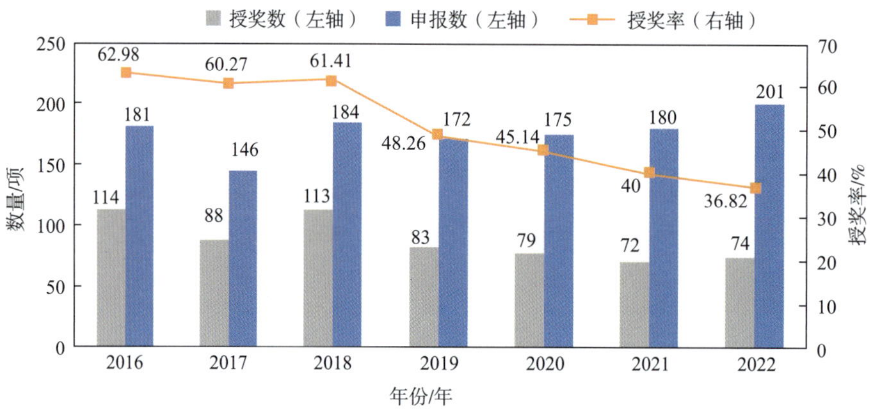

图2-131　2016—2022年中国纺联技术发明和科技进步奖授奖情况

二、纺织科技创新发展典型案例

（一）生物医用纺织材料是纺织应用高端化发展的重点领域

长期以来，全球高端医用纺织材料研发和生产由发达国家主导，我国在高端生物医用纺织材料制品方面国产化率低，依赖进口。近年来，行业相关企业快速发展，逐渐掌握核心技术，从而进入高端医用纺织品领域。

以脉通医疗"心血管覆膜织物材料"为例，心血管覆膜织物作为纺织基植入物支架、人工心脏瓣膜、心脏封堵器等心血管介入治疗器械的重要组成单元，由医用级涤纶长丝织造而成的超薄膜状材料起到隔绝血流、引导血液流通等重要作用，占到心血管介入器械成本的30%~50%，其性能稳定性直接决定了器械的使用效果。脉通医疗的微创介入纺织基植入物产业化成果，突破了具有良好生物相容性PET长丝的均匀连续纺丝关键技术，实现了医用级PET长丝的批量生产；设计与研制了超薄、高密度纺织基心血管植入物；设计了适应人体解剖结构的异形覆膜血管，实现高耐久性覆膜无缝一体化制备；成功研制了国内小口径（14F）腹主动脉腔内修复覆膜支架产品，并实现临床应用。系列高品质的心血管介入医疗器械已广泛应用于胸主动脉、腹主动脉、心脏等微创介入医疗领域。该项目获得2022年度中国纺织工业联合会科技进步一等奖。

（二）全流程智能制造是纺织智能化和融合化发展的重要成果

“十三五”以来，纺织行业智能制造取得显著成效，涌现出一批优秀的项目成果、试点示范企业、解决方案供应商等，带动全行业智能化发展。随着物联网、大数据、人工智能等信息技术在行业逐步推广应用，行业智能化水平明显提升。以化纤智能制造标杆企业新凤鸣集团为例，其全要素一体化工业互联网平台是化纤智能制造的典型案例。通过构建面向PTA–聚酯–纺丝–贸易的聚酯纤维全产业链工业互联网凤平台体系；开发了基于平台开源生态的聚酯纤维产业链的网络化协同生产技术，并在集团四大基地的产销衔接、生产排程、库存管理、质量溯源、物资处置等业务环节得到全面应用，实现了“跨工厂、跨区域、跨领域”协同生产和服务；研发了数据驱动的聚酯纤维高效生产全流程智能管控技术及产品，实现了基于数据模型和知识封装的规模化柔性化绿色化生产以及高值高效的精细化管理；形成了基于凤平台商业智能的聚酯纤维协同生产全流程业务决策管控的数字化解决方案，为中小企业提供定制化服务，有力提升了聚酯纤维产业相关工业软件及工业互联网系统平台的应用水平。

（三）非水介质染色是纺织绿色化发展的重要技术途径

近年来，非水介质染色因解决了传统印染加工对水资源的依赖和废水排放问题，备受行业关注。青岛即发集团于2014年开始专注于研究超临界二氧化碳（$ScCO_2$）染色技术，相继建设了从小试、中试到产业化的成套工艺装备，直到2021年6月全球最大的$ScCO_2$无水染色装备在即发集团超临界CO_2无水染色示范基地正式运行，染色单釜容积达到2250L。该技术开发了高上染率的无水染色工艺，解决了分散染料在$ScCO_2$中难溶解、上染率低的难题，实现了聚酯纤维$ScCO_2$流体的全色谱染色，染色时间缩短至180min/锅；发明了$ScCO_2$染色气固分离回收分离釜和回收分离方法，实现了染色过程中低聚物、油剂及残余染料的分离与回收；在产品开发及市场推广方面，开发了棉毛、毛圈、三明治等多款面料。作为非水介质染色技术的典型代表，青岛即发$ScCO_2$染色的成功是企业近十年不断加大科技投入、提升自主创新能力的体现，更是以企业为主体的产学研用合作创新模式的范例。

三、纺织科技创新发展的未来思考

“十三五”以来，我国纺织科技创新取得显著成效，但当前纺织科技工作仍存在短板与挑战：研发投入仍需进一步加大，原始创新能力仍有待提高，创新体系亟待进一步完善等。纺织行业应立足实现高水平科技自立自强，面向世界科技前沿、国家重大需求和国民经济主战场，以增强原始创新能力为核心，加强协同创新，全面提升科技创新供给能力、质量和效率，把握高端化、智能化、绿色化、融合化的创新发展方向，推动纺织行业高质量发展和现代化产业体系建设。

（一）全面加强行业基础研究，夯实科技自立自强根基

从源头和底层解决关系产业链安全和提升的重要科学问题和关键技术问题，聚焦行业关键基础零部件、关键基础材料、先进基础工艺等相关基础理论研究和跨领域交叉研究，强化科技创新策源功能，形成一批基础研究和应用基础研究的原创性成果；同时鼓励企业与高校、科研机构等基础研究机构深度合作，促进基础研究、应用基础研究与产业化对接融通，加快基础研究成果转化应用。

（二）推进核心关键技术攻关，保障产业链供应链安全稳定

开展强链补链联合攻关，改造提升传统产业链，持续强化共性技术供给，在纤维新材料、先进纺织

制品和高端装备等重点领域和关键节点加快补齐短板，推动重点工程建设，形成标志性创新成果。

持续推动纤维新材料技术创新。重点推进聚酰胺熔体直纺、新型多功能纤维加工等纤维高效柔性制备技术；持续提升生物基化学纤维单体及原料纯度，加快稳定、高效、低能耗成套技术与装备集成，实现生物基化学纤维规模化、低成本生产；稳步提高碳纤维、芳纶、超高分子量聚乙烯纤维等高性能纤维生产与应用水平，提升产品质量一致性和批次稳定性，扩大其在航空航天、风力和光伏发电、海洋工程、环境保护、安全防护、土工建筑、交通运输等领域的应用；开展前沿纤维材料创新研究，重点发展纳米纤维、智能纤维、生物医用纤维等前沿纤维新材料，突破纳米纤维宏量稳定生产关键技术，攻克光致变色、传感、能量采集转换、多重响应与驱动等智能纤维制备技术。

全面提升先进纺织制品加工水平。在持续突破高端非织造布制备技术，多轴向、异形和大尺寸编织技术，功能化、绿色化整理和复合技术等关键共性技术基础上，全面提升多功能化消费品、安全防护与应急救援用纺织品、航空航天用高性能纺织品、海洋产业与渔业用纺织品、医疗健康用纺织品、交通运输用纺织品、土工建筑用纺织品、过滤用纺织品等八大重点先进纺织制品加工水平；加快智能纺织品关键技术研发和应用，拓展纺织智慧设计及应用，推动纺织品数字化、智能化发展。

稳步提升国产高端纺织装备制造水平。持续提升纺织装备的高端化、智能化和绿色化水平，重点研发生物基纤维、可降解纤维、再生纤维等绿色纤维和碳纤维、芳纶、超高分子量聚乙烯等高性能纤维生产节能成套装备和绿色印染装备；研发特种成型及编织成套装备、短流程或超短流程纺纱装备，开发纺织专用机器人和纺织智能检测系统。

（三）构建纺织全产业链绿色技术体系，支撑行业碳中和目标实现

围绕落实国家关于碳达峰碳中和的部署要求和绿色纺织发展需要，深化纺织行业全生命周期绿色环保技术研发与应用，加快新型环保材料、先进绿色低碳加工技术以及新能源、清洁能源在纺织领域的应用，全面提升纺织行业可持续发展水平。

加大绿色工艺技术及装备研发。加强清洁生产技术改造、推广行业重点节能减排技术，开发绿色油剂、助剂、催化剂及绿色纤维制造技术；突破短流程清洁印染、少水及无水印染、少化学品印染、全流程数字化印染、废水低成本深度处理及回用等关键技术，着力攻关数码喷墨印花喷头、高端传感器、测色配色仪及高性能染料、高端生态化学品开发应用技术。

优化行业能源结构和产品结构。进一步推广行业精细化能源管理系统和节能技术及设备，提升企业使用清洁能源比重；发展环境友好产品，提高天然纤维、再生纤维素纤维、木浆、聚乳酸、低（无）挥发性有机物（VOCs）含量胶黏剂的应用比例，推广可降解一次性卫生用品和可重复使用产品，加强环境友好产品推广。

提升废旧纺织品循环利用水平。优化改进废旧纺织品化学法、物理化学法等关键技术，实现废旧纺织品高值化、高品质利用。开展废旧纺织品成分识别及分离研究，构建锦纶、丙纶、氨纶以及纤维素纤维等产业高效高品质循环再利用技术体系，加大对废旧军服、校服、警服、工装等制服回收利用的研发力度，形成示范生产线。提高循环再利用纤维在土工建筑、交通工具、包装、农业等领域的应用比例。

（四）构建跨界融合智能制造技术体系，着力提升行业核心竞争力

围绕全面提升行业智能制造发展水平，集中攻克行业专业软件和专用系统，加快移动互联网、人工智能、区块链、云计算、大数据等新一代信息技术与纺织行业融合创新应用，基本实现整个行业的智能

转型升级。

全面突破以新一代信息技术为主的纺织智能制造关键技术，形成一系列具有自主知识产权的新型纺织智能制造装备、工业软件和整体解决方案；重点建设一批面向各个细分行业的智能车间/工厂，形成各类企业深度参与的智能制造发展生态；借助人工智能、大数据、数字孪生等新一代信息技术，着力提高智能制造系统的智能化水平；系统布局云服务平台和工业大数据平台建设，形成覆盖面完整的纺织智能制造平台体系；加快发展新型纺织智能制造新模式、新业态相关技术，逐步实现纺织制造业的服务化转型；建立完整的新一代纺织产业智能制造标准体系，全面推进国家和行业的智能制造基础共性和关键技术标准的应用实施；加强纺织智能制造人才队伍建设，构建跨领域、跨学科、多层次的纺织智能制造科技创新人才体系。

（撰稿人：中国纺织工业联合会科技发展部、纺织工业科学技术发展中心　王　宁）

第三章　世界纺织科技发展趋势展望

一、绿色化

世界经济正处在发展模式变轨的关键转型期，绿色可持续成为大势所趋和硬性约束。围绕绿色发展，全球正在形成新的价值判断。绿色发展不仅是国际纺织供应链采购决策和布局调整的现实影响因素，也将是纺织产业国际竞争力和话语权的重要来源。绿色消费的价值理念在消费升级中加速形成，绿色正在成为市场需求的重要趋势。全行业需要凝聚共识，推动绿色低碳循环发展，加快建设贯穿绿色原料、绿色技术、绿色产品、绿色加工、绿色消费等全产业链的低碳绿色循环体系，其中，绿色原料和绿色加工技术是基础。

（一）绿色原料

当前，要素资源正以指数级的速度向绿色经济聚集，纺织产业结构加快绿色转型，绿色纤维材料、绿色化学品等绿色原料的创新将从源头改变要素成本结构。从原料端着手绿色发展，发挥其传导和带动作用，对于推动从原料到终端产品全产业链的绿色化进程具有重要意义。

1. 加大关键技术攻关，完善绿色纤维制造体系

纤维是纺织工业的基本原料之一，在纺织工业的绿色转型升级中，纤维制造的绿色化进程是关键环节。2023年6月，欧洲议会通过了《关于欧盟可持续和循环纺织品战略》的决议，该决议提出了纤维到纤维的再生策略，对原料的绿色化要求较高。我国《纺织行业“十四五”发展纲要》指出，到“十四五”末，纺织行业生物可降解材料和绿色纤维（包括生物基、循环再利用和原液着色化学纤维）产量年均增长10%以上，循环再利用纤维年加工量占纤维加工总量的15%。工业和信息化部、国家发展改革委联合发布的《关于化纤工业高质量发展的指导意见》也部署了纤维绿色低碳转型的任务，即绿色制造体系不断完善，绿色纤维占比提高到25%以上，生物基化学纤维和可降解纤维材料产量年均增长20%以上，废旧资源综合利用水平和规模进一步发展，行业碳排放强度明显降低。

目前，全球纤维领域正加快探索以绿色材料、清洁生产、绿色认证、循环发展等为核心的绿色制造体系。加快绿色纤维及制品全产业链发展，需要保障高品质原料自主供应，推动关键装备国产化，扩大重点品种生产规模和应用开发，实现低成本生产，拓展应用领域，不断完善绿色纤维及制品标准体系建设。

纤维绿色发展需要在以下几方面加强技术攻关：一是培育生物质来源纤维制造产业，将原料来源逐渐由以玉米淀粉、大豆油脂等农产品为主向非食物性木质纤维素等植物残体和农林废弃有机物为主转变，减少对农田的压力和降低原料成本，同时重点突破相关生物基单体和原料的关键制备技术、生物基化学纤维规模化生产关键技术；二是推进废旧纺织纤维材料循环利用，重点开发废旧棉高效脱色、清洁制浆与纺丝技术以及废旧涤纶及其各种混纺产品的绿色高效化学解聚技术，逐步建立并完善废旧纺织品回收渠道，增强再生纺织品设计和再制造能力，扩大废旧纺织品再生利用规模；三是加大可降解成纤聚合物的研发与应用，提升可降解纤维加工技术水平，加强聚丁二酸丁二酯（PBS）、聚己内酯（PCL）、聚3-羟基烷酸酯（PHA）、PLA等可降解纤维材料的开发、生产与应用，扩大绿色可降解纤维供给能力，开展可降解纤维全生命周期评价。

2. 增强安全风险管控，推广绿色化学品开发及应用

纺织化学品是提升纺织品附加值和性能必不可少的物质，但同时也是纺织品含有的有害物质来源之一。在一定意义上，绿色制造的基础是绿色化学品，绿色化学品的使用对于降低纺织废水排放的风险具有重要意义。我国《建设纺织现代化产业体系行动纲要（2022—2035年）》指出，要加强无毒无害化学品开发和应用，减少重点管控新污染物清单、优先控制化学品名录所列化学物质及持久性有机污染物等有毒有害物质的使用，大力推广低（无）挥发性有机物含量的油墨、涂料、胶黏剂、清洗剂等使用。《印染行业“十四五”发展指导意见》也提出要加快研发绿色染化料，推广应用无氟防水剂、结构安全的高固色率活性染料等生态相容的绿色化学品，以提高终端产品消费安全性。

此外，美国、欧盟等也都相继制定了管理法规，希望通过源头管控纺织过程中使用的原辅材料化学产品，减少在终端产品残留和废水中排放的危险化学品。美国的《有毒物质控制法》（TSCA法案）对纺织印染助剂中的多种化学品提出了严格的管控要求。《关于欧盟可持续和循环纺织品战略》要求到2030年，生产商必须保证投放到欧盟市场的纺织品不含有害化学物质。同时，欧盟还将持续对一系列化学品管理和规范相关规定如REACH、CLP等进行调整。

在“绿色化学”观念的冲击下，染料及纺织助剂产品的安全问题已经引起了全球高度关注，发展绿色低碳纺织助剂已经成为主流，全球各国都积极致力于开发对人体健康和生态环境无毒无害的纺织化学品，而且欧美等发达国家和地区的标准更为完善，管控更加严格。绿色化学品的发展趋势可集中在以下方面：重视相关标准和法规的落实，严禁禁用物质和控制好限用物质在纺织化学品中出现，向安全无毒害发展；重视高效、节能、短流程、低温等工艺中纺织助剂的开发，助力低碳清洁生产；重视开发生物基原料、回收再利用原料制备的化学品，扩展绿色原料渠道，助力低碳减排发展；重视开发防水拒油防污多功能整理剂、复合酶制剂、高性能有机硅整理剂、涂料印花交联剂、多功能后整理剂、新型荧光增白剂等多功能纺织印染助剂，加强生态与功能性的结合。在法规要求日益严格的当下，纺织印染助剂生产企业应建立完善的化学品管控体系，加大研发技术投入，做好禁用和限用物质的替代，提供性能完善的环保化学产品。

（二）绿色加工技术

绿色加工是指在不牺牲产品的质量、功能和能量利用率等的前提下，充分利用资源，尽量减轻加工过程中对环境产生的有害影响。绿色加工技术是绿色制造的核心，通常依托于工艺与设备，围绕节能、减排、降耗等原则展开持续创新突破。在纺织产业链中，染整环节的绿色加工技术占据了重要位置。

“十三五”期间，我国新型纺织绿色加工技术不断涌现，在行业内稳步推广应用，绿色加工技术体系初步建立，但未来仍需进一步加强。《纺织行业“十四五”发展纲要》提出“十四五”末的发展目标：纺织行业用能结构进一步优化，能源和水资源利用效率进一步提升，单位工业增加值能源消耗、二氧化碳排放量分别降低13.5%和18%，印染行业水重复利用率提高到45%以上。《纺织行业“十四五”科技、时尚、绿色发展指导意见》提出，到2025年，行业先进适用清洁生产技术基本普及，主要污染物排放总量持续减少，排放强度大幅下降，废气得到有效治理。《建设纺织现代化产业体系行动纲要（2022—2035年）》中也提出了要加强绿色纺织工艺技术的研发。

1. 推动绿色技术革新，提升低碳发展水平

围绕高效低碳绿色加工，加快先进工艺技术研发及应用，大力突破短流程技术，少水印染及高效低成本处理技术，超临界二氧化碳流体染色、活性染料非水介质染色技术，全流程数字化印染技术，少化学品印染技术及高速数码印花加工技术，废水低成本深度处理及回用技术等；着力提高无锑聚酯纤维生产和无聚乙烯醇（PVA）上浆技术，开发低分散剂含量液态分散染料、碱性介质中分散染料、高固色率活性染料和高牢度涂料染色印花技术等；通过跨行业的技术融合与借鉴，推广数码喷涂整理、磁控溅射技术等新型绿色技术的应用。以新型加工工艺减少资源消耗和环境污染，逐步建立基于技术进步的清洁生产高效推行模式，有效削减企业的排污总量和单位产品能耗及水耗指标，提高绿色低碳发展水平。

2. 升级配套绿色装备，打造系列解决方案

加强清洁生产设备的研发及应用，稳步提升纺织绿色装备研发制造水平。推广高效节能喷水织机；研发短流程、超短流程纺纱装备，编织一体化装备；推广应用针织物和涤纶织物连续式印染成套设备、非水介质印染成套设备、高速全幅宽数码印花设备等绿色染整设备，发展生物基纤维、再生纤维等化纤生产设备。能源利用方面，研发纺织装备能源管理系统，重视氢能等清洁能源对煤等石化能源的替代，带动替代化石资源、减少水资源消耗和污染，推动纺织绿色化发展。同时，采用直驱技术、变频技术、永磁同步电机等对现有设备进行节能改造，提升机电一体化水平，以信息技术提升装备的自动化水平；增加染化料、能源等检测控制数字化系统，加强对能耗、物料消耗以及污染物排放量等的监控水平。绿色装备与绿色加工工艺协同创新，形成系列化解决方案，建立灵活高效的绿色生产体系。

专家观点1

赛得利集团总裁
张文涛

在复杂多变的外部发展环境，以及仍在继续的全球变暖趋势下，绿色发展已成为全球纺织服装行业的共识，开发绿色低碳、生态环保的纺织产品对行业企业发展的重要性不言而喻。

作为全球领先的纤维素纤维生产商之一，赛得利始终坚持“卓越品质”和“可持续发展”兼备而行，秉承“保护环境，为客户创造价值，实现利民、利国、利业”的经营理念，持续推动产品设计、生产向低碳、循环的方向发展。

赛得利深耕天然可持续材料领域创新，充分考虑原材料的可再生性以及纤维的可降解性，坚持纤维全生命周期绿色管理理念，遵循能源资源消耗最低化、生态环境影响最小化、可再生率最大化原则。赛得利于2022年推出3款All for Zero®零碳纤维，覆盖旗下优可丝®、纤生代®和赛得利莱赛尔品牌。在循环经济创新方面，FINEX纤生代®取得重要突破，循环再生原料占比从20%提升至50%。赛得利莱赛尔纤维也取得应用突破，得到了国内外牛仔、家纺、针织和梭织服装品牌的青睐，赋能传统纺织行业时时推陈出新。

可持续发展是企业的生命线。基于我们的可持续发展理念，以及自身发展需求，赛得利发布了2030年可持续发展愿景，在气候和生态系统保护、闭环生产、创新和循环以及包容性成长4个重大战略层面，明确了未来十年的可持续发展目标和承诺。

“道阻且长，行则将至”。展望未来，赛得利将继续着眼于为环境和利益相关方创造长期的共同价值，从纤维源头推动气候和生态系统保护、闭环生产、创新和循环以及包容性成长。我们将继续加大技术创新和产品创新能力，通过行业合作及透明的管治，携手众多合作伙伴，共同构建一个更具韧性和可持续性的美好未来。

专家观点2

中国工程院院士
武汉纺织大学校长
徐卫林

当前，全球“低碳”发展模式日趋完善，低碳纺织产业生态蓬勃发展，纺织产业链加工技术更加注重绿色发展，主要呈现出以下三个发展趋势：一是具有新型纤维的绿色加工技术快速发展。再生纤维素纤维和再生聚酯纤维及其绿色加工技术将成为纺织品市场的主要原材料，废旧纺织品的回收与再生纺丝技术将是纺织强国的重要标志，新型的溶剂体系、新型分拣方法、新型纺丝技术的突破将引领纤维绿色加工技术的发展。二是绿色染整技术关键难题的突破及其规模化应用。纺织印染实现少水和无水染色是绿色印染关键共性技术；印染绿色化学品技术、高效短流程印染技术、非水介质染色技术、数码印花关键技术是核心绿色印染技术；低温前处理、冷轧堆前处理和染色、分散染料低温染色和印花、分散染料碱性染色、蒸汽热能分级利用等是绿色印染的重要节能技术。三是智能制造引领高质量发展、绿色制造推进低碳循环发展。

提高纺织产业链全行业装备，特别是印染行业装备的技术水平，通过与人工智能、互联网、先进物流、自动化装备等产业的融合，不断降低纺织产业链的能耗和排放，能快速推动绿色纺织产业体系的建设，坚持走高端化、智能化、绿色环保发展道路，加快技改升级，加快绿色纺织新旧动能转换力度。

专家观点 3

瑞士纺织机械协会秘书长
Cornelia Buchwalder

技术能够推动纺织业的可持续发展，能提高能源和水等资源的利用率，避免生产浪费，减少消费后的废弃物。此外，循环经济或延长机械使用寿命等概念也是以技术创新为基础。

（1）纱线生产

先进的测量仪器、精密的软件解决方案与内在的技术知识相结合，可用于优化原材料（尤其是原棉）的管理。使用再生棉与新纤维混纺会影响纱线的整体强度和重量分布，但最新的纺纱技术通过机械紧密纺系统可纺出100%的再生纤维。可使用超短纤维专用的转杯纺纱、环锭纺纱和气流纺纱系统纺制人造纤维素纤维。

（2）织物生产

织造工艺的最新发展使纱线的绿色加工成为可能，从而实现了产品的闭环生产，同时可显著节约能源。后整理工艺在绿色加工方面潜力巨大。创新技术利用废气中的余热或直接使用热废气预烘湿织物，使客户能够实现低二氧化碳排放，进行可持续生产。只需采用最新技术进行热压预缩，即可实现自然回缩，无须使用有害物质或弹性纱线。

（3）纺织装备

如果要实现长期可持续发展目标，认真反思商业模式显然也是必不可少的。技术创新可以使设备实现重大提升，因此，更换生产线上的设备以实现可持续发展目标是一种简单的方法。基于客户不断变化的要求、为了让生产过程更加环保，机械制造商会研发升级机器和系统，同时为客户的机器和系统改造/改装提供支持。延长机械设备使用寿命以及订购模式应成为可持续发展的目标，这两者都是为了节省初始资源。

基于技术优势的纺织业解决方案有助于为子孙后代保护我们的自然环境，同时还能节约生产成本。

专家观点 4

纺织业是污染最严重的行业之一，在原材料、能源消耗方面排名居前。就原材料和水资源的使用而言，纺织品消费在欧盟能源消耗压

意大利纺织机械制造商协会（ACIMIT）执行董事
Giorgio Calculli

力源排行榜中排名第4（仅次于食品、住房和运输）。此外，瘟疫、战争和能源危机的发生，以及欧盟《可持续及循环纺织品策略》的发布，将推动欧洲纺织行业走向更加可持续和可循环的道路，在上述多方面原因共同影响下，纺织行业正在经历充满挑战的时期。

纺织和时尚产业的生态转型目标为纺织机械制造商提供了将其生产能力纳入新的全球价值链的机会。机械制造商的任务是开发和实施试验性绿色机械，并将其转化为行之有效的工业流程，使纺织和时尚行业能够减少其对环境的污染并发展循环经济模式。

绿色工艺技术为全球纺织行业提供了以下支持：

· 减少不可再生资源的使用；

· 减少废料管理和处置费用；

· 降低原料消耗成本；

· 减少对环境的不良影响。

在过去的二十年里，人们在合理使用能源、原材料、水资源和劳动力等方面取得了不同程度的进步。纺织技术在实现这些目标方面的贡献仍然是至关重要的。

意大利纺织机械制造商也在发挥自己的作用。今天，意大利纺织机械行业已经证明了自己有能力为地球的未来提供创新解决方案。提到意大利纺织机械制造商协会（ACIMIT），我们的贡献具体体现在绿色标签认证（the Green Label）上。作为可持续技术的一部分，ACIMIT的绿色标签认证标志着我们在可持续发展和循环经济的道路上迈出了重要的一步。

绿色标签认证是对意大利纺织机械制造商承担环保责任的肯定和认可，他们为了满足可持续性的环保需求而制订了相关的机械解决方案。我们通过测量纺织机械的能源消耗和其对环境的影响来认证机械的环保性能，获得绿色标签认证的机械证明了该机械的价值和环保效率，从而为其在生产周期内的能效以及制造商在市场上的竞争力提供了参考基准。值得一提的是，机械运行过程中产生的二氧化碳当量排放量［碳足迹（CFP）］也是一个测量参数，用于衡量所认证机械的生态效率值。

通过推广一种新的、更环保的、更具前瞻性的生产模式，绿色标签认证使纺织行业追求可持续发展的生态目标具象化并成为可能。

此外，在2022年，ACIMIT引入了一个新的指标——可回收性指数，这个指数能直接体现协会旗下成员企业生产机械的可回收性。这种新的指标量化了可回收材料的百分比，其数据基础来源于纺织机械所有部件的回收、再循环和再利用等大量案例的最佳实践。

我们的目的是提高ACIMIT成员企业对循环经济相关问题的认识，为促进纺织机械在整体技术效率方面的持续改善贡献一份力量。

二、智能化

（一）智能生产

1. 抓住制造本质，明确数字价值导向

智能制造的本质就是利用物联网、大数据、人工智能等先进技术认识制造系统的整体联系，并控制和驾驭系统中的不确定性、非结构化和非固定模式问题，以进一步提高制造业的质量、效率、效益和柔性。因此，智能生产不仅仅是以自动化控制技术为主实现的智能制造装备与生产线，更重要的是利用物联网、云计算、大数据以及人工智能技术实现企业生产制造系统与运营系统的整体关联与控制，是通过生产现场的数字化升级改造，基于企业内部工业数据的实时采集，结合供应链资源管理，通过数据分析，优化制造资源配置和运营决策质量，借助企业资源管理系统（ERP）、制造执行系统（MES）、智能排产系统（APS）与计算机工艺辅助设计（CAD/CAM/CAPP）等数字技术解决方案，实现柔性生产和快速反应，同时利用数字技术为生产流程赋能，实现全流程在线质量监测与工艺控制，不断提升产品质量，使企业在满足客户需求的同时实现降本增效。

2. 认清发展阶段，把握科学发展路径

中国工程院根据不同的发展阶段将智能制造分成了3种基本范式，即数字化制造、数字化网络化制造和新一代智能制造（图2-132）。其中，数字化制造是基础，第二代智能制造是在数字化制造的基础上实现网络化和联通集成，解决企业内部和企业间的“信息孤岛”问题，新一代智能制造则需要通过人工智能技术与先进制造技术的深度融合，使制造系统具备了“认知学习”能力。当前纺织行业的智能生产正从探索示范阶段逐步进入推广发展阶段，在数字化制造“补课”的同时，并行推进数字化制造和数字化网络化制造。未来一个阶段，第二代智能制造的推广和大规模应用将是发展重点。纺织产业的智能制造不仅包括以计算机数字控制为代表的数字化技术贯穿产品全生命周期，而且要重点突破实现泛在感知和互联条件下的网络化制造，并在此基础上继续“补课”和完善，直接利用互联网、大数据、人工智能等最新技术，走数字化网络化智能化制造的发展新路。

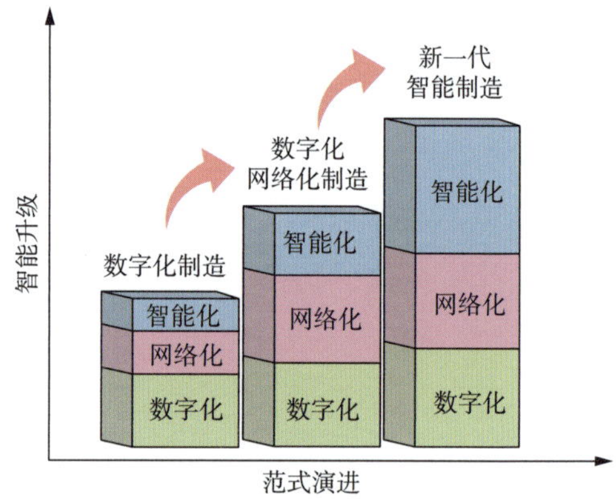

图2-132　智能制造的3种基本范式

3. 完善发展生态，构建智造基础能力

智能制造的发展离不开完善的发展生态和坚实的基础支撑，既要不断完善智能装备、智能工厂、智能服务、数字技术、工业网络、数据应用与安全等行业智能制造的标准体系，推动数字化装备、工业软件、工业互联网、大数据中心等行业信息基础设施建设；还要持续探索推行普惠型的云服务支持政策，支持开发和引入低成本、模块化的信息化管理技术，推广适用解决方案，构建数字平台与数字协作生态，促进数据资源流通与共享，以内部的柔性共生和外部的协同集成，提升快速应对各种不确定性变化的能力。此外，还应加大数字化复合型人才培养力度，加强数字技术工具的学习和使用，鼓励数字技术人员与业务团队合作，面向商业策略和运营流程主动挖掘业务场景，并提供数字化解决方案，推动数字技术赋能业务发展。

（二）智能产品

1. 加强跨界融合，推进协同创新

作为纺织技术与信息技术融合的产物，智能纺织品的发展离不开传统纺织业与电子技术、制造技术、传感器技术、人工智能技术、物联网技术等新兴科技的进一步融合。虽然智能纺织品呈现出巨大的发展潜力，但仍存在以下问题：核心上游材料缺失，如半导体纤维缺失、结构—功能一体化矛盾；逻辑反馈功能缺失，如不具备高级智能即逻辑反馈功能、多纤维织物系统布线技术缺失；集成化、系统化不足，功能基元互为独立结构，功能性与可穿戴性协调设计程度不足；与算法融合程度不足，如支撑及辅助算法空白、算法辅助的功能性设计不足、难以进行数字化工业制造；行业内没有普遍认同的标准等。因此，只有持续推进智能纺织品关键技术的协同创新，突破智能纤维与织物开发、能源转化与存储、无线通信、数字信号采集与传输、智能算法模型、人机交互系统等技术，才能真正实现智能产品的创新开发与应用。

2. 优化产品供给，拓展市场应用

智能纺织品，尤其是可穿戴式智能纺织品具有轻便柔软、舒适性好、能量转化存储性能优异和集成度较高等特点，针对不同消费群体的不同领域（运动、医疗、军工等）展现出许多新的可能和巨大的应用潜力。然而，目前智能产品在穿着舒适性、耐久性、耐水洗性以及产品实用性等方面还存在很多有待提高的地方。一方面还需进一步研发适用于可穿着电子设备的自供电及储能纺织纤维及制品，使电子设备与纤维织物的完美结合，不断提升智能纺织品的佩戴舒适性、安全性和易护理性；另一方面应以市场需求为导向，持续优化产品类型，加快智能纺织品技术产业化应用与规模化生产，提升产品性能和品质稳定性，并建立标准化评价体系；此外，同步加强细分领域市场分析，充分挖掘消费升级、生活方式改变、跨界融合创新带来的市场延展潜力，不断拓展智能纺织品在类人机器人、生物医用、生命健康等领域的应用。

专家观点 1

中国纺织机械协会
副会长
侯 曦

针对纺织生产的复杂运行环境、关键参数检测感知方法欠缺、离线检测指导纺织生产滞后等问题，全面开展纺织生产关键环节的质量检测研究，实现生产质量监控的全过程安全自主可控，推动纺织智能检测装备的进一步产业化应用，同时带动棉花、化纤、纱线、织布、染整等领域装备的技术进步，助力我国纺织现代化产业体系的全面高质量发展。具体如下：

研发全流程纺纱智能在线检测装备，攻克诸如纤维杂质和异纤在线检测、纱线质量智能在线监测等装置，实现纺纱过程全程、全时、全检，全面监控纺纱工艺流程，形成完整的纱线质量控制系统。研发化纤长丝制造全流程智能检测装备，建立基于工艺、装备、原料、环境等大数据的在线品质管控系统，化纤卷装成品作业过程中染色均匀性自动判断等、卷装成形质量及成品等级智能检测评判装备系统等，实现化纤生产质量控制的数字化和智能化。研发织物疵点智能在线检测装备，开展基于大数据的人工智能深度学习算法的软硬件平台研究，突破高精度彩色缺陷识别、核心关键部件国产化等关键技术。开发基于机器视觉的单组分染液浓度快速检测方法，研发染化料浓度智能在线检测装置。

专家观点 2

瑞士立达（Rieter）集团
首席执行官
Thomas Oetterli

立达将自动化、机器人技术、数字化、数据分析和人工智能巧妙地融合到纺纱系统中，努力实现纱线生产的智能化、高效化和可持续发展。使用立达系统的纺纱厂可获得从棉包到包装的智能化整体解决方案，从而在保护地球宝贵资源的同时获得竞争优势。

自动化和机器人技术：立达的纺纱系统利用先进的自动化解决方案，采用可编程逻辑控制器和工业机器人来简化重复性工作，例如开包、粗梳、精梳、棉条输送、棉卷输送、粗纱管输送、络筒和码垛系统。这种全面的自动化彻底改变了纱线各生产阶段的生产效率、精度和一致性。运输自动化系统能熟练地处理原材料、实现材料无缝运输、执行复杂任务以及管理码垛。这些机器人在提高流程效率的同时，还能减少操作员的工作量，使劳动密集型任务降至最低，同时确保质量的一致性。

数字化：立达通过一站式纱厂管理系统ESSENTIAL助力纺纱厂抓住大数据带来的机遇。目前，立达监控系统已连接超过2.5万台机器，收集了大量纺纱过程中产生的重要数据，如机器性能、材料质量、能源消耗和生产效率等。基于此，立达为纺纱厂内的不同人员量身定制了一套数字化工具。操作员可使用直观的仪表板进行快速操作和监控，而其他利益相关者则可使用专为差距分析而设计的ESSENTIAL monitor监控模块和ESSENTIAL optimize优化模块等工具。所有人员均可通过手机查看全部运行情况，实现无缝监控。

数据分析：立达智能纺纱厂的核心是细致的数据分析，包括持续监控机器性能、预测设备维护需求和优化生产流程。以数据为中心的分析可提供改进建议、阈值触发器、异常报告、差距分析，以及提升整体设备效率。

人工智能：采用立达机器和系统的纺纱厂主管可利用人工智能工具进行差距分析。ESSENTIAL monitor纺纱厂监控模块通过提供纺纱全过程的综合性数据，赋能全球客户。这使主管人员能够收集相关信息、找出薄弱环节并以经济的方式管理员工。通过对这些数据的分析，可以迅速做出决策，弥补差距，提高生产率，并提升整个纺纱流程的效率。立达对智能系统的投入还延伸至对机器性能、维护历史、能耗和生产要求等数据的分析。例如，梳棉机C81在人工智能的支持下，实现了市场上最大的有效梳理区面积。梳棉隔距控制功能确保在任何条件下都能获得完美适配的梳理隔距，充分释放40个工作盖板的潜力。梳棉机C81的棉条产量比其他梳棉机高出40%，棉条质量极佳。将Autoconer X6络筒机集成到ESSENTIAL系统中可提高所有工艺步骤的透明度和优化性。将络筒机连接到ESSENTIAL系统后，可在生产过程中加强对质量偏差的检测，也便于追溯导致偏差的相关上游工艺步骤，从而进行纠正。

专家观点3

北自所（北京）科技发展股份有限公司
董事、总经理
王　勇

数字技术与化纤生产物流系统的深度融合，以行业痛点为突破点，整合仓储物流系统、生产物流系统等相关数据，有效释放数据要素价值，优化制造车间的数字化管控流程，开发智能物流数字孪生管控系统，建立涵盖全物流系统装备的透明化监管及智能服务系统：通过装备运行数据实时采集、生产工艺数据高度集成，结合数据驱动与分析方法，完成异构数据融合、多维模型融合，实现物流装备高保真映射、双向实时交互、装备运行过程可视化分析、现场数据可视化分析；通过集成数据分析，鉴别工艺瓶颈环节，考虑装备运行过程中各种扰动，结合智能调度算法，完成装备运行的自动规划与避障，实现化纤装备运行过程中的行为预测与性能预测；基于经验知识与孪生数据，通过"数+模"融合驱动的故障诊断与预测，完成装备健康状况评估，实现故障原因的精准定位、装备寿命的精确预测；结合增强现实与孪生模型，设计远程协作方法与模型训练系统，实现对化纤装备的精准识别与实时增强显示，完成混合现实（MR）虚拟呈现与远程运维协作；结合虚拟现实与孪生模型，整合模型、数据、技术文档等资料，以场景漫游、交互操作等沉浸方式实现化纤装备及生产工艺的多次可重复虚拟培训。

专家观点 4

东华大学教授
闻力生

人形机器人是一种具备人类外貌和行为特征的机器人，按照应用领域可以分为工业机器人、服务机器人和特种机器人，根据其智能程度可以分为无智能人形机器人、有限智能人形机器人、强化学习人形机器人和自主学习人形机器人。其中，自主学习人形机器人又可分为具身智能人形机器人和通用人工智能（AGI）人形机器人。当前，新一代人形机器人已经进入以大模型智能化为核心驱动的具身智能阶段，其既具有极强的运动控制能力，也具备非常强的感知计算能力，能够适应各类现实生活场景的应用。

面对人口老龄化叠加及用工成本增加，机器人特别是智能机器人替人成为大势所趋。在服装制造业，智能机器人的服务形式有以下3种：替代人对服装产品的原辅料、加工半成品等进行提取、搬运、输送服务；代替人操作服装加工设备，解放员工的劳动力；以“人—智能机器人—智能机器”三位一体组成模块式工位、产线车间、工厂运维，解放员工的体力与脑力劳动。当前，多臂机器人、智能缝纫机、具身智能人形机器人已经在衣片抓起折叠摊铺摆放、服装零部件空间缝制、辅料存放提取输送等服装智能生产领域得到应用。随着技术、社会、伦理等层面问题的解决，通过与其他设备和系统的互联，未来具身智能人形机器人和通用人工智能人形机器人将进一步替代服装制造员工，实现全面的自动化、智能化生产。

专家观点 5

香港理工大学智能可穿戴系统研究院院长
陶肖明

绿色智能纺织服饰因其与先进材料、微电子、微机电、信息、人工智能等技术的融合，不仅具有时尚、文化、灵活、量轻、舒适等传统优点，而且已成为智能可穿戴应用中不可或缺的一部分，是未来社会人、机、环境交互的理想平台。它们的大力发展和成功的商业应用，将对新时期人类的生活方式、主动健康、安保国防、远程医疗、智慧城市、增强现实、人工智能、文化娱乐等领域产生深远影响。

智能纺织服饰具有其他技术不具备的独特性，如大面积、三维变形能力、高抗疲劳性、可视性、可调节的流体渗透性、扩展性、轻量化以及其成熟完善的制造设备和工艺等，已成为智能可穿戴系统的重要组成部分。除了传统服装纺织品所提供的蔽体、个人形象、舒适和便利之外，智能纺织服饰有望提供微电子、光子、声学、磁学、流体驱动等额外的、崭新的智能功能。

目前已研发的硬件纤维基智能元件中有多感传感器、织物电路、显示器、扬声器、开关、电源、电动、磁动、气动执行器等。系统包括纤维基智能元件与微电子计算、存储元件，通讯组件以及流体逻辑控制器等通过异构集成制备的可穿戴系统。软件方面有传统建模计算、边缘计算和机器学习等，它们已被成功应用在多个智能服饰可穿戴系统中。

专家观点6

东华大学教授

王宏志

智能纺织品是一类融合嵌入式电子与传感技术的纺织材料与制品，通常用于监测、通信以及提供与环境交互的能力。其未来发展将可能率先在以下场景中形成示范性应用。

健康监测与生活方式跟踪：通过监测用户的心率、体温、呼吸、血氧饱和度、运动状态等，帮助用户更好地了解和管理自身的健康状况和运动水平。

面向大健康的数字医疗：通过监测患者的生理体征数据，追踪其症状发展过程，针对性提供药物管理和慢性疾病改善，提高患者的生活质量。

自动调节温度和舒适度：通过感知环境温度和湿度，并相应地调整材料的透气性和保暖性，达到自动调节温度和湿度的目的，以提供更高的舒适度。

安全防护与军事防御：具有体征监测与通信功能的智能纺织品还可用于特种职业危险环境下的健康监测、人员定位、紧急救援辅助，甚至是复杂战场环境中士兵的协同作战、生存辅助以及指导兵力部署。

交互性和增强现实：通过搭载人工智能与增强现实技术，未来智能服装还可能允许用户与虚拟世界互动，实现沉浸式娱乐甚至是自动识别和响应用户的需求。

不仅如此，未来智能纺织品技术的发展也将对材料创新与结构设计、数据隐私与安全、可持续性和环保、多终端可穿戴技术整合等提出更高的要求。未来智能纺织品也将结合纺织技术、微电子技术、云计算、信息安全等，进一步推动科技与时尚的融合，将会有更多创新产品涌现，为消费者提供革新性的使用体验。

三、高值化

（一）纤维高值化

纤维材料不仅是服装、家纺、产业用纺织品的原料，而且是重要的基本材料和工程材料。其高值化目前主要集中于三大方向——提升常规纤维的附加值、提升绿色纤维的附加值以及优化高性能纤维的生产应用体系。随着纤维成分由单一向复合、简单向多重构筑发展，纤维功能研究由被动适应向主动创新设计发展，高分子科学、纳米材料、材料加工成形、化学工程以及界面物理化学等的学科交叉应用，给新型纤维材料的开发提供了更多可行性。

1. 进一步提高常规纤维的附加值

实现常规纤维高品质、智能化、绿色化生产，开发超仿真、阻燃、抗菌抗病毒、导电、相变储能、温控、光致变色、吸附与分离、原液着色等差别化、功能性纤维产品，提升功能纤维性能和品质稳定性，拓展功能性纤维应用领域，推进生物医用纤维产业化、高端化应用；加强生产全流程质量管控，促进优质产品供给，满足消费升级和个性化需求。

2. 进一步提升绿色纤维的附加值

将绿色纤维进行生产加工，与高分子科学、纳米材料、材料加工成形、化学工程及界面物理化学等相结合，开发具有新功能、新用途、附加值高的产品。如开发高品质系列化的再生合成纤维 FDY、DTY 等产品；在循环再生纤维、原液着色纤维、生物基化纤等绿色纤维的基础上，实现抗菌、凉感、防紫外等功能复合；加大对功能性生物基材料的研究与开发；对生物基再生纤维进行高性能化、功能化开发及应用。

3. 优化高性能纤维生产应用体系

优化碳纤维、芳纶、超高分子量聚乙烯纤维、聚酰亚胺纤维、聚苯硫醚纤维、聚四氟乙烯纤维、连续玄武岩纤维等高性能纤维生产应用体系，提升高性能纤维的质量一致性、批次稳定性、应用工艺性，从原料端引领纺织产业链价值提升，为高端装备、航空航天、新能源、轨道交通、安全防护、海洋工程、环境保护等新兴产业发展提供重要支撑。

（二）技术纺织品

技术纺织品是全球创新与技术集中度最高的产业之一，其开发是涉及从纤维材料、织物、后整理、装备到应用的全产业链创新，甚至跨界整合了电子科技、基因技术等多个领域的先进科技。

1. 跨领域、跨学科的统筹与整合

主要表现为多个领域以及多类型研究机构（如企业研发中心、专业科研机构等）的分工与协作，各工序分工明确，术业有专攻。因此，一定要注重产业链集成创新。对于技术纺织品企业来说，需转变传统的单一产品加工商思维，而切换至解决方案供应商的发展思路。另外，由于相当一部分技术纺织品是中间产品，所以必须主动承担串联纺织产业与其他下游产业的“关键”角色，一方面对接好上游优质的原料资源，提出有价值的需求，另一方面要重视下游资源的维护拓展，引导和帮助下游用户认识、使用、用好产品，将优质的技术纺织品推向更广阔的应用平台。未来，随着市场需求在新度、深度和广度上的拓展，将愈加凸显“中间商”的重要性，技术纺织品将在跨界与融合上继续深化，甚至衍生出一些全新的研究及应用领域。

2. 专业性、细分化日益深入

（1）高品质非织造布

开发超低克重、高均匀、双组分、细旦纺粘非织造布。开发口罩用高性能熔喷非织造布，开发熔喷与其他工艺复合产品，拓展熔喷非织造布在保暖材料、擦拭制品中的应用。推广聚酯熔体直纺纺粘非织造布技术。

加强对闪蒸纺丝成布工艺技术攻关，实现年产3000t级闪蒸非织造技术装备产业化，并推动在医疗包装、防护用品、印刷品等产品中的应用。

优化静电纺丝设备及工艺，开发高固含量（≥30%）纺丝溶液，实现静电纺丝非织造技术装备产业化，并推动在个体防护用品、保暖隔热材料、防水透湿材料、电池隔膜等产品中的应用。

发展全棉水刺非织造布和可冲散非织造布，实现熔喷木浆非织造布、木浆水刺非织造布技术装备产业化。研发推广聚乳酸、生物聚酯纺熔非织造布、纯水减量海岛纤维非织造布。

（2）安全防护与应急救援用纺织品

推动防护用品产业基地发展，开发生产可防核生化、热、机械力、静电、电弧、粉尘的防护用品。完善个体防护产品标准和检测评价能力，培育具有多品类、适应多场景、满足国内外需求的个体防护装备综合性企业。

研发轻质柔软正压防护服面料，提高材料机械性能、气密性和耐化学性。研发舒适性医用防护服和医用防护口罩，开发不同功能和防护等级的口罩。

加快应急救援帐篷、耐高压输送管、高性能救援绳索及安全带、高空救援成套系统及柔性逃生通道、航空救援装具等材料及制品的研发，完善使用操作规范，提升应急保障能力。

（3）航空航天用高性能纺织品

研发纤维预制体数字化编织技术及复合技术。开发高强高模高韧复合材料、航空级玻璃纤维织物及其复合材料，新型防热、隔热、透波材料，空间碎片防护材料及芳纶蜂窝材料，提高配套航空航天工程能力。

开发电磁屏蔽和吸收、飞艇蒙皮、飞船充气返回舱、缓冲气囊用柔性纺织复合材料。研发具有多波段兼容、自适应环境、动态变形等性能的伪装材料。

（4）海洋产业与渔业用纺织品

开发高性能海工缆、信号缆、系泊缆、锚固缆等产品，提升产品的高长度、高强度、抗蠕变、耐盐雾、耐老化等性能。推动海洋工程用纺织品模拟测试及实际工况测试，加快在油气开采、海上救援、深海探测、深海养殖等领域的推广应用。

加快高强度、高耐腐蚀、低海洋生物附着捕捞网、养殖网箱等产品的研发应用。加强远洋渔网等产品全生命周期管理，保护海洋生态。

（5）医疗健康用纺织品

推动疝气补片、可吸收缝合线、人造血管、血液透析材料的临床试验和示范应用，加快止血、抗菌等功能性医用纺织材料研发应用，加强可降解材料、一体编织覆膜支架等产品的研发攻关。

随着欧、美、日等传统发达国家以及我国等新兴发展中国家人口老龄化加剧，将出现更多高技术含量的"可替代部件"、促进患者康复技术以及植入式功能性纺织品、适用于老年人的可预知并自我激活发出警报的产品。应加快成人失禁、防褥疮、康复用纺织品的应用推广，提升产品易护理、易清洁、抗菌抑菌等性能，加快智能可穿戴纺织品、健康监测纺织品研发应用。

（6）交通运输用纺织品

开发隔音、吸音性能好的多层纺织材料。发展无废料生产、一体化成型工艺，减少化学粘合剂使用。加强再生材料在车用内饰件中的高值化应用。加强新能源汽车电池隔膜的开发，提升产品的稳定性、安全性和容量性能。

突破碳纤维增强复合材料、热塑性复合材料的高效低成本生产技术，加快麻、竹纤维复合材料在交通工具中的应用，支持纤维增强复合材料在轨道交通、新能源汽车中的推广应用。

（7）土工建筑用纺织品

开发碳纤维增强土工格栅、碳玻复合土工格栅、阻燃抗静电双向拉伸土工格栅、高强超滤土工管袋等产品，发展高强粗旦聚丙烯纺粘土工布，扩大土工用纺织品在基础设施、矿山安全、环境工程、海洋工程中的应用。

研发推广碳纤维建筑补强材料。发展聚酯纺粘、粗旦双组分非织造布以及玻璃纤维加筋胎基布，提升建筑防水材料性能。开发大型场馆建设用大幅宽ETFE涂层膜材料。推广阻燃、吸音、保温、装饰非织造墙面材料。

（8）过滤用纺织品

加快精细过滤、超滤微滤等高性能产品的研发和应用，推动产品在医药、食品、化工等领域的应用。研发反渗透膜、纳滤膜、正渗透膜材料，推动产品在海水及苦咸水淡化、废水处理等领域的应用。

开展超净过滤等高性能材料的研发攻关，加快多功能一体化过滤材料、工业烟尘碳捕集过滤材料等新产品、新技术的研发攻关和应用示范，加快废旧过滤材料及产品回用技术的研发推广。

3. 政府的积极引导和组织意义重大

以欧洲为代表，将技术纺织品作为战略性产业，政府牵头组织了很多跨学科、跨专业的前瞻性研究，甚至开辟了一些新研究领域。通过政府牵头引导，研究机构和相关企业的积极转型与配合，加上完善的机制保障，吸引越来越多的年轻力量、创新资本加入，衍生出很多与此相关的初创企业及项目，实现了对传统产业很好的传承、超越甚至良性颠覆。这一点非常值得我国重视和借鉴。

专家观点 1

中国科学院院士、东华大学材料科学与工程学院院长
朱美芳

推进通用纤维的高品质、低能耗、智能化及绿色化生产，突破差别化纤维高效柔性化制备，纺织材料功能与结构设计、精细化加工，纺织材料绿色制造等关键技术，着力发展差别化先进纤维材料，提升我国高端纺织产业的发展水平。借助国家级基地和国家材料类一流学科合作，发展超仿真、阻燃、抗静电、抗紫外线、抗菌、相变储能、光致变色等提高纺织品功能性及差别化的化学纤维，推动聚酯及聚酰胺原位/共聚合、在线添加及纤维异形结构设计与控制的全流程高效柔性制备技术、开发绿色催化剂或非金属催化剂、助剂、绿色表面活性剂、植物染料、功能纳米材料和功能整理剂等绿色化学品制备关键技术。

专家观点 2

福建永荣锦江股份有限公司总经理
汪建根

化学纤维高值化是化纤行业的重要课题，特别是在我国化纤产能存在区域性结构性过剩的形势下，如何实现高值化和可持续发展，是行业和企业普遍关心的问题。

纤维高值化的途径可以多渠道、多样化、多维度，可总结为以下“五化”，即一体化、智能化、差别化、功能化和绿色化。

一体化，即逆向延伸上游原料端，实现产业逆向一体化。在确保原料供给稳定的同时，实现产品质量的可控，既增强了产品质量的可控性与稳定性，又提升了企业的市场竞争力。

智能化，即利用数字化技术，以自动化设备、智能识别装置、数字化分析模型取代传统手工人力，实现机器换人，以更加精准、科学、高效的生产模式，产出更加精细、稳定的纤维产品，节省人力，提高效率，增强精度，以进一步推动化纤行业的发展。

差别化，即在常规纤维产品的基础上，加以不同原料、不同工艺或改变其纤度、形状，以满足下游非常规品类产品的一些需求，高质开发，提升效益。

功能化，即针对特殊需求研发不同化学及物理性能的纤维，以满足不同消费者功能性需求（如凉感、除臭、防透、驱蚊、保暖、导电、抗紫外等）。这些功能性产品一般存在技术壁垒，附加值高，一旦研发成功，其效益远高于常规品种，是纤维高值化中成效最显著的“一化”。

绿色化。随着国际上对可持续发展、低碳环保的进一步重视，纤维绿色化成为纤维高值化中的重要内容。例如，通过原液着色技术减少后端染整污染；可自然降解纤维及以秸秆、稻草等为原料的生物基纤维；通过再生切片重新纺丝的消费前再生；回收废旧成衣物重新循环再生的消费后再生。高认可度及相关绿色认证门槛，促使投入绿色化产生的边际效益较高，对公共绿色低碳的环保工作亦起到推进作用，企业社会认可度及公众影响力也会越来越高。

围绕以上“五化”，对传统化纤企业的结构进行调整、产品研发创新升级，实现纤维高值化，使中国化纤进一步走向国际大舞台绽放异彩。

专家观点 3

国家纺织产品开发中心
总工程师
陈宝建

目前，中国纺织行业生产制造能力和贸易规模稳居世界首位。中国纤维加工总量占世界纤维加工总量的50%以上，化纤产量占世界比重的70%以上，是名副其实的纺织大国。但在高端纤维制造领域仍存在不小差距，面对人民对美好生活的新期待，仍有很大的成长空间；传统纤维推广方式仍存在高耗低效问题。为此，围绕民用纺织新材料开发方向与推广方式提出如下观点。

（1）新高度

在高端用户眼里，美国杜邦的莱卡®、戈尔公司GORE-TEX®品牌命名的多功能面料，日本东丽公司的差异化功能纤维，仍然是同类国产产品无法代替的。随着中国改革开放成长起来的一批纤维龙头企业已经具备了向世界纤维制造领先水平发起冲锋的实力，未来应瞄准行业制高点，研发出高标准品质、独特功能性、优质差异化的纤维产品，成为世界的旗帜，让纺织大国真正成为纺织强国。

（2）新技术

未来应重点关注循环再利用技术、智能可穿戴技术、超临界流体（SCF）控制技术、纤维改性绿色印染技术等对纺织材料及可持续发展带来的巨大变革，这将是颠覆性的。

（3）新场景

随着线上消费的崛起，一批以满足单一场景功能需求或兴趣爱好的公司迅速成长。以波司登等为代表的传统品牌企业结合消费者喜好及行为特征，构建科技功能体系，在主力品类中深挖细分需求，创造和引领消费需求，满足不同生活方式和场景下的着装需求。未来的消费市场和人群越来越细分化，以满足特定应用场景功能需求为特征的纺织品将受到青睐。

（4）新机制

以为新材料、新技术提供快速、高效的一站式应用推广服务为宗旨，以系统研究、集成创新、多维推广的RDP模式为特征的中国流行面料产品开发技术创新联盟在20多年的发展历程中，曾帮助奥地利兰精的天丝TM纤维、美国伊士曼公司的二醋酸纤维、新加坡金鹰集团在中国投资的赛得利优可丝®和莱赛尔纤维、河北吉藁的天竹纤维、福建永荣锦江的差异化锦纶“三根纱”（锦康纱、锦逸纱、锦生纱）通过趋势研究与产品开发指导，产业链上下游协同创新，多维度展示推广等方式，快速打开了局面，占领了市场，树立了良好的品牌形象。

未来希望更多的新纤维企业通过联盟的有效形式、高效协同、集成创新，精准市场定位，实现事半功倍的新纤维推广效果。

专家观点4

上海应用技术大学教授
柯勤飞

技术纺织品是纺织产业的创新发展方向，直接反映了国家和区域纺织业的核心竞争力。基于扩大内需战略，满足人民对美好生活向往的现实需要，应大力发展面向健康需求的技术纺织品。

（1）科技赋能，医用材料多功能

精准医疗需要功能性医用材料。如传统医用敷料以棉纱布为主，产品种类相对单一，但近年来各类具有抗菌、促愈、高弹等功能的敷料应运而生，尤其是用于复杂创面的功能性非织造敷料。这些敷料集成多种功能，在为不同创面提供特色治疗方案的同时也大幅提高了产品附加值。

（2）融合创新，芳香健康双导向

将芳香益健康元高效负载制备芳香健康双导向功能性非织造材料，赋予其舒心、助眠、抑菌等功能。芳香抑菌空气净化材料、美容护肤面膜、湿敏释香卫材等都可通过需求导向、融合创新，实现满足个性化需要、高附加值的科技时尚新品。

（3）绿色低碳，个护产品主旋律

个人护理产品消费群体对品质要求越来越高。以卫生系列非织造材料为例，纯棉柔巾针对中高端妇婴、擦拭市场，主打天然、亲肤、无化学添加的水刺非织造产品。未来面对绿色低碳需要和不断升级的消费者需求，准确预判、合理引导、技术创新，是决定此类产品成功的关键。

专家观点5

德国迪罗（Dilo）集团
首席执行官
Johann Philipp Dilo

产业用纺织品中很大比例是非织造布产品，而非织造布产品又常见于卫生领域中的用即弃产品，例如非织造布湿巾。

对于纺织各子领域而言，节约纤维、能源和水资源的重要性与日俱增，将成为未来的重要趋势，并将使人们对各种纺织生产技术的优缺点有更多的认知和更强的评估能力。

在非织造布加工工艺中，短纤主要采用针刺加固法或水刺加固法。针刺加固法适用于加工克重超过100g/m^{2}的产品，而水刺加固法则一般用于加工克重低于100g/m^{2}的产品。水刺工艺需要消耗大量能源来加固纤网，并在水刺固结后进行烘燥。此外，滤饼和边角料中纤维材料的损耗也不容忽视。因此，针刺技术的新发展为节省大量能源（电力和天然气）、节约水资源和纤维用量指明了道路，降低了非织造布成品的单位成本。

迪罗先进的MicroPunch“微针刺”技术不仅适用于生产用即弃湿巾和常规湿巾，还适用于轻量化的产业应用，如汽车内饰、过滤材料、家具、鞋类和服装。

目前，显然还需要通过回收更多的服装废料来减少材料消耗。无论是通过纺纱、织造/针织工艺加工的各种常规纺织品，还是非织造布，这一点都十分重要。因此，我们应更密切地关注废旧织物机械撕裂的相关技术，以实现使用回收服装制成非织造布产品。机械撕裂之后，通常就是开松、混合、成网以及通过针刺或热粘合或针刺+热粘合进行机械加固等工序。在这种情况下，机械回收解决方案应考虑控制短纤大幅变短的情况，并尽可能与服装所用原生短纤长度保持一致。这也是我们的目标，即在开松和撕裂过程中尽可能保持短纤长度，以生产更高品质额产业用再生非织造产品。此外，在使用常规撕裂设备时，存在产生大量灰尘以及产品品质不匀等问题。因此，在生产过程中真空除尘是提高效率和减少废物的重要手段。

除此之外，纤维材料节约与纤网均匀度密切相关，因此，提高纤网规整度和克重分布均匀性是产业用非织造布生产的另一关注点。为了提升纤网均匀度并因此降低非织造材料的平均重量，设备制造商已经进行了大量的研发工作。例如IsoFeed技术，该技术可使梳理机和气流成网机中棉纤维均匀分布，大幅降低纤网重量不匀率指日可待。可以预见，节约纤维用量仍将占据主导地位。

“IsoFeed”以及作为其反向“填充”方法的“3D−Lofter”可用于纺织品增材制造领域，可在平面上的任何位置添加纤维以补偿重量或在需要的地方（如汽车内饰模制件的应变和应力位置）添加纤维。采用这种方法可以减少纤维平均用量。

强烈建议行业相关利益者继续践行技术升级，节约纤维、能源和水资源，以实现可持续性和更低的二氧化碳排放量。通过简单的方式更好地保护我们的环境。

时尚篇

执行主编 齐 梅

副 主 编 王晴颖

特邀专家（按姓名首字母排序）

Emilia Minichiello　何 岸　Hervé Huchet　Hiroshi Komoda

Lyne Cohen-Solal　Mario Boselli　Olaf Schmidt　Ornella Bignami

沈 沉　孙冬宁　曾凤飞　张 玮

研究及编撰人员（按姓名首字母排序）

高宇菲　顾彤宇　关晓宇　何粒群　姜 蕊　李 雷　李晓菲　鲁 成

彭丽桦　齐 梅　齐元勋　钱 娟　渠梦玮　沈 沉　沈 赞　宋 琨

王 珺　王 丽　王立新　王晴颖　信晓瑜　于婷婷　张睿智　祝丽娟

第一章　世界服装消费市场概述

服装行业是全球时尚产业的重要组成部分之一，产值规模超2万亿美元，约占全球GDP的2%。其中，女装作为服装行业内最为重要的品类，行业内产值占比过半；另一重点品类男装则在行业内产值占比超过三成。本章将围绕全球三大消费市场，即以美国、加拿大为中心的北美市场，以欧盟成员为中心的欧洲市场，以中国、日本和韩国为主的东亚市场以及部分南美洲国家、"一带一路"国家的服装消费情况来阐述全球服装消费市场的总体概况。

一、北美服装消费市场

（一）美国服装消费市场

据Statista预测，2023年在全球服装市场近1.74万亿美元的销售额中，美国将以超3000亿美元的销售规模一骑绝尘，领跑全球市场。根据预测，2023年美国服装市场收入将达到3437亿美元，94%的销售额来自非奢侈品品牌，2023—2027年的复合年增长率将达到1.96%。在购买件数上，2023年预计将实现人均89.24件，2027年预计总销量为319亿件。

2019年，美国在线销售收入占服装总体销售收入的28.4%，2020年跃升至39.8%，尽管近来在线销售增速有所放缓，但是保持上升状态，预计2023年将达到48.3%（图3-1）。购物渠道方面，美国市场有着比较丰富的在线平台，例如亚马逊（Amazon）、易贝（eBay），此外还有众多品牌在线网站，其中，Amazon是消费者最为钟情的在线平台，有调查显示，平均来看，受访消费者过去12个月在Amazon购买了36次服装，在eBay买过6次。作为全球电商平台，Amazon在美国更具有不可撼动的位置，也成为大部分跨境卖家进入美国市场率先布局的平台。

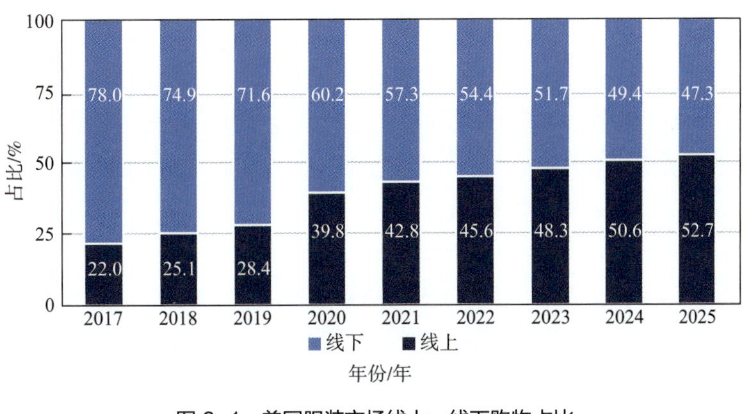

图3-1　美国服装市场线上、线下购物占比

除此之外，近些年美国的二手服装份额正在逐步上升。ThredUp发布的一份报告显示，美国二手服装市场份额已经占到了整个服装市场大约7%的份额，而且预计未来还将持续增长。同时，该报告还指出，二手服装市场的增长率比传统服装市场高出24倍。

从服装品类分析，2022年，美国女装市场表现极为强劲，销售规模达到1630亿美元；其次为男装市场，为958.2亿美元；童装市场规模相对较小，预计2023年将达到531.4亿美元。不过值得注意的是，美国的男装市场增速以微弱的优势超越了女装市场增速，未来在男装细分赛道或将涌现更多机遇。尽管女装、男装在市场规模上存在较大差异，但是在单件价格上差异并不大，近些年差异还在不断缩小。2022年女装单价约在14.95美元，男装单价在14.94美元，童装单价较低，仅为4.97美元。根据预测，2023年男女装单价将持平，平均为14.99美元，童装预计将升至4.99美元。仅依据单价可以发现，美国市场上低价产品更具市场竞争力，SHEIN、Temu在美国盛行的原因由此可见一斑。

从服装品牌分析，拥有众多品牌的美国服装行业可以分出传统知名品牌、新兴品牌、快时尚品牌、线上品牌这几个竞争赛道（图3-2）。美国本土服装行业的知名品牌包括李维斯（Levi's）、盖璞（GAP）、汤米希尔费格（Tommy Hilfiger）、卡尔文克莱恩（Calvin Klein）等；以环境保护为卖点的埃韦兰斯（Everlane）、Reformation等新兴品牌也越来越受到消费者的认可；ZARA、H&M、Forever 21等快时尚品牌在美国也很流行。

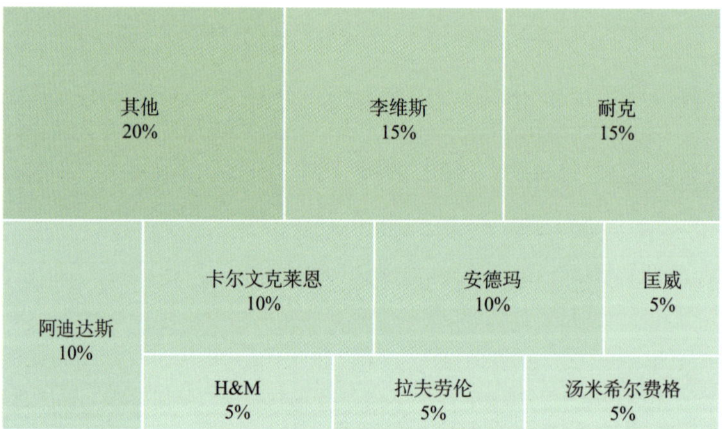

图3-2 美国消费者对服装品牌的偏好

从价格划分来看，美国高、中、低品牌市场占比并不相同。低价服装品牌主要供应几美元到数十美元的产品，以Forever 21、H&M、优衣库（UNIQLO）、Old Navy、ZARA、SHEIN等快时尚品牌以及大型连锁店自有品牌服装为代表，并以流行、低廉为主要特点，产品的生产周期短、节奏快，市场份额占比约为20%。中等价格服装则具有价格适中、品质较高的特点，主要为几十至几百美元，Levi's、Nike、Adidas、GAP均为代表品牌，市场份额占比最大约为70%。高端品牌以奢华、高档、时尚为主要特点，更注重品质和个性化，代表性品牌包括Chanel、Gucci、Louis Vuitton、普拉达（Prada）、范思哲（Versace）、阿玛尼（Armani）等，市场份额占比10%。

尽管美国服装市场的品牌众多，但产品主要依赖于进口，且进口来源广泛。根据美国商务部纺织和服装办公室数据（表3-1），2022年美国服装进口998.63亿美元，其中中国占有份额约21.78%，是美国最大的服装进口国；其次为越南和孟加拉国，份额分别为18.27%、9.74%；印度、印度尼西亚、柬埔寨和中美洲的洪都拉斯、墨西哥、尼加拉瓜也是美国主要服装来源地。可以说，发展中国家、劳动力价格低廉的地区有效支撑了美国服装行业。但近年来，随着拜登政府推行与中国贸易逐步脱钩的政策，中国占美国服装进口总额的比例明显下降，而越南、孟加拉国、印度、柬埔寨等国的服装出口份额在相应上升，特别是越南，较2010年份额增长了10个百分点。

表3-1 美国服装进口主要来源国及其占比

2010年		2015年		2022年	
中国	39.18%	中国	35.87%	中国	21.78%
越南	8.23%	越南	12.41%	越南	18.27%
印度尼西亚	6.20%	孟加拉国	6.35%	孟加拉国	9.74%
孟加拉国	5.50%	印度尼西亚	5.80%	印度	5.69%
墨西哥	4.96%	印度	4.30%	印度尼西亚	5.61%
印度	4.36%	墨西哥	4.18%	柬埔寨	4.35%
洪都拉斯	3.38%	洪都拉斯	3.14%	洪都拉斯	3.18%
柬埔寨	3.11%	柬埔寨	2.91%	墨西哥	3.16%
厄瓜多尔	2.29%	斯里兰卡	2.39%	尼加拉瓜	2.85%
巴基斯坦	2.09%	厄瓜多尔	2.29%	巴基斯坦	2.75%

资源来源：美国商务部纺织品和服装办公室（OTEXA）。

需要指出的是，我国服装出口美国的路径极为多样，既有李宁、波司登这类走品牌路线的跨境卖家，也有众多以性价比取胜的跨境卖家（如上文中提到的SHEIN、Temu），它们利用中国国内的优质服装供应链，为美国市场提供高性价比、快速上新的各类时尚服饰，譬如150美元婚纱礼服、80美元天然材料时装等。

（二）加拿大服装消费市场

2023年，加拿大服装市场的总收入达396.3亿美元，Statista预计该市场在2023—2027年的复合年增长率为2.49%，2024年服装市场相比2023年的销量将增长1.7%，到2027年的销量预计将达到19亿件。

加拿大服装市场最大的细分市场是女装市场，2023年市场规模为218.7亿美元，位居第二的是男装市场，相比之下童装市场规模最小。受新型冠状病毒肺炎影响，三者的市场规模均在2020年降至最低，后开始缓慢回升，但彼此增速不同。从2022年到2023年，女装市场规模与男装市场规模增长明显，童装市场规模基本维持不变，预计女装市场与男装市场均在2023—2027年保持稳定增长。虽然自2020年后，加拿大服装市场销售额开始有所增长，但到2022年依旧没有达到2019年及之前的水平。另外，服装进口规模大幅增加，根据加拿大统计局数据显示，2022年前10个月，加拿大的服装进口额增长31.34%，达到105.6亿美元，成为全球十大服装进口市场之一，由于其国内服装生产能力有限，加拿大服装市场为世界各地的服装制造商提供了良好的市场准入机制，全球性品牌、时尚品牌和批发商在加拿大市场非常活跃。在2022年10月，加拿大的服装进口额为11.9亿美元，同比增长16%，对加拿大服装出口中增速最大的是孟加拉国，实现30.57%的月增长，达到1.6533亿美元。

预计到2023年末，加拿大服装市场人均占有量将达到46.85件，从2019年至2022年人均交易量大幅下降，尤其是男装市场，2020年的人均交易量下降至仅为2019年的50%，但女性人均交易量始终位居第一，童装的人均交易量次之，但相差不大，相比之下男装的人均交易量最低，且与童装相比存在较大差别，预计未来四年内，服装人均交易量的增长额度中，男装将以微弱优势取胜，童装和女装则会逐年缓慢下降，随着三者间差距的不断减小，数值会逐渐趋同。

2023年，加拿大服装市场九成左右的销售额来自非奢侈品，预计未来的4年内，来自奢侈品和非奢侈品的服装市场销售额的占比均分别为5%与95%。奢侈品品牌按消费者的喜爱程度进行排名，分别是Louis Vuitton、Chanel、Hermès、博柏利（Burberry）、Gucci、蒂芙尼（Tiffany & Co.）、Prada、Dior、Rolex、Versace等。非奢侈品品牌所占市场规模约为41%，此类品牌以露露乐蒙（Lululemon）为首，还包括Canada Goose、Roots、Aritzia、哈德逊湾（Hudson's Bay）、始祖鸟（ARC'TERYX）等，这些品牌不仅在加拿大服装市场上表现活跃，在中国国内也较为出名，且受欢迎程度高，有不少中国消费者十分乐于消费这类自己热衷的品牌。

根据加拿大统计局的数据，如果以2022年7月的服装服饰及鞋类商店零售额为基准（100），2023年6月加拿大服装服饰及鞋类商店零售额达96.2，7月的销售额达95.2，相比6月下降一个百分点；2022年7月为94.2，2023年7月较2022年7月增长一个百分点。

加拿大统计局数据显示，经季节调整后，2023年6月的零售贸易总额与零售电商的现价美元分别为659.17亿美元和37.34亿美元，同比分别降低0.6%和2.9%，2023年5月的零售贸易总额与零售电商的现价美元分别为658.57亿美元和36.93亿美元，6月与5月的销售额相比，零售贸易总额和零售电商分别增加0.1%和1.1%，加拿大的市场规模有小幅增长。2023年5月和6月服装及服装配饰零售商的销售额分别为28.05亿美元、27.71亿美元，下降1.2%，但6月销售额同比增加了4%。此外，服装及配饰零售商的销售额在零售贸易总额中占比稳定，长期维持在4%的状态。

二、欧洲服装消费市场

（一）英国服装消费市场

在过去十年中，随着英国消费者对线上购物的兴趣被不断激发，人们对线上购买时尚品类的接受度也在进一步提升。快时尚的兴起在这一趋势中发挥了关键作用，商品性价比、唾手可得的便利性和款式快速迭代等特性都在提升着人们网上购物的热情。时尚市场是年轻人的市场，从“千禧一代”“X世代”“Z世代”，再到“数字原生代”的崛起，都在不断地让时尚消费加速转移到线上渠道。因此，本版块将以英国线上服装消费市场为主要分析对象。

2021年英国线上服装市场规模约为540亿美元，预计到2025年将达到830亿美元左右。2021年英国消费者选择线上渠道的比例达到了53%，预计到2025年将增长到67%。其中，在2021年，57%的英国时尚产品交易通过手机等移动端完成，2022年则达到了61%，预计到2025年将增长至68%。

英国线上时尚购物的男女性别比例相差不多，女性占比55%，男性占比45%。

同时，英国时尚产品市场目前由年轻人主导。61%的英国线上时尚购物者年龄在45岁以下，其中绝大多数在18~34岁年龄段。

这些年龄段的时尚消费者在收入方面分配平均，高、中、低收入阶层各约占1/3。多样化的时尚市场令拥有多种兴趣点和不同预算的消费者，都能找到适合自己的产品，收入分层也表明，高价不一定会劝退所有消费群体。

当被问及选择线上购物渠道的原因时：69%的英国消费者认为其便利性不可忽视；50%的英国购物者认为价格起着重要作用；40%的消费者认为，选择多样性也是线上时尚消费的一大推动力；18%的消费者表示自己会关注其他消费者的评论。

尽管快时尚在某种程度上带动了时尚业发展，但其产生的污染问题仍不断受到诟病。快速更迭的营销需求和购买导致了大量的服装被丢弃、浪费。然而，新型冠状病毒肺炎流行期间这种状况已经开始慢慢改变，越来越多的购物者希望购买可持续的服装等时尚产品。在过去的12个月中，35%的消费者表示他们购买了可持续材料制成的服装，18%的消费者购买了可持续材料制成的鞋类，8%的消费者购买了可持续材料制成的配饰。相比之下，30%的消费者不会有意识地购买可持续性服装等时尚产品。

同时，多达27%的消费者表示自己今后会积极购买可持续性时尚产品，23%的消费者想继续买很多便宜的衣服，而17%的消费者表示自己拥有许多未穿坏的廉价衣服。20%的消费者关注商品的制造地点，而19%的消费者认为标签信息存在虚假捏造的情况。

此外，服装和时尚行业正在发生变化，英国6%的服装销售已经实现可持续发展。预计2026年这一比例将达到近10%。许多零售商正在寻求打破快时尚周期，通过采取更加环保的理念来寻求发展（图3-3）。

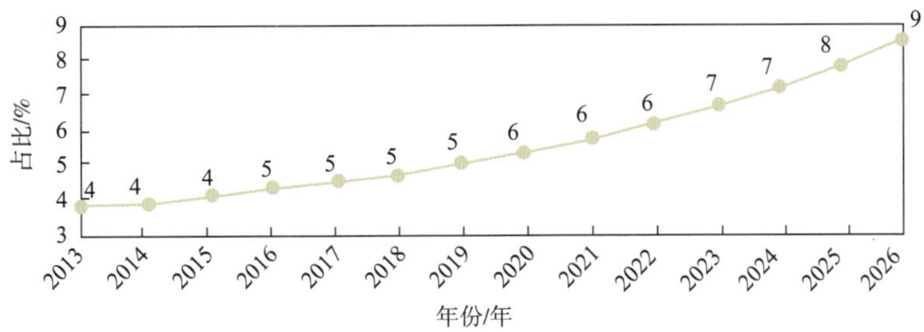

图3-3　2013—2026年可持续服装销售所占比例

H&M承诺到2030年将碳排放减少56%；英国时尚零售商QUIZ于2022年在其门店、总部和配送中心全部改用100%可再生能源；ASOS在2021年与The Centre for Sustainable Fashion合作出版了一本关于合乎社会规范的时尚设计指南，旨在解决供应商可能产生的环境污染问题。34%的消费者仍然认为可持续性时尚产品价格太贵，而17%的消费者认为他们所购买的产品没有可持续性的替代品。要克服这种成本观念，同时让商品更容易被买到，就需要时装业彻底改变消费者对时尚的态度，也将需要整个行业在营销理念上达成一致。

2021年第四季度的流量数据显示，英国Top级线上时尚零售商是Next，占据了7%的市场份额。Next也是前20名中同时拥有实体零售业务的零售商之一（此类型共11家）。该零售商不仅了解购物者习惯变化，而且制定了“线上+线下”双管齐下的策略。Next的市场策略利用了此类平台在英国时尚界日益增长的影响力，纯线上玩家ASOS的销售额飙升，是一个销售第三方品牌和自有品牌商品的混合性平台。Amazon也抢占了先机，两者策略相差无几，并在此过程中削弱了大多数其他零售商的市场影响力。过去两年，时尚行业的纯线上商家激增。ASOS、Boohoo和Pretty Little Thing都位列英国线上零售商前20名，占据了相当大的市场份额。然而，它们也看到了实体零售的好处，逐渐建立以体验为主导的线下零售环境，以增强它们的线上品牌形象。

作为一个充满活力和健康的行业，英国时装业TOP 50的时装零售商中，有62%位于英国本土。

同时，英国时装市场还吸引了大量海外购物者，在英国TOP 50线上时尚零售商的访问量中，42%来自英国本土、18%来自美国，其次是来自法国、德国、澳大利亚和俄罗斯的客户访问量，占比分别为4.8%、4.0%、3.5%、3.4%。

（二）法国服装消费市场

法国是西方现代服装文化的发源地和中心，作为西方发达国家服装消费的缩影——法国的服装消费市场具有极大的代表性和研究价值。法国服装文化来源于已经有数百年历史的贵族服饰文化，它在不同时代背景下呈现出截然不同的特色。历史上，服装从设计到制作均围绕个人定制展开，现在则转变为全球同步的成衣生产，消费群体也由少数贵族阶层转向广泛大众。

作为当今世界第七大经济体，法国服装市场的销售额不容小觑。据Statista统计，2023年其服装市场的收入达到406.77亿美元。相比之下，法国的服装出口大部分收入来自美国。在服装销售收入上，法国服装市场上占比最大的部分是女装，2023年的市场规模预计为224.40亿美元，反映出当今女性服饰占据主导的全球服装发展现状与趋势，并从侧面展现出发达国家服装消费市场的一大特色。男装销售额的占比屈居女装之后，大约接近女装的半数；占比最小的是童装，大约只占服装销售总额的八分之一。在近几年的服装收入中，2020—2022年3年间收入最低，进一步展现出新型冠状病毒肺炎对于服装消费市场的深度影响。

2023年，法国有不少群体愿意花费更多的收入用于服装消费，其中近10年的趋势表现为“平稳—下降—逐渐上升”，预计2023年之后会呈现出逐年稳健向上的积极趋势。据Statista预测，到2024年，法国服装市场销售量将增长1.0%；到2027年，服装市场的销售量将达到31.3亿件。

在2023年，尽管法国服装市场88%的销售额来自非奢侈品品牌，但奢侈品品牌依旧占据举足轻重的地位，这不仅是对该国服装文化源于贵族阶层的历史传承的真实写照，也是作为国际公认的时尚中心，其雄厚的奢侈品文化基础的充分体现。

销售渠道方面分为线上和线下两个维度。相关报道显示，法国有十分完善的电商行业，并呈现出蓬勃的发展态势。该部分的细分市场在新型冠状病毒肺炎流行期间实现了显著增长，此外，由于法国失业率已降至十年来的最低点，消费者购买力增强，同时，线上平台购物的便捷、优惠使消费者更倾向于线上购物。在诸多线上平台中，Amazon尤其受到消费者欢迎，53%的受访者表示非常依赖Amazon，能与之匹敌的是法国本土全渠道零售商Fnac Darty，得到23%的法国消费者青睐，其次是线上平台E.Leclerc和文化创意商品网站Cultura，分别占据20%、18%的消费者比例。而消费者目标集中在服装的占比高达79%，服装消费最多的消费者年龄组是35~44岁和45~54岁，各占18%。

（三）德国服装消费市场

《中国纺织》相关报道表明，德国是继中国、印度、意大利之后，世界上第四大纺织和服装产品出口国。纺织业作为该国最具创新性的行业之一，最大的特点是使用最少的劳动力去实现最大的产值。纺织服装业是德国最大的产业之一，共有约1400家企业，每年销售额约300亿欧元，从业人员超过11万。主要生产丝、棉、化纤、毛及面料、产业用无纺布、家纺产品和多功能纺织品等。其中，产业用纺织品占其纺织品总量的比重已超过40%，占领了全球产业用纺织品新技术的制高点。由于规模和地理位置的原因，德国为零售商提供了重要的发展机遇，德国市场也在欧盟27国服装市场中保持着领导者地位。

有报告显示，近年来，由于受到低成本国家廉价产品的冲击，再加上消费者对于产品快速更新的需求愈加强烈，德国传统的纺织服装行业承受巨大的转型升级压力。面对激烈的国际竞争，德国快速做出反应，以创新产品、优良设计和生产敏捷度来抢占市场份额，谋得出路。

德国的纺织服装行业市场现状有以下几个特征。

生产全球化布局：为降低生产成本，德国企业抓住经济全球化的机遇，将生产基地转往其他原材料、人工价格等成本相对低廉的国家或地区。近几年，由于中国、印度等亚洲国家的劳动力成本上涨，部分德国企业又将工厂迁移至波兰、保加利亚、匈牙利、土耳其等地区。除了生产成本外，运输成本和质量监控的便利性和可控性也是服装企业需要考虑的布局要素。

关注新产品、新技术：德国的纺织服装企业每年均投入上亿欧元用于新产品或新技术的研发。2021年共有32%的企业在研发领域投入资金，19%的企业连续三年进行产品或者新技术的研发，新产品的销售额占总销售额的18.5%。通过研发新技术，生产成本大大降低，2021年纺织业的生产成本下降了1.3%，服装和皮革企业的生产成本下降了2.9%。

产品出口率较高：德国是世界上继中国、印度和意大利之后的第四大纺织服装产品出口国，2021年德国49.1%的纺织品和37.3%的服装用于出口。由于其强大的创新力量，德国的品牌和设计在国际上颇具影响力，深受消费者的喜爱。德国75%的纺织服装品出口欧盟国家，2021年德国出口欧盟的纺织服装产品总价值达190亿欧元，其中纺织品74亿欧元，服装产品116亿欧元，奥地利、法国和荷兰是德国的主要贸易伙伴。

发展面临严峻考验：有关市场调查报告显示，近年来德国的服装行业发展呈下滑态势。由于国内外需求低迷，2000年至2021年，德国服装业的产量削减了48%，收入减少57%。据最新统计数据显示，德国服装业2022年1—8月的销售额下跌4%，为应对市场挑战，德国的服装企业不得不削减企业员工数量、降低成本、采纳自动化生产方式。

（四）意大利服装消费市场

意大利的服装市场是全球范围内极为重要的服装市场，2023年意大利的服装市场销售收入达到59.2亿美元，占全球197个国家1.74万亿美元的消费市场总额的0.34%。意大利服装市场的销售收入既来自意大利本国人的购买，也来自外国人通过线上和线下购物渠道在意大利服装市场的采购。Statista通过对2014—2023年的意大利服装消费市场相关数据进行观测，预计在2023年至2027年，该国服装消费市场将以每年0.14%的速度增长。另外，意大利服装市场收入的62%来自国外市场，其中，欧盟市场是意大利纺织服装业的传统市场，对欧盟经济体的出口额占意大利纺织服装业出口总额的54%。

2023年，意大利人均服装消费预计为37.68件，人均服装支出为980美元。此外，2023年意大利服装市场90%的销量来自非奢侈品，从2014年至2023年均保持相似比例水平，预计到2027年，奢侈品与非奢侈品在服装市场上的比例依旧维持现状，结合以上内容可以发现大多数消费者倾向于购买性价比高的服装。

在服装消费市场以女装消费为主的全球主体趋势下，由于女装在数量、类型方面占据优势，加之高级定制类女装单品的不菲成本，使得市场中女装价格普遍高于男装，男装价格普遍高于童装。但有趣的是，意大利服装消费市场却出现了相反的情况，男装均价最高，女装次之，且二者差距明显。2014—2023年，意大利男装、女装单件均价曲线从未出现重合，预计2027年二者可能出现市场地位互换的情况。在此过程中，男装价格整体趋于平稳，女装价格稳中有升，二者差距将在逐渐减小的过程中发生改变。

如今意大利电商产业得到了深化发展。面对线上、线下两种购物方式，意大利消费者认为，电商平台提供了更加完善和更有组织的购物体验，尤其是在交货和退货方面，并非每个购物渠道都能够提供如此物有所值的服务，所以他们更加偏爱网络购物。在意大利国内的服装消费份额中，线上消费占比稳定上升，随之被替代的是线下消费的市场份额，但线下购物的占比依旧超过七成。而85%的意大利网购者会在Amazon意大利站、eBay、ePRICE或Zalando上购物，这些都是意大利知名的电商平台，网购人群年龄多在18~44岁，55.4%为男性，44.6%为女性。另外，近日Idealo发布了2022年意大利电商市场的最新研究报告，数据显示，最受意大利消费者欢迎的产品中，时尚、服装和配件占比48%，鞋类占比32%。电商平台中服装类产品的地位由此得见。

有意思的是，在服装市场中二手服装份额呈逐步上升趋势（图3-4），这与公民意识上升密切相关。很大一部分消费者把服装的购买转向二手市场，既能慢慢挑选出符合自己的要求，也把性价比与实用度放在了第一位。此外，还有一大助力二手服装份额上升的原因：2020年12月2日，欧洲最大的二手服装和配件在线市场社区Vinted进入意大利，首席执行官Thomas Plantenga表示进入意大利市场是最重要的一步，该国市场对时尚有很好的理解，在建立大型的二手时尚商品共享社区方面有巨大潜力。意大利的Vinted用户还可以在法国买卖商品，在2021年，法国的用户就已达1250万人，Vinted提供的信息显示，约有三分之一的意大利人购买了二手商品，其中有一半是在网上购买的。

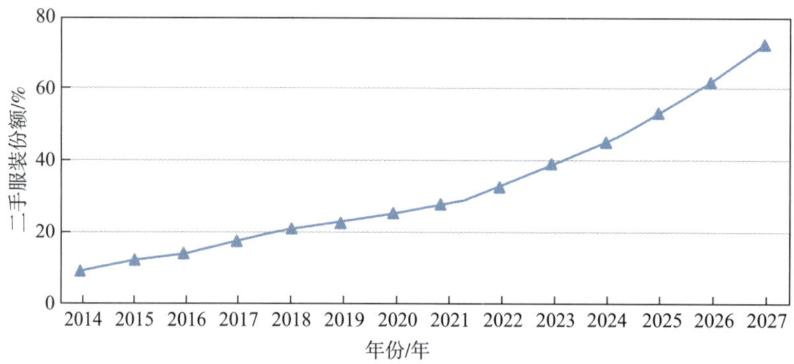

图3-4　2014—2027年意大利消费者购买二手服装所占市场份额

另外，有统计数据表明，在意大利服装消费者的采购标准中，他们会率先考虑质量（Quality），然后是舒适性（Comfort）、材质（Material）、外观或风格（Appearance/Style）等。此外，很明显的是，在消费者的采购因素排序中，品牌（Brand）靠后，仅位居第七。

值得一提的是，意大利著名的服装和时尚用品企业总体运行情况良好，在纺织服装业的高端市场上有明显的竞争优势。据意大利时尚行业知名信息咨询企业PAMBIANCO的资料显示，2021年意大利有25家时尚企业营业收入进入全球100强排名，销售收入超亿欧元。另据意大利对外贸易委员会的资料显示，从纺织行业来看，意大利纺织面料每12个月的销售收入超出90亿欧元，其中60%来自出口，出口额排名世界第二。尽管意大利服装行业的中小企业很好地满足了消费者的多样化需求，但因为它们缺乏规模、管理和资金优势，难以适应激烈的国内、国际市场竞争，从意大利全国时尚协会的数据来看，意大利规模越大的企业，工人的报酬（时薪）越高。在整个欧洲纺织服装市场萎缩的大背景下，意大利家族化经营的小企业抵抗市场风险的能力较弱。

（五）丹麦服装消费市场

据丹麦《哥本哈根邮报》报道，早在2015年丹麦维莎曼（Vero Moda）和杰克琼斯（Jack&Jones）等服装品牌的运营商—时尚服饰零售商Bestseller便积极拓展中国以外更广阔的国际市场。据报道，该公司已在中国市场成功立足，并成为这个巨大市场中最大的丹麦企业之一，在400多个城市共设立了6500家品牌服装门店，拥有员工8万人，其中90%是女性。公司把下一个目标定为美国市场，已经在曼哈顿设立了一个销售代表处、一家网店和一处展示厅，争取在市场规模高达2万亿丹麦克朗的美国时装市场抢下自己的份额。Vero Moda品牌销售总监Jerome Rolland表示，在美国发展会面临完全不同于欧洲的市场环境，为此公司在加拿大探索发展了十年之后才准备把这里当作进入美国市场的门户和跳板。随后，该品牌与近30家中小连锁店达成了合作协议，在服装消费市场上拥有一定的立足之地，前景良好。

2023年，丹麦的服装消费市场收入达到了57.5亿美元，市场预计在2023—2027年将以年率2.92%的速度增长。市场规模最大的依旧是女装，2023年达30.7亿美元。就总人口数字而言，2023年的丹麦服装消费市场平均每人每年花费970美元；从服装的总销量上看，预计到2024年，服装市场的数量将增长0.9%，到2028年，销售量将达到2958万件。

（六）瑞典服装消费市场

瑞典的跨境电商市场一直持增长态势，为服装消费市场的发展提供源源不断的机会，2016年跨境电商市场增长率为32%，2017年增长率为33%，网购渗透率为81%，市场规模达145亿欧元，2018年的人均网购消费支出为1889.84欧元，较上一年略微增加。PostNord数据显示，有30%瑞典网购来自境外市场。瑞典消费者跨境网购时，最爱购买的是服装，紧随其后的是家用电子产品、体育用品以及健康与美容类产品。据调查，瑞典男女生衣橱必备单品有黑色皮夹克、大围巾、黑色紧身牛仔裤、白色匡威鞋，这是属于这个国家青年的时尚，2023年这些品类的衣服受欢迎程度仍未丝毫减弱。

据Statista统计，2023年，瑞典服装市场的收入达到86亿美元，市场预计将以每年2.12%的速度继续增长，市场中份额最大的依旧是女装，2023年的市场规模为42亿美元。在服装消费市场中，瑞典的时装零售商巨头是H&M，其衣服不仅时尚，而且具有极高性价比，它采用快时尚模式，每年推出众多新品，让顾客可以随时购买到最新的流行款式，同时，H&M致力于可持续发展，利用可持续的面料和生产过程，为环保事业做出贡献。H&M早在2006年便已进入中国大陆，曾一度与ZARA、优衣库比肩，共同占领快时尚市场，中国大陆店面数量最多时高达479家，然而H&M没有自己的工厂，它与亚洲和欧洲的700多家独立供应商保持合作。目前，H&M在全球拥有3000多家专卖店，遍布28个国家，其中德国是它最大的市场，其次是瑞典和英国。但“新疆棉”事件激起了中国公民的民族保护意识和作为消费者的理智，从2020年到2022年，其在中国大陆的门店数量从479家减少至360家，行情遭遇滑坡，在事件刚发酵时，客流为零的门店比比皆是，至今在中国大陆内仅剩312家。值得注意的是，2023年6月，由于租赁合约到期，H&M关闭了其在北京三里屯占地超过1200平方米的旗舰店。

（七）芬兰服装消费市场

近年来，时尚潮流的环境成本不断引起公众关注，但数据显示，相对于环保设计来说，芬兰居民更倾向于选择低价产品。根据芬兰时尚运动商业协会（TMA）数据，2018年芬兰的服装销售量比前几年增长了几个百分点，但销售金额下降了一个百分点，TMA把这个趋势归因于购买力的减弱。根据TMA数据，芬兰鞋类和服装的销售总额从2013年的36亿欧元降至2022年的33亿欧元。2022年芬兰商业联合会的一项研究发现，芬兰居民最喜欢购买服装的地点为Prisma、K-Citymarket、H&M、Tokmanni以及线上零售商Zalando。芬兰居民更偏爱购买价格偏低的高性价比服装，总体原因是他们的民族特色与民族意识，尽管芬兰希望成为欧洲主要的循环经济体，但具体聚焦于对资源的再利用和节约。2016年，芬兰成为全世界第一个建立达成这一目标发展路线图的国家，几个初创公司均在寻求大规模制造新纺织纤维的方法，同时减少有害排放和有害物，包括Infinited Fiber、Spinnova、Renewcell、Bright.fiber Textiles等。在芬兰的纤维行业存在一种乐观情绪，认为增加使用循环或重新加工过的纤维是控制气候变化重要的一部分。

芬兰的电商市场具有良好的发展前景，因此在购买服装的渠道上，其线上购买渠道占比较大。截至2023年1月，芬兰人口总数约为554万人，平均年龄42.7岁，男女比例49.4：50.6，人均GDP约5.4万美元。高GDP加上较高的福利，让芬兰人可以将更多的收入进行自由支配，这也是其电商行业发展迅速的原因之一。芬兰互联网普及率高达97.7%，有541万互联网用户，数字化水平位列欧盟第一。互联网的高普及率，加之疫情影响，让芬兰人渐渐习惯了网上购物，甚至是跨境购物。e-commerce in Europe报告显示，2020年，大约93%的芬兰人通过互联网购买过跨境商品。相较于芬兰国内的高物价，电商平台尤其是跨境电商的价格要便宜许多，这也是芬兰消费者选择跨境购物的主要原因，再就是跨境平台产品选择多，更个性化，而且运费便宜。除了价格，芬兰消费者也十分看重产品或品牌的来源、产品质量和客户服务。在品类偏好方面，芬兰消费者最喜欢的品类有时尚服饰、电子产品、美妆产品、媒体产品、保健产品等。其中，中国商品在芬兰非常受欢迎，中国是芬兰跨境电商最大的来源国。芬兰的社媒渗透率也很高，截至2023年初，渗透率达到了83.3%，有462万名社交媒体用户，最常用的平台是脸谱网（Facebook）、照片墙（Instagram）、YouTube、抖音（TikTok）、色拉布（Snapchat）、推特（Twitter）等，这些平台有望成为芬兰的新型电商平台。

放眼整个北欧市场，电商市场规模可观且竞争激烈。丹麦、挪威、瑞典、芬兰和冰岛等北欧国家人口共计不到3000万。尽管这些地区人口数量相对较少，但是高度发达的互联网和智能手机普及率推动着电商行业蓬勃发展，也让北欧地区成为欧洲最大的电子商务市场之一，这5个北欧国家的电子商务普及率均值接近80%。其中最受欢迎的电商品类之一为时尚类，子类目包括服装、鞋类和配饰等。北欧地区无疑是这一品类商家的“兵家必争之地”，并可与西班牙和德国等主要国家市场的线上时尚购物水平相比拟。时尚类别下的三个子类目总销售额中，瑞典市场的交易额为35亿欧元，表现较为可观，其余国家按销售额排列依次为挪威、丹麦、芬兰和冰岛，其中芬兰和冰岛共计200万欧元。

（八）西班牙服装消费市场

西班牙是中等发达的资本主义工业国家，经济总量居欧盟第四位、世界第13位，纺织业是西班牙的主要工业之一。

近些年，西班牙消费者在服装上的支出总体呈下降趋势，其中近几年的支出大体不变、稍有波动，这反映出西班牙服装消费市场缺乏增长动力的现实。

西班牙的纺织服装产品在世界市场上占据一席之地，其产品（包括纺织机械产品）的出口在该国的工业总产值中占比约为17.3%。西班牙的服装以外销为主，大部分输往其他欧盟国家，如法国、葡萄牙、意大利、德国及英国等，也有部分出口至墨西哥、智利和阿根廷等南美洲国家。

根据西班牙经济和竞争力部统计资料显示，2022年西班牙服装进口金额超过198亿欧元，若加上面料在内的话，总额将达240亿欧元。而其中来自中国、土耳其、孟加拉国与摩洛哥的服饰纺织品占了该类产品进口的一大半。不过，西班牙从中国进口的服装数量却在下降，原因是该国进口商将采购地转移至意大利等邻国。虽然产地转移是未来的一种趋势，但就目前而言，亚洲地区仍是西班牙服饰纺织的主要供应地，尤其是孟加拉国制造的比例正在不断提高，主要是因为该国人力成本极低。

研究显示，西班牙居民的消费趋势正在发生着变化。当前，西班牙人均女装、男装和童装的支出占比分别为47%、35%和18%。2019年，服装总消费中约53%的消费支出是在女装上，男装购买仅占34%，童装占13%，而每年人均服装花费在543美元左右。

报告显示，西班牙纺织企业数量约为7500家。约66%的纺织服装企业集中在西班牙加泰罗尼亚（Catalonia）、马德里（Madrid）、安达卢西亚（Andalusia）以及加利西亚（Galicia）四大自治区。

（九）俄罗斯服装消费市场

俄罗斯目前人口总量是1.44亿，拥有多样化的消费者群体。由于经济发展和人民收入的提高，俄罗斯的中产阶层不断壮大，对于高品质服装有着较高的需求。此外，年轻一代也非常重视时尚和个性化。俄罗斯消费者对于品牌的忠诚度较高，认为品牌代表着质量和信誉。此外，由于气候寒冷，俄罗斯消费者对厚实和保暖性能较好的服装有着很大的需求。

近年来，俄罗斯已经成为世界上增长最快的消费品市场之一，其服装消费约为每年360亿美元。据俄罗斯RBC市场调查网2022年10月21日的报道：最近5年，俄罗斯经济发展态势良好。2022年俄罗斯国内总产值增长8.1%，是金融危机结束后增长最快的年份之一。俄罗斯的经济已结束恢复阶段，正逐渐走向投资增长模式时期。

由于俄罗斯的本土产能有限，该国对服装的进口需求很大。WTO数据显示，俄罗斯每年都从其他国家进口大量的服装产品，进口服装市场主要由国际品牌主导。

俄罗斯的服装销售渠道多样化，包括独立实体店、购物中心以及电商平台，电商平台正成为越来越多俄罗斯消费者的选择。据Statista报告，2022年俄罗斯电商增速高达15%，同年俄罗斯电商交易额同比激增超30%，预计2023年将继续同比增长25%~30%，达到6.3万亿~6.6万亿卢布。

三、亚洲服装消费市场

（一）中国服装消费市场

根据国家统计局数据，2023年1—11月，我国社会消费品零售总额为427945亿元，同比增长7.2%。其中，限额以上单位服装类商品零售额累计9225亿元，同比增长13.8%。实物商品网上零售额为117708.8亿元，同比增长8.3%。其中，穿类商品网上零售额同比增长9.2%。

从整个行业来看，中国的服装品牌因为市场消费结构改变形成两大全新的不同阵营。一方面是高端服装品牌消费，消费者都是高收入人群，他们对奢侈品和高档品牌的消费能力有增无减，也更加追求服装品质及购物体验。另一方面伴随民族、文化自信的回归，消费者更倾向于选择本土品牌。艾媒咨询的《2022—2023年中国服饰行业发展与消费趋势调查分析报告》（以下简称《艾媒服饰报告》）显示，较受欢迎的服装类型为休闲风、运动风和当季流行的风格。

以下为主要细分领域市场的具体表现。

女装市场：根据Statista数据，2021年，女装市场销售额约11000亿元。研究显示，超过五成女性消费者的月均服装费至少400元。《艾媒服饰报告》指出，中国女性消费者最喜欢购买的服装有连衣裙、T恤和毛衣。

男装市场：根据Statista数据，2021年，男装市场销售额达6339亿元。前瞻产业研究院预计，到2023年，中国男装市场规模将达13070亿元。《艾媒服饰报告》指出，具有时尚感的运动休闲服装在男装市场越来越受欢迎，男性消费者最喜欢购买的服装分别是T恤、休闲裤和卫衣。

童装市场：根据Statista数据，2021年，中国童装市场销售额为2684.5亿元，同比上升17.8%。根据智研瞻产业研究院数据，近年婴幼儿服装市场不断增长，估计未来5年的年均增速将逾18%。2021年，中国内地的出生人口达1062万人。随着中国生育政策进一步放宽，预期未来几年中国童装市场将有更多需求。

休闲服装市场：根据中商情报网，2021年，休闲鞋服的市场规模为2万亿元。中国消费者对休闲服装的要求日益提升，休闲服的种类也在不断改变和“进化”，即大众休闲时尚化、时尚休闲风格化、运动休闲主题化、商务休闲年轻化、户外休闲生活化、牛仔休闲个性化。现下，中国休闲服装市场的集中度较低，内地及国际品牌众多，主要为时尚、款式多样、更新周期短的国际服装品牌，如优衣库等已进入内地休闲服装市场，市场竞争日趋激烈。

运动装市场：根据华经产业研究院研究，2021年，中国运动服装市场零售额达3718亿元，占整个服装行业的13.4%。新型冠状病毒肺炎流行期间，消费者留在家中的时间增加，民众更加关注健康，选择做运动消磨时间。第一财经商业数据中心（CBNData）《国民运动健康趋势报告》指出，76%受访者认为自己在新型冠状病毒肺炎流行后更重视和愿意做运动。此外，运动健身手机应用的使用时间同比增至2.5倍，还带动了与运动相关的服装设备需求上升。

职业服装市场：职业服装又称工作服，是为工作需要而特制的服装，占全国服装市场约20%的份额。中国的职业服装主要分为商务职业装、衬衫、高级定制和防护服等。企业或机构会为员工定制时尚又专业的工作服，以提升其形象，有时候也具备保护作用。近年来，职业服装加入人体工学技术，可根据穿着者的工作环境加持不同功能，如阻燃耐压、防油、防水等。

定制服装市场：随着生活品位提升，越来越多的内地中产消费者追求个性化的定制产品，部分要求高的消费者愿意花钱量身定制衣服。根据香港贸易发展局对内地中产消费者的调查，在各类定制产品中，很多受访者表示曾经定制服装。目前，内地定制服装市场仍属起步阶段，是较为高端的消费模式，产品溢价较高。

中国东部地区占据中国服装消费市场的半壁江山，区域内的服装消费主要以浙江、江苏、上海等地为代表，鲜明的四季气候、长三角一体化建设的地理优势和较为时尚的消费心理，都令本区域展现出与国际时尚较为趋同的状况，观念上赞同“品牌消费”与“品质消费”理念，可以从消费层次及占比如高低档品牌的占比、大众化品牌与个性化品牌的占比、国际品牌与国产品牌的占比、传统品牌与新锐品牌的占比中了解到本区当前消费者的品质观、品牌观。中部地区由于经济的快速崛起，让自己愉悦自信、获得更好生活体验的消费目的成为该地区服装消费者的生活态度。在中部地区很多消费者心中，自身的幸福感与家庭、社会紧密相连，民众对美好生活的理解不再限于个人物质层面的内容（如富足的物质生活），也包含自身健康、家庭温馨、国家安定等内容，而且个人事业与健康关系、家庭关系和国家社会关系的重要性更高。总之，个体在服装购买、穿着时，对时尚感、幸福感、获得感的追求是个体对美好生活的需要，不仅受个人体验的影响，还受地区社会环境和社会关系的影响。具体表现中可见女士着装喜爱混合搭配，时新时穿，某一流行款式可以与常服进行组合，如瑜伽裤、运动内衣搭配西装外套或大码T恤。随着女性健身运动的普及，紧身运动服成为都市女性的日常服饰。

值得注意的是，在国际服装市场需求萎缩、国内服装市场增速放缓的背景下，不少服装企业的产销都遭遇了较大压力。城镇化的加速以及国内三、四线服装市场的迅速成长为国内服装企业拓展了市场空间。这种消费趋势的变化势必吸引更多服装企业、服装品牌往中西部地区下沉、深耕。

其中首要表现是国外品牌在网络及实体店方面加速进军中西部。新型冠状病毒肺炎流行的几年中，服装专业市场经济效益滑坡明显，网上销售占比提升，跨域销售使中西部地区消费者可选择范围增大。另外，新疆和河南等中西部地区积极承接东部地区产业转移，为纺织服装的制造业提供了有力的支撑。西部地区服装消费传统与时尚并存，主要体现为和谐美好、身份协调、健康可持续的服装消费方式。

特别指出的是，互联网不仅促进了新零售商业模式的成熟发展，也使得媒介技术和媒介环节丰富化。作为互联网的原住民，以重视社交、关注自我、追求时尚为特点的Z世代正在成为消费的主力军，他们的生活态度和消费理念，使得服装消费呈现出以下一些独特的趋势。

一是存量消费与韧性消费并存。

存量消费指消费者在其存款基础上进行消费。这是因为消费者的收入降低，需要用存款进行消费或消费者消费心态改变后储蓄意愿增强。2022年前9个月，中国居民存款金额增长了14万亿元人民币。存量消费让消费者的选择更理智，倾向于更具价格竞争力的消费渠道，更积极地寻求折扣和促销；在产品上，更注重功能性和原材料。在服装领域，消费者的理智选择体现在对功能化、场合化服装的选择，如防晒服、冲锋衣等。

韧性消费指中国消费能力强的群体较多，2023年有超过4亿的中等收入人群，构成了强大的消费基本盘，且未来有望持续增长。2022年前三季度，中国居民人均可支配收入较去年同期名义增长5.3%；2022年前九个月的居民消费价格指数（CPI）平均增长2.0%。韧性消费环境下，中等收入人群的高端消费需求庞大且持续增长，并愿意为品牌溢价付费，这为中高端服装市场的进一步发展提供了可能。

二是户外品类兴起，功能性服装和科技面料成为消费新趋势。

户外运动的火热促进了相关品类的消费。新型冠状病毒肺炎流行期间，由于出行限制，多数消费者只能在空地或近郊进行室外活动，飞盘、露营、徒步成了热门运动，冲锋衣、防晒衣、登山鞋等品类销量水涨船高，山系穿搭、机能穿搭在社交平台上热度不减。在男女装市场下滑、主流品类份额减少的大环境下，户外服装和鞋靴市场份额均有增长。

户外运动的兴盛带动了消费者对科技面料的需求。和传统户外运动不同，2020年后兴起的户外运动风潮强调精致和享受，消费者希望在运动的同时保证着装舒适，且服装具有多重防护性，他们愿意为此支付更高的客单价。如消费者要求防晒衣防晒、透气、吸汗，对冲锋衣则希望其具有防风、防水、保暖的功能。

三是小众文化服饰成为主流服饰之一。

各类小众文化元素兴起，不断追寻个性存在，形成百家争鸣之势。更多年轻人倾向于用小众服饰展现自己的个性，如汉服、女子高中生（JK）制服等。小众服饰的消费者有较强的身份认同和归属感，整体具有圈层化的特点，黏性更大，容易复购，并且对于小众圈层的爱好者来说，虽然爱好很“烧钱”，但是出于精神上的满足，他们对于自己所热爱的东西很少会考虑价格上的因素。

根据《京东618｜Z世代时尚潮流消费趋势》报告，Z世代网购用户数占全站用户的10%，却买走了近30%的JK制服、汉服。2021年以来，JK制服成交额同比增长260%。汉服市场规模也稳步增长，根据艾媒咨询和人民数据研究院的调研，2022年我国汉服市场规模125.4亿元，圈内人群人均年累计消费金额集中在1001~5000元，拥有千万级规模的消费群体，已脱离亚文化“小圈子”的概念。

近期，小众风格的时尚产品有向更广泛群体和使用场景延伸的趋势。如以“通勤汉元素”为代表的新汉服在天猫平台呈现十分强劲的增长趋势。“通勤汉元素”可以认为是汉服文化向日常穿搭的渗透，它拥有符合更广泛群体穿衣习惯的板型和更丰富的穿着场景，让汉服不再是特立独行群体或特殊场合的专属，而是拥有了更加“普适”的基因。艾瑞咨询认为，新汉服有望成为社会大众主流服饰分类，其规模有可能达到千亿。

四是服装消费回归体验。

近两年，中国服装行业市场格局被电商新势力所改革。实体店仅仅提供产品或服务早已不够，营造具有丰富感受、引发消费者内心共鸣，并将体验转化为品牌价值一部分的趋势，已逐渐成为服装实体店的发展方向。因此，在线下服装门店装修和装饰上，应该更加注重对于整体情景和氛围的打造，给予当代年轻人其所需要的认同感和归属感，从而进一步提升线下店面的坪效。例如，迪卡侬的实体店设有大面积的运动场，顾客能够在尽情体验运动快乐的同时，将品牌理念潜移默化地传达给消费者；优衣库的实体店以超市型自主购物为特点，并提供线上线下联动，为消费者带来了更为便捷和灵活的消费体验。

除此之外，对体验的重视也体现在线上购物方面。消费者会花费大量时间在社交平台上浏览与商品相关的信息，或者通过观看直播等方式了解产品及穿搭效果。电商平台也开始注重其消费者的消费过程，期望消费者能够在消费过程中获得更多的愉悦感。淘宝、京东等购物平台纷纷开发了社区功能，方便消费者相互交流、彼此借鉴。抖音、小红书等社交电商的兴起，推动了线上购物体验的需要，根据小红书的官方报告，55%的消费者在浏览中被种草，然后去购物平台消费。

五是消费者文化自信。

随着中国消费者生活水平不断提高，生活方式呈现出消费升级、娱乐多样的趋势。在国家综合实力提升的基础上，文化自觉和文化自信也反映到消费领域，消费者对中国文化时尚内涵的认同感在增加。根据艾瑞咨询的调查，接近七成的消费者愿意为国产品牌支付30%以上的溢价，消费者的支持和包容促进了国潮兴起。

国潮品牌和国产品牌不同，是以中国传统文化为根基，对产品加以现代化、潮流化设计的品牌。根据艾瑞咨询的调查，在消费者心中，中国风、代表性国潮单品、满足年轻人审美是国潮品牌的三大特征。此外，具有原创性和中国风设计元素是消费群体关注的重点。

“国潮”服装品牌不断发展，从最初复制模仿国外潮牌，到如今已慢慢探索出一条具有本土特色的道路。2018年2月，中国李宁品牌的悟道系列在纽约时装周的亮相被认为是标志性事件。如今，国潮概念在服饰、美妆等多个消费领域渗透，这些品类自带中国传统文化的IP属性，如服饰品牌密扇、汉服品牌汉尚华莲、内衣品牌内外等，在命名上即体现了传统文化和汉语特色；伯喜（bosie）、FMACM等潮牌则是在产品设计上融入中国元素。

Z世代的年轻人是国潮品牌消费的主力军，带动了传统国货品牌的年轻化趋势。例如，波司登将“国潮”“时尚”元素融入产品设计和营销传播，已基本树立“国潮品牌”的形象；安踏也在病情期间完成了从职业体育品牌到大众体育品牌的多品牌战略布局，品牌组合为不同消费者提供了更多选择。

六是内涵式消费突出。

当前中国消费者已开始不再一味追捧大牌，而是更多地观照内心，注重品牌的价值认同。能代表这一转变的消费趋势包括消费者对轻奢品牌、设计师品牌和户外品牌等的接受。消费者更加关注产品设计理念，对生产工艺和制造理念也产生了兴趣，同时会了解品牌特征，选择真正符合自身内涵的产品，愿意为符合自我表达的服装产品支付溢价。服装品牌为了符合消费期望，应从价值观层面寻找核心竞争力。

近两年，年轻消费者对自然有机健康的消费理念的关注，推动和促进了可持续时尚的形成。虽然各项研究表明，当前仍只有少数消费者愿意为可持续品牌支付溢价，但这一趋势呈现逐年增长的情况。此外，二手服饰消费也开始蔓延，闲鱼、多抓鱼等二手平台受到众多消费者的追捧，穿着古着服饰被视为时装爱好者表达个性和风格的方式之一。在淘宝上，贩卖古着的商家数量不断创下新高，一线城市的古着市场也逐渐向二线城市蔓延。此外，消费者还会通过服装改造或自制的方式来创造个人风格。

许多服装品牌也开始重视消费者注重内涵式消费的特点。中国品牌之禾（ICICLE）将可持续定位成品牌理念，鄂尔多斯（Erdos）开辟了一条新的可持续产品系列，名为“善SHAN”。不只是可持续概念，还有品牌从人文、社区支持的角度，比如内衣品牌内外（NEIWAI）以女性价值为品牌理念，设计师品牌伯喜（bosie）以无性别设计为特色，并在此基础上融入中国文化。

七是时尚话语权去中心化。

随着生活水平的提高、中产消费群体的扩大，时尚的阶级特征进一步瓦解，开始变得大众化。近几年来，新兴媒体和社交媒体使得时尚话语权再度下放，消费者成为时尚的推动者和创造者。这个过程中，关键意见领袖（KOL）应运而生，成为时尚的推手和创造者。十年前，如果有人询问服装品牌的产品开发人员做市场趋势预测时该参考什么信息，相信大多数人会提到法国、意大利等地的时装周和品牌发布会，或是一些主流国际时尚流行趋势发布机构。而今天，大多数从业者的答案恐怕是小红书、天猫、抖音等能及时反映消费者偏好的平台。这说明时尚话语权已经逐渐分散，呈现出去中心化的趋势。

由于时尚话语权逐步由体制化的设计师和时尚媒体转移到了消费者手中，倾听消费者对设计的偏好、需求开始变得更加重要。由于年轻人乐于在社交媒体上分享个人时尚穿搭、发表对各种产品的看法，社交媒体上集中了大量能体现消费者需求、态度和观念的信息，这使其成为时尚品牌洞察消费者的重要工具。比如，展现时尚品位，“设计感”一词成为消费者评价时装产品时常使用的重要标签式语言。可见，消费者的时尚意识和对设计感的追求已成为一种趋势。

以社交媒体的大数据为基础的社群聆听技术已经在许多行业得到应用。许多专业性的消费者研究公司已将社群聆听纳入其研究体系，为品牌企业在产品开发和营销沟通的概念设定阶段提供专业性的研究服务。我们注意到，许多服装品牌也开始使用社群聆听技术进行市场研究。最近一段时间爆火的城市户外风格、多巴胺、clean fit等风格，无不与小红书和抖音等平台的相关穿搭内容的扩散和推送有关。更好地利用社交平台的大数据信息是服装企业数智化进程中的必要环节。小红书、抖音、唯品会等新兴电商平台本身也正积极整合各种资源，建立时尚产品开发、品牌运营、供应链管理等链条体系。

（二）日本服装消费市场

日本是全球最主要的纺织服装传统消费市场之一，但相较于美国、欧盟、中国等地区，其零售市场对外依存度高，自身市场体量相对受限，泡沫经济崩溃后，日本长期受消费乏力的掣肘，市场规模得不到有效发展。此外，日本的服装制造也大多采用国外加工的形式，所以在服装制造产业上，日本的国内市场规模也在减小。

新型冠状病毒肺炎流行发生后，日本市场一直处于需求疲软的状态，纺织服装消费增长停滞不前。根据日本矢野经济研究所的调查结果，2019—2020年日本服装行业的市场规模是600亿美元，不仅无法与20世纪90年代1500亿美元的市场规模相提并论，与前5年相比也呈现下降状态。日本经济贸易工业部公布的纺织服装零售月度数据显示：在2020年全球主要零售市场受影响最大的4月，日本市场的服装服饰月度零售同比下降幅度最大值为54.1%，远低于美国的87%和欧盟的78%。2021年4月，在经济复苏和低基数推动的双重影响下，日本的纺织品和服装类产品零售仅反弹增长了63.3%，而欧美地区同比都有了强劲增长，如美国同比增长764.6%，欧盟同比增长130%。从销售金额看，2021年全年日本服装服饰零售额为8.6万亿日元，也远低于2019年全年的11万亿日元，服装服饰消费恢复乏力情况明显。而根据日本财政部发布的贸易统计数据，2022年1—12月，日本的服装和配件进口额增长了23.2%，达到349.411万亿日元，由于2022年日元对美元大幅贬值，折合美元进口约264.8396亿美元。

（三）韩国服装消费市场

据艾媒咨询（iiMedia Research）数据，在2011—2021年韩国服装市场规模中，2016年为43.18万亿韩元，2017年为42.47万亿韩元，2018年为43.22万亿韩元，2019年为41.64万亿韩元，2020年达到40.32万亿韩元，2021年则为43.35万亿韩元。

2021年，韩国家庭在服装和鞋类上的平均支出约为13.615万韩元，布料和外衣花费约9万韩元。据韩国2022年上半年的一项调查，直销店和购物中心是运动服装最主要的购买渠道，约占受访者比例的35.7%；其次是品牌店和网上购物，受访者占比分别为26.1%和13%。

韩国的服装销售渠道多样化，但以电商购物平台为主，根据Moedor Intelligence的预测（2022—2027年），韩国电子商务市场预计将以25%的复合年增长率增长。另据Statista的统计数据，韩国的电商渗透率居于高位，2022年约为77%，到2025年预计上升至83%，其中，25~34岁、35~44岁、45~54岁、55~64岁年龄段的用户占比均在20%左右，网购年龄呈全民化趋势。

（四）印度服装消费市场

1. 市场规模

根据IMF数据，2022年印度人口14.23亿人，GDP 3.39亿美元，人均GDP 2379美元，是增长最快的大国之一，GDP的近60%由国内私人消费驱动，拥有快速增长的消费市场。收入的增长、城镇化平稳分散、有利的年轻人口结构、技术创新、变化的消费者偏好是印度未来消费的主要驱动因素。

2. 消费水平

印度是仅次于中国的全球第二大纺织制造国，世界第六大纺织品和服装出口国，其国内服装消费额自2005年起以复合年增长率10%的强劲速度持续增长。根据印度工商会联合会（FICCI）-Wazir Advisors报告，2021 年印度纺织品和服装市场估计为1530亿美元，其中国内市场贡献1100亿美元，出口贡献430亿美元，国内市场消费潜力巨大。在FICCI TAG 2023年度纺织品会议上，FICCI-Wazir Advisors发布了题为《纺织业的Amrit Kaal：2030年实现3500亿美元市场的路线图》的知识报告，预计到2030年印度的纺织品和服装市场规模将达到3500亿美元。

3. 快速崛起的消费渠道

（1）电商平台

印度电商平台的壮大是印度服装市场规模扩大的一个重要原因。印度拥有数量庞大的互联网用户和手机用户，智能手机和平板电脑的网络使用者占据全国互联网用户的70%，为其电商平台的快速发展提供了条件。根据Meta发布，Facebook全球活跃用户量最多的国家是印度，已经超越了美国。尤其是2020年受到新冠疫情的影响，线上消费变得更加日常，电商平台、视频电商等消费渠道转变为对线下基础设施缺乏的补充，成为大宗类服装鞋帽商品乃至奢侈品的主要销售渠道之一。印度必定会是一个线上线下共同推动销售份额的市场，因此提前布局、深度布局线上渠道非常重要。

（2）奢侈品市场

根据欧睿信息咨询有限公司（Euromonitor International）数据，印度奢侈品市场预计将成为世界上增长最快的市场之一，到2023年价值将达到85亿美元，比2021年增长25亿美元。贝恩公司（Bain&Co）甚至有报告表明，到2030年印度的奢侈品市场可能达到惊人的2000亿美元。奢侈品市场的主力消费者是高净值者，潜在消费者则是不断增长的年轻人。前者受经济波动影响小，为奢侈品提供稳定的大占比收入；后者代表新浪潮与新基数，是培育未来主力消费群体的重要阵地。莱坊（Knight Frank）数据显示，自2022年起的五年内，印度名下拥有3000万美元的人群预计将增长近60%，到2027年，印度将约有166万人的净资产超过100万美元。这为印度奢侈品市场的发展提供了丰厚土壤。

4. 消费特点

（1）偏爱低价时尚

印度消费者多数是极度价格敏感者，随着印度中产阶级兴起，低价时尚将成为消费者关注的主要服装和鞋类领域，2023年，一些专门从事低价产品的服装和鞋类公司增加了在印度的业务。

（2）钟情本土化创意

对于印度消费者来说，西方潮流从来都不是最热门的趋势，传统服饰、珠宝是他们刻在基因里的“时尚”。因此，无论是大宗类服装鞋帽商品还是奢侈品零售商，都需要迎合印度独特的文化和美学，将商品设计得更具有地域特色，甚至是发售当地专属设计或限量款，以博得更多关注本土化创意的用户的青睐。

（3）绿色意识提升

印度消费者开始倾向于使用对环境负责的便服产品。随着欧美市场的发展趋势的影响，环保时尚产品开始在印度服装市场（包括便装市场）出现增长迹象。目前，印度对有机棉花、再生服装等制造的便服产品的需求正在增长。据了解，目前已有服装品牌在班加罗尔开设了第一家“可持续商店”，出售回收的便服、时尚用品、鞋子和配件，该品牌公司认为，可持续的商店将帮助他们减少二氧化碳排放、能源消耗和水的使用。

（4）推进全民式数字化线上平台

印度网上购物的消费主力军以中高阶层为主，最近各大电商平台为了扩大市场，开始将目光瞄准二、三线小城镇以及更多首次触网的人群，这将改变线上平台的一系列产品策略，并会推出更多针对低消费人群的服装类以及其他类别的商品。

四、南美洲服装消费市场

（一）巴西服装消费市场

2022年，巴西在拥有2.15亿人口、76%互联网普及率以及68%智能手机普及率的情况下，实现了1.6万亿美元的GDP。2023年1—8月，从事时尚电子商务的中小型企业家平均赚取了70万雷亚尔，与2022年同比增长了15%。截至2023年8月15日，时尚单品销量为3250万件，同比增长22%，每次购买的平均值为265.4雷亚尔。圣保罗以超过3.08亿雷亚尔的销售额领先，其次是米纳斯吉拉斯州（9150万雷亚尔）、塞阿拉州（7350万雷亚尔）、里约热内卢（4600万雷亚尔）和巴拉那州（4600万雷亚尔）。

Nuvemshop的研究显示，2023年1—8月，巴西时尚电商领域的中小型卖家平均收入与去年同期相比增加了15%，达到70万雷亚尔。值得一提的是，时尚品类在巴西电商市场正迅速崛起。数据显示，在2023年第一季度，巴西电商交易总额为7.03亿雷亚尔，时尚品类则以2.55亿雷亚尔的在线销售额居于首位。

作为出海十余年的快时尚平台，SHEIN在巴西取得了辉煌的发展成绩。据统计，SHEIN2023年2月在巴西的访问量占在线服装平台总访问量的39%；应用总下载量达到5818万次，占巴西服装应用总下载量的76%。另一数据也说明了SHEIN的优势地位，巴西银行此前发布的报告显示，SHEIN目前占巴西在线服装市场近四分之一的份额，还拥有四分之三的移动应用服装买家。

（二）阿根廷服装消费市场

自2018年以来，阿根廷服装消费市场明显紧缩，预计到2027年将进一步紧缩。这与阿根廷近些年通货膨胀严重、经济增长缓慢有关。这种情况也可以从服装和配饰占阿根廷直接零售总额的百分比看出：2020年和2021年这一比例均仅为1%。

就阿根廷服装市场的贸易平衡而言，过去几年进口远远超过出口，造成了该行业的贸易逆差。此外，阿根廷的服装通货膨胀率在2022年急剧上升。

过去的几年里，阿根廷服装市场的销售收入一直在下降。阿根廷的服装市场在2017年创造了约142亿美元的收入，但在2022年仅为47.3亿美元，预计还将进一步下降，到2027年将仅为39亿美元。2022年，阿根廷女装的收入仅略高于男装。

2022年阿根廷国家统计局公布了8月的通胀数据，月度涨幅达到7%。尽管环比略有下降，但仍比央行通过市场预期调查公布的市场预计值高出5个百分点。服装和鞋类项目以9.9%的月度涨幅领涨，与7月的8.5%相比增长了1.4个百分点。

阿根廷本土畅销品牌以快消类品牌为主，大多数为中端品牌，如Chocolate、AY Not Dead、Legacy和Havanna等，目前这些品牌正在向欧洲市场扩张，以降低只聚焦单一国内市场的风险。根据阿根廷品牌和特许经营协会（AAMF）2022年上半年的数据，这些品牌在海外开设了53家门店，并在6个月内增长了10%的海外业务。48%的本土品牌计划未来12个月内在阿根廷以外的市场开设133个新的销售点，其中阿根廷的相关邻国成为主要的扩张市场，但也有38%的公司将西班牙作为扩张的主要市场。

阿根廷进口服装占国内服装总消费的比例较小，对原材料的过度保护使得进口成品比例偏低。根据阿根廷商业部官网数据，2023年阿根廷进口纺织品仅占总进口额的2.03%，价值为908百万美元。

五、大洋洲服装消费市场

本部分主要分析澳大利亚服装消费市场。

根据新思界行业研究中心发布的《2020—2024年澳大利亚服装市场深度调研分析报告》，澳大利亚是全球第12大经济体，也是南半球经济最发达的国家，与其他国家相比较，澳大利亚虽然人口较少，但是人均收入水平相对较高，服装购买能力也相对更强。而且，澳大利亚旅游业高度发达，往来客流量大，从侧面推动了国内服装的消费需求，是全球最具发展潜力的服装消费市场之一。根据澳大利亚统计局2022年的数据，澳大利亚零售业在5月的销售额同比增长7.7%，环比增长0.4%。其中，食品零售额增长最大，家居零售额下降幅度最大，而服装鞋类和个人饰品零售额保持不变。

从服装来源看，服装行业属于劳动密集型产业，而澳大利亚人数较少，国内劳动力稀缺，其服装来源以进口为主，进口市场包括德国、日本、中国和巴基斯坦等地区，其中，中国是澳大利亚主要服装进口国家之一，其每年从中国进口的服装金额约占其全国服装销售总额的23.7%。

从服装质量和类型方面看，受经济环境和移民文化影响，澳大利亚服装市场特点明显。对于服装质量，澳大利亚国内服装产品以中档服装为主、高档服装为辅，几乎没有低档产品，整体对品质要求较高；而对于服装类型，澳大利亚人民包容性很强，愿意并乐于接受新潮的服装款式。

从服装销售看，悉尼、墨尔本、堪培拉、佩斯、布里斯班等大城市是澳大利亚服装的主要消费地区，在这些城市，服装仍以线下销售为主，销售渠道包括各大超市、购物中心、专卖店、百货店和精品店。

另外，值得一提的是，除了传统服装之外，制服是澳大利亚服装市场份额中不可忽视的一类商品。在澳大利亚，除了警察、军人、学生、医生等职业需要统一穿着制服外，许多公司和企业也要求员工穿着统一服装，使得其国内制服市场需求相对较高，根据澳大利亚政府规定，此类服装不能从国外进口，只能在国内服装企业订购。

澳大利亚的实际家庭可支配收入会影响对服装的需求，当可支配收入高时，消费者往往有更大的自由支配的消费能力，更有可能购买服装。

来自百货公司的竞争会对行业收入产生负面影响。梅尔百货（Myer）和大卫琼斯（David Jones）等百货公司能提供各种女装。百货公司通常直接从制造商那里采购服装，这通常会使其价格更具竞争力。但2021年百货公司的竞争力下降，消费者越来越愿意在网上购买商品。销售女装的网站对行业收入构成了威胁，因为网上商店可以提供更多的产品，而且价格非常有竞争力。2021年，澳大利亚的网上购物需求进一步增长。

预计经济状况的改善将鼓励消费者在未来5年内增加服装等项目的支出，支持行业发展。相对于前一个5年，家庭可支配收入预计将以更高的速度增长，这将有效助力行业经营者。然而，来自国际零售商、百货公司和在线零售商的竞争可能会加剧，这将限制行业销售的增长。预计2021到2026年的五年间，行业收入将以年化0.4%的速度增长，2026年将达到94亿澳元。

随着百货公司、在线零售商和全球零售连锁店对澳大利亚国内传统女装店施加压力的增大，预计未来5年的竞争将继续加剧。澳大利亚经济的持续稳定和相对较高的可支配收入，可能会吸引全球零售巨头的关注。据预测，其国内零售商将难以与拥有垂直整合和规模经济的跨国时尚连锁店竞争。本地运营商需要提供更低的价格，并改善客户体验和服务以保持其市场份额。

随着网上零售的不断普及，服装零售行业公司预计将面临持续的挑战。消费者使用互联网比较产品的价格将变得更加普遍，特别是在店内购物时通过智能手机进行对比。纯粹的在线零售商的数量预计将因强劲的需求而激增，而传统的实体零售商预计将继续发展多渠道战略以保持其竞争力。

随着服装零售行业参与者试图在一个高度竞争的市场中增加他们的市场份额，该行业预计将进一步整合，兼并和收购行为可能会继续进行，预计未来五年行业集中度会提高，导致企业数量下降。预计较大的企业将利用其规模来改善供应链，并支持其在行业中的地位。

六、部分“一带一路”国家服装消费市场

根据中国服装协会网2023年对中国服装出口分析，1—5月，中国对“一带一路”沿线国家服装出口178.5亿美元，增长23.1%。下面从“一带一路”国家中选取部分具有代表性的地区进行服装消费市场分析。

（一）中亚五国服装消费市场

包括哈萨克斯坦、吉尔吉斯斯坦、塔吉克斯坦、乌兹别克斯坦、土库曼斯坦在内的中亚五国，纺织服装产业相对落后，当地居民对服装的样式及做工的要求都相对较低。其中运动类的服装及鞋子备受男性欢迎，而裙子、高跟鞋则是当地女性消费者的最爱。

中亚服装市场的总体规模在50亿美元左右，高档服装消费能力不强。中国为中亚国家进口服装的主要来源地之一，中国原产的中低档服装为本区国家进口的主体，占中亚进口服装市场份额的42%。

以下为中亚国家具体市场特征。

服装销售额大幅增长：2010年哈萨克斯坦服装销售额为11亿美元，同比增长62%；2011年销售额为13.4亿美元，同比增长21.9%；2012年销售额为16.3亿美元，同比增长21.2%；2013年销售额达到创纪录的23亿美元，同比增长43%。

高档服装消费能力不强：中亚国家居民服装消费仅占其生活支出的11.8%。高档品牌在中亚国家的消费群体十分有限，且富裕阶层更青睐于款式更丰富、价格更有吸引力的欧洲度假式购物；对普通民众而言，服装价格一旦高于330美元就已超出其购买能力，因此多以消费中低档服装为主。

高档进口服装市场萎缩：意大利等欧洲国家的中高档服装占市场份额的8%左右。最受中亚国家民众喜爱的是芒果服饰（MANGO，西班牙）、ZARA（西班牙）、MEXX（荷兰）、波芒得（Promod，法国）等设计新颖、质量上乘、价格合理的国际知名快消品牌。近年来，阿斯塔纳市和阿拉木图市陆续兴建了数家中高档综合购物商场，尝试引入GUCCI、Louis Vuitton、菲拉格慕（Ferragamo）等国际品牌，但这些品牌店业绩不尽如人意，店面不断缩小，营业面积逐渐被其他品牌占据。

中低档服装占主导地位：从经营场所看，中低档服装一般在“大巴扎”集市和商贸中心销售，高档服装在高档商场和精品店销售。从货源来看，中国生产的中低档服装占中亚市场份额的42%。从品牌来看，目前中亚国家民族服装品牌较少，基本不进行商业性批量生产。

品牌消费心理较为保守：中亚国家富裕阶层在选择高档服装时宁愿选择Armani等广为人知的传统品牌，也不愿意“冒风险”购买自己不熟悉的品牌服装。

（二）中东国家服装消费市场

与不会联想到太多时尚元素的刻板印象相反，在日常生活中，中东地区的居民对于时尚品类的需求

不亚于任何欧美国家，放眼迪拜购物中心，欧美大牌比比皆是。

中东地区常年高温，畅销服装以夏季服饰为主。下面是中东地区热销时尚服饰。

上装类：T恤/上衣和运动类服饰，如短上衣、衬衫、长袖、运动服、运动内衣、打底裤、运动衫等，深受年轻女性的青睐。

下装类：受当地风俗影响，女性较青睐休闲裤、紧身裤、松紧裤、条纹裤、直筒裤等长裤。由于天气炎热，男性则喜爱百慕大短裤、休闲裤、系带裤子等短裤。

裙装类：中东女性偏爱连衣裙、半身裙、睡衣等品类。在连衣裙中，当地的女性喜欢圆领、露肩式、绑带紧身裙、A字裙等；半身裙则喜欢高腰裙、百褶裙、蛋糕裙等；睡衣类的睡袍、睡裤、连体睡衣等也有不俗的销量。

时尚配件：中东地区天气炎热，紫外线强烈，出门需要做好防晒，墨镜、遮阳帽、围巾等都是必不可少的装备。

（三）东盟国家服装消费市场

东盟国家主要包括文莱、柬埔寨、印度尼西亚、老挝、马来西亚、菲律宾、新加坡、泰国、缅甸、越南十国。根据中国服装协会网数据，中国2023年1—5月服装产业对东盟出口67.6亿美元，大幅增长19%。东盟是中国四大服装出口市场中目前唯一实现正增长的市场，占比11%，增加1.9个百分点（图3-5）。东盟市场自2022年起超过日本成为中国第三大服装出口市场。

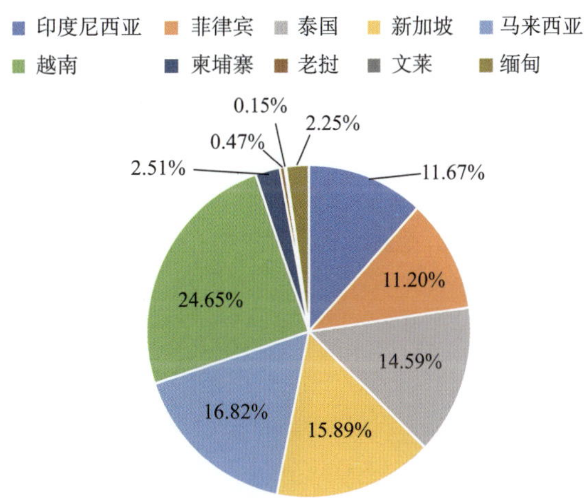

图3-5　2023年1—5月中国出口东盟各国出口额所占百分比

以下是东盟地区服装市场的特点。

一是多元文化融合。

东盟由多个不同国家组成，无论是经济发展还是文化背景都各有不同。东盟时装市场深受区内悠久历史、多元风俗和宗教信仰影响，当地的马来文化更与中国、印度、葡萄牙、西班牙和美国文化共冶一炉，令该地区成为全球最引人注目的时装市场之一。然而，尽管多元文化和社会造就无限可能，却也为有意进军当地的外国品牌和设计师带来挑战。

东盟消费者偏好国际设计师品牌，同时也喜爱本土文化在服装上的展现。自古以来，东南亚女装都以夺目设计、缤纷色彩和精细刺绣见长。印度尼西亚、马来西亚及泰国的一些本地设计师纷纷从本土历史文化特色中汲取灵感，为设计打造独特个性，突显与国际品牌的区分。

本地设计师会在传统服饰的框架内加入丰富的现代时装设计特色及亮点，达到弘扬传统风格的目的。有些设计师更成功把丰富的文化特色融入设计，塑造了独一无二的时装风格，不但吸引了本地消费者，连海外游客也爱不释手。简而言之，东盟时装的特色在于珍视本土文化根源，不会摒弃传统而盲目追随国际潮流。

二是年轻化混搭。

对于有意拓展东盟市场的海外时装品牌而言，年轻一代是不容忽视的市场群体。因此，与世界其他地区相比，东盟时装更给人以年轻的感觉，当地的便服设计也糅合了高级时装的特色。目前，东盟时装潮流崇尚街头风格，如设计有趣的牛仔服装、灰白牛仔裤、超大码T恤、印有图案的连帽衫，以及口号T恤等。摇滚、嘻哈及热门影视作品是东盟时装的重要参考元素。

街头服饰品牌系列一般涵盖多类别时装产品，包括外衣、上衣、裤子、连身裙、鞋履，以及鸭嘴帽、颈巾、皮带、背囊、钱包和时尚首饰等配饰。消费者可结合高档与朴实、正式与随意、隆重与轻松等不同元素，随意搭配，体现了互联网时代为世界带来“剪下+贴上”的无限可能。

三是价格下调。

近年来，塔吉特（Target）及H&M等兼具设计师风格及大众市场特色的品牌风行全球，在东盟地区也十分常见。例如，H&M与奢侈品牌巴尔曼（Balmain）和高田贤兰（Kenzo）在马来西亚合作，于2018和2019年推出新款产品，在当地掀起抢购潮。另外，为吸引更多不同层级的消费者，一些设计师品牌开始推出二线产品，或是定价较旗舰系列更便宜的单品。

四是舒适至上。

近年来，随着各地居民越来越注重良好体质和健康生活，休闲运动服装、运动鞋及弹性紧身裤成为人们的日常衣着，不少人外出时会把健身服装当作便服。

休闲运动服装也是东盟的流行时装之一。adidas等运动用品公司以往设计运动服时，主要注重舒适感和效能，时至今日，鉴于消费者进行运动时也十分在意形象，运动服的款式也变得十分重要。

在东盟的一些地方，如曼谷的时尚购物中心暹罗广场以及吉隆坡娱乐购物区武吉免登等，不时可见年轻男女穿着学院风服装，配搭超大码运动服及运动鞋。

五是网购兴起。

在东盟的零售总额中，虽然只有3%来自线上购物，但网络资讯对消费者的购物决定有着莫大影响。今时今日，社交媒体已大大改变了时装业的生态，令其不再像昔日般由少数设计师主导，而品牌的忠实支持者慢慢成为造就潮流的新力量。

时装公司正逐渐明白社交媒体对东盟千禧世代选购服装和时尚配饰方面的巨大影响力。现在，Instagram已成为印度尼西亚、马来西亚及泰国热门的社交平台，不少年轻人成为网络红人的追随者。这些网络红人发布的服装照片被开放给整个地区数以百万计的用户观看，因此很有机会带动潮流。目前，在东盟营商的本地和海外时装品牌都积极运用社交媒体与目标消费者接触。

另外，在脸书及Instagram渗透率高企的背景下，东盟逐渐掀起一股“只穿一次”的文化。当地消费者每次拍照上传到社交媒体时，都喜欢以不同衣着示人。这股趋势在某种程度上成就了快时尚品牌在东盟地区内的蓬勃发展，造就了热门服装潮流。

总体而言，服装作为人们社会经济地位和地区特点、审美及生活方式的反映，总会带有传统和宗教文化的烙印，随着经济全球化和我国“一带一路”倡议的推进，越来越多“一带一路”国家的服饰开始具有互相影响及多元文化融合的趋势。值得关注的是，女装依然是市场驱动力，同样，“女士服饰”一词占据着最高搜索量，翻新的服饰是她们的最爱。同时，随着互联网的兴起，网购成了众多“一带一路”国家的潮流，网红流行服饰亦是一大出口品类，大众在媒体的推波助澜下消费欲望随时被激起，而风起云涌的潮流、透明化的价格，令消费者日趋热衷在电商平台或网站购买服装。

第二章 世界时尚产业前景展望

对于全球时尚产业来说，当下是最好也是最具挑战的年代。整体来看，随着经济业态的全面回暖、流行趋势的更迭往复与消费群体的心智成长，新的商业形态、时尚风格、市场机遇开始出现。但同时也给品牌带来更为严苛的挑战——历经时代变迁的洗礼，全球时尚产业亟须创造面向世界科技前沿、面向经济主战场、面向国家重大需求、面向消费者生命健康的当代创新，2024年将成为全球时尚产业全面提升的布局拐点。在产业经济转型、生产方式变革与生活方式变迁的共同影响下，全球时尚面临产业链新布局与结构性资源重组。与此同时，新的文化体系、审美取向及创意标准也将加速重构。

可以预见的是，虚拟现实（VR）和增强现实（AR）技术将通过数字化试衣间、虚拟时装秀等方式，为消费者提供更丰富的时尚购物体验；跨文化的设计合作和品牌合作将成为常态，打破地域和国界的限制，创造出更富创意和突破性的时尚产品；中国、韩国、日本等亚洲市场的崛起将继续推动全球时尚潮流的演变，非洲和拉丁美洲等新兴市场也将成为时尚产业的新热点；越来越多的时尚品牌开始采用可持续材料，实践循环经济模式，绿色消费的时尚生活方式正在崛起……

总体来看，在技术进步与融合、文化解码与创新、绿色发展与改革的推动下，未来的全球时尚产业将朝着更加“智性”、更加“柔性”、更加“感性”、更加“善性”的方向迈进。

一、“智性时尚”提升即时、交互，强生成能力

随着21世纪新科技和新媒体的快速发展，全球时尚产业领域内的服装设计、制作和消费方式将产生颠覆性的改变。面料的定义从传统的“布”扩展到液体、粉末、气体和光等元素；传统的车缝线已经可以通过人工智能材料的数字化编程、激光切割或喷绘成型来实现；智能材料的交互功能将为人与服装之间的互动提供更多可能性；“生成式人工智能（AIGC）→创作壁垒降低→创作内容爆发→服装设计流量增长→新艺术科技浪潮”的数智逻辑正在全球时尚产业内部全面深耕。

未来，围绕时尚产业的生产、设计、营销、传播等层面，带有即时性、泛在性与强生成能力的数智赋能手段将不断提速、提质与提效，使得“智性时尚”成为产业提升高效能与高附加值、获取“硬核竞争力”的必备“芯片”。

（一）时尚新材料的新感官体验

时尚产业一直在探索新材料的应用，以满足消费者对创新和个性化的追求。随着科技和可持续发展的推进，越来越多的时尚品牌开始关注使用智能、可交互和具有新颖感的材料来打造独特的服装和配饰，给消费者带来全新的审美和认知体验。

1. 时尚新材料将不断营造交互、炫酷的感官美学

时尚产业正积极探索和应用各种新材料，为消费者提供全新的感官体验和心智滋养。这些创新材料将时尚视角与科技、艺术和环保等领域相结合，正在定义、改变、提升、塑造着我们所生活的“穿衣”世界。

首先，新材料创新将为时尚产业注入更多新的视觉体验。传统纺织品已经无法满足时尚消费者对于创新和多样性的需求。未来，设计师们将使用各种新型材料，如智能导电材料、相变储能材料、智能凝胶材料、智能变色材料、形状记忆材料等，伴随集成方式、交互技术、柔性功能技术等关键服装制备技术的精进，制造奇特的光影效果、多彩的色彩变化、丰富的纹理和质感，赋予时尚产品独特的外观、触感和想象空间，让人们在穿戴时享受到一种全新的感官体验。

以Coperni 2023春夏秀场上的“喷雾衣服”为例，在大秀的结尾，两位设计师拿着喷枪，仅用了几分钟就直接在模特贝拉·哈迪德（Bella Hadid）身上喷出了一条裙子，为观众呈现了一幕行为表演艺术般的视觉盛宴。神秘的白色喷漆是将棉与合成纤维融入聚合物溶液中，这种溶液碰到肌肤就会蒸发，留下其中的纤维在身上，呈现如平针织物（jersey）面料般的质感，视觉上与一件正常的礼服并无太多差别。这种创新材料不仅给予设计师在造型和表现上更大的空间，而且将观众的感官体验推向了一个新的高度（图3-6）。

图3-6　Coperni 2023春夏秀场上的“喷雾衣服”

再如ANREALAGE 2024春季系列开发了一种环保光致变色PVC，由下一代无邻苯二甲酸酯增塑剂制成，并结合紫外线灯和其他灯光的照射，创造了一场未来科技感拉满的变色服装秀。模特们身着各种形状的透明PVC服装和配饰，在紫外线灯和其他灯光照射下，呈现出丰富立体的色彩视觉效果。这种利用色彩的绽放与褪去过程的材料创新，不仅给予了消费者视觉上的刺激，还重塑了时尚与科技的融合（图3-7）。

图3-7　ANREALAGE 2024春季系列

其次，新材料应用将在心智层面上滋养消费者的情感和思维。时尚消费者越来越关注内在的情感体验和精神层面的满足。与传统材料相比，时尚新材料往往具有更多的意义和故事，能够引发人们的共鸣和思考。通过与材料互动、观察其变化和感受其中的情感互动，消费者能够从中获取一种艺术、创造力和科技的心灵满足。这些新材料的应用不仅扩展了时尚产业的边界，更为品牌传递了新的价值观和品牌形象。

如来自波兰的多学科设计师Iga Węglińska推出了“情感服装（Emotional Clothing）”，这是一个由两款具有生物反馈性功能的智能上衣组成的服装系列，可以依

据用户身体发生的心理、生理变化（如压力或焦虑等）而变化信号。设计作品均由智能材料制成，并对人体体温、皮肤电反应、心率或情绪等生理变化做出反馈，作为Iga Węglińska的博士研究课题，旨在激发一种“参与感”——人们对自我情绪的关注并参与正念。

此外，新材料的应用也推动了设计的创新。近年来，3D打印技术作为一项颠覆性的技术，正在逐渐引领时尚设计的新潮流。这项技术利用计算机辅助设计软件和3D打印机，可以将虚拟设计变成实体物品，制造出具有复杂结构和独特形态的时尚作品。

如荷兰女装设计师艾里斯·范·荷本（Iris van Herpen）致力于探索如何利用3D打印来制作服装，通过精心设计的系列将尖端技术与古老的有机形式融为一体，使富有律动感的反光材质折射出空灵之美，通过这种组合“重新定义高级定制时装的魅力，展示科技将如何改变我们的穿着方式”。在她的Iris van Herpen 2023春夏高定系列中，飘逸的薄纱、如同珊瑚般的3D打印“骨骼”，在三位女潜水员的展示下呈现出如梦似幻的深海之美（图3-8）。

图3-8 Iris van Herpen 2023春夏高定系列

然而，3D打印技术在重塑设计美学的过程中也面临着一些挑战。首先，3D打印技术的投资和设备成本较高，对于小型时尚品牌和设计师来说可能存在一定的门槛。其次，3D打印技术面临着材料选择和质量控制等方面的问题，需要不断推动技术的进步和创新。

2. 时尚新材料将不断提升即时、交互的功能体验

进入21世纪，随着纤维材料的不断优化、可穿戴技术的持续演进与智能需求的强劲增长，智能服装在市场上将迎来快速增长的爆发时期。有报告指出，预计2027年全球智能时装市场规模将达到71.447亿美元，年均复合增长率（CAGR）为25.96%。

时尚新材料的涌现为设计师们提供了更多的可能性和创意空间。通过结合传感技术和智能材料，设计师们可以为时尚产品赋予更多的功能，使之超越传统的装饰作用。例如，具有柔性显示屏的智能织物可以显示动态的图案和颜色，让服装变得更加生动；智能面料的温度调节功能可以根据环境变化自动调节穿着者的舒适度。这样的功能体验为消费者带来了更加个性化、舒适的穿着体验。

如Loewe（罗意威）2023春夏系列将“有机物和人造物的融合”作为设计理念。设计师将电子设备的“残骸”与衣服融合，并在织物上种植绿色植物，推出了数件“草皮大衣”。这种有机物与人造物的融合，不仅赋予了服装独特的外观和触感，还传达了对环境保护和可持续发展的关注（图3-9）。

图3-9　罗意威2023春夏男装系列

时尚新材料也在增强时尚产品与消费者之间的互动性。通过嵌入传感器和智能芯片，时尚产品可以与用户进行即时交互。例如，具备手势识别功能的智能服装，可以通过用户的手势来控制音乐播放、手机通信等功能；智能鞋履可以通过分析步态和姿势来提供健康指导。这种即时的交互体验，使消费者能够更加直接地参与时尚产品的设计和使用，满足他们个性化和多样化的需求。

如实验性服装品牌Vollebak。该品牌由设计师与运动员兄弟共同创立，他们将全新科技引入时装设计的语境，并参考动物的仿生学进行设计，创造出许多令人惊艳的创新服装。他们推出的太阳能充电夹克（Solar Charged Jacket）被《时代周刊》（*TIME*）与《连线》（*Wired*）评为年代最佳运动装备。磷光化合物制成的薄膜，能够快速储存任何光源，随着时间推移发光，用手电筒照在夹克表面会有一种在纸上写字的奇幻感受。

时尚新材料的快速发展也推动了时尚产业的创新和转型。越来越多的品牌开始将智能技术应用于产品设计中，与科技企业合作推出全新的产品系列。一些品牌将智能材料融入服装设计中，使服装具备呼吸监测、身体姿势修正等功能，满足消费者在健康监测、性能增强和伤害预防等方面的需求。这种融合带来了全新的市场机会和用户体验，也为时尚产业带来了新的发展动力。

如加拿大超隐身生物科技公司（HyperStealth Biotechnology Corp.）在现有研究基础上，研发了一款可让物体消失的“量子隐形伪装材料（Quantum Stealth Camouflage）”，让“隐身”这件事成为可能。HyperStealth量子隐形产品轻薄如纸，成本较低且不用电力，利用双凸透镜折射光波的原理使肉眼难以观测材料背后的物体，进而达到隐形的目的。

（二）生成式人工智能技术将全面渗入时尚设计领域

2023年8月，麦肯锡发布了最新的AI全球调查报告《2023年AI现状：生成式AI的突破之年》，确认了生成式AI工具的爆炸性增长。生成式人工智能（AIGC）正在影响全球的各个行业，时尚行业更不例外，在可见的未来，人工智能将在产品研发、营销传播和消费者体验等方面产生深刻影响，通过全方位降本增效与创造力提升，推动时尚产业的升级和创新。

1. 生成式人工智能技术将有力赋能时尚创意生产

AIGC的快速发展正在改变全球时尚产业的创意生产和设计方式。有学者认为，AIGC已经建构起了一种新的艺术形式，这种新的艺术形式无论从创意生产的法则、步骤还是所生成的审美样式等来看，与现代主义的设计相比都是一种颠覆，是一场新的“古今之变”[1]。

首先，AI能够加速设计流程，为设计师提供更多灵感和创新的可能性。传统的创意生产往往需要耗费大量的时间和人力，而且常常受限于个别设计师的经验和创造力。而AIGC技术通过机器学习和大数据分析，可以从庞大的时尚数据中提取信息和灵感，辅助设计师更快速地定位关键元素，并生成创意设计的初稿。这样的方式不仅大大缩短了创意生产周期，还提高了设计的准确性和合理性。同时，AIGC技术还可以通过自动化处理繁琐的工作任务，如素材筛选、图案处理等，进一步降低生产成本和提高生产效率。

如中国纺织信息中心（China Textile Information Center，CTIC）自2018年起陆续发布了以自主研究的“中国纺织面料流行趋势”研究成果为核心的“智能时尚”。一方面，通过建立流行时尚信息资源数据库，利用计算机视觉识别和自然语言处理等数据技术，分析时尚动态及未来流行趋势，定期发布基于大数据的人工智能流行趋势研究报告。另一方面，建立时尚产业大数据中心和人工智能创新应用示范中心，打造人工智能创新孵化平台，逐步建立不同专业领域的时尚产业人工智能联合创新实验室。此外，打造了人工智能图案设计平台，该平台由趋势图案、秀场直击、品牌观察、AI设计四大创意结构和管理工具构成，其中嫁接了流行趋势预测体系、人工智能情感计算框架、视觉识别技术。

再如在凌迪科技（Style3D）的Style3D AI产业大模型中，只要将相应的服装拖入设计框，点击AI生成版片，几秒内即可以将版片和3D效果独立出来；只需输入关键词，就可以生成“数字模特”，即输入“欧洲女子的脸型，中分长发，典雅气质，妆容干净”，就能生成对应脸型，上传一个模特姿势图，就能生成对应姿势的模特图，输入背景关键词“超现实主义背景，极简主义的建筑风格，画面充满活力，具有梦幻般的建筑空间”，就能得到多张对应风格的背景图。数字人+3D服装的AI组合拳，正在把一个款式的传播成本拉低到无法想象。未来，也许品牌方提供一件衣服的照片，就可以组织一场走秀和直播。

其次，AIGC技术加强了创意的多样性和个性化。传统的设计创作受限于主观经验和常规思维，往往难以突破传统的审美框架。而AIGC技术能够通过分析海量的时尚数据和趋势信息，洞察消费者的喜好和需求，从而为设计师提供更准确的灵感和创意方向。此外，AIGC技术还可以生成大量的设计变体和可能性，帮助设计师探索和拓展想象空间。设计师可以基于AIGC技术的输出结果进行进一步的创意演绎和优化，从而设计出更加创新和独特的作品。

与此同时，AIGC技术还可以与设计师共同合作，实现创意的协同设计。设计师可以借助AIGC技术生成的设计元素和素材进行融合和重组，从而创造出跨界融合的新颖作品。这样的合作方式既节省了设计师的时间和精力，又能够激发设计师的创造力和想象力。

如在2023年春夏巴黎时装周上，奥地利设计师Christoph Rumpf发布的系列作品与人工智能程序进行合作，围绕人工智能所解释的特定情感创造图案，将代表情感的印花与复古网格面料结合起来，创造出超越时代的丰富色彩层次，让贴身连衣裙有了全新的展示维度，其他印花则被加工成宽松的丝绸套装或有垂坠感的吊带裙。

AI技术已经逐渐渗透到时尚生活的各个领域，从灵感调研到想法呈现，AI都能够帮助设计师减少一些繁琐的工作，让他们专注于创造性的工作。然而，AIGC还无法完全取代人类的创造力和情感表达，在创造性方面的能力相对较弱。所以，对于未来的时尚设计师来说，AI辅助设计是一种更高效的方法，

[1] 祝帅．人工智能时代的设计美学变革［J］．中国文艺评论，2023（10）：49-59.

保持创造力并承担那些难以被AI替代的工作仍然非常重要。

2. 生成式人工智能技术将加速赋能时尚消费体验

随着以“智慧时尚”为主题的全球首个人工智能时装周（AIFW）在纽约AI Studio Maison Meta的闭幕，时尚界即将发生革命性变化。服装行业正在被新一波AI技术改变，AIGC技术不仅可以加速创意设计的生产效率和质量，更可以提升消费者的购物体验和忠诚度，从而赋能时尚产业实现更快速、更智能化的发展。麦肯锡分析，未来3—5年，AIGC可能会帮助服装、时尚及奢侈品行业创造1500亿美元的营业利润增量，乐观估计可高达2750亿美元。

全球时尚行业正在向个性化和创新化方向发展，而AIGC技术的应用恰好可以帮助时尚品牌实现这一目标。通过收集消费者的行为数据和偏好，AIGC技术可以为品牌提供更加个性化、符合消费者喜好的产品推荐和服务。这些推荐和服务可以基于消费者所在的地理位置、所属的消费群体、消费者的购买习惯等多方面因素进行，从而提升消费者的购物体验和忠诚度。

如Stitch Fix使用机器学习算法为每位客户选择合适的服装和配饰，该算法考虑了个人风格、尺寸和喜好，为客户提供个性化的购物体验；发发奇（Farfetch）使用AI分析消费者的浏览和购物历史，了解消费者个人喜好，从而为他们提供更符合其口味的服装和配饰推荐。

AIGC技术的另一个重要应用领域是时尚消费的购物方式。通过使用AIGC技术，时尚品牌可以提供更多的商品种类、样式和颜色，满足消费者的多样化需求。例如，在线试穿、视觉搜索、客服机器人等技术都可以利用AIGC技术为消费者提供更好的购物体验。这些技术可以让消费者通过在线交互的方式获取更多信息，并且为其提供更加便捷的购物渠道，从而增强消费者购物体验的舒适度和便捷度。

如谷歌（Google）发布TryOnDiffusion虚拟试衣AI模型，TryOnDiffusion能够在单个网络中保留服装细节，还能对姿势和身材进行匹配，只要给它一张你自己的全身照和服装模特的照片，TryOnDiffusion就可生成你穿上这件衣服之后的效果。

与此同时，AIGC技术的应用可以提高时尚品牌的整体形象和忠诚度。在推广和营销方面，AIGC技术可以在社交媒体等渠道为品牌提供更加个性化和精准的推广方案，并让这些方案相互关联和产生更强的传播效应。这些创意设计和营销策略不仅可以提高品牌知名度，还可以增强消费者对品牌的信任和忠诚度。

如2023年7月初，鸿星尔克（ERKE）通过接入微盟（weimob）WAI，以AIGC技术提升线上经营效率，累计生成图文内容近140条，应用于产品上新、朋友圈营销、公域种草、社群运营、短视频等多场景。WAI的AI算法帮助鸿星尔克解决了七成左右的社群和朋友圈推广文案生成问题，让运营人员可以将更多的精力投入更有价值的工作中。同时，WAI功能也在商品标题和商品描述的生成方面发挥了重要作用，帮助鸿星尔克降低了内容生产成本和时间成本，提升了运营效率。此外，鸿星尔克还计划利用AI技术优化营销策略和手段，提高营销效果。例如，通过机器学习算法分析用户的行为和喜好，制定更加精准的营销计划。

（三）元宇宙“平行时尚”的复合新界面

时尚元宇宙具有广阔的发展空间和巨大的潜力，未来将成为数字经济发展的重要依托和关键新赛道。有研究表明，元宇宙仅仅融合社交媒体、流媒体、游戏平台就可以创造至少8万亿美元的产值。元宇宙与实体经济融合后，将带来更为可观的市场联动和叠加、倍增、放大效应，带动数字技术、数字产业实现跃迁。

未来，作为人类运用数字技术构建的，由现实世界映射或交互且超越现实世界的虚拟世界，元宇宙（Metaverse）将重新构建时尚世界中消费者的身份、感官、意识形态等个人属性，同时以全新的方式，依托视频游戏、增强现实和虚拟商店等虚拟时尚新媒介，通过计算机程序和3D动画将设计与传播变为现实，呈现时尚品牌全新的虚拟时尚生态。

1. 元宇宙时尚与游戏世界加速新界面融合

随着科技的不断进步，元宇宙时尚与游戏世界的融合已经成为全球时尚产业的一个重要趋势。元宇宙是虚拟现实和增强现实等技术结合创造的一个虚拟的平行世界，而游戏世界则是数字游戏和虚拟体验的聚集地。

元宇宙时尚与游戏世界的融合，首先表现为时尚品牌与游戏开发者的跨界合作。时尚品牌意识到游戏行业庞大的用户基础和独特的虚拟体验，开始与游戏开发者合作，将自己的品牌和产品融入游戏中。例如，在虚拟现实游戏中，玩家可以通过自己的虚拟角色购买时尚品牌的服饰和配饰，打造个性化的时尚风格。这种跨界合作不仅为时尚品牌带来了新的市场渠道和用户群体，也为游戏玩家提供了更多的时尚选择和个性定制的机会。

元宇宙时尚的崛起加速了时尚产业的数字化转型。随着虚拟现实和增强现实技术的发展，人们可以在虚拟环境中创造、购买和展示时尚产品，实现更加个性化的时尚体验。这对时尚品牌来说，意味着它们需要更好地把握数字化趋势，掌握虚拟时尚世界的运作规则，研发适应虚拟环境的时尚产品和服务。数字化时尚的崛起，使得时尚产业必须与科技密切合作，不断创新和迭代，以满足消费者对时尚体验不断变化的需求。

元宇宙时尚与游戏世界的融合也促进了时尚产业的社交化和互动化。在虚拟时尚世界中，人们可以与全球各地的玩家互动交流，分享时尚灵感、搭配技巧和购物心得。这种社交互动不仅丰富了消费者的时尚经验，也为时尚品牌提供了更多的用户参与和品牌推广的机会。通过社交媒体平台、线上时尚社区等渠道，人们可以分享自己的时尚作品和时尚思考，建立个性化的时尚圈子和社区，形成强大的时尚影响力和社交共识。

此外，游戏只是影响更深远的元宇宙的一个组成部分，耐克（Nike）、阿迪达斯（Adidas）和范斯（Vans）等其他公司正在押注更多有增长空间的领域。随着虚拟世界的扩展，越来越多的人潜入复制现实世界的“计算机模拟在线社区”。时尚界认为人们在那里可能已经找到了下一桶金，人们已经开始为《地平线世界》（*Horizon Worlds*）和《创世纪城》（*Decentraland*）等虚拟世界打扮他们的化身。但虚拟时尚不仅限于化身，你可以在色拉布（Snapchat）或Zoom会议上穿着虚拟服装，或者与他们合影留念用于社交媒体展示；你可以穿着黑色领带连衣裙参加工作会议，而在现实生活中它只是一件T恤；你可在在照片墙（Instagram）上发布一张在现实生活中从未被碰过的豪华夹克的照片。虚拟时尚正在以多种方式销售：从游戏平台和数码照片到使用增强现实甚至非同质化通证（NFT）的视频。

一方面，未来的元宇宙时尚对于服装行业的赋能远不止于此，令人惊叹的无限可能正在展现。当我们需要新的衣物时，不仅可以享受到定制设计和在线试衣的便利，甚至我们在元宇宙中的个人形象也能够实时同步到现实世界中并穿着同样的衣物。这一切不仅会彻底改变我们的购物体验，更将为社会节约大量的资源。即时通讯公司（Loom）、Metail和ZyseMe等即提供了虚拟试穿应用，允许消费者在虚拟模型上试穿服装，以节约资源、享受便利。

另一方面，未来的元宇宙时尚要实现这些激动人心的未来，还需要经历一个漫长的进化过程。现实世界和虚拟元宇宙之间的技术整合需要不断推进和创新，全球时尚产业需要寻找并建立稳定的连接通道，以实现个人形象和衣物的完美同步，这需要品牌企业与科技公司、虚拟现实技术开发者的紧密合作与协调。

总之，元宇宙未来的无限可能将引领全球时尚行业进入一个全新的购物时代。随着技术的不断进步和创新，时尚品牌将逐步实现定制化和虚拟化的服装购物体验，并为社会节约资源做出贡献。

2. 元宇宙时尚与虚拟营销媒介的全新铺开

传统的服装行业存在创新受限、个性化难以满足、社交互动和宣传手段有限等缺点。相比之下，元宇宙时尚通过虚拟空间提供更广泛的创新机会，促进个性化定制，拓展社交互动，并借助数字时尚事件等方式改善品牌推广。

在元宇宙中，时尚品牌可以通过虚拟现实和增强现实技术，将消费者带入一个全新的时尚体验空间。例如，消费者可以使用虚拟现实眼镜或增强现实应用，在虚拟世界中模拟试穿衣服，感受不同材质的触感，甚至可以与虚拟偶像互动。这种创新的时尚体验方式能够让消费者更加积极地参与到品牌的故事之中，增强消费者与品牌之间的互动和情感联系。

例如，人体扫描应用公司3DLOOK的虚拟试衣技术可供YourFit客户使用，将物理试衣间带入数字世界。YourFit是服装购物者第一个也是唯一一个可以回答客户在线购物时主要问题的解决方案："这适合我吗？"和"这在我身上看起来会好吗？"未来通过人工智能优先技术，零售商可以在两分钟内捕获精确的客户身体测量值，以实现高度个性化、数据驱动的尺码建议和虚拟试妆功能。

元宇宙将为时尚产业带来全新的虚拟购物体验。通过虚拟营销媒介，消费者不再受限于实体店面的地域和时间限制，可以在任何时间、任何地点进行购物。消费者可以通过虚拟现实眼镜或手机应用，进入一个虚拟的时尚商城，浏览和购买各类时尚产品。这种消费体验的全新铺开，不仅为消费者提供了更加便捷的购物方式，也为时尚品牌提供了更加广阔的市场。

如2023年9月，为配合奢侈品牌古驰在新任创意总监萨巴托·德·萨诺（Sabato De Sarno）的领导下举办的首场时装秀，古驰的"Dream Big"团队在超级QQ秀、罗布乐思（Roblox）和ZEPETO三大平台上创建元宇宙秀场，让网友们在元宇宙化身时尚博主。

虚拟营销媒介的应用为时尚品牌带来了全新的品牌营销策略。在元宇宙中，时尚品牌可以通过个性化的虚拟展示空间和虚拟形象，与消费者建立起更加亲近的联系。此外，虚拟营销媒介还可以根据消费者的个人偏好和历史行为，提供个性化的产品推荐和购物建议，从而增强品牌与消费者的互动和忠诚度。

如古驰和巴黎世家（Balenciaga）举办了虚拟时装秀，允许观众通过虚拟世界观看并互动。这些活动不仅吸引了全球观众的关注，还提供了在线购物的机会；普拉达和博柏利积极利用社交媒体平台，通过虚拟活动和合作项目，与消费者互动并展示其时尚产品；虚拟模特和数字时尚编辑如Lil Miquela和Noonoouri等已经成为时尚界的亮点，通过数字平台展示时尚、美妆和配饰，为品牌宣传提供了新的方式。

元宇宙时尚还为跨界合作提供了更加广阔的创作空间。时尚品牌可以与虚拟艺术家、建筑设计师、数字艺术家等合作，共同创作虚拟展览、虚拟时装秀等艺术作品。这种跨界合作不仅可以为品牌带来更多创意和创新，也可以为消费者带来更加多样化的创意体验和文化体验。通过这种跨界合作，时尚品牌可以拓展文化边界，提升品牌文化底蕴和价值，与消费者共同探索更广阔的文化领域。

如AFI艺术时尚风格IP中心（AFI Style IP Center）结合Web3.0生态伙伴规划"STYLEVERSE风格元宇宙"，在"MOSSAI元宇宙"联合推出"STYLEVERSE风格元宇宙展馆"，

图3-10 STYLEVERSE风格元宇宙“星生”展

以“星生STYLENOVA”为主题，实践“映射现实、不受限于现实”，虚实互补、展销结合的元宇宙创新应用模式。该展览融合艺术、时尚、建筑、生活、音乐五大领域15位独具风格的艺术家和品牌，共30多件创作作品分别以“STYLE”精彩呈现在海、陆、空三维空间的六大展区中，给玩家带来高观感的沉浸式体验（图3-10）。

总之，元宇宙时尚与虚拟营销媒介的全新铺开，在不久的将来，将重构时尚产业和消费市场。在这个虚拟与现实交织的时代，时尚品牌需要积极拥抱科技创新，将互动和体验作为核心竞争力，在元宇宙时代抢占先机。与此同时，行业也需要加强技术规范和安全保障，确保消费者的隐私和数据安全，共同推动元宇宙时尚产业的可持续发展。

二、“柔性时尚”提升敏捷、柔韧，强适配能力

柔性文化作为在中国传统文化中被广泛倡导和强调的一种价值观和行为方式，它强调灵活、顺应和敏感的特质，并与刚性、强硬和统一相对立[1]。在这个全球化和数字化的时代，采取柔性的文化策略可以使企业具备更强的应变力、灵活性和适应性，正如战略管理学家Ansof在评价企业的“柔性”时指出：企业要适应环境，一个很重要的方面就是能够对所处的环境以及未来的变化趋势有所认识，特别是对环境中不确定事件的分析和应付能力尤为重要。

我们认为，“柔性时尚”提供了一个迅速适应市场、满足消费者需求、推动产业创新和发展的战略方向，其不仅是一种商业策略，也是一种文化变革，更是一种市场趋势——在鼓励企业放弃传统的刚性和统一的管理方式的同时，转向更加灵活、开放和创新的思维方式，强调的是适应性和变革能力，使企业能够通过快速调整供应链管理、生产流程和市场营销策略，从而更好地满足消费者的多样化需求，保持竞争优势并实现长足的发展。

立足于全球时尚产业的当代视角，“柔性时尚”在现阶段所呈现出的提升敏捷、柔韧与强适配能力具体表现为三点：

（一）供应链转型与柔性提升

从地缘政治冲突到极端天气事件，从经济放缓到原材料价格上涨，旧的风险还未消除，新的风险又悄然而至。《蒸发的数十亿美元：供应链浪费的真实成本》报告显示，近6%的供应链问题对企业造成的整体负面影响，已经高达企业年利润的3%。

可见，品牌之间的竞争不仅涉及产品和营销的竞争，还包括资源配置的效率竞争和供应链能力的角逐。根据高德纳咨询公司（Gartner）的一项最新调查，只有21%的受访者表示目前拥有一个高度韧性

[1] 风过无痕摄有痕. 从柔性思维看中国传统文化的柔性特质［EB/OL］. https://baijiahao.baidu.com/s?id=1659857669706140994&wfr=spider&for=pc.

的供应链网络，这意味着其在迅速转移货源、制造和分销活动上具有高度的可见性和敏捷性。该调查表明，从当前新型冠状病毒肺炎流行的困境中摆脱后，增强韧性将是许多企业的优先事项。预计在两到三年内，超过半数的企业将实现具有高度韧性的供应链。因此，如何促进供应链转型与柔性提升，成为牵动全球时尚产业神经的重要议题。

1. 数字化创新与供应链敏捷性

数字化技术在全球时尚产业的供应链中，正不断推动着产业转型和创新。根据高德纳咨询公司的调查数据，61%的供应链管理者认为技术是竞争优势的来源。同时，有数据显示，有34%的供应链管理者指出，适应创新技术将是未来五年内物流企业最关键的战略变革之一。此外，虽然95%的供应链需要即时应对不断变化的情况，但只有7%的供应链能够实时执行决策。因此，众多企业都在加大投入，推动数字化转型，以改善其供应链的运作。

借助数字化技术，数智化的供应链可以更加准确地估计和预测未来的需求，并利用智能算法对供应链中的各个环节进行优化，以更好地适应外部环境的变化。《数智供应链白皮书》报告认为，相对于传统供应链中常见的上下游之间的信息不畅和割裂现象，数智供应链可以大幅减少供需波动所带来的“叠加效应”，并构建起以数据驱动的供应链协同提效系统。

通过数智化优化供应链结构与节奏的策略，发挥数智供应链在推进协同研发、智能制造、数智采购、全域链接、价值服务以及供应链一体化等方面发挥的关键作用，正为时尚产业最大限度提升市场预测、产品创新、交付能力等方面提供一条可取之道。正如高德纳咨询公司的预测，生态系统将成为主导的竞争实体。到2026年，超过50%的大型组织将作为协作数字生态系统而不是分散的公司展开竞争共享投入、资产和创新。

如波司登通过推进5G+工业互联网数字化智能工厂建设，加强生产制造单元与前端设计研发、市场营销、顾客经营，以及后端售后服务、智能配送等联动，形成优质快反柔性供应链核心竞争力；波司登智慧供应生态平台具有基于市场动态智慧决策的特性，形成“数据集成—实时可视—智能分析—快速决策”高效闭环，可按市场需求柔性生产、动态交付、库存周转平衡，生产交付周期缩短至7~14天；波司登同时将大数据、人工智能技术应用在商品生命周期预估、顾客画像等领域，实现人体数据采集、虚拟试衣、样板和工艺的自动生成、柔性加工生产的无缝连接，研发效率有效提升，形成了大数据驱动的服装精准设计研发新模式。

可见，供应链的转型是一个动态而持续的过程。时尚产业的企业需要不断关注新兴技术的发展趋势，并根据实际情况选择合适的工具和解决方案来推动数字化转型和创新。如希音（SHEIN）宣布与循环经济技术公司Queen of Raw开展合作，利用该公司专门为企业解决供应链过剩库存问题的旗舰软件Materia MX，将其他品牌多余的面料库存纳入其按需商业模式，以减少对新纺织品的需求。

此外，需要关注的是，随着人工智能技术的不断进步，ChatGPT作为一种自然语言处理AI技术，正逐渐崭露头角并在时尚产业中展现出巨大潜力，在提升用户体验、个性化推荐、市场分析和运营效率等方面发挥着重要作用。全球供应链管理协会（The Association for Supply Chain Management，ASCM）发布的《2023年供应链发展趋势》指出，人工智能和机器学习是在广泛的操作环境中集成人员、流程和系统的基础，正成为供应链效率提升的驱动力。人工智能在供应链领域涉及更具协作性的方法，以及人与机器人之间的伙伴关系，将对众多供应链功能产生重大影响。

如2023年2月，奢侈品电商寺库（Secoo）宣布将对人工智能自动生成内容（AIGC）和ChatGPT相关技术进行深度研究与拓展，以进一步提升平台中奢侈品相关文字与视频内容、商品卖点说明等相关内容的丰富程度，并大幅提升转化率。为此，未来的全球时尚企业应积极把握新的技术、工具和解决方案所带来的机遇与挑战，以推动企业的持续发展与供应链转型。

2. 生产布局优化与供应链稳定性

近年来，全球时尚产业供应链面临越来越多的不确定性和风险，自然灾害、政治动荡、贸易争端、全球新型冠状病毒肺炎流行等一系列事件的冲击，向企业清晰地展示了跨国供应链的脆弱性和不可预测性，从而引发了企业管理者对供应链全球化策略的重新思考。

研究表明，多元化的供应链能够降低由于供应中断而引起的经济损失。国际货币基金组织的分析显示，供应链多元化显著减少了由于全球供应链中断所造成的经济风险。为此，在经济全球化的浪潮中，企业更加关注供应链的多元化发展，通过在全球主要市场设立平行供应链，将生产与销售地点相匹配，一方面可以更好地满足消费者需求，另一方面可以降低集中风险，使得供应链更加弹性和韧性，减少由单一供应来源和区域限制引起的供应中断的风险。

2023年4月，希音在巴西圣保罗设立了第一个办事处，并计划未来几年在巴西投资7.5亿雷亚尔（约合1.489亿美元）。同时，希音承诺将与巴西服装制造商合作，提供技术支持和相关培训，并与该国数千家纺织品制造商建立合作网络。这不仅有助于满足巴西消费者日益增长的需求，还为希音创造了本地化的供应链机会。

可见，本地化生产的优势是多方面的。首先，本地化生产可以减少对远程供应链的依赖，降低因运输延误或中断而导致的风险。其次，本地化生产可以更好地理解和满足本地市场的需求，提高产品的适应性和市场反应速度。此外，本地化生产还可以促进本地经济的发展，创造就业机会，并加强企业与本地社区之间的合作与关系。

然而，本地化生产也面临一些挑战。首先是成本因素。尤其是在成本较高的地区，企业需要权衡生产成本与供应链风险之间的平衡。其次是供应链的复杂性。多元化的供应链需要更好的管理和协调，以确保各地供应链之间的有效与高效合作。最后是技术和创新的应用。企业需要利用数字化技术和创新解决方案来提高供应链的可见性和性能，以更好地管理本地化生产过程。

应当注意的是，本地化生产并不意味着完全放弃全球化。全球时尚产业的复杂性和多样性要求企业继续保持全球视野和开放心态，通过建立多元化的供应链和灵活的生产网络来应对不确定性和风险。

在过去几年中，全球时尚产业经受了新型冠状病毒肺炎肆虐带来的巨大挑战。在这个时期，时尚品牌认识到确保稳定供应优质原材料的重要性，这对于规模庞大的时尚集团来说也是一项艰巨的任务。新型冠状病毒肺炎流行后的通货膨胀进一步加剧了供应商的商业利润空间受挤压的问题，并对时尚企业的常规生产造成了打击。为积极应对供应链挑战，寻求更加可持续和可控的供应链解决方案，全球时尚产业更加注重供应链的整合与共享，以适应市场变化和消费者需求的快速变化。

一方面，时尚品牌将更加积极地将供应商和研发力量整合到自己的产业链中，以实现供应链的效率、可靠性和竞争力。这一趋势的背后既有提供优质材料和稳定供应的考量，也有成本控制和竞争优势的需求驱动。

以香奈儿和布鲁内洛·库奇内利（Brunello Cucinelli）的联合交易为例，双方宣布于2023年5月各自收购了意大利羊绒供应商Cariaggi Lanificio 24.5%的股份。类似的交易还有普拉达集团和杰尼亚集团（Ermenegildo Zegna）于2023年6月宣布共同收购针织品制造商Luigi Fedelie Figlio Srt的同等少数股权。

另一方面，对于一个时尚品牌来说，供应链作为其成功的关键所在，涵盖了从原材料采购到产品制造、物流配送甚至售后服务等多个环节，每个环节的协同工作都对品牌的竞争力产生着重要的影响。因此，通过加强对供应链各个关键节点的控制和透明度，与之建立长期的信息共享与合作关系，将以双赢的方式带给品牌、供应商和消费者更好的体验和价值。

如太平鸟（Peacebird）建成浙江首个时尚供应链协同创新综合体，目前与全国200多家核心成衣及面辅料供应商合作，年采购金额达50多亿元，省内合作商及采购量占比均超50%。在协同发展上，太平鸟不仅将市场洞察及消费者分析赋能供应商，还带领一些合作伙伴通过建立智能化生产车间、大数据可视化平台、研发团队等手段，促进双方合作规模从几百万增至数亿元。

3. 技术改革与供应链价值

在经济全球化的背景下，供应链和价值链正发生动态的调整，原因包括生产要素成本的上升、消费和产业结构的变化、经贸规则的调整以及地缘政治斗争等多种因素。通过数字信息技术、生物技术、新材料研发和大数据分析等技术的应用，全球时尚产业在生产工艺、生产模式、消费模式和传播模式等方面正在经历广泛而深入的变革。

由于供应链的立体化属性，企业参与其中需要具备专业化，以构建一体化的供应链体系。这对相关人才的专业素养和综合能力提出了更高的要求。因此，在供应链的发展和转型需求下，持续培养和吸引高素质的人才成为企业获取战略性资产的重要途径。为了响应这一需求，相关企业积极建立培训机构和提供技术技能培训，以培养人才，提高企业的综合竞争力，同时为行业的可持续发展提供有力支持。

如2023年，普拉达集团宣布将招聘400名员工，以提高其托斯卡纳制造工厂中皮具、鞋类和成衣产品的产能，其中约一半的新职位将在普拉达集团学院（Prada Group Academy）进行培训——该机构成立于2000年代初期，旨在保护手工技艺；OTB集团的制造、产品研发部门Staff International成立Scuola dei Mestieri工艺学院，为年轻人提供技术技能培训以提高工艺水平。

未来，纺织企业、服装品牌和供应商应以开放的心态尝试不同的科技创新成果，充分利用符合品牌调性的关键技术，坚持垂直供应链建设和产业升级，才能够在不断把握时代潮流和消费趋势中，实现更强劲的发展动力。

如之禾（ICICLE），一方面，通过在上海、海门建设“制造中心”，将传承中国30多年的高端制造经验，建成面向未来的可持续发展产业供应平台；另一方面，在供应链端构筑起品牌制衣技术的壁垒，目前已拥有如专利面料鬼绉真丝、Optim™专利系列、专利科技面料风衣、专利双面呢缝嵌欧根纱等面料、工艺和制作专利。

在供应链逐步发展的过程中，供应链的竞争力也逐渐扩大。各种要素如资本、劳动力、技术和信息在全球范围内自由流动，供应链分工也变得越发复杂，从最初简单的一对一供应链发展到现在的一对多、多对多的网链式供应链。掌握供应链的“链主”地位，就意味着能够在产业链中占据主导地位。

打造自上而下的标准化供应链体系变得非常重要。标准化的供应链体系，可以为企业和产业提供一套统一的规范和准则，促进供应链内各个环节的协同配合，提高整体的效率和质量。同时，标准化还有助于企业适应变化和引入创新，提升竞争力并推动供应链的可持续发展。

如2023年8月，希音宣布将在5年内投入5亿元，围绕技术创新、培训支持、工厂扩建以及社区服务等多个方面，继续加码供应商赋能，并建立首个服装制造创新中心，主要用于研发创新服装制造的精益生产解决方案，探索建立“柔性供应链标准”，并将研究成果输出给产业制造供应商，推动供应商工厂以更科学、更精益的方式持续开展经营活动。

（二）涵养消费的柔性叙事

随着超现实主义审美、知识分子穿搭、多巴胺情绪美学的盛行，折射的是现代消费者个体意识觉醒的现象，他们更加注重个性化和情感共鸣。有数据显示：在2016—2019年之前，中国消费者的时尚消费主要受流量明星、网红潮人、社交平台所引导，但在2019年后至今，消费者的主要购买导向已经变成了时尚品牌所承载的文化内涵，以及这种文化内涵是否符合自己的文化价值观。

在传统的消费模式下，时尚品牌通常通过广告投放来传递自己的理念和产品信念。面对今天全球错综复杂的市场环境，时尚品牌或许需要采取一种柔性的方式来凸显品牌的叙事力量，并将每个信息接触点转化为与消费者互动的机遇。

显而易见的是，品牌的叙事方式需要与时俱进。品牌的本质是造梦，对标消费的柔性叙事就是大型“圆梦”现场，沉浸式打造惊叹时刻“Wow Moment”，即跨越时尚、艺术和文化的影响力事件，正是以消费文化缔造者的全新身份，积极构建品牌力量的参考答案。

1. 知识分子式的风格叙事

2023年爆火的“城市漫游（CityWalk）”，虽然在发展的前期成功塑造了一波关于消费主义的文化输出，但很快就面临着人人“起腻”的现象，这正是消费者警惕并跳出消费主义陷阱的取向抉择。在这种情况下，我们有理由对品牌价值与消费文化的关系进行全面审视。这意味着，未来的时尚品牌，要超越单纯的品牌本身，积极回应、创造和调动消费者对于核心议题和内容升维的关切。

需要看到的是，部分时尚品牌已深度融合文化和文学，将其视为品牌的重要组成部分。这些品牌通过与文学建立紧密的关联，并持续将其融入品牌实践中，从而使品牌具有文学性。通过借鉴文学的诗意内涵、审美意义和人文关怀，这些品牌建立了丰富多样的世界观，将表达与叙事变得与众不同，摆脱了快速消费的特点，使其成为历久弥新的宝贵资产。如迦达（GIADA）携手意大利《晚邮报》联袂推出文化沙龙系列，将“Arttoart”的品牌理念进行到底，首场文化沙龙以“情感几何学”为主题，由意大利知名学者Eva Cantarella、作家Chiara Gamberale、资深记者Annachiara Sacci共同探讨爱情与婚姻的多元阐释。

以更为跨界、延展的柔和视角表达人文关怀也是国际时尚品牌传递世界观、价值观和人类观的重要方式。如，普拉达于普拉达荣宅举办“人类大脑：保护大脑——神经退行性疾病论坛”，旨在促进知名神经科学研究所、患者协会、制药行业和相关卫生部门之间的对话，讨论治愈一些严重且普遍的神经系统疾病的现存障碍，重点关注这些疾病的病理生理学、治疗和监测。

如果说通过纪录片、广告短片、秀场走秀等视觉语言，我们可以更直观地看到时装的创作过程和内在哲思，那么打造高质量、有深度、值得讨论的文化内容，与消费者建立更亲密的关系，则成为时尚品牌正在积极寻求的新叙事方式。

随着耳朵经济的兴起，凭借开放式文本空间、长时间沉浸式陪伴、垂直稳定的内容输出——播客等声音叙事成为品牌追捧的泛文化内容新宠，围绕品牌资产、时代议题、商业战略等文化内容，建立平等对话的精神栖息地，输出品牌价值主张，在潜移默化中加深对品牌形象的刻画和渗透。

一方面，通过自创播客栏目，增加用户黏性与制造品牌效应；如Nike创办的播客——《耐听》，内容围绕户外运动展开；意大利奢侈品牌迦达和《Talter》杂志联合出品的播客节目——《岩中花述》，内容以女性话题为核心；香奈儿的品牌播客《3.55》在2017年就启动了制作，内容在品牌故事外，还会探讨艺术文化领域的话题（表3-2）。

表3-2 时尚品牌播客节目及内容（不完全统计）

品牌	播客	首次上线时间	内容
香奈儿	3.55	2017年11月	分享品牌好友与产品故事，活动幕后信息
	全新文化专题系列 CHANEL CONNECTS	2021年1月	邀请来自电影、艺术、建筑、舞蹈、音乐和时尚界的资深人士展开深度对话，共同探讨在全球新型冠状病毒肺炎流行的背景下，文化艺术事业未来面临的挑战
古驰	The Gucci Podcast	2018年5月	采访了品牌创意总监 Alessandro Michele合作对象，共探社会议题
Masion Margiela（马吉拉）	THE MEMORY OF...WITH John Galliano	2018年6月	每一季作品背后的创作故事
LVMH（酩悦·轩尼诗—路易·威登集团）	Special Confidences	2018年10月	从瑞纳特的香槟酒窖、日内瓦钟表之都，到巴黎制鞋车间等品牌历史
	EXTENDED	2023年10月	邀请听众们与各行业艺术创意者们共同经历一段动听之旅，深度展现品牌的多方视角
迪奥	Dior Talks	2020年3月	邀请一系列艺术家、合作伙伴、品牌挚友畅所欲言
	Dior Untold	2020年6月	迪奥的标志性产品
	A.B.C Dior	2021年4月	盘点了迪奥品牌历史上的灵感元素
耐克	耐听	2020年9月	讲述由运动延展开的场外一系列内容
Balmain（巴尔曼）	Balmain L’Atelier	2020年12月	回顾品牌历史
圣罗兰	Smoking Le Podcast	2022年4月	每期会邀请一位嘉宾做客品牌位于巴黎的Rive Droite 概念店，置身于一间烟雾缭绕的私密房间与主持人畅谈
Bottega Veneta（葆蝶家）	Bottega Radio	2022年4月	由葆蝶家与NTS电台内的常驻音乐人及特邀嘉宾共同参与
迦达	岩中花述	2022年4月	由心理咨询师和心理学科普作者史秀雄（Steve Shi）担任，并邀请各行各业的女性来分享内心世界，讨论女性议题
Boss（波士）	Behind the Boss	2022年5月	深入非凡艺术家、创意者与运动员生活，探索他们成功之旅的转折点和具有启示性的深刻见解与丰富经验

资料来源：报告组根据公开资料整理。

另一方面，与头部播客栏目合作定制内容，逐渐成为传递品牌价值的一条叙事法则。比如，内衣品牌内外与头部文化类播客《随机波动》合作定制的三集系列内容，以传递内外品牌价值理念；单向空间旗下播客《螺丝在拧紧》第42期与香奈儿合作，通过与女性导演的对谈传递香奈儿对女性话题的关注。

未来，这种具备“知识分子”底色的媒介形式将在品牌传播中起重要作用。无论是文化沙龙、品牌播客还是其他形式的媒介，它们都提供了一个平台，可以通过分享知识、经验和见解来与消费者建立联系。需要注意的是，在任何媒介都有可能成为叙事载体的今天，其关键在于：以尊重消费者多元审美诉求为前提，打造一个能与消费者共同成长的叙事形态。

2. 内涵大爆发的精神叙事

随着全球时尚产业的不断发展和变革，对于品牌来说，是否具备文化内涵，产品是否具备创新有趣成为重要的衡量标准。从空间艺术到IP联名，再到活动集市，艺术介入品牌，品牌的考量各有千秋。如何继续发展和探索跨界联动的潜力，以艺术化的手法构建品牌的精神图腾，在品牌叙事中创造更多的惊喜和共鸣，正在成为时尚品牌的破圈新思路。

古驰于2023年4月在上海西岸艺术中心举办的Gucci Cosmos《寰宇古驰》典藏展是一个鲜明的例子。展览以古驰品牌102年的历史和经典档案为灵感，创造了八个独特的艺术“空间”，融合了前沿的视听体验。在策展人英国著名当代艺术家艾斯·德夫林（Es Devlin）眼中，这次展览既是对西岸艺术中心作为飞机制造厂起源的回应，也是对时装品牌作为一个多重、分层的创意和商业机构在视觉上的表达。通过将艺术与品牌相结合，古驰打破了传统的品牌呈现方式，将其提升为一种更具艺术价值和观赏性的体验。这不仅扩大了品牌的影响力，也为消费者提供了一次与艺术互动的机会，让他们能够更深入地理解和感受品牌所传达的价值观和美学理念（图3-11）。

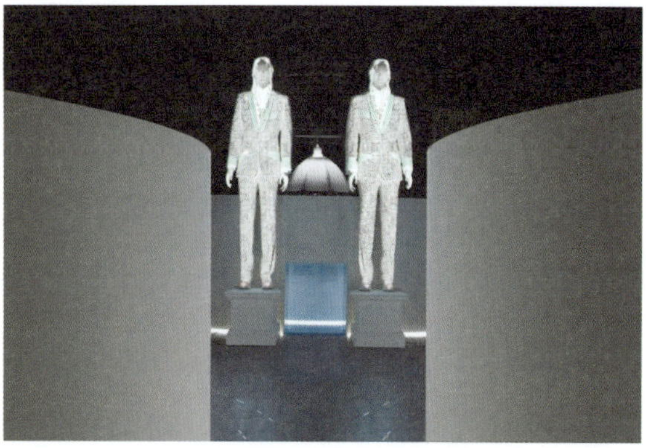

图3-11 Gucci Cosmos《寰宇古驰》典藏展之“偶（Two）”

再如2023年5月，芬迪（Fendi）于北京Temple东景缘举办FENDI Baguette“hand in hand”匠心艺术展。这次展览是继罗马意大利文化宫、东京原宿表参道后的第三场‘hand in hand’主题纪念展，由芬迪联合彝族策展人、歌手吉克隽逸，策展人、收藏家、ART021上海廿一当代艺术博览会、JINGART艺览北京和DnA SHENZHEN联合创始人Kylie Ying女士共同呈现，旨在宣扬芬迪在各地本土特色手工技艺重新诠释品牌经典之作（图3-12）。

图3-12 FENDI Baguette“hand in hand”匠心艺术展

借由与艺术的深度融合，其创新的艺术表达、鲜明的美学风格、过硬的专业修养，把时尚置身于更大的社会语境和历史关联中，从高调张扬的传统叙事转向追求内涵的品牌形象，在如今人们普遍追求真实性的时代，赢得了越来越多人的喜爱与追捧。

以自2021年起香奈儿联合FIRST青年电影展设立“FIRST FRAME第一帧”单元为例。如今，“FIRST FRAME第一帧”单元已经生长为一个成熟的单元，累计创作137部长片与656部短片，共有793位创作者进入了FIRST FRAME的观察视野。这样的举动不仅小规模构建起女性影像叙事的未来，更让品牌叙事谱系的存在多元而完整。正如嘉柏丽尔·香奈儿（Gabrielle Chanel）早在1931年就意识到的那样：“要通过电影来传播时尚。”

再如2023年6月，圣罗兰与当代艺术家蔡国强在日本福岛的磐城市四仓海滩呈现烟花秀“樱花满天的日子”。委托艺术家制作此次白天烟花，是圣罗兰在Anthony Vaccarello倡议下致力于支持视觉艺术、电影和音乐等各种创意领域卓越表现的最新实例（图3-13）。

以蕴藏内涵的艺术叙事，不仅深入艺术领域的核心地带，强化了品牌的艺术属性，更扩展了品牌的创意实践方向，为消费者带来更多的视觉和情感享受。未来，随着更多品牌的参与和创新，时尚产业将进一步演化，在探索艺术联动的潜力中，为消费者带来更多意义深远的惊喜和共鸣。

图3-13　圣罗兰×蔡国强“樱花满天的日子”

同时，身处一个聚集多元群体追求的品牌形象和价值观的时代，需要全球时尚行业超越传统的目标市场划分，以更广阔的视野来理解和满足消费者的需求，创造能够引领社会变革、塑造文化、影响人们的价值观和行为选择的品牌叙事。

在这个时代精神中，品牌不再只是为了推销产品或服务，而是成为一个开放的平台，促进人们的互动和共享。品牌通过与各种群体和事件的合作，以群像化的形式，叙写其时代精神和对多元化的承诺，不仅表明了品牌的专业性和多元性，更体现了品牌对时代精神和社会进步的关注。

如拉夫劳伦（Ralph Lauren）宣布将成为2028年奥运会的官方服装供应商；LVMH集团正式宣布将成为2024年巴黎夏季奥运会和残奥会的高级合作伙伴；2023年7月，普拉达宣布成为中国国家女子足球队官方合作伙伴；安踏（ANTA）集团宣布与中国奥委会联合发起环保活动“山河计划”。

可以预见，未来时尚品牌的时代精神，不仅在于其自身的设计和创新，更在于与全球各领域的合作伙伴共同创造并传递品牌的价值。通过这种群像化的形式，品牌能够扩大自身的影响力，并与消费者建立更深层次的连接，为整个时尚产业带来了新的思考和激励。

3. 价值有共鸣的生活叙事

时尚关乎风格、品位，也关乎生活方式。在全球时尚产业中，当消费者能够与时尚品牌的价值观和故事产生共鸣时，他们不仅会对品牌产生认同感，还会将品牌视为与自己的生活方式和价值连接紧密的选择。

以价值共鸣构建生活叙事的有效性，在于它超越了简单的消费行为，通过品牌与消费者之间的情感和认同建立了更深层次的关系，以更多的关注度和生存空间逐渐打破一成不变的传统大众审美。当消费者能够理解并赞同品牌所倡导的价值观时，他们愿意将品牌融入自己的生活，并通过购买和使用产品来表达对品牌的支持。这种情感连接超越了单纯的产品属性，变得更加有意义和持久。

2023年4月，普拉达在上海荣宅的庭院内举办了一场市集活动。市集有十多个商家入驻，涉及的品类从农植产品到精神食粮，如绿植、鲜花、蔬果、农产品、咖啡、冰激凌、唱片、书籍、酒饮、家居产品等，同时在荣宅“后花园”设置了DJ台（图3-14）。

此次活动，可谓延续普拉达在2021秋冬系列发布期间推出“Feels Like Prada”系列主题活动。此活动在世界各大城市展开，以该系列聚焦的几何图案印花包裹不同风格建筑外墙，重塑城市街道风景。继米兰选择“落地”面包店、东京“联名”日常便当后，上海直接跨界菜市场，选择了位于市中心的菜市场“乌中市集”。为营造高级时髦的人间烟火气，在对建筑本身和菜市场内容做视觉包装之外，还推出在菜市场购物后，可领取普拉达印花购物袋的限时活动，引发了热烈的反响和讨论。

图3-14 普拉达荣宅市集

图3-15 罗意威为上海草莓音乐节打造的竹编城堡

一方面，通过在多个城市的建筑外墙上展示几何图案印花，普拉达将品牌的视觉元素融入了城市街道的风景中，给人一种强烈的视觉冲击，也展示了品牌的创造力和独特性。另一方面，选择极具烟火气的城市建筑作为活动落地点，在这个传统的市场氛围中创造了一种新的体验，给人一种强烈的对比感和意外感，更加精准地抓住了目标消费者群体。

2023年4月，西班牙奢侈品牌罗意威为上海草莓音乐节打造了一处竹编城堡装置。为了体现Paula's Ibiza 2023夏日限时系列对手工艺、天然材质和可持续性的关注，罗意威深入云南省德宏州，寻访传统手工艺，回收少数民族的竹编制品，并邀请当代青年艺术家朱晟晟结合天然竹材，创造了这座艺术装置（图3-15）。

罗意威在这场年轻人的音乐盛会上，通过中国传统竹编手工艺建造了一座城堡，成功吸引了年轻消费者的关注和参与，打造了一种与潮流文化紧密相连的品牌形象，同时将在地文化与品牌自身的DNA相结合，强化了品牌的独特基因。

可以预见，未来以价值共鸣构建生活叙事，时尚品牌能够超越单向的传播和消费的关系，以凝聚城市烟火气，建立起一种更为深入和有意义的互动。时尚品牌不仅是产品的提供者，更是一种与消费者共同追求和传达价值观的伙伴。品牌的故事和经历成为消费者生活中的一部分，为他们提供了一种参与和共享的体验。

值得注意的是，尽管价值共鸣构建生活叙事能够有效地吸引和影响消费者，但品牌必须确保所传递的价值观与其实际行动和做法相一致。消费者对品牌的期望和要求越来越高，他们不仅要求品牌在口号上表达出积极的价值观，更希望品牌能够在实际运营中贯彻这些价值观。只有真实、一致的品牌行为，才能在消费者中建立信任和长久的忠诚度。

（三）精准多元的柔性营销

“数字时代，以人为本变得尤为重要，我们应该创造像人一样可亲、可爱、真实的品牌。”如菲利普·科特勒（Philip Kotler）在《营销革命4.0》中所说，品牌不仅是一个符号，更是一个价值文化系统，它本质上是与时间的交手，是对公众的长期许诺。

面对复杂多变的市场态势和理性回归的消费趋势，品牌营销迈入更精准、多元的进化阶段。在数字化时代，直播带货、内容种草、快闪店等日益活跃在品牌营销的活动中。与采用传统的单向灌输式传播方式相比，在信息过载的今天，品牌更重要的是要向内探索，通过多维度的内容、渠道和服务，与年轻人实现双向的沟通和互动。

流量与人同在。当消费回归日常、走上街头，面对情感慰藉、社会联结、自我实现、身份认同等多种消费需求，这就意味着需要品牌站在消费感受的角度，更加强调消费者的慢感受、深体验，创造商业体与消费者之间“去中心”的情感维系。

1. 创意跃升的内容营销

随着流量红利逐渐消失，后流量时代进入存量之争，内容作为品牌触达消费者的载体，是企业提升经济发展持续增长的助推力。品牌不再仅仅关注产品推销和广告宣传，而是通过激发消费者的想象力、创造力和品牌认同，生成或参与创作有趣、有深度的内容，吸引并留住消费者的心。

一是以灵感赋予品牌深度。时尚品牌可以通过提供独特的视角、实用的建议、有趣的故事、时尚灵感和品牌文化，以及专注于时尚趋势、风格指南、购物建议等相关发布，与消费者建立起紧密的联系。通过挖掘不同的艺术和文化领域的灵感，品牌可以赋予内容更多的深度和意义，为消费者带来与众不同的体验。

如华伦天奴（Valentino）在纽约街头推出时装界第一个纯文字广告“Valentino Collezione Milano：The Narratives”，灵感来自普利策奖获奖作家唐娜·塔特（Donna Tartt）在《金翅雀》（*The Goldfinch*）一书中所描述的华伦天奴，是只有黑色与白色以及夹杂在字里行间的情感和华伦天奴的软植入；为延续这一广告风格，华伦天奴邀请了17位世界著名作家与诗人带来有关“Love”不同解读和作品，推出“Valentino The Narratives II”，试图将文学重新带入大众视野，连接时尚与文学世界（图3-16）。

图3-16　“Valentino The Narratives II”广告

二是以专业强化品牌特色。与专家、名人或意见领袖合作，可以为品牌带来多样化的视角和专业的见解，加强品牌在特定领域的权威性和专业性。同时，这种合作还能为消费者提供更丰富、有趣和独特的内容，增强他们对品牌的认同感和忠诚度。

一个成功的例子是路易威登于1998年推出的《城市指南》。这本刊物至今已经更新了33期。路易威登通过《城市指南》将品牌漫游的精神融入其中，从不同的角度展示当地城市的时尚、艺术、美食和文化等特色，同时，它邀请独立撰稿人和特邀嘉宾，以他们个性化的视角描绘心目中的城市。比如，导演北野武笔下的日本东京、知名演员郑裕玲眼中的中国香港、著名文化人洪晃心中的中国北京等。通过当地人讲述家乡的故事，路易威登创造了一个平台，让人们可以共同感受到城市的活力与魅力。品牌借助这种文化的交流，与城市生活者建立了深刻的联系，这使得品牌的影响力进一步扩大，并在全球范围内传播路易威登的旅行理念和独特的文化精神（图3-17）。

图3-17 《城市指南》部分书册一览

三是以日常建立情感连接。时尚品牌可以通过视频、照片、博客、社交媒体等多种喜闻乐见的形式，以及热点型、认知型、场景型、价值型等内容，与消费者建立服装以外的情感连接，传达品牌的故事和价值观，创造引人入胜的多媒体内容将品牌形象深入人心，使消费者更容易与品牌产生情感共鸣和认同。

如2023年6月，巴黎世家正式上线QQ音乐，独家发布了三张音乐特辑:《巴黎世家试衣间音乐特辑》《Demna音乐特辑》和《巴黎世家秀场音乐》，并将继续扩展更新。对于巴黎世家来说，音乐不再只是设计师们从耳机里汲取的灵感，更是传递品牌调性的重要途径，并且与年轻一代消费者的兴趣和娱乐方式相契合，从而提升了品牌的知名度和影响力。

2. 心智驱动的渠道营销

近年来，社交媒体已经扩展至电商和搜索引擎等领域，这为品牌与消费者之间建立联系提供了独特的机会。在这个时代，品牌想要在激烈的竞争中找到增长的机会，需要以更高效、更广泛和更科学的方式接触消费者。

一是以强社交属性，撬动高流量互动。互联网时代的到来为虚拟社群的形成提供了机遇，使集体关系的构建更加深化和多样化。社交媒体和社会化知识社区成为品牌吸引社群成员的重要平台。时尚品牌利用创意内容和视觉美感来吸引社群成员对品牌的持续关注和分享。通过热点话题和策划活动，将线上社交渗透到线下场景，将社交互动从简单的"社交声量"转变为更丰富和具体的"社交增量"，同时实现在获客方面的成本降低和效果提升。

如通过重新排布店铺内外的空间，为消费者提供社交环境，使他们更好地融入当地社区生活。这种构建社交圈的方式不仅让消费者对品牌产生了新鲜感，也确保了与消费者建立更深层的纽带。以潮牌UNDEFEATED在上海的旗舰店为例，该品牌通过打造一个融合零售、咖啡和篮球场等功能的综合空间，延续了"五道杠"的风潮，吸引消费者参与。此外，该品牌还定期组织夜跑、徒步和打球等线下活动，进一步强化了与社群成员之间的互动和联系（图3-18）。

图3-18 UNDEFEATED 上海天平路旗舰店内部

二是以强数据洞察，构建确定性增长。在数字化技术的升级和消费者行为数据的积累推动下，时尚品牌正迎来内容营销链路精细化和升维化的重大转变。数据洞察不仅是信息的收集和整理，更是对数据的科学应用和分析。品牌可以通过追踪、收集和分析行业、用户和广告数据，深入了解目标受众、市场趋势和竞争环境。品牌还可以依据数据指标和趋势进行定性和定量分析，洞察用户行为和需求，进而制定精准的营销策略，并不断形成确定性增长，进一步优化营销效果和推动品牌增长。

由彼（Ubras）作为一家新锐的内衣品牌，基于对用户痛点的深入洞察，成功地捕捉了新时代女性对内衣产品需求的变化，其通过运用包括市场大盘分析、品牌市场定位、竞争密度分析、市场关键词分析、竞店竞品分析等模块的行业市场变化场景分析应用，由彼能够快速上线市场、梳理行业格局，并通过自上而下的分析思路，对目标行业的市场容量、销售情况和销售趋势进行全局和重点的分析，从而快速、准确地定位市场机会，抢占增长先机。在2023年的"618"电商购物节上，由彼的全域销售额突破4亿，持续稳居内衣行业销售额榜首。

三是以强平台运营，输出正反馈内容。在快速变化的商业环境中，各个平台正逐步完善内容与商业布局，并呈现出各自独特的优势与特色。全域整合营销已成为品牌长效经营的必备能力。品牌在实施全域整合营销时，将透过各个平台展现独特的风格理念，贯穿消费者从唤起认知兴趣、引导购买决策，到培养满意度和忠诚度的完整旅程。未来这种策略的关键价值在于有效消除渠道壁垒，优化资源分配，从而助力品牌打造核心竞争力，并取得业绩增长。

以纽约时装周上的迈克·柯尔（Michael Kors）为例，一则强调品牌秋季系列理念的视频成为其推特最热帖子之一，其讲述了"女性赋权"理念对品牌灵感的激发，并通过Steinem、蒂娜·特纳（TinaTurner）、小野洋子和简·方达（Jane Fonda）等明星共同讲述该理念的孵化过程，在众多品牌营销内容中脱颖而出，获得了大量用户的共鸣。

3."去商业化"的在场营销

随着全球时尚产业的不断发展，品牌为了与消费者建立更紧密的连接和提升品牌体验，开始探索创新的营销方式。从飞盘到匹克球，从徒步到露营，从街边探店到日常的CityWalk，从本土化、在地化、场景化到在场化，品牌通过创意和互动对细分领域的分阶占领，以及与各种非商业化场景的合作，为消费者营造了独特的品牌体验。

一是场景营销塑造品牌调性。场景可以分为消费场景、用户场景和使用场景，而单纯的消费场景已不能满足现在的消费者需求，制造多层次、多内容、多参与场景成为必需。未来，如何将三种场景进行恰当选取，不仅要考虑到消费者的深度需求，更要将使用场景内含于消费场景之中，形成融合性场景，让消费者在其中沉浸式体验，感受品牌力量，接受品牌调性。可以说，制造出一个好场景，不仅表现在吸睛十足的室外外观与室内视觉打造上，更表现为消费者沟通表达、情绪阐释、社会互动的环境语言形式，以及通过提供独特的服务和体验贴近消费者的偏好和文化背景。

如2023年7月，马吉拉三里屯限时快闪活动登陆北京三里屯旗舰店。活动以经典北京胡同元素为创意灵感，在库区广场打造一处限时互动体验装置——采用中国象棋、鸟笼等创意元素，搭配品牌标志性四角缝线，于巨幅棋盘之上呈现传统文化与时装创造力的融合之美（图3-19）。

图3-19　马吉拉北京三里屯旗舰店限时互动体验装置

二是兴趣营销捕捉更多流量。兴趣营销的背后本质上是精细化的人群经营。袤则咨询发布的《2023大社交趋势观察报告》指出，移动互联网时代媒体用户的使用习惯更为主动，人们逐渐开始跳脱出由大数据、算法技术造就的信息环境，主动搜索、管理、获取算法以外的内容，保持自己对接触信息的积极可控。未来，品牌必须意识到单纯依靠自动化数据标签实现内容投放的效果已不如从前，而应通过将关键信息与各种兴趣焦点连接起来，以穿透信息壁垒，有效地吸引更多关注与流量。

如中国李宁（LI NING）携手电音raver顶流圣地Club—ONE THIRD，共同举办了原创主题派对“苍穹之下Under the skydome”（图3-20）。在该活动中，品牌方创意性地将森林搬进室内，让户外植被置于舞池中央，配合露营帐篷，以及同电音锐舞巧妙结合，打造了一场“意想天开”的舞池露营先锋派对。从中国李宁的合作案例中，品牌能够不断拓展消费者的兴趣领域，并在兴趣交织的场景中创建独特的品牌体验，提供了一种“诗和远方”的精神价值，满足了当下城市年轻人对自然体验、社交娱乐、放松减压及微度假

图3-20　“苍穹之下 Under the skydome”主题派对

的核心诉求。

三是体验营销建立品牌资产。当消费者愿意在特定品牌上花费更多的时间和金钱时，他们往往更倾向于保持长期的忠诚度并经常重复购买。这对于寻求终生价值的品牌来说至关重要。未来，除了提供高质量的产品和完整的服务外，品牌将通过创造独特的体验来吸引消费者的关注和参与。这些体验可以通过建立与艺术、文化、运动或其他兴趣领域进行合作，将品牌理念融入消费者的生活方式中，从而能够在竞争激烈的市场中脱颖而出。

如2023年2月，在推出品牌全新耐克瑜伽系列之际，耐克于上海001世茂旗舰店和淮海中路店，设计并开发了两组瑜伽互动体验装置。整个互动体验系统由六个独立单元组成，动线的设计允许人流从不同方向自由进入，同时借助各单元屏风式的遮挡效应，又能在购物空间中为消费者打造一个相对隐私的授课空间，以满足瑜伽运动向内寻求自我的特性（图3-21）。

图3-21 耐克的瑜伽互动体验装置

再如在2023春夏巴黎高定时装周期间，迪奥接管了亨利四世港口的一艘豪华游艇，将其重新打造为一个漂浮于水上的养生水疗目的地，为在时尚圈最繁忙的时期前来巴黎参加盛典的客人带来全面的养生美容体验——上面可以预订长达一小时的护理服务，如身体按摩或面部护理，或选择更长的养生运动，包括普拉提、瑜伽和肢体调节等。

三、“感性时尚”提升文化认同，悦己性与跨界融合

正如美国人类学家克利福德·格尔茨（Clifford Geertz）指出：“没有文化模式，即有意义的符号组织系统的指引，社会的行为就不可控制，就将是一堆无效行动和狂暴情感的混杂物，其经验也是模糊不清的。”同样地，在全球纺织服装产业的发展语境下，未来，践行具有感性价值的“时尚文化战略”，借由对传统文化的认同与回归，消费文化的悦己与升级，设计文化的多元性和个性化，通过培育、渗透、引领自身的特色内涵，实现从“无序”到“有序”，从“有形”到“无形”的高附加值突破，正在成为全球时尚产业转型升级，进入消费者心智模式的必经之路。

（一）“复古尚新”，时尚设计赋能传统手工艺

“文化”是人类思想的“故乡”，“传统文化”则是人类思想的“原乡”。面对新一轮的科技革命，全球纺织服装行业在产业形态、发展姿势上发生了颠覆式的变革，唯独传统文化依然穿过历史，在现实的变换中透出烛光，照耀未来。可以预见，在传统文化的中轴中延长，是全球纺织行业把握未来的大趋势。即从传统文化“思想的原乡”出发，检阅时尚出发的原点与初心，引导企业文化精神和动力向传统文化聚焦，在文化寻根的框架下实现温度的回归，通过加速设计文化的历史再生，实现传统手工艺的活态传承，找到品牌发展的核心价值中枢。

其一，时尚设计与民族文化相互吸收、渗透和转化。正如中山大学中国非物质文化遗产研究中心博士后、湖南女子学院美术与设计学院副教授肖宇强指出：当今时尚文化与民族文化的“互文性”日益凸显—— 时尚文化与民族文化可以视为文化艺术领域的两种“文本”，它们有着共同的大众构成和文化基础，存在着一定的关联，在某种机缘下能够相互吸收、渗透和转化。从不同的工艺表现形式来看，中国传统民族工艺主要包含绘画、刺绣、印染、编织、镂刻、窑造、冶铸、锻造等技艺。这些工艺类型分别存在于民族民间年画、布匹织造、染色、服饰制作、建筑木雕、生活用品、装饰品等物件中，大多是少数民族民众的特需生活用品，有不少民族工艺类型甚至传承和延续了上千年，已成为当代重要的非物质文化遗产。少数民族服饰的制作十分复杂，从纺纱、织布、染色、刺绣、镶边、拼缀到一件服装的成型往往需要经历数月甚至数年的时间，这些繁复的手工技艺及呈现形式，不仅是民族精神文化的象征，更是当下时尚创新的资源和素材。

其二，融合民族文化的时尚设计，将更具超越性与普适性。文化不是“垄断性的土特产”，它既有地域性，更有超越性和普适性。民族工艺是少数民族民众用于制作特需生活用品的一系列非物质文化遗产形式，包括刺绣、印染、编织、镂刻、窑造、冶铸、锻造等技艺。运用传统手工艺来打造品牌内核，是未来时尚品牌破旧立新、打造品牌形象的重要方法之一。可以预见的是，在全球一体化背景下，中国传统手工艺将不断受到国际奢侈品牌与时尚品牌的关注。无论叙事空间、文化空间、生活状态，将进一步有依据、有来源地，从传统文化中吸收恰当的养分。传统文化遗产的价值苏醒，将构成未来时尚产业重要的精神内核。对传统手工艺以及关联的民俗文化、区域文脉进行研究，将成为全球时尚品牌拓展自身特色内涵，共性的、必要的、基础的研究领域。

可以看到，近年来，从奢侈品牌到各大时装屋，从国外到国内，越来越多的设计师与时尚品牌对中国少数民族和其传统技艺青睐有加，传统手工艺在时尚领域不断“出圈”（表3-3）。对外经济贸易大学奢侈品研究中心奢侈品研究中心主任张梦霞教授曾指出，奢侈品牌使用中国非遗元素时，重视联合国级别元素；因为这些非遗元素具有符合人类文明价值判断的共同价值观与审美。其中，皮影戏是联合国级别非遗元素中使用最多的中国元素，芬迪、罗意威和爱马仕均有使用。

表3-3 国际品牌运用中国元素的时尚设计与公益项目

品牌名称	品牌归属地	推出时间	运用到的东方元素
罗意威	西班牙	2023早春系列	以中国明清时期单色釉陶瓷为灵感制作的包袋
迪奥	法国	2024春夏系列	使用自中国唐代以来生产的绒花取代原本的帽章和缎带花结等细节的自由无边便帽
	法国	2021秋季系列	以中国传统刺绣针法中的打籽绣技法设计制作的衬衫
戴比尔斯	英国	2022年	秉承“创守永恒”的承诺，推动苗绣项目，支持苗族女性提升技艺、增强自信，同时携手苗族破线绣传承人刘正花老师创作以标志性的蝴蝶系列为灵感的苗绣珠宝包作品
博柏利	英国	2022年	联合中国妇女发展基金会等机构共同发起了“博柏利手艺设计师培训公益项目”，帮助具有纺织非遗传统技艺的女性从业者提升设计能力
芬迪	意大利	2023年	采用中国彝族传统手工技艺刺绣和银饰技艺的FENDI Baguette手袋
爱马仕	—	—	《想象之手，传承不息》苗绣艺术展

资料来源：根据公开资料整理。

未来，时尚圈将持续出现“手工艺”回潮的明显趋势，蜡染、刺绣、织锦等国家或世界级别的非物质文化遗产逐渐成为中国设计广泛应用的文化元素，其不仅具有艺术和商业价值，也将赋予现代纺织服装设计作品东方神韵和文化内涵，不仅可以获得年轻一代消费者的情感认同，还可以发挥设计特有的优势，对文化遗产进行产业活化与传承创新，从而避免失传的风险。传统技艺与区域文化、民族文化、世界时尚文化之间的关联得以强化，依托企业品牌与设计师品牌的再生型设计与市场化运作，传统文化的生命力将成为时尚品牌的创新动力源泉。

比如，在迪奥 2024 春夏男装秀上，制帽先驱斯蒂芬·琼斯（Stephen Jones）将新浪潮（New Wave）风格的毛帽重新演绎为自由无边便帽，并巧妙使用自中国唐代以来生产的绒花来取代原本的帽章和缎带花结等细节（图3-22）。早在迪奥2021秋季男装系列里，1984年被美国惠特尼美术馆永久收藏的作品《当世界毁灭时》（*When Worlds Collide*）以印花图案的形式被送往一家中国苏绣工坊。这里的匠人们以中国传统刺绣针法中历史最为悠久（距今已有两千多年的历史）的打籽绣技法，赋予了这件西式作品不一样的触感和格调。

图3-22　迪奥2024春夏男装系列

2023年，芬迪邀请两位彝族非物质文化遗产传承人阿西巫之莫和勒古沙日合作，由他们设计并制作一款充满彝族特色的芬迪“法棍包”（FENDI Baguette）。这款手袋采用了彝族传统手工技艺——刺绣和银饰技艺，向世代传承的古老手工艺致敬。阿西巫之莫用黑色面料为背景，绣制蓝绿色色系丝线，刺绣从自然中汲取灵感，以索玛花为主图案，运用多种繁复针法，创造出逼真触感；勒古沙日用925纯银手工打造芬迪标志性FF搭扣、垂吊筒穗和银铃。通过复杂工序，将熔炼过的白银制成薄片或精致丝线，打造出精美立体的装饰部件。

2023早春系列中，罗意威以中国明清时期单色釉陶瓷为灵感制作包袋。该品牌同时邀请中国非遗代表性传承人、北京故宫博物院研究员以及英国当代陶瓷艺术家一起探讨中国单色釉陶瓷的历史。罗意威还捐款资助景德镇陶瓷大学开展了全新的“单色釉陶瓷教育项目”，支持单色釉工艺的传承。

珠宝品牌戴比尔斯（De Beers）也正式启动苗绣项目，支持苗族女性提升技艺、增强自信，进而推动苗绣文化的传承与发展，致敬这一璀璨瑰丽的非物质文化遗产。戴比尔斯希望将品牌中“创守永恒”的承诺实践于中国，一同推动苗绣传承与发展。

英国奢侈品牌博柏利联合中国妇女发展基金会等机构，共同发起了“博柏利手艺设计师培训公益项目”，并计划在三年内帮助具有纺织非遗传统技艺的女性从业者提升设计能力。2023年8月，第二期“手艺设计师培训公益项目”在广东潮州畲族圆满结束，博柏利与20名来自闽粤的畲族优秀女性手工艺从业者，以创新的方式探寻民族的“凤凰图腾”文化，更以传承的方式一同推动畲族纺织非遗的发展。

（二）“悦己愉心”，传统文脉浸润消费文化

进入互联网新时代，社会发展急剧变化，新事物、新现象、新工具层出不穷，增加了人们思想的复杂度，也使得人们更多地向内寻找，期望在快速巨变的消费世界中把握精神的定力。一方面，“道法自然”的理念不仅是中国传统文化思想的精髓，更成为在全球时尚产业内部的“精神折射”，自然舒适，慢生活的感性价值，成为新时代关注的焦点。另一方面，“向内取悦”，通过“静奢”倡导品质设计，其内核也将不断强调对生活品质的本真追求，滤除符号的固化标签，凸显自在且舒适的状态；借由个性定制，倡导审美多元，时尚品牌的感性价值还体现在通过“个性”取悦穿衣自由、满足“悦己”的深层次消费需求。

1. 道法自然：消费文化借由时尚设计，通过“体感”关照心灵

一方面，“道法自然”的时尚发展趋势，体现在：伴随信息化时代的到来，信息层叠而来，加之新冠疫情的影响，人们开始更加思考精神和生活的本质，更关注自我精神的自由和舒展，渴望通过“慢生活”的体验，向内寻找精神的世界，追求有内涵的、具有诗意的生活方式。

比如，茵曼（INMAN）作为一家互联网品牌，是创始于2007年的以棉麻文艺风格作为品牌定位的女性服饰品牌。多年来，茵曼强调慢生活的节奏，坚持原创的棉麻文艺品牌。浪漫的麻花辫造型、素雅而简洁的设计风格、亲切舒适的棉麻质感、慢生活的文化内核，茵曼独特的视觉系统与原创精神等深入人心。而他们成功的诀窍，就是慢工出细活，茵曼反对快节奏中的粗制滥造，对加工、做工严苛把控，最大限度发挥棉麻的独特优势，以沉淀出最适合肌肤呼吸的品质服装。

致知（ZHIZHI）2023秋冬系列从山水自然中取材浪漫，演绎流动且多元的美，探索像浪花一样有形亦无形的浪漫心境，鼓励大家澎湃生长、自在绽放；同时，发布秋冬系列概念大片，邀请演员董洁、歌手刘柏辛、超模汪曲攸讲述内心的成长历程，在各自的生活轨迹里漫游、冲撞、汇聚、生长，通过自我与衣物之间奇妙的情感关系，抵达浪漫新境（图3-23）。

图3-23 致知2023秋冬系列

Lemaire（勒梅尔）2024春夏系列开启了一个通过服饰旅行，甚至与服饰一起旅行的概念，受越南之行的启发，运用层次感、系带、兜帽和轻盈材料为设计特色服饰，传递出自由感与冒险精神，以透气的面料、清爽的棉布和柔软的丝绸烘托出服饰的轻盈感，同时保留对身体与面料的流动性，在实用性与风格化之间取得平衡，朝向更自由的自我表达（图3-24）。

图3-24 Lemaire 2024春夏系列

另一方面，“道法自然”的时尚发展趋势还体现在：自然环保产品迎来愈加广阔的市场空间。服装面料在体验上更加强调轻薄、舒适；材质上更为关注天然、有机、生物基和再生材料，崇尚人与环境相互交融的生态美学；在面料结构上增加了许多精致细节，包括扎染、压褶、绗缝等工艺，向着富有体验感的功能性展开探索与创新，创造出生机盎然的崭新风貌。

如新消费品牌蕉内（Bananain），以外印标签取代传统内衣的缝制标签，解决了内衣穿着时标签刺痒的问题。独特的研发底层逻辑使蕉内从一开始就走上了一条截然不同的“体感科技公司”路线，在此基础上，蕉内相继研发了ZeroTouch™无感托技术™、Movestech防晒凉感技术、Airwarm热皮空气保暖技术等。

2023春夏，之禾从“物尽其用”的东方哲思中汲取灵感，与日本先锋面料品牌Food Textile合作，呈现全新“自然之道”胶囊系列——食物染。本季“自然之道”系列的基石，是Food Textile从植物性食物盈余中提炼的天然染料：从紫甘蓝中提取出暗粉色；由红萝卜余料提炼的珍珠灰色；咖啡渣能呈现出浓郁醇正的咖啡色调；多余的生菜叶则以清新黄油色重获新生；凋落的紫锥菊花瓣化作淡裸粉，而其花茎又能令布料呈现朴素的卡其绿。此外，Food Textile提供的棉质与亚麻等天然面料，则赋予了该系列恬静的女性特质（图3-25）。

图3-25 之禾2023春夏自然之道胶囊系列

Edition在2023年10月于甘南举办的2023冬季时装秀上，受从游牧精神中获得的创意启发，将天然原生牦牛绒、藏地民族社群与当地供应商的多方合力，呈现了以藏地原生牦牛绒为核心材质创造

图3-26 Edition 2023冬季系列

的 42 个秋冬造型，展现出天然材质在现代时装设计中的丰富与多变性，讲述着Edition“由东方的场域出发，让人与衣着的关系成其天然”的向善初心（图3-26）。

2. 向内取悦：消费文化借由悦己消费，通过“静奢”倡导品质设计

未来，“静奢风”将继续流行。消费者更倾向购买有品质、适用于多种场合的服装，而非个性张扬的单品。有数据显示，奢侈品牌生产的带有Logo的服装、手袋和鞋类产品同比下降18%。同样地，图案单品仅占奢侈时装的23%，2022年的这一比例为27%。许多时尚品牌趋于设计简约、运用中性色彩，也没有明显的元素，甚至没有Logo，体现出静默和低调。因此，有业内人士认为，“静奢风”不仅仅是穿着显贵这么表象，它的“内核”强调对生活品质的高追求，同时凸显自在且舒适的状态。

低调文化的背后，是传统文化的简洁生活方式。特别在后疫情时代，消费者的穿着理念也正在发生转变，更加推崇“以少胜多”的“减法”美学，坚守一份对简约时尚的认同。安静的设计外观下，是考究的剪裁与巧妙的细节。许多时尚品牌趋于面料珍贵，工艺复杂，制作考究，以显示出不俗的质量和内涵。希音专门开设了“静奢风”（“QuietLuxury”）频道，将静奢风格的单品全部聚集到一个页面上，方便消费者下单。

3. 设计民主：消费文化借由个性化定制，通过“个性”取悦穿衣自由

一方面，随着全球化浪潮的推进，文化的多元化，推动审美多元化产生，而多元审美也驱动着时尚设计，带来更为多样的表达。各种文化之间交汇碰撞出的精彩火花及各个民族时尚独有的特色，与设计师的审美理念与设计思维相结合，进一步绽放在大众面前。中国风格、非洲风格、波希米亚风格和东南亚风格等在设计师手中成为创新的基本素材，给时尚界带来了多样性的地方灵感，具备多种文化背景的时尚设计师也日益受到欢迎。

另一方面，基于全球多元化的发展背景，更多品牌和设计师将为消费者提供个性化定制服务，以满足消费者对独特服装的需求。通过定制服装，人们可以在外观上展示自己的个性，获得更好的穿着体验。

一股追求“REMAKE、定制”的风潮正在兴起。数据显示，截至2023年8月，小红书站内有关包包定制的相关话题笔记多达80万篇。相比标准化的包袋产品，如何展示“我的风格”“我喜欢的颜色”，成为更多年轻人购买一款奢品包包的理由。受到小红书站内趋势启发，珑骧（Longchamp）在此轮奢品种草中，首先就经典饺子包产品推出“MY PLIAGE个性化定制服务”，支持用户在线定制“限定款”的Longchamp My Pliage，从肩带颜色到包面图案，将选择权交给用户，打造独一无二的珑骧定制包。

个性化定制并非只是高端品牌的专属。日本快时尚品牌优衣库，早前也开始试水半定制化服务，除在日本本土外，在美国也推出了半定制化服务。优衣库提供超过800种不同的颜色和款式供消费者进行选择，定制的服装将在3~7个工作日内送达到消费者手中。值得注意的是，此项定制服务的价格约为

200元，与普通衬衫款式价格相当。消费者可以根据自己的喜好、尺寸对半成品的服装进行调整设计。

《2023—2029年中国服装定制行业市场调查研究及未来趋势预测报告》指出，随着个性化时代的到来，消费者已经从尝试定制服装逐渐转变为主动接受定制服装，他们追求的不仅是产品本身的价格，更多的是品牌附加值。就此，服装个性化定制系统的特性已经成为影响消费者购买行为意向的重要因素。

相应地，中国企业酷特智能（Kutesmart）在制造端即打造了以板型数据库、款式数据库、工艺数据库、BOM数据库等为核心的定制数据库系统，实现了“一人一板，一衣一款，一件一流，7个工作日交付”的大规模个性化定制，解决了传统服装高库存的瓶颈以及传统个性化定制高成本、无法量产的痛点；大杨集团则通过打造全球服装智能化柔性定制工厂，以自主开发的信息化系统平台为依托，实现多品种、小批量、高品质、快速反应的定制化生产模式，为消费者提供快速高效的单裁定制服务。

（三）无界联名，时尚在潮流文化的跨界融合中共生

进入新时代，新科技的发展，在颠覆新的变革产业生态、发展模式的同时，也使得潮流文化不断分化、发展、演化，从而在跨界的融合与创新过程中，推动时尚的变革与重构。在情感共鸣与品牌形象共建层面，通过行业去边界的联名合作，建立多重内涵、无限可能的时尚品牌人格体。

1. 跨界 IP 联合开辟审美红利

以小众、悦己、颜值、社交为行为标签的新一代消费群体成为时尚IP的忠实拥趸，将持续推动中国市场的消费生态由流量红利向审美红利转变。作为时尚IP最集中的行业，艺术家、建筑师等大师IP联名在时装、配饰和运动行业最为成熟。如建筑师安藤忠雄 × 宝格丽（BVLGARI）的腕表，建筑师隈研吾 × 亚瑟士（ASICS）跑鞋，以及赫佐格＆德梅隆 × 普拉达的服装作品《语言限制》。未来，在时尚产品设计上，将进一步通过品牌联名，通过对不同领域的设计元素进行提取、融合、再生创新品牌设计，满足与引领多元化、个性化的审美与情感诉求，吸引更多的消费群体。

乐町（LEDIN）× 大白兔（White Rabbit）、摩安珂（MO&Co.）× 月野兔（Sailor Moon）、雅戈尔（Youngor）× Simba：Ènato un re（《狮子王》）等，实现服装品牌与经典IP的组合，引发消费者的童年情怀与情感共鸣；安踏 × 可口可乐（Coca-Cola）、太平鸟（PEACEBIRD MEN）× 玛氏朱古力豆（M&M’S）、塔卡沙（TYAKASHA）× 旺旺（WantWant）等，实现时尚界与食物界的跨界组合，让服装单品充分显现个性化与潮流化；歌力思（ELLASSAY）携手SOS儿童村推出慈善跨界T恤，展现品牌的社会责任担当。

在此过程中，中国文化符号将成为跨界联名的点睛之笔。通过提供现成的新设计元素、提升现有的品牌定位、风格与客户互补、打破大众常规认知，在设计与技术的加持之下，未来的时尚设计将不断创造更多的品牌溢价与延展价值，以多元文化的融合助力品牌从“跨界”到“无界”，给行业带来越来越多的全新机遇和增长点。

2. 跨界营销活动将持续扩大目标消费群体

在保持原有品牌个性的基础上，全球时尚行业将进一步打破界限，借助跨界品牌的核心价值，强化消费认知，实现跨品类、跨圈层、跨文化的诉求。太平鸟携手荣耀（HONOR）20S手机亮相纽约时装周，实现科技与时尚的跨界交锋；海聆梦与全屋定制品牌索菲亚（SOGAL）开展战略合作，实现个性化定制，提升消费黏性；密扇（Mukzin）百戏局 × 999、三枪（THREEGUN）× 网易云音乐（NetEase CloudMusic）、i-am-chen × 小狗（PUPPYOO）等一系列新鲜有趣且脑洞大开的跨界活

动，迎合了年轻人对新鲜事物的喜好，引发话题热度，成功在大众心中留下品牌姓名。

未来，时尚产业还将通过终端经营跨界实现更加广泛的传播，从生活方式体验角度出发，在终端店铺开设咖啡屋、书店、发廊、餐厅等区域，影视、综艺节目等也会成为部分品牌的传播渠道，从而传达品牌文化内涵与品牌建设的新风貌。

如江南布衣（JNBY）与日本茑屋书店（TSUTAYA BOOKS）合作，在杭州天目里开启中国大陆首店，实现品牌艺术气质与文化气息的相得益彰；例外（EXCEPTION）时尚创立“方所”，经营书店、例外男装、环保生活用品、咖啡厅；方所文化（FANGSUO COMMUNE）出品《掬水月在手》电影，获得第33届中国电影金鸡奖“最佳纪录/科教片”奖；牛仔品牌坚持我的服饰（JASONWOOD）则推出“牛仔厨房”互动体验概念店，打破传统的服装经营模式，提供与牛仔及生活态度相关的生活服务。

四、“善性时尚”提升透明、人本，强低碳发展能力

（一）绿色供应链的格局重构

世界经济论坛2023年年会发布的“联合国全球契约组织——埃森哲联合CEO调研”揭示，供应链已经成为企业实现可持续发展的关键议题。随着对环境和社会责任的关注不断增加，全球时尚产业正逐渐意识到其对环境的负面影响，并开始寻求建立治理和运营机制，将可持续性纳入其核心战略，并采取积极行动，确保全球供应链朝着可持续发展目标迈进。

1. 消费者信任与供应链可追溯性

当今，可持续发展受到社会越来越多的关注：消费者开始更加关注具有社会责任感的产品，对数字技术敏感的消费者开始追求产品的可追溯性，并要求商家提高供应链的透明度。

然而，近几十年来，由于生产活动的跨国分散与供应链的复杂性增加，使时尚企业难以了解产品的原材料来源及整个生产过程中的环境和社会影响，建立“可追溯性”变得非常困难。有数据显示，目前，在全球约250家大型时尚品牌和零售商中，约有50%披露其一级供应商，约30%披露二级供应商，而仅有12%披露其原材料供应商。对于时尚行业来说，提高供应链的可追溯性迫在眉睫。

在实现可追溯方面，碳标签是一些时尚企业率先尝试的解决方式。作为一种新兴的供应链追溯和绿色消费工具，碳标签是一种通过将产品从原材料采购、运输、生产到销售的整个生命周期中所消耗的二氧化碳量，以量化的指数形式标注在产品包装上的技术手段，其在供应链中的环境性能、社会责任和生产过程等各方面的信息都得到了详尽的记录和追溯，时尚企业由此可以实现供应链“端到端”的可见性和透明度，这不仅便于消费者作出更明智、更可持续的购买决策，更能积极改善其环境和社会绩效，并与利益相关者建立可信赖的关系。

如英国可持续服装品牌BAM宣布开启一项名为BAM DNA的供应链追溯服务，以此倡导服装行业的“激进透明”。BAM DNA由品牌与可持续平台Green Story合作，通过5年的共同努力打造，利用生命周期分析法（Life Cycle Analysis），从种植和纤维获取，到纱线生产、编织，最终到染色、整理、裁剪和缝纫等步骤，计算了BAM每一千克产品的环境足迹，由此评估了BAM供应链中的温室气体排放、能源使用效率和水资源消耗。从2023年7月起，消费者能够扫描BAM产品上的二维码获取品牌所有产品的相关供应链信息。这项技术让每个环节的参与者都能够跟踪和验证产品的来源和生产过程，确保符合可持续性标准，共同推动环境和社会责任的实现（图3-27）。

图3-27　Green Story 的生命周期分析法

然而，可溯源虽然能够做到在供给侧的原材料透明化，但并不意味着产品在消费端完全可持续。在小红书上拥有17万粉丝的可持续时尚博主@Poppy早前发起了一项名为《关于衣橱与生活的17个问题》的问卷调查（共240人参与），其中一问为“购物时会考虑可持续吗？”，结果显示，仅4.2%的人会关注品牌的生产链是否环保，即溯源性。

可见，消费者整体上对可溯源的概念还缺乏了解，即使扫码查溯源，消费者对检测报告、生产过程等信息的真实性和权威性也存在疑虑。如果消费者在购买决策中没有明确的意图，必然会迫使生产端在相关技术方面失去创新动力。所以，对于时尚品牌来说，未来有能力制定一套完整且切实可行的整体解决方案，即综合考虑技术的延展性、商业的落地性以及后期产品的可持续性等方面的实操能力，贯穿从生产到运营以及售后服务的产品全生命周期管理变得更为重要。

如法国时装品牌蔻依（Chloé）发布数字ID项目Chloé Vertical，这款由EON提供技术支持的独特创新性数字ID允许顾客通过手机扫描产品标签，以追踪所购商品从原材料采集到成品制作的全部信息，它还将授予消费者访问商品权证书的权限，以此实现通过Vestiaire Collective的直接转售为消费者提供详细的产品护理和维修信息；蔻驰（Coach）推出子品牌“蔻驰之城”（Coachtopia），其每件产品都带有一个数字护照“通过NFC芯片或二维码访问”，让客户透明了解其材料及产生的影响，且提供以旧换新和修复服务。

2. 资源共生与供应链话语构建

根据哥伦比亚大学可持续未来中心的研究，超过85%的库存衣物和包袋最终都被遗弃在垃圾填埋场中。为了改变这种现状，时尚产业需要重新思考和重新设计整个供应链，将资源共生纳入其经营策略和日常实践中。

这种资源共生的转变涵盖多个环节，包括资源再利用、逆向物流和回收、库存管理和集成等。例如，意大利奢侈品牌华伦天奴与巴黎面料零售商Tissu Market合作，开展了Valentino Sleeping Stock项目，针对品牌过去档案中遗留的剩余面料进行创意化和负责任的再利用。

实现循环经济，意味着重新思考和转变整个供应链，从品牌和企业到供应商、制造商和消费者，每个环节的参与者都需要共同努力。可以期待的是，未来的时尚品牌和企业通过承担引领行业转变的责任，将不断带头制定可持续发展的目标和政策，并在供应链中推动实施。供应商和制造商的积极参与，也将确保他们的生产和运营过程符合可持续性标准。

在共同的目标下，供应链的资源共享和整合、专有技术的分享，以及协同作用的发挥将推动整个时尚供应链积极参与可持续转型。一些品牌已经采取了积极的行动。例如，2023年4月，安踏发布了《供应商可持续发展管理手册》，要求供应商建立并维持安全、健康、合规的雇佣关系与生产环境，并提出打造致力于实现环保、健康、安全、高效的供应链共生平台；普拉达宣布与有害化学物质零排放（ZDHC）联盟建立新的合作伙伴关系，该计划将包括普拉达集团的一系列供应商，强调一个坚定的目标：保证在2026年之前遵守ZDHC规范；古驰于2023年2月宣布在意大利推出循环型奢侈品中心——Circular Hub，该平台任务包括寻找适合的合作伙伴，设计并实施高科技解决方案和工作流程，在整个制造周期内嵌入回收与再利用流程，向所有供应商与合作伙伴提供使用；蔻依与法国巴黎时装学院和法国国立工艺学院也联合首发了一份开源的社会影响力量化工具。

3. 多元议题与供应链责任提升

随着社会进步和消费者意识的提高，全球时尚产业正面临着关注可持续发展议题的压力。世界最具影响力之一的时尚社会运动组织时尚革命（Fashion Revolution）发布2023年《时尚透明度指数》报告。报告提出的“时尚透明度指数”包括258项指标，涵盖广泛的社会和环境议题，如动物福利、生物多样性、气候危机应对、劳工权益、性别平等、员工生活水平与工资、采购供应链溯源、供应商披露、废物和回收等，2023年报告新加入“煤炭淘汰”和“公正转型”等新评价维度。

这彰显了时尚产业在透明度和可持续性方面迈出的关键步伐。通过将这些议题纳入供应链话语，可持续时尚扩大了讨论的范围，并提醒相关利益方，时尚产业的可持续转型需要关注多个方面，并综合考虑各种挑战。这种综合性的思考和行动能够帮助时尚产业更全面地推动可持续发展，将社会和环境影响纳入日常业务决策的各个层面。未来，为了应对这些议题，时尚企业需要积极采取行动，从供应链的角度出发，推动产业变革，提升供应链的可持续性和全球影响力。

（二）可循环的时尚生产方式

消费者对时尚产品的要求正逐步由传统的使用价值向高品质、个性化、时尚化、舒适性、健康环保等方向转变，可循环绿色纤维制品所蕴含的高品质、舒适性和绿色生态特征正符合了消费升级的方向，特别是中产阶级群体的不断壮大，将进一步拉动对绿色产品、绿色体验、绿色服务的需求，并将主导时尚消费的新潮流。

1. 高值化与绿色穿衣

时尚行业由于其规模和涉及范围较大，是碳排放较大的行业之一，以时尚供应链的生态智慧为指导，重塑生态美学视野下的新理念、新风格、新标准，对于全球时尚产业实现低碳经济和节能减排具有深远意义，也为产业催生新的增长点提供了无限契机。

再生纤维是当前可持续时尚发展领域的一个热门话题。作为回应全球可持续发展的需求，时尚品牌正从产品诞生的“根源”出发，着力加强再生纤维的利用，系统规划时尚产品的生命周期和高值化利用，以减少对自然资源的依赖，降低碳足迹，并推动时尚产业的可持续转型。

如Zara与时尚科技公司Circ合作，推出了一款采用回收聚棉混纺织物制成的女装胶囊系列。该系列以酒红色调的时尚轻薄服装为特色，是同类产品中的第一款，已于2023年4月在11个地区市场上市。通过利用这项技术，Zara和Circ创造了一个产品系列，其中包括用50%的回收聚棉纺织废料制成的Lyocell服装和用43%的回收聚棉纺织废料制成的聚酯服装。该系列展示了将回收的纺织废料转化为可反复回收的新服装的潜力；德国知名户外品牌狼爪（Jack Wolfskin）推出以自主研发再生科技TEXAPORE

ECOSPHERE打造的德国精工新产品系列。TEXAPORE ECOSPHERE作为世界上首个100%三层可回收面料科技，不仅实现了资源的再利用，更直击徒步爱好者选择防水产品时亦迫切需要卓越透气性的痛点；可持续牛仔品牌 Triarchy 在美国推出了创新弹力牛仔面料。这种牛仔面料的新颖之处在于它完全不含氨纶和原油基塑料，而是使用来自橡胶树的天然橡胶，作为塑料拉伸和氨纶的有机替代品。

与此同时，全球时尚品牌正加强与供应商和合作伙伴的联系，在共同推动绿色纺织和制造技术的发展中，向消费者传递品牌面向未来的设计美学和生态哲学。

例如，可持续纺织品材料公司Spinnova正在改变全球纺织品的制造方式，其制备的Spinnova是一种圆形纺织纤维，由木材和废料制成，不含有害化学物质和微塑料。与棉花生产相比，二氧化碳排放量减少了65%，用水量减少了99%，并在纤维制造过程中使用机械方法，对纸浆原料进行机械提炼，将其转化为无有害化学物质的可纺纤维悬浮液；户外品牌乐斯菲斯（The North Face）与施飞尔（Spinnova）签署了开发协议来为户外服装类别开发新的、可持续的高性能纺织品；阿迪达斯也与施飞尔共同推出连帽衫TERREXHS1，这项技术可能是材料技术和可持续时尚运动中的一个里程碑；SS24上海时装周期间，斯特拉·麦卡特尼（Stella McCartney）首次在亚洲呈现《时尚未来：与Stella McCartney的创新对话》（*Future of Fashion: An innovation conversation with Stella McCartney*）主题展览。本次展览重点展示了品牌全新采用的六款创新材料：MIRUM®、Uppeal™、VEGEA®、Bananatex®、SOKTAS再生棉，以及森林友好型粘胶VISCOSE，且本次展览中的所有材料将在未来的活动中重新回收利用，以此减少其对环境的影响；Edition携手国际羊毛局（The Woolmark Company）推出可溯源美丽诺羊毛系列，融合高比例的天然羊毛与生态环保的制衣工艺，带来风格隽永的Gentlewomen新衣，通过引入扫码溯源记录产品信息，让可持续的消费抉择有迹可循。

2. 可循环与绿色体验

据统计，每年都有10亿件崭新的服装未经顾客之手便被丢弃，每4件服装里就有1件遭到废弃。这些废旧服装大多被填埋或焚烧处理，只有少量被回收再利用。为此，开展废旧织物回收利用，将成为时尚行业保护环境和节约资源的有效方法。

未来，针对废旧纺织品资源化再利用，时尚行业应在以下层面加速行动：

首先是培养人们的环保意识，引导对垃圾进行分类管理，制定消费后废弃纺织品原材料分类回收标准，并进行重点技术攻关，提升植物基纤维与再生纤维的有机再生化利用水平，推进废旧纺织品回收分类方面的技术创新，降低回收成本。

其次，系统性建设废旧纺织品标准体系和产品认证体系，制定工业企业废旧纺织纤维废料回收利用规范，实行废纺回收企业的认证和备案制度，杜绝无序排放污染环境。

再次，根据不同的原料等级选择不同的技术，进行多元化回收，尽可能提高最终产品的附加值，避免单一处理方法对原料的浪费。

最后，从政策规范、法律保护、标准制定、市场引导等多方面推动，与行业协会及终端品牌商合作，联合建立回收—再生的内循环机制，通过认证和宣传引导大众的消费理念，提高再生产品的社会形象，保证再生服装是安全服装，解除消费者的顾虑。

与此同时，全球时尚品牌借助可循环的时尚生产方式将其融入品牌的价值观，这将有利于品牌的长期发展。它们在科学洞察“节俭生活”“无痕生活”“极简生活”等绿色消费新趋势下，创造融合当代消费审美的创意实践和商业模式，如通过零碳商店、生态设计展、虚拟时装秀、旧衣回收计划等方式，将可循环概念和绿色环保普及至更多的消费者，全面推动采购、生产、物流、销售、回收等供应链各环节的全面绿色转型和内涵式发展。

与之对应，绿色消费的时尚生活方式正在消费者中兴起。

以二手转售市场为例，据Thredup预计，2024年全球二手市场规模将增至2480亿美元，到2027年将达到3510亿美元。受益于亚太地区旺盛的需求与购买力，二手服装市场的增长速度将是一级市场的三倍不止。

相应地，蔻驰通过修复、中古售卖、产品升级和重制4种主要方法，保证在任何阶段结束生命周期结束的产品都能够得到妥善处理，此前不仅开设了长期运行的维修车间（Repair Workshop），还启动了回收改造旧手袋的（Re）Loved项目，并探索项目中产生的边角料回收利用方法；MICHAEL KORS推出新的转售平台Michael Kors Pre-Loved，旨在保持 Michael Kors 作品的流通性，延长其生命周期并帮助减少浪费；Zara也正式进军二手服装领域，推出Zara Pre-Owned转售服务，以便其客户可以出售、捐赠或修复旧衣服；希音也在美国推出了二手转售平台Shein Exchange，允许其客户在此交易来自希音的二手服饰；古驰则推出了Gucci Vault线上概念店，在这个多功能的线上平台中，消费者可以购买品牌精心挑选并修复的古驰二手中古产品和新兴设计师产品。

专家观点 1

Zoom on Fashion Trends
杂志主编
Emilia Minichiello

纺织业是世界上最古老传统的行业之一，但是为了适应不断变化的客户需求、科技创新及对绿色环保的日益关注，这个行业也在不断地快速变革。我认为，影响2024年全球纺织行业的主要趋势包括以下三个方面：绿色可持续性、个性化定制及新技术的使用。

毫无疑问，绿色可持续性仍将是2024年纺织行业的核心焦点。消费者越来越意识到纺织业作为世界上污染最严重的行业之一对环境造成的不良影响，并倾向于选择购买由环保材料和低污染工艺制成的商品。为了满足这一需求，纺织企业正致力于开发由有机或回收纤维、可生物降解材料和环保生产工艺制成的织物。材料的可追溯性和相关认证证书也将成为纺织品制造商们证明他们关注社会责任、关注环境可持续发展承诺的关键。

鉴于消费者市场对能源浪费、二氧化碳水平上升和气候变化等环境问题的日益关注，“循环时尚”的概念预计将成为2024年纺织行业的中心主题。纺织企业正在研究能够促进服装再利用、再循环和修复的商业模式，鼓励回收利用，减少资源消耗和纺织废料堆积。

继续说回绿色可持续性，人工智能和数据分析可广泛应用于需求预测，最终应用于服装生产。人工智能可以用来优化设计、生产和库存管理流程，而数据分析可以让企业更好地了解消费者行为，并据此快速调整商品供应。

凭借耐用性好和适用范围广等优点，我认为人工合成材料未来也将继续发挥重要作用。不过在消费者对环境问题的日益关注下，企业可能会越来越多地致力于研发更可持续和可生物降解的人造材料，以期解决塑料相关的环境问题。

近年来，纺织行业的另一大趋势是本地化生产。该方式能大大降低运输成本，并减少跨国运输对环境的影响，因此在纺织行业中越来越普遍。此外，本地化生产还可以更大程度满足个性化需求。消费者有机会选择订购定制服装或定制印花图样，从而减少生产浪费。

我预测个性化定制将继续成为纺织行业的主要趋势。消费者期望能买到体现独特个性的服装。新技术的出现能帮助企业更好地为消费者提供高度个性化的购物体验，尤其是线上购物，消费者能够轻松设计定制服装。

近年来，纺织行业在技术创新领域取得了显著进步，而且我相信明年将是纺织行业技术发展的又一重要里程碑。举例来说，广泛应用于定制面料生产的3D打印技术帮助设计师轻松完成定制服装制作。另外，能够适应环境条件并提升消费者穿着舒适度的智能纤维也变得越来越普遍。此外，公共卫生的关注度与日俱增，具有抗菌和防寒保暖性能的织物无疑将变得十分重要。最后，将传感器和可穿戴设备集成到纺织品中，也为我们称之为“智能时尚”的新尝试铺平了道路，这项技术将应用于健康监测和增强现实交互体验（AR）。

综上所述，可以肯定的是，在绿色可持续性、个性化定制和技术创新驱动下，2024年全球纺织行业将经历快速变革期。拥抱这些趋势并顺应消费者需求的企业将在市场上拥有显著竞争优势。各行业间的合作、研究和开发将继续推动行业转型发展，促使纺织行业向更可持续发展、更高效和更以消费者为导向的方向转变。

专家观点 2

国观智库秘书长兼南亚研究中心主任

何 岸

因常驻印度工作的缘故，我喜欢上了当地的棉麻织品。穿着印度物美价廉的棉织品回国后，会明显感受到南亚纺织品的特点：一是强烈的民族属性。印度纺织品善用精致的刺绣做成小块镶嵌图案。这些编织图样，既有来自印度教传说中的装饰纹案，也有灵感取自莫卧儿时期的伊斯兰建筑和印花。这些手工刺绣品80%以上都生产于印度的村庄，来自大城市贫民窟的手工艺者通过返乡工作的方式，既实现了与家人团聚，也拥有了更易获取天然灵感的工作环境。以极具有代表性的印度本土品牌Fabindia为例，该品牌与55000多名印度艺术家合作，通过他们的手工纺织技能、染色技术和刺绣工艺创造价值，将印度的乡村手工生产者与现代城市市场连为一体，让印度本土的设计传统在自己的创作中焕发新生。二是印度棉织品的可持续模式。通过纯天然、无化工的有机棉花生产过程，减少对土地和水污染，增加生物多样性并提升可持续农业发展。以印度本土品牌Ethicus为例，这是一家有着60年历史的家庭棉花作坊升级为完全有机的棉花生产企业的现代故事，目前Ethicus正在通过与当地国家森林公园周边的农民和手工艺人合作，来帮助他们改善生活质量，以实现保护环境的目的。运用手工纺织和有机材料制成的纱丽，Ethicus把祖传的技艺通过孟买、德里的时尚周T台，走向世界舞台。

专家观点 3

在整个欧洲，时尚业的未来更多集中在数字化、可持续发展和与消费者的互动上。拥抱这些趋势的品牌将最有潜力在欧洲蓬勃发展。

首先，数字化已彻底改变了时尚业。网上购物已成为常态，消费者可以轻松购买众多产品。B2B和B2C市场都在朝这个方向努力。增强现实和虚拟现实等技术让买家能够欣赏品牌价值，并在购买前虚拟试穿衣服，从而促进更负责任的消费。技术也是个性化客户关系、支持、建立忠诚度和维持与品牌联系的首选工具之一。这成为一种量身定制的媒体，用社交网络和数字社论取代传统的时尚媒体。

法国男装产业联合会
国际总监
法国政府时尚顾问
法国国家时尚产业发展
与促进基金会DEFI专家
委员
Hervé Huchet

同时，更加生态和负责任的时尚成为主流。它是该领域革命之母。越来越多的法国品牌正在采用可持续实践，使用和收集回收的服装和材料，减少碳足迹（本地生产、生态材料）并促进道德和手工生产。对于奢侈品牌来说显然是这样，对于整个新一代的创作者来说也是如此。这是一项行业义务，因为消费者越来越关注其购买的产品对环境的影响。他们正在推动品牌提供更多可持续的选择，我们现在谈论的是"再生时尚"。

快速发展的二手和回收市场必须由品牌自己来照顾，否则他们就会眼睁睁地看着这个重要的市场溜走。这些生态行为也是我们出口产品的客户国的首要任务，因为对气候危机的认识迫使世界改变行为。年轻一代是时尚消费最多的一代，是这背后的推动力。当年轻一代开始意识到改变行为的紧迫性时，影响者强调的过度消费正在受到质疑。时尚界必须通过社交网络聘用这些意见领袖，积极向消费者宣传我们行业的良好做法。

因为生态价值观与大多数人的购买力现实之间存在着紧张关系，而我们必须解决这个问题来发展该行业并保持时尚与可持续发展之间的平衡。我们联合会也将一直支持时尚品牌应对这些积极但复杂的变化。

专家观点 4

日本时装周组织机构
执行总监
Hiroshi Komoda

世界逐渐摆脱新型冠状病毒肺炎的阴霾，人们恢复自由交流往来，时尚行业的线下秀演再次焕发活力，纺织交易会和展览会也经历复苏。关于未来的展望，可以用四个关键词来概括后疫情时代下迅速发展的事件。

（1）可持续发展

各国及各流通环节都已开始致力于使用对环境影响较小的材料、供应缝制产品，以及建立可回收和再利用的循环系统。当下，可持续发展对企业来说是不可回避的必然趋势。虽然还有很多挑战仍需时间来解决，如法律问题和标准差异，但我真心希望未来能够建立一个全球统一的理想标准。

（2）数字技术发展

数字技术使传统的手工技艺发生了革命性的变化，使创新成为可能。数字信息和系统的共享带来了飞速发展，催生了虚拟时尚。电子商务正日益成为主流销售方式。随着物流和配送系统日益完备，即时购物的吸引力也在与日俱增。此外，人工智能预计将在未来的各个行业中占据主导地位，从而衍生出新的系统。规范专利和知识产权相关的法律法规是行业面临的必然挑战，但最大的问题是未来应如何发挥人力资源的效能。

（3）人力资源

纺织服装行业缺乏青年人才。劳动密集型产业日渐失去吸引力，各国和各环节都必须将青年人才招聘认真纳入考量。除了主要从纺织专业学校招聘人才，我们也可以通过参加贸易展览等活动来推动招聘工作。此外，人工智能的快速发展正创造出新的商业模式和工作。低生产率的工作可能会消失，人们可能会专门从事数据管理等工作。人工智能生成式设计师和创作者可能仍然存在。可以将其视为一场新的工业革命。

（4）多样性

全球化促进自由时尚文化的传播，这种文化不区分肤色、性别，也不区分身体健全与否。这必然将催生出一个接纳所有人的体系。我预计在这一领域也将诞生发展出新的业态和职责。

专家观点 5

法国国家匠心联盟主席
马克龙政府文化顾问
巴黎前副市长
Lyne Cohen-Solal

谈及纺织服装行业的未来，在我看来，为了建设我们共同的未来，行业面临着巨大而艰巨的挑战。

系列挑战不胜枚举，五花八门，应该如何应对？似乎没有令人满意的方法：

我们是否应该根据其紧迫性或对当今世界的威胁程度对挑战进行分类？

我们是否应该先勾勒出一个新世界，一个拥有不同愿景和创新实践的行业领域？

事实上，我们面临的首要挑战既是技术挑战，也是生态挑战。这些挑战都紧迫影响着世界，我们有责任同时处理它们。留给我们的时间不多了，更何况还有人在犹豫不决！

生态挑战是最紧迫和最具威胁性的。我们的社会发展对大自然产生影响，我们不能忘记环境对于未来的重要性。纺织服装行业面临风险。因增长速度极快，导致生产过剩，库存过剩，大量废物无法管理，而危及地球健康状况。

我们如何才能遏制这种过量且危险的大规模生产？人们已经开始意识到这一点，但行动速度太慢，且收效甚微。老实说，我们甚至看不到减缓的迹象！反之，快时尚生产仍在增长、生产中使用有害物质、运输产生的污染、需要销毁的废物仍在增加……

虽然大多数行业的消费都在减少，西方国家受通货膨胀影响也减缓了购买，但我们离必要的模式转变还很远。

循环经济、本地生产、资源再利用是良性趋势，其商业价值往往会受到重视，从而成为可持续发展的典范。这就要求行业内每个人，从生产者到消费者，再到实业家，都要对20世纪以来的传统做法提出深刻质疑，并进行深刻变革，以建设21世纪低碳的纺织服装行业。

技术革命为这些需求提供了解决方案，同时，技术革命已经开始改变我们的实践和日常生活，并影响着工业世界。如果你知道如何应用这些现代技术，数字技术将成为实现产业深刻转型的绝佳机会。

而这就需要在开发新生产技术、研究和社会进步方面采取先进的战略。为了实现工业产能现代化，企业家们必须充分利用这些技术，明确发展方向，准确把握市场动向并做出反应，了解生产成本和运输成本，推进真正的创新，计算并控制对环境的影响。

建设一个尊重地球的新世界就要求产业变得更加节能、更加灵活、适应性更强，以满足市场需求，同时又不生产过剩。同时，更加尊重员工的工作和领土状况。

为了在全球竞争中获胜，一些责任心不强的企业可能会无限制地投资数字技术，使其服务于自己的权力。这种可能性或选择对他们自己，对整个行业，特别是对我们共同的未来而言，都是一个非常危险的赌注！

专家观点 6

意大利中国理事会基金会主席
意大利国家时尚商会荣誉主席
Mario Boselli

全球化世界中不同地缘政治体系下的行为方式常常会有所不同，因此要找到共同的趋势绝非易事。但各国都在普遍实施去风险战略，旨在通过增加国内生产及与新供应商建立关系，从而减少对中国的风险敞口。这一趋势涉及包括纺织品在内的大量产品。

不过，我们似乎应该重点关注中国与欧洲共同体之间的关系。2022年，中国与欧盟的贸易额为8470亿美元，其中中国出口额为5620亿美元，进口额为2850亿美元。2022 年，中国与意大利的贸易总额为780亿美元，其中出口达510亿美元，进口达270亿美元。中国出口额增长推动意大利贸易总额增长了5.4%。2022年，中国对欧盟和意大利的出口分别增长了8.6%和16.8%。但2023年上半年，中国与欧盟的贸易总额萎缩了4.9%，其中出口额下降了6.6%，进口额下降了1.4%。

具体到纺织服装行业，我们可以注意到，2023年1—5月间，意大利服装行业的“核心”产品（如纺织品、服装、皮革、皮具和鞋类）出口表现不俗，增长6.5%。意大利对亚洲的出口也实现了两位数增长：对中国大陆和日本的出口增长了18.4%；对中国香港的出口增长了8.9%；对韩国的出口增长了4%。

展望未来的宏观经济形势，我们可以预测世界经济的增长情况：尽管不同地区和行业的增长速度有差异，但世界经济的整体增速正在放缓。几乎所有国家的通货膨胀率都在下降，大国央行开始考虑在未来几个月内逐步放松限制和紧缩性货币政策的可能性。国际货币基金组织最新预测，全球GDP总量增速为3.0%，略低于2022年的3.5%。中国经济有望复苏，增速预测为5.2%，但在年底会出现减速。美国已进入了总统大选的经济周期，对其经济的预期也维持乐观水平（国际货币基金组织预测增速为1.8%）。预测欧元区经济将大幅停滞（增速为0.9%）。

谈及纺织产品相关的趋势，我们必须关注时尚。我们能从最近的米兰时装周和巴黎时装周看到一些趋势亮点：简约单品、色块堆叠、衬衫和连衣裙、长裤和短裤、迷你裙和中长裙、小款胸罩和上装、夹克和大衣。以简约风格打造现代、活力、优雅表现，适用场合广。重中之重是将经典作品融入设计，形成古典与现代的强烈碰撞。外观廓型不再是oversize风格，而是通过针织面料的大量运用重寻女性自然轮廓的意趣。下一季中，短款套装无疑将大行其道，剪裁恰到好处的夹克与性感迷你裙（而非中长裙）相互搭配，相得益彰。

专家观点 7

德国法兰克福展览公司
纺织品&纺织科技部
副总裁
德国时尚理事会理事
Olaf Schmidt

灵活开放的思维必将取得成功——纺织业面临各种前所未有的挑战，不仅是地缘政治限制，气候变化、资源匮乏和成本暴涨也使纺织业无法再延续以往的路径。

纺织品和时装公司的管理人员必须清醒地认识到，亟须在以前从未涉足的地区寻找可靠的合作伙伴。当务之急是评估所有可能性，接受新的国家、制造商和创新的生产方法。在这一不断变化的环境中，开放的心态是时尚和纺织行业战略家们必须具备的核心特征，以应对他们所遇到的复杂情况。

鉴于纺织时尚行业是地球上对环境影响最大的行业之一，目前多个区域市场都对其进行了严格监管。包括欧洲《供应链尽职调查法》在内的国际法律要求企业按照生态友好和对社会负责的标准重新调整生产流程。

可持续材料、人工智能生产、能最大限度减少浪费并降低运输成本的数字化和虚拟应用是必不可少的。以“经济生态”（Econogy）为指导，法兰克福展览公司“纺织品商业网络”（Messe Frankfurt Texpertise Network）将我们在世界各地举办的展会链接在一起，以期努力实现可持续发展。虽然生态是必须的，但要取得成功，还必须将“经济”纳入考量，以具有竞争力的价格提供环保型产品。我们始终致力于在生态和经济之间取得平衡，确保以具有竞争力的市场价格提供在体面工作条件下生产的环保安全产品。

可持续材料：可持续材料让纺织业正处于发展的十字路口。所使用的材料必须在采购和处理方面更具可持续性。该领域的创新对于纺织行业能否变得更加环保、更加道德至关重要。在我们的纺织品展销会上，可以找到大量经过认证和精心挑选的生态环保织物。

人工智能生产：人工智能和机器学习有望彻底改变生产流程。通过优化生产线、减少浪费和提高效率，人工智能可帮助减少纺织时装业的碳足迹。此外，预测性分析可改善库存管理，减少生产过剩和浪费。

数字化和虚拟应用：将数字和虚拟技术融入行业运营将进一步减少浪费和运输成本。用于设计和原型制作的3D建模只是这些技术改变时尚体验的一个例子。这些技术不仅为消费者提供了新鲜有趣的新方式来参与时尚，还有助于减少纺织时尚行业对环境的不良影响。

这种转变不会自己发生——它需要投资。数字化和教育必须纳入预算。法兰克福展览公司是世界领先的展览、会议和活动组织者之一，拥有自己的展览场地，是气候保护和可持续活动业务的推动者。生态、社会和经济责任是我们业务战略的一部分。在这三个方面，我们都在逐步制定目标，引导我们的活动更接近可持续发展的未来。

透明的生产过程加上对可持续发展和经济可行性的持续承诺，将使纺织时尚行业在充满挑战的世界中发展壮大。通过培养开放的思想和对积极变革的执着追求，行业可以开创一个负责任和创新实践的新时代，为更加光明和可持续发展的未来奠定基础。

专家观点 8

意大利Elementi Moda纺织&时尚咨询公司创始人/艺术总监
前国际流行色委员会主席
Ornella Bignami

世界面临的威胁与日俱增，从具有破坏性的气候变化、战争和全球不稳定开始，我们不得不反思社会生活、环境和未来的真正价值。缓解压力、放慢脚步、平和心态，让生活更轻松、更可持续，这些都变得至关重要。但同样重要的是，我们要勇往直前，向技术和创新敞开大门，让创造力成为一种基本工具，在寻求美学和节能解决方案的同时，改变看法，让观点更富有想象力。

时尚一直是时代、文化和生活方式的表达。我们正经历着一场强化青年一代身份认同的变革，他们对包容性、真实性、言论自由、不墨守成规持开放态度，并被创新和技术所吸引。时尚界必须确定如何应对消费者的要求，他们或是出于生态环保意识，反对时装生产过剩，或是取决于个人财务能力，以及受社交媒体和网红影响。

矛盾共存，接受不断变化的影响，探索新的文化影响，关注真正的价值，结合对立但和谐的元素，从有机和无机的自然、艺术和想象，以及工艺和技术结合中获得灵感。

在国际层面，我们发现了三个主要方向。

（1）放慢脚步—优先考虑宁静—享受简单快乐—投资时间

在非常紧张的全球环境下，新闻、图像和信息的实时更新速度加快，焦虑和不确定性随之而来。我们需要片刻的休息、喘息和宁静。我们需要自省、自我照顾、关注他人和环境，甚至偷懒也可以被视为一种疗愈方式。我们渴望静下心来探索新的方向，其中快乐和幸福是必不可少的，重新发现自觉和谐的享乐主义新形式。在这个危机四伏的世界里，我们渴望快乐的解决方案，渴望简单微小的日常乐趣，我们将个人表达和幸福放在首位，专注于优质的必需品，质疑基于消费持续增长的经典商业模式。

用感官传递的真实情感和体验来疗愈身体。感官刺激将我们引向舒适、实用的材料，以及平衡现实与虚拟的生活方式。虚拟肖像的超现实主义传递完美、变化和失真的图像，但身体却是可见的，它代表着我们的历史，讲述着我们的故事。我们需要回归现实，自顾，自爱，重新发现我们作为个体的真实特征——那些没有滤镜的特征。

这种“慢节奏”让我们将感官投入到令人愉悦的质地、令人放松的色彩、能传达出轻松感的轻盈柔软的材料中。

时间是最宝贵的资源，消费者希望把时间投入到能让生活更丰富的事情上，投入到能为世界增加价值的事情上，寻求工作与生活的平衡。通过在产品中融入人性感知，让世界变得更小、更友好。提供的产品应该重质量而非数量，重更好的事物而非更多的事物。

（2）自我规划—投资奇点—关注本质—静谧奢华

投资更幸福的生活。以高端产品设计新生活方式的大型控股公司汇聚一堂，重新定义美学发展，旨在为每个人提供有针对性的差异化产品系列。这是个令人着迷的概念，随需求变化而发展，是消费者寻找高价值产品（限量版、手工制造）的基本途径，注重细节、注重材料的质量和使用寿命。真正的“收藏品”是经久耐用的产品，不仅不会过时，还会随着时间的推移不断增值。其基础在于再版，从美学档案中汲取灵感，让过往产品重见天日，同时用新的眼光展望未来。“静谧奢华”系列满足了人们对“美轮美奂”的追求。推崇独特性，表达个人观点而非反对多元化体现了当代精髓。

如果我们把奢侈品简单地理解为昂贵和独一无二的东西，那么奢侈品将不复存在。今天，我们的目标是创造出美轮美奂的产品，能够代表当代社会的价值观、代表消费者的个性及其对高品质的渴望。产品的独特性不仅仅是满足功能性需求，而是讲述一个卓越的故事。技术将日益发挥不可或缺的支持作用，通过新的三维定制数字生态系统，技术将能够满足消费者的个性化需求，提供越来越个性化的“量身定制”服务。

（3）技术加速—综合创造力—激进实验—生物多样性保护

新事物的深层根源。人类历史上从未创造出如此多样的新工具。在实验中诞生了新的语言和观念，这预示着社会进化成为一个在广阔知识生态系统中交流和生活的社会。数字文化代表着理解管理当代世界系统复杂性、深度和相互关系的能力。不久的将来，合成创造力将成为驱动因素。在人工智能技术的推动下，我们正在见证创造性工具的普及，这些工具对每个人来说都越来越容易获得，也越来越容易管理。现实与幻想间的界限也越来越模糊。人工智能辅助设计可以设计纺织品，同时，3D打印和3D成形技术的使用也在不断增长。

继寻求技术救赎、创新和娱乐之后，我们现在决定利用技术来保存、珍惜和保护有机元素，开发生物基新材料、高科技天然材料和工艺，以取代那些正在破坏我们世界的材料和工艺。同时，我们也不忘循环经济的目标，在整个纺织品产业链的研究、开发和回收利用方面采取实验性的态度。

当今社会日益复杂，趋势周期不断加快。在明晰消费者的期望和愿望方面，传统的细分市场模式已经过时。我们开始以跨界思维寻找变化因素，打破既定的等级制度，颠覆传统规则，并通过多种推动力帮助我们聚焦多个同时存在的趋势方向。

专家观点 9

中国非物质文化遗产研究院学术院长
孙冬宁

中国纺织类非物质文化遗产具有悠久历史，承载着人们最广泛、最深切的情感与生活。可以预见的是，中国纺织类非物质文化遗产的价值苏醒，将构成未来时尚产业重要的精神内核。非物质文化遗产的文化内涵非常丰富，无论是叙事空间、文化空间、生活状态，都要有依据的，有来源的，从非物质文化遗产或者传统文化中去吸取恰当的养分。因此，未来在全球时尚产业领域内，对传统手工艺及关联的民俗文化、区域文脉研究，将成为品牌实现内涵式发展，共性的、必要的、基础的研究领域。

联合国教科文组织对非遗的保护理念中，最重要的一个特性叫“时空特性”，也就是时间节点和空间节点。在全球时尚产业的发展语境中，传统手工艺的生命，也将随时间、空间的节点不同，呈现多样化、个性化、当代化的审美形态。它们将以当代时尚品牌作为载体，不断演化，自然融入当代时尚生活，这正是“活态传承”鲜活的表现形式，也将进一步唤醒不同区域的“在地文化”，为全球时尚产业的文化融合与文明互鉴，提供具有文化根基的宝贵支撑。

专家观点 10

几百年后，历史学家可能会把21世纪初视为人类觉醒的重要时间节点。21世纪以来，旧的体系开始不再适合新的时代，新的发现、创新和理念不断填补各种空白：火星和月球发现水、人类基因组序列图完成、宇宙暗物质被证实、碳减排和碳中和、元宇宙和生成式人工智能…… 在时尚行业，随着各领域新理念的渗透、人们生活方式的转变及消费者的迭代，前所未有的创新机遇正在形成，近期经济低迷和新型冠状病毒肺炎造成的动荡变革也意味着我们正进入一个优化旧理念、创造新产品、拓展新市场的绝佳时机，在这个时间窗口，能做出

WGSN中国首席战略官

张 玮

正确判断和决策的品牌将获得更长远的竞争优势，并与消费者建立更深层的联结。展望未来全球时尚产业，我们不妨从创意、科技、绿色三个维度来观察和思考。

创意。人类社会正在从信息时代过渡到创想时代：AI工具让任何人都可以更容易地参与创造；元宇宙为人们搭建出完整的虚拟世界；社交媒体也逐渐转型为推荐媒体……在创想时代里，创意将成为创造价值和制定商业策略的核心，时尚设计和创意工作将被重塑，越来越多的人将有目的地探索创意，以了解人类的注意力放在哪里才能最大限度地发挥创意和价值。

科技。我们已经看到，科技与创造力正在更加紧密地联系在一起并实现分层，数字与现实的相互叠加将释放产品设计、营销及服务的附加价值；人工智能和增强现实技术的发展将使产品定制和体验定制成为可能，在未来，个体感受和小众兴趣将比宏观身份更受推崇。

绿色。随着地球资源和系统日益枯竭，具有前瞻性的企业将以稀缺性为契机，同时利用自然与合成资源，使用实验室合成工艺来创造替代材料或复原已面临枯竭的材料，推动更环保的消费和生产；人们会更加注重使用更少的资源，探索“关机”的力量，并采用“睡眠模式”作为一种恢复形式，以期望能“重置”地球系统。

作为全球趋势研究预测的专业机构，WGSN已经看到并预见：随着信息越来越趋于和过于饱和，解离状态可能成为常态，如何获得消费者的关注将是未来营销的关键；便利文化将迅速达到临界水平，“良性增长”会成为企业和品牌投资策略要素；新的商业形式将大量涌现，快商务、游戏商务、Web3商务等，不同的选择决定企业能够走多远……

专家观点 11

ZENG FENGFEI品牌创始人

第16届中国服装设计“金顶奖”获奖者

曾凤飞

未来，“文化”的观念，会真正深入时尚产业的内部。我们熟知的许多世界著名品牌都是历经了近百年风雨的洗礼，经过多年的发展和沉淀，大格局已经成型。我想，在消费者心目中占据一个独特的位置，是品牌真正能走向新高度的一个未来大方向——可以预见，未来，对全球时尚产业而言，一个共性的发展趋势是，时尚设计将更深刻着眼于本土消费者的生活方式和思维习惯，不断学习如何用自己的“文化母语”去支持自身的设计理念，学会理解传统、转化传统、超越传统。即，在做好消费者需求分析的基础上去谈“传承”，并通过设计的介质，精准转译“文化的密码”，直至成为“消费的密码”。

总而言之，未来时尚文化的传承，不仅是财富的交接与时间的延续，而是美学的传承，价值观的传承。它不是外在风格的表象传承，而是一种“根”，一条“脉”的传承。这也将促使全球时尚产业以全面、长远、高效的视角投入研发，引导理性的消费行为，定位感性的观念美学，构建合作共赢的商业生态，推动时尚走向更加美好的未来。

专家观点12

新疆大学纺织与服装学院副院长、教授
沈 沉

时尚潮流，就一定有引领的弄潮儿和追随者。人类的时尚活动、时尚发展规律本质是意识形态领域的经济活动，其包括两个方面：

首先，侧重于从国家需要及产业发展的宏观分析的角度来建构理论框架。立足于对价值观诉求、国别、民族、全球治理等结构功能理论分析作用、影响的认知，准确把握国家的意识形态导向与产业的经济走向。其次，时尚文化及与之相应的时尚现象、利益集团和消费者，时尚权力、时尚精英与民众等，这些因素既普遍存在而又作用突出，是分析引领者和追随者相互作用的突破口，也构成了时尚的主体。与此同时，上述因素作用的突出与完善与否又直接决定着时尚体系中影响机制的健全与否。时尚价值的原则、时尚运行的基础、时尚行为的依据、时尚活动的方式、时尚发展的趋势、时尚目标的实现，这些内容构成了时尚发展研究的基本理论框架。

谁的时尚谁做主，中国的时尚需要中国理论开创与建设，建构“中国特色”和“中国气派”的时尚学理论和话语体系，是中国时尚产业自主的体现，这也是我们对生活方式的自主选择和文化传统的守护、发展。个人活动基于自身的喜好追逐潮流的行为或者群体活动基于价值观形成的时尚化趋势与现象的时尚行为，需要探明商业因素以外的因何原因、因何态度、为何目的，这些依据也是政策导向、行业规范的诸多源泉，主要包括对时尚体系的选择与评价，时尚发展的制度化及社会性指标，及其之间的关系等。

我们的时尚我们做主，传统文化当代化、时尚化发展不仅诠释中国时尚发展的问题，也塑造着一种其号召力、影响力、生命力可实施落地的理论与实践模式。

绿色篇

GREEN

执行主编 阎　岩

副 主 编 胡柯华　宋秉政

特邀专家（按姓名首字母排序）

柴麒敏　陈新伟　陈志华　Felicity Lammas　洪　岩　Laila Petrie

李　方　毛　涛　王华平　张传雄　赵国樑

研究及编撰人员（按姓名首字母排序）

洪　岩　胡柯华　黄礼超　孔　衍　李　超　李媛媛　齐艺晗　沈忱思

宋秉政　孙丽蓉　魏嘉彬　张　丹　张　浩　张文亚　张　鑫

第一章 世界纺织产业应对气候变化趋势展望

一、全球气候变化与治理的现状与意义

（一）全球气候变化现状及趋势

《联合国气候变化框架公约》（*United Nations Framework Convention on Climate Change*，UNFCCC）对气候变化进行了如下定义："经过相当一段时间的观察，在自然气候变化之外由人类活动直接或间接地改变全球大气组成所导致的气候改变。"[1] UNFCCC因此明确区分了因人类活动引起的"气候变化"与归因于自然因素的"气候变率"。气候变化主要体现在三个方面：全球气候变暖（Global Warming）、酸雨（Acid Deposition）和臭氧层破坏（Ozone Depletion）。在这些方面中，全球气候变暖是当前最紧迫的问题，因其能够对人类未来产生深远影响。

全球气候变暖指的是地球表面温度长期持续上升的趋势。联合国政府间气候变化专门委员会（Intergovernmental Panel on Climate Change，IPCC）在其第六次评估报告的综合报告《气候变化2023》中指出，相较于工业化前期（1850—1900年），全球平均温度已经上升了1.1℃[2]。这一变化导致世界各地都面临着前所未有的气候系统变化。全球气候变暖带来的环境影响非常大，包括但不限于极端天气事件增多、冰川融化、水资源短缺、海洋生态系统受损、生物多样性减少等多个方面。首先，根据IPCC的2023年报告，全球气温每上升0.5℃，就会导致极端高温、强降雨和地区性干旱事件更加频繁和严重。其次，根据世界气象组织发布的《2022年全球气候状况》，在1993—2019年，全球冰川损失了超过6000Gt的冰量，南极洲的海冰降至192万平方公里。这导致全球海平面上升速度由1993—2002年的2.27mm/年提升至2013—2022年的4.62mm/年，对沿海地区构成直接威胁，同时对全球气候系统产生重要影响[3]。在当前的升温趋势下，居住在全球干旱地区的9.5亿人面临着用水压力、中暑和荒漠化等一系列问题，而全球受洪水影响的人口比例将上升24%[2]。根据联合国环境规划署发布的《2022年年度报告》，全球大约一半的人口每年至少有一个月经历严重缺水，超过20个国家每年都面临水资源短缺问题，这一数字预计未来几十年将继续上升[4]。

全球气候变化还对生物多样性和海洋生态系统的稳定构成威胁。根据世界自然保护联盟（International Union for Conservation of Nature，IUCN）发布的*The ocean and climate change*（*2017*）和*Species and climate change*（*2021*），全球气候变暖导致海洋变暖和酸化，对海洋生态系统造成严重影响。珊瑚礁是生物多样性最丰富的生态系统之一，但由于海洋温度升高和酸化引发的大规模白化、疾病和死亡，珊瑚受到了严重威胁，成为数量下降最快的物种之一，严重威胁海洋生态系统的稳定[5]。气候变化目前已影响了世界自然保护联盟濒危物种红色名录上至少10967种物种，增加了

它们灭绝的风险[6]。

综上所述，全球气候变化对生态环境和人类生存发展都产生了严重的影响，已成为当今世界面临的重要环境挑战之一。

（二）全球气候变化治理的发展历程及现状

全球气候变化治理的历程最早可追溯至1972年联合国人类环境会议。在该会议的成果文件之一，即《人类环境行动计划》中，第70条建议正式提出“建议各国政府注意那些具有气候风险的活动”，为对人类活动引发的全球气候变化问题提出了警示。随着时间的推移，全球气候变化治理取得了显著进展。1988年，联合国成立政府间气候变化专门委员会，其任务是评估全球气候变化的科学基础，为政策制定者提供科学建议。1992年，里约热内卢地球峰会上通过了《联合国气候变化框架公约》，其目标是通过减少温室气体排放和适应气候变化来保护地球的气候系统。截至2021年9月，全球有197个国家和地区提交了自主贡献（NDCs）和行动计划。

UNFCCC的成立标志着全球气候变化治理迈入了新的阶段，成为全球共同应对气候变化的重要法律框架。1997年，《京都议定书》（*Kyoto Protocol*）作为UNFCCC的补充协议获得通过。该议定书要求发达国家在2008—2012年将温室气体排放减少到1990年水平的5.2%[7]。2015年，联合国气候变化大会通过了《巴黎气候协定》（*Paris Agreement*），这标志着全球气候变化治理迈向了新的里程碑。协定的目标是通过全球合作将全球变暖控制在21世纪末不超过2℃，并努力将升温幅度控制在1.5℃以内[8]。

目前，全球气候变化治理的核心重点是减缓全球气候变暖趋势，具体措施包括推广清洁能源、减少化石燃料使用、提高能源效率、降低工业污染等多方面措施。国际能源机构（International Energy Agency，IEA）的数据显示，2020—2026年，全球可再生电力产能将增长超过60%[9]。2010—2020年，并网大规模太阳能光伏发电成本下降了85%，太阳能和风能发电成本已下降至相当低的水平[10]。此外，全球范围内实施的能源效率政策已经取得了显著成果。截至2021年，净零承诺至今已覆盖约70%的全球GDP和二氧化碳排放量。预计到2030年，能源强度每年平均可降低4%，降低速度约为过去二十年平均水平的3倍。由于全球一致努力部署一切可用的减排措施和技术，来自化石燃料供应的甲烷排放也将在未来十年减少75%[11]。此外，世界各国也积极推行污染防治政策，减少化学品使用带来的环境污染。例如，瑞士成功通过改进生产工艺和采用低污染物替代品等措施，在过去几十年中显著减少了高度危险化学品的使用量。这种成功的实例表明，通过推动绿色化学品的使用和生产，可以减少有害物质的排放，降低大气污染水平，改善水体和土壤质量。

尽管目前的全球气候变化治理取得了一些成就，但仍然面临着多项挑战。首先，国际合作仍然存在一些困难。尽管《巴黎气候协定》受到广泛认可和支持，但一些国家在减排承诺和行动方面存在分歧。发达国家未能履行减排承诺，而发展中国家则面临减排挑战，需要更多的支持和技术转让。因此，国际合作和协调仍然是全球气候变化治理的关键问题。其次，温室气体排放仍在不断增加。根据国际能源署的数据，2022年与能源相关的二氧化碳排放量增长不到1%，低于预期水平，但仍然呈现增长趋势[12]。这不利于可持续发展，需要采取更有力的措施来推动全球气候变化治理，以应对气候变化带来的危机和挑战。

（三）全球气候变化治理的重要性

全球气候变化治理的重要性深远而显著，能够对人类社会和地球生态系统的可持续发展产生深刻的影响。气候变化已经成为全球面临的重大挑战之一，引发了全球气候变暖、酸雨、臭氧层破坏等一系列问题，对人们的生存环境构成了直接威胁。全球气候变化治理的重要性体现在多个方面，包括保护地球生态系统、维护人类健康和福祉、促进可持续发展、维护社会公平，并推动国际合作和多边主义，以实现联合国可持续发展目标，确保人类社会的可持续发展。

第一，全球气候变化治理对于保护地球生态系统至关重要。气候变化对地球的生态系统产生直接和间接的影响，威胁着生物多样性、森林覆盖、海洋生态等多个方面。通过减少温室气体排放、保护森林、恢复湿地等措施，全球气候变化治理有助于减缓气候变化的速度和程度，维护生态系统的完整性，确保各种生物物种的生存和生态平衡的稳定。

第二，全球气候变化治理是为了保障人类健康和福祉。气候变化引发了极端天气事件的增多，如洪涝、干旱、飓风等，直接威胁人们的生命和财产安全。此外，气候变化还加剧了疾病传播、粮食安全和水资源短缺等问题，对人类健康和福祉造成了间接的影响。臭氧层的破坏更会加剧紫外线辐射，增加人体DNA和其他细胞的损伤风险，严重危及人类的生命和健康安全。通过全球气候变化治理，我们可以采取适当的措施来降低这些健康风险，确保人类的生活质量和幸福感。

第三，全球气候变化治理有助于促进可持续发展。气候变化与经济和社会发展密切相关，而可持续发展已成为全球的共识和目标。通过减少温室气体排放、推动清洁能源转型、提高能源效率等措施，全球气候变化治理有助于实现经济、社会和环境的协调发展。这种协调发展可以促进可持续能源的发展，推动低碳经济的转型，创造更多的经济增长和就业机会，为未来的世代提供更加繁荣和可持续的发展基础。

第四，全球气候变化治理有助于维护社会公平。气候变化对贫困人口、发展中国家和岛屿国家等弱势群体的影响更为显著。气候变化可能加剧贫困、不平等和社会冲突，从而影响这些群体的生计和基本权益。全球气候变化治理可以通过国际合作和资源转移，为这些群体提供支持和保护，实现全球公平和可持续发展。

第五，全球气候变化治理的重要性在于推动国际合作和多边主义。气候变化是全球性的挑战，需要各国共同应对。全球气候变化治理促进了国际合作和多边主义的发展，通过国际协议和机制，各国可以共享经验、合作减排，共同推动全球气候行动。这种合作有助于增强国际关系的稳定性和可预测性，构建更加公正和平衡的国际秩序。

综上所述，全球气候变化治理具有深刻的重要性。它不仅关系到地球生态系统的保护和人类健康福祉的维护，还有助于促进可持续发展、维护社会公平，并推动国际合作和多边主义。全球气候变化治理需要各国和各领域的共同努力，积极参与并承担责任，采取行动来减少温室气体排放，保护环境资源，推动绿色创新，为全球气候变化治理的目标贡献力量，共同迈向一个可持续的未来。

二、世界纺织产业应对气候变化的重要意义

（一）纺织产业对气候变化的影响

作为世界工业的母亲行业和重要组成，世界纺织业规模宏大，其供应链复杂多样。纺织企业遍布全球各地，数以亿计，涵盖了纤维生产、纺纱、织造、整理、染色、印花、服装制造以及供应链管理等多个领域，在推动全球经济社会发展中都发挥着重要作用。宏大的产业规模，也意味着巨量的能源资源消耗和废物的产生，也产生了大量温室气体，给全球生态环境带来了破坏和深远影响。目前联合国环境规

划署、国际能源署、麦肯锡等机构的研究结果显示，全球纺织行业每年的二氧化碳排放当量占全球碳排放总量的比重为4%~10%。

在纺织品的全生命周期，会产生二氧化碳（CO_2）、甲烷（CH_4）、氧化亚氮（N_2O）、挥发性有机化合物（VOCs）和氟化物（包括氟气和氢氟碳化物）。这些气体都是导致全球气候变化的重要温室气体。整体看，纺织产业的温室气体来源，主要包括纤维材料获取过程中对森林和土地资源的过度消耗、生产加工过程中的能源资源消耗，以及纺织产品使用废弃后产生的排放，具体如下。

在纤维材料获取阶段，天然纤维和化学纤维的生产均会产生大量的温室气体。相关研究显示，在纤维生产过程中，每生产1t聚酯纤维就会产生2.5~3.5t的CO_2-e排放，每生产1t棉纤维则会产生1.2~2.5t的CO_2-e排放[13]。这些数据凸显了纺织纤维生产过程对气候的不利影响，且合成纤维的环境影响要大于天然纤维。以天然纤维为例。纺织业生产纤维原材料，如棉花和纤维素纤维，需要大规模的森林和土地资源。根据联合国粮食及农业组织（Food and Agriculture Organization of the United Nations，FAO）（《2020年全球森林资源评估》），每年有超过1200万公hm^2的森林被砍伐，其中一部分用于纺织业的生产[14]。另一方面，纺织业的生产过程需要大量的土地用于种植纤维原材料和工厂建设。土地的开发利用、农药化肥的使用、水资源的消耗等都是行业在纤维生产阶段温室气体排放的重要来源。另外，森林和土地还是温室气体吸收和储存的重要环境资源，它们的过度消耗进一步加剧了温室气体的总量增长。

在纺织品的染整过程中，通常会使用的染料、漂白剂、整理剂、防水剂、助剂和胶黏剂等化学品。这些化学品在使用过程中会产生大量的化学废物，其中包括氟气、氢氟碳化物和挥发性有机化合物等。根据UNIDO的《联合国工业发展理事会第四十八届会议工作报告（2020）》，2019年全球纺织业排放的总挥发性有机化合物约为119.23万t。这些化学废物不仅会加剧温室效应，还包括挥发性有机化合物蒸发至大气中，与氮氧化物反应形成臭氧，不仅对植物生长产生不利影响，还会加剧酸雨的形成。同时，含氟物质，如氟气和氢氟碳化物等，也会对臭氧层造成破坏，进一步加重了其对气候变化的负面影响。

纺织生产过程中还会产生废水，而在处理这些纺织废水的过程中，会产生甲烷和氧化亚氮。根据相关研究，当废水中的化学需氧量（COD）浓度达到3000mg/L时，厌氧消化处理会产生甲烷生成率高达0.14L/g COD。而在经过多次好氧—厌氧处理的纺织印染废水中，虽然氨氮去除率高达96.9%，但仍然可以检测到氧化亚氮，其浓度最高可达18.6mg/L[15]。这表明在纺织生产过程中会不可避免地排放温室气体，进一步对气候变化产生环境影响。甲烷是重要的温室气体，会加剧全球气候变暖的趋势。而氧化亚氮是酸雨的主要前体物质，既可以与挥发性有机化合物反应形成臭氧，又可以与大气中的氧和水反应生成硝酸，从而导致酸雨的形成。这些化学废气的排放都会对环境产生负面影响，进一步加深全球纺织业对气候变化的影响。

纺织品的废弃物处理也会产生大量的二氧化碳和甲烷，进一步加剧全球气候变暖的趋势。根据UNFCC的数据，每年全球废弃纺织品的数量超过9200万t，其中大约85%被填埋或焚烧[16]。在焚烧过程中，纺织品中的有机物和纤维会燃烧，释放出碳氧化物。这些碳氧化物不仅污染空气，还会加剧温室效应。除此之外，当纺织品被填埋时，其含有的有机物会在缺氧条件下分解，释放出甲烷等温室气体。根据欧洲环境署（EEA）的《1990—2019欧盟温室气体排放清单和2021年清单报告》，废弃纺织品的填埋过程每吨产生约0.7t的甲烷排放，其排放会进一步加剧温室效应，对全球气候变化造成负面影响[17]。

（二）气候变化对纺织产业的影响

气候变化是当前全球所面临的一个重要挑战。它不仅对自然生态系统和人类社会产生深远影响，还对各个行业带来巨大的冲击。由于纺织产业分布广泛且供应链复杂，它正面临着气候变化对供应链稳定性和生产成本等方面的巨大挑战。

首先，气候变化对全球纺织产业的供应链稳定性产生了重要影响。根据《纤维年报2022》的数据，世界天然纤维的年消费量为3158.4万t，其中棉花2566.4万t[17]。由于纺织产业对天然纤维的需求巨大，而这些纤维的生产高度依赖土地和水资源，气候变化引发的干旱、土壤退化和水资源短缺等问题对天然纤维的生长环境产生了威胁，从而威胁了天然纤维的可持续供应。根据纺织交易所（Textile Exchange）的研究，全球一半以上的棉花产区正受到干旱和高温的威胁，这对全球纺织产业棉纤维的供应稳定性构成了严重威胁[18]。同时，高温和干燥条件可能导致棉花纤维变短、变细，从而影响纺织品的质量和加工工艺性能，进一步加大了全球纺织产业对天然纤维供应稳定性的担忧。

其次，气候变化引发的极端天气事件也对全球纺织产业的供应链稳定性产生了不利影响。纺织品的生产过程对水资源需求巨大，而气候变化导致的酸雨会破坏植物生长并污染水资源，给纺织原材料的种植和加工带来了不确定性。气候变化还可能引发极端天气事件，如暴风雨、洪水和飓风等，这些事件可能导致供应链中断。例如，2017年的飓风“哈维”对美国得克萨斯州的纺织工厂和棉花产区造成了严重破坏，导致供应链中断和价格上涨。同样，2018年的台风“山竹”影响了中国广东地区的纺织工厂，对全球纺织供应链产生了连锁反应。这些情况都表明，气候变化会对全球纺织产业供应链稳定性产生负面影响。

此外，气候变化对全球纺织产业的生产成本也带来了挑战。根据国际纺织制造商联合会（ITMF）发布的《年度会议报告2022》（*Annual conference report 2023*），约60%的全球纺织企业表示气候变化已经对其生产成本产生了负面影响[19]。特别是那些位于气候变化风险较高地区的企业，必须采取额外措施来应对增加的保险费用、设备维护和替代能源等额外成本。气候变化引发的极端天气会影响能源供应链，高温导致制冷设备的能源需求增加，从而导致能源价格上涨。作为一个大型制造业，全球纺织产业对能源的需求很大，这进一步增加了企业的能源成本。纺织工厂需要投入更多的资金来满足能源需求，这对其盈利能力造成了压力。与此同时，气候变化引发的极端天气事件，如飓风、洪水和暴风雪等，可能导致生产中断、设备损坏和供应链中断，也增加了企业的生产成本。

气候变化引发的环境、经济和社会影响使得政府开始关注气候变化的发展和治理。各种针对气候变化的政策和法规被制定和实施，以应对气候变化带来的环境和经济危机，减轻其对社会的影响。对于全球纺织产业来说，许多国家和地区已经实施了面向纺织产业的环境保护法规和政策，如中国颁布的《印染行业污染物排放标准》、美国的“毒性物质控制法案”（TSCA）和欧盟的“注册、评估、许可和限制化学品”法规（REACH）等。这些政策和法规对纺织产业未来的发展提出了要求。

这些政策和法规的出台引起了消费者对气候变化的关注，并促使他们积极参与气候变化治理。这导致了消费者消费理念和行为的改变，使他们对可持续纺织品的需求不断增加。调查研究表明，越来越多的消费者关注纺织品的环境和社会影响，他们更愿意购买符合可持续标准的产品。这也对全球纺织产业的产品定位提出了新的要求。

综上所述，气候变化对全球纺织产业产生了深远的影响。不断加剧的气候变化使得全球纺织产业面临严峻的挑战。为了应对这一危机，全球纺织产业必须积极参与气候变化治理，通过合作与创新，实现全球纺织产业的可持续发展，为全球气候变化治理和可持续发展做出贡献。

三、世界纺织产业应对气候变化的现状

（一）引入并积极推广可持续设计理念

可持续设计理念的引入对全球纺织产业的气候治理具有重要意义。首先，可持续设计理念中的“设计为环保”原则有助于纺织企业设计出环保友好的产品，从源头减少产品生产过程中的碳排放。其次，可持续设计理念倡导循环利用，促进纺织品的再利用，减少纺织品的废弃，从而降低因废旧纺织品焚烧和填埋而产生的温室气体排放。因此，可持续设计理念的应用可以为全球纺织产业的减碳行动做出贡献，对全球纺织产业的气候治理产生积极影响。

可持续设计理念在纺织品设计中遵循“3R原则”，即“减量化（Reduce）、再利用（Reuse）、再循环（Recycle）”，以减少资源消耗和环境影响。此外，引入产品生命周期评估（LCA），通过系统的方法和量化的指标规范产品设计过程，减少能耗和废弃，降低温室气体和污染物的排放。在此基础上，引入“再生（Regenerating）”和“恢复（Restore）”的概念，从系统的角度更好地整合资源，减少浪费，降低纺织品的生产过程中的碳排放可能性，助力全球纺织产业的气候变化治理行动。

“Regenerating”是指通过创新的技术和方法，将废弃或破损的纺织品转化为新的、有用的产品。这包括利用废弃面料和库存来创造全新的纺织品，或者通过纤维回收技术将废弃纺织品转化为再生纤维，用于制造新的纺织品。这种再生的理念可以帮助纺织企业减少对原始材料的需求，促进纺织材料的循环利用，减少纺织品生命周期中的碳排放，从而降低气候变化影响。

美国可持续时尚企业Queen of Raw开发了一款名叫“Materia MX”的过剩库存管理软件。这个软件可以为全球纺织企业提供一个过剩库存面料销售与再使用的平台，通过售卖和购买库存面料以减少资源浪费和面料废弃，在促进全球纺织产业循环经济的同时降低行业的环境影响。英国环保慈善机构艾伦·麦克阿瑟基金会（Ellen Mac Arthur Foundation）发布的《牛仔裤再设计指南（2019）》提倡全循环设计，旨在减少材料浪费，并通过重制、再利用或转售，实现产品生命周期每个阶段的价值最大化。这些再生理念的应用都在一定程度上为全球纺织产业的减碳行动做出了贡献。

“Restore”的概念强调修复和维护纺织品的价值和寿命。这可以通过提供修补和维护服务来实现，使消费者能够延长纺织品的使用寿命。国际社会责任认证组织（WRAP）表示，将服装的使用寿命再延长9个月可以使碳足迹、废弃物和水足迹减少20~30%，对全球纺织产业的气候变化治理产生积极影响。此外，还可以采用可持续的洗涤和护理方法，以减少纺织品在清洗过程中对环境的冲击。通过恢复纺织品的功能和美观，可以减少对新纺织品的需求，推动可持续消费。例如，戈尔（GORE）公司为消费者提供产品的清洗和护理服务，延长产品的使用周期，以此降低产品带来的环境影响。AlterKnit公司提供包括毛衣修理、西装修理、一般服装修理、针织重新定型调整尺寸、毛衣去起球、服装手工洗、鞋和手提包修理、改装和服装清洁等清洁与修复服务，通过从服装本身获取纤维来修复服装，减少纺织品的废弃为纺织产业的减碳行动提供支持。这些实际案例都表明“Restore”理念的应用对全球纺织产业的气候变化治理行动起到了积极作用。

以上所述可持续设计理念的引入和应用，包括“设计为环保”原则、3R原则、LCA评估以及“Regenerating”和“Restore”的概念，都为纺织产业的气候变化治理提供了有力支持。通过降低碳排放、减少资源消耗和废弃，以及促进循环经济，使全球纺织产业可以更好地应对气候变化挑战，为环保和可持续发展做出积极贡献。

（二）大力推动可持续原材料发展与应用

在原材料方面，值得关注的是，化学合成纤维在生产过程中对环境的影响大于天然纤维。因此，推动天然纤维的使用是纺织供应链可持续管理的一项关键举措。相对于合成纤维，天然纤维具备更佳的生物降解性和可再生性，这有助于降低原材料生产过程对环境的不利影响。各国政府和国际组织都采取了一系列措施来促进天然纤维的使用。例如，中国建立了绿色纺织品认证体系，通过认证和标识鼓励纺织企业生产和推广符合环保标准的天然纤维产品，同时也出台了促进国内棉花消费的相关政策，以推动其使用和出口。法国发布了《纺织、服装、皮革和鞋类行业2025年路线图》，鼓励企业增加天然纤维的使用，推动纺织产业可持续发展及环境保护。意大利纺织品和时装联合会提出了《纺织业2030年可持续发展计划》，旨在提高纺织品生产的可持续性，包括推广天然纤维的使用和减少温室气体排放。印度纺织业发展委员会发布了《印度纺织业可持续发展路线图》，鼓励纺织企业使用更多的有机棉和其他天然纤维，以推动行业可持续发展。

根据ITMF《第18届全球纺织产业调查（2020）》，随着天然纤维推广政策的实施，天然纤维在全球纤维市场中的占比已从2000年的34%增长至2019年的39%[20]。这表明，在原材料的选择方面，全球纺织产业正在逐步减少对化学合成纤维的依赖，以降低对气候变化的不利影响，为全球纺织产业的气候变化治理做出了积极贡献。

此外，再生纤维，如再生棉纤维和再生聚酯纤维，具备更低的碳排放量。第三方专业机构的检测数据表明，以65%的再生涤、35%的再生棉纱为基础制造的服装各项环境指标均远远超过原生材料，可分别节省74%的水、18%的电并减少53%的温室气体排放。再生纤维不仅有助于减少环境影响，还在一定程度上缓解了气候变化带来的天然纤维供应压力，为全球纺织产业的供应链稳定性提供了支持。

再生棉纤维是通过回收和再加工废弃棉纺织品制成的新型棉纤维材料。相较于原棉，再生棉纤维的生产过程产生的二氧化碳排放更低。此外，再生棉纤维的生产过程减少了废弃棉纺织品的焚烧和填埋，从而减少了温室气体排放。此外，部分有色废弃棉纤维的再利用也减少了重新染色的需求，从而降低了纤维染色过程的温室气体排放和化学品污染。

一些纤维制造商将废弃棉或旧衣中的棉花废料引入闭环粘胶工艺中，以取代木浆来制造人造纤维素纤维。例如，兰精（Lenzing）在2017年采用悦菲纤™技术的天丝™是首款采用30%消费前废棉原料的Lyocell纤维。这一工艺抵消了原棉废弃过程中的温室气体排放。此外，一些纺织企业将温室气体转化为可利用材质，通过生物科技和绿色化学工艺，将废弃物转化为低碳纤维，减少了纺织产业对环境的影响。举例而言，Lanza Tech公司将工厂产生的污染废气收集起来，用于培养细菌，这些细菌产生的乙醇可转化为乙二醇，用于生产涤纶。美国生物技术公司Mango Materials则利用甲烷来培养细菌，生成丁酸酯涤纶。法国初创公司Fairbrics则利用二氧化碳废气和水制造涤纶。这些创新的方法在一定程度上减少了全球纺织产业的碳足迹，推动了行业的可持续发展。

此外，一些新型可持续材料，如蓖麻生物基材料、仙人掌植物基材料、薄荷生物基材料和艾草生物基材料等，也为全球纺织产业的气候变化治理提供了新的动力，减轻了全球气候变暖的压力，为纺织产业的可持续发展注入了活力。

（三）加快可持续技术创新发展与应用

可持续技术是纺织产业应对气候变化的核心支撑。这些技术涉及纤维生产、生产加工、资源利用、废弃物利用与处理等领域，如绿色纤维生产技术、可持续染色和印花技术、能源管理系统、水资源管理技术、供应链数字化管理技术等。通过可持续技术的创新与应用，纺织企业可以减少能源消耗和资源投入，提高资源利用率，进而减少温室气体排放，提升自身可持续发展水平。

生物基纤维技术、可再生纤维技术和循环纤维技术为全球纺织产业提供了大量的低碳原材料，从根本上减少了全球纺织产业在原材料使用上的温室气体排放。权威研究显示，相比于传统合成纤维，使用竹纤维、大麻纤维和木浆纤维等生物基纤维，每千克纤维可减少2~3kg的二氧化碳排放；使用再生棉、再生聚酯纤维和藻纤维等可再生纤维，每千克纤维可减少2~3.5kg的二氧化碳排放[21]。此外，欧盟《循环经济行动计划》报告中的数据显示，每千克再生纤维的生产相比于使用原生纤维，可以减少约56%的二氧化碳排放[22]。这表明，可持续纤维技术在实现全球纺织产业减碳目标方面发挥着重要作用。

节能减排生产设备和加工技术为全球纺织产业的气候变化治理提供了技术支持。例如，使用节能高效电机可以降低生产中的能源损耗平均下降20%，同时效率提高了2%~7%；超高效电机甚至可以再提高平均2%的效率。空气动力纺纱机采用压缩空气作为动力源，相比传统的水力纺纱机和电力纺纱机，不需要大量的电力或水资源供应，可以节省20%~30%的能耗，同时提高了纺纱效率，降低了碳排放。LED灯和传感器的使用也减少了纺织企业在生产过程中的照明能源消耗。根据美国能源部网站的数据，LED灯相比传统白炽灯泡可以节省约75%的能源消耗，与荧光灯相比可节省30%~50%的能源消耗。这些节能的生产设备通过提高能效、降低能耗的方式来减少生产过程中的碳排放，为气候变化治理做出了积极贡献。

绿色印染技术通过降低能耗和减少污染以助力全球纺织产业绿色可持续发展。例如，针织物加工中，采用高温高压气流染色技术相较于传统的溢流喷射染色技术，可节省50%的助剂（如盐、碱）用量，减少50%以上的耗水，降低46%~52%的蒸汽消耗，染色时间缩短14%~16%。超临界二氧化碳染色技术以二氧化碳为染色介质，脱离了水和化学助剂的使用，无污水排放。即发集团利用这项技术的年产能达到1000t，染色效率比传统水染提高了3~4倍，在减少污染物排放的同时，通过提高染色效率降低了能源消耗，进一步降低了企业的碳排放。色纺工艺采用原液着色技术，即通过色母粒着色，整个工艺的用水量和能源消耗大幅减少，对环境的影响大幅降低。某企业采用此工艺，相比染色面料可减少62%的用水量、30%的能源消耗。无水智能染色工艺（Alchemies Endeavour waterless smart dyeing process）与标准染色相比，不会产生污染废水，且二氧化碳排放量低，水耗和能耗分别减少了95%和85%。

（四）积极推进清洁生产

清洁生产对于全球纺织产业的气候变化治理具有极其重要的意义和价值。首先，生产过程需要消耗大量化石能源，这一过程将产生大量的温室气体。清洁能源在使用过程中几乎不产生温室气体排放，同时能源资源可再生，有利于全球纺织产业的可持续发展。因此，使用清洁能源是全球纺织产业实现清洁生产的首要目标。

目前，全球纺织产业可使用的清洁能源主要包括太阳能、风能和生物质能，其中太阳能和风能是使用最为广泛的清洁能源。国际能源署和国际可再生能源机构发布的*World energy transitions outlook: 1.5℃ pathway*显示，截至2020年，全球纺织产业太阳能容量和风能容量分别为1.5GW和0.8GW，这一数据还会随着全球纺织产业清洁能源的推广持续增加[23]。清洁能源的使用有助于全球纺织产业减碳目标的实现。根据H&M发布的《可持续发展报告》（*Sustainability performance report 2020*），太阳能和风能等清洁能源的使用使得H&M在2020年范围3的温室气体绝对排放量减少了7%，范围1和2的温室气体绝对排放量减少了8%[24]。

阿迪达斯积极推动可持续发展和清洁能源的使用，在全球范围内建设太阳能发电系统，并在2021年成功将屋顶太阳能电池板增加到93MWp的容量。同时，阿迪达斯承诺从2022年起不再安装任何新的燃煤锅炉，并在2025年之前逐步淘汰所有一级和二级供应商的现有燃煤设备，进一步降低生产过程中的温室气体排放。

宜家（IKEA）在纺织供应链中推广清洁能源的使用，到2020年，宜家生产的可再生能源量与运营所消耗的能源量持平。截至2021年，宜家已在全球各地的商场和建筑中安装了70万块太阳能电池板，在23个国家和地区的零售和购物中心运营中实现了使用100%可再生电力。宜家计划于2030年之前实现所有业务使用100%可再生电力的目标，大幅减少温室气体排放。这些企业通过使用清洁能源所达到的减碳效果都说明使用清洁能源对全球纺织产业的气候变化治理有着积极影响。

提高能源效率也是减少纺织生产过程中温室气体排放的方法之一。改进生产工艺和使用高效能设备是提高纺织产业能源使用效率的常用方法。在聚酯纤维的生产过程中，利用余热回收利用技术，将纺丝过程中的产生的热能回收利用，用作工艺空调的热源。以年产4万t功能性、差别化涤纶长丝为例，采用余热回收技术可节约标煤0.2万t/年。在长丝的生产过程中，采用化纤行业空压系统节能优化技术，对系统进行能源诊断，在满足工艺参数的条件下，对空压用电系统进行改造，可以降低长丝生产过程中15%的能耗[25]。

新型的设备对于提高能源效率也有着积极影响。例如，数字化连续丝光机可使印染织物正品率提高5%。以宽幅200型为标准，节约蒸汽约40%以上、节电30%以上，极大减少了印染过程的能源消耗[15]。Wilhelm Zuleeg公司通过降低压缩空气压力水平和减少压缩机待机时间，减少了约20%的喷气织机的能源消耗。这些改进的生产工艺和高效设备的使用进一步提高了全球纺织产业的生产效率，降低了能源消耗，减少了生产过程中的温室气体排放，为全球纺织产业的气候变化治理做出了积极贡献。

纺织生产过程中产生的化学污染主要来自化纤生产过程、印染加工过程中使用的各类化学品。这些化学品在使用过程中会产生甲烷、氮氧化合物、挥发性有机化合物。甲烷的排放会进一步加剧温室效应，而氮氧化合物和挥发性有机化合物会在大气中反应形成臭氧，从而加重酸雨的形成。因此，减少纺织品生产过程中的化学品使用也是全球纺织产业气候变化治理的重要手段。

为了降低环境影响，创新染料和绿色化学品开始被更多地应用于全球纺织产业的生产过程中。英国的Colorifix对微生物进行基因改造，通过发酵生产色素。微生物以可再生原料为食，由此产生的染料可用于标准染色机，无须添加化学物质或盐来固色。Terra Denim采用亲肤抗菌剂和100%有机矿物染料，其水耗降低了80%，且不含有毒化学品，并在使用寿命结束时可生物降解。Dye Recycle从废弃纤维中提取染料，然后将其用于新织物的染色。染料液体在这个过程中被回收和再利用，同时脱色纤维实现了纤维到纤维的回收。根据Dye Recycle的数据，使用这种新型染料时每件染色成衣的化学品使用量减少了85%，水耗降低66%，二氧化碳排放量减少57%。这些都说明绿色化学品的使用可以帮助全球纺织产业减少化学品污染和温室气体排放，助力全球纺织产业的气候治理目标的实现。

（五）减少纺织品废弃

废弃纺织品的焚烧和填埋都会产生温室气体排放和化学污染，这是一个迫切需要解决的问题。根据UNFCC的研究，全球每年废弃的纺织品数量约为9200万t，其中大约85%被填埋或焚烧。欧洲环境署（EEA）研究显示，废弃纺织品的焚烧过程每吨产生约1.7t的二氧化碳排放，填埋过程每吨产生约0.7t的甲烷排放[16]。这些温室气体的排放会进一步加剧温室效应，对气候变化产生负面影响。因此，如何减少纺织品的废弃成为全球纺织产业气候变化治理的又一重要议题。

目前，全球纺织产业减少纺织品废弃的方法主要有两种：一是延长纺织品的生命周期，二是促进纺织品的循环利用。首先，可以通过定制、护理和修复等企业服务来延长纺织产品的使用寿命，从而减少纺织产品的废弃。麦肯锡的《时尚行业如何开展气候行动》（*Climate on fashion*）报告指出，采用“时装租赁、转售、维修和翻新等循环商业模式，可使该行业在2030年减少约1.43亿t温室气体的排放”[26]。国际社会责任认证组织（WRAP）表示，将服装的使用寿命再延长9个月可以使碳足迹、废弃物和水足迹分别减少20%~30%[27]。其次，经典的款式设计和良好的使用性能可以增加消费者对纺织产品的情感需求和产品满意度，进一步延长纺织产品的生命周期。Patagonia、伊林费雪（Eileen Fisher）、Nudie Jeans、RE/DONE和Outer known等品牌都通过这种方式延长了产品的生命周期，减少了产品的废弃。

此外，纺织品的循环利用也是减少纺织品废弃的重要手段。2022年麦肯锡发布的《欧洲扩大纺织品回收利用——将废物转化为价值》（*Scaling textile recycling in Europe—turning waste into value*）显示，规模化的纺织品回收可以减少约400万t的碳排放量[28]。各个国家和纺织企业都积极参与到纺织品的循环利用中来。Maison Margiela、Andrea Crews、Liam Hodges、Eden Power Corp等品牌利用滞销产品和生产余料进行二次再设计，通过新元素激活旧货，打造独特外观的单品，成为解决库存问题、保护环境可持续的有效方法。

欧盟委员会于2022年3月30日正式发布的“欧盟可持续和循环纺织品战略”中，相关措施包括“应对停止纺织废料出口相关的挑战”。同时，新修订的《废物框架指令》要求所有欧盟成员国在2025年之前必须单独完成对纺织废料的收集和管理。欧洲服装和纺织业联合会于2020年发起了“Re Hubs”倡议计划，旨在解决欧洲庞大的纺织废料问题，并计划到2030年实现250万t纺织废料的“纤维到纤维”回收目标，为降低全球纺织产业的碳排放做出积极贡献。

2022年，由中国国家发展改革委、商务部、工业和信息化部联合印发的《关于加快推进废旧纺织品循环利用的实施意见》指出，将扩大废旧纺织品再生利用规模，加强纺织工业循环利用废旧纺织品，推动废旧纺织品再生产品在建筑材料、汽车内外饰、农业、环境治理等领域的应用。到2025年，中国废旧纺织品循环利用体系将初步建立，循环利用能力大幅提升，废旧纺织品循环利用率达到25%，废旧纺织品再生纤维产量达到200万t。到2030年，建成较为完善的废旧纺织品循环利用体系，生产者和消费者循环利用意识明显提高，高值化利用途径不断扩展，产业发展水平显著提升，废旧纺织品循环利用率达到30%，废旧纺织品再生纤维产量达到300万t。这一举措也为全球纺织产业的气候变化治理产生积极影响。

（六）完善纺织品可持续行业标准

为了进一步推进全球纺织产业的气候变化治理行动，一系列全球性和地区性的可持续认证标准被建立（表4-1），旨在规范和评估纺织企业在气候变化治理中的可持续性表现，以量化评价全球纺织产业在气候变化治理中的贡献。随着全球纺织产业气候变化治理的不断深入，越来越多的纺织企业开始注重产品和供应链的环境影响，要求合作伙伴对其产品进行相应的可持续标准认证。

表4-1　纺织产业的气候变化可持续标准

标准号	标准名称	机构
GB/T 32151.12—2018	温室气体排放核算与报告要求　第12部分：纺织服装企业	全国碳排放管理标准化技术委员会
GB/T 32151.10—2015	温室气体排放核算与报告要求　第10部分：化工生产企业	全国碳排放管理标准化技术委员会
DB44/T 1381—2014	纺织企业温室气体排放量化方法	中国广东省质量技术监督局
T/CNTAC 32—2019	温室气体排放核算与报告要求　羊绒制品生产企业	中国纺织工业联合会
T/CNTAC 13—2018	纺织企业温室气体减排评定技术规范	中国纺织工业联合会
T/CNTAC 12—2018	纺织企业温室气体排放核算通用技术要求	中国纺织工业联合会
T/CNTAC 11—2018	纺织产品温室气体排放核算通用技术要求	中国纺织工业联合会
—	纺织碳标签技术规范*	中国纺织工业联合会
—	零碳纺织产品评价技术规范*	中国纺织工业联合会
—	纺织企业零碳工厂技术评价规范*	中国纺织工业联合会
ISO 14067：2018	温室气体　产品碳足迹　量化要求及指南	国际标准化组织
ISO 14064	第1部分：组织层面上温室气体排放与清除量化及报告规范 第2部分：项目层次上对温室气体减排和清除增加的量化、监测和报告的规范及指南 第3部分：温室气体声明核查和验证规范与指南	国际标准化组织
—	Higg index	可持续服装联盟
—	PAS 2050：2008商品和服务在生命周期内的温室气体排放评价规范	英国标准协会
—	PAS 2060：碳中和认证规范	英国标准协会
OEKO-TEX®	评估和认证纺织产品的可持续性和环保性能	国际环保纺织协会
—	蓝标认证标准（BLUESIGN）	瑞士蓝标科技公司
—	全球有机纺织品认证标准（GOTS）	GOTS国际工作组
—	全球回收标准（Global Recycled Standard，GRS）	纺织品交易所
—	回收声明标准（Recycled Claim Standard，RCS）	纺织品交易所

注　标“*”的标准正在制定中。

部分可持续认证标准的应用实践情况介绍：

GOTS是全球最具影响力的有机纺织品认证标准之一，旨在确保有机纺织品从收获、原材料、加工到最后产品包装都符合生态标准和社会标准。通过沙龙活动、基地参观、环保日活动、免费培训和线上讲座等方式，GOTS认证得到广大制造商的认可。数据显示，目前全球共有来自80多个国家和地区的超过12300家企业使用GOTS认证，以确保供应链的符合生态标准和社会标准。

OEKO-TEX®是一个独立的国际性标准和认证体系，着重评估和认证纺织产品的可持续性和环保性能。OEKO-TEX®标准主要关注纺织产品的化学物质使用和环境影响，通过审核和检测确保这些产品在生产和使用过程中对人类健康和环境没有负面影响。OEKO-TEX Standard 100作为最广泛应用的标准之一，对纺织品生产的环境管理和社会责任提出了要求，帮助减少了有毒化学品的使用和排放，降低了对土壤和水资源的污染。目前，全球共有1800多家OEKO-TEX®官方授权实验室可进行OEKO-TEX Standard 100的认证。

OEKO-TEX Standard 100鼓励纺织品制造商使用可回收和可再利用的材料，推动生产出易于回收和处理的产品，同时要求纺织品耐久性测试，确保其在使用寿命内具有优良的质量和性能。这有助于减少因低质量产品而导致的频繁更换和废弃，推动纺织品行业向循环经济模式转变，减少废弃物和资源的浪费。根据OEKO-TEX®官方数据，全球有超过2.1万家纺织企业选择进行OEKO-TEX Standard 100的认证，以支持其产品的可持续性。2023年，OEKO-TEX®成为国际可持续标准联盟（ISEAL）认可成员，将继续推广纺织品可持续标准的认证，为实现全球纺织产业的气候变化治理目标做出积极贡献。

（七）加强国际交流与合作

气候变化治理是一个国际性议题，全球纺织产业正在积极推动国际合作，共同应对气候变化危机，并履行联合国可持续发展目标。一些国际组织和合作倡议应运而生，旨在动员全球纺织产业的力量，更好地推进气候变化治理行动的进程。

2018年12月，在UNFCCC的支持下，《时尚产业气候行动宪章》（*Fashion Industry Charter for Climate Action*）在第24届气候变化大会发布。该宪章由31个全球龙头纺织服装企业、11家行业组织联合发起并签署，明确了时尚产业阶段性减排目标，并在2021年11月公布了新的环境承诺，即以2019年排放为基准，力争在2030年实现碳排放减少50%，在2050年前实现温室气体净零排放。成员企业承诺采取措施减少温室气体排放，包括降低能源消耗、推广可再生能源和改善供应链的碳足迹。通过这一倡议，企业致力于在2030年之前从供应链中淘汰煤炭，实现100%可再生能源供电，与全球温度升幅限制在1.5℃的目标相一致，进一步推动全球纺织产业的气候变化治理行动。目前，加入《时尚产业气候行动宪章》的缔约企业超过120家，行业组织超过40家。

2019年8月，32家全球时尚纺织企业在G7峰会期间发起并签署《全球时尚公约》（*The Fashion Pact*），旨在推动时尚行业实现更加可持续和环保的发展。该公约在3个关键领域确定了目标：防止全球变暖，制定和部署到2050年实现温室气体零排放目标的行动计划，从而将全球变暖幅度控制在1.5℃以下；恢复生物多样性，恢复自然生态系统和保护物种；保护海洋，通过实际行动减少时尚产业对海洋的负面影响。截至2023年7月，该公约已经覆盖从面料商到运动品牌、奢侈品牌等62家时尚与纺织领军企业，通过分享最佳实践、开展合作项目，共同推动时尚行业的可持续发展，为全球纺织产业的气候变化治理做出积极贡献。

2021年4月，由英国政府主导全球纺织服装企业参与的纺织产业2030计划（Textile 2030）正式启动。该计划是一项为期10年的自愿性倡议，旨在推动全球纺织产业实现可持续转型，以迎接气候变化的挑战。该计划提出，以2019年为基准，将产品投放市场的每个签署企业将努力实现以下2030年目标：将新产品的温室气体总足迹减少50%，以将全球变暖限制在1.5℃，符合《巴黎气候变化协定》，并最迟在2050年实现净零排放和减少新产品销售的总足迹30%。目前，全球已经有110家企业和组织参与到该计划中，通过使用可持续材料、生态设计和绿色商业模式来降低环境影响，为全球纺织产业的气候变化治理做出积极贡献。

四、世界纺织产业应对气候变化存在的风险与挑战

在探讨全球纺织产业气候变化治理的过程中，全球纺织产业不能忽视存在的风险与挑战。这些问题需要认真对待，以确保全球纺织产业能够有效应对气候变化并实现可持续发展。

（一）可持续原材料供应的矛盾

可持续原材料的使用对全球纺织产业减少温室气体排放至关重要。然而，在气候变化背景下，全球纺织产业面临着可持续原材料供应方面的风险与挑战。首先，天然纤维在可持续纤维中占有重要地位，但其种植和产量受到气候变化的直接影响。全球变暖引发的极端天气事件以及污染物排放导致的酸雨都会破坏天然纤维的生长环境，进而影响纤维的质量和产量，给天然纤维供应的稳定性带来威胁。此外，天然纤维的种类和规模有限，限制了其在应对气候变化危机方面的作用。因此，全球纺织产业需要积极研发新型可持续纤维，以减轻对天然纤维的过度依赖。

再生化学纤维尽管减排效果较好且种类多样，可以满足全球纺织产业不同品类的生产需求。但在产业链构建、关键技术研发和产品市场应用方面还存在诸多挑战。确保可持续纤维的持续供应和使用，将是全球纺织产业气候变化治理所需解决的问题。

（二）纺织品的大量废弃

减少纺织品的废弃是全球纺织产业降低碳排放的重要措施，而实现这一目标的关键是对纺织品的生命周期进行可持续管理。虽然许多国家和地区的纺织企业正在积极推进纺织品生命周期的可持续管理，但要真正实现全球纺织产业产品生命周期的可持续管理仍然面临着很多问题。首先，全球纺织供应链涉及上游、中游和下游多个组成部分，供应链长且复杂，使得纺织品在其整个生命周期中的可持续性无法保障。这可能导致纺织品生命周期的缩短，或者影响纺织品的循环利用，从而增加了废弃纺织品的数量。其次，快时尚的消费理念对全球纺织产业纺织品生命周期的可持续管理也带来了挑战。快时尚的兴起导致纺织品更新频率的急剧增加，将纺织品的生命周期从原来的3—4年缩短至1—2年，甚至更短。过于频繁的纺织品更新和较短的使用寿命导致废弃纺织品的数量迅速增加，对纺织品生命周期的可持续管理构成了严重威胁，同时也进一步加剧了废弃纺织品对环境的不利影响。

（三）可持续发展标准与认证的不规范发展

随着全球纺织产业气候变化治理行动的不断推进，为提高供应链透明度、推动可持续发展并促进全球纺织产业的国际合作，许多国家和地区的机构和协会发布了一系列可持续发展认证标准，这些标准覆盖了整个纺织供应链，对供应链中的碳排放和可持续性进行认证。然而，这种标准的多样性对可持续发展的规范化提出了挑战。首先，认证标准的制定者的权威性可能会影响全球纺织产业可持续发展标准体系的统一性。认证标准通常由政府和行业机构领导制定，但也有一些由社会组织或协会提出的标准，这些标准可能在国际范围内的适用性上存在问题，从而影响全球纺织产业可持续发展标准认证的一致性。其次，认证机构的专业水平也会对企业的可持续标准认证结果产生影响。机构从业人员的专业水平、从业经验和个人偏见等因素可能会影响评估结果的准确性和可信度，从而影响企业的可持续认证。此外，各类标准认证门类繁多、结果互认性低，大大增加了纺织企业的认证成本，阻碍了可持续认证市场的发展。同时，频繁的认证工作以及一些标准的复杂和冗长的认证过程，也对纺织企业的日常生产产生了不利影响。如何规范企业和产品的可持续标准与认证，也是全球纺织产业气候变化治理所面临的一项挑战。

（四）气候变化政策要求在提高

面对越发严峻的气候变化形势，各个国家和地区正在制定一系列旨在推动气候变化治理的政策和法规，以确保气候变化治理目标的实现。例如，欧洲议会通过了“碳边境调节机制（CBAM）”议案，旨在通过征收碳关税来调节进口商品的碳排放。美国政府也推出了《清洁竞争法案》（*Clean Competition Act*，CCA）草案，计划对高碳排放的进口产品和本国产品征税。日本政府也发布了“碳中和社会推进计划”，计划在2026年前对进口商品征收碳税。此外，其他国家和地区也采取了类似的进出口碳税政策。这些政策和法规在一定程度上将加速全球纺织企业的气候变化治理进程，但同时也会对很多国家和地区的纺织产业造成不利影响。增加的纺织品碳排放标准和绿色生产要求对纺织企业提出了更高的要求。另外，碳关税政策增加了纺织品的进出口成本，这可能对一些国家和地区的纺织企业的进出口贸易造成冲击。因此，气候变化的政策与法规，既是推进全球纺织产业气候变化治理面临的时代机遇，也是产业可持续发展所面临的重要挑战之一。

五、世界纺织产业应对气候变化趋势展望

（一）可持续技术

技术导向是全球纺织产业气候变化治理的重要趋势之一。可持续技术的研发与应用将成为产业链上的常态。针对全球纺织产业气候变化治理，主要的技术研发方向如下。

①可持续材料技术。这不仅包括已经广泛应用的再生棉、再生羊毛等，还包括新型可持续材料，如生物基合成纤维和海洋基可降解纤维。这些材料具有较低的碳足迹，有助于降低纺织品生产过程中的环境影响。

②智能和数字化技术。智能和数字化技术的应用将有助于提高整个供应链的效率，降低资源消耗。此外，智能和数字化技术也可以帮助企业更好地监控供应链各个环境中的碳足迹，有助于减少温室气体排放，实现纺织供应链的低碳发展。

③绿色生产技术。纺织企业将积极投资绿色生产技术和高效能生产设备，如节能发电机、高能效织机、LED照明系统等，以降低生产过程中的环境负担。绿色印染技术、水循环技术等技术也可以帮助企业节约资源、减少污染，进一步降低纺织生产中的温室气体排放。

④碳捕捉和碳储存技术。纺织企业还可以探索碳捕捉和碳储存等新技术，以进一步降低碳排放。这些技术的研发和应用将推动全球纺织产业向更加环保和可持续的方向迈进。

（二）气候变化政策

全球纺织产业的气候变化治理离不开政策的支持。世界各个国家和地区的政府及纺织协会应当进一步加大行业监管力度和政策引导，同时加大扶持力度，为全球纺织产业的气候变化治理行动提供支持。

①监管力度加大。加强对产品可持续认证和环境标准的监督，以确保纺织企业遵守相关法规。同时，随着碳关税政策的推行，监管将扩展到碳足迹评估，以确保全球纺织企业在全供应链过程中的碳排放符合各国标准。这将推动全球纺织产业更加规范和透明地管理其碳排放和可持续发展。

②技术研发激励。政府在技术导向方面应发挥重要作用。通过提供财政激励和创新基金，鼓励纺织企业积极开展可持续技术的创新研发，进一步推动全球纺织产业的技术可持续转型，帮助纺织企业从技术层面实现可持续发展。

③税收减免与金融政策。政府和金融机构应积极参与到全球纺织产业的气候变化治理当中，通过提供低利贷款和绿色补贴，降低纺织企业使用清洁生产技术和可持续材料的成本。这有助于中小型纺织企

业积极参与全球纺织产业的气候变化治理，推动更广泛的行业可持续转型。

（三）规范化发展

随着气候变化治理行动的持续推进，全球纺织产业在气候变化治理方面逐渐建立了一套规范化的模式。规范化的治理模式不仅为全球纺织产业的可持续发展指明了道路，也为其气候变化治理提供了行动方向。

①供应链的透明化。供应链的透明化旨在将各环节的环境数据公开，有助于评估和管理环境风险。供应链透明化也有助于监督原材料的来源，确保其符合可持续标准。通过透明化的数据，全球纺织产业可以对供应链的环境影响持续优化，为气候变化治理提供行动方向。

②企业间合作规范化。企业间合作的规范化旨在建立长期合作伙伴关系，制定共同的可持续标准和准则。这有助于确保供应链的可持续性，鼓励纺织企业采用更环保的生产方式以维护企业间的合作，在获取长效收益的同时实现企业间监管，推动全球纺织产业整体的可持续发展。

③标准精细化。政府和行业领袖可以合作制定更加规范的可持续标准认证体系，以提高其权威性和广泛认可度。这将有助于确保纺织企业遵守可持续生产的最佳实践，以及全球纺织产业朝着更可持续的方向发展，并持续推进气候变化治理行动。

④评估体系普适化。纺织企业可以积极将可持续纤维的使用纳入其绿色生产评估中，以鼓励供应链伙伴使用这些可持续材料。这将有助于提高可持续材料的市场份额，推动全球纺织产业朝着更加可持续的方向发展，助力其气候变化治理行动。

（四）可持续消费

消费者的行为对全球纺织产业的气候变化治理有着巨大的影响。全球纺织企业和品牌可以通过不同方式引导消费者利用可持续消费理念和行为，从源头减少全球纺织产业的环境影响，推动其气候变化治理的发展。

①更加重视可持续活动宣传。全球纺织企业和品牌可以通过广告和市场活动向消费者传递可持续时尚理念，鼓励消费者拒绝快时尚，选择可持续产品。这有助于提高消费者的行业认同感，推动消费者参与到气候变化治理行动中。

②创新发展可持续服务。全球纺织企业和品牌可以推出各种服务，如修复、清洗、维护以及以旧换新等，以延长纺织品的生命周期。建立二手交易平台，鼓励消费者对纺织品进行再利用，有助于减少废弃纺织品的环境影响。这些举措有助于满足消费者对可持续性产品的需求，从而推动全球纺织产业的气候变化治理。

扫码见参考文献

第二章　世界纺织产业循环发展趋势展望

一、全球循环经济发展现状及意义

（一）全球循环经济发展现状

循环经济的发展历程可以追溯到20世纪70年代，1972年联合国环境规划署（UNEP）在斯德哥尔摩举行的联合国人类环境大会上，首次提出了循环经济的概念。此后，循环经济开始被国际社会关注，循环经济的概念也逐渐在欧洲得到认可和推广[1]。随着环境问题和资源压力的日益加剧，全球各国都在加大循环经济的推广和实践力度，致力于实现资源的有效利用和可持续发展。

在发达国家，发展循环经济、建立循环型社会已成为一股潮流和趋势，其中欧盟是推动循环经济的典型地区，其循环经济战略规划清晰、目标明确、措施完备[2]。欧盟是循环经济立法发源地，早在1975年就出台了第一部废弃物规章，其成员国德国于1994年就制定了有广泛影响的《循环经济与废弃物处置法》。欧盟发展循环经济主要经历两个阶段，2010年前突出对废弃物治理的循环经济，主要通过科学合理地管理废弃物从产生到最终处置过程，促进废弃物循环利用；2010年后，欧盟重新定义循环经济，在其陷入经济危机后，将废弃物循环利用和经济发展相联系，更多挖掘废弃物中的资源价值，将提高资源利用率变成二者的结合点[3]。具体措施上，欧盟构建了一套资源效率指标体系，包括3层32个指标，其中第一层为统领层，涵盖资源产出率和原材料（或物质）投入两个指标。欧盟统计署建立了专门的资源效率计分板（Resource Efficiency Scoreboard），其中涵盖2000年以来欧盟及其主要成员国的资源产出率和物质消耗数据。在此基础上，欧盟还建立了循环经济指标体系，包括生产和消费、废弃物管理、二次原材料、竞争与创新四大领域共10项指标，主要从循环经济的角度关注资源回收利用的效果和经济性。据统计，2017年欧盟资源循环总量达到11亿t，资源循环利用率为13%。为全面推进新一轮的循环经济建设，欧盟2015年发布新的循环经济战略，从全生命周期角度将循环经济理念融入设计和生产、消费、废弃物管理、资源再生的全过程，同时重视生态设计和源头减量，将资源利用效率作为产品生态设计的标准之一。2016年，欧盟委员会建立了欧盟食物损失与浪费平台，调动食物价值链各环节利益相关者共同达成食物浪费预防的目标；提出生态设计工作方案（2016—2019年）。2018年欧盟对《废弃物框架指令》和《包装和包装废弃物指令》进行了修订，并出台《循环经济中的塑料战略》。2019年欧盟发布采掘废弃物最佳实践案例。同时，为保障循环经济的顺利开展，欧盟建立了完善的法律、行政、经济和自愿等种类的约束和激励制度。2000—2017年，欧盟资源产出率持续增长，从2000年的1.47欧元/kg增长至2.08欧元/kg，增幅达41%。欧盟总体和各领域的循环利用率也在不断提高。2016年欧盟总体资源循环利用率达到11.7%。

美国是一个生产大国，也是资源消耗大国，对循环经济十分重视，20世纪70年代以来，美国大力推行环境保护和资源节约，积累了丰富经验。首先，美国特别注重立法先行，通过完善法律法规为循环型经济发展提供制度保障，如《资源保护和回收法》和《污染预防法》[4]。除联邦政府外，一些州也制定了相关法律法规。如在固体废弃物处置方面，自20世纪80年代中期俄勒冈、新泽西、罗德岛等州先后制定促进资源再生循环法规以来，现已有半数以上的州制定了不同形式的再生循环法规。在此基础上，美国注重利用经济手段和市场机制来促进循环经济发展。1991年联邦政府发布总统令规定政府必须优先采购绿色产品，而几乎所有的州也都制定了对使用再生材料的产品实行政府优先购买的政策或法规。为进一步推动资源的循环利用，美国提出了新能源战略，包括积极发展风能等新能源、鼓励节能、减少石油进口等。循环经济涉及方方面面，美国在体现这一新观念的进程中，不仅重视对废品和垃圾进行处理和加工，使其成为再生资源，而且十分重视循环消费[5]。在美国，废物回收利用目前已经形成一个巨大产业，回收的种类囊括了造纸、炼铁、塑料、橡胶以及家用电器、计算机设备、办公设备、家居用品等。如今，全美2/3的钢铁来自废钢材回收，60%的金属及合金来自废金属回收，超过50%的纸张来自废纸回收[6]。另一个引人关注的重点是生态工业园区建设。为了促进生态工业园区的发展，美国政府在总统可持续发展委员会下面设立了“生态工业园区特别工作组”。目前，全美已建有约20个生态工业园区。在生态工业园区内，各个企业内部都要实现清洁生产，以减少废物源，而在各个企业之间实现废物、能量和信息的交换，以达到尽可能完善的资源利用和物质循环以及能量的高效利用，使得园区对外界的废物排放趋于零，最典型的循环经济实例是杜邦化学公司采用的“减量化、再使用、再循环”3R制造法。通过循环经济和3R制造法的实践，杜邦化学公司1994年生产造成的塑料废弃物和排放的大气污染物，比20世纪80年代末分别减少了25%和70%。另一个典型事例是通用汽车的“零填埋”。通用汽车在实施绿色生产的过程中大力推行“零填埋”，目前在全世界已有54间工厂实现了“零填埋”，有82.5万t废弃物被回收综合利用或转化为能量回收利用。

除欧盟和美国外，日本作为亚洲的发达国家在循环经济方面也取得了很大成就。日本国土面积小，国内自然资源严重匮乏，通过发展循环经济在改善社会环境的同时，激发了国内发展的内生动力。与世界上其他循环经济模式相比，日本对循环经济发展模式的探索有较大不同，其形成经历了公害治理与能源节约、向循环经济模式过渡、循环经济模式建立三个阶段[7]。1967年日本《公害对策基本法》的出台与实施，应对社会公害问题拉开了序幕。进入90年代后日本提出全面建设循环型社会的口号，脱离单一生产、消费、废弃物再利用的简单循环模式，开始探索面向社会多个领域的循环经济发展模式。1993年日本政府通过《环境基本法》促进了循环体系的建立与完善，1994年由内阁提出的“实现以循环为基调的经济社会体制”更是推动以政府为主导制定各项法规政策的循环经济发展理念。2000年日本国会正式通过了《循环型社会形成推进基本法》，这也成为世界上首部关于推动循环型社会形成方面的立法。截至目前，日本政府已经建立了完善的关于循环经济的法律法规体系，循环经济产业已成为国民经济的重要组成部分，逐步形成了具有日本特色的发展循环经济的方法。自日本在国家层面确立了发展循环经济、转变经济发展方式的目标后，日本所有的都道府县和政令市以及近80%的市町村开始效仿中央政府，订立地方推进循环型社会形成的基本计划，并根据自身不同的实际发展情况采取不同的行动。其中较具代表性的有日野市的垃圾改革以及福冈县北九州的“ECO-TOWN”建设，这在某种程度上解决了社会生活及工业发展废弃物的问题。可以说日本循环经济发展模式是在依托政府宏观层面积极政策推动下，充分发挥地方政府、社会企业以及家庭等社会主体作用的同时促进循环经济的发展，并在构建循环型社会的过程中形成的一种发展循环经济的方法。在此过程中，日本以生态工业园建设为载体，将静脉产业作为主导产业，积极构建并完善日本循环经济产业体系。

以中国为代表的发展中国家也在循环经济方面进行了积极探索和实践[8, 9]。在立法和制度方面，2002年第九届全国人大常委会通过了《清洁生产促进法》，这是中国推行循环经济在法律方面的一个良好开端。中国自“十一五”期间开始大力推行循环经济，2009年，中国政府将循环经济列为国家战略，并提出了“节约资源、保护环境、谋划可持续发展”的循环经济发展目标。2013年，国务院印发《循环经济发展战略及近期行动计划》，将循环经济发展作为中国的一项重大战略决策，《中华人民共和国国民经济和社会发展第十三个五年规划纲要》中设置“大力发展循环经济”专节，从推进生产和生活系统循环链接、推进园区循环化改造等方面明确提出“十三五”期间循环经济发展重点领域。《中华人民共和国国民经济和社会发展第十四个五年规划和2035年远景目标纲要》（“十四五”规划）中提出“全面推进循环经济理念，构建多层次资源循环利用体系”[10]。据不完全统计，近10年中国各地累计制定实施省级循环经济发展规划39部以上，明确了各地发展循环经济的路线图。在源头减量方面，中国已建立1100多家国家级绿色矿山，开展了50家绿色矿业发展示范区创建。截至2021年，中国共发布绿色产品设计产品标准160余项，工业绿色设计示范企业三批共245家[11]。同时，中国还加强了基于循环经济理念的生态工业示范园区的建设，截至2021年底，中国75%的国家级园区和50%的省级园区开展了循环化改造，创建了129家国家级循环化改造试点，109家国家级生态工业园区和223家国家级绿色园区，最典型的是广西贵港国家生态工业（制糖）示范园区。总的来说，经过十几年的发展，中国的循环经济框架已从单纯关注循环产业园资源整合、零废弃生态产业园打造，逐步向综合性科技创新转变；从强调资源消耗与经济发展的脱钩，到“注重减量，3R并行”的原则转换，建立了更加明晰的目标和统筹计划。

综上所述，面对当今世界范围内的能源与环境问题，发展循环经济、实现环境保护已成为各国实现可持续发展战略的必然选择，同时也是解决能源资源与环境问题的有效举措。通过对比不同国家在循环经济发展模式中的经验和实践不难看出，发展循环经济必须充分调动政府、企业和社会三类主体的积极性，综合运用政府—国家机制、企业—市场机制和社会—自治机制，形成各类主体和机制相互衔接、有机配合的良好治理架构。只有各类主体共同努力，才能走出一条以资源节约和环境友好为特征的循环型经济发展之路。此外，发展循环经济应当注重把握实际情况，根据具体的国情选择发展模式；应当尊重经济发展趋势和规律，在经济发展到工业化中期以后要特别注重资源环境问题；应强化国家安全和社会责任意识，从更高层面认识发展循环经济的重要性。

（二）发展循环经济的意义

推动全球的经济循环发展是时代所趋。在资源枯竭、环境污染和气候变化等全球性问题日益突出的今天，于环境与发展之间寻求一个均衡的模式尤为重要，而循环经济就是一个平衡点。循环经济要求从生产源头上节约资源、控制污染、减少废弃物排放，延长材料的生命周期，这是保护环境的治本措施。循环经济尤其强调对各种废弃物的回收再利用以及资源化。减轻对自然环境的压力，符合可持续发展的思想和要求，积极推动可再生能源利用、绿色制造、绿色消费等方面的发展。循环经济的理念和实践对于缓解经济发展、社会进步和环境短缺矛盾至关重要[12]。循环经济模式可以为优化人类经济系统各个组成部分之间提供整体性的思路，是工业化以来传统经济转向可持续发展提供的战略性的理论模式，从而可以从根本上消除长期以来环境与发展之间的尖锐冲突。循环经济是一种发展，是用发展的办法解决资源约束和环境污染的矛盾；从重视发展数量向重视发展质量和效益转变，重视生产方式和消费方式的根本转变，从线性式发展向循环式发展转变，从粗放型增长向集约型增长转变，从利用自然资源的增长转变为依赖再生资源的增长；循环经济是一种多赢的发展，在提高资源利用效率的同时重视经济发展和环境保护的有机统一，重视人与自然的和谐，兼顾发展效率和公平的有机统一。循环经济是21世纪全球发展的大趋势，是一场深刻的工业革命，它将对可持续发展战略的实施起到重要的推动作用[13]。

循环经济能够为企业和国家创造新的增长点，提高了经济效益和社会效益。2020年初在全球爆发的新型冠状病毒肺炎疫情加剧了全球商业环境的脆弱性，国际市场的竞争日益激烈。在环境愈趋复杂的新时期，绿色竞争力已经成为国家和企业走向世界并赢得市场的重要筹码，国家想要发展，企业想要生存，就必须转变增长方式，走循环发展道路[14]。发展循环经济，可以减少对自然资源的消耗和开采，降低对外部供应链的依赖，有助于保护国家资源安全和增加自给能力，减少受制于人的风险。循环经济也可以刺激经济增长，推动产业升级和转型。通过开发新技术、新产业和新市场，可以提高国家的经济竞争力和创新能力。此外，构建循环经济理论框架，实现资源和能源的减量使用和循环利用，能够降低生产成本，提高经济效益，增强企业的核心竞争力。此外，循环经济模式还可以拉长生产链，推动环保产业和其他新型产业的发展，增加就业机会，促进社会发展。循环经济为企业和国家创造了新的增长点，提高了经济效益和社会效益。循环经济将经济增长、社会进步和环境保护要求纳入一个统一的发展模式，实现社会、经济与环境的“共赢”发展[15]。

发展循环经济有利于形成节约资源、保护环境的生产方式和消费模式，有利于提高经济增长的质量和效益，有利于建设资源节约型社会，有利于促进人与自然的和谐，充分体现了全面协调可持续发展观的本质要求[16]。我们要从战略的高度去认识、用全局的视野去把握发展循环经济的重要性和紧迫性，进一步增强自觉性和责任感。

二、世界纺织产业循环发展现状

纺织产业是一个典型的资源依赖型和环境敏感型行业，实施纺织循环经济发展战略对其协调自身产业发展与经济、环境、社会三者的动态平衡关系至关重要。据统计，每年全球纺织服装行业需要消耗9800万t不可再生资源（包括利用石油生产合成纤维、使用化肥种植棉花、采用化学制品美化纤维与纺织品）和约930亿m^3水资源。研究显示，纺织服装已成为世界增长速度最快的固体垃圾之一[17]。据预测，2050年全球纺织纤维加工量将达到2.53亿t，与之相对应的是，废旧纺织品的数量也在逐年递增。当前世界人口已超过80亿，按照每人每年丢弃1件衣服计算，至少要有80亿件废弃服装的垃圾，还有服装在整个产业链中各个环节产生的下脚料等废物。尤其是，当前80%的纺织品都是化学纤维制品，而化学纤维不可自然降解。因此，纺织废料已经成为世界性污染的大问题，它不仅使用种类多，而且使用量大。为缓解全球资源紧张与环境压力，世界各国的纺织服装行业均开始推行循环经济战略。实施循环经济对于纺织产业来说，是实现可持续发展的需要，是主动应对全球化市场竞争的迫切要求，也是调整产业结构的有效途径，是提高企业核心竞争力的重要措施。

减量化原则是遵循循环经济的第一原则，减少原料的消耗和浪费对纺织产业循环发展至关重要[18]。世界各国通过原材料结构优化、再生纤维开发解决纺织原料供应问题。日本帝人集团采用“回收再生循环系统（ECO CIRCLE）”开发再生纤维，缓解纤维原料短缺问题。在这个系统中，制服、时装、运动服、窗帘都可以循环变成新的纤维，即将从用户回收的聚酯纤维产品无限次再生为新的纤维，而且重复再生并不会导致品质下降，每一次都是与石油生产的产品性能完全相同的全新纤维[19]。依托这套系统，帝人集团实现了“纤维到纤维”的回收再生，通过技术和整体供应链整合，可以将使用过的纤维制品分解到单分子级，成为与原料同等品质的回料，且可以多次循环；在应用方面，在各类服装、家庭建筑软装等行业，这种纤维回收技术都有广泛应用。目前已与日本境内外150家以上的服装和体育用品厂商共同开展商品的开发及回收再生，共同构建ECO CIRCLE回收再生循环系统。美国的Jimtex纱线公司是循环生态纤维和纱线的生产公司；户外服装品牌巴塔哥尼亚（Patagonia）则将废衣服进行升级改造实现重生。可以看出，工业发达国家对废旧纺织品处理研究较早，相对循环处理方法引入比较系统，而中国对废旧纺织品的回收利用研究相比西方发达国家有些滞后[20, 21]。

建立废旧纺织品回收渠道是纤维原料回收再利用的基础和前提。欧盟、德国、日本、美国主要有三个纺织品废料循环利用的渠道：一是开设品牌服装二手专卖店，二是出口二手服装，三是把旧的织物形成再生纤维[22]。其中欧盟的纺织循环经济专注于产品的可重复使用性、可回收性以及可修复性，为增加废弃物的回收利用，于2018年首次提出废旧纺织品需要单独收集，从源头与生活垃圾分开。丹麦建立了家庭垃圾回收中心（HWRC），收集的垃圾质量具有明显的季节化特征，大约40%的纺织品随残余废物一起丢弃，另外40%被收集用于再利用渠道，大约17%进入二手流通渠道。德国以SOEX集团为代表建立的以Reduce、Reuse、Recycle、Renewable为主题的4R模型，旗下子公司I：CO通过“全球旧衣回收计划”与H&M合作进入中国市场[23]。据统计，2020年度中国大陆门店回收了360t的衣物，同比增长了9.75%。目前，德国年产废旧纺织品达190万t，大约42%被回收再利用，其中40%以慈善二手服装的方式回收，50%回收再生产，只有10%焚烧或填埋[24]。美国截至2018年已实现纺织产业的废弃纱线和织物全部资源化再利用，废弃物回收率高达92%以上，其中进入二手市场约占45%[25]。英国纺织品每年被回收利用的废料有32t，17%的纺织废料进行二次循环利用。同时，为减轻财政压力，英国重新配置回收中心网络，建立HWRC空间需求模式的空间交互模型，在提供足够服务的基础上，减少站点数量或缩短开放时间。中国2020年产生的废旧纺织品超2000万t，而回收量只有460万t，再生利用率只有20%左右。目前中国正在大力推行垃圾分类，加快对废旧纺织品的回收利用，到2020年，全国46个重点城市基本建成生活垃圾分类处理系统。预计到2025年，全国地级及以上城市要基本建成垃圾分类处理系统。

但是，纤维回收后拥有关键的循环再利用技术才能使废旧纺织品真正地实现变废为宝，而且处理工艺必须稳定、可靠。目前，废旧纺织品回收后再加工使用，按照处理方式不同主要有能量法、机械法、物理法和化学法[26, 27]。其中，日本帝人公司拥有世界最先进的纤维回收再利用技术，包括聚酯的新原料再生循环技术、“从纤维到纤维”的回收再利用（涤纶纤维的回收再利用）、聚乳酸的化学回收再利用、聚碳酸酯树脂的化学回收再利用、易回收再利用材料相关技术等。中国浙江佳人新材料有限公司在日本帝人循环再生技术的基础上加强技术研发，通过化学法循环再生技术对废旧衣物进行回收、处理、加工，每年可以稳定地转化废旧涤纶纺织品近3.3万t。实践证明，该技术不仅有效解决城区内废旧纺织品处置问题，还大大缓解了纺织品用化纤原料对石油资源的消耗[28]。在此基础上，公司构建起包含绿色再生DMT、再生切片和再生纤维的绿色循环再生体系，品质媲美原生，可应用于纺织、汽车、食品、美妆、日用、医用等领域。2020—2022年佳人浙江，新材料有限公司年销售额近6亿元，利润近8000万元。

政策法规方面，欧盟为了支持纺织产业循环发展，制定了相关的废旧纺织品分类标准和技术要求，如《废弃物指令》《新废弃物指令》等[29]。欧盟还在执行一个新的循环经济战略——循环经济框架，包括实现可持续发展、实现碳中和目标、建立循环型社会。如在线内衣和家居服品牌Parade发起了一项收集和回收内衣的计划，以及Boohoo、H&M和开云（Kering）[包括Gucci、Saint Laurent和亚历山大麦昆（Alexander McQueen）等奢侈品公司的集团]还制定了类似的可持续发展目标，以便使用更多的回收和有机材料。2019年11月，欧洲环境署（European Environment Agency，EEA）发布了《欧洲纺织品应朝循环经济发展》，提出降低纺织生产和消费所造成的环境和气候压力和影响，同时保持经济和社会效益，需要开展面向循环性的系统变革。报告指出，实现目标需要大规模地在整个产业链不同阶段实施循环商业模式，并辅以有效的政策支持，这些政策包括绿色公共采购、生态设计、生产者延伸责任制、标签和标准等。在EEA展望的循环纺织经济里，循环性应该贯穿整个纺织产品的生命周期，包括材料、生态设计、生产和分销、消费和库存，以及废弃后的环节。20世纪80年代，美国为了鼓励企业加强对废弃纺织品的回收利用，实现纺织产业循环发展，颁布了《废弃纺织品回收法》。2012年，中国工信部发布《纺织工业"十二五"发展规划》，指出"十二五"期间的重点任务之一是加强节能减排和资源循环利用；2013年，国务院制定了《循环经济发展战略及近期行动计划》，推动纺织产业循环发展；2022年，国家发展改革委、商务部、工业和信息化部等部门联合颁布《关于加快废旧物资循环利用体系建设的指导意见》，推动建立完善的废旧物资循环利用体系，提高资源利用水平，提高资源安全保障能力。

三、世界纺织产业循环发展存在的风险与挑战

经过几十年的探索和实践，全球纺织产业循环发展已取得大量成果，但是由于纺织产业规模和体量大、产品种类多，全球纺织产业循环发展仍面临着多维度的挑战，如不可再生原材料的替代规模、制造水平的资源利用率水平、废旧纺织品再利用等都存在很大的提升空间。目前，纺织原材料的缺失和大量废旧纺织品的处理是全球纺织产业普遍面临的问题，也成为影响全球纺织产业发展的首要问题。其主要原因是在循环经济发展方面，虽然美国、德国和日本等发达国家已取得显著效果，但是在纺织服装领域则稍显滞后，而中国作为纺织产业最具国际竞争力的国家，循环发展历程时间短，在循环经济实践研究和实施方面也有很多不足，对纺织服装再循环利用的认识并不深入。目前看来，纺织产业循环发展主要面临以下挑战。

（一）纤维原料面临的制约与挑战

土地资源不足和不可再生资源的枯竭严重限制了天然纤维和合成纤维的发展和供应。进入21世纪以来，全球人口暴增（联合国预测2050年全球人口将达到92亿），同时随着耕地面积收缩，为保证粮食供应，天然纤维种植受到严重制约。棉、毛（包括羊绒）、麻、丝等天然纤维资源和生产化学纤维对石化原料资源依赖较大，随着石油、天然气等的逐渐枯竭，使纤维资源经常性相对短缺，原料产业的发展滞后于纺织品服装的产能，导致纤维原料供应量严重不足[30]。此外，随着人口的增长，特别是产业用纺织品应用领域的扩大，纺织纤维原料需求量还将大幅增加。但是联合国2000年发布预测，全球石油将在2070年基本用尽，这对以石油为原料的合成纤维产生巨大冲击。

保证原料资源的供应是纺织产业发展的重要因素。从纺织产业自身来说，除了必须充分利用现有资源、最大程度上降低原材料消耗外，解决问题的另一个办法是开发新型纤维，开发高附加值、高档产品，提高资源使用效率，努力达到这些资源的供求平衡。因此，在可持续发展背景下，循环再利用纤维和生物基化学纤维是行业原材料可持续和多元化发展的两大主要趋势，也是纺织产业循环发展的基础支撑。但是，生物基化学纤维和循环利用纤维的发展同样面临很多问题，如纺织品原料的多元化和织造的

多样性，以及加工过程中各类助剂的使用影响了回收后纤维成分的纯净度和可纺性，限制了纤维循环再利用。

（二）先进与绿色技术创新不足

先进和完善的循环技术是推动纺织产业循环发展的关键，但是由于纤维原料来源复杂、形式繁多等原因，纺织产业循环发展依然面临一系列的技术问题和挑战，如再生化学纤维开发技术、废旧纺织品回收利用技术、关键生产工艺和技术等。现有关键技术、工艺、设备创新不足，制约了循环再利用纤维及生物基化学纤维的规模化发展、循环型生产的推广以及废旧纺织品回收利用产业的经济性，是纺织产业循环发展共同面临的挑战。

生物基化学纤维生产技术依然存在关键瓶颈。通过玉米秸秆等农林废弃物制备相关的纤维材料，能够替代传统石油原料，缓解石油枯竭问题。但是生物基化学纤维工艺流程长、关键环节多、技术难度大，企业存在技术保密和重复研发，且部分关键技术不成熟，影响了产品的质量和性能。例如，以玉米、木薯等为基础原料制备生物基合成纤维，目前有许多问题都亟待解决，如二元醇、二元酸及多元醇反应动力学，生物基聚酯序列结构，纺丝动力学与多重结构调控等。以上问题有很多关键技术尚待突破，如单体高效生物转化、提纯与分离技术，高效高选择性催化剂等助剂设计开发技术，高效短流程聚合工程及稳定性控制技术，熔体直纺、共聚与差别化功能化纺丝技术，以及原料、产品标准与应用评价技术。再如，纤维素纤维、蛋白纤维、海藻纤维、壳聚糖纤维等生物基化学纤维，这部分中亟待解决的科学问题有分子量分布调控，氢键的解离与形成机理、凝固机理及超分子结构的演变规律，以及新型溶剂分离机理，为此需要开发的关键技术有新纤维素资源生物酶等前处理技术，浆纤一体化技术，高浓度原液的高效均匀连续溶解与脱泡制备技术，高速高均匀性干喷湿纺技术，原液着色及纤维染色、表面功能化技术，以及溶剂回收浓缩提纯技术。

废旧纺织品回收产业规模化困局依然难破。废旧纺织品回收技术发展相对滞后，一方面，在于快速成分检测、高效分拣、混纺分离等产业链前端的关键技术限制了后端综合利用的效率和规模。目前，纺织品回收主要是人工分拣，凭借手摸、眼看、火烧、闻味等手段进行分拣。部分企业虽然引入了半自动化分拣技术，但是依然是人工先分类，然后借助机械提高分类速度来再次细分。自动分拣技术的落后导致分拣效率低、准确率低，对分拣人员健康也造成威胁，同时易引发火灾。另一方面，废旧纺织品再生利用技术不够成熟，许多关键技术尚未研究，这些技术在世界上还是大难题[31]。目前，主流的物理法和化学法均面临技术与发展瓶颈。物理法确实从废旧纺织品到纤维实现了高效再生，但由于生产过程中杂质分离困难，黏度差异大、产品批次稳定性差，废纤利用率低，再生降级明显、质量波动大，难以攻克“品质瓶颈”，无法实现闭环循环。化学法是将废旧纺织品解聚到分子水平，再进行过滤分离，能够实现高品质回收，但该方法只能实现聚酯部分的回收利用，分离出来的其他高分子成分、染化料等无法进行再次利用，资源利用率低、流程长、回收成本高，限制了该技术的发展和推广。从技术层面讲，技术创新不足直接限制了高质量、高性能和多样化的循环再利用纤维的供应。

绿色技术的创新、应用与推广面临诸多挑战。各国在先进与绿色创新技术开发方面不均衡，创新程度差异较大，对整个纺织产业的发展造成严重制约。先进制造工艺、技术、设备的应用主要局限在部分欧美等发达国家和部分行业领先企业。由于国家之间存在政治、利益、经济水平、意识形态等诸多问题，发达国家就相关先进制造工艺、技术、设备进行了限制和封锁。随着国内原生基础原料的成本优势凸显，循环再利用纤维和生物基化学纤维的价格竞争力进一步下降，也对产业的技术创新提出了更高要求。虽然倒逼机制致使一些企业致力于创新与技术研发，现实却是技术创新意愿强烈但进展缓慢。当前大多企业成本费用增加、利润微薄、融资困难、人才匮乏，制约着技术研发，而且技术研发的不确定性和风险较高，一旦研发失败企业将难以承担损失。同时，循环经济相关技术和理念在世界人口占比较大的发展中国家推广难度大，中国纺织服装企业多以中小型民营企业为主，企业在技改过程中普遍存在民众认可度低、市场推广难、资金短缺、融资难、融资贵的问题，带有环保风险的印染技改项目更是面临各种不断提高的贷款条件和要求，这些都为先进制造工艺、技术、设备、模式等全球循环经济的规模化推广带来了严重挑战。

（三）废旧纺织品的产业体系不健全

废旧纺织品的回收与再生循环之路目前还处于起步阶段，关键问题在于回收物流体系不完整、管理部门模糊、政策支撑力度低、运营驱动力小等。

一是废旧纺织品回收体系不完善，尚未形成产业链。在回收方式上，发达国家主要采用政府回收、企业回收和家庭回收三种方式，回收后的纤维进行二手售卖、出口、能源回收和资源化再利用处理。三种回收方式中，政府回收方式受限于政府职能部门的审核批准，执行流程长；企业回收只能作为政企合作形式的补充，而且涉及环保、能耗等各方面的问题，容易在平衡环保和经济效益之间出现矛盾；家庭回收属个体自发行为，多数回收的废旧纺织品最终流向生活垃圾。整体来说，这种回收体系投入成本高、群众意识不强，且配合度低，回收的废旧纺织品中只有部分重新制成再生纤维，规模较小，导致综合回收率低。这种不完善的回收体系直接导致废旧纺织品回收渠道不畅通，陷入难以保证废旧纺织品有效回收利用的困境。例如，英国政府对纺织品回收限定了再循环利用的吨位指标，衣服只有17%的废品量被回收。2001年日本建立了各行各业的再循环法律，但到目前为止还没有扩展到纺织和服装领域。

发展中国家主要以非正式回收方式为主，回收的纤维处理方式为焚烧、填埋和重复利用。据统计，现在世界范围内95%的纺织品都可以被回收，但是大部分废旧衣服依然被拿去填埋垃圾场。这种非正式回收方式受供求关系以及社会大环境的影响，同样面临收集废旧纺织品流通渠道受阻的难题。此外，市场发展缺乏政府的有效引导，虽有一系列的相关政策，但偏向于鼓励和倡导，并未形成有效的集约化产业链。中国是全球最大的纺织服装生产国和消费国，每年纤维消费总量约3000万t，每年产生的废旧纺织品总量约2400万t，得以回收利用的却不到万分之三。

因此，整个纺织产业在废旧纺织品回收体系方面面临着严峻的挑战。回收体系缺乏整体协调和合作、各利益相关方之间的合作与沟通不畅通，都导致回收工作不能顺利进行。如中国纺织产业消费后固体废弃物包括纺织品废料，占全国固体废物流的2%左右，且绝大多数固体纺织品废弃物未被回收；而且在整个回收过程中，缺乏技术知识、财政支持，导致其管理困难，资源未得到充分利用。

二是纺织服装的循环再利用缺乏有效机制，整体回收质量和效率较低。纺织服装的循环利用属于可持续的经济发展模式及消费模式，是一项需要政府、地方和老百姓共同努力的系统工程。想要顺利开展纺织服装的循环利用，有效的市场运行机制比政府推动更为重要。相对而言，发达国家如日本、德国和美国都已先后制定法律法规，但发展中国家还相对滞后。2006年就有中国企业模仿国外以旧换新的做法，但由于回收的服装主要作为捐献物资而不能真正加以利用，企业回收服装后得不到应有的经济回馈而不得已停止活动。目前，由于缺乏有效的市场机制，再生和循环市场秩序混乱、监管不到位、调节手段稀少，如没有建立长效固定的回收网络体系和废物再生资源化体系，没有对生产厂家回收商品的资金支持，没有对消费者提供以旧换新的合理价格补贴等，就无法提高企业和公民参与物资循环的积极性。

三是废旧纺织品高值化利用是废旧纺织品循环利用的重要发展方向，但是一系列问题导致高值化进程发展缓慢。首先，对废旧纺织品“认识不深”，经常将其与假冒伪劣产品混为一谈，缺乏必要的引导和认知。其次，产业利润太低。废旧纺织品再利用的方式多以二次加工为主，产品的附加值较低，企业参与度不高。再次，参与纺织品回收利用的多是中小型企业或慈善机构，缺乏主导机构或企业，难以形成完整高效的产业链。最后，技术力量相对薄弱。实现废旧纺织品的高附加值必须有先进的技术支撑，但是对于中小型企业或慈善机构而言，科研经费十分有限，科研力量也相对薄弱，难以推动废旧纺织品的多元化和高值化回收利用。

（四）绿色循环设计意识和实践不足

研究表明，80%的资源消耗和环境影响取决于产品设计阶段。目前，服装行业已有的绿色设计实践更多体现在材料和生产工艺的选择上，产品可循环性的考虑不足。

一是设计主体（包括企业和独立设计师）开展循环设计意识不足，产品可循环性的考虑不足，缺乏循环设计的系统理念和实践指引。例如，不了解可选择的材料类别，难以对接满足质量和性能要求的材料供应商，材料的种类、颜色等选择有限。因此，除了品质更好和品类更丰富的原材料供应外，循环设计还需要更多的支持和指引，包括循环设计原则、指南，相应的知识平台、培训体系，以及可循环、易回收和可降解材料的供需平台等。

二是顶层设计及相应的政策、配套制度和标准体系需进一步完善。现有政策、配套制度和标准体系在不同环节的完善程度和执行效力并不平衡。整体而言，行业绿色低碳循环转型尤其是废旧纺织品回收利用、绿色设计和消费，以指导性政策为主，缺乏系统的、更具行业针对性的配套政策、制度和标准体系。截至目前，没有专门针对纺织循环设计的政策文件。欧盟将于近期公布的《循环经济行动计划》中提出欧盟销售的服装具有长久使用的设计倡议，但当下对于时尚界而言仍充满各种不确定性。

三是循环设计作为源头解决方案仍处于理念倡导阶段，实践经验不足。日本推出的“环保 × 设计”展上有许多世界级的设计师参与，但是主要以小众的环保手提袋、包袱包、扇子为主。英国以“节能、保护资源、废物利用”为标准举行的酷派先行环保设计大赛，虽然在展览作品上提出了减少浪费、再利用和循环设计的建议，但是也都处于理念倡导阶段。2019年，中国纺织工业联合会调研了50名设计师对于绿色设计的意识和实践。调研结果显示，约58%的受访设计师会在设计中尽量考虑引入绿色设计的理念，7.8%的受访设计师已全部采用可持续设计，约13%的设计师很少及未考虑过绿色设计理念。绝大部分设计师考虑绿色设计是因为绿色产品是未来市场趋势和消费选择，也有部分设计师是由于个人非常认同绿色发展理念。

（五）政府支持力度不够，相关法律体系和激励机制尚不完善

总结发达国家的循环经济发展经验可知，要促进纺织服装循环经济的发展，系统地出台有关纺织服装循环经济的相关法律是重中之重。如日本、德国和美国，无一不是立法在先[32]（表4-2）。只有完善纺织服装循环再利用的相关法律体系，才能促进人们在生产、流通、消费、废弃整个过程中对物资进行有效利用，为循环经济的发展提供必要的法律支持。在将来，应该会有明文法律规定纺织服装生产者和消费者的责任和义务：生产者有回收废弃纺织品服装的责任和义务，消费者应该把穿过的服装送回购买的地方等。而目前还没有形成促进纺织服装循环经济发展的法律框架，已有相关立法质量也有待提高。

表4-2 世界各国关于循环经济发展的重点政策文件

国家/地区	名称	发布或修订时间/年
德国	《循环经济与废物处理法》	1994
欧盟	《废弃物框架指令》	2008/2018
欧盟	《包装和包装废弃物指令》	1994/2008/2018
欧盟	《循环经济中的塑料战略》	2018
美国	《资源保护和回收法》	1976
美国	《污染预防法》	1990
日本	《公害对策基本法》	1967
日本	《环境基本法》	1993
日本	《循环型社会形成推进基本法》	2000
中国	《清洁生产促进法》	2002/2012
中国	《循环经济发展战略及近期行动计划》	2013
欧盟	《废弃物指令》	2008
欧盟	《新废弃物指令》	2018
欧盟	《欧洲纺织品应朝循环经济发展》	2019
中国	《纺织工业“十二五”发展规划》	2012
中国	《关于加快废旧物资循环利用体系建设的指导意见》	2022
中国	《“十二五”资源综合利用指导意见》	2011
中国	《关于加快推进生态文明建设的意见》	2015
中国	《中华人民共和国国民经济和社会发展第十三个五年规划纲要》	2021
中国	《循环经济发展战略及近期行动计划》	2013
中国	《资源综合利用产品和劳务增值税优惠目录》	2015/2022
中国	《关于加强和创新慈善超市建设的意见》	2013
中国	《电子废物、废轮胎、废塑料、废旧衣物、废家电拆解等再生利用行业清理整顿工作方案》	2017
中国	《关于加快推进废旧纺织品循环利用的实施意见》	2022
中国	《商务部等13部门关于促进家具消费若干措施的通知》	2023
欧盟	《可持续及循环纺织品策略》	2022

以中国为例，国家《“十二五”资源综合利用指导意见》《关于加快推进生态文明建设的意见》《中华人民共和国国民经济和社会发展第十三个五年规划纲要》《循环经济发展战略及近期行动计划》等，均提出鼓励废旧纺织品的回收利用，推动相应技术的研发和应用。国家发展改革委于2012年开展了资源综合利用“双百工程”建设。财务部和国家税务总局于2015年发布《资源综合利用产品和劳务增值税优惠目录》，从资源化利用基地建设和财政支持的角度引导行业发展。民政部《关于加强和创新慈善超市建设的意见》，积极推进以废旧衣物为主的捐赠物资再生工作。环境保护部办公厅等六部门发布了《电子废物、废轮胎、废塑料、废旧衣物、废家电拆解等再生利用行业清理整顿工作方案》，推动行业规范化和集聚化发展。但行业仍缺乏顶层规划、专项法规和配套制度，探索开放二手服装市场，推动区域回收、分拣、再利用体系建设等，再利用产品的标准、认证和标识体系也需要进一步完善。

此外，生产者责任延伸制度难以实施。生产者责任延伸制度适合于回收品可以用作生产者原料并且回收处置和利用过程通用性较强的情况，如玻璃、纸、金属等，但是对于种类繁多、形式复杂的废旧纺织品回收来说难度较大。由于废旧纺织品回收利用体系不健全，很多企业实行生产者责任延伸制度所需要的经济成本太高，难以承受。除具有一定的资金保障外，生产者责任延伸制度的推行还需要相对高的技术及设备要求，这也是整个纺织产业面临的共同挑战和难题。

四、世界纺织产业循环发展趋势展望

（一）循环再利用化纤产业发展加快

循环再利用纤维对于资源的节约效果立竿见影，不仅降低了纺织品原料资源消耗和废旧纺织品对环境的压力，也为一些纺织或者纺织以外领域的原料提供了更多选择。循环再利用纤维行业具有绿色、循环、可持续的鲜明特色，是新时代纺织产业发展的重要趋势，前景大有可为。其中，废旧聚酯瓶片、废旧纺织品综合利用是循环再利用纤维行业的主要方向。目前，中国已经成为再生化学纤维第一生产大国，再生涤纶产能占全球的80%。与此同时，品牌绿色化转变为循环再利用纤维提供了终端市场需求，也将进一步加快循环再利用纤维产业发展。在可持续发展理念的引导下，国内外知名品牌服装公司都在向供应链企业传达循环再生材料的概念和需求，推动供应链企业采用循环再生纤维材料。国际各大终端零售品牌都在积极拥抱绿色环保材料，制定了各自在材料方面的可持续发展战略。如H&M，2016年有26%的材料来自回收等绿色材料，而到2030年，其将实现所有原料都来自回收或其他可持续材料。此外，宜家（IKEA）、耐克（Nike）、迪卡侬（DECATHLON）均将在2025年前实现所有的涤纶产品使用100%再生涤纶。

循环再利用纤维性能向高值化、高品质发展。例如，以废旧纺织品为原料，采用化学再生回收关键技术去除聚酯类废旧原料中的杂质并脱色，通过酯交换反应还原成原料，制成的原料品质完全等同于石油工艺路线。此外，利用废弃塑料和废旧纺织品等再利用原料中含有的聚丙烯、聚乙烯、聚酰胺、聚氯乙烯等其他成分，开发出高柔软性、高压缩弹性等功能差别化纤维，代表产品有化学法循环再生聚酯纤维、高强低伸再生聚酯纤维、细旦多孔循环再生聚酯纤维。

循环再利用纤维及制成品向地毯、家纺、汽车等产业用领域快速拓展。废旧纺织品终端应用市场的快速扩大，反向推动了废旧纺织品回收再利用率的提高。随着产品质量的提升，越来越多的消费者开始接受循环、可持续发展的观念，认可循环再生产品、再循环产品的拓展应用成为一种必然，呈现明显的多样化趋势。代表性产品有功能性循环再生BCF膨化涤纶长丝、蓬松保暖循环再生聚酯纤维、土工布用循环再利用聚酯纤维、汽车内饰用循环再生聚酯纤维。

（二）技术创新推动产业循环转型加快

随着科学技术的飞速发展，纺织循环发展相关技术也在不断创新和发展，未来将加快突破循环再利用纤维和再生纤维生产的关键技术和瓶颈问题，提高相关技术规范和技术水平。

技术创新加快推动循环再利用纤维和再生纤维的研发和应用是未来一大趋势。通过采用再生循环纤维，替代传统的合成纤维和纺织品，减少对资源的消耗和对环境的污染。随着人们对环境保护和可持续发展的关注不断增加，越来越多的研究和创新正在致力于开发循环再利用和再生纤维。例如，赛得利公司作为全球最大的纤维素纤维生产商，不断通过技术突破开发优质的再生循环纤维，2020年推出全新再生循环纤维素纤维品牌FINEX®。同年，美国杜邦公司联合赛得利公司推出优弹™（Stretch Cosy™）环保面料，其纤维面料来自100%的生物基纤维，可循环再生。中国唐山三友集团有限公司与Renewcell合作打通了从废旧衣物制浆到纺丝的工艺，目前生产再生粘胶中循环再利用浆粕的添加比例超过30%。目前，中国的再生纤维技术与规模已经处于世界领先地位，部分高端产品已经可以达到食用级、婴儿级[33]。不难看出，未来的技术创新将更加关注产业源头技术，力求通过技术的创新和突破为纺织市场输出更具竞争力的再生循环产品。

同时，废旧纺织品循环再利用技术创新和应用进程也在加快，进而推动了废旧纺织品回收再利用的效率和质量。再利用技术的发展是促进废旧纺织品回收再利用的根本，按年产生2000多万t废旧纺织品及综合利用率达到60%测算，年可产出化学纤维940万t、天然纤维约470万t，相当于节约原油1520万t，节约耕地1360万亩，将有效缓解纺织工业资源紧缺问题。因此，进一步加大和推广废旧纺织品回收和循环再利用技术是新时代节省资源、提高资源利用率、促进纺织产业可持续性发展的重要措施，也是纺织循环发展的重要趋势之一。目前，整个纺织产业对废旧纺织品回收利用的研究和应用高度重视，如美国麻省理工学院近期研发出一种微波等离子体高温快速炭化塑料技术，该技术能在数秒之内将常见不可降解塑料转变为高温石墨化的碳与多种化工原料气体。法国多家研究机构攻关生物解聚再生技术，并与日本环境公司合作，加快废旧纺织品回收新技术的产业化进程。此外，废旧纺织品品种繁多、成分复杂，不同的成分需要不同的再生处理方法。针对人工分拣劳动强度大且分拣不准确的问题，加快推进红外光谱技术等定量分拣技术的研发和应用。同时，对不同材质、不同颜色织物的分选技术进行完善。中国将废旧纺织品循环利用关键技术纳入国家重点研发计划，未来会进一步加强化纤再生基础研究，依托骨干企业，加快突破一批废旧纺织品纤维识别、高效分拣、混纺材料分离和再生利用的重点技术及装备瓶颈，鼓励企业与高校、科研机构等开展协同创新，加快推动先进适用技术的产业化应用。

此外，随着大数据时代的到来，整个纺织产业对信息化需求一直处于平稳向上的状态，开发和推广信息化技术成为助推纺织产业循环发展的必然趋势，其中生产过程自动化和制造管理自动化是纺织循环信息化的重要领域，能够有效提高生产效率和自动化水平[34]。生产过程自动化在减少原料浪费、降低能源消耗和污水排放的同时实现产品质量的稳定和优质生产，在信息化建设进程中的应用效果逐渐显现，发展趋势看好。

制造管理自动化中纺织厂自动检测系统一直是纺织信息化的重要领域，近年来成为纺织产业向循环方向发展的一个重大转机，如为全线的纺纱织布设备配置数据在线采集装置，或者在实施ERP系统基础上向下延伸到车间层，实现生产数据的自动采集，在原料节约和产品质量提升方面作出重要贡献。此外，车间生产物流系统也是值得关注的趋势，可对物料进行移动跟踪，保证基础数据采集面，大幅度提升信息的实时性和准确性。中国国家先进功能纤维创新中心已经采用国家二级节点解析技术、区块链技术、供应链追溯系统等信息化手段，为绿色纤维制品全产业链上下游提供轻量应用，实现从纤维到终端产品的全产业链数字化转型升级和在线交易，做到生产数据、仓储数据、物流数据、交易数据的可信上链[35]。

对整个纺织产业来说，纺织信息化将在接下来几年内由局部推进逐渐转向整体推进，由单向应用转向综合集成，逐步形成对纺织循环发展的自主创新支撑体系。

（三）废旧纺织品回收利用产业体系加快完善

构建完善的废旧纺织品回收利用产业体系，是世界纺织产业循环发展的重要趋势之一，也是纺织产业循环转型的关键。目前，世界各国都在进一步完善废旧纺织品回收系统，以实现废旧纺织品回收渠道的多样化，并逐步提升废旧纺织品的利用率。发达国家在原有废旧纺织品回收利用体系下，进一步强调垃圾分类、精细分拣，以尽可能实现最佳方式的纺织品收集、再利用、回收和处置。此外，进一步发挥龙头企业带动力，进行回收、分拣、开料、再生、无害化处理等全产业链作业。如优衣库（UNIQLO）和国际人道组织合作，把回收来的旧衣服捐给难民、受灾者，据官方统计至今已经在全球53个国家和地区展开相关计划，H&M的回收计划，也已经在美国、亚洲和欧洲国家等多国展开[25]。目前，日本优衣库公司也已经开启全商品回收再利用活动。在后续的纺织循环发展中，著名纺织服装企业的示范辐射效应将持续扩大，越来越多的企业将参与到废旧衣物的回收中。

中国将加快构建废旧纺织品回收系统，以完善废旧纺织品循环再利用体系[30, 36, 37]。2021年，全国297个地级及以上城市已开展垃圾分类工作，居民小区垃圾分类平均覆盖率达77%，首批先行先试的46个重点城市生活垃圾分类小区覆盖率已达86.6%。在上海、北京、广州、深圳等城市，居民对垃圾分类的知晓率、参与率已达到九成以上。2022年，中国国家发展改革委、商务部、工业和信息化部印发《关于加快推进废旧纺织品循环利用的实施意见》，提出到2025年，中国废旧纺织品循环利用率将达到25%，废旧纺织品再生纤维产量达到200万t；到2030年，废旧纺织品循环利用率达到30%，废旧纺织品再生纤维产量达到300万t。2023年，《商务部等13部门关于促进家具消费若干措施的通知》发布[38]，提出有效改善消费条件，完善废旧纺织品循环利用体系。

（四）循环时尚设计应用不断加快

循环时尚是不同利益相关方积极推进纺织循环发展的产业系统解决方案，循环时尚设计可以按照循环经济的原则，让纤维、纺织品和服装在设计、生产、使用和循环的过程中发挥最大价值，减少资源的消耗和废弃物的产生。加快循环时尚设计进程和实践，成为纺织产业循环发展的重要发展方向和趋势之一。

纺织企业在循环设计理念的推动下，开始使用环保材料，如有机棉、再生纤维、可降解材料等来替代传统的化学纤维和合成材料。同时，纺织生产过程中也开始采用更环保的技术和工艺，以减少环境污染和资源消耗[39]。企业是开展绿色设计实践的主体，中国部分领先的纺织服装企业已经开始践行绿色设计。2019年中国纺织工业联合会社会责任办公室对行业内40家纺织服装行业的调研结果显示，25家设计企业大部分会在产品设计阶段考虑生态设计；24%的企业全部产品考虑生态设计，52%的企业则是大部分产品会考虑生态设计。受访企业开展的绿色设计实践主要体现在两个方面：原材料的选择；更环境友好的生产技术或工艺。数据显示，72%的企业会选择使用再生纤维/面料/材料，而生产技术或工艺主要集中在选择有害物质使用更少、能源消耗更少、水资源消耗更少甚至不消耗水资源的加工工艺方面[33, 40]。

循环时尚设计注重产品的回收和再利用，促进了可持续材料的应用，进而有助于推动形成循环经济闭环。一些产业领导品牌和企业围绕可持续原材料的开发与应用开展行动，并以此为基础探索建立废旧纺织品回收资源化利用闭环模式，以促进废旧纺织品再生产品的绿色价值链建设，进而促进产品绿色设计应用[41]。比如，耐克2019年在76%的鞋类和服装中使用了可回收材料，并发布了致力于材料循环使用的设计指南[42]；H&M集团承诺到2030实现原材料100%来自包括循环再利用纤维在内的可持续纤维材料；印地纺（Inditex）集团计划到2025年实现原材料100%可持续性，所有原材料均采用有机、可持续或可回收的棉、亚麻和聚酯纤维。

（五）绿色消费崛起助推循环发展

全球可持续消费意识快速崛起。随着气候变化、海洋塑料污染等全球性环境议题在世界范围内引起关注，以及联合国可持续发展目标（SDGs）的推广普及，可持续消费的理念逐渐为全球消费者所认知并实践，尤其是年轻一代消费者。权威机构调研显示，75%的消费者认为可持续性极其重要；超过1/3的消费者表示愿意选择在环境与社会改善方面有所实践的品牌，即使这可能不是他们的首选品牌；如果另一个品牌比消费者喜欢的品牌更环保、更有利于社会的话，超过50%的消费者计划在未来更换品牌；越来越多年轻消费者表示，为了减轻对环境的负面影响，他们愿意为某些产品花更多的钱。

随着行业的发展，越来越多的消费者接受循环、可持续发展的观念，开始认可循环再生产品。因此，再生产品的拓展应用成为一种必然，呈现明显的多样化趋势，应用范围已经覆盖非织造、地毯、家纺、汽车纺织品等领域。

绿色消费者对于纺织品材料的环保性要求越来越高，也越来越关注产品的环保属性和质量保证，越来越多的品牌开始积极遵守环境法规，并获得相应的认证，如OEKO-Tex®、GOTS和摇篮到摇篮（Cradle to Cradle）等。欧盟有10余种生态标志，其中德国最多，有7种，品种包括服装、地毯、纤维等。这些认证可以衡量产品的环境性能、可持续性和社会责任，确保产品符合环保和健康标准，并提高消费者对产品的信任，已成为消费者选择的重要因素。

消费者对环保和可持续产品的需求不断增加，并对纺织企业提出更高的要求。绿色认证和标准化的推广能够帮助消费者做出更明智的购买决策。根据2020年中国《可持续消费研究报告》显示，消费者在制定购买决策时对产品和品牌的可持续性负面信息更加敏感。了解到产品制造过程中存在大量能源和资源浪费等负面信息后，超过80%的消费者选择放弃购买。因此，纺织企业需要通过获得环保标签认证来证明其产品的环保性能和质量保证，以此激励企业改善自身产品和生产过程。

扫码见参考文献

第三章　世界纺织产业助力生物多样性保护趋势展望

一、全球生物多样性现状与治理

（一）全球生物多样性现状及趋势

生物多样性为生物（动物、植物、微生物）与环境形成的生态复合体以及与此相关的各种生态过程的总和，包括生态系统多样性、物种多样性和基因多样性三个层次[1]。大量物种之间错综复杂的相互联系与依存，构成了自然界的和谐结构，其影响从微观层面延伸至地球整体的繁荣昌盛。我们赖以生存的氧气、天然饮用水、肥沃的土壤、农作物等，都来自生物多样性。优越的生物多样性系统为我们带来丰富的可用于社会经济活动的资源，推动工业、农业、科技等发展，也为人类生活带来适宜和谐的环境。

全球自然环境正在以人类历史上前所未有的速度衰退，物种灭绝的速度正在加速，对世界各地的人们造成潜在威胁。目前，约有1万种动植物物种面临灭绝的威胁，其中许多物种将在几十年内灭绝，这比人类历史上任何时候都要多[2]。相关数据也证实着这个问题，世界自然基金会发布《地球生命力报告2022》，通过对近3.2万个物种种群进行分析，发现在1970—2018年，野生动物种群数量平均下降了69%，这一数据显示了地球生物多样性严峻的退化趋势[3]。全球生物多样性遭遇如此严重的困境，而我们目前所做到的却并不够多，2020年联合国生物多样性公约秘书处发布的第五版《全球生物多样性展望》显示，上一个十年中，为保护生态系统和促进可持续性所制定的目标在2020年未能得到充分落实，仅有六个目标被认为在一定程度上得到了实现[4]。生物多样性的不断流失和生态系统的持续恶化正在严重影响人类的福祉和生存，尤其在新型冠状病毒肺炎流行之后，全球已经遭遇了环境压力带来的打击，我们需要为下一个因为自然退化而出现的潜在威胁做好准备，因此全球对生物多样性的保护显得更加紧迫而严肃。

（二）全球生物多样性治理

经济活动的发展不可避免地需要对能源进行开采，尤其是对生物资源、生态环境进行开发和利用，而这些行为会对生物多样性造成不可逆转的破坏。不仅仅是近年，自人类开始大规模工业化生产时，就已经有学者强调了生物多样性治理的必要性。

早在1988年，O.E.威尔逊（O.E.Wilson）在其著作*Bio-diversity*中就指出生物多样性作为一个全球性问题迫切需要解决，并指出该问题主要受三大要素的影响，即爆炸性增长的人口数量、不断发展的科学技术以及自然栖息地的毁坏[5]。随着越来越多的生物遭受灭绝或陷入濒危境地，我们也逐渐醒悟并寻求改变。1992年，联合国颁布《生物多样性公约》，确定了保护生物多样性的紧迫任务。2010年为“联合国生物多样性十年”，以期执行《2011—2020年生物多样性战略计划》，还确立了可持续发展目标2030年的《15年可持续发展议程》，致力于“保护、恢复和促进陆地生态系统的可持续利用，可持续管理森林防治荒漠化，制止和扭转土地退化，遏制生物多样性丧失”[6]。2020年后，生物多样性框架在各个国际机构的共同努力下得到了显著的充实和扩展，《保护野生动物迁徙物种公约》《濒危野生动植物种国际贸易公约》《联合国气候变化框架公约》等都加入并完善了生物多样性治理框架体系。各国也在国际联合制定的框架下，针对各自国情给出相应的治理方案，如中国“十四五”规划中，在强调经济发展的同时提出了和自然协同前进的目标。

在2022年，《生物多样性公约》缔约方大会第十五届会议第二阶段顺利召开，通过了制定昆明—蒙特利尔全球生物多样性框架的编制进程，来推动、促使和激励各国政府、国家以下各级政府和地方政府以及在全社会制止和扭转生物多样性丧失，实现报告中的愿景、使命、长期目标和行动目标中规定的成果[7]。

通过几十年的不懈努力，我们在保护生物多样性方面不断地完善并进步着，然而地球的生命系统仍在遭受的破坏却比我们预料得更加严重且迅速，水生动物、陆地动物以及它们的栖息地和生存环境依旧未转好，全球依旧面临着严峻的自然困境，并且严重性日益加剧。因此，我们更加需要紧迫起来，共同努力实现全球生物多样性的治理。

（三）全球生物多样性治理的重要性

全球生物多样性治理是确保地球生态系统可持续性和人类福祉的关键组成部分。如今，生物多样性遭受破坏，已经对我们的生存环境造成了很大的威胁。生物多样性的价值和意义体现在各个方面，我们需要采取协调一致的行动，制定政策、法律和协定，以保护和恢复生物多样性，确保它在未来能够继续为我们提供重要的生态系统服务和资源。

生物多样性维持生态系统的健康和稳定性。生物多样性有助于维持食物供应、水资源管理、气候调节、污染控制和自然灾害防治等重要生态系统。一旦生物多样性遭受破坏，这些与生物多样性息息相关的领域可能会受到威胁，给人类社会带来巨大的经济和社会风险。

生物多样性为我们实现经济活动以及科学发明提供了重要的生物资源。生物多样性为我们提供了各种作物品种、野生动物和海洋资源，支持着人类的经济发展。生物多样性的丧失将导致严重的经济困境。保护和维持生物多样性有助于维护稳定且持续的生物资源，这些资源可能包含着未来经济产业突破的关键成分。

生物多样性与人类文化和社会联系紧密，它反映在民族传统、宗教仪式、艺术和文学中，人类文化的延续需要生物多样性的社会价值。生物多样性为艺术的创造提供了无尽的灵感，留给后世无尽宝贵的财富。

目前，地球正面临着大规模物种灭绝的危机，这主要是人类活动导致的，因此生物多样性治理是全球应共同承担的责任，需要全球合作来保护和治理。气候变化、非法野生动植物贸易、生态系统破坏等全球性问题与生物多样性密切相关。可以采取全球生物多样性治理行动来减缓这一趋势，保护濒临灭绝的物种和生态系统，促进实现一个绿色可持续的未来。

二、纺织产业与生物多样性

（一）世界纺织产业对生物多样性的影响

2021年，波士顿咨询公司发布了《生物多样性危机是一场商业危机》，研究了生物多样性危机和商业之间的影响和关系，报告指出：全球有主要四个商业价值链造成了大约90%的生物多样性丧失，其中之一是时尚纺织产业[8]。纺织产业是全球第二大污染产业，在其价值链中，从纤维生产、纺织品生产、运输销售、消费者使用到纺织品的废弃过程，都对陆地、海洋以及大气环境造成不可忽视的影响，自然资源的直接过渡、气候变化、生态污染都与纺织产业有着直接关系。

当前，全球社会、环境和经济面临巨大而持续的挑战，这些挑战要求纺织业必须积极而迅速地采取行动来应对。为了应对这些挑战，我们必须深入研究全球纺织业对生物多样性的影响，以制定相应的保护措施和可持续发展策略。只有通过深入调查和研究，我们才能更好地了解纺织业在生态系统中的作用，从而寻找到并实施更加可持续的生产和经营方式。这不仅有助于减轻环境负担，还能为野生动植物的保护创造更加有利的条件，确保地球上的生物多样性得以持续存在和繁荣发展。由于全球纺织业的复杂性，针对同样复杂的生物多样性治理问题的解决，需要进一步落实。根据调查报告显示，时尚纺织产业对于生物多样性的影响主要集中在原材料生产、材料处理加工、纺织品使用以及终端处理四个阶段[9]。

纺织品生产的原材料加工阶段会对生物多样性产生重大影响。纺织业依赖各种自然资源作为纤维原材料，而为了获得这些原料，需要消耗很大的土地面积以及大量的水资源，在这个过程中纺织产业会对生物多样性产生一定影响。纺织产业的原材料供应中，有一部分来源于自然纤维，即将生态中的生物直接作为生产原料参与生产过程，如棉花纤维、来源于木头的纤维素纤维以及动物丝毛类纤维。然而这一步骤将消耗相当规模的土地资源、水资源等能源，且不可避免地带来化学污染。以被广泛使用的棉花纤维为例，全球棉花种植每年需要消耗超过2500亿t水，同时排放二氧化碳量高达2.2亿t[10]。此外，棉花种植还会导致土壤退化和水土流失，大面积土地被用于棉花种植业，致使动物栖息地丧失，给生态系统造成破坏。同时，棉花还是全球施用化学品最多的农作物，有害的化学品会被土壤吸收，对土壤造成污染，还会挥发进入大气循环以及水循环中，对水生动物的生存环境造成影响。由于污染物进入了生态循环，所以不只是种植区域的生态会受到影响，其对环境的威胁还是世界性的问题。另外值得关注的还有可获得动物纤维的畜牧业，尽管诸如羊毛等纤维被视为可再生和可生物降解的纤维，但是在畜牧养殖过程中亦会产生大量的碳排放以及占据相当大的占地面积，造成土地退化；畜牧业还会对当地的食物链造成影响，也会对生物多样性造成破坏。此外，全球纺织产业对森林造成的破坏也在威胁着生物多样性。以纤维素纤维生产为例，每年约有3亿多棵树被砍伐，其中约有30%的木材来源于原始森林而非再造森林[11]。森林资源的消耗会导致动物栖息地丧失，破坏当地生态系统，威胁许多动植物的生存。

在纺织品生产的加工过程中，其对生物多样性的威胁主要体现在环境污染和能源消耗两个重要方面。特别是染色和多样化的后处理技术，赋予了织物丰富的功能和美丽的外观，然而在处理过程中，大量的化学品和染料被使用，这些化学品和染料的安全性尤其是所使用的化学成分的安全性，成为一个值得关注的重要议题。纺织品生产过程中需要使用多达3500种化学物质，其中，750种被归类为对人类健康有害，440种被归类为对环境有害，这些化学品的使用会造成水污染，影响当地的生态环境。仅在中国，纺织印染行业用水量占工业总用水量的6%左右，具有排放废水量大、色度深、污染物含量高等特点，且染料品种已近500种，中国染料年产量保持在77万~92万t，约占世界总产量的2/3[12]。化学染料的使用给生态环境带来不利影响，伴随染料一起使用的还有硝酸盐、醋酸等基础化学品和助剂等，也会增加染色废水处理难度。此外，还有一些难以降解的染色助剂会在环境中停留很长时间，如甲醛基固色剂等；与着色剂和油性泡沫一同存在的胶体材料提高了水体浑浊度，影响了光合作用所需的阳光扩散，进而干扰海洋生态系统；这些废水还可能导致土壤孔隙阻塞，导致土壤生产力损失[13]。此外，生产过程中不可避免地耗费能源，燃烧化石燃料会产生工业废气和温室气体并排放，这都会对生物多样性产生影响。

产业集群化发展是纺织产业生产模式的特点之一，而这也会对生物多样性造成一定影响。作为纺织业进口以及出口的大国，中国纺织产业积极倡导完整供应链的形成，推动产业集群化发展，这一发展模式面临着产业发展的资源需求和环境保护之间的平衡等问题。产业发展依赖能源、水资源及原材料等资源，集群化发展使得对资源需求更加集中，进而带来的环境保护压力也越大。如各个产业环节排放的废水、废气、固体废弃物等总量高、处理成本高，处理标准的高低对环境影响起着决定性作用。但是即使坚持高标准要求，对土壤、水体与大气等环境的污染的持续性和累积性也是不可忽视的重要问题，这需要行业在发展过程中加强重视。与此同时，在产业集群化发展过程中，土地资源的刚性消耗对当地的生态系统影响较大，产业发展用地需要合理科学规划，需要充分考虑当地的生态环境保护需求。未来，推进全球纺织产业的可持续发展，需要综合考虑生态环境、可持续性和社会效益，推动绿色循环经济，采取适当的管理措施来平衡产业发展和环境保护。

纺织品的使用过程也会对生物多样性造成负面影响。全球纺织品材料中，有60%采用聚酯纤维、尼龙等合成材料制成。这些合成材料制造的纺织品不仅更加耐用，成本也较低，因此在生产中被广泛选择，消费市场也对其青睐有加。然而，在我们反复洗涤的过程中，其对海洋生物的生存环境造成了巨大的影响。在制造、洗涤和穿着过程中，合成纤维制成的衣物会释放微小且无法降解的微纤维（初级微塑料的一种），这些纤维碎片小于5mm，最终被排放到环境中，导致动物栖息地受到污染。据统计，从合成纤维衣物等产品中洗出的微纤维占海洋初级塑料污染的35%，平均每次洗衣服会释放出9万个微纤维，这些纤维无法被废水处理厂过滤，最终进入海洋，而纺织产业对海洋微塑料污染的贡献约占整体污染的9%[14]。联合国也强调了微塑料污染对海洋生态造成的严重影响，这也是纺织产业需要着重关注的方面。

此外，纺织品的废弃也给生态环境带来了巨大压力。废弃纺织品的填埋会对大气、地下水、土壤造成污染，侵害当地生态环境，加剧纺织业对生物多样性的影响。根据罗马尼亚环境、水和森林部的研究，开垦垃圾填埋场意味着每公顷土地上损失30~300个物种[15]。随着快时尚的兴起，制造业产品价值降低，衣物的使用寿命变短，而市场的消费越来越频繁，纺织产业造成的衣物废弃物也不断增加。根据联合国的统计数据，全球每年产生92万t纺织废料，其中87%的制造材料和纤维最终被送入焚化炉或垃圾填埋场，只有20%的废弃纺织品得到回收[16]。转变这种快速废弃和消耗模式，对纺织产业减少对生物多样性的影响十分必要而紧迫。

综上所述，全球纺织产业对生物多样性造成的影响主要集中在资源耗费、栖息地破坏、污染以及气候变化四大方面。其中资源耗费包含水资源的大量消耗以及生产中对供能能源的消耗；栖息地破坏包含森林毁坏、土地资源占用等；污染包含大气污染、土壤污染以及水体污染；而气候变化是指产业活动中造成的碳排放。纺织产业需要衡量相关方面来了解自身对生态造成破坏的环节并制定相应的治理战略。

（二）生物多样性为全球纺织业创造价值

纺织产业作为全球性的大型经济产业，需要参与生物多样性治理，是因为生物多样性是全球纺织业的宝贵资源，其各个领域的价值都在纺织产业链中发挥着作用，生物多样性和全球纺织产业之间应该是互相促进的共生关系。自然生态的丰富多样推动了纺织技术的不断创新发展，还激发了行业内无尽的灵感创意。生物多样性治理不仅是全球纺织产业的一种责任，更是一种产业突破创新而逐步实现转型升级的机会。保护生物多样性，将促进全球纺织产业发展成为一个更加环保、可持续的产业。通过采取措施保护物种、保护栖息地，我们能够确保生态系统的健康，从而为纺织产业提供持续稳定的资源。这种资源的稳定供应不仅有助于纺织产业的稳定发展，还能够加强纺织产业与自然环境之间的协调共生关系，实现全球纺织产业发展与生态保护的共赢局面。

生物多样性提供了丰富多样的生物资源，不同植物和动物物种提供了不同种类的纤维、自然染料及多种多样的材料，为纺织行业提供了广阔的可选原材料库，帮助其生产出多样且具有特色的产品，满足市场多样化的需求。健康的生态系统有助于培养更为理想的自然农作物，如通过优越的土壤环境与气候条件催生出高质量的棉花原料，从而为纺织业提供优越的纤维资源。这种自然物种的多样性、丰富性，不仅赋予纺织领域以广泛的资源选择，同时在相应的生产过程中提供了更加坚韧耐受的环境条件。同时，优秀的原材料制造的纺织品会更加耐用，拥有更长的使用寿命，且产出的纺织品生命周期所包含的有害成分相对减少，保障了绿色的产业链，进而促成了良性循环的生态系统维护机制。

生态环境的保护，对于生态系统稳定性和生态服务的维护，所蕴含的益处延伸至纺织业生产的诸多领域，不仅为纺织产业提供了更为精致的供应链，同时也深刻地影响其生产活动。我们知道，生态系统所蕴含的物质循环过程，借助于泥土、水体等环境介质中蕴含的多种微生物实现物质的逐级降解，将物质引导至下一生态循环。当然，卓越的生态环境为此步骤的顺畅推移提供了坚实的支撑，使生态系统能够不断代谢污染物，实现自我修复。而生态物种的多样性、丰富性常成为环境自我修复和抗污染能力的重要指征，多样丰富的生态系统有助于维持生态平衡和稳定性，从而使环境能够更好地应对污染等环境压力。

纺织产业的发展正需要这样的环境来进行可持续发展，让绿色经济生产融入生态系统，通过节能减排将排放到生态系统中的有害物质降到最低，确保其在生态系统的耐受界限之内。同时，良好的生态环境可以反作用于生产，为纺织业制造提供绿色健康的生产环境，激励企业创新，创造更加受消费者青睐的高质量纺织产品，为劳工提供健康有保障的工作环境，提高企业的综合实力和市场竞争力，提高纤维材料的质量和纯度。这样可以在生产过程中减少污染和杂质，提供更高品质的织物，提高产品的可信度和安全性等价值。

将生物多样性保护的价值观纳入生产行为考量之中，可以提高企业的综合竞争力，随着全球纺织业对可持续的重视，绿色环保的产品也在市场有着相当的分量。随着人们可持续时尚的意识不断增强，在2019年，全球道德时尚市场规模已经达到近63.5亿美元，且根据可持续时尚产业的统计数据，预计2025年市场规模将增长到98.1亿美元，2030年将增长到151.7亿美元[17]。同时，随着市场的升级以及消费者意识的逐渐提高，越来越多的消费者关注动物福利和保护，并更倾向于选择动物友好型产品。世界经济论坛在2022年发布的研究报告中，超过1/3的受访者表示选择具有环境可持续实践或价值观的品牌，而28%的受访者已停止购买道德或可持续性价值观较差的品牌[18]。消费市场偏好的转变催生了更有责任心的企业，纺织产业如果能够积极参与生态保护，树立良好的绿色企业形象，更加重视生物多样性治理，就可以进一步获得良好的企业声誉，以此吸引更多的消费者，满足不断增长的市场需求。

三、全球纺织产业助力生物多样性保护现状

（一）建立可持续的纺织供应链

1. 负责任的原材料

在原材料获取方面，纺织产业利用到的材料非常之多，从天然材料到合成材料，都属于纺织供应链开始的一环。纺织产业消耗的常见原料都对生物多样性造成了负面影响，但我们可以从各个环节减少对生物多样性的影响，利用更环保的资源，不断提高资源利用率，来变得更加可持续。全球纺织产业正在从生产的源头开始把控，减少进入纺织品生命循环的污染，从而得到更加生物友好的产业链。通过选择可持续的原材料，如对环境负面影响更少的天然纤维，或者可再生的农业养殖业提供的材料以及技术支持研发的生物基材料等，有助于企业减少对自然生态的影响。

为了保护森林以及其中的生态环境，减少对动物栖息地的侵占，许多品牌开始从森林管理委员会（FSC）和森林认证认可计划（PEFC）认证的种植园采购木质来源来生产人造丝、粘胶、莫代尔、莱赛尔等纺织纤维，既确保了纺织原料的供应，同时还能减少对于森林生态的影响，为恢复森林系统做贡献。

为了减少棉花种植以及动物养殖过程中纺织产业对生态造成的负面影响，纺织产业还逐步介入原料相关的种植以及畜牧领域，鼓励实现恢复土壤健康和生态系统的绿色目标，在根本上实现了更加负责任的材料供给，减少了纺织产业对于生态环境的消耗，促进了生态的自我修复和再生。纺织产业与当地农业合作，减少棉花种植的水资源消耗和化学试剂使用，减少养殖业对生态的影响。这些相关实践可以为后续的纺织生产过程提供更耐用、更高质量的纤维材料，扩展纺织品的生命周期长度。然而，由于需要投入的成本很高，目前能够做到生态友好原料生产方式的企业仅限于高端时尚品牌。对天然纤维获取的绿色改造对于全球纺织产业来说是一个长期的过程，也是纺织产业将生态问题、产业发展以及社会道德问题一同纳入考量后向前迈进的重大一步。

为减少对生物多样性的不良影响，纺织产业还在拓展环境友好型纤维的应用，加大对环境影响较小的纤维的使用。近年来，亚麻、汉麻等天然纤维的使用量逐步扩大，这些纤维生长快速，不需要大量的农药和化肥，对生态环境的影响较小。目前，以玉米等生物基材料为原料的聚乳酸纤维（PLA纤维），或者以藻类植物为原料的纤维也在逐渐进入纺织产业供应链中，成为科技推动下不断发展扩宽的新兴领域，也为生物多样性治理带来了新的解决方案。意大利盟可睐（Moncler）就在2019年推出了全新生物基的羽绒服产品，该产品由植物性织物和配件制作而成，包括织物、衬里、纽扣和拉链处均使用蓖麻籽材料。这是生物基材料的又一次重要尝试，新的纤维植物代替了传统化纤材料，减少了塑料污染。在面料涂层领域，德国一家聚合物生产商科思创（Covestro）发明了名为Impranil® DLN-SD的一种高性能涂层材料，在水中28天的降解率高达66%［经济合作与发展组织化学品（OECD）测试标准301F］，该材料将有助于降低废弃纺织品中微塑料产生的风险。用生物基化纤替代传统合成纤维的使用是未来纤维市场的下一个重点突破领域，全球纺织业必须减少对传统合成纤维的依赖，而增加可持续纤维的举措对于生物多样性的保护有着积极作用。

全球纺织业还在逐步加强其产业链的透明性，以推动对生物多样性的保护。通过原料的可追溯认证，可以有效控制对原材料的过度开发，同时向市场展示品牌产业在环境方面的责任承担，从而促进产

业的可持续发展。原材料溯源的实现能够确保纺织产业的采集和生产活动合法且具有可持续性，从而减少对生物多样性的潜在威胁，同时提升消费者对可持续性议题的认知水平。在原材料追溯领域，欧洲纺织业走在前列，许多品牌和制造商已获得环保和可追溯性认证，公开其原材料来源和供应链信息，从而将原材料追溯上升为了业内的行业标准。标准、体系和认证是纺织企业向消费者展示他们对可持续发展的承诺的实践证明。从中国化学纤维工业协会获悉，尽管中国拥有完整的聚酯纤维再生产业链且正在扩大再生纤维在纺织纤维使用中的占比，但我们缺少完善的可再生的追溯体系和可信认证体系。因此，为加强中国纺织产业在可再生生态领域的实力，中国正在积极推动构建发展原材料可追溯系统。目前，根据"十四五"规划，中国纺织市场已经规范了"绿色纤维"认证标志，以确保以再生资源为原材料，加工过程无污染，符合环保和可持续发展的要求。

2. 绿色生产技术

生产中的科技创新也促进了更可持续的材料和生产方式的产生，减少了对生物多样性的影响。纺织产业能耗高、污染严重主要体现在染整加工方面。在纺织品的生产过程中，许多纺织企业采用节水和节能的生产工艺，以减少对水源和能源的消耗，从而降低生产过程对周边生态系统产生的压力。在中国，为促进行业节水减污，《国家鼓励的工业节水工艺、技术和装备目录（2019年）》共遴选了纺织印染行业24项节水技术装备，如喷水织造废水处理回用技术、分散染料无水连续染色装置等。纺织产业还在推动行业科技发展创新，如高效节能等离子织物前处理技术、新钠灯照明节能技术等，以有效节约水消耗量以及能源消耗[19]。

同时，在印染和后整理的过程中，纺织产业选择使用环保型染料和化学品，减少了有害物质的排放，降低了对水源和土壤的污染风险。为减轻纺织业化学品对环境和生物多样性的负面影响，纺织产业还在纺织品的生产和加工过程中制定并执行有关化学品使用和处置的规则、准则和标准。

中国在纺织产业的化学品管控方面，由中国检验检疫科学研究院化学品安全研究所牵头，联合来自生态环境部对外合作与交流中心、中国纺织工业联合会、中国印染行业协会等单位的专家共同编写了《纺织化学品管控》，介绍了纺织化学品及其安全基础知识，国际纺织化学品管控形式、管控标准及趋势，国家对污染物排放的管控要求，企业各工艺环节对化学品管控的措施，以及纺织化学品管控的理论和实践。

欧洲纺织产业进一步加强了对化学品的管控，根据《欧盟可持续和循环纺织品战略》要求，到2030年，生产商必须使投放到欧盟市场的纺织品不含有害化学物质[20]。纺织业的化学品法规对于防止化学品污染对生物多样性和生态系统的负面影响至关重要，而我们正在进一步以"绿色"使用来达到对生物多样性的保护。

不仅如此，由于纺织产业处于加大力度实现产业转型的阶段，对生产的有效评估为行业发展提供了自我分析和有效修正的机会，因此全球纺织业中很多企业正在逐步引入产品生命周期的概念，考虑从纺织品的产生到废弃的各项过程中对于环境产生的影响，从而更规范地对各个阶段进行转型优化。

3. 发展循环经济

为了减少纺织品生命循环中对生态的影响，全球纺织产业倡导落实循环经济模式，要求产业向可循环、再生、可持续发展，鼓励纺织品"从自然产生又回到自然"。不同于传统的线性经济模式，循环经济通过将资源的使用与废弃之间的过程转变为一个持续的循环，实现可持续发展和资源的最优化利用。循环经济的商业模式可以让纺织企业在不生产新衣服的情况下赚取收入，通过将收入与原材料生产脱钩——通过转售、租赁、维修和改造等商业模式，对温室气体排放、污染和生物多样性的影响都可以减少，且据估算，该产业产值将在2030年达到全球时尚市场23%的占比[21]。

纺织产业参与落实循环经济首先可以通过减少生产总量并延长产品使用寿命来减少进入经济循环中的产品总量，同时减少废弃纺织品的产生。在循环经济的源头部分，纺织产业可以从上一阶段纺织品生命周期的最后一步中获取回收再生的纤维资源，将废弃物转化为新的材料，减少对于新资源的开采。而且随着回收再生纤维的普及，将会建立起更为完整的循环供应链，包括废弃物回收、纤维再生、产品制造等多个环节的合作，形成更加闭环的生态系统。纺织产业还可以通过建立共享经济平台，推行产品租赁或交换服务，推进展开二手市场的建立，让纺织品的生命周期重新进入消费领域，得到再生。

纺织产业还在发展废弃纺织品回收链，如今，可以选择各种技术来促进纺织废料的回收。厌氧消化、发酵和堆肥等技术是可用于纺织废料的生物技术。同时可以通过衣物的回收和分类将纺织品转回成为纤维进行再利用，重新开始纺织品的循环链。中国再生纺织产业可信体系——绿色纤维制品可信平台（STCP）正在打造从废料回收到面料的完整可信链路，以促进再生循环纺织纤维的发展。

循环经济有助于降低资源枯竭、能源消耗和环境污染，因此对于生物多样性的保护有着重要意义。在未来，全球纺织业应重点关注利用并回收负责任的环保纤维，将纺织品生命周期的利用率和生态友好程度扩展至最大，并促进经济可持续发展。许多国家和企业都在采取措施推动循环经济的发展，以应对日益严重的资源压力和环境挑战。但尽管如此，根据世界纺织交易所相关数据，世界回收再生的纤维量在总体纤维市场中占比还不足1%。根据中国“十四五”规划要求，中国循环再利用纤维年加工量占纤维加工总量的比重达到15%。为了实现该目标，全球纺织产业依旧任重而道远。

（二）建立并完善纺织产业相关标准和法规体系

纺织产业的绿色发展离不开法规和标准对市场的规范管理，可持续性标准是解决生物多样性减少问题的重要措施。为了让生物多样性更加体系化地开展，政府机构和相关国际组织一直致力于完善相关法规来减少纺织产业对于生态的破坏。

在联合国第75届大会期间，通过了第75/271号决议——《自然无疆界：跨界合作——养护、恢复和可持续利用生物多样性的关键要素》。这标志着联合国大会首次通过关于跨界保护的决议，也是首次将“连通性”和“生态走廊”两个术语列入代表联合国193个会员国的高级别决策。该决议强调了世界各地为实现“联合国生态系统恢复十年（2021—2030年）”的目标所需的奉献精神，以及在这方面可以作出的贡献，即气候变化适应、生物多样性保护和避免未来的流行病的基于自然的解决办法。

在全球《时尚公约》（*Fashion Pact*）的行动框架中，生物多样性已经被列为三大支柱之一，来自世界17个国家和地区超过160个品牌参与了这项计划，致力于在2025年实现零森林损失和可持续森林管理战略。

中国颁布并正在有效实施《环境保护法》，通过政府的管制和约束让污染生产者承担环境治理成本，引导企业进行环保投资。中国纺织产业也正在进一步推广中国纺织服装企业社会责任管理体系（CSC9000T），使得社会责任的维度和内涵不断拓展，并且向国内企业在海外投资的工厂覆盖，呼吁纺织企业加入“时尚气候创新2030行动”。

随着环境相关的规制体系不断完善，企业的污染行为以及非道德生产的行为受到了更加严格的监管和查处，行业企业不断扩大绿色投资规模，加速开展企业绿色转型的过程。政府积极发挥生物多样性治理体系建设、改善市场经济等调控职能，尽快落实生物多样性的评估标准，从而明确纺织产业在生物多样性保护方面的责任。相关政府和机构应致力于完善相关标准和监管措施，对纺织企业开展生物多样性影响的评估。

相关政策鼓励企业采取可持续实践，与之对应的，对于污染等违法违规行为则要进行处罚。针对天然纤维素纤维的森林法规、印染阶段水污染防治的相关条例以及对生产过程中相关化学品的使用规范，使得纺织企业的生产经营活动受到相应的管制。当前，纺织产业正不断努力以应对其对环境的破坏和对社会的影响，消费者、监管机构和其他利益相关者可能会越来越多地审查品牌如何传达其可持续发展，而认证便是其中最有效的手段之一。为了保证企业绿色实践的可持续认证有效，政府等相关机构需要进一步加强监管和查处力度，促使企业严格遵守法律法规，减少对生态环境的不良影响。

相关法律法规规范了生物多样性治理的框架，而相关的国际环保协会帮助丰富完善了相关框架。企业目前无论是供应链输入端化学品、染料助剂的使用，还是对工厂生产过程（生产体系）的管控，抑或是最终的产品，全球纺织产业都在不断对衡量体系进行升级，以推动纺织产业的可持续发展。随着可持续道路的进一步发展，新的衡量指标被纳入新的规定之中，在2021年，国际环保纺织协会（OEKO-TEX®）就在“绿色制造”标签中补充了碳足迹和水足迹的内容。这些行动毫无疑问驱动着纺织产业在未来发展中将给予生物多样性治理更多关注。

（三）企业生物多样性治理战略

1. 纺织企业生物多样性治理

生物多样性基准使公司能够在其材料采购战略中了解其对自然的影响和依赖性，寻找实现生物多样性治理成果的途径，并对其进展进行绩效评估，以将结果和信息反馈总结共享，支持进一步的改进[22]。近年来，纺织品交易所在推动生物多样性基准落实落地方面做了很多工作，取得了一些成效。

纺织产业可以制定行业内自我规范的指导原则和标准，以便分析企业在生物多样性保护方面所做的实践。例如，全球纺织产业能够尽快落实产品全生命周期的管理，通过对产品不同生命周期的评估进行自我分析和做到相应的改进，构建从原材料、生产、物流运输、销售、废弃到处理的全阶段供应链绿色管理体系。

关于企业生物多样性战略保护的战略指导也在陆续颁布。例如，2021年的波士顿咨询公司（BCG）四步法框架以及同年中国发布的《企业生物多样性保护指导手册》为企业生态保护提供了重要的指导。根据对相关框架内容的研究，再结合纺织产业的特性，本报告归纳总结了相关步骤，以为纺织企业提供一定参考。企业可以结合自身供应链特点来进行调整，制定出合适且可行的策略。其步骤如下。

第一，确定影响范围。通过对产品的整个生命周期进行深入分析，明晰各个环节对生物多样性的潜在影响程度，进而确定优先解决的影响环节。包括细致分级地评估产业链对生物多样性的影响，并探究价值链中相关环节的生态状况，从而精准地定位出生物多样性保护的范围，启动相应的调研工作。

第二，确立目标愿景。通过制订初步计划，明确生物多样性保护对纺织企业所带来的益处和如此做的价值，确立企业在保护生物多样性方面的使命。

第三，确定评估标准体系。在确定目标评估体系时，需要结合企业内部情况和生物多样性的保护范围，明确衡量保护绩效的指标。这一体系将指导企业如何规划、实施生物多样性保护，同时也包括向利益相关方透明地展示保护计划，确保各方共同参与。

第四，制订具体实施方案。方案的制订与实施要根据产品生命周期的特点，设计切实可行的生物多样性保护措施。在企业内部，需要进行分区域的任务和资源分配，以有效布局战略。同时，也要在外部寻求合适的合作伙伴，共同关注生物多样性，从原材料采购、生产、运输直至产品废弃，实施全程追踪与管理。此外，创新性技术应用也能提高产品质量，为塑造可持续的价值链，加强生态系统保护提供支持。

第五，效果评估分析。企业要对保护过程中的行动进行全方位、全周期的绩效评估，能够揭示保护措施的实际成效。通过评估结果，可以明确保护目标的完成度，并深入分析投入与成果之间的关系。也应借鉴评估结果，总结经验教训，为下一阶段的生物多样性保护措施提供更有效的指导。

这一循环的反馈机制将持续推动纺织产业的生物多样性保护进程，使其不断完善和创新（图4-1）。

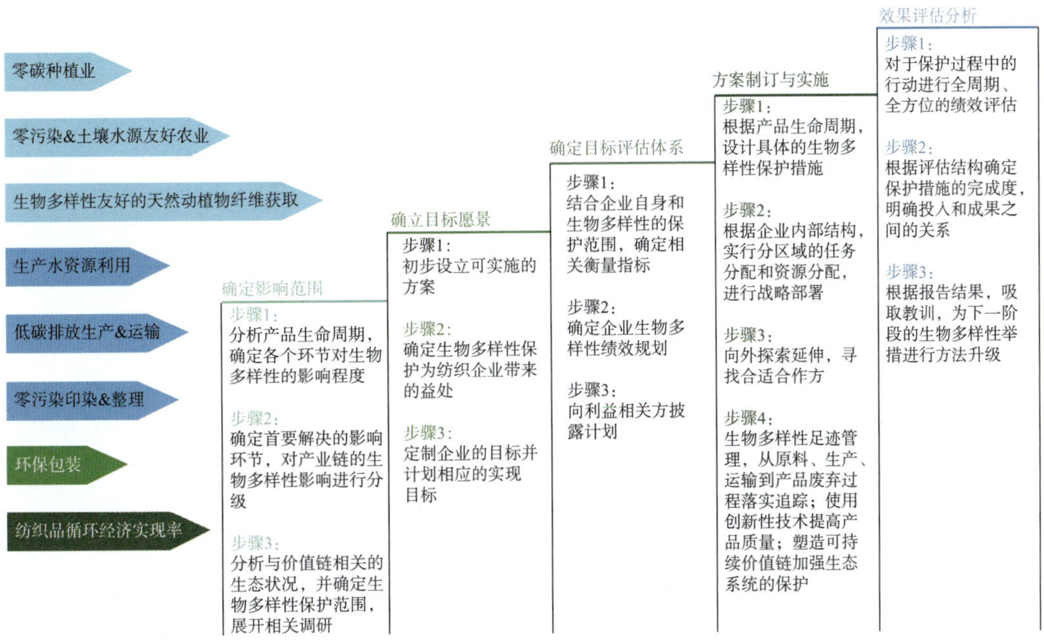

图4-1　纺织企业生物多样性保护实施战略

2. 纺织企业生物多样性信息透明化

供应链的透明化是纺织企业进行可持续管理中必须做到的一项，信息的披露和公开不仅可以使企业行为受到公众监督，而且企业之间可以通过共享的信息取长补短，共同更有效地进行生态整治。纺织企业应该尽快建立供应链的生态足迹可追溯性体系，来确保原材料的生态友好性。这样的措施有助于防止非法砍伐和破坏性采集行为，让供应链的源头更加可持续。同时提高产业透明度可以向消费者、投资者等利益相关方展示自身在生物多样性治理的有关举措以及成效，来展现自身企业的综合实力和社会责任感以及建立与利益相关方之间的信任。具体措施可以是企业在进行生物多样性治理计划时，发布企业的生物多样性治理报告，向行业和市场展示生物多样性保护举措成果以及分析结果，帮助整个行业共同完善生物多样性的治理。纺织企业可以与生物多样性信息共享平台进行合作，建立生物多样性治理成效公开的信息平台，共享数据和方案，不断改善其生物多样性保护措施。

（四）扩大创新技术运用

1. 原材料供应链升级

全球纺织产业还鼓励采用绿色原料开发生态纤维，如新型合成纤维等，通过对原生纤维的改性，来提高纤维的各项性能，来制成更耐用的高质量纺织品，延长产品使用寿命。为了减少废弃过程中对于生态的破坏，纺织产业将合成纤维进行回收再生是生态材料研究的重点，目前已有回收聚合物、纤维的原料再循环和回收单体的化学再循环系统。回收再生纤维的技术不断创新，越来越精细和高效。随着技术的提升，再生纤维的质量将不断提高，能够逐渐满足更高品质的纺织品制造需求。

同时，纺织业还在努力将回收再生纤维纳入产业链。在原料使用中将纺织产业的线性价值链——从原材料提取到生产、运输、消费和废物进行闭环。再生纤维具有较小的原材料需求和资源消耗，有助于减轻资源开采对环境造成的冲击，从而减缓纺织业对生态环境的压力。通过回收塑料瓶，可以获得再生聚酯纤维；通过回收海洋垃圾，可以获得再生尼龙纤维；此外，还可以通过回收分类废弃纺织品，获得再生棉或再生羊毛面料。增加再生纤维的使用量成为全球纺织业保护生物多样性的重要策略之一。

生物基材料也将是全球纺织产业的重点突破领域，目前生物基纤维、生物基涂料以及生物基助剂正在向纺织产业展现其价值和源源不断的可能性。目前常见的生物基材料有谷物、豆科、秸秆等可再生生物，通过将其转化为生物高分子材料或单体，可进一步聚合形成对环境友好的纺织材料。生物基材料，取之于自然，无害于自然，最后的产品甚至部分可以用于生物降解堆肥，再次回归于自然。在未来，生物基材料有望在部分应用领域逐步替代传统石油基材料，成为引领科技创新和经济发展的新兴产业。

2. 生产制造端升级

在解决生物多样性治理问题方面，全球纺织业在生产环节中正在加大科技创新力度来降低对生态的影响。在染整和印染过程中，纺织产业应着力研究更环保的染色剂、化学品和处理工艺，以减少对水体和环境的污染，降低生产过程中的能源消耗和废弃物产生。染色剂使用天然染料，可以减少化学污染。染色处理工艺有纳米染色技术、生物染色技术、无水染色等。还可以利用生物处理、膜分离、电化学氧化等技术来去除染色过程中的试剂残留，降低废水中的污染程度。

为了减少化纤纺织品对于海洋生物的影响，纺织产业还在着力研究相关技术来防止微塑料进入水系统。在纤维生产和加工过程中，纺织产业可以使用低摩擦、低张力的生产技术，来减少纤维在使用过程中释放的微塑料颗粒；也可以通过提升纤维后处理技术，来固定纤维表面的微颗粒，减少其在洗涤过程中的脱落，降低纺织品使用对生态系统的负担。

除了扩大减少污染方面的技术创新，纺织产业还可以引入生物工程技术，在产业覆盖地开展一些生态修复项目，恢复受损的动物栖息地，为动植物提供更适宜的生存环境。还可以引入人工智能等相关分析模型来更好地辅助企业生物多样性保护策略的评估和分析，从监测到的生态数据来总结治理模式和效果趋势，预测生态系统的变化并做出有针对性的应对措施。

（五）推动跨区域、跨行业合作

生物多样性遇到的威胁是全球需要解决的问题，而做到生物多样性整治的目标需要各个地区、各个行业，基于共同的原则和价值观，实现共同合作。全球纺织产业是一个与农业、畜牧业和化学工业密切相关的产业。要落实生物多样性整治，相关的跨行业合作是不可分离的。例如，纺织产业的原材料再生纤维素纤维，其作为林业的下游产品，对该原料渠道进行的相关管理要与林业进行跨领域、跨产业链的协作，才能获得有效成果。

在其他领域，纺织产业也依旧需要与更多的研究机构或跨行企业加强协作，互相推动，来获取更标准、专业的生物多样性治理意见，对相关整治措施提供经验分享，或获取更多的技术支持来帮助生物多样性治理的落实。例如，在进行生态监测和数据分析过程中，可以通过和专业的动物保护组织合作，利用其传感器、卫星遥感等技术，来实时监测和分析生态系统的状况，掌握物种分布、数量和生境变化等信息，从而为纺织企业更精准地制订保护策略。越来越多的纺织企业正在对生物多样性改善进行投资，通过跨区域、跨行业合作助推全球生物多样性治理改善。

无论是环境治理技术研发投入，还是技术产业化规模化应用，均需要很高投入，仅仅依赖纺织产业是不够的，纺织企业还需要考虑如何与供应商开展相应的合作，为生物多样性保护提供稳定的资助。纺织企业可以通过负责特定领域的管理，与其他行业的相关企业共享知识和数据、提供资金并推动集体行动，努力支持其核心业务之外的生物多样性。

生物多样性治理不仅仅是一个单一产业所面临的问题，而是全球性的共同挑战。在解决生物多样性衰减的问题上，各国无一例外都面临着相似的复杂挑战。但是一个统一且和谐的改变步伐并未得到实践，导致生物多样性治理的实际进展程度存在着不小的差距。为了确保政策能够真正推动全球纺织业朝着可持续的方向发展，需要克服跨越国界的合作障碍。因此，各个国家和地区必须更加积极地加大合作力度，以整体协调的方式来组织行动，共同为生物多样性治理贡献更大的力量。

四、全球纺织产业助力生物多样性保护面临的挑战

（一）相关衡量标准的制定

鉴于生物多样性治理所牵涉的范围广泛，其受影响因素微妙且相互交织，形成错综复杂的关联，因而在保护生物多样性方面，纺织产业需要对栖息地和生态系统进行保护，而非仅仅专注于单一拯救某一特定物种。2010年，为保护生物多样性提出的“爱知目标”没有实现的一个原因就是《生物多样性公约》提出的很多目标没有办法进行量化的衡量，削弱了公约的执行力。尽管纺织业对于气候变化的追因和整治已经更加体系化且已有建树，而对于生物多样性治理，行业目前所能做到的并不够，尤其是量化纺织业各个阶段对生物多样性影响的指标和效果。然而，要让如此庞大的纺织产业做到如此变革性的改变，需要一个强有力的框架去约束和指引。生态系统受到的影响范围非常广泛，从海洋、淡水到土壤和森林，需要多种衡量标准和指标来衡量影响和进展，而为如此复杂的范围设定目标和问责具有很大的挑战性。要分析产业对生物多样性带来的影响需要大量的生物学数据，而纺织产业在自身领域获取并且是有效完整的数据着实困难，需要跨行业、跨学科进行合作。再者，由于全球纺织产业覆盖各个国家和区域，制定一个统一且可利用的标准体系是一大困难。

（二）可实践的资金支持

在2020年10月，经济学人智库发布的新报告《可持续存于时尚》中指出，成本是改善可持续发展实践的主要障碍，特别是考虑到COVID-19引发的经济衰退导致消费者需求下降，企业的经营环境变得艰难[23]。鉴于生物多样性治理本身的困难，生物多样性的监测需要足够长的时间才能获得相关信息分析，因此长期监测和研究是必要的。也就是说，纺织产业需要对生物多样性治理提供长时间且稳定的投资，而投资带来的效益也同样需要较长的时间才能获得，这会加重纺织产业的经济负担。相关企业通常要投入不小的成本，例如使用环保的原材料、在生产过程进行加工升级、为产品采用相关认证等，都会造成企业的生产成本上升。如果是经营跨国生意的企业，有不同的市场标准要去遵守，而这一要求也会带来更多经营成本。对于正在发展的中小型纺织企业，很可能会因为经济的挑战无法做到生物多样性的治理。而在市场的驱使下，无法达成消费者可持续期待的企业会失去其市场竞争力，一些企业会因为无法支持生物多样性治理且又无法顺应市场需求而面临经营困难的困境。因此，践行生物多样性保护的同时，能否拥有足够支持企业如此发展的自身经济实力或外界资金支持，也是全球纺织产业需要考虑的问题。

（三）生物多样性保护意识尚需提高

全球纺织业的生物多样性治理还需要承担教育和价值观引领的责任。在2023年发表的书籍中，研究者提出，保护生物多样性本质上是一个社会问题，涉及人类生活的政治、经济、社会和文化领域[23]。但是生物多样性的危机并未成为全社会都有深刻意识的问题，在生物多样性治理的执行过程中，也缺乏来自全社会群众的积极性。如果不尽快让全社会充分意识到我们面临的处境，缺乏社会的主动参与，让生物多样性治理的任务仅限于少部分，那么再多的努力也无法达到理想成效。

因此，纺织产业不仅仅要通过科技的创新、行业机构标准规范的制定来帮助生物多样性的治理，同样还需要从社会意识上进行指引，来唤醒纺织业如此庞大且涉及面广泛的产业中参与活动或所涉及的人群的保护生物多样性的意识。尽管消费者已经逐渐有了绿色消费意识，但是对于全球纺织消费市场而言，这样的数量和程度依旧不够。由于可持续纺织品的价格通常会更高，因此消费者会偏好较低价格的产品，如此可能会导致该纺织品继续被大规模生产来满足该类需求。随着全世界消费者生活水平的提高，其消费水平也会上升，由此纺织品的消耗量也会随之增加。麦肯锡发布的报告指出，到2025年，新兴经济体中将有80%的人口达到与西方世界同等的服装消费水平，如果届时服装行业的环保意识仍然原地踏步，那么整个行业造成的环境危害将会比现在严重得多[24]。而在如此短的时间内，将可持续意识落实到如此庞大的消费群体，无疑是一项困难的挑战。

五、全球纺织产业助力生物多样性保护趋势展望

（一）产业发展的趋势变化

由于纺织产业对生物多样性的影响多来自原材料供应以及生产加工环节，因此在未来纺织产业将会着重在该环境纳入生物多样性的考量，来减少对生物多样性的破坏。

（1）可持续采购成为重要趋势

越来越多的纺织品品牌和制造商会选择使用经认证的可持续原材料，包括使用有机棉、大豆纤维、竹纤维等可持续的天然纤维，以及回收的纤维材料。一些品牌还鼓励农民采用可持续农业实践，以降低农药和化肥的使用，减轻对生态系统的压力。

（2）森林可持续管理成为纤维产业可持续发展的重点方向

纺织产业会加大对森林保护的关注，因为森林资源不仅为生物多样性提供保护，还为纺织提供木材、纤维等资源。越来越多的纺织企业将积极响应零破坏林业承诺，不使用来自非法砍伐或高度破坏性的林地的木材，而使用来自如森林管理委员会（FSC）认证的木材。同时与林业保护机构建立合作伙伴关系，以确保可持续林业管理和森林保护。

（3）绿色生产技术创新应用加快

纺织产业正在研究和采用更环保的生产技术，以减少对水资源和土壤的污染。例如采用封闭式循环系统，减少废水排放，并重复使用和回收化学品和水资源。一些企业还在探索采用更可持续的染色和印花技术，以减少对水质和土壤的不利影响。

（4）供应链透明度愈加重要

纺织业正更加强调供应链透明度，以追踪原材料的来源和生产条件。这有助于确保生产过程中遵守环保法规并防止不法行为，如非法伐木或环境污染。

（二）政策方面的趋势变化

全球纺织产业要进行更加体系化的生物多样性治理，离不开政策的指引和规范。而随着相关政府和权威机构的不懈努力，相关部门不断完善规定也在促进纺织产业的生物多样性治理。

（1）监管政策将进一步趋严

由于世界各国政府越来越关注纺织业对生物多样性的影响。相关的法律法规将会出台，以限制化学品使用、森林砍伐和其他不可持续的行业行为，以减少对生态系统的不利影响。政府和行业协会也会制定更严格的化学品管理法规，以减少有害化学品在纺织制造中的使用。

（2）政策扶持力度将进一步加大

通过提供税收激励、补贴和资金支持，政府可以鼓励纺织业采取更可持续的做法，以鼓励生物多样性保护和可持续发展。

（3）政策制定需要有力的科学支撑

纺织产业生物多样性治理战略实施和绩效评估将需要一个透明化的共享平台，相关的科学研究和生物多样性数据收集将得到支持，以更好地了解纺织产业对生态系统的影响，并制定更有效的政策。

（三）消费方面的趋势变化

消费者环保意识的不断提升以及对于动物友好产品需求的增加，促使纺织产业采取生物多样性保护的措施，消费者也相对于更加支持对动物保护采取措施的品牌。在道德义务与经济利润之间寻求平衡，以在追求更大盈利的同时为社会创造积极影响，已经成为纺织业各企业关注的关键领域。

（1）更加关注可持续纺织品

鼓励消费者购买更耐穿、易回收的服装，并着力构建提供衣物租赁和共享以及二手市场的交易平台增强消费者的可持续观念成为一种趋势。为了应对在纺织品洗涤过程中所造成的微塑料污染，消费者们被建议选择可持续产品以及减少选择化纤纺织品，还有相关的环保洗涤建议，来减少使用过程中带来的塑料污染。

（2）更加关注纺织企业的绿色形象

在我国工业和信息化部办公厅颁布的指导文件《2022纺织服装“优供给促升级”活动》中，提到了增强品牌的消费引领作用，企业要加强品牌构建，提升消费吸引力。绿色转型需要发挥市场的引领和推动作用。企业需要从产品设计、产品营销、公益宣传以及信息披露等方面出发，来提升自身在生物多样性保护上的影响力，改善在消费者心中的形象。

（3）更加关注生物多样性保护价值意义的市场传达

全球纺织产业正在设计过程和营销过程中融入并强调自然文化价值，将生物多样性和自然作为关注点，深入叙述时尚与自然联合的市场交流，与消费市场建立更多关于生物多样性的沟通、教育和宣传等互动，让消费者更好地理解生物多样性治理意义，建立对于生态从认识到理解欣赏并愿意维护治理的绿色消费理念。

扫码见参考文献

第四章　世界纺织化学品管理趋势展望

一、纺织化学品管理的背景与意义

纺织产业是最主要的化学品消费行业之一，种类、产量和消费量巨大的纺织化学品是化学品管理的重地。纺织化学品主要包括纺织印染助剂、整理剂和染（颜）料等。世界的纺织印染助剂及整理剂约有100个门类，1.6万个品种，年产量约460万t，年消耗量在430万t左右，其次是纺织染料，目前世界纺织染料共约15个类别，近1万个商品，年产量约136万t，年消耗量在126万t左右[1]。

随着纺织化学品生产和使用规模的不断扩大，相应的环境问题日渐突出，国际市场对绿色纺织品的要求越来越高，对纺织品进出口管理力度不断加大，纺织化学品管理已成为世界各国关注的焦点问题。

（一）国际环境保护新形势要求

作为传统制造业，纺织产业一直处于蓬勃发展的状态。随着人们对纺织品功能性等方面的需求日益增加，大量化学品被生产和使用。然而，化学品在赋予纺织品靓丽色彩和多样功能性的同时，带来的诸多环保问题也已成为生态环境污染和人体健康危害的主要源头之一，受到了广泛关注和讨论[2]。为改变这一现状，各国政府机构、区域组织和社会团体等纷纷制定并发布了各类法规、认证体系、测试标准等，加强对纺织化学品使用的监管力度。

目前，联合国的相关机构已通过在世界范围逐步建立《关于作业场所安全使用化学品的公约》《巴塞尔公约》《鹿特丹公约》《斯德哥尔摩公约》，采用《世界化学品统一分类和标签制度》和制定《国际化学品管理战略方针》的方式加强对国际范围内化学品使用的监管[3]。自20世纪70年代起，许多发达国家开始建立对纺织化学品的专门性管理法规，明确具有特定危害性化学品生产和使用的限制范围，并在此基础上逐步完善纺织化学品管理体系[4]。然而，包括中国在内的广大发展中国家，在纺织化学品方面的管理起步较晚且存在较多亟待解决的问题。

为顺应国际形势，应对纺织化学品造成的环境和健康问题，一些发展中国家陆续制定纺织化学品管理的专项法规，开展纺织化学品风险评估和风险防控工作[5]。

（二）经济社会可持续发展要求

经济社会的可持续发展是指在满足当前需求的同时，不损害未来世代满足其需求的能力。这种发展方式旨在实现经济、社会和环境三方面的协调发展，以确保经济增长、社会进步和环境保护之间达到平衡[6]。因此，国际市场对绿色纺织品和环境生态保护的要求越来越高，环保型产品已成为当前及今后开发的主攻方向[7]。

纺织产业涉及的生产工序复杂，有害化学品使用量较大，且产品威胁大多具有潜在性和长期性。在此背景下，优化发展环保型纺织化学品、积极淘汰污染较大的纺织化学品已成为纺织化学品管理的一项重要任务，也是纺织化学品在新世纪发展的必然趋势。

（三）国际贸易进出口管理要求

随着世界化进程的不断推进，国际贸易进出口活动日益频繁，为保障贸易活动的顺利进行、安全风险的降低，各国纷纷建立了相应的进出口管理制度。贸易活动中频繁出现的产品管理对于各进出口国家都尤为重要。目前，发达国家已拥有较为完善的纺织化学品管理制度，这些制度对包括中国在内的纺织化学品环境管理水平相对落后的发展中国家产生显著影响[8]。同时，随着发达国家对纺织品管理力度的不断加大，不断筛选淘汰有害化学品，技术性贸易壁垒（TBT）变得日益严格[9]。

对外贸易作为GDP增长的重要推动力，TBT和“绿色壁垒”的存在使得纺织化学品管理的进一步完善成为国际贸易进出口管理的必然要求。

二、纺织化学品管理的范畴

（一）纺织化学品管理定义

在通常概念意义上，纺织化学品管理是指预防和控制纺织化学品危害性问题的管理行为。人类社会对纺织化学品危害性的最初认识是从纺织化学品在生产或运输过程中引起的火灾、爆炸或急性中毒等紧急事故开始的，因此，纺织化学品管理起初主要表现为职业安全管理，即职业安全与卫生管理，是指为了保护劳动者在劳动过程中的安全和健康，在改善劳动条件、预防工伤事故及职业病等方面所采取的各种组织措施和技术措施的总称[10]。随着纺织化学品种类和应用的日益广泛，纺织化学品在日常用品等领域表现出的各种健康和环境危害性逐渐为人类所知，纺织化学品管理从此进入消费品管理领域；随后，纺织化学品管理又逐渐进入环境管理领域[11]。

由此，纺织化学品管理的概念综合涵盖了“安全、环境和健康”这三个方面，主要涉及纺织生产场所工人职业安全和健康管理、纺织化学品环境管理及纺织化学品消费者人群的健康保护管理，是指人类社会为保障人类生命、财产、健康、环境的安全和保持对纺织化学品这类具有重要社会、经济价值的产品的可持续开发及利用的公共管理行为。

（二）纺织化学品管理对象

纺织化学品的管理根本是对各环节涉及使用的化学品加以科学的约束和限制，以期达到在满足使用目标的前提下，不对人类和环境造成危害和影响。纺织化学品的使用贯穿纺织品生产、使用全流程，包括纤维生产、纱线生产、面料生产、染整生产、使用与维护以及回收和处置。

1. 纤维生产

纤维按其来源可分为天然纤维和化学纤维。天然纤维是自然界存在的、可以直接获得的纤维，棉花、羊毛、蚕丝和亚麻都是天然纤维，在人工或机器收割时就已经形成了纤维的形状。化学纤维是以天然或合成的高分子化合物为原料，经过化学处理加工而制成的纤维，可分为合成纤维和生物基纤维。在化学纤维生产过程中常用的化学品主要包括二硫化碳、表面活性剂、催化剂等[12]。

2. 纱线生产

纱线是由纤维相互抱合在一起纺成的具有一定长度的结构，除丝绸外的所有天然纤维通常是在被制成短纤维之后纺成纱线[13]；再生纤维通常也被制成短纤维，纺纱用于服装；合成纤维被制成长丝纤维，再根据不同的用途，可以被变形拉成长丝或被切割成短纤维以生产纺纱[14]。

纱线生产过程一般包括原料准备、开松、梳理、除杂、混合、牵伸、并合、加捻及卷绕等步骤。在加捻过程中，需要使用旋转油，将纱条绕其轴线进行扭转搓动或轴向缠绕，从而获得具有一定物理机械性能和外观形态的纱线。

3. 面料生产

织造是实现纱线向布匹转变的关键环节，在织造前需先对纱线上浆，达到润滑的效果，以减少织造过程中对纱线的磨损。织造生产过程中常用的浆料主要包括淀粉浆料、聚乙烯醇（PVA）浆料、丙烯酸浆料等[15]。

此外，非织造也可生产布料，生产过程中将纺织短纤维或者长丝进行定向或随机排列，形成纤网结构，然后采用机械、热粘或化学等方法加固而完成面料生产。非织造生产过程常用的化学品主要包括黏合剂、增塑剂、润滑剂、交联剂和助剂等[16]。

4. 染整生产

染整一般包括对织物进行预处理、染色、整理和印花[16]。

预处理：预处理主要是指对纺织物进行洗涤和漂白，保证去除金属离子和其他会对后续步骤产生负面影响的物质。洗涤过程中常选用脂肪醇聚氧乙烯醚（AEO）、脂肪醇醚硫酸钠（AES）等表面活性剂；漂白过程中常用的化学品是过氧化氢、次氯酸盐、亚氯酸盐以及添加到洗涤剂中的过硼酸钠[17]。

染色：纺织染色过程是指使用染色剂和不同的辅助化学品，提高颜色在纤维中的附着力。对于植物纤维（如棉花），可使用活性染料、还原染料和直接染料，通常在60~80℃进行染色[3]。对于合成纤维，如聚酯和尼龙，则使用分散染料、酸性染料或还原染料代替，在更高的温度即100~135℃下染色。染色过程中常用的化学品主要包括染料、助剂和基础化学品等。

整理：整理是将已经成型的纺织品进行洗涤、整烫等后处理的过程，从而改善产品的性能、维护和使用舒适性，并达到所期望的物品外观。整理包括稳定性和抗皱处理、防潮和驱避处理、防污处理、防火处理、抗静电处理、软化处理，还包括石洗、抗菌、防霉、防虫和防蛾处理等[18]。

防水处理常用的化学品包括石蜡和基于硬脂酰氯化铬、树脂、硅和氟的化合物以及全氟化合物（PFCs）[19]；防污处理通常与防水处理同时进行；溴化阻燃剂、短链氯化石蜡常用于防火处理[20]；用于纺织品抗静电处理的物质主要是合成张力剂；石洗常用次氯酸盐进行化学处理；用于防霉防腐的化学品主要是汞、锌和铜化合物、酚类和氯化酚类以及多氯联苯[21]；防蛾整理常用的化学品为芳香磺胺化合物、氟化合物和除虫菊酯等拟除虫菊酯。

印花：印花已成为纺织品生产中十分重要的一道工艺，染料厂或缝纫厂主要通过直接印花、防染印花和拔染印花三种工艺完成图案创建。织物在印花前先经过预处理，使之具有良好的润湿性，印花时用染料、吸湿剂、助溶剂、原糊调配出印花色浆，印花、烘干后通常要进行蒸化、显色或固色处理，之后进行皂洗、水洗，充分除去色浆中的糊料、化学药剂和浮色。

5. 使用与维护

在纺织品使用与维护过程中，常用的维护方法包括水洗、漂白、干燥和熨烫等，该过程中常用的化学品包括洗涤剂、漂白剂、柔软剂、固色剂、抗菌剂、整理剂和黏合剂等[22]。

6. 回收和处置

废纺织品可通过机械、熔化或化学方式将其加工成可回收材料。在机械方法中，纺织品被粉碎成纤维，然后纺成线，用于纤维织物或用作填充材料。熔化法和化学法只适用于合成纤维，在熔化法中，纤维材料被熔化并用作塑料制品的原料。在化学过程中，纺织品在各种化学品的作用下被转还成原始材料。此外，纺织品的最终处置通常是直接填埋或焚烧后填埋，通过焚烧，纺织废料中的大部分化学物质可以分解成相对无害的残留物，释放的能量可以被回收[22]。因此，可通过酶类（分离纤维）、碱性物质（去污）、染料还原剂（还原染料）和溶剂（分离纤维）等化学品实现纺织品的回收与处置[23]。

在纺织生产的各个阶段，都需要使用一些对环境产生影响的纺织化学品。关于纺织品生产流程各工段涉及的化学品使用情况如图4-2所示。

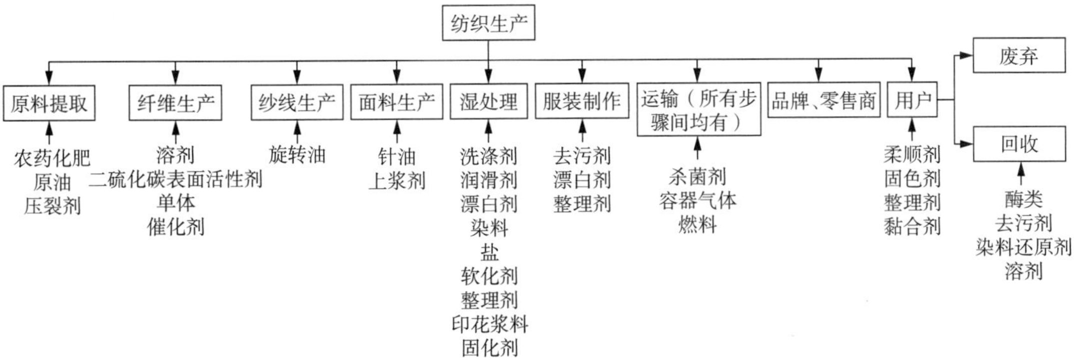

图4-2 纺织品生命周期及化学品的使用

（三）纺织化学品管理内容

对于许多纺织化学品而言，使用过程中的暴露会对人类和非人类有机体健康造成重大影响。一般情况下，消费者通过皮肤接触到纺织品中的化学物质，使接触性过敏原和皮肤渗透性物质得以传播。其次，含粉尘和挥发性化学物质可以通过吸入的方式进入人体。此外，液体流中的化学物质可能会进入饮用水系统[24]。纺织品中的化学物质也可能有突然暴露的风险，如在储存和最终使用地点的火灾中的意外释放，这样的暴露方式往往更具灾难性。表4-3简述了不同化学品对人类和非人类有机体产生的多种影响和暴露方式[18]。

表4-3 纺织品中普遍存在的化学品的暴露方式、风险分类及管理方式

化学品		暴露方式	风险分类	管理方式
持久性有机污染物（POPs）	多溴二苯醚（PBDEs）	食用，吸入等	长期	限制
	六溴环十二烷（HBCD）	饮食，吸入等	长期	限制
	短链氯化石蜡（SCCPs）	食用，吸入等	长期	限制
	TBT化合物	食用	较长期	—
	全氟化合物（PFCs）	食用，吸入	长期且滞后	世界控制
	同碳二醇（PeCP）	食用	较长期	限制
	多溴联苯/多溴联苯醚（PBBs/PCBs）	食用	长期	逐步淘汰
	三氯生（TCS）	食用，接触	间接、长期	世界控制

续表

化学品		暴露方式	风险分类	管理方式
有毒的氯化脂肪族工业化学品	二氯甲烷/1，2-二氯乙烷（DCM/1，2-DCE）	吸入	急性	减少使用
	四氯乙烯（TCEe）	—	—	—
	1，4-DCB	吸入	较长期	—
内分泌干扰物	DEHP/邻苯二甲酸盐	食用，吸入	胚胎和婴儿	替换
	NP/NPEOs/AP/APEOs	食用，吸入	胚胎和婴儿	替换
致癌染料	偶氮染料（部分）	接触，食用，吸入	长期	世界控制
	苯胺染料（部分）	接触，食用，吸入	长期	世界控制
	氨基甲酸酯染料	接触，食用	间接、长期	限制
	三氯乙烯染料	接触	长期	替换
致敏有机化合物	异氰酸酯	吸入	急性	进一步减少使用
	甲醛	吸入	急性	进一步减少使用
重金属	镉/汞/铅（Cd/Hg/Pb）	吸入	长期	世界控制
	铬/镍（Cr/Ni）	接触	长期	—
其他纺织成分和纺织处理化学品	高氯酸盐	食用，吸入	急性	—
	聚氯乙烯（PVC）	间接接触	间接毒性	—

毒性是化学品的本质特征，在管理过程中，通常根据化学品的毒理学特性分类，包括致癌化学品、致敏化学品、环境内分泌干扰物和持久性、生物累积性和毒性化学物质等[8]。

致癌化学品是指与人体或动物体接触后引起肿瘤或癌变、增加其发病率或死亡率的化学物质，如偶氮染料中的芳香胺。致敏化学品是指与人体或动物接触后经皮肤黏膜、呼吸道、消化道等途径进入机体并发生过敏反应的化学物质，常见于表面活性剂、染料和整理剂中。环境内分泌干扰物又称环境激素，指通过某些途径进入机体后，能干扰生物或人体内天然激素合成、分泌、运输、结合、反应或代谢等过程的外源性化学物质，如用作洗涤剂的壬基酚。持久性、生物累积性和毒性化学物质指的是在环境中不易降解，在生物体内易蓄积并具有急性或慢性毒性的化学品，包括用作阻燃剂的十溴联苯醚等。

根据各类纺织化学品涉及的使用环节、毒性以及暴露方式等特征，在管理过程中应分类管制。譬如生产环节涉及的化学品应通过制度限制、行业监督、企业自管等方式进行管理；消费环节涉及的化学品应通过宣传倡导方式进行管理。

三、世界纺织化学品管理现状

（一）各国纺织化学品管理制度情况

1. 欧盟

（1）REACH法规

欧盟《关于化学品注册、评估、许可和限制制度》（*Registration，Evaluation，Authorisation and Restriction of Chemicals*，REACH法规）是欧盟在2006年通过的化学品管理法规，将欧盟市场上约3万种化工产品及其下游的纺织、轻工、制药等众多行业的产品纳入欧盟统一的监管体系[25]。法规规定，被列入高关注度物质（Substances of Very High Concern，SVHC）认证清单、附件授权物质清单（Authorisation List）XIV、附件限制物质清单（Registration List）XVII的化学品，企业必须进行通报、授权、限制等相关操作。

其中，最严厉的程序是限制，指禁止某些产品类型的物质投放市场，这种限制适用于国内生产和进口。在授权程序中，当一种产品中SVHC浓度超过0.1%（w/w）时，产品供应商有责任在45天内向其客户或消费者提供有关该产品的相关安全信息。此外，在注册程序中，在欧盟用于生产物品的物质必须注册，要求在欧盟境内化学品年产量或进口量超过1t的企业向欧洲化学品管理署提交注册申请，否则该企业将不得在欧盟范围内继续制造、进口或销售该化学品。

欧盟由REACH法规收集到大量可靠数据，并通过对纺织化学品用途的风险评估以确定相应的风险管理措施，从而预防性地保证欧盟市场上纺织化学品的安全使用。随着REACH法规的不断实施和完善，所覆盖的化学物质越来越多，管控手段也越来越完善，越来越多地注重把技术问题和消费者利益的保护联系在一起，对纺织化学品的管理更具科学性和系统性，清单的不断更新已经成为世界纺织化学物质管控的风向标。

（2）欧盟生态标签

为了推动欧盟各类消费品的生产厂家进一步提高生态保护，使欧盟地区及欧洲经济区的消费者能够识别欧盟官方认可的“绿色产品”，欧盟委员会于1992年推出了一项自愿性生态标签计划，即欧盟生态标签（EU ECOLABEL）[26]，其中涵盖个人护理用品、清洁用品、服装和纺织品、家具和床垫等产品类别，在欧盟乃至世界范围内都得到认可，是一项卓越的环境标志。

EU ECOLABEL要求产品的整个生命周期包括原材料提取、生产、分销和处置等都达到高环境标准。制定产品的EU ECOLABEL标准时，重点关注产品对环境影响最为严重的几个环节，以纺织品为例，织物在染色、印花和漂白时对环境的影响很大，为了在制造阶段尽可能减少伤害，专家设计了相应的纺织品标准。

EU ECOLABEL鼓励公司开发耐用、易于维修和回收的产品，鼓励生产商在制造过程中产生更少的废物和二氧化碳来促进循环经济，促进产品“绿色化”成为国际消费品市场发展的潮流，推动世界对纺织化学品的重视与管理。

（3）《欧盟可持续和循环纺织品战略》

《欧盟可持续和循环纺织品战略》制定了愿景和具体行动，通过纺织品生态设计要求、更清晰的信息、数字产品护照（Digital Product Passport，DPP）和强制性生产者责任延伸计划（Extended Producer Responsibility，EPR），要求生产者必须在整个商品生命周期内降低其产品对环境的影响，并对其投放到市场的产品的整个生命周期负责，扩大资源节约型制造流程、再利用、维修和其他新的循环商业模式，以确保2030年进入欧盟市场的纺织品均为长寿和可回收的，且尽可能使用再生纤维制造。

此外，欧洲地区委员会倡议到2025年1月对所有废物产生者强制进行纺织品的单独收集，引入强制性的最低绿色公共采购标准，并呼吁成员国通过行动计划或国家战略来规范绿色公共采购。

《欧盟可持续和循环纺织品战略》的推进有利于节约能源资源，使欧盟市场上的纺织品在全生命周期呈现环境友好、可循环和高能效的特点[27]，欧盟在循环经济转型方面已经做出了表率，并取得了阶段性的成果，研究和了解欧盟的行动计划对于世界纺织化学品管理具有现实的参考借鉴意义。

2. 美国

（1）TSCA法案

考虑到美国境内流通的化学品对环境、经济和社会的影响，为了预防化学品产生的“不合理风险”，美国1977年颁布《有毒物质控制法案》（*Toxic Substances Control Act*，TSCA）对化学品进行管控。TSCA法案把物质分为现有物质和新物质进行管理，已列入TSCA名录的为现有物质，未列入的则为新物质。目前，TSCA法案共收录包括纺织化学品在内的约85000种化学物质，分为公开部分和保密部分，且该名录一直处于更新状态[28]。

根据TSCA法案规定，针对纺织化学品在内的多种化学品，未列入名录的新物质须进行生产前申报（Pre-Manufacture Notice，PMN），并根据目录修改法案（Inventory Update Rule，IUR）将获得的信息列入名录；对于已列入名录的现有物质，需根据法案要求进行TSCA活性物质申报和TSCA遵循或豁免声明。

TSCA法案合理规范美国化学品的制造、进口、加工、分销和处置，有助于确保以安全和负责任的方式生产和使用纺织化学品，并降低它们对人类健康和环境的潜在风险。

（2）美国消费品安全改进法案

美国总统于2008年8月14日正式签署生效《消费品安全改进法案》（CPSIA），该法令是自1972年消费品安全委员会（CPSC）成立以来最严厉的消费者保护法案。所有制造商应该保证其产品符合该法案的所有规定、禁令、标准或者规则，新法案除了对儿童产品中铅含量的要求更为严格外，还对玩具和儿童护理用品中的有害物质邻苯二甲酸盐的含量做出新的规定[29]。此外，该法案还要求建立消费品安全公共数据库，要求某些儿童产品在被进口到美国前必须有获该委员会认可的独立第三方实验室出具的测试报告。

CPSIA影响着美国所有生产、进口、分销玩具、服装和其他儿童产品及护理品的相关行业，法案的实施有利于更进一步提高市场上儿童产品的安全性，增强消费者对产品的信心，加强对产品中化学物质的规范管理。

3. 日本

（1）《化学物质控制法》

日本在1973年通过了《化学物质审查规制法》，对新化学物质审查、风险评估、分级管理、基本信息报告等内容进行了详细规定，并将具有难降解、易累积和长期毒性的化学物质单独列为特定物质[30]。

随后，日本于1976年颁布了《化学物质控制法》（CSCL），并通过两次修订，将化学品的生态效应、化学品环境暴露信息、持久性和高生物富集性化学品的处理办法以及生产商和进口商需提交的化学品危险性等所有信息进行了统一汇总，这部法规的实施完善了日本对化学品的风险管理和评估，并构建了系统的申报规则和流程——新化学物质生产或进口须提前申报，由厚生劳动省、环境省、经济产业省分别审查评级申报物质对人体健康的影响、生态的毒性影响、生物降解性和蓄积性，未经申报审查的物质禁止生产或进口。

《化学物质审查规制法》《化学物质控制法》是日本化学物质风险管理体系中重要的法律，是化学物质风险管理的重要一环，在控制化学物质对人类健康的间接影响上发挥了重要作用，经过不断研究和修订，不但在内容上对化学物质的认识越来越深入，体系也越发完善，并且在实践中能够发挥更多的作用[31]。

（2）《家用产品有害物质管控法案》

2016年，日本特别针对纺织工业制定了《家用产品有害物质管控法案》，提出对出口到日本的纺织品、家居用品、皮革等产品进行管控，将可衍生为24种芳香胺中任何一种偶氮染料列为有害物质，并公布对偶氮染料使用要求的详细内容（包括偶氮染料的测试范围、限量和测试方法），要求限制产品中偶氮染料的质量分数不得超过30μg/g[32]。

法案对出口到日本的纺织品进行有效的管控，有利于防止家用产品中的化学物质对人体健康的危害，推动构建更加完善的纺织化学品管理法律体系，为保障纺织业健康发展提供有力支撑。

4. 中国

（1）化学品管理法规

自2010年起，中国政府先后发布了《新化学物质环境管理办法》《危险化学品管理条例》《危险化学品登记管理办法》《危险化学品经营许可证管理办法》《危险化学品环境管理登记办法（试行）》等法律法规，对中国境内所用化学品的风险评估和风险控制等方面进行了详细规定[33]。其中，《新化学物质环境管理办法》（2010年环境保护部第7号令）限制了新化学品的进口和生产，强调了新化学品管理要实现由危害评估向风险评估的转变。《危险化学品管理条例》则提出“重点环境管理化学品”的制度安排，明确化学品登记、风险评估、风险控制措施等重要细则要求，加强高风险化学物质在其生命周期内各阶段的风险管理。在2012年颁布实施的《危险化学品登记管理办法》和《危险化学品经营许可证管理办法》《危险化学品环境管理登记办法（试行）》则对化学品管理进行了更详细、更严格的规定。

目前，中国重点环境管理化学品名录主要包括环境保护部的《重点环境管理危险化学品目录》（84种）和安全生产监督管理局的《危险化学品名录》（2936种）及《重点监管的危险化学品名录》（74种），国家对化学品的监管力度越来越严格，各个职能部门对纺织化学品生产、销售和使用等环节的监管也在不断加强，有利于促进纺织化学品管理水平的逐步完善和持续提高。

（2）《纺织供应链化学品管理创新2020行动纲要》

作为世界纺织品生产和出口大国，中国社会对纺织化学品的管理是否完善，严重影响着世界范围内纺织化学品的使用。2016年，中国纺织工业联合会（以下简称“中国纺联”）会长孙瑞哲在“供应链化学品管控的协作与创新研讨会”上发布了《纺织供应链化学品管理创新2020行动纲要》，并与代表世界市场的22个主要服装品牌的有害化学物质零排放组织（Zero Discharge of Hazardous Chemicals，ZDHC）签订了战略合作协议[34]。基于双方达成的战略合作共识，中国纺联和ZDHC将共同推进世界纺织供应链的化学品管控体系的建立和融合，促进中国纺织产业的绿色制造和可持续发展。

《纺织供应链化学品管理创新2020行动纲要》的确立，为中国纺织产业开展供应链化学品风险管控的行动制定了基础框架，为实现纺织服装行业的化学品环境风险管控的要求、体系和能力建设的协调与统一提供了行动指南。同时也为利益相关方沟通与合作提供有效机制和平台，通过联合各方力量的方式尽快推进供应链化学品的管控，降低纺织产业对环境和人体健康的负面影响，以及实现纺织产业的绿色发展目标。

（二）世界纺织化学品重点管理名录

为严格限制高风险纺织化学品的生产和使用，切实提升安全管理水平和本质安全水平，各国根据本国实际情况，重点筛选优先实施环境风险管控的纺织化学品形成名录，提高纺织化学品管理的针对性和有效性。

1. 美国

美国服装与鞋类协会（AAFA）通过搜集世界各国关于化学品在纺织品、鞋类等领域禁限用要求，整理制定了限制物质清单（Restricted Substances List，RSL），该清单向服装和鞋类公司提供世界各地家用纺织品、服装和鞋类成品中某些化学品禁限用相关的法律法规信息[35]。目前最新版为2021年5月公布的第22版，涵盖了12大类250多种化学品。

RSL将禁限用化学品按芳香胺、石棉纤维、二噁英和呋喃、分散染料、阻燃剂、氟化温室气体、重金属、多类物质、有机锡化合物、杀虫剂、邻苯二甲酸酯和溶剂分为十二大类，分别列出了其CAS编号、化学名称或染料索引名称、限制或限量情况、限用的国家或地区、相应的法规、测试方法（含检出限）等内容。

2. 欧盟

REACH法规制定了高关注物质清单，即持久性生物累积性和毒性物质（PBT），高持久性高生物累积性物质（vPvB），致癌、致诱变或致生殖毒性物质（CMR）和内分泌干扰物质（EDC），还设置了授权物质清单（Authorization List，附件XIV）和限制物质清单（Registration List，附件XVII），企业需要对列入清单的化学品履行通报、授权、限制的义务，以此对进入欧盟市场的所有化学品进行预防性管理。

自REACH法规正式实施以来，SVHC、附件XIV和附件XVII持续更新，截至2022年6月，所纳入的化学品种类数量分别为224项、59项和71项[36]，其中涉及了多种纺织染料和功能性助剂。

3. 中国

2020年11月19日，国家标准《消费品中重点化学物质使用控制指南》（GB/T 39498—2020）发布，标准给出了消费品中重点化学物质的一般原则和使用控制建议，其中对纺织品、玩具、电子电器等消费品中的重金属类、烷类、卤代烷类和烯类、苯类、染料类等117项化学物质进行重点管控[37]。

2020年，中国纺织工业联合会发布了团体标准《纺织用染化料助剂限用物质清单》（T/CNTAC66-2020），清单根据纺织产品有害化学物质限量要求、纺织工业排放控制要求和相关化学品管控法规要求，给出了纺织用染化料助剂产品中限用物质的名称、化学文摘编号、限制要求、试验方法和检验规则，对纺织产品生产加工过程中使用的各类染化料助剂中的有毒有害物质进行限值管控[38]。

4. 有害化学物质零排放计划

有害化学物质零排放计划（ZDHC）重点关注在纺织品服装、鞋类、皮革产品生命周期中减少有害化学物质的排放，于2014年3月发布了限用物质清单（Manufacturing Restricted Substance List，MRSL）。MRSL涵盖了现有染料、助剂中已知的有害化学品，包括REACH法规公布的SVHC以及AAFA制定的RSL所提出的有害物质。

MRSL管控的化学品用于生产纺织品以及服装、鞋类，包括溶剂、清洗剂、黏合剂、涂料、印墨、染料、着色剂、助剂、涂层剂及后整理剂，MRSL明确指定了商用化学制剂中每种物质指定的最高限值，管控的化学物质有16大类，具体包括壬基酚及壬基酚聚氧乙烯醚（NPEO）、氯苯及氯甲苯、氯酚类物质、分散染料、致癌染料、阻燃剂、卤化溶剂、有机锡、多环芳烃、全氟化合物、邻苯二甲酸酯、乙二醇等[39]。

（三）世界纺织化学品管理技术支撑体系

2006年，各国政府和利益相关方制定并采用了一项世界政策和战略方针——国际化学品管理战略方针（SAICM），并开始积极倡导化学品生产和使用方面的改革，力求将化学品的有害影响降至最低。

发达国家已将化学品管理进行多年，不仅拥有较多化学品管理经验及更完善的管理制度和法律法规，而且有着更先进、更全面的管理技术。这些国家通常有着数以千计从事化学污染物监测、农药残留监测和农药替代品研究开发、标准制定、污染防治、疾病和中毒预防、信息管理等领域的研究机构，他们为政府主管部门化学品安全和环境管理决策提供技术支持。完整的监测管理体系、先进的大型分析仪器、较强专业技术人员和化学污染物分析检测能力保证了监管、预防和防治的顺利进行。此外，随着人们对危害认识的深入，化学品固有危害性的评估也逐渐被“暴露驱动”的风险评估所取代。

非政府组织，尤其是发展中国家和经济转型期国家的非政府组织意识到化学品相关的国家政策、法律和法规方面的改革其本身是不能实现SAICM的目标的。法律和法规至多能限制必需的化学品管理基础设施的缺失，包括足够的执行和监测的机制。更多的是，能够实现化学品安全的要求，投资于更清洁的技术、更安全的产品和污染场地的修复[40]。

至今为止，化学品安全目标的财政和技术的支撑非常有限，难以得到保证。国际发展协助机构和各国政府将化学品安全视为奢侈事宜，贫穷的国家难以负担。但SAICM方针的推行也为解决方式提供了基础，方针在能力建设与技术合作方面的目标如下：

一是视需要提高所有国家，特别是发展中国家和经济转型国家在化学品整个存在周期内对之实行健全管理的能力。在国家间制定和执行可持续能力建设战略，促进国家之间的合作。

二是建立和加强促进技术合作的伙伴关系和机制，包括合适的清洁技术和转让。

三是把化学品健全管理能力建设作为一个优先事宜列入社会和经济发展战略，包括国家可持续发展战略、减贫战略文件和国家援助战略，并把化学品列为国家政策的一个重要组成部分。

四是鼓励和推动发展中国家和经济转型国家适当利用其他国家和国际组织在此方面已开展的工作和已建立的化学品管理模式。

五是资助方、多方组织和其他相关部门应该意识到化学品安全与减少贫穷和可持续发展的联系。

（四）世界纺织化学品管理举措

1. 世界化学品统一分类和标签制度

20世纪50年代由联合国危险货物专家委员会推出危险货物分类体系，这是最早应用于各国的化学品危害性分类制度。但随着化学品使用种类和次数的增加，人们对化学品危害性有了进一步认识，化学品的慢毒性、危害潜在性和生物蓄积性等特性被广为人知，纺织工业中涉及的化学品的潜在风险也因此获得更多关注[41]。

为了保护人类健康和环境，完善现有化学品分类和标签体系，减少对化学品的试验和评价，促进化学品的国际贸易，至21世纪末，联合国提出的《21世纪议程》将建立“世界化学品统一分类和标签制度”列为国际化学品环境管理战略中的一项重要内容。经过十多年的努力，于2002年12月完成并正式出版《世界化学品统一分类和标签制度》（GHS）。GHS制度将化学品的危害大致分为三大类，包括物理危害、健康危害和环境危害，再将这三大类分别细分为16、10、2小项，各国可以采用“积木式”方法选择性实施符合本国实际情况的GHS危险种类和类别。

在GHS实施过程中，通过分类确定一种化学品的固有危险性，并在生产、储存、运输、经营、使用等全生命周期将该危险性通过标签和安全技术说明书的形式准确传达给作业场所的劳动者、消费者以及社会公众，从而大大提高对作业场所劳动者和公众健康的防护水平，减少化学品环境污染危害。目前，GHS已成为各国化学品管理行动的一项基本战略指南，并极大地推动国际化学品管理进程。

2. 化学品环境管理国际公约

为加强各国在国际贸易中对危险化学品进行信息交流，促进责任分担和合作开展，保护人类健康和环境，国际社会于1998年达成了《关于国际贸易中对某些危险化学品和农药事先知情同意程序的鹿特丹公约》。公约包括30条正文、6个附件，通过对农药和工业化学品等危险物质建立监管和控制程序，达到确立“事先知情同意程序”、增强合约国的交流合作及提供公众参与意识等目的。公约对禁用或严格限用的化学品做出了严格的规定，要求进行危险化学品国际贸易的各方必须进行信息交换，以促进缔约方在此类化学品的国际贸易中分担责任和开展合作，防止此类化学品对人类健康和环境造成危害，并推动其以无害环境的方式加以使用。

随着持久性有机污染物（POP）对人类健康和生态环境的危害的公布，为保护人类健康和环境，减少和消除持久性有机污染物排放和释放，国际社会于2001年确立了《关于持久性有机污染物的斯德哥尔摩公约》。该公约的附件A（消除类）、附件B（限制类）和附件C（无意产生类）中列明了30种持久性有机污染物，分别提出淘汰、限制和限排等管控要求。该公约不仅要求缔约方从战略的角度出发制订行动计划，而且提出在战术层次制定以最佳可行技术/最佳环境实践（BAT/BEP）为主的减排策略，在作业层又为不同的排放源提供了相应的技术控制措施。此外，要求辅以教育、研发、监测、信息公开、评估等手段保障减排的持续进行，是指导和控制持久性有机污染物排放最有影响力的国际公约。

3. OEKO-TEX® 认证标准

为了确保纺织品的健康无害性，满足消费者对健康生活的要求，德国海恩斯坦和奥地利纺织研究院于1992年基于当时对于有害物质的认知而共同撰写了OEKO-TEX®认证标准，这是世界上最权威的、影响最广的纺织品测试和认证系统之一，包括STANDARD 100、ECO PASSPORT、STeP、MADE IN GREEN、LEATHER STANDARD、DETOX TO ZERO六项认证，随后，OEKO-TEX®国际环保纺织和皮革协会对认证服务和标签适用的检测标准、限量值和要求进行不断更新，最新现行版本为2022年4月1日生效的标准[42]。

STANDARD 100针对所有加工环节的纺织品原材料、半成品和成品以及所有辅料进行有害物质检测，不仅涵盖了重要的法律法规要求，还包含对健康有害但不受法律管制的化学物质，以及与产品质量相关的参数。ECO PASSPORT针对纺织品生产过程中使用的化学品、染料和助剂进行认证，分步骤验证流程确保化学品及其成分满足可持续性、安全性和法规合规性的特定要求。STeP是针对纺织生产企业设立的认证标准，对企业的环境管理、社会责任等方面建立了可持续生产的要求。MADE IN GREEN是一种可追溯的产品标签，仅适用于采用通过有害物质检验的材料生产制成、在环境友好的工厂及安全且有社会责任的工作场所生产的纺织品和皮革制品，在产品透明度方面提升到了一个新水平。LEATHER STANDARD认证体系对皮革行业供应链上的有害化学物质给予了全面、明确、有效的管控要求，可用于所有生产环节的皮革和皮革制品的有害化学物质检测和认证。DETOX TO ZERO是一种智能且易于使用的验证体系，更多地强调持续改善，致力于分析工厂内的情况和建立持续改进计划，以便减少生产工艺中的危险物质并采取环境保护改进措施。

获得OEKO-TEX®认证证书的纺织品意味着该产品通过了有害物质检测，同时获得了具有世界影响力和权威性的OEKO-TEX®生态纺织品标签。从消费者角度来讲，OEKO-TEX®通过科学严谨的检测方法保障消费者所购买到的纺织产品是对健康无害的生态纺织品，更好地保护消费者健康安全；从企业角度来讲，随着OEKO-TEX®标准目录的诞生，它们有了统一的、有科学根据的衡量纺织品中可能存在的有害物质的评估标准。

四、世界纺织化学品管理存在的问题

在世界化的背景下，风险治理已成为每个国家面临的巨大挑战。化学品管理需以动态和多角度的方式进行，但当前保障化学品安全的财政和技术的支持仍非常有限。

（一）各国法规间存在差异

由于各国化学品管理的起步时间不同，发展速度不同，不同国家和地区的法规设定通常具有较大差异。具体表现为以下方面。

化学品使用限制：对某些特定的有害物质，一些国家可能采取较严格的管制措施，而一些国家法规则可能并未涉及。

标签和标识要求：对于特定信息的标注，如化学品成分、洗涤说明、安全警示等，不同国家通常有不同的标签和标识要求，例如，使用不同的语言、符号或图标。

测试方法和认证要求：不同国家可能采用不同的测试方法来确定产品中的化学物质含量。此外，认证要求也可能有所不同，可能需要符合不同国家或地区的认证标准。

废物处理要求：纺织化学品的废弃物处理涉及环境保护和废弃物管理法规。这些法规在不同国家和地区之间可能存在差异，包括废物分类、处理方法和排放标准。

化学品注册和报告要求：一些国家可能要求化学品制造商或进口商进行化学品的注册和报告，以确保其符合法规。这些要求的细节可能因国家而异。

进口和出口要求：进出口纺织品的国家通常有自己的进口和出口要求，包括文件、检验和认证要求。这些要求可能因国家、产品类型和目的地而异。

这些差异增加了纺织品企业在世界供应链中测试、认证等工作的复杂性，提升了企业的制造成本。因此，国际法规差异是世界纺织化学品管理领域的一个挑战，需要企业、政府和国际组织之间的协调和合作。

（二）数据库更新维护困难

为更全面收集和分析有关化学品的数据，评估其对人类健康和环境的潜在风险，已有不少国家建立了化学品管理数据库，用于信息提供或监管。但建立和维护化学品数据库同样面临着一系列问题和挑战，这些问题可能会影响数据库的质量、可靠性和实用性。以下是一些常见的问题。

数据质量问题：国际范围内虽然已建立不少数据库，但仍无法全面覆盖纺织化学品的所有种类和详细信息。因信息不足，化学品的安全信息和评估数据质量也无法保证。此外，数据库可能有多个信息提供者，包括实验室测试、制造商提供的信息、监管机构的数据等，数据来源的可靠性和可信度难以确保。

数据更新和维护问题：化学品信息会随时间而变化，新的产品和数据不断涌现。但数据库更新维护需要较多时间和资源，无法做到立即响应，导致出现决策过时或不准确的问题。

数据标准化问题：数据库建立主要是为满足各国内部需求，不同国家和地区的法规差异性使数据标准难以统一。同时，由于数据库建立者不同，格式和单位使用时有不同，且难以形成数据共享，导致数据集成困难、质量有异、重复性较高。因此，标准化有助于提高数据的可用性、可信度和可维护性，从而更好地支持决策。

隐私和安全问题：当访问和共享成为数据库建立的必然趋势，数据的隐私和安全性将难以保证。特别是涉及专有信息或敏感信息时，难以平衡产权保护和信息访问问题，数据的安全性也就难以确保。

建立高质量的化学品数据库对于化学品管理、安全性和合规性评估非常重要，但解决这些问题还需要更谨慎的数据管理、更合适的数据标准化方法以及多个利益相关者的合作。

（三）行业制度建设不健全

在化学品管理中，消防安全问题和废物管理问题同样不容小觑。然而，当前针对降低火灾发生可能性进行的化学品选用的关注度较少。仅有极少数发达国家的个别行业制定了污染预防与废物管理问题办法，要求企业通过改进废物的产生、分类和回收，降低化学品的环境和其他（如健康）风险的产生。因此，纺织产业应充分考虑化学品在生产、运输、储存和使用过程中的安全要求，完善消防安全、事故应对、废物管理等方面的规定。同时，纺织业应积极研发和使用更环保的化学品，提高废物的回收和循环利用的可能性，以降低废物排放，减少对环境的不利影响。

五、世界纺织化学品管理趋势展望

（一）世界纺织化学品管理发展趋势

人类对纺织化学品危害环境和健康的认识经历了一个漫长的过程。20世纪60年代，发达国家如欧盟、日本和美国等开始管理化学品，并将重点由单纯专注化学品的固有危害性发展为全面关注化学品使用过程中的风险[2]。此后，纺织化学品在世界范围内大量生产和广泛应用，对环境和健康的危害逐渐显现，国际社会进一步认识到环境健康问题的重要性，并开始针对可能对人体健康和生态环境具有潜在危害的纺织化学品采取风险管理的行动和措施[35]。

然而，随着化学品不断更新，危险性逐渐被发现，已有管理措施已无法完全应对可能出现的各种问题，也无法满足人们的需求。因此，纺织化学品管理必须进行更大的革新发展。

1. 世界纺织化学品管理政策变化趋势

综合考虑国际化学品环境管理形势、国内外现行管理政策及法规可知，世界纺织化学品管理政策的可能变化趋势如下。

一是以预防和控制纺织化学品风险为导向，摆脱末端治理。通过建立完善全生命周期型纺织化学品风险管理制度，进行更准确的危险性分类和安全管理。

二是完善新污染物管理制度，构建完整的纺织化学品安全评估体系，减少纺织化学品带来的安全和环境风险。

三是确保重点关注纺织化学品列入管控范围，建立重大环境危险源报告和应急预案制度，保证危险化学品事故预防和应急管理的有效实施。

四是建立污染物排放和转移登记制度，掌握并公布纺织化学品的生产、使用、排放和污染防治信息，控制危险化学品排放。

五是建立危险性分类和标签制度，明确危险控制等级，为纺织化学品的源头控制提供帮助。

2. 世界纺织化学品管理工具发展趋势

信息技术的不断创新，使得化学品管理手段获得了更多可能性。以数字化方式进行化学品管理也已成为管理手段发展的必然趋势。

一是借助云计算和数据分析技术，在企业内建立数字化的化学品管理系统，用于跟踪化学品的采购、使用和废弃物处理，提高管理透明度和合规性。

二是利用大数据分析技术，分析生产和供应链数据，识别潜在的风险和机会，帮助企业更好地管理化学品的安全性和可持续性。

三是可以通过物联网（IoT）传感器和区块链技术，实现供应链的实时可视化，追踪化学品的来源、流动和质量，减少信息的不对称性和安全风险。

四是使用数字化标签和追溯系统，可以跟踪产品从生产到销售的整个过程，确保产品合规性和安全性。

五是使用虚拟现实（VR）和增强现实（AR）技术，可以提供虚拟化学品管理培训，帮助工作者更好地了解化学品的安全使用和处理方法。

3. 世界纺织化学品管理对产业发展趋势的影响

化学品管理为纺织产业的发展带来了新的挑战，同时也带来了新的机遇。因此，行业内的技术创新也必将成为未来的探索新趋势。

一是探索改进纺织化学品的生产工艺，减少有害副产品的生成，提高效率和降低能源消耗。例如，采用更环保的染色和整理工艺。

二是利用新的化学品检测和识别技术，如质谱分析、红外光谱和传感器技术，更准确地确定产品中的化学物质成分，确保产品合规性。

三是寻求新材料，开发智能纺织品和可穿戴技术，提高产品性能，提供创新产品。

此外，在国际合作和消费者导向的大背景下，各国管理标准趋同，要求产品更持续、更环保也必将成为化学品管理发展趋势的一部分。这些变化趋势将共同塑造未来世界纺织化学品管理的方向，政府、行业、企业等相关者都需要积极参与进来，适应环境变化，提高产品质量，保障绿色发展的持续进行。

（二）世界纺织化学品管理展望

全球化背景下，在发达国家逐步显现并分阶段得到解决的各种环境问题正集中出现在发展中国家，大量对人体健康和生态环境具有潜在性、长期性危害的纺织化学品监管措施还未完全落实，日益严峻的挑战仍需我们去面对。

为顺应世界纺织化学品管理发展趋势，解决纺织化学品管理存在的各项问题，纺织业未来的发展方向可考虑从以下角度进行完善优化。

①采用环保材料、绿色技术：选用更环保的纺织原材料，如有机棉、再生纤维、可降解纤维等，减少对有害化学品的依赖。研发绿色纺织技术，如水性印染、染色过程的封闭循环系统、废水处理等，降低对环境的影响。

②化学品替代：积极研究和推广无害或低风险的替代化学品，减少有害化学品的使用。例如，寻找更安全的染料、助剂和涂层材料。

③严格遵守法律法规：遵守世界各地的环保法规和标准，减低或消除产品中有害化学品的含量，依法进行必要的认证和测试，并确保消费者的知情权。

④监控供应链：加强供应链的可追溯性和透明度，确保从原材料供应商到制造商的每个环节都符合环保标准，并且化学品的使用被追踪和记录。

⑤教育和培训：培训员工和供应链伙伴，提高他们对有害化学品的意识，以及如何更安全地使用和处理化学品。

⑥可持续采购：积极采购符合环保标准的原材料和化学品，推动供应商提供更环保的产品。

⑦回收和再利用：鼓励产品回收和再利用，以减少废弃物和化学品的排放。

⑧公共倡导：积极参与行业协会和倡导组织，支持制定更严格的化学品管理法规和标准，以确保整个行业的可持续性。

⑨跨界合作：与其他相关行业（如化学工业、纺织印染、时尚等）合作，共同解决世界化学品管理问题，分享最佳实践和创新解决方案。

世界化学品管理的持续发展，对纺织业来说既是挑战也是机遇。在此背景下，纺织业需要采取综合性的措施，减少对环境和人类健康的潜在影响，并满足不断升级的世界化学品管理要求。

扫码见参考文献

第五章 世界纺织产业水管理趋势展望

一、世界水资源管理的背景

纺织产业作为国民经济中的重要组成部分，其发展离不开水资源的贡献。然而，在纺织产业发展过程中，水资源开发和利用以及水污染是需要引起更多注意并采取更多行动的问题。因此，纺织产业水管理将成为行业可持续发展的重要议题。

目前，纺织产业水管理既没有明确的定义，也没有被全面提出。如何实施这一管理，怎样做最符合发展需求，已被广泛认可的水管理原则是否能够在实践中运用，都将成为巨大的疑问。因此，在建立纺织产业水管理时，需要根据各国家和地区水问题的特性、特点和程度，以及人力资源、体制能力、自然条件等因素进行仔细考量。

（一）世界水资源短缺态势

水资源对人类生存至关重要，是社会经济可持续发展的重要基础，在资源安全、能源供应、粮食生产和环境保护等方面发挥着不可替代的作用。水资源是未来数十年世界面临的持续而深刻的资源问题[1]。气候变化正加快重塑世界自然生态环境，加之经济发展、人口增长、城市化进程、地缘政治紧张局势加剧、水资源战争、人口剧增、气候变化以及不可持续的水资源管理措施等因素的影响，世界水资源供求矛盾日渐尖锐，水安全保障态势日趋严峻[2, 3]。根据世界资源研究所报告，世界约26亿人生活在“高度缺水”的国家，其中17个国家中的17亿人生活在“极度缺水”的地方。糟糕的水资源管理，工业和民众生活对水的需求的不断增加会持续加剧用水挑战。若不采取任何措施，据估计，到2030年，世界淡水资源将减少40%，约47%的世界人口将生活在严重缺水的地区；到2050年，世界将有一半以上的人口面临水资源短缺的困境[4, 5]。水资源管理会影响到社会的各个方面，特别是健康、粮食生产和安全、民用给水和卫生措施、工业和环境可持续性等。面对人水关系日益紧张的局面，加强水资源管理已然成为水资源可持续利用的必然选择。工业作为重要的用水主体，也是造成水污染的责任主体，加强工业水管理是提升节水效率和效益的关键抓手及有效举措。

（二）水生态环境问题突出

纺织产业对环境的影响主要集中在水资源利用和水环境污染两大方面。

第一是水资源分布不均衡和高耗水发展方式。纺织业是一个高度耗水行业，包括棉花种植、纺纱、印染等环节都需要大量的水资源。水资源的过度开发可能会导致当地部分河湖生态流量难以保障，引起河流断流、湖泊萎缩等问题，影响水生态环境的平衡。例如，中国的黄河、海河、淮河和辽河等流域水资源开发利用率远超40%的生态警戒线，京津冀地区汛期超过80%的河流存在干涸断流现象，干涸河道长度占比约1/4。巴西作为世界上最大的淡水所有者，在通过出口水资源供给世界经济时，仍会出现区域淡水供需不足的现象[6]。

第二是水环境存在生态风险。纺织产业的生产过程中涉及很多染料、助剂等化学品的使用，一旦这些物质伴随着废水被排放到自然水体中，可导致自然水体污染并对水生态造成潜在威胁。例如，含纺织染料的废水排放会影响水生态环境。染料还使生化需氧量以及废水的化学需氧量增加。该过程会增加毒性、诱变性和致癌性，并影响光合作用过程和植物生长。此外，纺织废水中含有的重金属也是污染因素，特别是锑（Sb）、砷（As）、铅（Pb）、镉（Cd）、汞（Hg）、铜（Cu）、铬（Cr）、钴（Co）、镍（Ni）等，即使在低浓度下，也会降低水源质量，并对水生生物有毒害作用[7]。除以上提到的污染物之外，纺织废水中还存在很多新兴污染物，如壬基酚、全氟化合物和溴化阻燃剂等。这些新兴污染物可以通过食物链或其他途径在不同营养级之间传递和放大，造成更大的生态毒性效应[8]。来自纺织品的合成纤维占世界微塑料污染的35%，这些纺织品原料不能被降解，排放到海洋里会使海洋生物受到潜在威胁。

以上两点致使纺织产业对水生态问题的关注与行动迫在眉睫。

二、纺织产业水管理范畴

（一）水资源管理概念

多年来，水资源的可持续管理一直困扰着许多国家和地区。水资源管理被定义为“一个促进水、土地和相关资源协调发展和管理的过程，以便在不损害重要生态系统可持续性的情况下，使经济和社会效益合理地最大化”，这一定义要求对水资源管理方式进行根本性变革，包括对现有法律、法规、政策和制度进行新的变革，使所有利益相关方都能参与水资源管理。

（二）纺织产业水管理定义

纺织产业水管理概念为用水、节水和废水管理，主要包括水资源管理、用水环节管理和废水治理管理三部分。在水资源管理中，应根据使用环节要求，合理分配自来水与地表水的使用，加强对地表水取水口的评估论证；在用水环节管理中，应明确用水计划、节水目标、节水措施，定期进行合理用水分析；在废水治理管理中，应合理选择处理技术，保证达标率，提高回用率。

（三）纺织产业涉水环节识别

纺织产业生产过程中贯穿着用水和排水问题，对纺织品生产过程中的用水和排水环节进行识别，是针对性进行纺织产业水管理的基础。

在纺织工艺中，如纺丝、织造（包括机织和针织）等，这些工段涉及天然/化学纤维纱线和织物的生产，对水的消耗较少或可以忽略，只有在不同品种的纤维混纺以提高纱线质量的过程中才会消耗一定量的水。例如，在棉织造上浆过程中，其耗水量为0.5~8.2L/kg产品[9]。尽管如此，与染整工段的耗水量相比，这一数量依然可以忽略不计。因此，一般更多考虑染整过程中水资源消耗的影响。

纺织品染整处理过程中，与其他生产单元相比，染色单元使用了大量的水。退浆和漂白工序的耗水量为2.5~25L/kg织物。煮练和丝光的耗水量分别为20~45L/kg和17~32L/kg产品。染色过程中消耗的水一般在10~300L/kg产品。染色单元耗水量范围较大的原因主要是染色所用化学品（不同的染料和助剂）以及不同染色方式造成使用的机器不同。机织物染色工艺的耗水量一般为130~150L/kg染色织物，而针织物染色工艺一般为110~130L/kg染色织物。此外，由于染整涉及不同的前处理工序，机织物具有比针织物更高的耗水量。

除了较高的用水量之外，纺织产业的排水量也较大。自20世纪90年代中期开始，纺织产业废水排放总量一般都在11亿t以上，在2011年更是高达24.1亿t。纺织产业废水主要包括印染废水、化纤生产废水、洗毛废水、麻脱胶废水等，其中，印染废水是纺织工业主要的污染源，纺织品印染加工的耗水量约100L/kg印染产品，其废水排放约占整个纺织产业废水排放的70%。废水主要来自染色和后整理工段，其中含有染料、浆料、助剂、油剂、纤维杂质和无机盐等，其特点在于有机污染物含量高、碱性大、水质/量变化大以及色度高等。

染整行业使用的纤维可以分为两大类：天然纤维和合成纤维。棉花作为天然纤维的代表，占总产量的80%左右，其他天然纤维，如麻、丝、毛占总产量的20%[10]。棉染整过程中产生和排放的废水及相应的污染物最多[11]。棉纺织品的染整加工可分为前处理（退浆、煮练、漂白、丝光等）、染色、洗涤、整理等过程[12]。染整工艺产生的废水构成了灰水足迹。灰水的产生主要来自不同的步骤：前处理（包括退浆、煮练、漂白、丝光等）、染色、印花和整理。每个工序产生的废水水质不同。各工段主要出水水质特征见图4-3。例如，在退浆过程中，需将聚乙烯醇（PVA）等退浆剂溶解在水中，尽管退浆废水仅占废水排放总量的10%~20%，但COD浓度高达20000mg/L[13]，污染物负荷高达50%[14]。此

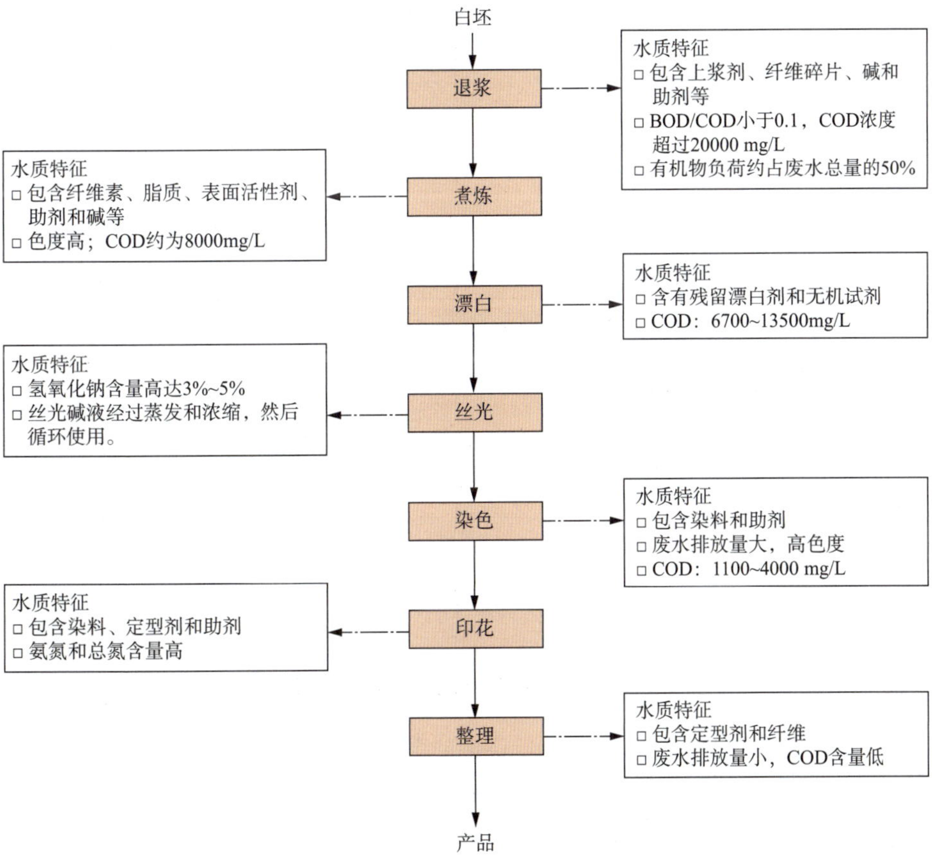

图4-3 棉染整过程中的废水来源及水质

外，由于PVA的难降解性，退浆废水的BOD/COD小于0.1[13]，即使采用高级氧化和强化生物工艺或两者联合处理也很困难。煮练过程中，在高温和碱性条件下，从棉纤维中剥离部分纤维素和脂质混入废水中[15]。煮练废水的COD浓度约为几千毫克每升，色度高。不添加额外化学物质的漂白工艺产生的废水COD浓度较低[16]。漂白后，通常使用增白剂使织物达到亮白色。市场上的增白剂主要是二苯乙烯的衍生物，降解率非常低[17]，在废水生物处理过程中，它们难以去除，甚至降低了微生物的呼吸速率。在丝光过程中加入大量的氢氧化钠导致废水中碱含量升高[18]。在染色过程中，使用了一系列染料，包括分散染料、活性染料、酸性染料、直接染料和偶氮染料等[19]，特别是用活性染料染色棉花的废水污染严重，其需要加入氯化钠或硫酸钠等盐（30~100g/L）来提高染色率，导致高盐和高色度废水产生[20]。有些染料是不可生物降解的，或者生物降解性很低，使印染废水难以处理，并对水生态环境产生毒性。尿素在印花阶段一般作为增溶剂使用，虽然其排放量很低，但是会产生含高强度氮的废水[21]。其他天然纤维，包括麻、丝和羊毛，除了不产生高浓度的退浆废水外，具有与棉花相似的染整过程和废水特性。然而，在加工这些天然纤维的过程中，也会产生相当多的废水，如洗毛废水、麻脱胶废水、缫丝废水等。合成纤维的染整工艺与棉基本相似，不同之处在于涤纶织物的染整工艺涉及碱减量预处理，会产生含对苯二甲酸的高强度废水（图4-4）[22]。

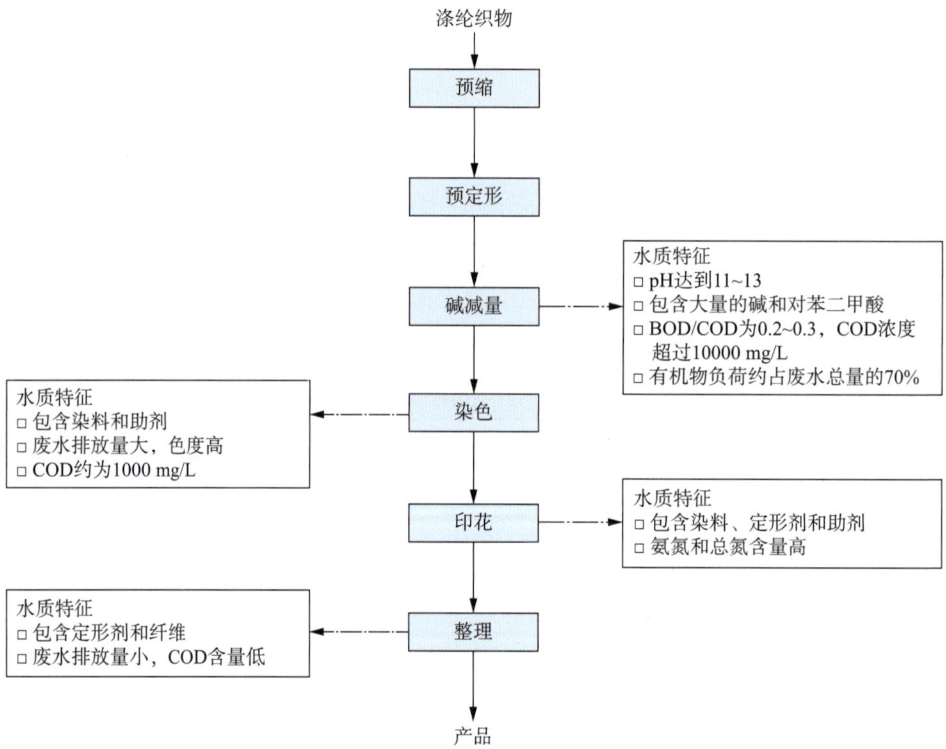

图4-4　涤纶织物染整废水来源及水质

三、世界纺织产业水管理现状

（一）世界纺织产业用水情况

世界纺织服装行业对环境的影响是广泛而巨大的。纺织服装行业通常会使用大量的水资源，2015

年总计消耗约790亿m^3，在生产1t纺织品的过程中，平均消耗约200t水[23]。世界大多数纺织服装行业用水与棉花种植和纺织品制造的湿法工艺（漂白、染色、印花和整理等）有关。目前的纺织品生产过程中，每年用于灌溉的水大约为44万亿L[24]，约占世界灌溉用水的3%，其中，95%与棉花生产有关[25]。例如，在生产一件T恤和一条牛仔裤的过程中，棉花种植过程分别占总水足迹的88%和92%[26]。事实上，棉花的水足迹是所有纺织纤维中最高的[27]，由于44%的棉花用于出口，棉花种植对当地用水的影响中约有一半是由国外需求造成的。最近的报告表明，纺织服装行业用水约占世界地下水和饮用水消耗的约7%，特别是在中国和印度等水资源紧张的制造业地区[28]。除了加剧水资源的短缺，纺织服装行业还会产生大量废水，影响当地的水资源供应。由于制造过程中使用的一些化学物质是有毒的，如果处理不当，进入当地地下水的废水可能会破坏整个生态系统。

1. 中国纺织产业用水情况

纺织产业是中国传统支柱产业、重要民生产业和创造国际化新优势的产业。中国是世界上纺织产业规模最大的国家，也是产业链最完整、门类最齐全的国家。中国的纺织产业链上游可至天然、化学纤维生产，中游涵盖纺纱、织造、印染等生产环节，下游包括服装加工等生产领域。然而，纺织产业的发展并没有摆脱低效率、高资源消耗和有毒有害物质排放的问题。纺织产业同时也是典型的水资源高消耗行业和废水、污染物较多的行业[29]。中国纺织工业用水量约为84.9亿t[30]，约为第二大纺织品出口地区欧盟的7倍[31]。纺织品及后续相关产品的工艺流程较长，且耗水环节较多，如洗毛、脱胶、印染、水洗等工艺环节（表4-4），每个环节都需要消耗相当多的水资源。其中印染是纺织业水资源消耗的主要环节。印染行业约占纺织产业总用水量的72%[32]。具体地说，纺织品染整工艺的耗水量为50~400L/kg[33]。棉纺工业的用水量则在10~645L/kg最终产品的范围内[34]。对于每1kg纤维的染色，往往需要消耗100~180L水[35]。处理8t织物一般需要1.6×10^6L水[36]。此外，大量的化学品在印染过程中使用，染料和其他化学品的具体消耗被量化为10~50kg/kg和58~670kg/kg最终产品。这些化学物质需要通过水作为反应介质或被水去除，从而导致印染行业成为用水量第二高的行业[37]。

表4-4　纺织工业生产主要用水工序

生产类型	主要耗水环节
棉针织厂	空调、煮练、染色、漂白、碱缩、后整理
棉机织厂	空调、上浆、退浆、酸处理、漂白、丝光
毛纺织厂	洗毛、染色、缩绒、后整理
苎麻纺织厂	脱胶、染色、整理
丝织厂	缫丝、精练、染色、整理
粘胶纤维厂	蒸煮、漂洗、原液、纺丝、后整理
棉、混纺和化纤布印染厂	退浆、煮练、漂白、丝光、染色、印花、整理
服装加工厂	空调、洗水、后整理

2. 其他典型国家纺织产业用水情况

（1）巴基斯坦

纺织产业是巴基斯坦最大的制造业。巴基斯坦是世界第四大棉花生产国，拥有仅次于中国和印度的纺纱能力。该行业贡献了约1/4的工业增加值，属于劳动密集型行业，雇用了大约45%的工业劳动力。巴基斯坦纺织业非常注重出口，一直是主要的外汇收入来源之一，纺织品出口占全国出口总额的

55%~60%[38]。巴基斯坦纺织产业大致分为三种类型：纺纱业、织造业和印染业。与所有其他发展中国家一样，巴基斯坦正在努力实现资源和生态可持续性。由于气候变化，水、天然气、土地和包括化石燃料在内的传统能源的可用性受到威胁。巴基斯坦的水资源正在不断减少，到2025年情况可能会变得更糟。河流和地下水广泛用于水力发电、灌溉农作物、工业制造和家庭用途，可能对巴基斯坦的经济稳定运行产生负面影响。特别是纺织工业依赖于水资源的供应来平稳运营并实现所需要的生产目标。目前，巴基斯坦主要的纺织生产单元耗水量及废水排放量如表4-5所示。

表4-5　巴基斯坦单位纺织产品的耗水量和废水排放量

类型	耗水量/（L/kg产品）	废水排放量/（L/kg产品）
纱线生产	198.416	182.984
坯布织造	160.000	154.324
染整	184.086	184.086
印花	68.894	68.894
天然纤维生产	120.000	115.000
服装生产	201.723	201.723
针织织物	120.000	115.000
人造纤维	33.841	30.203
纺织加工	166.000	160.000

（2）土耳其

在土耳其所有的行业中，纺织产业的用水量排名第二，它还造成固体废物、粉尘污染、噪声污染和废水污染。土耳其的纺织产业生产过程可以分为湿处理（整理、染色、洗涤等）和干处理（针织、机织等）。来自湿法加工的废水中含有大量有机物、含盐的废化学品和染料。除了产生废水以外，淡水的消耗也是一个严重的问题，特别是在那些缺水已经成为问题或在不久的将来会成为问题的国家。淡水的消耗和废水的排放都将受到国家排放限值的约束。在更多情况下，淡水和污水处理费用可能占生产成本的5%甚至更高。纺织工业生产1kg成品织物需要消耗大量的水。与湿法加工相比，纤维生产、纺纱和织造消耗的水要少得多。生产一单位织物所需的水量因织物质量、所需的色度、使用的染料和化学品、液比和工艺条件而异。根据不同的生产情况，生产1kg织物的平均用水量为200~400L[39]。据估计，每年约有28万t染料被排放到接收水体，其中含有8000种染料和6900种辅助化学品和盐。高盐、高色度和其他化学物质是纺织品湿法加工的主要环境问题。

（3）孟加拉国

在成衣制造行业的带领下，纺织产业在过去几年已经成为孟加拉国的主要经济部门。同时，纺织产业还为400万名工人提供了就业机会。纺织产业在农业用水方面有巨大的水足迹，如棉花种植、印染过程的高用水量。纺织产业的用水需求和可用水量之间的差距越来越大，将造成2.5亿~5.3亿m^3的用水缺口，这意味着到2030年纺织产业缺水的风险更高，取水成本也更高。据估计，孟加拉国纺织品的单位用水量为250~300L/kg，其中，85%的水用于纺织品的湿处理，10%用于织物生产，2%用于纱线的生产[40]。纺织品生产过程中使用大量的化学品用于水洗和染色。因此，纺织废水中含有相当数量的有害污染物，其特点是高COD、高色度、毒性、化学品以及某种程度上的重金属含量很高。这些废水大部分未经过适当处理就排入河流，造成严重的水污染。与孟加拉国其他污染工业相比，纺织产业被列为污染最严重的行业。

（4）埃及

纺织产业已经发展成为埃及经济增长的基本支柱。例如，服装制造业对全国GDP的贡献为3%，雇用了约1/3的工业劳动力，年出口额为26亿美元，占所有非石油出口额的15%。它是埃及仅次于食品加工的第二大制造业，棉花占工业总产值（不含石油产品）的25%，是埃及的主要经济作物，它是埃及纺织和服装部门种植和利用的最重要的天然纤维。纺织产业的总用水量估计为埃及工业用水需求的4%~5%（每年约2.5亿m^3）。不同行业的具体用水量差别很大，从每吨织物150m^3到超过500m^3[41]。整个纺织产业只需要减少1%的用水量，每年就可以节省250多万立方米的水。纺织工业每个工序的用水量根据纤维的种类和所用设备的种类以及所用技术而有所不同。随着纺纱和织造设备的快速发展，各个工序的消耗量无法准确确定。表4-6总结了每个生产过程的用水量。

表4-6　埃及纺织生产各工序用水量范围

工序	用水量/（L/kg）
上浆	10~90
退浆	30~110
煮练	200~400
漂白	50~150
染色	100~350
整理	10~100

（二）纺织产业水管理制度

1992年，都柏林原则在都柏林国际水和环境会议上被提出，其目的是促进那些对改善水资源管理十分重要的概念和实践发生改变。同年，在里约热内卢召开的联合国环境与发展大会，都柏林原则又为通过的《21世纪议程》的建议（关于淡水资源的第18章）作出了重大贡献。从此，“都柏林—里约原则”受到了国际社会的广泛支持，并成为支撑水资源综合管理的指导性原则。最终，在1998年，于哈拉雷和巴黎召开的重要国际水会议及联合国可持续发展委员会召开的“里约+5”论坛后续会议上，“都柏林—里约原则”再次得到了重申和完善。以“都柏林—里约原则”为指导，世界各国也在探索并建立一套符合自身国情的水管理制度。

1. 美国

美国的水资源属州政府管理，实行的是以州为单位的管理体制。全国无统一的水资源管理法规，各州自行立法，以州际协议为基本管理规则。州以下设立若干个水务局，对水资源利用、废水排放和处理等水务进行统一管理。例如，国会通过《水资源规划法》，分析全国水资源及变化趋势和拟定水资源合理管理的原则与实施方法等。联邦政府颁布实施《清洁用水法》，对水体开发和利用做出明确要求，特别是对水质等的严格要求。美国环保局（EPA）颁布的《节水规划指南》，对公共供水系统规定不同最低限度节水措施和节水规划，同时对供水企业提出一系列节水措施。各州也积极开展水管理制度建设，出台的《节水规划指南》将规范工业、商业用水行为细分至纺织产业，1974年，EPA颁布了皮革鞣制和整理废水指南和标准（40CFR第425部分），并于1977年、1982年、1988年和1996年修订了该条例。监管要求被纳入国家污染物排放清除系统（NPDES）的直接排放许可证和间接排放许可证或其他控制机制中。近年来，EPA又出台了新的国家排放标准，要求染整作业必须采用控制技术即大多可达到的控制技术（MACT），将有毒的排放物浓度降至最低水平。然而，针对不同工段产生的废水，使用最佳实用技术（BPT）后，其排放要求是不一致的。

2. 欧盟

在欧盟体系中关于水污染的政策法规基本上都是以指令形式颁布的，然后成员国可以自由选择达到指令所规定目标的手段、方法。1972年，欧洲共同体成员国国家和政府首脑高峰会议顺利召开。该会议首次提出在欧盟内部建立共同保护环境的政策框架。2002年12月22日建立了《欧盟水框架指令》（WFD）。其中，排污限定指令有《城市废水处理指令》。欧盟在保护水环境的同时，也高度重视水环境污染物标准建设。2001年，为了保护地表水环境并控制优先污染物排放，欧盟对优先污染物质做出相关规定，发布指令2455/2001/EC并制定水环境优先污染物清单。2003年6月欧盟委员会发布的最佳可行技术（BAT）在纺织工业中参考文件《综合污染防治与控制》，给出了来自前处理、染色、染整、后整理和水洗等工艺的污水处理方法。目前，欧盟成员国如德国、意大利、荷兰等都采用该方法制定工业废水污染物排放限值。然而，针对纺织产业水污染排放，欧盟没有统一的排放标准，其BAT也仅仅列出了欧盟国家有机精细化工行业（包括纺织染整行业）的排放状况。

3. 日本

日本的水资源规划包含全国规划和水系规划。从规划发展来看，先有水系规划，后有全国规划。水系规划是根据《水资源开发促进法》的规定，以“水资源开发水系”为对象制定的。1970年，《水质污浊防止法》被颁布，水质标准内容包括健康项目和生活环境项目，采用浓度限值，允许地方根据具体情况制定地方排水限值标准。近年来，为改善封闭性海域的水质，日本对工业集中、污染严重的地区实施主要污染物总量限值制度，采取浓度控制和总量控制相结合的治理模式。总之，日本实施国家统一的排放浓度限值，不分行业设定。对于处理技术难以达到国家统一标准的行业，制定较为宽松的暂行行业排水标准，并逐步转为执行国家统一标准。

4. 新加坡

新加坡的涉水管理主要是由环境部公用事业局负责的。新加坡推行取水行政审批制度和节水税制度，以实现水资源开发利用和节约保护。在水污染控制管理方面，新加坡建立环境法《污染控制排放规定》。其中，附录9规定了贸易限制污水排到公共下水道、水道、控制水道的排污限额。

5. 中国

中国对水资源实行流域管理与行政区域管理相结合的管理体制。该体制是合理开发、利用、节约和保护水资源以及防治水害的重要保障，是实现水资源可持续利用的强大支撑。在涉及具体行业时，政府部门、行业组织以及企业自身会根据行业特点构建水资源管理体系。目前，纺织产业根据国家发展要求并结合自身发展需要，出台了一系列政策、法规和标准，以促进行业可持续发展。

2016年，《水污染防治重点行业清洁生产技术推行方案》对纺织产业的水管理提出了明确目标。方案中明确提出要推动纺织产业采取技术改造、提升清洁生产水平，减少废水排放，降低水污染，鼓励企业采取节水技术实现可持续发展。此外，工业和信息化部发布的《印染行业绿色发展技术指南（2019版）》提供了一系列技术方法，为纺织企业的绿色发展和节水工作指引方向。

纺织产业水管理标准分为限制类和鼓励类。限制类标准规范了取水和水污染物排放，包括工业产品取水定额和水污染物排放限额。工业企业产品取水定额是指生产单位产量的工业产品时所规定的合理取用常规水资源的标准取水量，纺织服装行业取水定额标准基于GB/T 18820—2011《工业企业产品取水定额编制通则》制定，规定了由棉、麻、丝、毛以及化学纤维通过不同的加工工艺制成各类纺织产品时的常规水资源取用量限值。水污染物排放限额标准明确了纺织染整工业企业在生产过程中水污染物排放的限值，以及实施和监督的相关规定，推动着纺织印染企业必须对其水污染物排放进行有效管理，为强制性国家标准。这些标准遵循“分区、分级、分类、分期”的原则，涵盖麻纺、毛纺、缫丝和纺织染整等工业。鼓励类标准以节水型企业评价标准为主，目的在于评估企业的基本取用水状况、管理指标设置以及技术指标达标情况。除此之外，还有一些标准对水资源的利用提出了要求，如T/CACE 045—2021《纺织染整企业回用水水质》鼓励纺织染整企业依据优水优用、分质利用的原则对废水进行回用。具体标准清单见表4-7。

表4-7 纺织产业水管理标准相关清单[42]

类型	标准名称	标准号
取水定额标准	GB/T 18916.4—2012	《取水定额 第4部分：纺织染整产品》
	GB/T 18916.14—2014	《取水定额 第14部分：毛纺织产品》
	GB/T 18916.20—2016	《取水定额 第20部分：化纤长丝织造产品》
	GB/T 18916.21—2016	《取水定额 第21部分：真丝绸产品》
	GB/T 18916.24—2016	《取水定额 第24部分：麻纺织产品》
	GB/T 18916.25—2016	《取水定额 第25部分：粘胶纤维产品》
	GB/T 18916.44—2019	《取水定额 第44部分：氨纶产品》
	GB/T 18916.45—2019	《取水定额 第45部分：再生涤纶产品》
	GB/T 18916.48—2020	《取水定额 第48部分：维纶产品》
	GB/T 18916.49—2020	《取水定额 第49部分：锦纶产品》
	GB/T 18916.50—2020	《取水定额 第50部分：聚酯涤纶产品》
水污染物排放限额标准	GB 4287—2012	《纺织染整工业水污染物排放标准》
	GB 28936—2012	《缫丝工业水污染物排放标准》
	GB 28937—2012	《毛纺工业水污染物排放标准》
	GB 28938—2012	《麻纺工业水污染物排放标准》
节水型企业评价标准	GB/T 37832—2019	《节水型企业 化纤长丝织造行业》
	GB/T 26923—2011	《节水型企业 纺织染整行业》

此外，环境认证和生态纺织品环境标志等环境规制的出现使纺织产业的环境管理得到进一步加强，以国际环保纺织协会制定的OEKO-TEX® Standard 100、OEKO-TEX® STeP认证为例，该体系要求纺织企业在整个生产过程中必须重视对环境和生产者的保护，从清洁生产到污水处理，再到最终产品，整个生产过程中的污水排放必须满足国际环保纺织协会设立的严格环保标准。这种环保规制进一步提升了纺织产业对水资源管理的要求[43]。

（三）纺织产业水管理措施

1. 水立法

立法是政府干预及采取强制措施的依据，也是非政府机构行动权限的基本范围和框架。因此，法律是实施水环境管理的构成要素。

美国以联邦政府和各州政府为单位制定了相对健全的涉水法律法规及政策。现行涉及水资源的法律法规主要包括《水资源规划法》《资源保护与恢复法》《清洁用水法》《水质法》《环境政策法》《污染预防法》《水资源保护法》和《国家饮水条例》等。具体到纺织产业的涉水法规，只有美国环保局颁布的皮革鞣制和整理废水指南和标准（40CFR第425部分）。

欧盟以颁布指令的形式来管理水环境。指令对欧盟成员国具有法律约束力，但并不等同于国内法，成员国可根据各国国情等制定更为严格的法律法规。污染综合防治指令（简称IPPC指令）和共同体水政策行动框架的指令（简称水框架指令）是欧盟对水中污染物制定排放标准的主要依据。

新加坡高度重视水资源相关法律法规建设。《水源污染管理及排水法令》《废水和排水系统法》《公共设施（供水）条例》《公共设施（中心集水区和集水区公园）条例》《畜牧法令》和《公共环境卫生条例》等一系列涉水管理法律法规的颁布，规范了城市水源、供水、用水、排水等管理问题。例如，1976年新加坡出台的排污规定明确要求废水排放前要进行必要的处理，且处理后排出的污水必须达到可以接受的水质标准。

中国2020年针对水环境管理出台了《生态环境标准管理办法》，其中第二十条规定，为改善生态环境质量，控制排入环境中的污染物或者其他有害因素，根据生态环境质量标准和经济、技术条件，制定污染物排放标准。针对纺织产业水污染排放问题，环境保护部和国家质量监督检验检疫总局在2012年联合发布了《纺织染整工业水污染物排放标准》《缫丝工业水污染物排放标准》《毛纺工业水污染物排放标准》和《麻纺工业水污染物排放标准》等，该4项标准的实施将是纺织工业水管理的重要依据。

2. 跨部门协调工作

美国水管理模式总体上是联邦与州政府管理相结合，主要通过法律法规或政府授权管理体制和机构。在州或部落的帮助下，EPA可以监测污水或指导其他机构，并在必要时采取执法行动。

在2001年1月政府机构改革之前，日本设立的水资源管理机构包括环境厅、国土厅、厚生省、农林水产省、通商产业省和建设省。这些机构各自为政，缺乏沟通和协调。1998年8月，由以上6个机构为成员组成了“构筑健全的水循环体系相关省厅联络会议”。以构建健全的水循环体系为目标，各部门间开展信息沟通和意见交换，并研究互相合作和协调的方式和途径。

中国对纺织产业的水管理遵循市场调节管理机制，采取政府宏观调控和行业自律相结合的方式，管理体系由行业主管部门和行业协会共同构成。行业主管部门包括国家发展改革委、工业和信息化部、生态环境部等，行业自律组织包括中国纺织工业联合会、中国印染行业协会等。行业内企业在主管部门的产业宏观调控和行业协会自律规范的约束下，进行市场运作，开展技术创新、标准研制、示范应用等。

3. 流域协调管理

在跨行政区的水资源保护、开发以及利用过程中，经常会因为不同政策和法规产生一些纠纷和冲突。在处理这些纠纷和冲突时，需要各单位求同存异、协调管理。例如，中国强调各级政府之间通过共同协商、自愿协调的方式来解决，不太倾向于使用正式的法律手段。1988年颁布的《中华人民共和国水法》中规定：“地区之间发生的水事纠纷，应当本着互谅互让、团结协作的精神协商处理；协商不成的，由上一级人民政府处理。”2002年新修订的《中华人民共和国水法》进一步规定：“不同行政区域之间发生水事纠纷的，应当协商处理；协商不成的，向上一级人民政府裁决，有关各方必须遵照执行。”例如，中国纺织产业主要集中在江苏、浙江等综合发展先进地区及广东、上海、福建等贸易发达地区。这些区域主要的特点是水资源丰富，流域跨行政区。其在水资源保护、开发以及利用的问题上，也是依据《中华人民共和国水法》进行处理的。具体如江浙两省，它们为纺织印染大省，两省交界处又是国内纺织印染产业最为发达的地区，江苏盛泽地区印染企业废水排放的主要渠道为距江浙交界处不足10km的清溪河，80%以上的污水由此流向浙江，时常引发省际纠纷。

4. 环境风险评价

纺织废水中含有重金属、有机卤化物等多种有毒有害污染物，其环境风险和对行业的冲击不容忽视。美国是开展实践较早的国家，其环境风险评价体系已经成为各个国家和地区制定标准的重要参考。其《联邦政府风险评估》报告中的风险评估与风险管理二分框架和风险评估“四步法”，已在世界范围内被广泛传播和接受。就生态风险评估而言，由EPA依次颁布的《生态风险评估框架》《生态风险评估指南》和《累积性风险评估框架》，很大程度上帮助政府做预防性规制决定。企业层面上，OEKO-TEX® 推出环境影响评估工具，可计算每道工艺流程、整个流程和每千克材料/产品的碳足迹和水足迹。通过透明的方法和数据模型，帮助工厂量化环境风险。

目前，中国建立了《纺织染整工业水污染物排放标准》，用以规范行业发展。该标准可用于现有纺织工业企业和纺织生产设施的水污染物排放管理，以及纺织工业建设项目的环境影响评价、环境保护设施设计、竣工环境保护验收、排污许可管理及其投产后的水污染物排放管理。此外，《中华人民共和国环境影响评价法》、国务院令第253号《建设项目环境保护管理条例》以及地方建设项目环保管理有关规定，也是建设项目在可行性研究阶段进行环境影响评价的重要法规。

5. 排污权交易

纺织业的耗水量和废水排放量都比较大。为了加强排污许可管理，规范企业事业单位和其他生产经营者排污行为，控制污染物排放，保护和改善生态环境，欧美国家较早就建立了排污交易制度，并且制度比较完善。中国发展排污交易起步较晚，制度和体系仍不健全。国务院办公厅于2014年印发《关于进一步推进排污权有偿使用和交易试点工作的指导意见》，旨在充分发挥市场机制在环境保护和污染物减排中的作用，促进主要污染物排放总量持续有效减少。排污权有偿使用和交易的建立，真正实现了市场化，调动了排污企业减排的积极性，同时引导了企业不断升级转型。企业也可将闲置的排污权指标通过交易转给新材料、新能源等企业，让这些排污权发挥更大的效益。

（四）纺织产业节水技术

1. 生产节水技术

纺织产业在从纤维生产、织造到印染整个生产链上广泛使用水资源，用水量大且污染问题严重。为了应对这一挑战，纺织产业正在积极采取措施，改善和推广其节水技术，以提高用水效率和整体节水管理，推动纺织产业朝着更可持续的方向发展。

表4-8分别列出了纤维生产、织造、染整等生产阶段的节水技术。整个纺织产业链条冗长，生产工艺复杂，下面对产业链中的主要节水技术进行介绍。

表4-8　纺织产业生产过程节水技术[44]

生产环节	节水技术名称	适用范围	综合应用效益
纤维生产	原液着色技术	化纤生产	节省后续染色环节，缩短工艺流程，节约水耗89%、能耗63%、化学品用量63%，减少二氧化碳排放62%
织造	喷水织机废水处理回用集成技术	机织布织造	该技术可使废水回用总量达到75%以上，万米布新鲜水用量可节约80t

续表

生产环节	节水技术名称	适用范围	综合应用效益
染整	冷轧堆前处理技术	织物前处理	该技术将退浆、煮练和漂白三个环节整合为一道工艺，能够节约超过1/3的能源和时间，同时减少污水排放约2/3
	超低浴比高温高压纱线染色机	纱线、棉纱、羊毛、化纤、拉链、织带等织物染色	染纱工艺周期由原来8~14h缩短至5.5~8h；水、电、蒸汽、助剂等消耗只相当于传统染色机的30%~50%；每千克纱线染色耗水量减少60%~70%，电耗节省20%~40%，蒸汽节省50%~70%
	高温高压气流染色技术	各种松式绳状织物的染色及前后处理，特别适合于一些高档织物的加工	与普通溢流染色机相比，不仅提高了一次染色成功率，而且节水50%
	高温气液染色机	涤纶及混纺或交织的机织物和针织物在高温高压条件下的染色及前后处理	气液染色机的经济效益和社会效益要高于气流染色机，并且显著高于普通溢喷染色机，特别是风机耗电比气流染色机节省60%以上
	针织物高效绳状连续染色/印花后水洗技术	针织物分散、活性印花后高效水洗	与传统拉缸水洗相比，水洗效率得到较大提高，与溢流机种染色后水洗相比，可实现减少蒸汽消耗30%，节水30%
	针织物平幅水洗技术	针织物前处理、染色/印花后水洗处理	相比溢流工艺可节水60%，节约助剂1/3，节约蒸汽40%
	毛针织服装缩绒用水循环装置	缩毛洗涤工序	缩毛洗涤工序中一般的水浴比为1：15，柔软水循环使用3~5次，干毛衣吸水为衣重的20%。循环使用3次可节水66%，化工助剂节约33%
其他	智能制造技术	全产业链生产制造	智能制造有助于提高纺织企业管理水平，提升整个行业的资源利用率，减少废弃物的排放和资源的浪费。某纺织工厂在进行智能化升级后，能耗降低40%以上，用水节约20%以上

（1）冷轧堆前处理技术

常规的印染前处理技术涉及退浆、煮练、漂白和丝光等多道工序，工序烦琐且耗能较高。采用高效前处理助剂，适当增加助剂的浓度，采用高效设备加工，可以大幅缩短处理时间，并能减少助剂和水的用量。目前较为常用的是冷轧堆前处理技术。冷轧堆前处理技术是将碱、双氧水、稳定剂、精炼剂等混合制成处理浴，然后对织物进行浸轧、卷绕，最后在室温下进行密封堆置。该技术将退浆、煮练和漂白三个环节整合为一道工艺。采用这一工艺，能够节约超过 1/3 的能源和时间，同时减少污水排放约 2/3[45]。

（2）原液着色技术

原液着色是通过在纺丝原液或者熔体中加入颜料或染料，得到带有颜色的纺丝原液或熔体，然后经过纺丝工艺生产有色纤维。PET 纤维原液着色技术的发展受限于着色剂和 PET 界面的相容性较差、染色纤维的市场规模较小等因素[46]。

原液着色的方式可以实现纺丝、染色过程一体化，减少染色废水的产生以及降低生产过程中的能源消耗。伴随着人们对经济、高效、绿色的染色方式的追求，以及日益严格的行业标准的限制，原液着色法相较于传统化纤染色工艺有着更光明的未来。

相比于传统染色过程会消耗大量能量、水、染料和助剂，以及产生大量的染色废水并造成水体环境恶化，原液着色具有过程排放少、生产能耗低以及温室气体排放小等优点[47]。通过这种方式能够缩短工艺流程，节约水耗 89%、能耗 63%、化学品用量 63%，减少二氧化碳排放 62%，化学需氧量排放 67%[48]。相比于常规染色工艺，原液着色技术的发展为传统印染行业面临的水耗高、能耗高、污染排放高的“三高”问题提供了有效的解决措施。

（3）超临界二氧化碳染色技术

传统的染整过程往往需要大量的能源、水资源、染料和化学助剂等，并造成严重的水环境污染问题。纺织染整行业绿色发展的方向包括清洁生产，资源和能源的循环利用，降低甚至消除对环境的污染。超临界二氧化碳染色技术的出现已引起纺织染整工业的广泛关注。这种染色方法与传统的水染色相比有许多优点，全过程无水，价格低廉，织物上染速度快，可减少染色次数。此外，二氧化碳是无毒的、可回收的，染料可以重复使用，不需要其他化学物质。超临界二氧化碳染色相比于传统的染色工艺不需要还原清洗、皂洗和干燥等工序，并且在染色结束后，残余染料和二氧化碳可以通过减压分离回收，具有显著的节水节能优势[49]。目前，超临界二氧化碳染色技术更多应用于人造纤维染色上，特别是聚酯、聚酰胺、聚丙烯腈和聚丙烯纤维的染色中。

（4）数码喷墨印花技术

在过去15年中，许多纺织印染企业都引入了数码印刷技术，该技术可以实现更高的分辨率、降低印花生产时间，并且能够降低物料和设备的成本[50]。从环境保护角度来看，该技术生产过程中需要更少的水和能源，因此比传统的印花技术产生更少的废水。

传统的印花方式约有30%的染料不能与织物相结合，在水洗过程中易被洗去浮色；而数码印花生产过程中的染料用量仅为传统印花方式的40%左右，且通过电脑的合理调配几乎是零浪费，仅有小于10%的染料在后处理时被洗去，产生的污水中的污染物含量也远远低于传统印花工艺。另外，除了对织物进行水洗外还需要冲洗印花板，且印花后水洗、皂煮去浮色的过程能耗大，污染也大；而数码印花过程中蒸化固色、皂洗和水洗过程时间较短，因而蒸汽、煤、水的消耗小，可实现50%以上的资源节约率[51, 52]。

2. 废水治理技术

国外纺织印染行业比较发达的地区，如日本大阪、意大利米兰和墨西哥等地，对纺织印染废水处理采用工厂处理和城市污水综合处理相结合的方法。纺织印染废水主要是有机污染，所以处理方法以生化法为主，由于国外禁用硫化染料，若废水量少，以设备为主，若废水量多，以构筑物为主，但从处理技术的原理上分析，似乎国内外差别不大。纺织产业生产过程重点治水技术如表4-9所示。

表4-9 纺织产业生产过程治水技术

序号	重点治水技术名称	适用范围	治水综合经济效益
1	退浆废水交联盐析工艺	退浆废水PVA回收	东华大学研究团队基于该技术原理开发了一种利用含PVA退浆废水资源化制备抑尘剂的技术[53]
2	碱减量废水盐析工艺	碱减量废水回收对苯二甲酸	针对2000t/d碱减量废水进行预处理，经过酸析预处理后废水CODCr浓度降低至2000mg/L以下[54]。碱减量废水单独收集并预处理，有效降低了后续污水处理难度和处理费用，实现排污企业节能降耗的目标
3	强化内循环厌氧反应器（SCAR）	强化微生物厌氧消化反应	在进水COD浓度1000~3650mg/L、系统容积负荷0.7~64kg/（m^3·d）条件下，该反应器对前处理废水COD和色度平均去除率分别达到55%和73%[55]
4	臭氧催化脱色工艺	增强臭氧催化	浙江省某大型纺织印染工业园区内20万m^3/d污水处理改造工程中[56]，增加了臭氧催化氧化工艺进行中试生产，采用铁基催化剂进行深度处理，处理效果和经济指标非常理想。臭氧催化装置出水COD、色度稳定达到了《城镇污水处理厂污染物排放标准》（GB 18918—2002）的一级A标准要求

续表

序号	重点治水技术名称	适用范围	治水综合经济效益
5	类芬顿高级氧化工艺	类芬顿催化氧化	该工艺可在180min内有效处理pH为3~6的实际印染废水。COD和脱色率分别达到78.59%和98.08%。相比之下，经典芬顿系统在最佳反应条件下仅可实现65%的COD去除率[57]
6	棉染染液络合萃取—盐水回用工艺	盐染废水分离—盐回用	该技术对染色残液的染料分离率达到99%以上，盐液可回用到染色过程循环利用，可实现90%以上的盐回用，成本约2元/t染液[58]
7	染盐精准膜分离技术	精准盐分离	某印染厂经常规处理后的废水，含盐量约为6000mg/L，采用MBR+纳滤+DTRO+四效蒸发的处理工艺[59]。经一级纳滤后产水中全盐量浓度在1600mg/L以下。产水作为再生水回用于生产，回用率可达到72%~75%

根据中国纺织产业废水特征、排放现状以及行业废水排放指标分析，目前纺织产业废水治理已经取得了较为显著的成效，但行业废水治理仍有巨大潜力，为达到“碳达峰，碳中和”目标，仍需大力推广使用相关废水处理技术。

根据国家相关规定和标准，行业废水处理技术要符合以下要求。

①技术相对成熟，运行稳定，实际应用效果好。

②技术本身及其配套在建设和使用过程中对环境危害小，不产生难降解、有毒有害的副产物。

③适用性好、通用性强，具有一定的推广价值。

④经济收益和技术要求可被广泛接受。

根据以上要求，选出行业先进的废水处理技术，并从适用范围和治水综合经济效益方面展开论述。目前，这些技术综合效益高、应用前景好，一旦被推广使用，将很好地推动纺织产业可持续发展。

（五）纺织产业水管理存在的问题

1. 节水、治水技术仍需提升

纺织业是一个资源密集型行业，主要消耗大量的水、能源和原材料。尤其是在染色、整理和后整理等生产过程中，对水资源的需求很大。节水、治水技术的推广势在必行。例如，发展中国家的大多数企业由于采用常规处理方法无法稳定回用水的指标而放弃回用，或只能降级循环回用。另外，多数企业对于废水处理仅维持达标排放，排放的废水量依然远远超过发达国家水平，并且有的中小型印染厂排水量更多。

2. 水污染问题仍然存在

纺织产业废水排放量大、色度深、难降解有机物含量高、水质不稳定，其中以印染废水为例，其污染物大多是难降解的染料、助剂和有毒有害的重金属、甲醛、卤化物等。根据《中国环境统计年鉴》数据，纺织印染废水污染一直在中国工业行业中名列前茅，其废水排放量占全国废水排放的11%左右，每年20亿~23亿t。COD排放量每年24万~30万t，占全工业行业的9%左右。此外，据原国家环境保护总局统计，印染行业污水排放总量在全国制造业中排名第五，废水处理难度大，废水回用率低。此外，在化纤行业的生产过程中，有些产品使用了大量的染整化学品，其中不乏新型染整化学品，其在废水处理过程中可能会转化为更毒更持久的污染物，将给生态环境带来巨大影响。

3. 水资源管理意识薄弱

在一些传统的纺织企业中，改变已经存在多年的生产流程和文化可能会遇到抵制。建立员工对水管理的认识需要时间和教育。因此，政府应该加大力度宣传水管理的知识和实践，满足企业的水管理实践需求。企业为员工提供水管理培训和教育，以提高他们的意识，鼓励他们参与水资源管理。

4. 资金投入不够、财政支持少

在计划经济体制下，中国的污染防治经费主要依赖于国家预算内资金。以2023年为例，财政部已经拨付多笔生态环保资金预算，其中包括170亿元用于水污染防治的资金。这些资金被用于污水处理、污水资源化利用、城市生活垃圾分类和处理等项目。按照地区的不同，资金分配比例为东部、中部、西部和东北部分别不超过总投资的30%、45%、60%和60%，单个项目的资助额通常不超过5000万元。

随着市场经济体制的建立，纯粹的行政手段已经难以有效地解决环境问题。在政府层面，由于市场经济环境下的环境经济政策体系尚未完善，多样化的环境保护投资机制难以形成。作为推动污染防治的重要经济手段的排污收费制度目前仍存在许多不足之处，需要进一步完善。

在企业层面，日趋严格的环保要求使企业可能需要升级和替换能耗较高、污染较大的生产设备。这需要大量的资金和技术支持。这些额外的初期投资对一些中小型纺织企业来说是较大的负担。这需要寻求融资和资源，以支持技术升级。

四、纺织产业水管理趋势展望

（一）纺织产业水管理发展趋势

由于经济增长的极端压力和生活模式的相应变化，以及气候变化和人为活动导致的严重缺水，水资源正日益受到关注。纺织产业是经济结构中的重要一环，也是用水需求多、废水排放量大的行业。在实现纺织经济可持续发展的背景下，各国正积极建立纺织产业水管理制度和体系。具体来说，纺织产业水管理呈现以下趋势。

水资源管理深入人心。随着世界水资源短缺问题日益突出，纺织企业越来越关注水资源的管理和可持续性。这包括降低用水量、改进水循环系统、投资水资源再生和回收技术等。

水质监管标准趋严。由于纺织生产可能产生废水，一些国家和地区已经实施了更加严格的水质监管标准。这迫使纺织企业采取更有效的废水处理和排放控制措施，以确保废水不对环境造成危害。

水足迹将成为水管理的重要工具。纺织企业越来越关注测量其产品的水足迹，即在整个生产过程中消耗的水量。这有助于识别关键领域，采取措施减少用水，如使用更节水的生产工艺和材料。

循环发展成为加强水管理的有效模式。为了减少对水资源的依赖，一些纺织企业正在采用循环经济模式，将废弃纺织品回收并重新制造成新的产品。此外，使用可再生纤维，如有机棉、大麻和竹纤维，也有助于减少水资源的使用。

透明度正成为水管理的重要内容。越来越多的纺织企业正在制定可持续发展目标，并向股东和公众报告其水管理成效和可持续性努力。这有助于提高企业的透明度和责任感。

行业可持续标准对促进水管理的作用愈加显著。许多品牌和零售商要求其行业中的合作伙伴遵守严格的环保和水管理标准。这迫使纺织产业中的各个环节都采取措施改善水资源管理。

水技术创新应用更加活跃。水管理领域的技术不断创新，包括更高效的废水处理技术、水循环系统的改进以及更节水的生产工艺。纺织企业将继续应用这些创新以提高水资源效率。

（二）纺织产业水管理展望

当前，随着科技的不断进步和社会的不断发展，纺织产业水管理也在逐渐发展和创新。从政府和企业层面来看，纺织产业的水管理展望涉及可持续性、环保和资源效率等关键因素。

1. 政府层面

建设水资源利用示范引导和标准体系。逐渐构建水资源利用示范引导体系，制定工业节水标准修订方案，设立标准实施的动态反馈机制，同时统筹完善国家、行业、地方和组织间的标准体系。

提供激励和支持。政府可以提供财政激励、补贴和奖励，鼓励企业投资于节水技术和可持续性实践。这些措施可以减轻企业的初期成本压力。

强化监管和执法，确保纺织企业遵守环保法规，特别是废水排放方面的规定。对于违规企业的处罚和制裁有助于保护水资源和环境。

提供技术支持和研发资金，以帮助纺织企业开发和采用更先进的节水技术。这有助于推动技术创新和产业升级。

2. 企业层面

可持续性承诺。纺织企业可以制定和实施可持续性承诺，包括节水目标和可持续生产实践。这有助于提高企业的声誉，并满足消费者对可持续产品的需求。

产业适水发展。产业的发展必须与区域的水资源状况和水环境的负荷能力保持一致。采取严格措施来控制重点用水行业的新增产能，相关政策要求在重点区域新建项目时应进行产能置换，淘汰陈旧的设备。同时，强调了园区的节水管理以及企业的节水改造。这将减少用水成本，降低环境风险，并提高资源利用率。

透明度和报告。企业可以提高透明度，向利益相关者报告其水资源管理绩效。这有助于建立信任关系，展示企业的可持续性努力。

合作和信息共享。纺织产业可以依托“产业＋市场＋科创”三大优势，创新“政府＋高校＋企业”合作模式，做好行业节水关键核心及基础共性技术知识产权战略储备，通过技术交流、业务培训、供需对接等方式推广节水技术装备。

员工教育和培训。为员工提供关于节水技术和可持续性实践的培训，以确保他们了解和积极参与水资源管理。

总的来说，纺织产业的水管理展望需要政府和企业的合作，并侧重于可持续性、环保和资源效率。在可持续发展的背景下，纺织产业将不断努力改进水资源管理实践，以满足社会、环境和市场的需求。这有助于降低水资源依赖，减少对环境的负面影响，并确保行业的可持续性。

扫码见参考文献

专家观点1

东华大学环境科学与工程学院副院长、教授
李　方

“双碳”目标的提出，对纺织服装产业的环境管理和污染防治都会产生深远的影响。20世纪，纺织服装产业的环境治理主要集中在达标排放上，21世纪的前二十年则突出了节能减排，而今后纺织服装产业的重点，个人认为应该在绿色生产和资源再生方面。因为实现碳中和目标，除了绿色能源外，纺织服装产业主要的技术路径就在这两个方面。

首先是基于清洁生产理念减少资源消耗和污染排放，目前工业污染治理领域的基本共识是“关口前移”，也就是将污染消灭在生产过程中。我国当前在逐步构建以排污许可制为核心的固定污染源监管理制度，也是要将生产过程也纳入环境管理范畴。因此，再生的、天然的和环境友好的原材料替代，将会成为行业发展的主流趋势。

其次，基于循环经济理念的实现资源再生和零排放，但仍需很长的一段路要走。循环经济不能一味强调物质再生利用，更重要的是考虑经济可行性。比如印染废水再生利用已经成为行业普遍现象，因为膜技术近年来突飞猛进导致成本骤降，使得企业可以通过膜法废水再生实现盈利，但废水零排放却很难推广，主要还是企业无法承担高昂的成本。因此，资源再生还有待于工程技术的进一步发展。在环境领域，我认为基于现代生物工程技术的活性污泥法工艺、具有精准分离功能的膜分离技术、耦合新能源的高级氧化技术均有可能为行业的资源再生打开新的突破口。

专家观点2

北京服装学院教授
赵国樑

在绿色低碳理念深入人心的前提下，未来纺织产业的循环可持续发展将很大程度上依靠纺织科学与工程和设计学这两个一级学科的深度融合发展。目前，材料学、纺织工程学、纺织化学、染整工程学及纺织机械学等工程学科对未来纺织产业发展的重要性已经得到了充分的认可和重视，其中很多领域也取得了重大成果，但是与纺织相关的设计学科及其对纺织产业未来发展的引领作用尚未得到充分的认识和重视。

事实上，在国家总体战略和市场需求的引导下，纺织可持续设计是未来纺织产业循环发展这部大戏的重要“导演”，它将推动新材料的使用和制备工艺的优化，将很大程度上决定纺织产品的物质流和全生命周期碳足迹。然而，设计学的上述作用只有在设计者具有设计学和纺织工程学双重知识的前提下方可发挥。很难想象埃隆·马斯克有能力掌握新能源汽车、航天工程、脑机接口等领域的所有材料及技术，但他一定是上述领域技术融合的设计师，反过来，他的超前的设计又推动了多领域的技术进步。中国未来纺织产业的循环发展急需建立具有绿色低碳理念和艺工融合知识结构的设计师队伍。

专家观点 3

苏州大学副教授

洪　岩

纺织产业作为制造业的代表，是重要的基础产业，在全球经济中具有重要地位。纺织正在积极拥抱创新和技术，在新材料、智能制造、可持续发展等方面具有创新潜力。未来的纺织产业将呈现出几个重要趋势。

（1）创新材料和技术

新型纤维和材料的研发将推动纺织品的性能和功能不断提升。智能纺织品、可穿戴技术及3D打印等新技术的应用也将改变产品设计和生产方式。

（2）数字化、自动化与智能化

数字化技术将改进生产流程，提高效率，减少资源浪费，并加速市场响应；自动化设备和机器人将在制造中扮演更重要的角色；消费者对个性化和定制产品的需求增加，纺织业将采用智能技术和数据分析来适应这一趋势，提供更符合个体需求的产品。

（3）绿色和可持续发展

随着环境问题的日益严峻，纺织业将更加注重可持续性。采用环保原材料、推动循环经济、减少资源浪费，以及降低碳排放将成为行业的主要关注点。简言之，未来的纺织产业将朝着更环保、创新、数字化、个性化和可持续的方向发展，以适应不断变化的市场和环境需求。这些趋势将塑造未来的纺织业，为行业带来更大的机遇和挑战。

专家观点 4

2050 Cloud首席执行官

Laila Petrie

从可持续纺织品的现有趋势中可以总结出一些我们需要优先考虑的事项。例如，要更加注重翔实的环境影响评估，提供支持可持续发展决策的详细数据。目前主要有两种获取数据的方式：一是生命周期评估数据，但其缺乏地域针对性；二是由个体生产商直接与合作伙伴共享，或添加到共享行业数据库中的数据，这种方式具有更强的地域针对性，更及时，影响范围更广。

这种更加广泛的测量方法也与可持续发展息息相关。当前，人们日益注重特定实践、方法、材料或投入对相关领域的影响；以全局视角看待可持续发展，包括考虑领域间相互的影响权衡，以及全局的应用解决方案。这就意味着仅从狭隘的指标角度减少生产影响已远远不够，真正衡量成功的标准是广义上改造全供应链、社区和地区，并使人们从其中受益。

这种纵览全局的方法还将有助于推动在纺织价值链中真正循环方法的发展。在没有充分依据且不了解这些转变将带来何种影响的情况下，规划有效的循环经济一直是个挑战。然而，随着决策支持机制和相关数据的完善，循环和低影响的系统解决方案日益明朗，并得以确定且得到了行业支持。这些方案不仅包括客户的循环商业模式，还包括价值链向循环生产系统的转变，为愿意并能够投资循环生产技术的生产商创造新机遇。

此外，创新可持续发展金融解决方案也在不断增加，包括与公司自身供应链相关的环境影响信贷（如碳嵌入）、基础设施投资的混合融资解决方案、由公司或由公共部门发行的绿色债券或集体电力购买协议等多方金融机制。由于纺织价值链的动态变化，很难说谁应负责为向可持续实践过渡提供资金，而简单、低成本的行动也已在探索中，在这种情况下，亟须这些新型资金解决方案。下一个前沿领域将是把可行的数据和资助系统推广到“全球南方”地区、供应链的“隐藏环节”以及小农、小型企业和未规范领域。